RELATIONS

DE DIVERS
VOYAGES
CVRIEVX,

QVI N'ONT POINT ESTE' PVBLIE'ES,

OV

Qui ont esté traduites d'Hacluyt, de Purchas, & d'autres
Voyageurs Anglois, Hollandois, Portugais,
Alemands, Espagnols ;

Et de quelques Persans, Arabes, & autres Autheurs Orientaux.

*Enrichies de Figures de Plantes non décrites, d'Animaux inconnus
à l'Europe, & de Cartes Geographiques de Pays
dont on n'a point encore donné de Cartes.*

TROISIEME PARTIE.

A PARIS,

Chez SEBASTIEN MABRE-CRAMOISY, Imprimeur du Roy,
ruë S. Iacques, aux Cicognes.

MDCLXVI.

AVEC PRIVILEGE DV ROY.

Table des Pieces de cette troisiéme Partie.

AMBASSADE *des Hollandois à la Chine, traduite sur deux Manuscrits Hollandois.*

Route du Voyage des Hollandois à la Chine traduite d'un Manuscrit Hollandois.

Grammaire de la Langue des Mogols traduite d'un Manuscrit Arabe de la Bibliotheque de Monsieur Gaumin.

Description Geographique de la Chine traduite d'un Autheur Chinois par le Pere Martinius.

Rapport que les Directeurs de la Compagnie Hollandoise des Indes Orientales ont fait à leurs Hautes Puissances, premierement de bouche, & en suite delivré par écrit, touchant l'estat des affaires dans les Indes Orientales tel qu'il estoit lors que la Flotte qui est depuis peu arrivée en ces Païs, partit de là, conformément aux lettres & avis que l'on en a eus.

AMBASSADE
DES HOLLANDOIS
A LA CHINE,
OV
VOYAGE DES AMBASSADEVRS
de la Compagnie Hollandoise des Indes Orientales vers le Grand Chan de Tartarie, maintenant Empereur de la Chine.

Traduite sur deux Manuscrits Hollandois.

DEDIEE AV ROY.

A PARIS,

Chez SEBASTIEN MABRE-CRAMOISY Imprimeur du Roy, ruë S. Iacques, aux Cicognes.

MDCLXVI.

AVEC PRIVILEGE DV ROY.

AVIS

SVR LE VOYAGE DES AMBASSADEVRS de la Compagnie Hollandoise des Indes Orientales vers le Grand Chan de Tartarie , à Peking.

*L*ES *gens de lettres de l'Europe ont presque tous eu la mesme opinion des Relations qui ont paru jusqu'icy de l'Empire de la Chine : & bien loin de recevoir la pluspart de celles que nos Voyageurs en ont donné au Public, il y en a eu plusieurs qui ont soustenu qu'ils n'y avoient jamais mis le pied. Celle de Marco Polo a passé pour suspecte mesme de son temps, on l'en avoit tourné en ridicule , & on l'appelloit Messer Marco Millioni , à cause qu'il ne comptoit que par millions lors qu'il parloit des richesses de cet Empire. Les plus retenus avoient dans ces derniers temps suspendu leur jugement, & attendoient avec une impatience curieuse ce qu'ils en devoient croire, & principalement quelque Relation de ces Marchands qu'on a trouvées si souvent veritables , qui les écrivent sans déguisement ; & ne sçachant rien de ce qu'ont dit les autres , ne rapportent simplement que ce qu'ils ont veu. En voicy une qui les doit satisfaire : car on peut dire que ce sont plusieurs Marchands Hollandois qui l'ont faite, puisque Nieuhoff, qui en est le principal auteur, nous avertit qu'elle est toute selon le sentiment des Marchands des Indes Orientales, que la Compagnie Hollandoise avoit envoyez à Pekin en qualité d'Ambassadeurs. Le principal merite de cette Relation est la verité. I'ay crû

AMBASSADE
DES HOLLANDOIS
A LA CHINE,
OV
VOYAGE DES AMBASSADEVRS
de la Compagnie Hollandoife des Indes Orientales vers le Grand Chan de Tartarie, maintenant
Empereur de la Chine.

Traduite fur deux Manufcrits Hollandois.

DEDIEE AV ROY.

A PARIS,

Chez SEBASTIEN MABRE-CRAMOISY Imprimeur du Roy,
ruë S. Iacques, aux Cicognes.
____
MDCLXVI.

AVEC PRIVILEGE DV ROY.

AVIS

SVR LE VOYAGE DES AMBASSADEVRS
de la Compagnie Hollandoiſe des Indes Orientales vers le Grand Chan de Tartarie , à
Peking.

*Es gens de lettres de l'Europe ont preſque
tous eu la meſme opinion des Relations qui
ont paru juſqu'icy de l'Empire de la Chine :
& bien loin de recevoir la pluſpart de celles
que nos Voyageurs en ont donné au Public, il y en a eu pluſieurs qui ont ſouſtenu qu'ils n'y avoient jamais mis le pied.
Celle de Marco Polo a paſſé pour ſuſpecte meſme de ſon
temps, on l'en avoit tourné en ridicule , & on l'appelloit*
Meſſer Marco Millioni , *à cauſe qu'il ne comptoit
que par millions lors qu'il parloit des richeſſes de cet*
Empire. *Les plus retenus avoient dans ces derniers temps
ſuſpendu leur jugement, & attendoient avec une impatience curieuſe ce qu'ils en devoient croire, & principalement
quelque Relation de ces Marchands qu'on a trouvées
ſi ſouvent veritables , qui les écrivent ſans déguiſe-
ment ; & ne ſçachant rien de ce qu'ont dit les autres , ne
rapportent ſimplement que ce qu'ils ont veu. En voicy
une qui les doit ſatisfaire : car on peut dire que ce
ſont pluſieurs Marchands Hollandois qui l'ont faite,
puiſque Nieuhoff, qui en eſt le principal auteur, nous a-
vertit qu'elle eſt toute ſelon le ſentiment des Marchands
des Indes Orientales, que la Compagnie Hollandoiſe avoit
envoyez à Pekin en qualité d'Ambaſſadeurs. Le
principal merite de cette Relation eſt la verité. I'ay crû*

ã ij

que sur tout la traduction en devoit estre fidele, que c'é-
toit là le seul ornement qu'elle pût souffrir. Ceux qui la liront se peuvent asseurer qu'elle est en tout conforme à deux
copies Hollandoises que j'en ay manuscrites, dont l'u-
ne est signée Nivvhoff. Ie me suis bien gardé par cette
raison d'y rien changer, & encore plus d'y inserer des
passages de ces autres auteurs qui ont écrit de la Chine,
de peur de mesler ce qu'ils rapportent souvent sur des oüy-
dire, avec ce que ces gens-cy ont veu. Il n'y a qu'un seul
endroit où il a voulu parler de l'histoire de Temurleng,
où je croy qu'il se trompe ; car il n'a jamais entré dans
la Chine, si l'histoire de la Chine est veritable. Cette Relation est courte à la verité, mais il faut faire justice à son
Auteur, & faire reflexion sur ce que les Hollandois ayant
esté toûjours enfermez en leur logis à Canton & à la Cour
de Pekin, comme il dit, aprés cette confession il auroit eu
mauvaise grace de s'étendre à faire une description des
Provinces de la Chine, d'en marquer l'étendüe & les bornes,
de faire le denombrement & l'estime du nombre d'hommes
qui les habitent, de marquer leurs revenus, & enfin
d'entrer dans un détail que nous ne devons attendre que
de ceux qui l'ont traduit des Chinois mesmes, que je donne-
ray avec quantité d'autres particularitez, dans la suite de
ce Recueil. Outre la Relation du Voyage des Ambassadeurs,
Nievvhoff nous en a donné aussi une autre manuscrite qui
a pour titre, Route du Voyage des Ambassadeurs ;
je l'ay jointe à la Relation comme une piece tres-curieu-
se : il y a une description de Canton & de Pekin tres-
exacte ; la maniere de faire la Porcelaine y est expliquée,
avec des avis importans qu'il donne aux Directeurs de la
Compagnie Hollandoise des Indes Orientales, des lieux
où elle doit établir son Commerce & ses principaux magazins, l'interest qu'elle a d'en exclure les autres Nations,
& beaucoup d'autres particularitez de cette nature, qui

pourront servir un jour aux marchands François, qui seront
employez aux Indes. Il leur marque aussi les Marchandises les plus propres pour la Chine, qui est un secret important pour le Commerce : mais entre ces marchandises
je n'en trouve point une qu'on y porte maintenant : les
Hollandois pour rendre à ceux de la Chine leur The, se
sont avisez de secher des feüilles de sauge, de les rouler,
& de les preparer à la maniere dont on prepare le The,
& de les porter aux Chinois, comme une chose tout à
fait rare ; & ce commerce leur a si bien reüssi, que pour
une livre de feüilles de sauge, on leur donne maintenant
dans le pays quatre fois autant de The, qu'ils vendent
icy fort cherement. Ie n'ay point inseré dans la Relation
les figures des villes, car je trouvay qu'elles n'a-
voient point de rapport à la description qu'il en donne ;
& j'eus quelque soupçon que c'estoit plustost des veües de
paysages faites à plaisir, outre que toutes les villes de
la Chine estant semblables, comme nous l'asseurent leurs
Cosmographes mesmes, qui en a veu une, les a veües toutes : j'ay crû par cette raison qu'il suffisoit de mettre les
veües de Pekin & de Nankin, les deux principales
villes de la Chine. La figure de l'animal qui porte le Musc,
est déja dans la premiere partie de ce Recueil : celles des
plantes & de quelques animaux de ce pays se peuvent
voir dans la seconde Partie avec la description qu'en a
donnée le Pere Boym. I'ay negligé comme inutiles les autres figures qui ne nous donnent nulle nouvelle connoissance, & qui ne servent point à la description : celles que
j'ay crû necessaires, sont gravées de la grandeur de celles
de l'original ; principalement la carte du voyage des
Ambassadeurs, que j'ay fait copier fort soigneusement
d'un dessein que j'en ay de la main mesme de l'Auteur. I'ay
fait aussi graver ce chemin ou navigation dans une Carte
Marine, comme estant une des plus curieuses pieces

ã iij

de cette Relation ; car il y a bien de l'apparence que des gens qui auoient autant nauigé que ces Hollandois, ont marqué fort exactement leur chemin & leur route: & ainfi elle feruira de regle pour examiner les cartes qu'on nous donnera deformais de la Chine. Quant à ce qu'il dit que Pekin eft la ville de Cambalu, & le Cathay la partie feptentrionale de la Chine, il n'y a plus lieu d'en douter, tant les raifons du P. Martinius font preffantes, & fans replique la conviction que Monfieur Golius en a publiée: car ayant commencé à nommer au P. Martinius le nom des heures, ou pour mieux dire des parties par lefquelles les Chinois divifent le jour & les divifions de leur an- née, il trouua que les noms Cathayens eftoient les mef- mes que ceux qui font ufitez dans la Chine. La chofe eft maintenant trop claire pour en rapporter icy quelques autres preuves que j'en ay. Il y a des termes dans cette Relation que les Hollandois mefmes ne m'ont pû expli- quer, ils ne connoiffent les eftoffes de la Chine, que fous les noms Chinois, de Pelings, Hokum, Focas &c. & pour ce qui eft des poids & des Monnoyes, felon leur recit,
Le Theyl vaut un écu cinq fols de noftre monnoye.
La Mas, huit fols.
Le Catti eft un poids de vingt onces
Le Picol pefe cent vingt-cinq de nos livres.
Pour la Grammaire des Tartares, elle n'eft point de Nieu- hoff, mais traduite d'un Manufcrit Arabe de Monfieur Gaumin qui a pour titre Dictionaire des Monguls. Le mot de Monguls, Mogols, Mongals ou Mugals, c'eft un mefme nom appliqué en general à tous ces peuples qui font depuis la Mofcovie jufqu'aux Terres d'Ieffo. Les Tartares qui font maiftres de la Chine, fe nomment eux- mefmes Moncheu, felon que le rapporte le P. Martinius Martinii. Ie croy que ces peuples nommez Minchin dans la Relation des Samoiedes de la premiere partie de ce

Recueil font auffi Tartares, & peut-eftre que le mot de
Moncheu eft l'origine de celuy de Mogol. Car le mefme
mot fera toufiours rapporté diverfement par un Italien,
par un Samoiede, & par un Portugais.

I'ay efté obligé de joindre icy une Relation traduite
d'un Autheur Chinois par le P. Martinius. Ceux qui
ont quelque gouft pour les Livres demeureront d'accord
que c'eft une des plus curieufes pieces qui ait paru il y
a long-temps ; combien de chofes elle nous apprend pour
l'Hiftoire naturelle dont nous n'avions point entendu parler : que ces gens de l'extremité du monde à noftre égard
font polis : qu'ils ont du foin du commerce, de la navigation, de l'agriculture, & des autres arts : & que leur felicité & leurs richeffes marquent bien que les foins que
l'on en prend maintenant icy font dignes du regne d'un
grand Prince.

Depuis trente ou quarante fiecles dont ils font voir les
Hiftoires, au lieu de s'appliquer aux difputes de l'école,
qui ont occupé miferablement prefque tout ce qu'il y a
eu des meilleurs efprits dans noftre monde ; ils ont rapporté toute leur eftude à perfectionner les arts à la forme
de leur gouvernement, à prefcrire les devoirs des hommes les uns envers les autres : & vous voyez chez eux
autant de monumens dreffez à la memoire de ceux qui
leur ont appris quelque practique utile, que de Trophées
& de marques de leurs conqueftes. En effet Yvoquen
qui a rendu la Chine prefque par tout navigable, &
celuy qui luy apprit l'ufage de la Bouffole, n'ont pas
moins merité de ces peuples que leurs conquerans &
ceux qui ont étendu les bornes de leur Empire. L'impatience que nos voyageurs ont de retourner à la Chine,
marque mieux la bonté de ce pays que tout ce que j'en
pourrois dire ; car c'eft à ceux qui y ont efté que l'on fe
doit rapporter dans ces jugemens, & il faut qu'il leur

plaife bien fort pour forcer l'amour naturelle que les hom-mes ont pour leur patrie, & pour obliger des perfonnes qui fe peuvent à peine promettre dix ou douze années de vie, à en paffer trois ou quatre dans une navigation tres - ennuyeufe pour y retourner. Les Chinois veulent toûjours dire les chofes avec efprit ; cela augmente en quelques endroits la difficulté que nous avons naturelle-ment à croire ce qui nous eft nouveau. La defcription par exemple des puits de feu fait de la peine d'a-bord ; je me fuis fouvenu depuis que j'en avois veu de femblables dans des montagnes de foufre, où la flamme fe fait des ouvertures, & demeure long-temps attachée aux bords du trou qu'elle a fait : cette terre qui brufle fe peut tranfporter aifément, & conferve long-temps apres fa chaleur. Nous avons eu en France la fleur qui change trois fois en un jour de couleur : Martinius dit qu'il n'en fçait pas le nom, cependant elle eft décrite dans nos Li-vres de Plantes, fous le nom de Rofa Sinenfis ; mais ce changement luy eft commun avec beaucoup d'autres plan-tes qui paroiffent tout autres quand elles s'efclofent aprés que le Soleil a donné deffus, ou lors qu'elles fe paffent. Je croy avoir auffi trouvé l'arbre dont ils font des chan-delles, & que c'eft le Laurus Regia de Tobias Aldinus, ou pluftoft de Pietro de Caftelli, qui eft le veritable au-theur de l'Hortus Farnefianus, car fes fueilles devien-nent rouges comme du corail, & fes bayes femblent eftre d'une nature à pouvoir entretenir quelque temps le feu. Il y a quelque chofe à dire au rapport des mefures Chi-noifes aux noftres. Martinius met mal le nom de M. Polo, qu'il entend Paulus : on a corrigé beaucoup d'en-droits de la Traduction, comme le pourront voir ceux qui voudront prendre la peine de s'en éclaircir en les compa-rant ; il y refte encore des marques que l'on n'a pas pris grand foin de la politeffe du ftile ; mais cette negligence

est d'autant plus excusable, que l'on cherche toute autre
chose dans cette sorte de Livres que des preceptes pour
bien parler, ou pour écrire correctement une langue.

La Relation de l'estat des affaires de la Compagnie
Hollandoise des Indes Orientales, qui est à la fin de ce
Volume, est une piece authentique, & que je puis asseu-
rer avoir esté leuë dans l'Assemblée de Messieurs les
Estats.

I'ay laißé une espace vuide dans la Carte Chinoise,
entre la Chine & les pays qui nous sont connus du Mogol, du Persan & des Tartares, à cause que j'espere
plus que jamais de les pouvoir remplir avec fondement,
sur la description d'Abulfeda, que le Signor Abraham
Echellense avoit commencé à me transcrire d'un Manuscrit
du Vatican, & que Messieurs Vossius & Golius m'ont
fait copier depuis sur trois Manuscrits Arabes de la Bibliotheque de Leyde.

La Flora Sinensis devroit estre jointe à cette Relation, car ces deux pieces nous donnent un supplément de
l'Histoire naturelle de la Chine : les figures de la Flora
sont exactement imitées de celles de l'original, je n'ay
pas mesme voulu que l'on changeast rien à la figure du
Bananas, quoy qu'elle ne ressemble pas tout à fait à une de
ces plantes que j'ay eüe tout un esté ; j'ajousteray seulement à sa description, que celle qu'on m'envoya des
Indes, & qui est peut-estre la seule qui ait esté veüe en
France, avoit un tronc de cinq pouces de diametre, on
l'avoit coupé pour l'envoyer plus aisément ; elle jetta
d'abord de sa racine des jets semblables à ceux des canes
ou roseaux quand ils commencent à pousser, les feüilles
se deplierent ensuite d'environ deux pieds de long & de
quatre ou cinq pouces de large: pour le fruit ; car on m'en
avoit envoyé une grappe, je le trouvay bien plus petit
que la figure ne le represente, je n'y remarquay point cette

*figure de la croix que beaucoup de gens croyent y avoir
veuë, ny ce bouton au bout du fruit de la figure du Pere
Boyon, ce qui m'a fait croire que cette espece pouvoit estre
differente de celle qui est décrite dans nos livres de Plantes, d'autant plus qu'on m'asseure qu'il y en a à S.
Thomé, dont le fruit a plus d'un pied & demy de long.
Cet endroit ne me permet pas de m'étendre autant que ie
voudrois sur l'histoire naturelle de ce pays.*

ERRATA.

Voyage des Ambassadeurs.

PAGE 31. ligne 30. haitomou, *lisez* aitou. Page 33. lig. 10. qu'ils creu, *lisez*, qu'ils avoient creu. Page 35. lig. 26. Pierre Boyer, Iacques Keysel, *lisez*, de Goyer & de Keisel. Pag. 38. Manicordions, *il y a dans l'Hollandois* Claapcordions, c'est à dire Clavessins. Pag. 38. lig. 17. & avoient aussi, *lisez*, elle avoit. Page 39. ligne. 50. la Marée, *lisez*, le courant de l'eau. Page 41. ligne 42. *estez*, chascune. Page 41. lig. 53. qui valent chacune, *lisez*, ensemble. Page 43. l. 50. ville ancienne, *lisez*, bastie à l'antique. Page 44. ligne 29. esperviers, *lisez*, mats de sapin. Page 46. ligne 13. chemin royal, *lisez*, canal. Page 47. ligne 40. estoit assis sur un couffin, *lisez*, elle fit asseoir sur un carreau le M. d'hostel Nieuvvhoff, & l'on écrivit. Page 49. ligne 11. pleine, *lisez*, court. Page 53 que la Hollande avoit tousiours esté de mesme nature, *lisez*, que le gouvernement de Hollande avoit toûjours esté le mesme. Page 53. ligne 17. ils marquerent, *lisez*, ils y marquerent. Page 56. lig. 6. lieu où l'on plaide, *lisez*, à un lieu où l'on plaide, ou à un College. Page 56. lig. 45. elephans en relief, *lisez*, en garde. Page 67. *lisez*, iardin de plaisance aux quatre coins du Palais de l'Empereur. Page 68. clausterre, *lis.* clouterie. Pag. 68. pistolets, *lisez*, pistollet.

Route des Hollandois à Pekin.

Page 3. ligne 12. *effacez*, les oblige. Page 4. ligne 4. à ly 300. *lisez*, à 300. ly : ligne 17. de peage, *lisez*, ou peage : lig. 25. un beau temple, *adjoustez*, servy de plusieurs Prestres, il est sur le bord d'une crevasse : on a basty un pont, &c. lig. 28. anaa *lisez*, ana. Page 5. terre glaise, *lisez*, cuite. Page 6. ligne 27. trois fois, *lisez*, trois autres fois. Page 7. fort d'une galerie, *lisez*, porte dans une galerie. Page 8. l'offrande de de celuy, *lisez*, à celuy. Page 8. bocarts, *lisez* beaux arcs de triomphe. Page 10. ligne 1. la haut, *lisez*, le haut. Page 14. lig. 8. capable de diviser, *lisez*, elle divise. Page 15 lig. 35. tout vis à vis, *effacez*, tout. Page 16. riviete de Kian, *lisez*, Guei. Page 17. ligne 8. au millet, *lisez*, au salsifix. Page 22. apartemens, *lisez*, apointemens. Page 57. lig. 11. qu'ils n'ont jamais, *lisez*, que de là ils ont, lig. 12. qu'après le, *lisez*, presque au temps du.

EXTRAIT DV PRIVILEGE DV ROY.

LE Roy par ses Lettres Patentes données à Paris le 8. iour de Iuin 1661. signées, Par le Roy en son Conseil, IVSTEL, & scellées du grand seau de cire jaune, a permis à Girard Garnier de faire imprimer, vendre & debiter, en tous les lieux de l'obeïssance de sa Majesté, un *Recueil de diverses Relations de Voyages, contenant entre autres l'Ambassade des Hollandois à la Chine,* & ce conjointement ou separément, en un, ou plusieurs volumes, en telles marges & caracteres, & autant de fois que bon luy semblera, durant l'espace de dix ans, à compter du jour que chaque volume sera achevé d'imprimer pour la premiere fois. Faisant sa Majesté tres-expresses defenses à toutes personnes de quelque qualité qu'elles soient, d'en rien imprimer, vendre, ny distribuer, ny aucune carte ny figure, sous aucun pretexte que ce soit, sans le consentement dudit Garnier, ou de ceux qui auront son droit, à peine de confiscation des exemplaires contrefaits, des caracteres, presses, & instrumens qui auront servy ausdites impressions contrefaites, de tous dépens, dommages & interests, & de trois mille livres d'amande ; comme le contient plus amplement ledit Privilege.

Regiftré dans le Livre de la Communauté des Libraires, le 17. *Novembre* 1664.
MARTIN, Syndic.

Achevé d'imprimer pour la premiere fois le 25. Octobre 1664.

DE LA COMPAGNIE HOLLANDOISE

des Indes Orientales, enuoyés l'an 1656. en la Chine, vers l'Empereur des Tartares, qui en eſt maintenant le Mai-ſtre, traduit d'vn Manuſcrit Holandois.

LEs Hollandois ont touſiours taſché d'entrer en la Chine depuis qu'ils ont commancé de nauiger aux Indes Orientales, eſperant que les marchandiſes qu'ils en tireroient, leur pourroient ſeruir pour le commerce du Iapon, qui leur promet beaucoup de profit.

La difficulté qu'ils ont trouué du coſté de la Chine vient, à ce que l'on dit, d'vne prophetie qui court parmy les Chinois, qu'vne nation eſtrangere d'hommes blancs de viſage, qui couurent d'habits tout le corps, meſme les mains, viendroit vn iour des extremitez de la terre pour ſe rendre Maiſtre de leur pays, enfin le Ieſuite Martinius Martini* eſtât arriué à Batauia ſur vne fregate Portugaiſe de l'Iſle de Macaſſar, apprit aux Hollandois que l'Empereur des Tartares eſtoit le Maiſtre de la Chine, & qu'il auoit accordé la liberté du trafic dans le port de Canton à tous les eſtrangers : ſur cette relation, qui venoit d'vne perſonne bien informée, pour auoir demeuré prés de dix ans dans la Chine, le haut Conſeil de Batauia ordonna que l'on enuoyeroit de l'Iſle Formoſa à Canton, pour s'éclaircir de la verité de cette nouuelle.

* Allemã venu des Philipines à Macaſſar.

Le Marchand Frederick Schedel en partit le 20. Ianuier 1653. ſur vne fregate chargée de la valeur de 46727. écus en marchandiſe, & aprés auoir nauigé 9. iours, il arriua à l'embouchure de la riuiere de Canton, ſous vne place nommée Huntaimon ; le Mandorin Haitomw, qui auoit le commandement de ce Mers, & le departement des eſtrangers vint à ſon bord auec deux vaiſſeaux pour le receuoir de la part des Gouuerneurs de Canton; mais eſtant venu auec luy iuſques au deuãt de la ville, il le quitta, ſans luy dire vn ſeul mot, & prit le chemin de la terre, auec vne contenance fiere; on fit paſſer Schedel auec ceux de ſa ſuitte, & ſes preſens, dans vn autre meſchant vaiſ-ſeau, & on le tranſporta à l'autre coſté de la ville, où il receut viſite d'vn Portugais, nommé Emanuel de Leſtierro, & auſſi de quelques Officiers qui ſe diſoient enuoyés de la part du Roy, pour luy monſtrer vn logement, qu'on luy auoit deſtiné hors de la ville; ſon Interprete Tienqua le vint trouuer ſur le ſoir auec quelques Officiers Tartares, qui le menerent dans vn Temple hors des murailles de la ville; les Preſtres de ce Temple paſſerent la nuict à chercher par le moyen de leurs clochettes & de leurs coquilles, quel ſeroit le ſuccés de ſon voyage.

Cependant quelques Mandorins vinrent dans ce Temple par ordre du Roy, ils ou-urirent les coffres où eſtoient les preſens, en tirerent auec meſpris ce qu'ils y trouue-rent, principalement la lettre de creance de Schedel qu'ils ietterent à terre : enfin ils traitterent les Hollandois, comme s'ils fuſſent venus pour épier leurs pays, & y traiter quelque trahiſon, faiſant principalement reflexion ſur ce que Schedel leur dit, que là lettre dont il eſtoit chargé n'eſtoit addreſſée qu'à vn Roy, quoy que dans l'inſcription elle fut addreſſée à deux.

Il y a deux Gouuerneurs dans la ville de Canton, d'eſgale puiſſance, qui portent tous deux le tiltre de Roys, celuy qui auoit eſcrit la lettre, & l'interprete Tienqua en estoient informez, mais ils n'en auoient pas aduerty Schedel; on luy presenta aprés vn papier écrit en lettres Chinoises auec le sein, & le cachet du Gouuerneur & du Conseil de Macao, & on luy dit que l'on sçauoit assez ce que c'estoit que les Hollandois & le suiet de leur voyage en ces quartiers-là, auec d'autres reproches qui leur auoiét esté suggerés par les Portugais, & par ceux de leur faction; ils faisoit en vain des protestations du contraire, qui ne luy seruoient de guere, car son interprete Tienqua l'auoit quitté, & il ne se pouuoit pas seruir de ceux des Portugais, enfin vn Mandorin, auquel il fit present de cinq ou six pieces de vin, le tira de cette peine, entreprit sa protection, menaça ceux qui parloient contre luy, & en deffendant sa cause, il monstroit de temps en temps le Ciel du doigt ; cela les rendit vn peu plus retenus.

Le iour suiuant Schedel eut ordre de venir à l'audience du plus vieil des Roys de Canton nommé Pinguamong ; le peuple le suiuit en foule iusqu'à la porte de son Palais, luy fit diuers affronts par le chemin, vn entr'autres luy monstra de loing des chaisres, qu'il mettoit à ses pieds pour luy faire entendre que l'on le meneroit en prison, d'autres presentoient des poux à ceux de sa suitte, enfin deux Mandarins l'introduisirent à l'audience : le Roy les receut dans la sale d'audience, qui est au milieu de son Palais, assis sur vne estrade carrée couuerte de tapis, accompagné d'enuiron deux cens des principaux du pays, entre lesquels estoit le Mandarin Haytomw, dont nous auons parlé cy-deuant, tous les Seigneurs de sa Cour superbement habillés à la mode des Tartares ; il agrea les presens que luy presenta Schedel, receut bien ce qu'il dit pour sa iustification contre ce que ses ennemis luy imputoient, & prit tant de plaisir à l'entretenir qu'il le fit approcher de son trosne, & prendre rang entre les principaux, luy fit diuerses questions sur la Hollande, & sur la maniere de son gouuernemét : aprés que Schedel eut pris congé de ce Prince, le Mandarin Haytomwe nous conduisit auec la

mesme lettre & semblables presents à l'audiance de l'autre Roy de Canton, nommé Siguamongh; cette audience se passa comme la premiere, mais il remarqua qu'il estoit vn peu plus affectionné aux Portugais; La mere de ce Prince, qui estoit arriuée l'année precedente de Tartarie, eut la curiosité de voir les Hollandois, & enuoya querir Schedel pendant son audience ; le receut dans vne salle decouuerte au milieu de ses Demoiselles, & luy fit toutes sortes de caresses & d'honnestetez, Schedel fit sonner sa trompette & toutes les Dames de cette Cour tesmoignerent en estre fort satisfaictes: aprés en auoir pris congé, il retourna à l'audience du Prince que la curiosité de sa mere auoit interrompuë : au sortir de cette audience le mesme Haytomwe le conduisit chez le Grand Mandarin Tourang qui est la troisiesme personne de cette Prouince : ce Mandarin se contenta de le voir d'vne fenestre, & le renuoya sans luy donner audience; de là on le conduisit dans vn logement hors de la ville, sur le bord de la riuiere ; où on transporta son bagage, qui estoit dans ce Temple, dont nous auons parlé cy-deuant.

Le Gouuerneur de Macao, pour empescher ce commencement de commerce, auoit gaigné par presens & par l'entremise des Iesuites le Mandarin Haytomw, auoit deputé au Roy de Canton, & escrit vne longue lettre, dont le contenu estoit que les Portugais de Canton auoient apris que certains estrangers nommez communement Hollandois, auoient enuoyé vn vaisseau à Canton pour y obtenir la liberté du commerce; que sur cet aduis, ils auoient cru estre obligez d'auertir ces Princes, que ces estrangers estoient gens intraitables, méchans, perfides, autant dans l'interieur que dans leurs actions; qu'ils n'auoient point de pays, ny de demeure arrestée, & qu'ils ne subsistoient que par les brigandages & pilleries qu'ils faisoient par mer & par terre; que s'estant fortifiés par ces mesmes voyes, & rendus puissants par vn grand nombre de vaisseaux, & d'artillerie, ils ne demandoient la liberté d'entrer & de traffiquer en la Chine que pour le dessein de les piller vn iour, que pour le mesme dessein ils s'estoient rendus maistres de l'Isle de Taiouan, & qu'ils auoient attaqué presque en mesme temps Macao, les Manilles, & bloqué auec leurs vaisseaux la ville d'Aymuy ; qu'ils se pouuoient souuenir qu'il n'y auoit que vingt-trois ans, qu'ils estoient venus auec deux vaisseaux, à l'embouchure

de

de la riuiere de Canton, que le fage Magiſtrat qui y commandoit alors leur en auoit
deffendu l'entrée, bien informé de leurs mauuais deſſeins, qu'ils auoient ſur ce refus
defolé la ville de Hantamiou, que par ces raiſons on ne leur auoit iamais voulu permettre l'entrée du Royaume, qu'au contraire on les auoit confiderez comme les peſtes de
l'Eſtat : que depuis ils auoient fait alliance auec le Pirate Coxſinga, qui eſtoit vn nouueau ſuiet de les confiderer comme ennemis des Tartares ; & enfin il les prioit de receuoir cet aduertiſſement, pour vn effect de l'intereſt qu'il prenoit à tout ce qui regarde le repos & le bien de l Eſtat de la Chine.

Les Pori ou Philoſophes de Canton gagnés par les Portugais, aſſeuroient que les
Hollādois auoient touſiours paſſé pour des tres-mauuaiſes gens dans la Chine; & qu'ils
crû eſtre de leur deuoir de remontrer les conſequences de leur entrée dans le pays
& dans la Prouince de Canton à ceux qui en auoient le gouuernement; dans ces
entrefaites Schedel auoit mis de ſon coſté le Mandarin Haytowe, qui ſçeut ſi bien
faire par ſes perſuaſions auprés des deux Roys, qu'ils reſpondirent aux Portugais,
qu'ils prenoient l'affaire tout autremēt qu'ils ne ſe l'eſtoient imaginée, qu'ils confideroient le commerce de ces eſtrangers, comme vn moyen de fournir la Chine de commoditez dont elle manquoit, & de la deſcharger de celles dont elle ne trouuoit point
le debit; que ce commerce augmenteroit les droits du Royaume, & qu'enfin les Hollandois ne leur paroiſſoient point tels, qu'on les auoit depeints, qu'ils les confideroient
comme Marchands de bonne foy, & que s'ils auoient eu iuſques alors vne mauuaiſe
reputation dans la Chine, il leur ſeroit aiſé de leur en donner vne meilleure ; qu'ils
eſtoient reſolus de les enuoyer iuſques à Pequin, & de faire au moins vn eſſay de ce
commerce ; que neantmoins on les remercioit de leur aduis & de leurs remon-
ſtrances.

Les Roys accorderent en ſuitte à Schedel la liberté du commerce; on la publia par
ſix fois, & on luy permit de tenir vn contoir ou factorerie à Canton ; ils prirent de
ſes marchandiſes, & en donnerent la ſomme de 77817. l. quoy qu'elles en valuſſent à
peine la moitié. Grand profit à la verité, mais qui euſt eſté encore plus grand d'vn
quart, s'il luy eut eſté libre de vendre partie de ſes marchandiſes aux Marchands du
pays; de cette ſomme il en depenſa 28612-9-12. en impots, faux frais, & en quantité
de preſents, qu'ils fut obligé de faire.

Il luy reſtoit encores des marchandiſes pour la valeur de 9382-3-12. il reſolut
de laiſſer dans le pays ſon ſecond Marchand nommé Piere bolle auec trois ou quatre
autres Hollandois pour en trafiquer; mais il trouua les choſes fort changées, lors qu'il
alla prendre congé du plus ieune des Roys de Canton; car vn Commiſſaire nouuellement venu de la Cour de Pequin, fit entendre à ce Prince, que cette permiſſion de
demeurer dans le pays eſtoit de grande importance & qu'elle meritoit bien qu'il ſçeut
le ſentiment de la Cour de Pequin auparauant que de l'accorder, ce Prince
dit d'abord la choſe à Schedel comme par forme de conſeil, adiouſtant en ſuite
qu'il ſeroit mieux qu'il ramenaſt auec luy tout ſon monde, parce qu'autrement,
ce diſoit-il, le Roy de Batauia (il entendoit parler du General des Hollandois) croiroit que i'euſſe arreſté icy ſon monde en priſon, en adiouſtant qu'il auoit encore d'autres raiſons particulieres pour en vſer de la ſorte, & que tout ce qu'il faiſoit en cela
eſtoit à l'auantage de ceux de ſa nation ; ſi bien que Schedel fut obligé de partir & de
s'embarquer ſur ſa fregatte : Ceux du haut conſeil de Batauia, voyant l'heureux commencement de cette affaire, & les lettres des deux Roys de Canton, qui leur offroient
leur amitié, & leur conſeilloient d'enuoyer des Ambaſſadeurs à l'Empereur de la Chine auec des preſents confiderables, pour obtenir la permiſſion qu'ils demandoient, re-
ſolurent d'en eſcrire à leurs Superieurs en Hollande, & cependant de tenir la negotiation ſur pied, en enuoyant vne ſeconde fois à Canton, ils choiſirent pour cet
effet Zacharias Wagenaer, & luy donnerent deux fregattes & la valeur de 10086.
3-1. en marchandiſes; il arriua aprés vn mois de nauigation ſous l'Iſle de Hautomiou
à l'embouccheure de la riuiere de Canton; il fut auſſi-toſt conduit iuſques à Waughe,

Seconde Partie. (?) E

village à trois lieuës au deſſus de Canton; l'impatience le prit d'attendre ſi long-temps les ordres des Gouuerneurs, il enuoya à terre Schedel qu'on luy auoit donné pour adjoinct, contre l'aduis des Interpretes, qui vouloient qu'auparauant l'on en demanda la permiſſion à ceux de Canton; Schedel fut trouuer d'abord l'Haitomou, qui le renuoya vers le Tontang. Il ne le trouua point chez luy, ny ſon Secretaire; ce qui l'obligea de retourner vers le bord de la riuiere, ſans ſçauoir où il deuoit paſſer cette nuit là; il vit venir en grand haſte les Interpretes, qui luy dirent qu'il gagna promptement ſon vaiſſeau, & qu'ils s'eſtoient trouuez en grand danger de perdre la vie pour l'amour de luy; mais comme il leur fit connoiſtre qu'il eſtoit reſolu de paſſer là la nuiét, l'Interprete Tienqua luy offrit ſa maiſon & s'embarqua auec luy pour y aller, en remontant la riuiere : Schedel eut quelque ſoupçon de luy, & ayma mieux retourner ſous les murailles de la ville, où eſtant auec beaucoup d'autres vaiſſeaux, il ſeroit plus en ſeureté : le iour ſuiuant de bonne heure, il entra dans la ville ou l'on luy donna vn logement par la permiſſion du Roy; mais ayant eſté voir le Secretaire du Tourang, il trouua que les affaires alloient mal pour luy; les Portugais & ceux de leur faction auoient tant fait à la Cour de Pequin, que l'on auoit eſcrit aux Roys de Canton que la Cour de Pequin auoit eſté informée que les Hollandois eſtoiét vn peuple ſans foy, auec lequel on ne pouuoit prendre aucune aſſeurance; qu'ils n'auoient oſé paroiſtre à Pequin de peur d'y eſtre connus, & que par cette raiſon il les falloit obſeruer de bien prés à Canton; principalement s'ils y retournoient ſans auoir ennoyé vn Ambaſſadeur à l'Empereur à Pequin : il ſe rencontra auſſi qu'il eſtoit arriué là vn Capitaine de Macao qui faiſoit inſtance, que l'on luy permit d'arreſter par prouiſion les vaiſſeaux & les marchandiſes de la Compagnie Hollandoiſe, diſant qu'elles auoient eſté priſes ſur ceux de ſa Nation; & pour les rendre plus diſpoſés à luy accorder ſa demande, il auoit apporté trois années de tribut, que ceux de Macao payent à la Prouince de Canton.

Enfin l'affaire eſtoit en tres-mauuais eſtat, quoy que l'on entretint Schedel, & qu'on luy donnât à entendre que ce retardement venoit de l'adreſſe d'vn certain General d'armée, qui eſtoit arriué depuis peu de Pequin auec pluſieurs milliers d'hommes, pour ſe ſaiſir de la perſonne du plus ieune des Roys de Canton au retour de l'armée qu'il commandoit contre quelques rebelles, qui eſtoient du coſté du Sud. Wagenar attendoit cependant des nouuelles dans ſon vaiſſeau, & ſe voyoit obſerué de fort prés par deux vaiſſeaux Chinois, qui auoiét ordre du Roy d'empeſcher que perſonne n'en approchaſt; enfin Schedel le vint trouuer, & peu de temps aprés luy le Secretaire du Tourang auec les Mandarins, qui l'auertirent de faire retirer ſes vaiſſeaux à vn mille hors de la veuë de la ville, iuſques à ce que le General d'armée qui y eſtoit venu de la Cour de Pequin en fut party, & firent chacun en particulier leur preſent à Wagenar.

Les preſents eſtoient des fleurs artificielles & deux pieces d'eſtoffe de ſoye, qui deuoient ſeruir de marque, que l'on receuoit les Hollandois comme amys; Wagenar leur donna à chacun vne cuiraſſe, quatre caſques, & quatre bouteilles d'eau roſe.

Les vaiſſeaux Hollandois remonterent le iour ſuiuant vn peu plus auant dans la riuiere, la fregate nommée l'Eſturgeon toucha, les Mandarins menerent Schedel à Terre, aprés auoir laiſſé deux Tartares pour enſeigner aux Mariniers Hollandois, le lieu où ils deuoient ietter l'ancre; nonobſtant ce témoignage d'amitié qu'ils venoient de receuoir, ils ſe trouuerent encore en cet endroit obſeruées par des barques, qui ne permettoient point que l'on leur apportaſt aucun rafraichiſſement.

Le Mandarin Haitomou vint aprés auec vn grand cortege prendre Wagenar, pour le mener à terre, il trouua deux autres Mandarins qui le receurent dans la maiſon que Schedel auoit choiſie; Taikoetſi dont nous auons parlé cy-deuant, l'y vint voir auſſi, & on fit entendre à Wagenar qu'il euſt à ſe tenir preſt pour aller à l'audiance; on leur auoit amené pour cet effeét deux cheuaux, mais fort maigres & en tres-mauuais eſtat : comme il eſtoient ſur le point de

monter à cheual, le Mandarin Haihomou reuint auec deux Officiers, & leur fit
vn meffage auquel ils ne s'attendoient pas, & des queftions de mefmes, quel eftoit le
fuiet de l'enuie qu'ils auoient de voir le Roy, & fi ils n'auoient point apporté de prefents pour le grand Seigneur de Pequin, & pour le Tourang, le grãd Mandarin de Canton ; leur conclufion fut que les Portugais leurs auoient fufcité beaucoup de trauerfes,
& qu'ils ne pouuoient auoir audiance qu'il ne leur en couftat vne fomme confiderable
d'argent : Wagenar leur dit qu'il ne feroit point de violence pour prefenter les lettres
& les prefents de fes Superieurs, qu'il eftoit encore moins difpofé de donner de l'argent pour cet effet, que neantmoins il ne plaindroit pas quelque argent pour obtenir
la permiffion de traffiquer à Canton cette année là, & pour auoir audience du Roy:
Haitomou aprés auoir porté cette refponce reuint auec le Secretaire du Tourang,
& luy dirent pour conclufion qu'il ne deuoit point efperer d'auoir audience du
Roy, mais que s'il remettoit fa lettre entre leurs mains, ils la prefenteroient à fa Maiefté ; il la leur donna, peu de temps aprés l'Interprete ordinaire du Roy la rapporta
encore toute cachetée, auec cette refponfe, que puis qu'il n'auoit ny lettres ny prefents, pour le grand Seigneur de Pequin, ils ne deuoient point efperer de voir le Roy
de Canton ny l'entendre parler.

Le Commiffaire voyant qu'il perdoit le temps, partit auec fes deux fregattes pour
retourner à Batauia, car les Chinois eurent bien l'effronterie de luy demander 10000. 9.Dec, 1653.
teyls d'argent, fans vouloir entendre parler de la permiffion du commerce, & fans luy
promettre autre chofe que la faueur de prefenter fa lettre, & celle de luy faire auoir
audience.

Cependant les Bewinthebers ou Directeurs de la Compagnie des Indes Orientales, auoient refolu dans l'affemblée des 17. à Amfterdam, que l'on enuoyeroit
de Batauia vn Ambaffadeur au grand Can, l'on deftina pour cet employ auec vne
mefme authorité les Marchands Pierre Boyer & Iacques Keifel, auec vne fuite de 14. 14.Iuil.1655.
perfonnes, entre lefquels eftoient les fous Marchands Leonard de Leonardi & Henry Baron, pour leur feruir de confeil, fix gardes, vn Maiftre d'hoftel, vn Chirurgien,
deux Interpretes, vn trompette, vn tambour, & deux autres fous Marchands, pour
auoir foing du commerce à Canton, cependant que les autres iroient à Pequin : la car-
gaifon que l'on deuoit mettre fur les deux fregattes pour ce voyage, eftoit de 17565 0.
l. & pour prefent au grand Can des Tartares des draps, des Kerfies & autres
manufactures de laine, toutes fortes d'ouurages de fil, comme mourus, bettfilles, Indiens nûs
folempouriis, focnew, percallen toutes fortes d'efpiceries, comme mufcade, ca- de diuerfes
nelle, cloud de girofle, auec du corail rouge, de l'ambre iaune, bois de fandal, petits fortes de
coffres verniffez, lunettes de longue veuë, miroirs de toutes grandeurs, plumes, des toiles.
armes complettes & diuerfes autres fortes de curiofitez, qui pouuoient valoir enui- Il y a appa-
ron 39433-8-4. y compris le prefent que l'on deuoit faire aux deux Roys de Can- rence que
ton, de la valeur de 10000 l. Le principal point de leur inftruction eftoit d'établir vne c'eft des li-
ferme alliance entre l'Empereur de Tartarie & la Compagnie des Indes Orientales, ures, mais
auec la liberté de trafiquer dans fes Eftats, aux mefmes conditions que ceux du pays, l'original
& d'en tirer des affeurances par efcrit. ne marque
point fi c'eft
des liures
ou des flo-
rins.
18. Aouft.

Le dixhuictiefme d'Aouft les Ambaffadeurs arriuerent fur vne de leurs fregattes
au havre de Haitomou, l'autre auoit efté feparée par vne tempefte qui les auoit bat-
tuës le long des coftes de la Cochinchine, & ne les reioignit que 48. iours aprés à
Canton ; auffi-toft qu'ils furent arriuez dans ce havre, deux barques les approcherent
pour les garder; le fous Marchand Baron mit pied à terre à l'inftance des Tartares,
qui le fouhaitterent, on le mena iufques dans la chambre de lit du Gouuerneur
d'Hantomiou, qui vint au deuant de luy, luy demanda le fuiet de fon voyage, &
s'il n'eftoit pas de la troupe de ces Hollandois, à qui on auoit refuzé le feiour de
Canton il y auoit deux ans ; fix iours aprés vn Mandarin enuoyé exprés de Canton,
pour voir les lettres de creance des Ambaffadeurs, & celles qui eftoient addreffées au
grand Can, les fit venir à la maifon du Gouuerneur, & les receut affis deuant vne table

fort haute enuironé de foldats ; les Ambaffadeurs luy montrerent de loing leur lettres, dont il fe contenta : on les fit feoir fur des chaires, & aprés vn entretien de peu de paroles, ils prirent congé & s'en retournerent à leurs vaiffeaux.

28. Aouft. Le vingt-huictiéme d'Aouft le Vice-Admiral d'vne armée, qui eftoit fur cette coftes, & celuy qui eftoit nouuellement entré dans la charge de Haitomou, arriuerent de Canton expreffement pour accompagner les Ambaffadeurs; ils les receurent dans vn Pagode, auec beaucoup de demonftration d'amitié; les firent affeoir fur des chaires,& aprés qu'ils eurent mis leurs lettres de creance fur la table,le Haitomou prit la parole & leur fit diuerfes demandes,qui les furprirent. S'ils n'eftoient pas ces Hollandois à qui deux ans auparauant l'on auoit refufé la demeure de Canton ? quelles marchandifes ils portoient ? de quoy eftoit chargé leur feconde fregatte? commment elle s'eftoit feparée d'eux?combien de monde & combien il y auoit d'artillerie fur chaque vaiffeau ? pourquoy ils n'eftoient pas venus l'année precedente ? de quelle datte eftoient leurs lettres? auec quel deffein elles auoient efté efcrites ? de quel part elles venoient? à qui elles eftoient addreffées ? mais fur tout quels prefents ils auoient apportez pour l'Empereur ? s'eftonnant qu'ils n'euffent point de lettres pour le Toutang de Canton? & que celles qui eftoient deftinées pour l'Empereur euffent fi peu d'apparence; que des lettres addreffées à vn fi grand Prince deuoient eftre au moins prefentées dans vne boite d'or; enfin ils leurs dirent qu'ils pafferoient le lendemain dans leurs vaiffeaux pour prendre leurs prefents, les Ambaffadeurs y retournerent auec leur fuite.

Le iour fuiuant les Chinois vinrent comme ils l'auoient promis , accompagnez d'vne grande fuitte de gens de la Cour,& de vingt vaiffeaux fort ornez de quantité d'etendars & de banderolles; on leur mit entre les mains les prefents , auffi-bien ceux qui eftoient deftinez pour l'Empereur , que pour les Roys de Canton & pour le Toutang : les Ambaffadeurs auoient renforcé ceux qui eftoient deftinez pour les Roys de Canton, tellement qu'ils pouuoient monter enfemble à la fomme de 38588-2-2. ils prirent dans vn de leurs vaiffeaux , les Ambaffadeurs auec Baron leur Secretaire & quatre autres de leur fuite : mais comme ils furent arriuez à la veuë de Canton, les Chinois mirent pied à terre & les Ambaffadeurs demeurerent deux heures dans ce vaiffeau, attendant l'ordre que l'on leur porta de la part du plus vieux des Roys de Canton, qui eftoit de mettre pied à terre, & d'aller prendre logement hors delavill, ou Schedel auoit logé l'autre voyage; le Bailly de Canton les garda dans ce logement & leurs fit fournir les chofes neceffaires.

31. Aouft. Le Mandarin Poerfienfil Treforier de l'Empereur , & qui tient la quatriéme place dans le gouuernement de la ville de Canton vint trouuer les Ambaffadeurs auec les deputez Chinois, qui leur firent encore les mefmes queftions fur leurs noms & leurs qualitez; leurs demanderent s'ils n'auoient point de copie de la lettre qu'ils auoient apporté pour l'Empereur? fi elle n'eftoit pas efcrite fur d'autre papier,que celle qui eftoit addreffée aux Roys de Canton ? comment s'appelloit le Prince qui les auoit enuoyés? murmurant toufiours du peu d'apparence qu'auoient leurs lettres de creance.

Les Ambaffadeurs faifoient cependant inftance pour auoir audience des Roys & pour la permiffion d'aller à Pequin:les Cainois prirent les lettres de creance fans faire de refponce fur ce point, & eftants reuenus l'aprefdinée , ils leurs demanderent fi le Prince ou le Gouuerneur de Hollande n'auoit pas vn fceau ou cachet pour fes lettres ? comment ils comptoient leurs années? & fur le fait de l'audience ils refpondirent que les Roys de Canton & le Toutang ne leur pouuoient donner audience,qu'aprés auoir receu refponce à la lettre qui auoit efté efcrite à Pequin fur leur arriuée ; ils firent neantmoins remonter dans la riuiere vne de leurs fregattes , & leurs firent efperer que les Roys les viendroient voir en perfonnes.

5. Septemb. On fit rentrer les Ambaffadeurs malgré eux dans leur fregatte , fous pretexte

qu'on ne pouûoit pas receûoir des Ambaſſadeurs dans la ville de Canton ſans la
permiſſion du Grand Can : le Mandarin Poerſienſie,& l'Haitomou, leurs rapporte-
rent aprés les lettres de creance ouuertes & leurs dirent que les Roys de Canton,
à qui elles eſtoient addreſſées, ne leurs pouuoient point faire de reſponce qu'a-
prés auoir receû les ordres de Pequin; ils prirent encore vne auttefois les preſents,
qui eſtoient deſtinez pour le Grand Can.

Enfin aprés que les Ambaſſadeurs eurent attendu trois ſemaines dans leurs fre- 26. Sept.
gattes, ils eurent ordre de mettre pied à terre auec leurs ſuite, furent receus auec
beaucoup de courtoiſie, neantmoins touſiours gardez par deux Officiers & vn bon
nombre de ſoldats, qui ne leurs laiſſoient pas meſme la liberté de mettre la teſte à
la feneſtre de la ruë; deux iours aprés vn Mandarin les vint trouuer de la part des
Roys de Canton, & leurs dit que pour paruenir à leurs fins & aux deſſeins qu'ils
auoient pour le commerce de la Chine, ils deuoient faire eſtat de trois cents mille
teils en argent, dont ils ſeroient obligez de regaler les Conſeillers de Pequin & les
Gouuerneurs de Canton, & ſe reſoudre encores à faire beaucoup d'autres preſents
à diuers Mandarins : Les Ambaſſadeurs luy reſpondirent qu'ils n'eſtoient point
venus pour payer en deniers contans la permiſſion du commerce de la Chine, &
que s'il n'y auoit point d'autre moyen de l'obtenir, ils aymoient mieux s'en retourner ſans attendre dauantage : le Mandarin s'en retourna fort mal ſatisfait, dit
qu'il n'auoit point eu ordre de leurs faire cette propoſition, & qu'en tout cas, il falloit attendre la reſponce de Pequin.

Enfin les Ambaſſadeurs pour trancher toutes ces difficultez, trouuerent à propos d'offrir aux Roys de Canton 35. milles teils, quand ils ſeroient venus à bout de
leurs affaires; mais comme on les preſſoit tous les iours de donner cet argent par
auance, ils firent ſemblant d'eſtre reſolus de ſortir du pays : on appareille les voiles
& on commence à rembarquer le bagage, les Roys leurs enuoyerent vn ordre de
demeurer iuſqu'à ce que l'on eut nouuelle de Pequin, les Ambaſſadeurs donnerent enfin vne promeſſe de la ſomme qu'ils auoient promiſe, les Roys en furent ſi
contens, qu'ils voulurent regaler les Ambaſſadeurs d'vn ſuperbe feſtin.

Proche de leurs logemens hors la ville ; on auoit dreſſe dix tentes magnifiques
dans vne pleine: les deux Roys y eſtoient aſſis auec le Toutang ſur vn meſme tapis,
la tente la plus proche du coſté gauche eſtoit deſtinée pour les Ambaſſadeurs, entre
les deux aiſles, ſur leſquelles ces tentes eſtoient arengées, eſtoit vne tente pour les
muſiciens, & aux deux pointes de ces aiſles, les ioüeurs d'inſtruments, deux Mandarins vinrent prendre les Ambaſſadeurs,& aprés les auoir preſentez aux Roys, les
conduiſirent dans la tente qui leur auoit eſté preparée ; on vit paroiſtre le Maiſtre
d'Hoſtel qui fendant la preſſe s'auançoit pour faire ſeruir; il auoit vne veſte de ſoye
bleue, auec des dragons & autres figures d'animaux releuez en broderie; deux Officiers mirent vne table deuant chacun des Roys & le Toutang, elles eſtoient couueres
de tafetas rouge cramoiſy, on en ſeruit vne autre deuant les Ambaſſadeurs, couuerte de toutes ſortes de viandes, de pieces de four & de ſuccre apreſtées d'vne
maniere particuliere; chaque table eſtoit couuerte de plus de quarante petits plats
d'argent, aprés que l'on eut beu le coup de la bien venuë, on decouurit les viandes, & on preſſa les Ambaſſadeurs d'en manger; les Roys parurent de fort belle
humeur durant ce repas, & firent faire par leur Maiſtre d'Hoſtel pluſieurs queſtions
aux Ambaſſadeurs ſur leurs pays; ils les preſſoient auſſi ſouuent de boire, on le
leur preſentoit dans des couppes d'or, que l'on rinſoit à meſure qu'il auoient bû; Les
Ambaſſadeurs firent preſenter vn verre de vin d'Eſpagne aux deux Roys, & au
Toutang, ils le trouuerent ſi bon qu'ils ne voulurent plus boire aprés de leurs
ſanſor : nous eſtions ſurpris de voir tant de magnificence parmy ces infidelles, mais
le grand ordre auec lequel ils eſtoient ſeruis, nous eſtonnoit encore dauantage;
chacun de leurs Officiers faiſoit ſa charge auec vne ponctualité admirable, au trauers de la foule & de tout le peuple : les fils des deux Roys paroiſſoient encore plus

Seconde Partie. (?) E iij

ciuils & plus courtois que les autres, on leur presenta à chacun vn verre de vin , ils
se presenterent à genoux deuant la tente des Roys, baisserent trois fois la teste iufques à terre , & puis se retirerent sous vn pauillon que l'on auoit dressé pour eux.
Les Roys prirent grand plaisir à entendre vne epinette des Hollandois : leur musique est differente de la nostre , mais quoy qu'ils se seruent d'instruments fort
differents des nostres , ils ne laissent pas d'estre fort sçauants en musique, ont l'o-
reille fort bonne , & sçauent accorder diuers instruments : ils éleuent leur
voix d'vne maniere fort touchante , & la conduisent auec beaucoup de
science.

L'instrument le plus ordinaire dont ils se seruent est monté auec des cordes de soye, & ressemble assez à nos manicordions, mais il est encore plus rond;
ils ont la guiterre , & vn autre instrument que l'on touche auec vn baston , ils
accordent leurs voix auec ces instrumens & auec vn autre nommé singa, qu'ils
touchent auec vn petit baston , & dont ils tirent des accords admirables ; à la fin
du repas ils prirent congé des Princes , accompagnez de plusieurs Courtisans
& d'vne troupe de Caualiers Tartares. Ce bon traitement estoit vn des effets de
la promesse que les Ambassadeurs auoient donnée , & auoient aussi porté le
Toutang, qui est le Chef du Gouuernement politique de la ville de Canton,
d'escrire à la Cour de Pequin, que les Hollandois estoient venus dans le pays
pour offrir à l'Empereur leur alliance & luy rendre leurs hommages, accompagnez
de presens; Les Roys pour les obliger escriuirent vne autre lettre en leur faueur,
où ils informoient cette Cour que les Ambassadeurs n'estoient pas seulement
venus pour saluer sa Maiesté Imperiale, mais aussi pour demander la permission
de venir trafiquer auec leurs vaisseaux, & d'y resider comme sujets.

Aprés cinq ou six mois de temps, deux ordres de l'Empereur arriuerent à Canton pour responfe à ces lettres ; le premier portant que les Ambassadeurs pouuoient venir à Pequin auec vingt personnes de leur suitte & quatre Interpretes,
pour y traiter du nombre des vaisseaux & du temps auquel ils y seroient; que
cependant le reste de leur trouppe & de leurs gens demeureroient dans leurs vaisseaux sans faire aucun traffic , iusqu'à ce que les Ambassadeurs fussent reuenus.
Le second mandement estoit plus doux & portoit , que sa Maiesté auoit desia accordé la liberté du commerce aux Hollandois, mais que deuant toutes choses,
ils en deuoient venir faire des remerciements ; en suite de ce mandement on permit aux Ambassadeurs de prendre vne maison plus grande , d'y mettre à couuert
leurs marchandises & d'en trafiquer.

1656.
22. Feu.

Comme ils estoient sur le point de partir de Canton pour leur voyage, ils demanderent audience au plus vieux des Roys de Canton; il les receut quoy qu'il eust mal
aux yeux. Ce iour là toute leur suite marcha armée à la teste du Cortege, & les Ambassadeurs à cheual auec le Mandarin Pretsensia qu'on auoit fait Haitomou, & celuy qui sortoit de cette charge ; ils presenterent à ce Roy , la lettre qui luy estoit
adressée, auec vn memoire du present que l'on luy faisoit ; aprés l'auoir parcourue,
il la remit entre les mains de l'Haitomou pour estre enregistrée, & s'excusa auprés
des Ambassadeurs de ce qu'il ne leur pouuoit faire responce , qu'ils n'eussent eu
audience de l'Empereur de Pequin; de là ils passerent au Palais du ieune Roy, pour
faire la reuerence deuant son Trosne, dressé fort superbement dans vne auant-salle
de son Palais, & couuerte d'vne peau de Tigre ; car le Roy en estoit party le 30.
Decembre auec ses troupes, pour faire la guerre dans la Prouince de Quam-sy, il
auoit passé fort proche de la loge des Hollandois monté sur vn cheual gris pom-
melé, armé de son arc & de ses fleches, on auoit dressé par son ordre sur le bord
de la riuiere plusieurs tentes & pauillons, sous ces tentes il fit vn regale au vieux
Roy de Canton & aux principaux de la ville ; les Ambassadeurs y furent conuiez & traitez magnifiquement, sous vne tente qu'on leur auoit dressée exprés;
cependant tous les amis du Prince prenoient congé de luy, & luy souhaittoient vn

bon succez dans ces entreprises & vn heureux retour : aprés qu'il eust receu les com-
pliments de tout le monde, il monta sur vn superbe vaisseau, qui l'attendoit au bord
de la riuiere qui coupe cette pleine ; il se mit sur le tillac à couuert d'vn daiz de soye
cramoisy, & passa vne seconde fois deuant la loge des Hollandois ; son Lieutenant
receut en son absence la lettre que les Ambassadeurs luy deuoient presenter, auec vn
memoire des presents qui luy estoient destinez ; mais il les renuoya le iour suiuant : les
Ambassadeurs furent en suite voir la Mere du plus ieune des Roys ; cette bonne Dame
ne parut point cette fois là, pour euiter la contrainte à laquelle l'eut obligée la presence
des Mandarins Chinois qui estoient en leur compagnie : ils passerent en suitte chez le
Toutang, mais comme il estoit ennemy mortel des Hollandois, il ne les voulut point
voir, & se contenta de leur faire dire qu'il les remercioit de la peine qu'ils auoient
prise : ils furent enfin chez le Commissaire de l'Empereur qui estoit arriué peu de
temps auparauant de Pequin ; on fit entrer les Ambassadeurs par la principale porte
de son Palais, il parut auec vn bonnet de fourrure & habillé plustot à la Persane qu'à la
Chinoise, les fit seoir à sa droite, leur Interprete se mit à genoüil & luy exposa le suiet
de leur visite ; il dit deux ou trois mots pour responce, & prit aprés vne contenance si arrestée & si immobile qu'vne statuë ne l'est pas dauantage : tous ses gens durãt l'audiance estoient rangez à sa gauche, & si bien dressez à cõprendre ses volõtez par le moindre
moũuement de ses yeux, qu'il se faisoit seruir sans parler : de là les Ambassadeurs alle-
rent dans vne maison qui tenoit aux murs de la ville, où ils receurent visite de diuers
Mandarins & Officiers : Le vieux Roy traita aprés dans son Palais les Ambassadeurs,
les galleries estoient magnifiquement ornées de toutes sortes d'armes, on plaça à sa
droicte les Ambassadeurs ; tous les Mandarins & Officiers de Canton estoient rangez
sans siege à sa gauche auec le Magistrat de la ville à la teste ; le Roy estoit assis sur vn
grand banc carré, mais peu eleué, & se ioüoit auec quelques-vns de ses enfans, qui auec
vne gayeté de personnes de leur âge, luy montoient sur ses espaules ; ils estoient fort
beaux de visage, habillés fort superbement : les Interpretes nous dirent qu'il en auoit
56. quoy qu'alors il n'en eut que neuf auprés de luy, dont le plus ieune n'auoit pas cinq
ans. On fit aprés vn mesme regale aux Ambassadeurs chez le plus ieune des Roys, &
comme il estoit à l'armée, son Secretaire les traita en son absence ; on leur fit vn
fort grand repas, pendant lequel on leur donna la Comedie ; le bruit des instruments qui ioüoient en mesme temps empéchoit que l'on ne peût rien entendre : la
Reine Mere venoit de temps en temps à la fenestre pour voir ses conuiez & paroissoit de fort belle humeur, elle nous parut fort petite de taille delicate, le tein brun
& d'vne humeur fort viue & fort enioüée ; les Ambassadeurs en entrant firent vne reuerence à sa Chaire, & firent le mesme en sortant.

Ils partirent enfin de Canton pour aller à Pequin, voyage qui se fait tout par eau 17. Mars
iusques à quatre lieuës de Pequin, si l'on en excepte la montagne de Namhering: 1656.
Ils auoient loüé vn superbe vaisseau pour leurs personnes, auec cinq autres qui leur
auoient esté destinés aux despens de l'Empereur, sur lesquels ils mirent ceux de leur
suite auec les presens ; Le Toutang de Canton, qui est Chef du gouuernement politique de la ville, & de tous les Docteurs, dont il est composé, leur donna pour con-
ducteur le Mandarin Pingsentomou auec le tiltre de Haitoniou, accompagné de deux
Officiers d'armée, qui deuoient commander vne trouppe de soldats Tartares, &
deux autres Officiers subalternes ; si bien que toute leur flotte estoit composée de
vingt vaisseaux.

Comme ils furent entrez dans leurs vaisseaux, ils arborerent le Pauillon du Prince
d'Orange ; les vaisseaux ramerent le long du bord de la ville, qui les salua de quelques coups de canon, & leur souhaitta bon voyage : il falut aprés faire tirer à la
corde pour surmonter la marée, qui les gagnoit : De ville en ville l'on faisoit partir
des couriers pour aduertir les Gouuerneurs de l'arriuée des Hollandois, & leur porter l'ordre de les receuoir auec honneur : la mesme chose se pratiqua dans toute la
suitte du voyage.

Le Magiftrat de la ville de Xantfui, fit border la riuiere de deux compagnies de gens de pied, il leur enuoya auffi quelques rafraifchiffemens ; mais comme il le faifoit par l'ordre de l'Empereur, les Ambaffadeurs ayant efté aduertis que le prefent ne valoit pas la dixiéme partie de ce que portoit l'ordre de ce Prince, ils creurent qu'ils ne le deuoient pas receuoir, & les remercierent le plus ciuilement qu'il leur fut poffible, ce qu'ils pratiquerent auffi dans les autres villes ; ils firent dreffer leur tentes hors les portes de la ville, & les Tartares de leur efcorte firent tirer au but pour les diuertir : vn de leurs Capitaines gagna le prix, car de 56. pas il donna trois fois de fuite dans le but, qui eftoit grand comme la main : le Secretaire du vieux Roy de Canton, qui deuoit s'en retourner deuers fon Maiftre, les traitta auffi fous fa tente auant que de partir.

Dans le temps qu'ils eftoient à Xantfui, il paffa par la ville vn Officier de la Cour de Pequin, qui deuoit informer à Canton fur les maluerfations du Commiffaire ordinaire qui y auoit efté enuoyé.

Le Magiftrat de la petite ville Sinjum, vint dans vn vaiffeau au deuant d'eux & les receut auec beaucoup de cordialité ; on ne receut point neantmoins les rafraichiffements, qu'il prefenta aux Ambaffadeurs, par la mefme raifon que nous auons dit cy-deuant. En continuant leur nauigation ils pafferent fous la merueilleufe montagne de Sangrounthap, de là ils entrerent dans la riuiere de Ynte, qui paffe au deffous d'vne autre montagne de difficile accez nommée Sanjaugem, de là au village de Quantonhou proche d'vne petite ville ruinée nommée Iangtah : puis à Conjamfiam fameux Pagode ou Temple d'Idoles, où la flotte s'arrefta iufques à ce qu'ils euffent tous fait leurs prieres & leurs offrandes.

Les Ambaffadeurs entrerent dans ce Pagode, ils y virent plufieurs Idoles fur vn autel, & le nom de ceux qui y eftoient venu faire leurs offrandes & leurs facrifices, graués fur les murailles de ce Pagode.

Ils pafferent aprés diuers villages, & virent d'vn cofté & d'autres plufieurs campagnes femées de grains, auec de petits forts carrés d'efpace en efpace, pour feruir de retraitte aux payfans contre les voleurs & les boutefeus ; la marée eftoit fi forte au deuant de ces villages, que quelques-vns de leurs batteaux eftoient demeurez derriere, la force ayant manqué à ceux qui les tiroient ; mais ils fe trouuerent bien-toft fecourus par ceux du pays, qui leur prefterent la main. Au commencement de la nuit le vaiffeau des Ambaffadeurs fut porté fur vne roche taillante, fur laquelle il toucha de fon fond ; tout le fond de calle s'en emplit d'eau, & ils auroient coulé à fond, fi Dieu ne les eut tiré de ce danger : ils arriuerent le iour fuiuant deuant vn lieu fort agreable. Le Mandarin Pingfautanuum fit dreffer fa tente fur le bord de l'eau & donna à difner aux Ambaffadeurs, ils eurent vne grande tempefte fur le foir, fuiuie d'éclairs & de tonnerre ; vn des Ionques, fur lequel eftoit chargé le prefent de l Empereur, perdit fon maft, fut ietté fur le bord de la riuiere, & ne fe fauua que par la diligence extraordinaire de ceux de fon equipage : gand nombre de vaiffeaux qui n'eftoient point de la flotte des Ambaffadeurs, échoüerent & fe perdirent par ce mauuais temps.

De là ils firent dreffer leurs tentes fous les murailles de la ville de Sucheu, le Magiftrat Gouuerneur de cette ville les receut affis dans vne chaire magnifique accompagné de plufieurs Gentils-hommes à cheual, leur fit prefenter quelques rafraichiffements qu'ils receurent, à caufe que ce regale venoit de la part du Gouuerneur, & qu'on ne le leur faifoit point comme les autres, par l'ordre de l'Empereur : les Ambaffadeurs pour refpondre à cette honnefteté, firent vn prefent de chofes curieufes au Gouuerneur.

De là ils pafferent la montagne appellée par les Tartares les cinq teftes de cheuaux, & virent vne eftenduë de pays admirable aux enuirons de Sutqnien : ils rencontrerent aprés vne montagne deuant laquelle ils pafferent auec mille dangers, tant le fond de la riuiere en cet endroit eft fale & plain de rochers ; de dix vaiffeaux il n'en paffe pas vn fans y fouffrir quelque domage, ceux du pays nomment la montagne par cette raifon les cinq diables d'enfer.   Enfin

Enfin ayant paſſé la petite ville de Suchen, ils arriuerent dans la ville de Nanhung, la plus Septentrionale & la derniere des villes de la Prouince de Canton, & où commence la riuiere de Canton.

Les Ambaſſadeurs firent dreſſer leurs tentes ſur la pente d'vne coline en vn lieu fort agreable, le Magiſtrat & le Gouuerneur de la ville qui leurs auoient eſcrit vne lettre pleine de complimens ſur leur arriuée les vindrent voir incontinent aprés, demeurerent auec eux iuſques au ſoir, & leur firent mille ciuilitez; le Gouuerneur principalement qui les pria à diſner dans ſa maiſon, & les traitta magnifiquement; on les pria par deux fois de ce diſner, les gens de leur eſcorte leurs firent cortege iuſques à la porte du Gouuerneur qui les receut au ſon de ſes trompettes, & de ſes hauboís; on les mena dans vne grande ſalle, où le Magiſtrat de la ville & les principaux Officiers de guerre, vindrent auſſi-toſt; car ils eſtoient priés de ce feſtin : le Preſident de la ville s'en excuſa. Il eſt à croire que c'eſtoit vn Chinois, leur maniere dans ces feſtins merite qu'on les deſcriue particulierement : Les conuiés eſtoient aſſis ſur des chaires tous d'vn meſme coſté de la table, l'autre coſté demeurant libre pour ſeruir plus commodement les plats & pour verſer à boire : l'on ſeruit d'abord deux plats deuant chacun des conuiez, le Maiſtre d'Hoſtel eſtoit debout à coſté du Gouuerneur : tout le monde commença à meſme temps à toucher aux viandes, aprés qu'il en euſt donné le ſignal par vne parole : ce Maiſtre d'Hoſtel voyant que l'on ne touchoit plus au premier ſeruice fit deux ſignes, l'vn quaſi immediatement aprés l'autre : au premier on verſa à boire, & au ſecond, l'on ſeruit le ſecond ſeruice auec le meſme ordre que le premier, & ainſi iuſques au ſeizieſme ; car on les regala dautant de ſeruices : durant le diſner, on leur donna la Comedie, ils furent aprés faire vn peu d'exercice dans le iardin en attendant la collation, qui fut ſeruie comme le diſner : ſur la fin les Ambaſſadeurs remarquerent que tous les conuiez mettoient la main à la bource pour donner quelque choſe aux Comediens, & aux domeſtiques du Gouuerneur. La meſme couſtume du pays veut auſſi que l'on mette cet argent aux pieds du Gouuerneur; il receut celuy des conuiez, mais lors que les Ambaſſadeurs luy porterent vn preſent de ſix theils cacheté dans vn petit ſac de papier, auec quelques autres curioſités des Indes & de l'Europe, il le refuſa pluſieurs fois.

Les Ambaſſadeurs partirent pour paſſer la montagne & arriuer à la ville de Nanniam, ils laiſſerent derriere le ſous-marchand Baron, & quelques autres de leur ſuite, auec ordre de ne partir que le iour ſuiuant, & de faire charger le reſte de leur bagage par d'autres crocheteurs, car ils n'en auoient pas aſſez trouué ce iour là : ils leur commanderent auſſi, que chacun d'eux porta vne banderolle iaune, où eſtoit eſcrit le nom de l'Empereur, & des Ambaſſadeurs, afin qu'il ne ſe meſlaſt point parmy eux des gens qui ne fuſſent pas de leur troupe : les Ambaſſadeurs ſe firent porter dans des Palanquins pour paſſer plus aiſément la montagne, leur train eſtoit compoſé de 450. porteurs, de 100. ſoldats qui leurs auoient eſté donnez pour garde, & d'enuiron 50. ou 60. Capitaines, ſoldats, ou valets, qui s'eſtoient ioints à leur trouppe au ſortir de Canton : ces porteurs que ie viens de dire s'eſtoient loüés à raiſon de huiĉt mas d'argent, qui valent chacune vn eſcu quatre ſols. Le Mandarin Pingſentauw qui fait autant de dépence qu'vn Prince en nos quartiers, auoit pris plus de mil hommes pour paſſer la montagne, à chacun deſquels la Compagnie deuoit payer le meſme ſalaire. L'on s'arreſta la nuit ſur cette montagne à vn village nommé Suſan, où ils ne trouuerent qu'vn Officier de guerre qui en auoit le gouuernement; il fit chercher vn peu de ris, & de ces boiſſons fortes, qui ſont en vſage dás le pays, auec vn porc pour les Ambaſſadeurs, tous les païſans s'eſtoient enfuis de ce village, & auoient abandõné leurs maiſons à ces nouueaux hoſtes. Le iour ſuiuant l'on monta à cheual de bon matin, & ſur le midy l'on paſſa la montagne qui ſepare les Prouinces de Canton & de Kiauſi. L'on gagna la ville de Nanjan ſans auoir rien veu ſur ce chemin, qu'vne petite ville deſerte, & quelques Officiers du vieil Roy de Canton, qui venoient de Pekin, où ils auoient acheté vne centaine de cheuaux pour ce Prince. Ils trouuerent au port de cette ville vn de ces Officiers qui leur presenta vne lettre pleine de complimens sur leur arriuée, on les conduisit dans vne maison qu'on leur auoit preparé, où le Gouuerneur vint immediatement aprés, accompagné des principaux de la ville; les complimens acheuez de part & d'autre, l'on leur fit vn grand soupper aux dépens de la ville: ils furent aprés visitez par deux Seigneurs Tartares, qui auoient esté despechez de Pekin de la part de l'Empereur, pour feliciter les Roys de Canton sur la victoire qu'ils auoient remportée l'année precedente sur les Chinois de la Prouince de Quam-si, & sur le triomphe de treize Elephans qu'ils auoient enuoyés à Pekin. Ces Tartares leurs portoient aussi pour recompence des nouueaux tiltres d'honneur, vne superbe veste tissuë d'or & de soye; ils tesmoignerent aux Ambassadeurs que leur Nation estoit fort aise de voir d'aussi braues gens qu'ils paroissoient estre, venus du bout du Monde pour saluer leur Empereur: ils les asseurerent aussi que l'Empereur les attendoit auec grande impatience.

Ils trouuerent là beaucoup de difficulté à auoir des vaisseaux pour aller à Nanquin. Le Commissaire qui les deuoit fournir n'en pût trouuer aussi-tost qu'il l'auroit souhaitté, & comme vn iour le Mandarin Pingsentaw luy en fit vne rude reprimende; il prit la chose tellement à cœur, qu'il se fut tué de son cousteau, si vn des gens de ce Mandarin ne l'en eust empesché. Le sous Marchand Baron estant arriué à Nanjan auec tout son bagage & le reste de la suitte de Pingsentaw, toute la trouppe s'embarqua sur treize vaisseaux, iusques-là on auoit nauigé contre le cours de l'eau, tousiours auec beaucoup de danger & de peur. Dé là en auant l'on n'en courut pas moins, quoy que l'on descendit tousiours. Vn iour la petite barque, où estoit l'Ambassadeur Iacques Keyser eschoüa, l'on eut bien de la peine à la mettre à flot, & elle fut ouuerte en deux endroits: on la deschargea pour trouuer les voyes d'eau, qui furent aussi-tost bouchées; les Mandarins firent donner le foüet au Marinier de cette barque auec des courroyes d'vn cuir fort espais, & l'on auroit fait le mesme traictement au Pilotte, si les Ambassadeurs n'eussent demandé sa grace; de là ils passerent plusieurs villes & villages, dont les habitans auoient deserté. Ils vinrent deuant la grande ville de Kancheu, & passerent la nuict à la porte Simon, c'est à dire porte qui regarde le Couchant: les principaux Officiers de cette ville les vinrent aussi-tost trouuer dans leurs vaisseaux. La pluye & le mauuais temps qu'il faisoit alors, ne les empescha point de leur rendre cette ciuilité.

Les Ambassadeurs furent voir le Grand Toutang de cette ville, il les receut dans le principal de ses appartemens, les fit seoir à son costé gauche, & leur fit diuerses questions touchant la Hollande, leur demanda combien elle estoit esloignée de l'Europe & du Portugal, quelle estoit la forme de leur gouuernement? En quel temps leur estat auoit commencé? Si leur Religion estoit la mesme que celle des Portugais? S'ils disoient leur *Pater noster* comme eux? d'où l'on pouuoit assez connoistre l'intelligence qu'il auoit auec les Iesuistes. Nous sçeumes aprés qu'ils auoient baptizé la principale de ses femmes, il fit sonner les trompettes des Hollandois dans sa sale, & considera auec plaisir leurs armes. L'autorité de ce Toutang s'estend iusques à Kiansy, Fochien, Hucquam, & Quansi, i'entens sur tout la partie de ces Prouinces dont les Tartares sont les Maistres; aussi le tiltre qu'on luy donne en Chinois, porte quelque chose de plus que la qualité de Toutang. Les Ambassadeurs resolurent de luy faire vn beau present, considerant que leurs vaisseaux qui vont à l'Isle Formosa, & au Iapon, sont souuent obligez de prendre de l'eau sur les costes de la Prouince de Fokien, qui est de son Gouuernement; il les refusa fort ciuilement, leur disant qu'il ne le faisoit point par vn esprit de mespris, qui estoit assez naturel au Chinois; mais pour se conformer aux Loix de cet Eftat, qui ne permetrent pas aux Officiers de rien receuoir d'vn eftranger auparauant qu'il ait eu audiance de l'Empereur ; qu'au retour du voyage qu'ils alloient faire à Pekin, ils feroient traités comme les Naturels du pays, & que les Chinois viuroient auec eux, comme auec leurs freres: l'on enuoya vne feconde fois l'Interprete pour l'obliger de receuoir les prefens, mais il les refufa.

Ils fe démelerent aprés de dixhuiſt rochers fort dangereux, & arriuerent deuant la ville de Vannuagan, dont le Magiſtrat vint voir les Ambaffadeurs, & demeura auec eux enuiron vne heure : La flotte continuant fa route, s'arrefta deuant le village de Pekitſtoian, où les mariniers fe fournirent de nouuelles voiles, & de diuerfes chofes qui leurs manquoient. Ils arriuerent le mefme foir deuant la ville de Tejofden, & furent vifitez par vn Mandarin, qui eſtoit arriué là auec deux mille cheuaux qu'il auoit achetez pour le plus ieune des Roys de Canton. Ce Mandarin les affeura auffi que l'on les attendoit auec grande impatience à Pekin.

Ils pafferent aprés deuant les petites villes de Kingnanfoe, Kickienzeen, virent plu-fieurs beaux villages, & maifons de plaifir, qui eſtoient fur le bord de la riuiere, & deux tours qui fe refpondoient l'vne à l'autre de chaque coſté, auec quatre autres peti-tes villes ; arriuerent enfin deuant vn Temple qui eſt vis à vis la petite ville de Sin-guangeen ; le Superieur du Temple, nonobſtant le mauuais temps, s'hazarda dans vne petite barque pour venir au deuant d'eux & leur faire compliment.

Ils arriuerent aprés deuant la grande ville de Kiansky, deuant laquelle il y auoit tant de vaiffeaux, qu'ils auroient eu bien de la peine à s'en débaraffer & paffer outre, fi les autres ne leurs cuffent fait place, les confiderant comme des gens qui alloient trou-uer l'Empereur. Ils ietterent l'ancre deuant vne porte nommée *Quanullmon*, c'eſt à dire, la belle porte ; le Magiſtrat leur enuoya auffi-toſt quatre grands vaiffeaux, afin qu'ils puffent continuer leur voyage auec plus de commodité ; car dans le chemin qu'ils auoient fait depuis la montagne iufques là, il y a tant de rochers à paffer, & la riuiere a fi peu de fonds, que l'on eſt obligé de fe feruir de petites barques. Le Man-darin Pingſentamw prit pour luy les deux plus beaux de ces vaiffeaux ; mais les Am-baffadeurs, en ayant tefmoigné quelque mécontentement, il leur en rendit vn qu'il auoit defia occupé.

Le iour fuiuant vn des Ambaffadeurs nommé Pierre de Boyer, fut auec le Secretai-re Baron rendre vifite au Toutang de cette ville. Iacques Keyfer fon Collegue n'y fut pas ce iour là, à caufe qu'il fe trouua malade. Le Toutang les receut d'vne ma-niere fort ciuile, & fe fafcha fort contre leurs Interpretes, lors qu'il apprit qu'ils eſtoient venus à pied : il en fit mefmes des reprimandes aux Mandarins des Roys de Canton, les traittant d'afnes & de lourdauts, d'auoir fouffert que des gens venus de fi loing pour feliciter leur Empereur fur fes viſtoires, paruffent en public à pied, auec fi peu de decore & de bien-feance.

Au fortir du Palais on leur prefenta des cheuaux de la part du Gouuerneur, fur lef-quels ils monterent pour gaigner leurs vaiffeaux.

Le Toutang refufa vn prefent que les Ambaffadeurs luy voulurent faire, par cette raifon, qu'ils n'auoient point encores eu audiance de l'Empereur.

En continuant leur voyage ils pafferent deuant vne ville nommée Voetfing, où fe tient l'eſtape de la Porcelaine ; les Ambaffadeurs y entrerent auec deffein d'en acheter quelques pieces les plus rares ; mais ils trouuerent vne fi grande foule dans les ruës, qu'ils ne purent feulement approcher des boutiques, leurs qualitez d'Ambaffa-deurs ne les exemptant point de la preffe, outre que les Marchands n'auoient point dans leurs boutiques de monſtre de la pourcelaine qui fe vendoit : ils entrerent aprés en la Mer ou Lac de Poyan ; ils remarquerent fur le bord de cette Mer qui regarde le Midy, tant de villes anciennes & de raretez, que l'on ne les fçauroit affez admirer.

Ils ietterent aprés l'ancre deuant la ville de Ongfiou, autrement Hucouw, pour y faire leurs prouifions, & y attendre les autres vaiffeaux qui eſtoient demeurez derriere. Tous les habitans fortirent hors de la ville pour voir les Hollandois ; mais

Seconde Partie.   (?) F ij leurs trompettes ayans sonné la charge, ce peuple peu accouftumé à ce bruit, en prit vne telle efpouuante, qu'il fe fauua auffi-toft dans fa ville.

Au fortir de cette Mer ils fe remirent fur la riuiere de Kiam, comme ils eftoiét arreftés proche d'vne fource qui eft fur fes bords, & qu'ils y attendoient le beau temps & vn hôme de leur trouppe; ils leur prit enuie de mettre pied à terre dans vne Ifle qui en eft proche, femée de ris, & bordée d'arbres fauuages: en fe promenant ils defcouurirent vn Tigre qui leur fit gaigner leurs vaiffeaux pluftot qu'ils n'auroient voulu: les mariniers voyant que le cuifinier des Hollandois alloit allumer le feu pour faire leur cuifine, ils vinrent trouuer les Ambaffadeurs, fe ietterent à genouil deuant eux, & les prierent les mains iointes, d'empefcher que l'on n'alluma du feu, à caufe, difoient-ils, qu'il y auoit dans cette Mer vn vieil diable marin, qui prenoit tantoft la forme d'vn gros poiffon, tantoft celle d'vn dragon, mais qui eftoit toufiours de cette mauuaife humeur de ne pouuoir fouffrir la fumée des viandes roties: que fi l'odeur de quelque cochon, ou de quelque poule rotie luy prenoit au nez, il tourneroient contre eux les eaux & les poiffons, & qu'ils couroient rifque d'y perdre la vie auec leurs vaiffeaux; les Ambaffadeurs leur accorderent aprés s'en eftre fait prier long-temps pour fe diuertir, & ce iour là on ne leur feruit rien de cuit à difner; à peine les mariniers eftoient-ils fortis de la chambre que l'on découurit deux ou trois grands tons qui fautoient deffus l'eau, comme ils ont accouftumé de faire : les Chinois en penferent mourir de peur, criant que ces poiffons eftoient des emiffaires de ce diable qu'ils apprehendent tant : le iour fuiuant ils pafferent deuant la ville de Pinfeyhun, & virent vne colonne dreffée au milieu de la riuiere, qui fepare les Prouinces de Kiancy, & de Nanquin ; mais le vent s'eftant renforcé, il falut fe ranger le long du riuage, car les Tartares de leurs efcorte ne pouuoient fouffrir le branlement du vaiffeau, ny fe guerrir de la crainte de leur diable marin. Le Gouuerneur de la ville de Tongniemu, qui eft la premiere ville de ce cofté là, de la Prouince de Nanquin, efcriuit vn billet de complimecr aux Ambaffadeurs, vne autre perfonne de fa part leur prefenta en fuite vn regal de rafraichiffemens qui ne crurent pas deuoir accepter : l'on ne trouue rien à acheter dans cette ville que des efpreuiers, fi bien que l'on la prendroit pluftot pour vne ville de Noruege, que pour vne ville de la Chine.

Ils pafferent aprés la petite ville de Tonling, celle de Nangien, & les tours de la ville de Sytioefae fituée plus auant dans les terres, ils virent encore vn petit Temple bafti fur vne roche, au milieu de la riuiere, puis la petite ville de Tiktiang, celle de Ocfoe. Ils approcherent enfin de Nanquin, & eftant entré dans vn canal long d'vne demy lieuë; ils ietterent l'ancre deuant le Havre, vis à-vis la porte appellée Sinfimon, à caufe qu'elle eft du cofté de l'eau.

Le iour fuiuant les Ambaffadeurs allerent rendre vifite aux trois Gouuerneurs de la ville, ils fe firent porter dans des Palanquins, ceux de leur fuite monterent à cheual, ils furent conduits à cette audiance par l'Agent du ieune Roy de Canton, qui refide en cette ville, & par deux Mandarins de Canton qui eftoient venus auec eux ; car le Mandarin Pingfentauw n'eftoit pas encore arriué. Le premier Gouuerneur leur donna audiance dans fon plus bel appartement, il eftoit Chinois né dans la ville de Leaotong, mais du refte extremement ciuil. Les Ambaffadeurs luy prefenterent le memoire du prefent qu'ils luy vouloient faire, mais il le refufa, à caufe qu'ils n'auoient pas encore veu l'Empereur; aprés auoir pris congé de luy, ils furent trouuer le fecond Gouuerneur, il eftoit auffi de la mefme Prouince de Leaotong, & ne leur parut pas moins ciuil que le premier; il donna à lire à vn de fes Officiers le memoire des prefents que l'on luy auoit deftinés; & il ne le prit point par la mefme raifon qu'auoit allegué fon Collegue; ils furent chez le troifiéme Gouuerneur, qui demeuroit dans la premiere enceinte de la maifon Royale, qui eft hors de la ville; il receut les Ambaffadeurs fans les faire attendre dans vne grande chambre carrée, fa femme affife auprés de luy : il y auoit tout au tour de la chambre des lits de repos fort larges, & des chaires, auec vn fougon au milieu pour la tenir plus chaude. C'eftoit vn Tartare de

Naiſſance, mais d'vne humeur fort douce ; il n'entendoit point la langue Chinoiſe, & ſes fils luy ſeruoient de truchemens, la femme auoit l'air fort reſolu, & d'vne humeur guerriere leur fit diuerſes queſtions ; elle prit principalement plaiſir à conſiderer les armes des Hollandois, tira elle-meſme vne de leurs eſpées hors du fourreau: la ſale parut en vn moment aprés toute pleine de Dames Tartares ; l'on apporta en meſme temps au milieu de la ſalle vn grand vaiſſeau plain d'vne boiſſon compoſée, qu'elles prenoient auec des cuilliers, & qu'elles preſentoient à leurs hoſtes. Au ſortir de là, l'Agent du ieune Roy de Canton les mena chez vn Gentil-homme Tartare, qui venoit d'arriuer de Pekin, c'eſtoit vn ieune Tartare d'vne action libre & reſoluë; il eſtoit logé dans vn Palais preſque tout ruiné, qui auoit autresfois fait partie de ce Palais Royal dont nous auons parlé: il n'y auoit pour meubles que 2. ou 3. vieils bancs, & quelques vaiſſeaux pour preparer le Tée ; ſes mulets, ſes cheuaux, ſes aſnes, & ſes dromadaires couroient çà & là dans la plaine ; il preſenta aux Ambaſſadeurs du Tée meſlé auec du lait. De là l'Agent les mena chez luy, où ils furent traitez, & ſur le ſoir ils retournerent dans leurs barques: vn moment aprés l'Ambaſſadeur Iacques Keiſer ſe fit porter dans vn Palanquin, pour voir la ville auec ceux de ſa ſuite ; des Dames Tartares l'appellerent & le firent entrer dans leur principal appartement, c'eſtoit vne large gallerie qui croiſoit tout leur Palais, & dont le plancher eſtoit de belles pierres griſes ; elles leurs firent ſeruir vne petite collation, s'excuſant ſur l'abſence de leurs maris de ce qu'elles ne leurs faiſoient pas meilleure chere : ces Dames leur parurent fort reſoluës & fort libres : elles admiroient principalement les epées des Hollandois, & ne pouuoient comprendre comment elles ſe laiſſoient ployer ſi ayzément, & retournoient ſi-toſt en leur premier eſtat : en ſortant les Hollandois prirent quelques morceaux des thuilles, pour monſtrer la dureté & l'incorruptibilité des materiaux de ce Palais. Keyſer aprés auoir pris congé de ces Dames Tartares s'alla promener hors de l'enceinte des murailles de la ville, & fut voir le Pagode de Paolimpi, les Preſtres luy en ouurirent toutes les portes, & luy en firent voir les dedans, où il y auoit bien milles Idoles, mais il admira principalement la tour de porcelaine qui eſt au milieu de la place de ce Temple.

Voyez la figure.

Vn Ieſuiſte qui eſtoit à Nanquin nommé Emanuel de Liſbonne, vint faire compliment aux Ambaſſadeurs ſur leur arriuée, & les pria de luy faire l'honneur de prendre vn mauuais repas chez luy : les Ambaſſadeurs permirent au Secretaire Baron & au Maiſtre d'Hoſtel d'y aller, il les receut fort bien ; il auoit inuité auſſi pluſieurs Chinois qui teſmoignerent vne grande ioye de l'arriuée des Hollandois ; ils ſe battoient la poictrine en leur preſence, & faiſoient le ſigne de la croix pour monſtrer qu'ils eſtoiẽt Chreſtiens, les Ambaſſadeurs s'informerent là du Iapon, & auroient eſté fort aiſes d'y pouuoir écrire, mais on leur dit que le commerce en eſtoit deffendu, que les Chinois de Chincheo, & de Anhan, qui reconnoiſſent Cogſinga, les y auoit mal traités, & que ceux de Nankin ſ'en eſtant plaints à la Cour il y a plus de trois ans, l'Empereur répondit ſur cette plainte qu'ils euſſent à s'abſtenir de ce commerce. Il ſeroit à ſouhaitter pour le proffit de la Compagnie des Indes Orientales, que les autres Nations en fuſſent auſſi exclus.

Les Ambaſſadeurs aprés auoir demeuré quatorze iours dans cette ville, s'embarquerent vn matin ſur des vaiſſeaux que l'on leur fournit au nom de l'Empereur. Ces vaiſſeaux ſont fort grands, & fort bien baſtis ; ils paſſerent vn pont de quarante batteaux, & virent à l'extremité des murailles de la ville à deux lieuës ou enuiron de la porte deuers l'eau où ils auoient moüillé l'ancre, vn beau Pagode, où le Mandarin Pingſentauw s'arreſta auec toute la flotte pour offrir au diable des pourceaux maſles, des boucs, & du ſang de coq, afin qu'il leur fit auoir vn heureux voyage.

Diuers gueux ſe preſenterent à eux deuant la ville de Iurianſen, entre autres deux qui ſe frappoient comme des belliers ſi rudement la teſte l'vn contre l'autre, qu'ils en faiſoient horreur à ceux qui les voyoient ; ils continuent ce ſpectacle iuſqu'à ce qu'on leur donne l'aumoſne, ou que l'vn des deux demeure mort ſur

la place, ce qui arriue fort souuent. Ils en virent vn autre qui estoit à genoüil, &
murmuroit en luy-mesme quelques parolles, se frappoit auec vne si grande force que
Voyez la fi-
gure. la terre en retentissoit ; d'autres se faisoient brusler ie ne sçay quelle drogue sur la
teste,& l'y laissoient brusler en sorte que l'on sentoit l'odeur de leur peau rostie;ceux-
là crient continuellement iusques à ce qu'on leur donne quelque chose, D'vn autre
costé on voyoit des aueugles qui vont par trouppes,& se battent si cruellement la poictrine & le dos auec des pierres,à la cadencé de certaines paroles, qu'ils en sont tout
couuerts de sang. Les Tartares paroissoiét fort touchez de ces spectacles, & faisoient
des presents à certains de ces gueux qui vendent le vent, esperant par leur moyen
auoir vn temps fauorable, les Hollandois au contraire s'en mocquoient, & ne leurs
donnoient rien, disant qu'ils ne craignoient que Dieu seul, & point du tout le diable;
l'on commence là à entrer dans vn chemin Royal, qui a esté fait auec plaisir, & est
bordé des deux costez de beaux villages & de belles pleines semées de rys; mais toutes les terres si bien cultiuées, que l'on croit estre au milieu d'vn paradis terrestre.
Au costé gauche du chemin est le fameux Pagode de Kingang plein d'Idoles, &
plus auant vn autre au dessus, auec vne tour de belle architecture, autour de laquelle il y a six galleries.

Estant arriué deuant la ville de Ienkeuw, le Mandarin Pingsentauw alla visiter
le grand Commissaire qui y estoit arriué depuis peu , pour se faire payer des droits
qui sont deubs à l'Empereur. Il leur presenta de la part des Ambassadeurs quatre
aulnes de drap rouge , pour se rendre fauorable dans la visite qu'il deuoit faire :
Les Ambassadeurs furent obligés de s'arrester en cette ville , & d'attendre leurs
Mandarins qui s'estoient allé diuertir auec les Dames du pays, fameuses dans toute ia Chine pour leur beauté, & pour l'adresse qu'elles ont de plaire aux hommes :
sur la droicte de ce chemin ils virent plusieurs coupoles de pierres, & le fameux tombeau de Sultan Hey; ils arriuerent à Midy au village de Scomperfin, autrement
Saopro à trois milles de Ionkeu, au trauers duquel passe le chemin Royal. Il fallut
faire là vne station pour complaire à la femme de Pingsentauw; ceux de ce village
estoient occupez aux preparatifs de la feste de la cinquiesme lune : ils auoient entre
autres spectacles extraordinaires preparé deux petites chaloupes qu'ils appellent icy
Longscheu, c'est à dire chaloupe anguille qui passoient continuellement d'vn vaisseau
à vn autre pour diuertir le peuple : le corps de ces petits bastimens representoit vne
anguille, & l'on voyoit au derriere diuerses representations de serpens faites de soyes
de diuerses couleurs, qui representoient ces bestes fort naturellement : Ils firent entrer les Ambassadeurs dans leus vaisseaux, & crierent tous qu'ils fussent venus à la
bonne heure, d'vn pays si esloigné : l'on leur fit vn present, dont ils parurent fort
contents , & souhaitterent aux Ambassadeurs toutes sortes de prosperitez dans
leur voyage ; ils auoient desia fait venir des cheuaux & des palanquins proche
leurs vaisseaux pour aller saluer le Gouuerneur de la ville de Hoianingam, il pleu-
uoit, & il leur fit dire qu'ils ne prissent pas la peine de faire cette visite ; le Mandarin
Pingsentauw leur donna à disner dans la ville, & sur le soir vn Iesuiste Gascon,
qui y demeuroit les vint voir dans leurs vaisseaux, leur fit beaucoup de ciuilitez,
mais il ne pouuoit comprendre comment ils auoient peû penetrer si auant dans la
Chine, ny le suiet d'vn si grand voyage ; ils continuerent à monter la riuiere, fort
surpris de voir tousiours de beaux iardins des deux costez,& vn nombre infiny de jon-
ques & d'autres vaisseaux:ils passerent deuant le village de Penseiquam où le chemin
de la riuiere estoit baré auec des cables & de petites barques : il fallut s'arrester dans le
fameux village de Sinsiampa,à l'entrée duquel est vne écluse qui se ferme auec de fortes portes. Ce village a le priuilege d'vne ville, auec vne doüane, dont trois Officiers
ont la direction : vn de ces trois doüaniers, qui estoit de la ville de Chincheo, & par
cette raison peu amy des Hollandois, voulut visiter tous les vaisseaux de la flotte,
horsmis les deux des Ambassadeurs, n'y ayant point, ce disoit-il, d'apparence que
huict vaisseaux aussi grands que ceux-là, ne fussent chargez que de presens pour

l'Empereur : iufques là toute leur flotte auoit paffé fans rien payer, comme eſtant aux Ambaſſadeurs, il ne receuoit point cette raiſon, nõ plus que ce qu'on luy diſoit que deux de ces vaiſſeaux appartenoient au vieil Roy de Canton : il en vint iuſques à dire aux Ambaſſadeurs, vous allez à la Cour, vous y pourrez faire vos plaintes, ſi ie vous ay traité autrement que ie ne deuois, pour moy i'ayme mieux perdre ma charge, que de manquer aux ordres que i'ay receus ; ils virent proche du fameux village de Kihaia, des Chinois qui auoient des oyſeaux nommé Lompa, qui ſont dreſſés à prendre du poiſſon : ils acheterent quelques carpes qu'ils auoient pris, entre leſquelles y en auoit d'vn pied de long, & qui peſoient trois quartrons ; ils demanderent au Maiſtre de ces oyſeaux peſcheurs, ſi il leur en vouloit vendre vne couple, il leur reſpondit qu'il ne s'en pouuoit pas deffaire, & que ſa maiſon n'auoit point d'autre ſubſiſtance que celle-là, & ſur la queſtion qu'on luy fit, de quel pays venoient ces oyſeaux, il reſpondit qu'il n'en ſçauoit autre choſe, ſinon qu'il les auoit eu de ſon pere qui les tenoit de ſes predeceſſeurs ; il adiouſta qu'ils multiplioient, mais qu'il falloit beaucoup de temps pour en tirer race : ils eurent auſſi en ce quartier le plaiſir de la chaſſe du lievre, ils le manquoient ſouuent, n'oſant pas s'engager trop auant dans vn pays qu'ils ne connoiſſoient pas. Les Tartares battoient beaucoup de pays, & faiſoient leur poſſible pour diuertir les Ambaſſadeurs, & ne pouuoient aſſez admirer l'addreſſe de ceux de leur ſuite, qui tiroient quelquefois en volant vn faiſant ou quelqu'autre oyſeau.

Les Ambaſſadeurs furent traités magnifiquement par les Agens du ieune Roy de Canton en la ville de Tinneng, dans l'abſence du Gouuerneur, qui eſtoit ſorti auec tout ſon Conſeil, pour faire tracer vne digue, contre les inondations de la riuiere iaune.

Le Gouuerneur de la ville de Lincing ou Minſing, les receut ſur le quay, où aborderent leurs vaiſſeaux ; Pingſentauw, & les autres Mandarins ſe ioignirent à ſa troupe, l'on apporta des chaires ſur leſquelles ils s'aſſirent, les Ambaſſadeurs furent auſſitoſt appellez, & le Gouuerneur leur fit des excuſes de ce qu'il ne les receuoit pas dans ſon Palais à cauſe qu'ils n'auoient pas encore eu audiance de l'Empereur, il refuſa par cette meſme raiſon le preſent que les Ambaſſadeurs luy voulurent faire. Il mourut en cette ville vn trompette Hollandois, que l'on enterra par la permiſſion du Magiſtrat dans vn Pagode de Lincing : ils paſſerent deuant la ville de Tunchan de la Prouince de Pekin, où il y a tant de ionques & d'autres vaiſſeaux, qu'ils eurent bien de la peine à s'en demeſler, & à paſſer outre : les Ambaſſadeurs enuoyerent vn de leur ſuite auec douze ſoldats Tartares pour voir le Lion de fer fondu, qui eſt dans la place du marché de cette ville ; mais les Chinois leurs fermerent la porte au nez, & ils furent obligez de retourner ſans auoir pû ſatisfaire à leur curioſité. De là l'on arriué en la ville de Sanglo ou Sangſiomou, la femme du Gouuerneur enuoya querir les Ambaſſadeurs par vn ſoldat, elle les receut dans vne grande ſale, aſſiſe ſur vn eſpece de troſne au bas duquel eſtoient trois Dames Tartares ; à ſon coſté gauche eſtoit aſſis ſur vn couſſin ſon Maiſtre d'oHtel, & eſcriuoit par ſon ordre toutes les particularitez de Olanca ; car c'eſt ainſi qu'ils nomment la Hollande ; ils prirent congé le plus ciuilement qu'ils purent en ſortant ; elle leur fit des excuſes, & elle leur dit que ſon mary eſtoit allé à la Cour, que ſans cela, elle les euſt prié de demeurer vn iour ou deux chez elle, pour ſe remettre vn peu de la fatigue du voyage ; les Interprettes dirent aux Ambaſſadeurs que le mary de cette Dame eſtoit en grande conſideration auprés de l'Empereur : on luy enuoya par cette raiſon vn petit preſent qu'elle receut auec plaiſir ; les Ambaſſadeurs paſſerent la nuiĉt deuant vn village nommé Toinau, qui eſt au deſſous d'vn petit Chaſteau, où il y a garniſon de Tartares : cette meſme nuiĉt le feu ſe prit au ioncque du Mandarin des Roys de Canton. Tout le peuple du pays courut aux armes, croyant que les voleurs euſſent attaqué les Ambaſſadeurs ; les Tartares couperent les cordes de ce ioncque pour le laiſſer aller au gré de l'eau, mais les Hollandois le ſecoururent ſi à propos, qu'ils en eſteignerent le feu.

Le iour d'aprés ils passerent deuant les petites villes de Sinctujeu, Sincoheen & de Scingleiheen ; Au costé du Couchant ils virent vn grand parc fermé d'vne muraille, & vn beau bois de haute-futaye; les Ambassadeurs auoient grande enuie d'y entrer, mais les Interpretes leur dirent que c'estoit vn Cloistre de Religieuses, où il n'estoit pas permis aux hómes de mettre le pied: ce soir là tout le pays parut en alarme, les paysans diuisez en plusieurs trouppes, chacune ayant les enseignes deployées marchoient en bon ordre pour se deffendre contre les sauterelles, qui ont accoustumé de les venir attaquer tous les ans auec vn vent d'Est, & mangent toute la campagne, comme si le feu y auoit passé: les paysans s'arment de drapeaux qu'ils font voler en l'air, & font vn si grand bruit, qu'il semble que la terre en doiue abismer.

Le iour suiuant ils ietterent l'ancre deuant la fameuse ville de Tiencieu, pour y passer la nuict, & prendre leurs mesures pour le reste de leur voyage; le Gouuerneur de la ville & le chef des Bourgeois vinrent aux vaisseaux faire compliment aux Ambassadeurs; mais Pingsentauw negotia en sorte que ces Officiers le visiterent deuant les Ambassadeurs: l'on trouua à propos de faire partir le Mandarin des Roys de Canton, pour porter la nouuelle à la Cour de l'arriuée des Ambassadeurs, l'on fit preparer vn festin dans vn agreable Pagode, à cause que la trouppe estoit sur le point de se separer.

Le Mandarin Pingsentauw en fut prié & les principaux du voyage, pour arrester ensemble de quelle maniere ils se gouuerneroient à la Cour, & y instruire leur Interprette, comme ils auoient faict durant le voyage de ce qu'il deuoit dire, & de ce qu'il deuoit faire, & sur tout de ne respondre iamais sur aucune affaire, sans auoir auparauant consulté auec eux; la responce : si l'on leur demandoit s'ils estoient venus tout droict de Hollande, quel tiltre l'on donne au Gouuerneur General des Indes Hollandoises? quel pays il a sous son gouuernement? comment les Hollandois s'y estoient establis? ce que signifie vne Republique? & semblables questions: sur tout de n'en dire pas plus qu'on leur en demanderoit, de peur d'embarasser l'esprit des Tartares, qui n'ont pas l'apprehensiue fort prompte. L'on traitta aussi dans cette conference, des moyens de nous rendre fauorable les principaux de cette Cour, & d'obtenir de l'Empereur la liberté du commerce dans tout cet Estat. Le Mandarin bien instruit par cette conference, partit la nuict à cheual pour aller à Pekin, les Ambassadeurs continuerent leur voyage par eau, de Tiensu passerent à Goesime, ou Hoogsuxoc, où le principal Officier de la ville les traitta magnifiquement dans sa maison, & pour ne luy point ceder en courtoisie, on luy enuoya vn present qu'il ne voulut point receuoir, mais bien quelques bouteilles d'eau de rose qu'il fit demander & qu'on luy enuoya aussi-tost.

Ils passerent deuant la petite ville de Focheen, & enfin arriuerent à la rade Royale de Sianfianwoü à quatre miles de Pekin, où finit le chemin par eau : le Mandarin que les Ambassadeurs auoient enuoyé, les y vint trouuer, & le iour d'aprés, on leur amena vingt-quatre cheuaux, quelques chariots & charettes : & cela par ordre du Conseil de Pekin. Quand tout fut prest, les Ambassadeurs prirent le chemin par terre pour aller à Pekin dans cet ordre. Deux trompettes marchoient à la teste de la trouppe, aprés eux vn estendart auec les armes du Prince d'Orange, & les Ambassadeurs en suitte auec quelques Seigneurs Tartares, les Officiers & les Soldats, qui les auoient accompagnés depuis Canton, & marchoient aprés: ils estoient suiuis du bagage, & des valets des Ambassadeurs, & des Mandarins, tous fort lestes & fort braues: vn autre estendart fermoit cette trouppe, le chemin estoit tellement plein de chariots, de charettes, de cheuaux, de mulets, d'asnes, de vaches, de bœufs, d'hommes, que nous croyons marcher dans vne armée; mais tout cela auec vn grand desordre, car ce chemin estoit tellement rompu, & si sale, qu'il sembloit lors que nous arriuasmes que l'on eust trainé les hommes & les cheuaux dans la boüe. Aprés auoir passé la ville de Tongsiu, & plusieurs villages fort agreables, ils disnerent dans vn Pagode, & sans perdre de temps, se remirent en chemin, trauerse-

rent

rent vne belle campagne, qui fourmilloit de monde, & se trouuerent dans le fauxbourg de Pekin : aprés auoir passé deux portes fort hautes, ils mirent pied à terre deuant vn Pagode, où l'on les conduisit pour les faire reposer & attendre leur bagage. Vn Eunuque du Roy qui auoit vn faucon sur le point, leur vint faire compliment
sur leur arriuée, comme aussi les Residens des Roys de Canton, & quelques autres
Courtisans; On leur seruit quelques viandes auec des fruits à la glace, & de l'eau
rafraichie à la glace, leur bagage ayant esté visité par l'Eunuque que nous venons
de dire, & les chariots ayant esté comptés, on les conduisit dans le logement qui leur
auoit esté destiné par l'ordre de l'Empereur; c'estoit vne grande place fermée d'vne
muraille assez haute, auec trois portes sur l'auenuë; entre chacune de ces trois portes,
il y auoit vne pleine, ce logement estoit assez proche du Palais du Roy, & dans la seconde enceinte de la ville.

Les Ambassadeurs y firent venir leurs presents, ils trouuerent que tout ce qu'ils
auoient apporté, estoit en bon estat, remercierent Dieu d'vn si heureux voyage, & le
prierét pour le bon succez de leur negotiation, & pour la reussite d'vne entreprise pour
laquelle la Compagnie auoit fait de fort grandes despences; l'on compta aprés tous
ceux de l'Ambassade à la maniere du Iapon, & sur le soir deux Officiers Tartares auec
douze soldats, vinrent mettre vn corps de garde à la porte de leur logement, sous pretexte de tenir la main à ce que les ordres que l'Empereur donneroit pour les bien receuoir fussent ponctuellement executez, tout le monde leur paroissoit fort content de
leur arriuée : Le iour suiuant le Mandarin Pingsentauw, auec les Residens que les
deux Roys de Canton tiennent à Pekin, les vinrent voir, & vn moment aprés vn des
Conseillers d'Estat auec le premier Secretaire de ce Conseil, nommé Tonglouwia,
Chinois de Nation, mais neantmoins fort traittable; ce Secretaire auoit auec luy deux
autres Mandarins Tartares, nommés Qualonga & Holonga, le dernier estoit Secretaire de ce Conseiller que ie viens de dire, quoy qu'il n'entendit point la langue Chinoise; ils dirent aux Ambassadeurs qu'ils venoient pour les feliciter sur leur arriuée de
la part de l'Empereur, & des Conseillers d'Estat, & aussi pour sçauoir des nouuelles de
leur santé, combien ils estoient d'Ambassadeurs? quel estoit le nombre de ceux de leur
suite? leurs presents qu'ils portoient, pour s'informer aussi particulierement de leurs
personnes, sçauoir le lieu de leur naissance, & de quelle part ils venoient? aprés que
les Ambassadeurs eurent respondu par ordre à toutes ces questions, les Mandarins
leurent la liste de tout le train des Ambassadeurs, selon qu'elle leur auoit esté enuoyée de Canton; ils appellerent par nom les vingt-quatre personnes qui y estoient
marquées, & firent sortir les autres valets qui n'y estoient point compris; ils compte-
rent aprés les presents sur vne autre liste, qui estoit aussi venuë de Canton, s'infor-
mant curieusement d'où chaque piece venoit, comment on l'auoit faite? à quoy
elle estoit propre? combien il y auoit de mois de voyage depuis Pekin iusques à ce
pays-là, & estant satisfaits des responces que leur firent les Ambassadeurs, ils loüerent
la beauté des presents, & dirent que ceux que l'on auoit apporté l'année precedente
de Liqueo s'estant trouué gastés, sa Maiesté les auoit renuoyés sans les vouloir voir:
ils se remirent à leur demander s'il estoit vray que les Hollandois demeuroient tousjours sur Mer? s'ils occupoient quelque terre dans le monde? comment s'appelloit
leur pays? où il estoit situé? quel estoit le suiet de leur ambassade? le nom de leur
Roy? quel âge il auoit? Aprés que les Ambassadeurs les eurent satisfaits sur ces
questions, ils dirent qu'ils s'étonoient fort de ce que l'on leur demanda? s'ils demeuroient sur Mer, comme s'il estoit possible d'y estre continuellement, sans auoir de demeure en terre, & adioustoient qu'ils feroient bien voir vn iour, que ceux qui leurs
auoient faits ces faux rapports estoient des menteurs; qu'ils auoient vn pays nommé la
Hollande, qu'ils en ioüissoient depuis plusieurs centaines d'années: les Mandarins leurs
demanderent en quel endroit du Monde il estoit, si l'on y pourroit aller de Pekin par
terre, & en combien de temps, par quel pays il faudroit passer : les Mandarins ne lais-
serent pas de demeurer dans leur premiere doute, que les Hollandois n'auoient point

Seconde Partie.   (?) G

d'habitation en terre ferme, que s'ils en auoient, qu'elles n'eſtoient que dans des Iſles, & leur en demanderent vne Carte ou deſcription ; les Ambaſſadeurs leur firent voir vne Carte Generale du Monde, où ils leurs firent voir la ſituation de la Hollande, & des Pays-bas, leur monſtrant auſſi les autres endroits du monde, où ceux de leur Natió traffiquent. Les Mandarins pour rapporter plus particulierement toutes ces choſes à l'Empereur, eſcriuirent les noms de tous ces pays ſur des petits billets de papier, attacherent chacun de ces noms ſur l'endroit de la Carte, que l'on leur auoit marqué, & la porterent à l'Empereur ſur le ſujet du gouuernement de la Hollande, & du Prince qui les auoit enuoyé ; ils dirent que leurs pays n'auoit iamais eſté vne Monarchie, qu'ils auoient touſiours eſté gouuerné ariſtocratiquement, & taſcherent de leur expliquer l'aſſemblée des Eſtats Generaux & des autres Colleges, qui ont part au gouuernement ; qu'outre ceux là, il y en auoit vn autre eſtably par l'autorité de tout le pays, dont la iuriſdiction s'eſtendoit ſur les affaires des Indes, que c'eſtoit par l'ordre de ce Conſeil addreſſé au Gouuerneur General, qu'ils auoient eſté enuoyez à l'Empereur de Tartare, pour le feliciter ſur les victoires & ſur la conqueſte de la Chine, & luy ſouhaitter vne longue vie, auec toute ſorte de proſperités, mais ils ne purent faire comprendre à ces Mandarins cette forme de gouuernement, ny auſſi la figure que fait le Prince d'Orange dans cet Eſtat : la ieuneſſe du Prince leurs rendit la choſe plus facile, & leur donna lieu de croire que le Prince & l'Eſtat de la Hollande auoient enuoyé cette Ambaſſade, & que les Eſtats Generaux, & ſa mere gouuernoient iuſques à ce qu'il eut attaint l'âge de maiorité.

Ils demandoient ſi le pere de ce Prince auoit tranſferé en la perſonne d'vn autre le gouuernement du pays, où s'il auoit choiſi quelqu'vn pour en auoir ſoin pendant la minorité de ſon fils ; les Ambaſſadeurs reſpondirent, comment pourroit-on donner à vn autre ce qui appartient à vn Prince, n'a il pas ſa mere, & quand elle ſeroit morte, n'auroit-on pas choiſi les principaux du pays ; les Mandarins leurs demanderent en ſuitte, eſtes-vous parens de voſtre Prince ? car iamais Ambaſſadeur eſtranger n'a baiſſé ſa teſte deuant le throne de noſtre Empereur, qu'il n'ait eſté du ſang du Prince qui l'enuoyoit, & ainſi adiouſterent-ils, les Ambaſſadeurs de la Corée, & ceux des Iſles de Liqueo, qui vinrent l'année paſſée, eſtoient l'vn le frere, & l'autre le Genre des Princes de ce pays : s'ils n'euſſent point eſté de cette qualité, iamais l'Empereur ne leur eut donné audiance.

Les Ambaſſadeurs leurs dirent qu'ils eſtoient fort eſloignés d'eſtre parens de leur Prince, que ceux qui les auoient enuoyez ne ſçauoient rien de cette couſtume, que ceux de cette condition chez eux, ne ſortoient pas ayſément de leur pays, & que dás les Ambaſſades, l'on employoit les perſonnes qui auoient eſté employées dans les charges les plus conſiderables de l'Eſtat : les Mandarins s'arreſterent fort là deſſus, croyant qu'il y alloit de la grandeur de l'Empereur de donner audiance à des perſonnes de cette qualité ; ils demanderent en ſuitte quel tiltre auez-vous dans la Cour de voſtre Prince ? quel eſt ce tiltre ? en langue Hollandoiſe ; à quel nombre d'hommes commandez-vous ? & en quoy conſiſte le commandement que vous auez ſur eux ? Les Ambaſſadeurs leurs reſpondirent conformement à ce qu'ils auoient reſpondu aux deux Roys de Canton, lors qu'ils auoient fait la meſme demande : ces Mandarins auoient de la peine à comprendre comment les 2. Roys de Canton leur auoient donné le tiltre de Tſchomping, & exprimé par là leur qualité ; ils paſſerent aprés à demander ſi tous les preſents auoient eſté empaquetez en la Hollande, les Ambaſſadeurs reſpondirent, que les vns venoient de Hollande, nommément les draps, l'ambre iaune, les corail rouge, les miroirs, les lunettes de longue-veuë, les harnois, & la ſelle, auec toutes les differentes ſortes d'armes, que tout le reſte auoit eſté amaſſé à Batauia par le Gouuerneur General, ſuiuant les ordres qu'il en auoit receu de Hollande : ils prirent de là occaſion de demander quelle place que c'eſtoit Battauia, & quelle ſorte d'hôme ce Gouuerneur General ; ils reſpondirent qu'ils ne le leur pouuoient pas mieux faire entédre qu'en compa-

rant fon authorité auec celle des Roys de Canton, mais que les Hollandois n'a-
uoient point de Roy, que leur pays n'eftoit point vn Royaume, auffi ne luy don-
noient-ils point le tiltre de Vice-Roy ; mais celuy de Gouuerneur General que la
ville de Battauia,à caufe de la commodité de fa fituation, eftoit la ville Capitale de
toutes celles que les Hollandois ont aux Indes, que c'eftoit leur lieu d'affemblée
pour leur vaiffeaux & leur place d'armes pour faire la guerre aux Portugais, qui
eftoient les feuls ennemis qu'ils euffent au monde,principalement ceux de Macao:
les Mandarins auoient fait efcrire par leurs Secretaires tout ce qui s'eftoit paffé
dans cette conference; au fortir les Ambaffadeurs prefenterent à chacun des
Mandarins cinquante teils d'argent; vn moment aprés, l'vn d'eux reuint, pour
leur demander par ordre de l'Empereur & de fon confeil leur lettres de creance,
on le luy prefenta fur vne couppe d'argent, couuerte de trois aulnes d'efcarlate:
vn fecond vint pour voir les armes, & fçauoir fi les ornements qui eftoient fur le
fufil, fur le harnois, & fur le cafque eftoient d'or ou d'argent fin,& comment on les
faifoit. Le troifiéme vint demander de quelles armes les Hollandois fe feruoient à
la guerre, s'ils eftoient en paix ou en guerre auec ceux de Macao, & les autres Portugais,lequel des deux eftoit le plus proche de la Chine le Portugal ou la Holande?
Vn quatriefme reuint demander quelle eftoit la qualité des Ambaffadeurs ? & fit
entrer dans fa demande le mot de Commandeur qu'il prononçoit mal peut-eftre
pour l'auoir mal retenu,comme auffi fa veritable fignificatiõ que les Iefuiftes peut-
eftre leurs auoient donné mal à entendre : celuy-cy parut perfuadé que la qualité de Tfchomping, qu'on leur auoit donné à Canton, ne les autorifoit pas affez
pour paroiftre deuant la perfonne de l'Empereur ; ils reuinrent vne fixiéme &
vne feptiéme fois, pour demander des nouuelles particularitez, nommément fur la
qualité des Ambaffadeurs, & s'il n'y auoit point dans la Hollande de tiltre d'honneur plus releué que le leur ? combien il faudroit monter de degrés pour arriuer
iufques à celuy de leur qualité ? ils refpondirent qu'il en faudroit monter dix, &
qu'il n'y en auoit que quatre au deffus d'eux : ils partirent enfin, s'excufant de ce
qu'ils les auoient importunez par ces vifites & ces interrogations fi frequentes, que
l'Empereur leur auoit commandé de s'informer de toutes ces chofes fort particulierement, & de luy en apporter ce iour là vne relation par efcrit.

Le principal Miniftre aprés auoir efté informé par les Mandarins, en renuoya
deux nommez Qualanja & Holonja, auec ordre de les amener auffi-toft dans l'affemblée du Confeil auec leurs prefens; mais comme il faifoit vne pluye extraordinairement grande, les Ambaffadeurs prefferent tant les Mandarins, qu'il fe chargerent de luy reprefenter le danger que courroient les prefens d'eftre moüillez, &
la priere qu'ils leurs faifoient de vouloir remettre cette audiance à vn autre iour;
ils obtinrent enfin qu'ils y viendroient fans les prefens : ils fe prefenterent, mais ils
ne furent point admis qu'aprés que les prefens furent venus,car l'Empereur comme
on leur auoit dit, s'eftoit mis en fantaifie de les voir ce iour là & dans cette affemblée. Le premier Miniftre eftoit affis fur vn banc large & releué, accroupy fur fes
jambes, deux Seigneurs Tartares eftoient à fa droicte, & à fa gauche vn Iefuifte,
auec vne longue barbe blanche,la tefte rafe & habillé auffi à la Tartare,il eft de Cologne fur le Rhin,fe nomme Adam Schale,& il a efté 46.ans à Pekin,en grande confideration auprés des derniers Roys de la Chine : le decore eftoit peu gardé dans
certe fceance, les bancs eftoient couuerts d'vn vieux drap blanc; ce premier Miniftre auec vn manteau d'vne groffe toile, & les jambes nuës : aprés qu'il eut fait
quelques complimens aux Ambaffadeurs fur leur arriuée, le Iefuifte fit la mefme
chofe en bas Allemand, & leur demanda des nouuelles de diuerfes familles Catholiques, qui eftoient à Amfterdam, leur faifant voir par là qu'il y pouuoit auoir
efté autrefois, cependant les Mandarins du Roy de Canton, & ce Pingfentauw,
mefme qui le portoit fi haut dans le voyage, eftoit occupé à porter deuant ce confeil les caiffes, & les coffres où eftoient les prefens, & faifoit tout ce qu'auroit pû

faire vn crocheteur ; ils en ſuoient tous à groſſes gouttes, ſon Alteſſe ſe faiſoit apporter quelquefois les preſens, & demandoit de quelques-vns, d'où ils venoient,
comment l'on les faiſoit, à quoy ils eſtoient propres ? le lieu où on les auoit achetez ? combien ce lieu eſtoit éloigné de Pekin & de Hollande ? le Ieſuiſte ſeruoit
d'Interprete , & confirmoit par ſon témoignage la reſponce des Ambaſſadeurs,
mais il ſembloit qu'il fut faſché toutes les fois que l'on tiroit quelque preſent qui
plaiſoit à ſon Alteſſe. On leur demanda ce que pouuoient valoir les grands tapis ?
deux cens eſcus répondirent-ils : ils demanderent la meſme choſe des armes , de la
ſelle , de l'ambre iaune & du corail rouge : & l'on iugea de là que ces choſes ſeroient fort bien venduës dans les pays : toutes les reſponces des Ambaſſadeurs
eſtoient eſcrits par ces Secretaires qui eſtoient venus le iour precedent chez eux : en
meſme temps, l'on apporta vn ordre à ce Conſeil, que le Pere Adam euſt à mettre
par eſcrit tout ce qui s'eſtoit paſſé à cette conference, & particulierement, ſi les
Hollandois auoient vne demeure en terre ou non ? combien elle eſtoit éloignée de
ſon pays ? le nom du Prince des Hollandois ? quelle eſtoit la forme de leur gouuernement ? donc le Ieſuiſte demanda aux Ambaſſadeurs par ordre du Chancelier du Royaume, ſi le Prince d'Orange n'auoit pas la meſme authorité dans leurs
pays, qu'il auoit eu par le paſſé, & ſi les Eſtats Generaux n'auoient pas touſiours entre les mains le gouuernement du pays ? les Ambaſſadeurs reſpondirent par ordre
à ces queſtions, le Chancelier en parut ſatisfait, & le Pere Adam ayant fait vn
grand diſcours, le preſenta pour eſtre leu à ſon Alteſſe ; il contenoit entre autres
choſes que le pays des Hollandois auoit eſté autresfois aux Roys d'Eſpagne , qu'il
luy appartenoit encor de droit, & ſemblables diſcours : ſon Alteſſe fit eſcrire deux
fois au Pere Adam la reſponce des Hollandois, & luy dit, enfin il me ſuffit que vous
demeurez d'accord que ces gens-là ont vn pays , que ce pays n'eſt pas loing du
voſtre, & que vous ne diſconuenez pas de ce qu'ils diſent de leur gouuernement,
enfin vous entendez leur langage : on voulut l'obliger d'eſcrire la meſme choſe
pour vne troiſiéme fois, il s'en excuſa ſur ſon âge auancé, & ſur le deffaut de ſa
veuë, le fit eſcrire par vn de ſes gens , & le ſigna auec l'approbation du Chancelier ; l'on enuoya en meſme temps cet eſcrit auec quelques raretez à l'Empereur :
dans le temps que l'on eſcriuoit les reſponces des Hollandois, ſon Alteſſe qui commençoit à s'ennuyer, demanda du lard, on luy en apporta, qui n'eſtoit guiere cuit,
& on luy voyoit couler la graiſſe & le ſang de cette viande le long des iouës & des
mains ; les Tartares firent la meſme choſe, & on les auroit pluſtot pris pour des
payſans affamez, que pour des Conſeillers d'Eſtat de l'Empereur de la Chine : à
peine ce repas eſtoit acheué, que ſon Alteſſe enuoya dire au fils du vieil Roy de
Canton nommé Cockong ou Congſia, qu'il eut à faire tuer & appreſter auſſi-toſt
vn mouton & vn cochon, pour en regaler les Ambaſſadeurs, ce qui fut executé :
ſon Alteſſe & les autres Tartares firent ce repas auec le meſme appetit que le premier ; mais voyant que le Ieſuiſte & les Ambaſſadeurs ne ſe pouuoient accommoder à ces viandes toutes cruës, il les fit oſter & ſeruir des fruits en leur place , &
voulut que l'on porta le reſte de la collation chez les Ambaſſadeurs.

Ils eurent encores quelques autres diſcours auec le Pere Adam, ſur le ſujet d'vn
Ambaſſadeur de Moſcouie, qui eſtoit venu à Pekin depuis quatre mois auec vne
ſuite d'vne centaine de perſonnes, entre leſquels il y auoit quelques Mahometans ; il leur dit que ſon deſſein eſtoit d'eſtablir quelque commerce entre les ſujets de ſon Maiſtre & les Chinois, qu'il auoit eſté ces quatre mois ſans auoir audiance, à cauſe que l'on batiſſoit le Palais de l'Empereur , & qu'il demeuroit
quelquefois dans la ville, & quelquefois dehors : i's ſortirent de l'aſſemblée ſur le
ſoir, le Ieſuiſte les accompagna iuſques à la porte du Palais ; quatre hommes les
portoient dans vn Palanquin, & quantité de perſonnes, qui paroiſſoient gens de
condition le ſuiuoient à cheual : les Ambaſſadeurs luy parlerent de beaucoup de
choſes par le chemin, il leur reſpondit auec eſprit, comme les Ieſuiſtes n'en man-

que point. Le iour fuiuant le premier Secretaire Thongloni, auec les deux Tartares Qualongia & Hoolongia les vint trouuer, pour prendre de la part du premier Miniftre vne lifte des prefens, que les Ambaffadeurs vouloient faire à leur
nom en particulier à l'Empereur, à fa mere, & à la premiere de fes femmes : ils retournerent vn moment aprés, difant qu'ils auoient receu ordre d'amener le Secretaire des Ambaffadeurs dans vn autre Confeil où eftoit fon Alteffe, & d'y
faire porter fes prefens, pour éclaircir mieux ce qu'ils auoient dit fur leur fuiet.
Le Secretaire Baron y fut auec eux, & à peine en eftoit-il reuenu que ces Mandarins les reuinrent trouuer auec Pingfentauw, les deux Mandarins des Roys de
Canton, & leur refidens. Ils leurs dirent que leurs prefents auoient eftez donnez à l'Empereur, à fa mere & à fa femme, qu'ils auoient efté fort bien receus, &
que fa Maiefté les auoit chargez de fçauoir s'ils auoient encore vne cinquantaine
de pieces de toile, femblables à celles qu'ils luy auoient prefentées, & qui luy
auoient femblé fort belles, pour en faire prefent, ce difoient-ils, aux femmes des fils
des Roys de Canton, les Ambaffadeurs en donnerent trente-fix autres pieces, dont
ils parurent fort contens : ils reuinrent plufieurs autresfois chez les Ambaffadeurs,
& leurs faifoient toufiours des nouuelles queftions, fur de nouuelles particularitez de la Hollande : pour fe faire mieux entendre, ils fe firent apporter vne feüille de papier, & ayant diuifé vn cercle en quatre, y marquerent les quatre vents
principaux, & leurs monftrerent auec le craion comment gifoit la Hollande ; ils
parurent cette fois là affez inftruits, & bien perfuadez que les Hollandois auoient
vne demeure en terre, & qu'il n'eftoit pas vray qu'ils n'euffent point d'autres maifons que leurs vaiffeaux.

Ils les vinrent trouuer vne autrefois auec vn Seigneur Tartare, qui les auoit vifi-
tés deux fois à Canton, c'eftoit vn Commiffaire General d'armée, qui auoit efté enuoyé là durant le fejour que les Ambaffadeurs y auoient fait, Pingfentauw eftoit
auec luy, comme auffi les Agens des refidens des Roys de Canton, & d'autres qui les
auoient accompagnez iufques à Pekin ; ils prefenterent aux Ambaffadeurs les lettres de creance, qu'ils auoient donnez au Roy de Canton, & celles qu'ils auoient
apportez à Pekin pour l'Empereur, & leurs demanderent ce que vouloit dire le
mot de Iulij, qui eftoit dans leur lettre ; ils dirent que c'eftoit le nom du mois auquel elle auoit efté efcrite, & celuy que les Tartares comptoient pour le fixiéme
de l'année. Ils leur demanderent en fuitte, fi le gouuernement de Hollande auoit
duré 1655. ans, où s'il auoit commencé depuis ce temps-là : ils refpondirent que la
Hollande auoit toufiours efté de mefme nature, & que ce nombre d'années qui
eftoit dans leur lettre ne fignifioit autre chofe, finon qu'il y auoit autant de
temps que Iefus-Chrift eftoit venu au monde, & que c'eftoit la couftume chez les
Hollandois de datter les efcrits du temps de fa naiffance : ils ne repliquerent rien
fur cette réponce & s'en retournerent auec leur lettres.

L'Empereur ayant efté ainfi informé de l'Eftat de la Hollande, enuoya à fon
Confeil vne declaration, qu'il receuoit en qualité d'Ambaffadeurs les Hollandois,
auec ordre de les mener à l'audiance, quand il feroit affis dans fon trofne dreffé
dans fon nouueau Palais. L'on dit aux Ambaffadeurs que l'Empereur auoit pris
grand plaifir à entendre lire leur lettres de creance, que le Pere Adam auoit tra-
duittes ; en effect il enuoya ordre au Chancelier d'accorder aux Hollandois ce qu'ils
demandoient, & de luy rendre compte de ce qu'ils auroient conclu, comme on le
peut voir dans le contenu de ce mefme ordre, que ie rapporteray icy mot pour
mot. *Confeillers que i'eftime beaucoup, les Ambaffadeurs d'Hollande font arriuez icy pour
faluer l'Empereur, luy rendre obeïffance en luy faifant des prefents, ce qu'on ne trouuera point
qu'ils ayent iamais faits à cette couronne en plufieurs milliers d'années. Celuy-cy eft le premier
voyage qu'ils ont fait, & par cette raifon ie leur accorde la permiffion de fe prefenter deuant moy,
& de me venir faire la reuerence, quand ie feray affis dans le Trofne de mon nouueau Palais, afin
qu'en fuitte on les fatisfaffe fur ce qu'ils fouhaittent, & qu'on les defpefche promptement,*

Seconde Partie. (?) G iij

13. Iuillet.

qu'ils puiſſent retourner chez eux, & aprés que le bon-heur de m'auoir veu leur aura fait oublier à Pekim les incommoditez d'vn ſi long voyage par mer & par terre, & qu'ils auront peu voir, ſans fermer les yeux la clarté du Soleil dans le Ciel, comment pourroit-on n'eſtre point fauorable à des gens qui viennent de ſi loing, & leur refuſer ce qu'ils demandent?

Le ſeiziéme iour du ſixiéme mois m'eſtant fait lire pour vne ſeconde fois la lettre des Hollandois, & en ayant bien compris le ſens, i'ay trouué que l'Ambaſſade qu'ils m'ont enuoyée auoit vn bon fondement; car c'eſt ſans contrainte, & de leur propre mouuement qu'ils l'ont enuoyée, & que les Ambaſſadeurs ont paſſé des terres & des mers ſi vaſtes, comme vn oyſeau qui eſtant en liberté & ſans contrainte, prend dans l'air ſon vol du coſté qu'il veut, cela me les fait eſtimer extremement, & m'eſt vne raiſon de les aymer comme moy-meſme, & rien ne m'eſt plus agreable qu'eux : c'eſt pourquoy i'ay donné ordre au Chancelier du Royaume, & aux autres Conſeillers, de prendre vne reſolution fauorable, ſur l'inſtance qu'ils me font de pouuoir traicter librement dans mes Eſtats, de laquelle reſolution vous me rendrez compte.

Le Chancelier du Royaume les auoit fait ſonder pluſieurs fois par les Mandarins, s'ils ne retourneroient pas tous les trois ans à Pekin pour faire la reuerence à l'Empereur; ils reſpondirent qu'ils leur promettoient bien d'y venir tous les cinq ans, pourueu que l'on leur permit de traffiquer tous les ans à Canton auec quatre vaiſſeaux. Le Conſeil General eſtoit d'aduis qu'on leurs accorda cette liberté de venir tous les ans à Canton, & tous les cinq ans à Pekin; mais les Chinois qui eſtoient de ce Conſeil, faiſant ſemblant d'eſtre plus affectionnés aux Hollandois, dirent, que le chemin eſtant ſi long, & ſi plein de dangers, que c'eſtoit aſſez de les y faire venir tous les neuf ans. Les Tartares n'eurent pas l'eſprit de voir où alloit cette charité, car l'intention des Chinois eſtoit que pendant ces neuf ans, ils ne vinſſent pas à Canton; ils firent conſiderer au Conſeil, qu'il ſe pouuoit faire que ce fuſſent des Anglois, qu'ils ſe deuoient ſouuenir qu'il y auoit trente ans que les Anglois eſtoiět entrez auec quatre vaiſſeaux dans la baye d'Haitomou: qu'ils y auoient pris des joncs chargés de ſel, & que depuis ce temps-là, ils auoient eſté declarez ennemis de l'Eſtat, & exclus de pouuoir iamais entrer dans la Chine; que la prudence vouloit que l'on s'éclaircit auparauant de la ſincerité de ces noutie aux venus, qui vouloient paſſer pour Hollandois; car outre que c'eſtoit aller contre les couſtumes de la Chine, de permettre à des eſtrangers la liberté du commerce; ils deuoient encore prendre garde que la lettre de creance des Ambaſſadeurs ne le demandoit point expreſſément, & qu'il ſe pouuoit faire qu'en cela les Ambaſſadeurs euſſent outrepaſſé leur pouuoir; cette reſolution ſurprit extremement les Hollandois, qui croyoient deſia auoir obtenu la liberté du commerce à Canton, & n'auoir plus autre choſe à faire qu'à remercier l'Empereur.

Ils connurent bien par là que le Pere Adam, & les deux autres Ieſuiſtes qui demeurět dans cette Cour, leurs auoient fait la piece, ils ſceurent qu'ils y auoient employez trois milles teils d'argent, & qu'ils en auoient promis encore dauantage; qu'ils auoient fait apprehender aux Tartares, que ſous pretexte du trafic, ils n'euſſent deſſein de s'eſtablir dans le pays, & de voler aprés le long des coſtes de la Chine : ils mettoient en conſideration la ruine de Macao, qu'ils deuoient auoir égard au rapport du Commiſſaire, qui auoit eſté trois ans auparauant à Canton, & à ce qu'en auoit eſcrit le Tourang qui y eſt maintenant : ce dernier principalement, dont les Portugais de Macao auoient acheté la faueur à bel argent content, auoit eſcrit que les Hollandois paſſoient pour vne nation qui n'auoit point de demeure arreſtée, qui ne ſubſiſtoit que par des moyens illicites, & principalement par les pilleries qu'elle faiſoit ſur mer : les Ambaſſadeurs auoient aſſez fait voir la vanité de cette imputation ; mais le Chancelier du Royaume & les autres Conſeillers qui leurs eſtoient contraires s'arreſtoient aux lettres de creance, c'eſtoit vne difficulté qui ne ſe pouuoit ſurmonter qu'auec de l'argent; ils connurent trop tard que c'eſtoit là le meilleur employ qu'ils euſſent pû faire des trente-cinq mille teils d'argent, qu'ils auoient promis au Vices-Roys de Canton pour leur eſtre fauorables, & voyant qu'ils les auoient abuzés de fauſſes eſperances, ils ſongerent à d'autres moyens pour arriuer à leur deſſein; ils repreſenterent vne autre-

fois à l'affemblée du fecond Chancelier du Royaume, le poinct du commerce à Canton, & enuoyerent le Mandarin du vieil Roy de Canton vers le premier Chancelier
du Royaume, auec offre de demeurer à Pekin, iufques à ce que fa Maiefté fut éclair-
-cie, qu'ils n'eftoient point Anglois comme l'on luy vouloit faire croire; ils demandoient dauantage, que l'on leur donnaft vn feau, dont ils puffent feeler les commif-
fions qu'ils donneroient à leur vaiffeaux deftinez pour le commerce de la Chine, afin
qu'on les peut diftinguer par là des vaiffeaux des autres Nations; ils demandoient
encores quelques pauillons ou banderolles, qu'ils puiffent arborer pour le même effet;
& pour vn dernier effort ils firent prefenter par vn des Secretaires du Chancelier du
Royaume, la priere qu'ils faifoient d'eftre admis dans la Chine aux mefmes conditions
qu'on y auoit receu de tout temps ceux de Annam, & de Lieugrouw Siam, c'eft à
dire comme fujets de l'Empereur, & à condition de payer les mefmes droits, & les
mefmes charges aufquels les Chinois font obligez d'enuoyer tous les trois ans vne
Ambaffade auec des prefents à fa Maiefté, & que les vaiffeaux qui auoient porté les
Ambaffadeurs, fe mettroient à la voile fans attendre leur retour, à caufe que eftant
ordinairement fur Mer, ils ne pouuoient pas demeurer fi long-temps dans l'eau douce
fans fe pourrir; mais toutes ces diligences furent inutiles, quatorze ou quinze milles
teils d'argent eftoient le feul moyen de negotier vtilement; les Ambaffadeurs
auoient depenfé tout ce qu'ils auoient d'argent en les prefents qu'ils auoient fait,
& ils n'en pouuoient trouuer à emprunter, qu'à raifon de neuf ou dix pour cent tous
les mois, ce qu'ils ne crurent pas deuoir faire, ny hazarder vne fi grande dépence dans
l'incertitude de reuffir dans leur deffein. Enfin l'Empereur ayant veu cette negotiation, & que les Hollandois vouloient bien s'engager à venir tous les cinq ans à Pekin,
il confidera qu'il falloit ce temps-là pour aller & venir de Hollande à la Chine; il faifoit fon compte qu'ils ne pouuoiét voyager que de iour, & par confequent ne contoit
point les nuits, & ainfi par inclination qu'il auoit defia pris pour les Hollandois au
lieu de cinq ans, il en mit huict, difant quelle apparence d'obliger à vne fatigue fi
grande des gens qui de leur propre mouuement & par pure inclination font venus
icy me faire la reuerence, & m'ont apporté tant de diuers prefents, fans qu'ils euffent
rien à craindre ny à efperer de moy, en verité il les faut traiter plus doucement, &
leur laiffer au moins deux ou trois ans de temps, pour fe repofer chez eux des fati-
gues d'vn fi long voyage.

Les Ambaffadeurs confidererent qu'il ne reftoit rien à faire dans cette negotiation, qu'il la falloit remettre à vn autre temps; le premier Secretaire d'Eftat, eftoit
mefme d'aduis qu'ils la reculeroient, s'ils en faifoient de nouuelles inftances; il difoit
aux Mandarins des Roys de Canton, qui eftoient d'vn fentiment contraire, n'eft-ce
pas affez, & n'ont ils pas beaucoup auancé leur affaires d'auoir pû trauerfer tout le
Royaume de la Chine en qualité d'Ambaffadeurs, & d'y auoir efté receus comme
Amis: il ne faut pas qu'ils croyent que l'on euft icy grande impatience de les voir, ils
fe trompent, s'ils penfent que cette Cour foit obligée de leur accorder tout de ce premier voyage; ils feront mieux de reuenir dans vn an, ou pluftot s'ils peuuent, fous
pretexte de venir auec des prefens remercier l'Empereur, de la fauorable reception
qu'il leur a faite.

Cependant le temps approchoit, auquel l'Empereur deuoit faire fa premiere entrée dans fon nouueau Palais, auquel temps il auoit remis leur audiance; mais la couftume du pays les obligeoit à aller faire auparauant leurs foumiffions dans le Palais, où
l'on garde le feau du Royaume; car ce lieu ayant efté choifi par le Ciel, & fanctifié par
là de tout temps, les Ambaffadeurs eftrangers, ce difent-ils, luy doiuent les premiers
honneurs, & l'on ne les reçoit iamais à l'audiance qu'aprés y auoir efté; cette voye eft
generale pour tous ceux qui doiuent auoir audiance de l'Empereur, ou entrer dans
quelque charge: l'Empereur mefme n'en eft pas exempt, & auparauant que de fe porter pour Empereur, il faut qu'il vienne baiffer la tefte & faire les foumiffions en ce
lieu: les Ambaffadeurs fatisfirent à cette couftume, trois iours auparauant celuy qui

eſtoit deſtiné pour leur audiance; car le 22. d'Aouſt les reſidens des Roys de Canton auec Pingſentauw & les autres Mandarins de Canton ſe rendirent aux logement
des Hollandois, trois Docteurs Chinois y vinrent vn moment aprés auec leurs habits
de Magiſtrats, qui portent les marques de leurs charges; ils menerent les Ambaſſadeurs dans la ſale de ce vieil Palais que nous venons de dire, fort ſemblable à vne maiſon de ville, lieu où l'on plaide ou y à vn College; car on n'y voyoit que des gens de
longue robe, auec des liures ſous leurs bras; on les fit entrer dans vn petite Chapelle
pour n'eſtre point incommodé de la preſſe : vn quart d'heure aprés on les conduiſit
dans vne court, on les place. Vis-à-vis d'vn ancien troſne fermé tout au tour d'vne enceinte, vn Heros leur cria d'enhaut, auec vne voix forte, *Kuſchan*, c'eſt à dire Dieu
a enuoyé l'Empereur; il leur cria aprés *Quée*, c'eſt à dire, mettez-vous à genoux; *Kanro*,
qui ſignifie, baiſſez la teſte trois fois; *Kée*, leuez-vous, ce qu'il repeta trois fois; &
enfin il cria *Koee*, c'eſt à dire rangez-vous d'vn coſté: cela ſe paſſa en preſence de quantité de Docteurs Chinois : ils retournerent aprés dans leur logement en attendant le
25. d'Aouſt, iour deſtiné pour l'audiance de l'Empereur, mais la mort du plus ieune des
freres de l'Empereur qui arriua le 23. du meſme mois, changea le iour de cette audiance; Le bruit couroit dans le pays, comme les Ambaſſadeurs l'apprirent des Interpretes, qu'vn peu auant leur arriuée, ce Prince eſtant venu à des parolles faſcheuſes
auec l'Empereur, & meſme iuſques aux mains, le Conſeil auoit trouué cette action de
ſi dangereuſe conſequence, qu'il l'auoit iugé indigne de viure; d'autres rapportoient
autrement la cauſe de ſa mort, & diſoient qu'ayant atteint en ce temps-là l'âge de
16. ans, & l'Empereur luy ayant fait ſa maiſon, & oſté ſes gouuerneurs, il auoit abuſé de
cette liberté, & fait vne trop longue deſbauche auec quelques demoiſelles; dauantage
qu'ayant beu en ſuite vn verre d'eau à la glace, on ne luy auoit pû ſauuer la vie : quoy
qu'il en ſoit l'Empereur en témoigna vne grande douleur; il fut quelques temps ſans
vouloir voir les perſonnes qui luy eſtoient les plus familieres, & deffendit par des pla-
carts publics, que perſonne ne luy preſentaſt des requeſtes durant trois iours. Il ne fut
enterré que le 28. Septembre, ce qui fit remettre l'audiance au 2. d'Octobre. La veille
de l'enterrement de ce Prince, l'Empereur enuoya vn ordre par eſcrit au Chancelier
de ce Royaume, d'introduire ce iour-là à l'audiance les Hollandois, les enuoyez du
Grand Mogol, & certains Tartares venus du coſté de l'Occident; & par d'autres pla-
carts, l'on fit ſçauoir à tous les Seigneurs de Pekin, que l'Empereur deuoit paroiſtre
ce iour là deſſus ſon troſne.

Ce iour-là le Mandarin Pingſentauw auec les Reſidens des Roys de Canton, &
leur Mandarins, qui auoient fait le voyage, & quelques autres Courtiſans, vinrent à
deux heures aprés minuict auec des lanternes chez les Ambaſſadeurs, en habit de Magiſtrats; on choiſit ſix perſonnes de leur train pour les accompagner à l'audiance, le
reſte demeura au logis, ces Mandarins les conduiſerent dans la ſeconde court du Palais, où ils leurs firent prendre place ſur la gauche; il fallut demeurer là aſſis ſur des
pierres bleües, & à deſcouuert pour attendre le iour, & que ſa Maieſté vint à paroiſtre. Les Ambaſſadeurs du grand Mogol vinrent aprés, & ſe placerent au deſſous
des Hollandois, accompagnez de cinq Magiſtrats Chinois, & d'vne ſuite de vingt
Mahometans; les deputez de Lammas & des Sudatſes parurent en ſuitte, & aprés
eux pluſieurs des principaux Seigneurs du pays.

A chaque coſté d'vne grande porte qu'ils auoient en face l'on voyoit trois grands Elephans en relief, chargez de tours dorées, & vne ſi grande foule de monde au delà, que
l'on ne pouuoit voir ce qui s'y paſſoit: le iour eſtât venu, les principaux de la Cour vinrent autour des Hollandois, & les conſideroient comme ils auroient pû faire quelque
monſtre nouuellement venu d'Affrique, ſans que pas vn d'eux leur fit aucune ciuilité
ou reuerence; vne heure aprés, il ſe fit vn ſignal, auquel chacun ſe leua bruſquement,
comme ils auroient pû faire en temps d'alarme. Deux Seigneurs Tartares, qui auoient
iuſques alors eſté auprés des Ambaſſadeurs, les conduiſerent, aprés auoir paſſé deux
portes, dans la partie du Palais de l'Empereur où eſt ſon troſne, & où il fait ſa

demeure

demeure. C'eſtoit vne plaine de quatre cent pas en carré, bordée de tous coſtez par
des gens de guerre veſtus de longues robbes d'vne eſtoffe rouge figurée. Dans
le rang de deuant il y auoit depuis le pied du troſne iuſques au bas de la place cent
quatorze perſonnes, qui portoient chacun vn drappeau different des autres ; leurs habits de la couleur de leur drapeaux, ſi ce n'eſt qu'ils auoient tous des bonnets noirs
auec des plumes, & des houppes iaunes. Tout proche du troſne eſtoient vingt-deux
hommes auec des paraſols iaunes fort riches, & aprés ceux cy dix autres qui portoient des cercles en forme de Soleils, & ſix autres la figure de la Lune ; les autres
portoient des perches auec des houpes d'or & de ſoye de diuerſes couleurs ; aprés
ceux-cy trente-ſix eſtendarts, où eſtoient peints des dragons, releuez en or & autres beſtes, puis dix autres plus petits auec des pommes dorées, quatre halebardes ;
d'autres qui portoient des teſtes de ſerpens dorées, c'eſtoit la meſme choſe de l'autre coſté ; mais on y voyoit encore vne multitude infinie de courtiſans. Au bas des degrés du trône eſtoient ſix cheuaux, blancs comme neige, qui ſe ioüoient de leur brides
enrichies de rubis, & de perles. Comme ils eſtoient attentifs à conſiderer cette magnificence, ils entendirent ſonner vne petite cloche, ils virent aprés paroiſtre vn ſoldat, qui faiſoit claquer vne courroïe de cuir, en ſorte que d'vn coup qu'il donnoit, on
entendoit trois coups de piſtolet : aprés cela tout le monde ſe leua, le Sous-Taitong
s'auança aprés auec trente perſonnes, qui paroiſſoient gens de condition, tous habillez fort ſuperbement d'habits de toiles d'or ; ils ſe preſenterent deuant le troſne, &
au cry d'vn heraut qui eſtoit proche, ſe mirent à genoux, & inclinerent neuf fois
leurs teſtes contre terre ; l'on entendoit cependant vne agreable muſique de diuers
inſtrumens auec de fort belles voix ; & comme ceux-cy s'approchoient du troſne, on
voyoit partir vne autre troupe auec le Chancelier du Royaume & deux Conſeillers
à la teſte, qui firent leur reuerence comme les premiers, & laiſſerent la place aux
Ambaſſadeurs de Sudaſen, & de Lammaas, qui furent conduits iuſques au troſne par
le premier, & par le ſecond Chancelier du Royaume. Le Chancelier vint en ſuite
vers les Ambaſſadeurs de Hollande, & leur demanda quelles qualitez ils auoient ? ils
reſpondirent qu'ils auoient celle de Tchiomping, conformément au iugement qu'en
auoit fait le Roy de Canton, qui leur auoit donné ce tiltre : il demanda aprés la meſme
choſe à l'Ambaſſadeur du Mogol, qui reſpondit qu'il eſtoit de la meſme qualité que les
Hollandois, on les plaça par cette raiſon dans vn meſme rang. Au milieu de cette
place il y a vingt pierres auec des plaques de cuiure où ſont marquées les qualitez de
ceux qui ſe doiuent mettre à genoux, le Sous-Taitong vint vers la main gauche, &
dit aux Ambaſſadeurs qu'ils demeuraſſent ſur la dixiéme pierre, iuſques à ce qu'vn
Heraut cria, *Auancez-vous vers le troſne.* A ces mots, ils ſe leuerent tous enſemble
pour s'auancer, le Heraut cria aprés. *Retournez à voſtre place*, ils le firent, *Remettez-vous
à genoux*, ils s'y mirent auſſi-toſt. *Baiſſez trois fois voſtre teſte iuſqu'à terre*, & enfin, *leuez-
vous*; on leur fit recommencer par trois fois tout cet exercice, le Heraut cria, *Retournez
à voſtre place*, ils marcherent auſſi-toſt vers vn des coſtez & reprirent leur place. Ils
furent aprés menés ſur vn theatre éleué auec l'Ambaſſadeur du Mogol, où l'appartement du troſne eſtoit, ayant deux ou trois hommes de hauteur, & eſtoit embelly de
diuerſes allées & galleries d'albaſtre, ou d'vne autre ſorte de pierre blanche fort cu-
rieuſement trauaillée ; on les fit mettre vne autrefois à genoux & baiſſer la teſte en
terre, & vn momét après on leur ſeruit du Thée, meſlé auec du lait qu'on leur verſoit à
boire, dans des couppes de bois ; cependant on entendit le bruit des cloches, & celuy
de cette courroye de cuir, dont nous auons parlé ; tout le peuple ſe mit à genoux, l'Empereur parut enuiron à trente pas des Ambaſſadeurs ſur vn troſne d'or, dont les appuis
des deux coſtez auoient la forme de deux grands dragons, qui le couuroient, en ſorte
qu'ils ne purent remarquer qu'vne partie de ſon viſage ; deux Vice-Roys du ſang
Royal eſtoient aſſis au deſſous de luy, & aprés eux trois grands Seigneurs de la Cour ; ils
beuuoient tous du Thée dans des petits vaiſſeaux de bois, tous habillés de même façon,

Sudaſen ſõt les Tartares Yupi dont toutes nos cartes auoient noyé le pays par le détroit d'Anian, car il eſt conſtant que c'eſt terre ferme où ils ont ſuppoſé ce deſtroit.

Seconde Partie. (?) H

d'eſtoffe de ſoye bleuë, auec des ſerpens & des dragons repreſentez deſſus; les bonnets auec vne petite pomme d'or, enrichie de pierreries, d'où l'on connoit la difference de leurs qualitez: quarante-huiℓ hommes, qui compoſent la garde du Prince, eſtoient diuiſez aux deux coſtez du troſne armés d'arcs & de fleſches, mais ſans habits de liurée. Aprés vn demy quart d'heure de temps, l'Empereur ſe leua auec tout le peuple, les Ambaſſadeurs firℓ le meſme, l'vn d'eux remarqua que l'Empereur en partant auoit tourné la teſte & l'auoit regaɽdé attentiuemℓ, l'Ambaſſadeur nous le dépeignit comme vn ieune hôme, blanc de viſage, d'vne taille mediocre; mais aſſez plain, habillé d'vne veſte qui luy parut toute tiſſuë d'or; ils s'étonnerent fort que l'Empereur les laiſſât partir ſans leur dire vne ſeule parole : la Cour s'en eſtant allée, les ſoldats reprirent leurs eſtendarts, & coururent en confuſion pour voir les Hollandois, qui de leur coſté n'eſtoient pas peu empeſchez par la foule, nonobſtant les efforts du Capitaine qu'on leur auoit donné, & de ſes ſix Soldats, qui taſchoient en vain de leur faire faire place. A peine eurent-ils gaigné leur logis, que deux des principaux du Conſeil leur vinrent demáder par ordre de l'Empereur vne paire d'habits à l'Hollandoiſe, ils leur donnerent vn habit de panne noire auec le manteau doublé de meſme, vne paire de bottes de maroquin, des eſperons, vne paire de bas de ſoye, vne eſpée, vn baudrier, vn chapeau de caſtor, que l'Empereur crut eſtre vne choſe fort precieuſe, & dit; ſi les Ambaſſadeurs de ces pays-là portent de tels chapeaux, comment peuuent eſtre couuerts les Roys qui les enuoient: vn des Conſeillers reuint ſur le ſoir auec ſon Secretaire, & rapporta cet habit, & leur fit mille queſtions ſur la matiere du chapeaù, & ſur la façon de leurs donner cette forme.

On pria ſur les deux heures aprés midy les Ambaſſadeurs, auec tous ceux qui auoient fait en leur compagnie le voyage de Pekin; ceux du Mogol, de Sudaſen, & de Lammas, furent priés du meſme repas qui ſe deuoit faire au nom de l'Empereur chez le premier Miniſtre. Il y auoit vne table pour chacun des Ambaſſadeurs, mais on ioignit deux à deux à chaque table ceux de leur ſuitte : ces tables eſtoient couuertes de fruits, & de confitures, ſeruies en trente petits plats d'argent; le Maiſtre d'Hoſtel de ſa Maieſté eſtoit au milieu aſſis ſur vn banc fort large, & peu releué; il ſeruit premierement la place de l'Empereur, il auoit auprés de luy deux autres Seigneurs qui donnoient ordre à tout; on fit ſeoir les Ambaſſadeurs Hollandois à la main droite en entrât auprés de l'Ambaſſadeur du Mogol. Les deux autres Ambaſſadeurs eſtoient aſſis vis-à-vis d'eux, & aprés toute leur ſuitte : les viandes furent ſeruies par des Gentils-hommes de la Cour tous habillez ſuperbement d'habits de drap d'or. Auparauant que de ſe mettre à table, ils ſe tournerent tous enſemble vers le Nord, à cauſe qu'alors l'Empereur eſtoit vers ce coſté-là, ils firent trois reuerences comme ils auoient fait deuant le troſne : ce premier ſeruice eſtant leué, on porta pour ſecond trois plats, dans leſquels il y auoit du Chameau roſty & boüilly, & du Mouton de meſme, mais preparé d'vne maniere qui leur eſtoit tout à fait inconnuë : le Maiſtre d'Hoſtel appella les Officiers qui ſont deſſous ſa charge, & leur donna tous les plats, hormis vn dans lequel il y auoit des coſtes de Chameau boüilly, qu'il mangea auec l'appetit d'vn homme qui auroit ieûné trois iours auparauant. A la fin de ce grand repas, on obligea les Ambaſſadeurs d'en mettre le reſte dans des ſacs pour le faire porter à leur logis. C'eſtoit vn plaiſir de voir ces Tartares affammés, qui en rempliſſoient leurs ſacs de cuir, ou de peaux encores couuertes de leur poil.

Ce qu'eſtant fait on apporta à boire, l'on vid paroiſtre des gens auec des cruches pleines de Sampſoe, & d'autres auec des pots d'or & d'argent: on verſoit le Sampſoe dans des baſſins, on le puiſoit aprés auec de grandes cuillieres de bois, & on le verſoit dans ces pots d'or & d'agent, que l'on preſentoit aux Ambaſſadeurs, leur diſant que ce Sampſoe eſtoit vne boiſſon diſtilée de lait doux, & qu'elle venoit des caues meſme de l'Empereur; qu'au reſte, on leur faiſoit ce regale, en conſideration de ce qu'ils eſtoient venus de ſi loing; cette boiſſon eſt forte comme l'eau de vie, dont les Ambaſſadeurs furent obligez de boire pluſieurs fois pour faire raiſon au Preſident;

il fallut mefme remporter ce qui eftoit refté, en quoy les Soldats qui eftoient de garde les fecoururent beaucoup. A la fin du repas on les auertit de faire vne nouuelle reuerence vers le Palais de l'Empereur, pour le remercier de ce traittement, enfin ils retournerent chez eux fans faire autre compliment, ny ceremonie, fort fatigués au refte des differentes reuerences qu'ils auoient faites ce iour-là.

C'eft la couftume de la Cour de Pekin, qu'aprés que l'Empereur a donné audiance aux Ambaffadeurs des Princes eftrangers, on leur fait de dix iours en dix iours trois repas, ce qui les oblige de demeurer vn mois dauantage à la Cour. Les Ambaffadeurs firent tant auprés du premier Miniftre, en luy remonftrant combien il leur importoit d'auoir vne prompte expedition, qu'ils obtinrent de l'Empereur, qu'on leur feroit ces trois repas en trois iours confecutifs: au fecond de ces repas, ils remarquerét que le fecond Miniftre faifoit plus de demonftration d'amitié aux Mahometans & aux autres conuiés qu'à eux, ils interrogent là deffus leurs Interpretes, qui leur dirent, que ce Seigneur n'eftoit pas contét de leurs prefens, ils y donnerent ordre tout auffi-toft, & furent fort furpris de cet aduis; car dés la ville de Nankin ils auoient mis tous les prefens qu'ils deuoient faire à la Cour entre les mains de Pingfentauw, & des autres Mandarins de Canton, qui en deuoient faire la diftribution; mais ils reconnurent alors qu'ils auoient efté trompez auffi-bien par les Maiftres que par les valets; ils les voulurent obliger de leur en rendre compte, ce qu'ils refuferent, difant qu'ils n'ofoient pas nommer ceux à qui ils les auoient donnez. Le iour du dernier feftin fut remis au quatorziéme d'Octobre, ce iour là ils trouuerent à leur porte des cheuaux pour aller au Palais dans l'appartement du premier Miniftre, qui leur fit vn affez grand repas, ils firent femblant vne heure durant de manger & de boire; à la fin du repas on leur mit entre les mains le prefent pour le General, qu'il fallut receuoir à genoux, on appella aprés chacun d'eux par fon nom; ils receurent en mefme pofture le prefent qu'on leur faifoit, & enfin comme s'ils euffent efté fur le point de partir, ils fe mirent trois fois à genoux, & baifferent trois fois la tefte pour faire la reuerence à l'Empereur qui eftoit bien loin de-là.

LISTE DES PRESENS.

Au General des Hollandois à Battauia.

Trois cens Theils d'argent. 4. pieces de damas noir commun 4. pieces de fatin noir, 4. p. de bleu, 4. p. de damas bleu, 4. p. de toile d'or, entre lefquelles il y en auoit deux hiftoriées de dragons, 4. p. d'vne eftoffe qu'ils appellent Thuijs 12. p. d'vne autre nommée P elings. 1 o. p. d'Hokiens 4. p. de damas à fleurs 4. p. de gafe 4. p. d'vne autre eftoffe nommée foras, & 2. pieces velours noir.

A chacun des Ambaffadeurs.

Cent Theils d'argent, 4. pieces pelings, 4. p. de pelings noir, 4. p. de gafen hokiens, 3. p. de fatin bleu commun, 3. p. de fatin noir, 3. p. de damas bleu commun, 2. p. de toille d'or tiffuë auec dragons, 1. p. de velours noir.

Au Secretaire Baron.

Cinquante Theils d'argent, 2. pieces de pelings, 2. p. de gafen hokies, 1. p. de fatin commun, 1. p. de damas, 1. p. de toile d'or, 1. p. de velours.

Pour le refte de la fuitte qui eftoit de cen t, tant foldats que valets à chacun également.

Quinze Theils d'argent, 2. pieces de hokiens noir, 2. p. de Kimtou was fimple.

Au Tolc, ou Interprete Antoine Charpentier.

Trente Theils d'argent.

Pour les autres interpretes Paul Durette, & les deux Caruailles.

A chacun vne vefte de damas, dont le colet & les parements de deuant eftoient bordées de toile d'or.

Pour le Mandarin Pingfentauvv.

Vne vefte complete de Mandarin, auec des dragons d'or, laquelle il falloit mettre fur le champ incontinent.

Seconde Partie.   '(?) H ij

Pour les deux autres Mandarins Gentils-hommes ou Caualiers.

A chacun vn cheual fans felle.

Pour les deux Capitaines.

A chacun vne vefte de damas bleu, garnye de toile d'or au collet, de mefme qu'aux Interprettes.

Pour les vingt Soldats, vingt.

A chacun vne vefte de fimple damas noir & bleu.

Le deuxiéme iour aprés ce regale, qui eftoit celuy de leur depart, les Officiers Tartares, qui auoient efté toufiours auprés d'eux, vinrent auec quinze chariots pour charger leur bagage ; on les enuoya querir fur les dix heures pour venir receuoir des mains du premier Miniftre la lettre que l'Empereur efcriuoit au General à Batauia, comme ils furent arriuez dans la fale, vn de ceux du Confeil prit la lettre qui eftoit deffus vne table couuerte d'vn tapis iaune, la leur montra ouuerte, & l'ayant aprés roulée, la mit dans vn bambous ou gros rofeau, & puis l'enueloppa d'vne piece de foye iaune, il la donna fermée de cette maniere aux Ambaffadeurs, qui la receurent à genoux, & auec toutes les foumiffions du pays. Ce Confeiller reprit aprés la lettre des mains des Ambaffadeurs, & l'attacha fur ie dos d'vn de leurs Interpretes : cet Interprete fortit le premier par la grande porte du Palais, elle eft au milieu des deux autres, & elle fut ouuerte expreffément pour faire fortir cette lettre ; on ne leur dit pas vne feule parole de leur negotiation, & le repas que nous venons de dire s'eftoit paffé de mefme, fans dire vn feul mot des affaires des Hollandois ; le premier Miniftre eftoit occupé à la Cour pendant que les Ambaffadeurs demeurerét à Pekin, tellement qu'ils ne luy purent parler, ce qu'ils auroient fort fouhaitté ; car il leur auoit parut bien intentionné pour eux, & il peut tout dans cette Cour ; il leur auoit rendu vifite le lendemain du iour de l'audiance, & leur auoit demandé entre autres difcours, en riant, s'ils auoient veu l'Empereur ? & s'il eftoit vray que les Hollandois pouuoient viure trois iours fous l'eau : fuppofition que le P. Adá ichall. leur auoient fait à croire, comme auffi que les Hollandois n'auoient point de terre, & point d'autre demeure que la Mer, où ils faifoient mille pirateries. Aprés que les Hollandois luy eurent fait voir la fauffeté de ces rapports ; ils fe plaignirent du peu de progrés qu'ils auoient fait iufques à lors dans leurs affaires, il leur dit qu'ils ne deuoient point attendre que l'on changea rien dans la refolution qui auoit efté prife ; mais qu'il les pouuoit bien affeurer, que s'ils reuenoient vne autrefois pour faluer l'Empereur & le remercier de ce qu'il les auoit receu comme fes amis, & fes fujets, on leur accorderoit la liberté du trafic par toute la Chine.

Aprés que les Ambaffadeurs furent reuenus à leur logis auec cette lettre, on les preffa viuement de partir, difant que l'on ne deuoit point demeurer à Pekin plus de deux heures aprés auoir receu la lettre de l'Empereur, qu'il en falloit partir, & cela fur peine de fa difgrace ; tellement qu'ils fortirent de Pekin fur le midy, fans auoir pû auoir la liberté de fe promener autour des murailles ; car on les tint toufiours enfermez, fans leur permettre de fortir vne feule fois hors de leur maifon ; ils furent d'ailleurs fort bien traitez de l'Empereur, & defrayez à fes defpens, durant leur feiour, on fourniffoit tous les iours par fon ordre.

Aux Ambaffeurs fix catti de viande, vne oye, deux poules, quatre pots de fampfoe, deux teils de fel, deux teils de The de Tartarie, vn teil deux maes d'huile.

Pour le Secretaire Baron, deux catti de chair fraifche, cinq maes de The, vn catti de miel, vn catti de tanta, cinq coudria de poivre, 4. mas d'huile, 4. teils de Miffou & miffon, vn catti d'heres, vn pot d'arack.

Pour chacun des autres de la fuitte au nombre de 17. vn catti de viande fraifche, vn pot d'Arack, vn catti de ris, & fur tout vn picol de bois à brufler, toutes fortes de pommes, de pefrhes, de poires, de prunes, de figues, de raifins & de melons, comme auffi des plats de porcelenes, & outre cela on leurs enuoyoit tous les iours quatre Officiers, pour acheter toutes les autres chofes dont ils pouroient auoir befoin.

Les Ambaſſadeurs ne laiſſoient pas de faire acheter d'autres choſes pour leur table &
ſe faiſoient ſeruir magnifiquement, pour faire voir aux Chinois la maniere dont on vit
en Holande. Aprés qu'ils eurent eu audiance, on leur ſeruit touſiours double portion, ce qui ne s'eſtoit peut-eſtre pas encore fait en pareille rencontre.

Ils logerent le ſoir dans le village de Pekinſiu, le lendemain, ils paſſerent par la
ville de Tongſiu, & aprés midy, ils arriuerent à Sianſiamwey, où ils trouuerent les
vaiſſeaux de l'Empereur, qui les auoient portés depuis Nankin, & qui eſtoient demeurés
là pour attendre leur retour : les Mariniers eſtoient venus par terre au deuant d'eux
pour ſe reſioüir de leur retour, & chargeoient deſia leurs bagages dans leurs vaiſſeaux,
lors que les Mandarins qu'on leurs auoit donnez pour les conduire iuſques à Canton,
s'y oppoſerent, & dirent qu'il falloit qu'ils ſe ſeruiſſent des ioncques que l'Empereur
leur auoit fait preparer, auſſi grands que des Chaſteaux ; enfin aprés pluſieurs conteſtations, la choſe ayant eſté remiſe à leur choix, ils ne ſe ſeruirent ny des vaiſſeaux,
ny des ioncques, & loüerent de petites barques pour faire vne plus grande diligence ; car ils apprehendoient beaucoup d'eſtre obligés de demeurer à Canton, & de n'y
arriuer pas au temps du Mouſſon : ils s'embarquerent donc auec les Tartares, que l'Empereur leur auoit donnez pour les faire mieux receuoir par tout, auec Pingſentauw
& les Mandarins de Canton ; ils arriuerent de nuiét à vn petit village où ils s'arreſterent pour attendre le iour.

Lors qu'ils arriuerent au bourg de Sacheu, ils trouuerent que le Mandarin qui y
reſide s'en eſtoit enfuy, à cauſe qu'il n'auoit pû trouuer de gens, pour faire tirer leur
barque, tellement qu'il falut demeurer là en attendant le vent.

Le Mandarin Pingſentauw les traiéta magnifiquement à Lincinq, il auoit là laiſſé
ſes enfans & ſa femme, cependant qu'il auoit eſté à Pekin, & au retour auoit pris le
deuant, & y eſtoit arriué par terre pour y receuoir les Ambaſſadeurs : ils y demeurerent deux ou trois iours à la priere de Pingſentauw & de ſa femme, qui les en pria les
larmes aux yeux, car leurs affaires les obligeoient d'y demeurer ce temps-là ; ils firent
aprés grande diligence, car le vent leur fut fauorable ; mais le froid eſtoit ſi grand que
l'eau geloit dans leur barque, les Nattes eſtoient chargez de glaçons, & l'on en voyoit
d'auſſi gros que le bras, adiouſtez cette incommodité qu'il falloit touſiours demeurer
aſſis, car leur barque eſtoit ſi petite, qu'on auoit de la peine à ſe tourner dedans ;
ils rencontroient tous les iours flottes de petits vaiſſeaux plains de gens, habillez d'v-
ne maniere fort propre, qui témoignoient vne grande ioye par leurs chanſons &
par les accords de leurs inſtrumens montez de cordes, on dit aux Ambaſſadeurs que
c'eſtoient des gens qui auoient commiſſion d'aller partout le pays pour faire rebaſtir
les Pagodes ruïnez, & qu'ils auoient auec eux beaucoup d'argent amaſſé par leurs queſtes, pour rebaſtir de nouueaux Pagodes, & faire d'autres ouurages vtiles au public.

Les Gouuerneurs des Xaniu ne purent pas trouuer de tireurs, les Ambaſſadeurs pour ne point perdre de temps, en faiſoient prendre entre les gens qui ſe trou-
uoient ſur le chemin. Vn Preſtre Chinois voyant que l'on auoit pris pour cet exercice vn de ſes valets, en fit grand bruit, & ſe mettant à genoüil au milieu du
chemin, crioit à haute voix, ſouffrira-on que l'on oblige à vne ſemblable couruée,
ceux qui ſont deſtinez au ſeruice des Saints ? vn de nos Hollandois luy reſpondit,
que le ſeruice de l'Empereur deuoit marcher deuant le ſeruice du diable, outre que
ſon valet ſeroit bien payé de la peine qu'on luy donnoit.

De là ils arriuerent à la riuiere iaune, & à la ville de Iankeu, où le baſtard frere adop-
tif des plus ieunes des Roys de Canton, leurs fit toute la bonne chere dont il ſe put aui-
ſer, ils entrerent aprés dans la grande riuiere de Kiam, & vinrét deuant la fameuſe ville de Nanquin ; ils trouuerent que le Gouuerneur de cette ville eſtoit ſur le point de
partir, & que par cette raiſon, il ne pourroient pas auoir ſi-toſt des batteaux pour continuer leur voyage ; ce leur fut vne occaſion de ſe repoſer vn peu de la fatigue de leur
voyage, ils enuoyerent le Maiſtre d'Hoſtel Nihof, au Preſtre du Pagode de Poolimpi,
pour l'aduertir de leur arriuée, & voir en quel eſtat eſtoit le monument qu'il auoit

promis de dresser à la memoire des Ambassadeurs. Le Maistre d'Hostel fut
surpris & ne pouuoit assez admirer deux statuës de plastre, que ce Payen
auoit fait dresser à la ressemblance des deux Ambassadeurs, & qu'ils
auoient mis dans leur plus beau Pagode; ils demanderent au Maistre d'Hostel
si cela estoit bien : O *hoya han o poghan* ? il respondit que les Hollandois auroient eu
plus grand plaisir de voir ces images par tout ailleurs que dans leur Temple. L'Hiuer commençoit à se faire sentir si rudement, qu'ils n'osoient mettre la teste hors
de leurs batteaux, le vent y faisoit entrer la neige de tous costez, qui demeuroit
deux iours entiers sur la couuerture sans se fondre. On les inuita de diuers endroits, mais il ne furent que chez les maistres de la gabelle, qui demeuroient dedans le fauxbourg, l'vn estoit Chinois, l'autre Tartare, tous deux hommes d'esprit,
qui leurs rendirent la visite, & les entretinrent de discours agreables iusques bien
auant dans la nuit; ils eurent assez de peine à trouuer les viures, les gens & les
batteaux qui leur estoient necessaires : ils passerent le rocher qu'ils auoient nommé
en venant Bekemburg, en memoire du sieur Guillaume Van der beke; la riuiere à
cet endroit a plus d'vn mille de largeur, & les vagues y sont aussi grandes que dans
les Mers les plus agitées. Au costé droit, il y a plusieurs rochers fort dangereux, la
barque où estoient les Interpretes y toucha, il s'y fit vne voye d'eau au fond de
cale, le vent estoit si fort, que personne n'en pût approcher pour les secourir; mais
enfin ils se tirerent de là, & arriuerent bien auant dans la nuit à Anhing. Le
dix-neusiéme de Decembre, ils arriuerent comme le Soleil se couchoit à Kamhun,
le vent estoit si rude, qu'ils eurent bien de la peine à s'en deffendre, il dura iusques
au vingt-vniéme, auquel iour il se mirent en chemin pour passer la Mer de Poyan;
il falut s'arrester au village de Vcienjen, pour y prendre des tireurs, qu'on leur
fournit sur le champ. Ils remarquerent auec estonnement qu'ils auoient veu durant
leur voyage plus de cent grandes maisons reduites en cendre par le feu, tant les in-
cendies y sont frequents.

Le vingt-troisiéme Decembre ils ietterent l'ancre deuant le fauxbourg de Siahian-
sii, où ils trouuerent les vaisseaux de leur flotte que le vent auoit dispersez.

Et aprés qu'ils se furent pourueus d'autres petites barques, ils voulurent continuer
leur voyage, mais ils furent contraints de relascher sous les murs de la ville, à cause
du mauuais temps, la gelée auoit esté si forte, que l'on pouuoit courir sur la glace
le long du bord de l'eau, auec cela il tomba de la neige & de la gresle le soir, les montagnes qu'ils voyoient des deux costez de la riuiere leurs parurent toutes blanches &
couuertes de neiges, le vent estoit NNO. auec neige poussée par le vent.

1557. 1.Ian.
De là ils arriuerent deuant la ville de Himmungam, le lendemain ils eurent des
tireurs, mais auec beaucoup de peine ; ils en partirent à deux heures aprés midy, &
arriuerent deuant les ruines de la ville de Vannungam : Le Gouuerneur leur fit vn
petit present, & entre autre choses leurs donna des chandelles, faites de la resine
d'vn arbre, qui ne laissoient pas de rendre vne lumiere fort claire; ils en partirent
le lendemain, aprés s'estre fournys de tireurs & de mariniers. Ils passerent plusieurs
endroits fort dangereux, dont ils n'auoient pas connu le danger dans le premier voyage, car en ce temps-là l'eau estoit bien trois brasses plus haute : comme ils ne laissoient
pas de porter la voile, là le courrant les ietta sur la pointe d'vn rocher, qui fit entrer
tant d'eau dans leur vaisseau, qu'il fallut gagner la coste, ils le coucherent sur le costé, & trouuerent l'ouuerture, mais ils n'auoient ny estoupes, ny rien detout ce qui
pouuoit seruir à la boucher; ils firent tant neantmoins, qu'ils en vinrent à bout & passerent ces dangereuses roches, qui commencent depuis la ville de Vannungam, finissent deuant vn petit Pagode & ont bien trois milles d'estenduë.

10.Ianuier.
Ils arriuerent deuant la ville de Kancheu, le Gouuerneur leur vint faire compliment de la part du Tourang, l'Ambassadeur Iacques Keyser l'alla voir tout seul, car
son collegue estoit malade; ils en partirent le lendemain, il faisoit vn téps clair & froid,
le bord de l'eau estoit couuert de neige, l'eau fait là plusieurs sauts entre les roches,

tellement qu'il falloit souuent que les tireurs se missent dans l'eau iusques à la ceinture, qui estoit vn rude trauail dans ce temps-là, pour ces pauures gens. La corde auec laquelle ils tiroient, se couppa sur le tranchant de ces roches, la voile y estoit attachée,& ils ne la purent pas oster assez tost ; si bien qu'elle tomba dans l'eau auec le mast.Les Tartares auoient mis le feu aux roseaux le long du bord de la riuiere , & le vent iettoit la barque dans cette flamme;mais Dieu les assista dans ce danger,& permit que le gouuernail ayant touché la fit tourner;ce qui leur ayda à gaigner l'autre costé de la riuiere, où ils remirent le mast & reioignirent sur le soir le reste de la flotte.

A Nangan ils logerent dans vne grande maison, qui est au costé du midy du fauxbourg, les Tartares auoient passé par là depuis que les Hollandois y auoient logé la premiere fois, & auoient rudement traité les Chinois : les maisons où les Ambassadeurs auoient logé la premiere fois auoient esté ruinées auec beaucoup d'autres. Le Magistrat enuoyé par le Roy de Canton y arriua au mesme temps; il rendit visite aux Ambassadeurs, pour apprendre d'eux comment leurs negotiations s'estoient passées, & partit aprés leurs auoir souhaitté bon voyage, pour aller dans vne ville dont on luy deuoit donner le gouuernement. Les Ambassadeurs partirent aussi le dix-neufiéme de Ianuier,auec vn connoy de trente soldats pour passer la montagne ; la nuit estoit desia fort auancée lors qu'ils arriuerent dans la ville de Namhun, où ils logerent dans vne grande hostelerie, qui est au Roy de Canton , & pour laquelle on luy paye tous les mois vingt-cinq teils d'argent; on rembarqua le bagage, & le vingt-vniéme on passa plusieurs cascades que l'eau fait : ils virent les cinq testes de cheual, & les pointes des rochers Suitiennes. Le vingt-quatriéme ils arriuerent à Sucheu, où on remet ordinairement les masts, car les rochers & les destours de la riuiere finissent là, & on se peut seruir de la voile.

Ils passerent deuant le Pagode de Comansian, basty dans la cauerne d'vn grand rocher ; ils virent la montagne Sangionschap,arriuerent à la petite ville de Samion, où ils passerent la nuict : ils en partirent le vingt-sixiéme au matin, & virent toute la campagne autour de Sampsoe couuerte de tentes , & de cheuaux sellés auec beaucoup de soldats Tartares prests à marcher, & enfin le vingt-huictiéme Ianuier ils arriuerent à Canton. Le Marchand François Lansman , à qui l'on auoit laissé la direction des affaires de la Compagnie, leur vint au deuant sur la riuiere auec les esquifs & les chalouppes des vaisseaux, toute l'artillerie tira , les Tartares , que l'Empereur auoit donné pour les conduire, leur parurent fort estonnez de la grandeur, & du bon ordre de leurs vaisseaux : Lansman les conduisit à terre à leur ancien logement,on tira des batteaux la lettre de l'Empereur, le sous-Marchand Baron la portoit des deux mains qu'il tenoit hautes, vn autre la couuroit d'vn parasol auec deux banderoles aux costés, les Ambassadeurs suiuoient aprés , l'on tira trois coups de canon des vaisseaux lors qu'elle passa, quoy qu'il fut tard les bouleuarts de la ville estoient tout plains de monde, qui estoit accouru pour voir les Hollandois, ce qui témoignoit assez que tout le peuple en general auroit fort souhaitté de voir le commerce des Hollandois establi dans leurs pays; le lendemain ils furent voir auec toute leur suitte les deux Roys de Canton, la mere du plus ieune de ces Roys, & le Toutang. Le plus vieil Roy de Canton les regala d'vne tasse de Tée ; ces deux Roys ne leurs parlerent que des incommoditez du voyage & du froid qu'ils auoient souffert. La mere du plus ieune des Roys ne leur donna pas d'audiance, & les remercia de leur ciuilité, dont elle leur enuoya faire vn compliment : pour le Toutang, aprés les auoir fait attendre deux heures dans la maison de son Secretaire, il leur fit dire qu'il leur donneroit audiance.

Le iour suiuant le ieune Roy leur fit vn superbe banquet, il imputa aux Prestres Portugais qui sont à Peking le mauuais succez de leur negotiation,témoignant d'estre fort en colere contre eux,de ce qu'ils l'auoient trauersée, il leur dit aussi, qu'ils publioient par tout qu'il n'y auoit que trois grands Roys en Europe,que Dom Iean quatriéme en estoit vn, que les Hollandois n'estoient qu'vn petit peuple , & qu'ils luy payoient tribut: ils furent le même iour chez le Mandarin Poetſienſio, mais ne le trou-uerent point chez luy, ny les autres, ſinon le Mandarin Toſu, qui les receut auec beau-coup de demonſtration d'amitié, & leur dit que les autres Mandarins n'auoiët pas oʒé receuoir leur viſite, à cauſe que le Toutang, pour qui ils ont vn grand reſpeʤ, ne leur auoit pas voulu donner audiance. Ils furent aprés auec le Secretaire Baron, le Marchãd Lantíman, & le reſte de leur ſuitte au nombre de vingt perſonnes, chez le vieux Roy de Canton; il les receut magnifiquement: on leur ſeruit d'abord du Thé de Tarta-rie, il les pria d'oublier toutes les incommoditez qu'ils auoient ſoufferⁱes dans leur voyage, & toutes les autres penſées qui pourroient troubler la ioye & le diuer-tiſſement de ce iour-là: les trompettes ayant donné le ſignal, on ſeruit deuant cha-cun d'eux vne petite table couuerte de plats; mais auparauant que d'y toucher, le Roy ſe feit apporter vne couppe d'or plaine de vin, & en feit ſeruir deux autres petites aux deux Ambaſſadeurs, les inuitant de le boire pour vn ſecond welcom; tout le reſte de la ſuitte fit la meſme choſe, & aprés on commença le repas, durant lequel le Roy fit venir deux Mariniers Hollandois, qui auoient eſté pris quelque temps auparauant, l'vn à Kitſeaoij & l'autre à Aman; il les auoit mis tous deux dans ſes gardes, & leur donnoit penſion: ils parurent habillez à la Tartare, & ſe mirent à genoux deuant luy, ſelon la maniere du pays; il leur demanda pourquoy on ne les auoit point veus depuis deux ou trois iours, ils reſpondirent qu'ils auoient eſté mala-des; il les fit ſeoir aprés le dernier de la ſuitte des Ambaſſadeurs, & leur enuoya quelques plats de ſa table: les violons vinrent aprés, auec vne trouppe de Come-diens: on beut les ſantez de l'Empereur, du Roy, du Gouuerneur General de la Compagnie des Indes Orientales, & celle des Ambaſſadeurs. Le lendemain ils alle-rent chez le ieune Roy, où ils eſtoient inuitez, on les conduiſit à l'audiance au ſon des hautbois & des timbales; il eſtoit aſſis ſous vn dais au milieu des principaux de Can-ton, qui auoient auſſi eſté priez de ce regale; il ſe paſſa comme celuy du iour prece-dent, auec cette difference ſeulement, qu'il ne leur parla d'autre choſe que d'eſtre de belle humeur, n'entrant point en diſcours ſur leurs affaires, ce qui fit croire aux Am-baſſadeurs qu'il s'en déchargeoit entierement ſur la perſonne de ſon premier Miniſtre.

Les Roys de Canton auoient voulu que les Ambaſſadeurs portaſſent à Pekin le plus de preſens qu'ils pourroient amaſſer, mémes ceux qu'ils auoient deſtinez pour les Roys: Les Ambaſſadeurs qui auoient ſuiuy ce conſeil ne ſe trouuerent point au re-tour en eſtat de faire aux Roys de Canton vn preſent qui fut digne d'eux; ces Princes en eſtoient de mauuaiſe humeur, & leur demanderent non ſeulement l'intereſt de quatorze mille teils d'argent qu'ils auoient donné à deduire ſur les marchandi-ſes qu'ils auoient priſes des faʤeurs Hollandois, ſur le point de leur depart & autres occaſions; mais ils pretendirent encores que les Hollandois leurs payaſ-ſent ſur le champ les trente-ſix mille teils qu'on leur auoit promis, au cas qu'ils puſſent obtenir la liberté du commerce: ils ne vouloient point entendre la raiſon des Ambaſſadeurs qui leurs remonſtroient, que n'ayant point obtenu cette li-berté, ils ne deuoient point cette ſomme, qu'ils n'auoient promiſe qu'à cette condi-tion: ils arreſterent par force vne pareille ſomme de quatre mille teils qui eſtoit deuë par d'autres particuliers de la Compagnie. Les Ambaſſadeurs les vouloient aller trouuer & leur en faire leurs plaintes, lors qu'on afficha dans la ville vn placart par ordre du Magiſtrat, qui deffendoit aux Bourgeois de porter les Hollandois par la ville dãs leurs palanquins: voyans par là le chemin fermé de faire leurs plaintes, ils enuoye-rent François Lanſman & Henry Baron, chez le premier Miniſtre ou Lieutenant du ieune Roy; ils furent rencontrez dans les ruës par vn Mandarin, qui fit charger à coups de baſtons par ceux de ſa ſuitte ceux qui portoient ces deux Hollandois, ſi bien qu'ils quitterent là le palanquin, & s'en retournerent chez eux à pied. On dit qu'il leur fit cet affront, à cauſe que les Ambaſſadeurs ne luy auoient pas fait de preſent, & quelque temps aprés vn de leur Interpretes nommé Paul Durete, qui les auoit ſeruy à la Cour auec beaucoup de fidelité & d'affeʤion, fut trouué mort dans ſa maiſon;

ces

ces accidens firent refoudre les Ambaffadeurs à hafter leur depart; ils furent chez les Roys le vingt & vn Fevrier pour prendre congé d'eux;le plus vieil s'excufa fur vn mal de dents qui l'incommodoit fi fort, qu'il n'eftoit point en eftat de les receuoir; l'autre leur refufa auffi audiance fous pretexte que le jour precedent il auoit fait la defbauche, qu'il s'en reffentoit, & eftoit hors d'eftat de les voir, & leur recommanda fur tout qu'ils ne fouffriffent point que l'on emporta des armes du pays:lors que les Ambaffadeurs eftoient dans l'antichambre on leur feruit du Thé meflé auec du laiét; ils virent les tables, les bancs & les chaires renuerfées, & tout dans vn defordre qui marquoit bien la defbauche, que le Prince auoit pretextée ; mais rien ne la rendoit plus croyable que l'eftat de la plus part de fes Courtifans à demy yvres; ils entrerent dans leurs vaiffeaux ce foir là-mefme, refolus de fe mettre à la voile le lendemain au matin ; le calme qui les prit les obligea de ietter l'ancre vis à vis de la premiere tour : là le Maiftre d'Hoftel des deux Roys les vint trouuer de leur part auec les officiers qui auoient gardé leur maifon à Canton, & les Mandarins qui les auoient accompagné dans leur voyage : Ils regalerent les Ambaffadeurs dans leurs vaiffeaux, leurs fouhaitterent bon voyage & vn prompt retour ; & aprés auoir beu la fanté des Roys & quelques-autres fantez,ils s'en retournerent à Canton, & laifferent partir les Ambaffadeurs qui arriuerent à la rade de Battauia le 31. jour de Mars ; ainfi ils mirent dix-neuf mois & demy en leur voyage.

Les prefents qu'ils firent à l'occafion de cette ambaffade monterent à la fomme de 55552. florins 16. 9. à fçauoir, A leur arriuée à Canton 4019. 10. 1.

Sur le chemin, depuis Canton iufques à Pekin à diuers Gouuerneurs & Lieutenans, 678. 0. 12.

A Pekin, à l'Empereur mefme, à fa Mere, à fa Femme, à ceux de fon Confeil & autres Courtifans, 42326. 17. 8.

Au retour de Pekin à Canton, 2592. 10. 10.

A Canton, aux deux Roys, au Toutang & à tous ceux du Confeil, 5933. 17. 10.

55552. 16. 10.

Outre cette fomme ils auoient encores defpencé durant le voyage 43278. florins 8. fols 15. deniers, à fçauoir,

A Canton,depuis Septembre 1655. iufques au 16. Mars 1656. 14312. 13. 6.

Au voyage de Pekin. depuis le 17. Mars iufques au 17. Iuillet, 8541. 18. 12.

A Pekin, depuis le 17. Iuillet iufques au 17. Septembre, 8483. 16. 6.

Au retour depuis le 17. Septembre iufques au 28. l'an 1657. 11940. 8. 5.

Somme totale, 98831 5. 8.

Cependant auec vne defpence fi confiderable ils n'ont auancé autre chofe que d'eftre receus comme amis dans la Chine, & d'auoir obtenu d'y retourner dans huiét ans pour voir l'Empereur, comme il eft porté dans la lettre que l'Empereur efcrit au Gouuerneur General à Battauia, dont voicy la traduétion mot pour mot.

LE Roy enuoye cette lettre au Gouuerneur General Iehan Maet-Suicker à Battauia des Hollandois. *Nos pays font auffi efloignés l'vn de l'autre que l'Orient l'eft du Couchant;c'eft pourquoy difficilement nous nous pourrons ioindre, & depuis tant de fiecles qui font paffés, il n'y a point de memoire que l'on aye veu des Hollandois chez nous; cependant il faut que vous foyez vne perfonne fort prudente & de bon naturel de m'auoir enuoyé Pieter de Goyer auec Iacob de Keyfer qui fe font prefentés deuant moy, & m'ont apporté des prefens de voftre part; nos pais font efloignés de dix milles lieuës l'vn de l'autre : il faut que vous foïez vn homme d'vn excellent naturel de fonger à moy ; mon cœur*

Seconde Partie. (?) G

en a eſté fort touché, & ie ſens vne forte inclination pour vous ; auſſi ie vous en-
uoie deux pieces de ſatin ornée de dragons, deux autres pieces de ſatin, 4. pieces
de ſatin bleu à fleurs, quatre autres pieces de ſatin bleu ſans fleurs, qua-
tre piece de Kine, quatre piece de Tabis, dix pieces de Pelling, dix pieces de Phan-
ſy, dix autres pieces de fort belles eſtoffes, & trois cent theils d'argent : vous
m'auez fait demander la permiſſion de trafiquer dans mon pays, d'y apporter
des marchandiſes & d'en tirer d'autres au profit & à l'auantage de l'vn &
l'autre peuple ; mais i'ay conſideré que nôs pays ſont fort eſloignez l'vn de l'au-
tre, & qu'il fait icy des vents qui mettroient en danger vos vaiſſeaux, auec
cela le dedans du pays eſt fort froid, il y gele & il y tombe de la greſle, il me
faſcheroit fort par cette raiſon que vos gens s'expoſaſſent dans vn tel païs ; c'eſt
pourquoy ſi vous auez enuie qu'ils y viennent, ne les enuoiez que tous les huiĉt
ans, & n'enuoiez que cent hommes à la fois, 20. deſquels pourront venir au lieu
de ma reſidence, & cependant vous mettrez à couuert vos marchandiſes dans
vn logement que l'on vous donnera à Canton ſans les expoſer ſur vos vaiſſeaux,
& ſans les faire demeurer deuant la Ville : voila ce que i'aï trouué à propos
pour voſtre bien, & pour l'inclination que i'aï pour vous ; ce que ie me perſuade
auſſi vous deuoir eſtre fort agreable ; c'eſt ce que ie vous voulois faire ſçauoir : La
treizieſme année du Regne de Cyngteïde le huiĉtiéme mois, le vingt-neſiuéme
jour. Plus bas eſtoit eſcrit. HONGTHEE THEOPOE.

LE Haut Conſeil de Battauia ayant conſideré le peu de fruit d'vne Ambaſſade
de ſi grande dépence, reſolut de n'enuoyer point d'autres Ambaſſadeurs à la
Chine, qu'ils n'en euſſent eu ordre de leur Maiſtres ; mais pour voir ſi en attendant
le terme des huiĉt années portées par la lettre, ils ne pourroient point eſtablir quelque
commencement de Commerce à Canton ; ils y enuoyerent le Marchand Baron qui
auoit eſté Secretaire de l'Ambaſſade auec vne cargaiſõ qui pouuoit valoir 17714.12.1.
florins auec ordre de paſſer à Tayoan, quand il auroit fait ſes affaires à Canton : Il
arriua auec la fregatte Zeeryder dans la Baye de Hautaunou, il tira trois coups de
Canon ; le Gouuerneur de la place enuoya à ſon vaiſſeau pour ſçauoir le ſujet de
ſon arriuée, & quoy qu'il ne voulut point permettre que ſon vaiſſeau entrât
plus auant, qu'il n'euſt receu les ordres de Canton, deux Officiers des Roys le vindrent trouuer, dont l'vn eſtoit le Mandarin Simlonja, & l'autre vn Capitaine du plus
vieil des Roys, auec ordre de receuoir les preſens qu'il auoit apporté, auec copie de
ſes lettres, adjouſtant que leurs Alteſſes, dont l'authorité auoit eſté depuis peu fort
bornée, & fort ſoumiſe au Magiſtrat de Pekin, auoiẽt reſolu d'enuoyer ces deux Officiers ſur ſa fregatte à Macao pour la faire deſcharger là, en preſẽce du Mandarin Fin-
taja, comme ils auoient fait peu de temps auparauant d'vn de leurs joncqs venu de
Cambogia, qu'ils auoient ainſi enuoyé à Macao : le jour d'apres ces meſmes deputez
retournerent & dirent à Baron que les Roys auoient changé de ſentiment, qu'ils
trouueroient bon que la fregatte retourna à Battauia auec la reſpõce à la lettre du General, puiſque il ne vouloit pas entendre parler d'aller à Macao ; teſmoignant au reſte
vn grand deſplaiſir de ce que Baron n'auoit point apporté vn preſent de quelques ra-
retés auec vne lettre de compliment au Grand Cam ; que s'il l'eut fait, qu'il eut obtenu la liberté du Commerce, auec la reſponce à ſa lettre, qui ſeroit venuë en ſix
mois ; que pour eux, il ne ſe ſentoient pas aſſez de credit & d'authorité pour luy permettre d'entrer dans le pays & d'aller à Pekin, qu'il falloit attendre que les huiĉt années portées par les lettres de l'Empereur fuſſent paſſées, & que les Holandois en-
uoyaſſent dans ce temps-là l'Ambaſſade portée par la meſme lettre ; ç'a eſté là la
quatrieſme fois que les Hollandois ont taſché d'entrer dans la Chine, deſſein qui
leur a couſté 30000. theils d'argent, ou eſcus de noſtre monnoye, ſans rien aduancer,

EXPLICATION DES FIGVRES

contenuës dans la Relation du voyage des Hollandois à Pekin.

1. CArte du voyage des Ambaſſadeurs d'vn bout de la Chine à l'autre.

2. Le plus jeune des Roys de Canton.

3. Vn Caualier Tartare, comme ils ſont armés maintenant; car lors qu'ils entrerent en la Chine ils eſtoient couuerts de peaux de beſtes auec le poil en dehors, les bras nuds & vn bonnet doublé d'vne fourrure ; ils ſont ordinairement habillez de noir , & tirent leurs ſabres de la main droite ſans mettre la main ſur le fourreau.

4. Vne femme Tartare qui a le bout de ſes cheueux ramaſſez dans vn eſtuy.

5. Vn jardin de plaiſance.

6. Vn Mandarin.

7. Vne Dame Chinoiſe. Celles de condition ont des manches qui leur traînent juſqu'à terre.

8. Deux Religieux veſtus de jaune , depuis les pieds juſques à la teſte, auec de grands Chapelets , qui vont touſiours deux à deux , & tâchent d'attirer tout le monde dans leur Ordre.

9. Vn ordre de Religieux veſtu de noir auec vn chapelet ſemblable à celuy des Catholiques, cét ordre eſt vn des quatre principaux du pays.

10. Vn autre Religieux qui vit de queſtes & d'aumoſnes, comme le precedent, dont l'habit eſt couſu de pieces de differentes couleurs , auec vn chapeau de roſeaux ſi large qu'il luy ſert de paraſol ; demeure aſſis les iambes croiſées, & frappe auec vn petit baſton ſur vne ſonnette de cuiure jaune, juſqu'à ce que on luy donne quelque aumoſne.

11. Vn gueux à qui on a formé le derriere de la teſte dés ſa jeuneſſe , comme on le void dans la figure, il ſe tient aſſis le long des chemins auec vn chapelet au col, & ces gueux paſſent dans le pays pour gens d'vne grande ſaincteté.

12. Sepulture d'vn des plus grands Seigneurs du pays ; creſpie de blanc par le dedans auec deux bancs fort hauts tout autour ce baſtiment ; vn peu de baſtimens au deuant, par derriere on monte ſur vne montagne faite à plaiſir où eſt le corps du deffunct habillé fort richement, & enchaſſé dans vne caiſſe dorée. On enterre les perſonnes ordinaires auec moins de ceremonie , on ſe contente de faire à leur ſepulture vne petite voûte.

13. Vne ſorte de gueux qui ſe fait bruſler certaine drogue ſur la teſte , juſqu'à ce qu'on luy donne quelque aumoſne.

14. Vn autre qui ſe heurte le front ſur vne pierre , & qui, à force de le faire, s'eſt fait vn calus preſque auſſi gros que le poing.

15. Vn Religieux Chinois qui a eſté ſurpris auec des femmes de desbauche, & à qui pour penitence l'on a percé le col auec vn fer chaud , à ce fer eſt attaché vne chaiſne de fer d'enuiron dix braſſes , qu'il eſt obligé de traiſner juſques à ce qu'il ait apporté au Conuent trente theyls d'argent , qu'il faut qu'il amaſſe en demandant l'aumoſne, & quoy qu'il ſoit tout couuert de ſang, qui ſort de cette playe, il n'oſeroit mettre la main ſur ſa chaîne pour la porter plus aiſement : car celuy qui le ſuit chaſtiroit cette tranſgreſſion à grands coups d'vn foüet qui fait grand bruit & qui laiſſe apres luy les traces des endroits par où il a paſſé : les trente theils d'argent qu'il doit apporter au Conuent valent enuiron trente eſcus monnoye de France.

16. Vne Courtiſanne montée ſur vn aſne conduitte par les ruës par celuy qui en fait trafic, comme l'on crie icy les choſes les plus neceſſaires, le viſage couuert d'vn voile , quoy que dans le pays on puniſſe de mort l'adultere, cette ſorte de femme ne laiſſe pas d'y auoir beaucoup de liberté.

17. Deux gueux qui ſe heurtent le front l'vn contre l'autre, ce qu'ils continuent de toute leur force, iuſqnes à ce qu'ils tombent euanoüis, ou qu'on leur donne quelque choſe.

18. La ville de Nanquin où les Empereurs de la Chine ont tenu long-temps leur Cour, eſt la plus grande ville de tout cét Empire , car ſes murailles ont bien ſix lieux d'Allemagne de circuit , ſans y comprendre les Fauxbourgs dont nous ne Viſmes point le bout ; ſes murailles ont trente pieds de haut , le pied de la muraille eſt baſti de pierre de taille & le reſte de brique : elle a treize entrées auec des portes de fer, la foule y eſt ſi grande , que l'on n'y entre & que l'on n'en ſort qu'auec beaucoup de preſſe : Ils diſent qu'il y a plus d'vn million d'habitans , & cependant tout y eſt à fort bon marché.

19. Deſſein d'vne ruë de Nanquin en perſpectiue : la pluspart de ces ruës ſont tirées à la ligne ; ont enuiron 28. pas de largeur, & ſont pauées au milieu de grandes pierres bleües ; de cent pas en cent

Dans la figure quinze du Religieux Chinois qui fait penitence,

pas il y a vne barriere que l'on ferme toutes les nuicts pour vne plus grande seureté contre les voleurs ; chacune de ces barrieres est commandée par vn Chef, toute la Bourgeoisie est diuisée sous ces Chefs : les maisons n'ont pas grande apparence, n'ont la pluspart qu'vne stage, sont basties de pierres grises couuertes de thuilles de mesme couleur, sont crespies de chaux par dedans, & toutes basties sur les ruës : Les boutiques fournies de toutes sortes de marchandises, deuant chaque maison il y a vne enseigne & deux planches au pied, sur lesquelles est escrit vn estat de tout ce qu'elle contient auec tous ses tenans & aboutissans.

20. La fameuse tour de porcelaine bastie par les Tartares dans la ville de Nanquin il y a plus de 700. ans, en memoire de la conqueste qu'ils firent alors de tout le Royaume de la Chine ; cent quatre-vingt-quatre degrés de pierres bleuës prattiquées dans l'espaisseur de la muraille portent au haut de cette tour : à chacun des neuf angles de la tour pend vne petite cloche de cuiure qui sonne au moindre vent qu'il fait ; au haut est vne pomme de pin qu'ils nous asseurerent estre d'or massif.

Dans le lointain de la figure du Cavalier Tartare.

21. La ville de Pequin où le Tartare tient anjourd'huy sa Cour, son enceinte est de cinq heures de chemin, est fermée d'vn double mur ; les bouleuars sont si prés l'vn de l'autre dans l'enceinte interieure de la ville, que l'on pourroit aisement ietter vne pierre de l'vn à l'autre. L'enceinte de dehors n'est fortifiée qu'à l'ordinaire ; il y a trois forts bastions qui deffendent l'entrée de la porte, & on est bien vn quart-d'heure auparauant que d'entrer dans l'enceinte interieure de la ville, à la porte de laquelle il' y a vne herse d'vne grande hauteur : les ruës qui ne sont point pauées sont si sales l'hiuer qu'on n'y sçauroit quasi passer à pied, & l'Esté quand le vent de Nord soufle, la poussiere est si grande que l'on ne se pourroit pas tenir dans les ruës si l'on ne se couuroit le visage d'vn voile, dont les hommes se seruent aussi bien que les femmes : hors de la porte il y a des colines, d'où l'on peut descouurir tout le pays ; mais principalement cette fameuse muraille tirée entre ces hautes montagnes qui separent la Tartarie de la Chine. De la ville l'on peut aller jusques à la muraille, & en reuenir le mesme jour.

22. Vn arc de triomphe basti de pierres grises ornées de sculpture, ces arcs sont ordinairement aux carrefours des ruës & aux endroits des Villes les plus remarquables : ils y mettent des bandetolles & des estendarts lors qu'ils ont remporté quelque signalée victoire.

23. Le Pagode ou Eglise de la ville de Xantiou sur le chemin royal, l'vn des plus beaux Pagodes qu'ils ayent veu dans le pays, basti de pierre grise, le toict couuert de thuylles, vernies de jaune & de verd, & les fenestres fermées de petites treilles faittes de roseaux au lieu de verre qu'ils n'ont point dans la Chine.

Dans le lointain de la figure du Mandarin.

24. Vn village-Vaisseau basti sur de gros roseaux qu'ils appellent Bambous, & qu'ils ioignent ensemble auec des pieces de bois. Les maisons sont faites de planches & couuertes de nattes : il y a de ces villages où demeurent quatre ou cinq cens hommes qui vont & viennent sur ces riuieres.

25. Vn de leur plus grands joncs, ou vaisseaux dont ils se seruent en mer & sur les riuieres aussi grands que nos flutes, basties sans clausteries & sans cheuilles, toutes les pieces estans jointes à queuë d'hyrondelle, le dedans est peint & doré, le deuant du vaisseau est plus pesant que le derriere : les voiles sont faites de nates que l'on couche les vnes sur les autres, comme le bois d'vn esuantail, mais il ne peuuent pas aller contre le vent, ny remonter les riuieres, & dans ce dernier cas il faut qu'ils se fassent tirer à la corde.

26. Vn vaisseau fort extraordinaire que les Chinois appellent vaisseau serpent qui court d'vne fregate à l'autre pour diuertir le peuple : douze matelots auec des couronnes dorées, vétus de taffetas rouge le poussoient à la rame battant l'eau au bruit d'vne espece de Tymbales, si bien que ce vaisseau alloit comme vn esclair ; toutes les banderolles & les estandars bordés de franges d'or.

27. La Cour de l'Empereur de la Chine, le jour que les Holandois eurent audiance.

28. Le Tartare qui tirant vne coutroye faisoit le mesme bruit qu'auroient pû faire trois coups de pistolets tirés en suite l'vn de l'autre.

29. Vn sorcier qui vend le vent à ceux qui nauigent, qui se perce souuent les iouës auec vn poinçon, comme il est descrit dans l'endroit de la Relation où il est parlé de la mer de Poyan.

30. Chariot auec lequel on voyage fort seurement & auec assez de diligence, quoy que trois personnes, qui y sont assises, ne soient poussées que par vn seul homme.

31. Vn Tartare auec sa femme en croupe, à quoy elles sont fort accoustumées.

30. Vaisseau qui au lieu de voilles à vne espece de Nasse ou le vent entre, & dont on prend plus ou moins en ouurant ou resserrant l'ouuerture.

33. Habit ordinaire des Chinois, *dans la figure de l'Arc de Triomphe.*

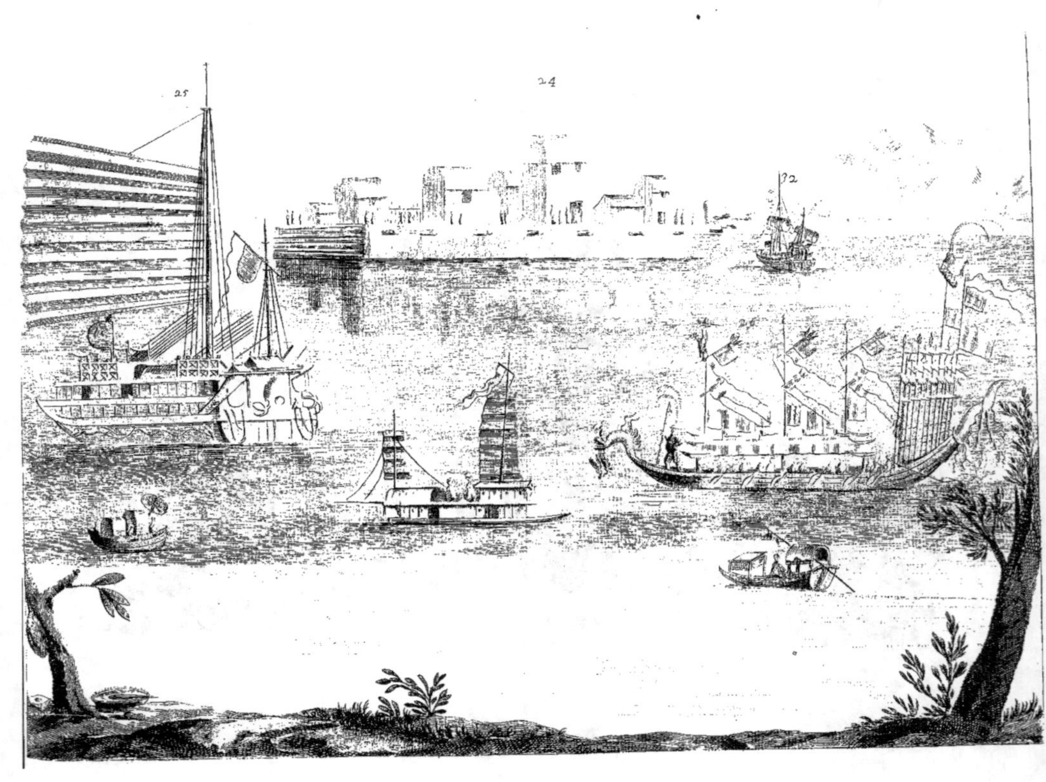

25
24
32

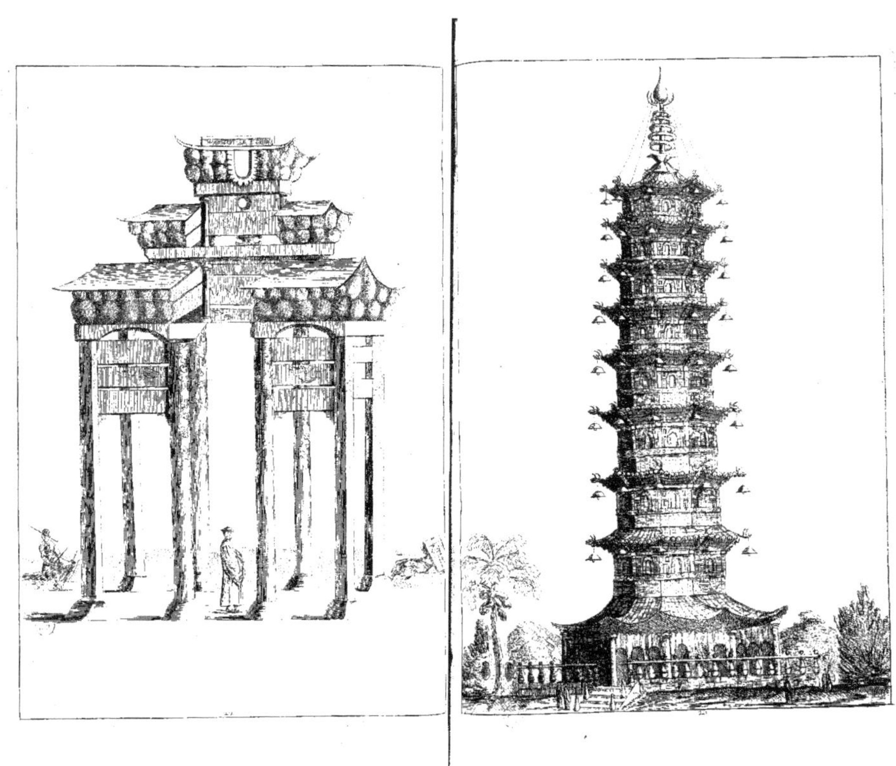

19

ROVTE DV VOYAGE
DES HOLANDOIS A PEKIN.

N T R E les Eſtats de l'Aſie, celuy de la Chine a touſiours tenu le premier rang, pour la douceur de ſon Air ; pour la fertilité du Pays, &
pour la multitude innombrable du peuple quil'habite. La Chine eſt
ſeparée du coſté de l'Oeſt de la Tartarie & des Indes, par les Monts
Damaſiens, & bornée du coſté du Nord par cette fameuſe muraille
qui a trois cês lieuës d'Allemagne de longueur. A l'Eſt elle a la Mer
qu'on appelle Orientale, qui la couure auſſi du coſté du Sud, où elle touche au
Royaume de Siam : Elle eſt diuiſée en treize Prouinces, où l'on conte 240. grandes
Villes murées; auec cela vne infinité de bourgs, de villages, & de Places fortes. La riuiere de Canton, celle de Siam, la riuiere jaune, & le Canal Royal, courent au trauers de quatre de ces Prouinces, de celle de Canton, de Kyamſi, de Xanton & de
Pekin : Ces riuieres ſont pour le moins, ſi on conte leurs deſtours, 800. lieues d'Allemagne; de Canton l'on va à Pekin en poſte & ſans bagage en quarante iours, mais par
eau on y met au moins trois mois entiers, & cela ſans s'arreſter en pas vn lieu. Les
Ambaſſadeurs d'Hollande mirent juſtement quatre mois à faire ce chemin ; le Pays
qu'ils virent eſt plein de montagnes, mais les vallées qu'elles ſont, ſont fort belles &
fort fertiles, & la veuë de la Campagne fort agreable : les Grains & le Rys y croiſſent
en abondance : outre grand nombre de fruicts qui ſont particuliers à la Chine, ils
ont beaucoup de ceux que nous cultiuons en l'Europe, grande abondance de beſtail,
& toute ſorte de volaille & de gibier. Les Chinois ſont Payens, leur naturel les porte à
la crainte & à la meſſiance, ils ont infiniment d'eſprit pour la marchâdiſe pour les Arts
& pour les ſciences, ſont ciuils & affables, & ce qui ſurprend dauantage, eſt que plus
on aduance vers le Nord, & plus ces peuples ſe troiuent ciuils & polis.

La riuiere de Canton prend ſa ſource au Sud de la Montagne de Namheung &
court du Nord au Sud, le long des murs de la ville de Canton, & apres auoir paſſé
les Iſles de Hautaimon, elle ſe rend dans la Mer. De la Mer iuſqu'à Canton elle eſt
aſſez large pour receuoir de grands Nauires, & les porter iuſques deuant la Ville, mais
plus auant dans le Pays, elle eſt pleine de rochers & de bancs de ſable, peu nauigable,
ſi ce n'eſt auec de petites barques, encore les faut-il remonter auec beaucoup de peine
& de danger. La riuiere de Kiam prend ſa ſource au coſté du Nord de la meſme montagne, & court iuſques dans la ville de Nanquin, elle eſt ſi grande, qu'on la prendroit
pour vne petite Mer, & c'eſt de là auſſi qu'elle tire ſon nom ; car Kiam ſignifie en
Chinois le fils de la Mer.

On peut aller à Pekin auec beaucoup de commodité touſiours par eau, excepté
dans la Prouince de Kiamſi, ou dans l'eſtendüe de 36. lieües il y a beaucoup de rochers & de pierres, & où l'eau court auec vne grande viſteſſe ; mais depuis Nanquin
iuſques à Pekin, on fait le voyage aiſément ſur le Canal Royal & ſur la riuiere jaune
auec la meſme facilité que l'on va d'Amſterdam à Harlem : Il y a cinquante villes ſur
ces riuieres & ſur le Canal Royal, leſquelles ie décriray cy-apres ſelon leur ordre &
conformément au iugement qu'en ont fait nos Ambaſſadeurs.

CANTON.

CAnton eſt à 23. degrez 48. min. de latitude Septentrionale, eſt ſcituée ſur le coſté droit de la Riuiere, ſon circuit eſt de 3. heures de chemin, ſes Faux-bourgs ne ſont point fermés de murailles, mais ils ne laiſſent pas d'eſtre conſiderables par la beauté de leurs édifices : du coſté de la terre ferme il y a cinq Forts ſur des éminences eſcarpées & de difficile accés, qui commandent quaſi toute la Ville. Les Maiſons y ſont ſi belles & les Pagodes ſi magnifiques, que pour ce ſeul égard elles merite d'eſtre miſe au rang des principalles Villes de la Chine. Pour aller de la porte qui eſt vers l'eau, au Palais du Gouuerneur, on paſſe par deſſous 13. arcs de triomphe baſtis de pierre & ornés d'excellentes ſculptures. On dit que deuant les Guerres cette Ville eſtoit ſi peuplée qu'il ne ſe paſſoit point de jour qu'il n'y euſt 5. ou 6. perſonnes étouffées dans la foule à l'entrée de ſes Portes, ce qui ne ſera pas difficile à croire à ceux qui feront reflexion ſur la multitude du peuple des Villages qui en ſont proches. Il y a pluſieurs petites Iſles le long de la Riuiere : en entrant dans la Riuiere on void ſur la main gauche vne Tour fort éleuée & baſtie ſur vne haute Colline, elle a 9. étages. On trouue plus auant vne Iſle vis à vis d'vne des extremitez de la Ville qui regarde l'Eſt ; il y a 2. Chaſteaux au milieu, & le Pays qui eſt ſur le bord de l'eau qui leur ſert de foſſé eſt le Pays du monde le plus fertile, & où l'on fait 2. recoltes chaque année. Cantõ a eſté priſe 2. fois par force, les Tartares pour en former le dernier ſiege au oiēt raſſemblé toutes leurs troupes, ils donnoiēt tous les jours de nouueaux aſſauts, dont ils eſtoient repouſſez par les Chinois, qui faiſoiēt ſouuent des ſorties ſur leurs ennemis auec auantage, ſous la conduite de quelques ſoldats de l'Iſle de Macaſſar qu'ils auoient auec eux, & de deux Maiſtres Canonniers Hollandois fort conſiderez des Chinois pour leur fidelité. Les Tartares auoient dreſſé vn pont de batteaux du coſté de la partie Orientale de la Ville pour leur couper la communication de la Ville de Hautaymon & d'autres places ; quand l'ouurage fut acheué les Chinois firent vne ſortie de ce coſté, prirent la demye-lune qui eſtoit à la teſte de ce Pont, & brûlerent en vn iour vn Ouurage qui auoit couſté pluſieurs Moys aux Tartares ; cét eſchec leur fit perdre courage, ils tinrent Conſeil, & prirent la reſolution de traitter ſous-main auec le Gouuerneur de la Ville, il demeure d'accord de leur ouurir les portes pour 40. mil teils d'argent comptant. Ils ſe preſentent à l'heure qui auoit eſté concertée, ils les trouuent ouuertes, leur Caualerie s'auance pour occuper leurs principaux Poſtes de la Ville, & pour empeſcher les Chinois de ſe rallier, ils pouſſerent vne troupe qui s'eſtoit miſe en eſtat de leur faire reſiſtance, & firent apres vne ſi cruelle boucherie de tout ce qu'ils trouuerent de ces pauures gens, qu'ils diſent qu'il en mourut plus de 80. mille ſans ceux qui eſtoient morts de faim & d'autres miſeres durant tout le ſiege : elle fut priſe en 1650. & lors que les Hollandois y arriuerent, elle s'eſtoit tellement remiſe qu'elle auoit preſque repris tout ſon ancienne ſplendeur. Il y a à Canton deux Gouuerneurs d'vne égale authorité, tous deux d'vne ancienne Maiſon de Pekin. Le Roy de la Chine auoit fait couper la teſte à leurs Peres, les fils s'eſtoient ſauuez dans la Prouince de Leautong, ils s'attacherent à faire la Cour au Tartare qui ſe preparoit dés ce temps-là à la Conqueſte de la Chine; le Tartare apres auoir receu pluſieurs témoignages de leur fidelité, donna le tiltre de Pignamond à l'aîné & à l'autre celuy de Signamond, tiltres Chinois qui marquent autant d'autorité que celuy de Vice-Roy en Europe. Ils deuoient eſtre fort ſatisfaits de la vengeance du tort qui auoient eſté fait à leurs Peres, puis qu'il y a des endroits de cette Prouince ou l'on fait aſſez de chemin touſiours au milieu des ruynes des Villes qu'ils ont deſo-lées ; ces principaux Chefs ou Viceroys, ont au deſſous d'eux cinq autres perſonnes qui ont part au Gouuernement de la Ville : le grand Mandorin, c'eſt à dire le Chef du Gouuernement Politique, le Toutang ou Commiſſaire du Roy dans Pekin, le Teſininin, ou Treſoriers de la Prouince, le Poetſenſie Lieutenant Ciuil de

Canton , & le Haitou ou le Commiſſaire General de la Marine , & des Nations eſtrangeres ; les deux premiers ſont mis de la part de l'Empereur dans Canton , leur commiſſion dure trois ans : ils y ont vne ſi grande authorité que le Viceroy ne peut rien conclurre d'important que de concert auec eux, mais les trois autres ſont choiſis par les quatre premiers : tous les Magiſtrats qui ont l'adminiſtration de la Iuſtice & de la Police de la Ville doiuent eſtre eſtrangers, de peur que l'intereſt du ſang & des alliances ne corrompe leur jugemens ; ceux au contraire qui ſont en charge dans les troupes doiuent eſtre originaires du Pays & natifs de la meſme Ville, afin que l'intereſt de leur Patrie & de leur famille les oblige & les intereſſe dauantage à ſa deffence & à ſa conſetuation.

Enuiron deux lieues & demie au de-là de Canton , on entre dans la Bourgade de Foezan , où eſt l'eſtape des étoffes de la Chine , comme ſont draps d'or & d'argent , ſatins de toutes ſortes de couleurs ; les Damats, les Brocats , les Camelots & ces autres étoffes qu'on appelle des Pelings, Gielins, Pangfiens, toutes leſquelles étoffes ſe font en ces quartiers , & ſe tranſportent de là par tout le Royaume de la Chine.

X A N T S I V.

ESt ſitué ſur le coſté droit de la Riuiere vne lieuë plus auant dans le Pays , dans vn vallon fort agreable enuironné de Montagnes , elle n'eſt pas fort grande, mais elle a eſté autrefois fort peuplée.

S A N I V I N.

PEtite Ville ſur le bord de la Riuiere , à peu pres comme Amersfort , elle a eſté autrefois d'vn grand commerce à cauſe de ſon aſſiette fort commode , elle eſt maintenant tout à fait détruitte , en ſorte qu'on n'y void pas 50. maiſons entieres, les Tartares qui l'ont ruïnée n'ont point touché aux murailles, ny aux portes de la Ville, qui ſont encore en bon eſtat.

I N G T A C H.

PEtite Ville d'vn aſpect agreable bâtie ſur vne pointe de terre ſur la gauche de la Riuiere , elle a prés d'vn quart de lieue en quarré, fermée d'vne haute muraille, auec vn Faux-bourg qui paroiſt auoir autrefois eſté fort riche : à l'entrée du port ſur la droite eſt vne Tour, qui a neuf eſtages , & qui eſt d'vne conſtruction fort ingenieuſe : le Pays des deux coſtez de la Riuiere eſt fertile & fort peuplé.

Entre les Villes de Sanjuin & d'Ingtach eſt la merueilleuſe Montagne de Sangvimthap , qui naturellement eſt diuiſée depuis le haut iuſqu'au bas , en ſorte que la Riuiere y paſſe facilement ; le long des bords il y a vn chemin taillé pour les bâtelliers , afin de pouuoir marcher quand ils tirent leurs barques ; & parce que de ces Montagnes naiſſent pluſieurs ruiſſeaux qui courent vers la Riuiere , il y a par tout de petits ponts de pierre pour trauerſer plus commodément ces endroits par où les torrens ſe rendent dans la riuiere : Sangwimpthap ſignifie montagne vollante , ainſi nommée d'vn certain Temple ruïné où il n'y a qu'vne porte , & lequel , ſelon la tradition des Chinois, a eſté transferé ſur céte montagne en vne nuict, du coſté du Nord, où il eſtoit auparauant.

SVCHEV

EST encore située sur vne pointe qui auance à la gauche de la grande riuiere ; elle est ceinte de hautes montagnes du costé de la Terre : cette Place est de fort grand commerce & propre à la nauigation : elle est à Ly 300. d'Ingtack : Elle a sous son ressort ou iurisdiction 5. autres Villes qui sont là autour ; de l'autre costé de l'eau vers l'Est est son Fauxbourg, dont les bâtimens sont magnifiques, & d'vne structure extraordinaire, & au milieu de l'eau sur vne petite eminence est vne Tour qui a cinq galleries ou estages, ses fortifications sont hautes, ses remparts éleuez & reuestus de bonne brique auec des plattes formes pour placer de l'Artillerie, elle n'a point de fossez : la pluspart des maisons y ont esté détruites par la guerre.

La figure de la Tour de Porcelaine seruira à rendre plus intelligible la description de ces Tours.

NAMHEVNG.

LA Ville de Namheung qui est la derniere des places qui sont au Nord de la Prouince de Canton est semblable à Sucheu située de mesme, sur vne langue de terre entre les deux riuieres, situation qui l'a rendroit imprenable, si elle estoit ménagée, sans y employer d'autres auantages que ceux qu'elle tire de la nature mesme. Il y a de bons ponts de pierre pour passer de la Campagne en la Ville, chacun de ces Ponts à 8. arcades, & chaque arcade est barrée par de grosses chaînes de fer, en sorte que personne n'y peut passer que du consentement du Gouuerneur, & apres auoir payé le droit de peage : elle a esté fort mal traittée par les Tartares la derniere fois qu'ils l'ont prise, toutefois du costé de la riuiere où demeurét la pluspart des Marchands & des voituriers, les maisons y sont encore en leur entier, apparamment pour s'estre racheptez du pillage à force d'argent : l'on void en cette Ville plusieurs maisons où le nom de nostre Sauueur est graué en lettres d'or au dessus des portes.

Entre la Ville de Namheung & la Ville de Nanjan, est vne fort haute montagne, qui a pris son nom de la Ville de Namheung : il faut passer par cette Montagne quand on va par terre à Nanjan : sur la cime se void vn beau Temple, & à l'ouuerture d'vn autre fort ample qui y est, il y a quantité de Prestres; sur cét autre il y a vn pont de pierre pour le trauerser, au milieu de ce Pont vn portail de pierre, qui marque la separation des deux Prouinces de Canton & de Kiansy, de maniere qu'on peut d'vne ajambée passer de l'vne à l'autre. Le chemin qui conduit par cette Montagne depuis la Ville de Namheung, iusqu'à celle de Nanjan est aussi bien paué que les plus belles rües de nos Villes de Hollande, ce qui le rend fort commode aux personnes qui voyagent; la veuë, d'ailleurs en est fort agreable, à cause des belles pleines des Campagnes labourables qui l'enuironnent, & des ruisseaux d'eaux courantes qui les abbreuuent, dont le murmure entretient agreablement ceux qui y passent.

NANIAN.

SA situation est d'vn terroir fort plaisant mais resserré entre des montagnes & des rochers : elle est separée en deux par la riuiere de Kiam qui vient du costé N. N. O. dans la partie meridionale, les maisons sont fort prés les vnes des autres, il s'y fait vn grand negoce, cette place est vn peu plus petite que Namheung, mais elle n'est pas si ruinée : du costé du Nord il y a vn Pagode basti sur vne pente auancée de la montagne.

KANCHEV.

LA Ville de Kancheu eſt ſituée à la hauteur de 26.deg. 40. min. eſt de forme quarrée, tout au bord de la riuiere de Kiam, dans vne Campagne fort peuplée & d'vn
grand trafic, tant par eau que par terre : c'eſt la ſeconde place de la Prouince de
Kianſy. Le Toutang qui y tient ſa Cour a authorité ſur les Prouinces de Kianſy, de
Focquien, Huquam & de Quanſey, c'eſt à dire ſur tout ce que les Tartares tiennent dans ces Prouinces ; il tient vn plus grand rang que les autres Toutangs, auſſi
luy donne-t'on en langue Chinoiſe la qualité de Viceroy, qui eſt au deſſus de celle
d'vn Toutang ordinaire, & on l'appelle Lonkonquungmoen. On void icy 4. grandes
portes qui ont le nom des quatre coſtez du monde & bâties en tournant; on entre dans
la porte du couchant apres auoir monté vn degré de pierre au haut duquel ſont deux
arcades qui ſont l'ouverture de la porte : entre ces deux arcades eſt vn canon de fer
du calibre d'vne demie couleurine, pour en deffendre l'entrée: les rües y ſont nettes,
& quelques-vnes ſont pauées de grands carreaux de pierres. A l'Eſt il y a vne Tour
auec 9. eſtages, du haut de laquelle on peut voir toute la Ville : il y a pluſieurs belles
maiſons & Pagodes excellemment baſties. Le Pagode Cuilkiauſimiao eſt le plus renommé; dans le premier baſtiment de ce Pagode, il y a des ſtatuës de deux Geans fort
hauts, aſſis l'vn d'vn coſté l'autre de l'autre; l'vn étrangle vn Dragon, l'autre menace
ceux qui le regardent auec ſon épée nuë & ſa mine affreuſe, il a vn Nain à ſes pieds: la
differente intelligence de ces figures, fait aſſez voir combien les Chinois ſont habiles
en l'art de la ſculpture : le ſecond bâtiment tient à la muraille; autour ſont des Autels auec des Idoles: dans le troiſieſme il y a vne Deeſſe ou Idole dorée d'vne hauteur
extraordinaire, & c'eſt en cét endroit que les Preſtres ont leur Dortoir qui regne tout
autour, & eſt fermé auec des rideaux : les murs de cette Ville ſont hauts & forts, conſtruits de bonne brique ; toutes les canonnieres ſont ornées de teſtes de Lions: le circuit de ce Pagode a preſque deux heures de chemin : au Nord ſe voit vn nombre infiny de batteaux qui arriuent de diuers lieux & Prouinces, & qui payent icy vn certain droit.

VANNVNGAN

ESt à droit de la riuiere dans vne plaine vnie & fertile : elle n'eſt pas bien grande,
autrefois elle eſtoit bien baſtie, & fort propre, comme il ſe peut encore voir par les
debris qui en ſont demeurés, & par vn portail fort ſuperbe.

Les Tartares y ont fait de grands rauages, & l'herbe eſt ſi haute par tout, & les
maiſons tellement ruynées que l'on ne ſçauroit meſmes trouuer les veſtiges des rües.
Vn peu plus loin eſt la bourgade appellée Pekitſiuen, ou les Capitaines des Nauires
ont accouſtumé de ſe fournir de voilles, & de tout ce qui leur manque pour leurs
Vaiſſeaux, elle eſt d'vne grande enceinte, il y a en entrant des grottes faites par artifice, mais la guerre les a ruinées pour la pluſpart : la plus conſiderable eſt haute
d'enuiron 40. pieds & large à l'auenant: elle a deux voutes, où l'on peut monter par
vn degré, dont les marches ſont baſſes, larges de quatre enjambées; tout cét ouurage
eſt de terre glaiſe, mais ſi bien trauaillée qu'on prendroit cette grotte pour vne choſe
que l'eau auroit faite, en ſe faiſant chemin au trauers d'vne roche.

TAIKO.

LA Ville de Taiko eſt à la gauche de la riuiere, les murailles en ſont hautes, les rües
eſtroites & pauées de petites briques, mais fort propremét & vniment: du coſté du
Nord on paſſe vn pont de pierre d'vne arcade qui donne entrée dans la Ville; il y a de
belles maiſons, mais toutes deſertes & inhabitées, auec 2. Tours, dont l'vne a eſté en
partie renuerſée par la foudre.   B iij

KINNVNGAN.

LA Ville de Kinnungan eſt ſituée à coſté gauche de la riuiere, l'enceinte de ſes
murs eſt de plus d'vne heure de chemin, il y a diuers bâtimens tres-beaux & haut
éleuez, mais preſque entierement ruinés par les dedans: au milieu de la riuiere vis à vis
de la Ville eſt vne Iſle remarquable par vn Pagode nouuellement bâti, & entouré d'v-
ne haute muraille : les ruynes que l'on void de cette Ville & de ſes enuirons font iuger
qu'elle doit auoir ſurpaſſé en richeſſes & en magnificence toutes les autres de cette
Prouince. Les Chinois ne peuuent aſſez exagerer tous les rauages & les violences
qui y ont eſté exercées par les Tartares, mais la derniere fois les Tartares en em-
menerent plus de quatre mille femmes ou filles des plus conſiderables familles,
qu'ils firent conduire en leur pays, où elles furent venduës pour fort peu de choſe, &
contraintes de ſe proſtituer pour ſatisfaire à l'auarice de leurs Maiſtres, qui en tirent
du profit ; condition miſerable pour des perſonnes eſleuées dans la retenuë & dans
l'honneſteté.

KICHIEVHEEN.

LA Ville de Kichieuheen eſt à la gauche de la riuiere, elle a de grãdeur enuiron deux
heures de chemin, baſtie d'vne maniere extraordinaire ; a la forme d'vn Triangle auec quatre grandes portes dont les battans ſont de fer : elle a 700. pas de longueur le long de l'eau, auec vne muraille de 15. pieds de haut, ſans foſſez ; on y entre
par vne longue auenüe, apres auoir paſſé trois barrieres, qui ſont bien faites & ornées
de ſculpture aſſez belle.

SIAKANIEN.

ESt au pied de la Montagne, dont la pointe éleuée panche vn peu du coſté de la Prouince de Honan; ſes murailles enferment vne bonne partie d'vne Montagne voiſi-
ne, qui ſe laboure & eſt fort fertile : il y a vn fort grand & fort ancien Pagode où ces
pauures Payens viennent de toutes parts en pelerinage. Leurs ruës ſont la pluſpart
pauées de caillous, ſont fort tortües, & vont en montant ſur la coſte de la montagne;
on void icy deux Arcs de triomphe qui ſont fort beaux & conſtruits de pierre griſe,
mais la pluſpart des maiſons des habitans ont eſté détruites par les Tartares; ils l'ont
priſe trois fois durant la guerre, & depuis les derniers troubles, elle a eſté trois fois
priſe par des troupes de voleurs qui l'ont encores plus mal traittée que les Tartares.

SIRIKAN.

ESt de la meſme grandeur que Siakanien que nous venons de décrire, elle eſt à droite de la riuiere en vn lieu fort commode ; vers le bord du coſté de l'eau il y a vne
porte tres-haute & forte, baſtie de brique.

SVCHIM.

ESt à droite de la riuiere dans vne plaine vnie où il y a 2. arcs, faits d'vne architecture qui nous étoit nouuelle; elle eſt quarrée, d'vne heure de chemin de circuit, du
coſté du Nord on y void vn Fauxbourg fort peuplé & bien baſti, ſes murs ſont de 20. à
25. pieds de hauteur, & d'vne côſtructiõ agreable, toutefois elle n'a point de foſſez non
plus que la pluſpart des Villes de la Chine, enfin ſa fertilité & ſa beauté luy donnent
vn tel renom, que l'on y va promener exprés de Peking meſme, où eſt la Cour du

Roy, pour lu voir. Les forties de cette Ville & la Campagne où elle eſt ſcituée eſt ſi
belle, que les plus beaux Iardins ne ſont point plus agreables à voir. On dit qu'il y a
vne femme fort riche, & qui y poſſede tant de biens, que les droits ordinaires qu'elle
en rend tous les ans à l'Empereur, montent à mille theils, qui vallent 3500. florins.

KIANSI.

L A Ville de Kianſi eſt ſur le bord de la riuiere de Kiam, ſon enceinte eſt quarrée &
de 66. Ly de tour, dont il n'y en a que 20. Ly, où il y ait des murailles : Elle a
ſept portes, dont quatre ſont fort magnifiques & haut éleuées : on dit que lors que
les Tartares firent la premiere inuaſion dans le pays, il y auoit dans cette Ville plus
de 40000. Chinois, leſquels apres vn an & demy de ſiege & d'vne vigoureuſe reſiſtance, enfin ſe rendirent & furent tous maſſacrez ; ils auoient eux-meſmes auant que de
ſe rendre, mis le feu à tous les vaiſſeaux qui eſtoient dans leur port, & aux 4. coins de
la Ville : Elle a encore depuis ſouffert deux autres ſieges dont elle s'eſt tellement remiſe, qu'à-preſent on la void en ſi bon eſtat, qu'elle peut tenir rang entre les plus fameuſes Villes de la Chine. Ses habitans traffiquent fort, & entretiennent grand commerce auec celle de Sincheu & les autres Villes marchandes, ſiſes à l'oppoſite de l'Iſle
Formoſa. Il y a deux Lieutenans, dont le pouuoir & l'authorité ſont égales ; l'vn a le
gouuernement de la Bourgeoiſie, l'autre le Commandement des Troupes ; ils ſont
tous deux originaires de la Chine, mais nourris dés leur jeuneſſe à la Cour de Tartarie & de grande conſideration. Outre ces deux Gouuerneurs, il y a encore icy cinq
Senateurs ou Conſeillers, à ſçauoir Poëtſientie Treſorier de l'Empereur, Anſanſie
Preſident de la Iuſtice ; Thieckhouckthouw, principal Docteur & chef de la Iuſtice ;
le Haitoû & le Pigſentaaw Commiſſaires des Troupes par Mer & par Terre.
Entre pluſieurs magnifiques baſtimens eſt le Téple de Thaſikong, tres-beau & fort
renommé. A l'entrée il y a trois portes à coſté l'vne de l'autre, couuertes de thuiles ver-
niſſées. En entrant on void le Louia aſſis au milieu d'vn grand nombre de Statües vne
fois auſſi grandes que le naturel, veſtu d'vne maniere aſſez ſemblable à celle des anciens Romains : Il a vn manteau d'vn petit taffetas rouge ſur ſes eſpaules, eſt au milieu de deux colones, deux dragons épouuantables y ſont entortillez. Le ſecond baſtiment a deux eſcaliers fort larges vis à vis l'vn de l'autre, qui ſortent dans vne gallerie
ruïnée toute garnie & remplie de Statües, on peut tourner tout à l'entour. En entrant
ſur la droite eſt ce Puits où autrefois fut enfermé & tüé par l'Heros, que l'Idole que ie
viens de dire repreſente vn ſerpent qui tenoit tout le Païs en crainte ; ce ſecond Saint
Georges en vint about, & en déliura le Pays. Ce Puits eſt de douze pas en quarré,
auec vne fermeture de pierre griſe, & plein iuſqu'au haut d'vne eau verte.
Vn peu au delà de Kianſi eſt vn village appellé Wotſing à la gauche de la riuiere de
Kiam, ſur la pointe d'vne Iſle eſleuée, & ſablonneuſe : ſon eſtenduë en longueur eſt
enuiron d'vne heure de chemin ; il y a vne belle ruë habitée par des marchands,
dont les boutiques & les magazins ſont fournis de toutes ſortes de marchandiſes ; auſſi
n'y demeure-t-il que des Marchands. La Porcelaine y eſt en grande abondance & plus
facile à auoir que dans Kianſy meſme, & parce que iuſqu'à preſent on n'a encores eu
aucune certitude de la maniere dont on la fait, i'ay iugé qu'il ne ſeroit pas inutile d'en *Maniere*
faire icy la deſcription. Il y a dans la Prouince de Nankin vne Ville que l'on appelle *dont on fait*
Goeſiſol, ou, comme quelques-vns diſent Feytiou : c'eſt de-là que l'on tire la terre *la Porcelai-*
de la Porcelaine, elle ſe trouue entre les roches des Montagnes, cette terre ſe bat *ne.*
bien menuë, & eſtant pilée fort deliée, ſe met dans des Tobbes ou vaiſſeaux de
bois pleins d'eau, là où la plus ſubtile va au fonds, on le pétrit en ſuite en forme
de petits cubes ou dez, du poids d'enuiron trois Catti, ces morceaux de terre ainſi pé-
trie & preparée ſe vendent à des gens qui les viennent querir d'ordinaire de la Ville
de Sinteſimo, ou, Iontiou ſize en la Prouince de Kianſy enuiron 400. Ly à l'Eſt de
ce Village de Woetzing, & qui les tranſportent chez eux, où ils l'employent & la cui-

sent de la maniere suiuáre;ils sont biē chauffer leurs fours l'espace de 15. iours de suite,&
puis les tiennēt si bien fermés,qu'il n'y sçauroit entrer d'air le moins du môde : au bout
de 15. autres iours, on ouure la fournaise en la presence d'vn Officier qui en fait la
visite , & prend le cinquiesme de chaque sorte pour l'Empereur , ils l'a vendent
en suite à ceux de Vcienien d'où on le transporte par tout ailleurs; & bien que cette
terre glaise soit tirée de la Prouince de Naukin , toutefois ou elle se tire ils ne la sçauent pas trauailler , comme aux lieux que ie viens de dire, où cét art est en sa perfection , & où l'on sçait bien l'orner de toutes sortes de figures auec de l'Indigo : c'est
vn secret parmy eux qu'ils n'apprennent qu'à leurs enfans & parens les plus proches : dans ce Village de Woetsingh on voit vn nombre incroyable de beaux Vaisseaux; qui attendent qu'on les charge de ces Porcelaines, pour les transporter par
toute la Chine.

Il y a vn Temple dans ce Village basti en l'honneur de leur Neptune, ou du
Dieu des Eaux, vis à vis duquel est vne Galerie couuerte par dessus, où l'on fait des
jeux & des spectacles à l'honneur de ce Dieu· car les Tartares & les Chinois qui
ont dessein de passer la Mer de Poyan , non seulement sont obligez de faire icy
leurs sacrifices dans ce Temple , mais il faut encores outre cela, que chacun d'eux
fasse jouër vne Comedie courte ou longue , selon que sa commodité le permet :
d'abord les choses qui doiuent estre offertes, sont presentées par le Prestre à l'Idole,
en suite on jette sur l'Autel du sang de l'offrande , puis on allume quelques cier-
ges & autres parfums auec des petits Batteaux de papier doré ou argenté , faits
exprés, qu'on fait brûler ; le Prestre rend les restes de l'Offrande de celuy qui
fait faire le sacrifice , ou à quelqu'vn de ses gens, afin qu'ils le mangent, en quoy
ils sont fort differens des Prestres de l'idole dont il est fait mention en Daniel. La
raison de cela est que leur profession ou regle, ne les oblige pas seulement de garder le Celibat , mais encore de ne goûter d'aucune chose qui ait eu vie, si bien que
les Mariniers qui sont priez à ces repas se soulent de viandes , excitans leurs maistres
à offrir amplement , principalement s'ils sont à des Maistres qui ne leur fassent pas or-
nairement bonne chere , il leur arriue quelquesfois d'abandonner leurs Vaisseaux
& mesmes de faire qu'ils viennent heurter contre le Quay , dont ils rejettent la
faute sur le Capitaine du Vaisseau, luy reprochant que c'est ainsi qu'il en arriue
quand on s'oublie enuers les Dieux, & que de cette façon ils auront encore bien d'autres dangers à essuyer, les obligeant par-là à faire de plus grandes offrandes : Les ceremonies du sacrifice estant acheuées, le Prestre s'auance vers celuy qui a offert, & luy
presente vn certain Vaisseau verny de Lacque,afin qu'il en tire vn billet,ou est marqué
quelle Comedie l'on doit faire jouër ; ce billet aussi-tost est enuoyé à ceux qui sont
dans la Galerie dont i'ay parlé cy-deuant ; incontinent apres on ouure le Theatre & la
Comedie commence , le pays est plein de ces Comediens , ils sont diuisez par troupes
particulieres , toutefois il n'est pas permis d'estre Comedien à tous ceux qui voudroient bien estre de ce nombre, mais le priuilege de fait la Comedie s'aferme au plus
offrant.

NAMKVN

ESt à droite de la riuiere,en vne Campagne, où il y a plusieurs Collines : elle a autrefois esté fort renommée , mais elle est bien diminuée depuis les guerres : ses
murailles sont hautes, les premieres assises sont de pierre de taille,& le haut de brique,
deffendües de vingt bastions dans vne raisonnable distance les vns des autres : ils sont
bastis sur les éminences des Collines , qui s'étendent enuiron d'vne heure de chemin
tout autour de la Ville. A l'Oüest sont deux arcades à l'entrée d'vne porte de pierre
par ou on passe pour entrer dans la Ville ; la premiere rüe sur la droite est pleine de
beaucares ; mais les maisons sont fort ruynées , & desertes pour la pluspart.

LA MER DE POYAN.

CEtte Mer a de longueur vnze lieuës vn quart : en quelques endroits il y a des dunes & des roches qui empeſchêt qu'elle ne deborde, elle a au milieu de ſes eaux pluſieurs grãdes Iſles fort dangereuſes à cauſe des roches dont elles ſont enuironnées. On y void ſur la gauche enuiron à moitié chemin, vne ville qu'on appelle Nangiangfor, auec deux tours, & les deux villages, Singhſongouw & Siouskoeſſang : & auſſi vn Rocher nommé Gammatho, fort haut & extraordinaire, qui paroiſt hors de l'eau, entrecoupé de beaux vallons, plantez d'arbres auec des prairies fort diuertiſſantes : du coſté de main droite ſe void vne autre montagne pleine de roches appellée Takoeſan, on prendroit ces endroits plutoſt pour des iardins de plaiſance que pour vn ſimple payſage. Derriere la ville de Nangiangfoé eſt auſſi vne montagne extremement haute, qu'on appelle Luwliam, où l'on dit qu'il y a 360. Temples, ce qui eſt aizé à croire ; car les Preſtres de la Chine, baſtiſſent ordinairement leurs Temples ſur des éminences. Tout proche d'vn village qu'on appelle Siouſtrourſang, eſt auſſi vn Temple de grand renom auec vn Conuent de Religieuſes fort beau & bien baſti, où elles ne viuent que des aumoſnes que des gens qui courent cette mer auec de petits bateaux leurs ramaſſent, abordant toutes les ionques qui y paſſent ; les hommes n'entrent point dans leur cloiſtre.

On void ſur le mont Takoeſan vne tour qui a ſix eſtages & vn Temple, ou plutoſt vn Conuent d'hommes, qui ne viuent que d'aumoſnes, de meſme que ces dames dont ie viens de parler.

HVKOEN.

CEtte ville eſt ſcituée à l'extremité de la Mer de Poyan, & ſur le coſté droit de la grande riuiere de Kiam. Auparauant la deſolation de la Chine, c'eſtoit vne place fort agreable, où le commerce alloit bien, & qui eſtoit fort riche : ſes ruës ne ſont point droites, elle eſt toute par haut & par bas ; car elle eſt aſſiſe, ou pour mieux dire, ſes maiſons paroiſſent attachées ſur les pentes de quatre montagnes, dont l'vne eſt paſſablement haute, & les trois autres vn peu plus baſſes : elle eſt entourée de ſept autres montagnes plus éleuées, qui la commandent ; ſur ces montagnes ſont de beaux paſturages, on les a attachées à la ville, pour ſa plus grande ſeureté, par vne muraille de 25. pieds de haut, tellement qu'elles font vne partie de la ville : au Nord de cette ville eſt vn rocher couuert de buiſſons auec vn beau Pagode au coſté du Midy, le pied de ce rocher auance iuſques dans l'eau & ſert d'abry aux vaiſſeaux qui font cette nauigation. On void aux enuirons de cette ville quantité de beaux Temples, qui ſemblent attachez au ſommet des rochers & des montagnes, & beaucoup d'autres ouurages ſi extraordinaires, que nos gens, quoy qu'ils euſſent veu la moitié du monde, ne les pouuoient aſſez admirer. Elle eſt fort habitée & baſtie prés à prés, ſes maiſons ſont de pierre, & les boutiques remplies de marchandiſes de toutes les ſortes ; les viures ſont icy en abondance ; mais principalement le poiſſon qui y eſt à fort bon marché ; ils y peſchent des Thons qui viennent nager iuſqu'au pied du rempart, ils ſont en eſtime chez les Chinois, à cauſe qu'ils n'en trouuent gueres ailleurs.

PHANCHEV.

C'Eſt la derniere ville, au Nord de la Prouince de Kianſy, elle eſt ſituée derriere vne Iſle, à la droite de la riuiere dans vn vallon reſſerré entre de grandes

Collines : fes murs s'eftendent iufques fur la haut des montagnes, fur lefquelles il y a de belles maifons. Elle eft vn peu plus petite que Hukoen, mais d'ailleurs
elle ioüit d'vn grand commerce, qui enrichit fes habitans.

TONGLAEV.

C'Eft la premiere ville du cofté de la Prouince de Nankin, elle eft fcituée fur
la riue de Kiam, en vn endroit plein de colines, bien munie de bons baftions
& de murailles tout à l'entour, il n'y refte qu'vne feule ruë, les Tartares ayant
deftruit tout le refte, dont il ne paroift plus que des ruines : entre les baftimens
qui fubfiftent encores eft celuy où le Gouuerneur tenoit fa Cour, d'vne ftructure
fort furprenante. Deux hautes portes fort éleuées, femblables à des arcs de
triomphe, en font l'entrée, on trouue aprés vn bel eftang qui reçoit fon
eauë pardeffous les murs de la ville : dans le milieu de cet eftang eft vne agreable maifon.

L'on void entre ces deux villes que ie viens de décrire, au milieu de la riuiere de
Kiam, vne colonne qui fait la feparation des Prouinces de Kianfy & de Nankin.
La Nature l'a faite, car c'eft vn rocher à qui elle a donné cette forme, elle a au
midy vn beau Temple auec vn Conuent, où il y a pour le moins cent Preftres,
qui viuent des aumofnes qu'on leur donne.

ANHING

PAroit fort magnifique, fur la gauche de la riuiere de Kiam, elle peut auoir
enuiron deux heures de circuit : le long de l'eau eft vn beau faulxbourg, orné
de Pagodes & de maifons fort iolies : fes murs ont plus de vingt-cinq pieds
de haut, & font faits de briques : du cofté de terre, il y a vne petite coline, fur laquelle eft bafti vn Temple auec vne haute tour.

TONGLING.

PEtite ville fcituée en vn agreable lieu, enuironnée de montagnes, elle a la
forme d'vne feüille de treffle, fon circuit eft enuiron d'vne demie heure de
chemin.   On y aborde par la grande riuiere de Kiam, aprés auoir paffé deuant vn petit Chafteau fcitué au fonds d'vne Baye, où les Ionques font couuerts
de la force de l'eau : fur la cime des hautes montagnes qui paroiffent au deffus
de la ville, on entend vn bruit extraordinaire. Ce petit Chafteau s'appelle Vpon,
& eft fcitué iuftement fur le bord de la riuiere, il eft fermé d'vne bonne muraille
de vingt pieds de haut, & d'enuiron mil deux cents pas de tour ; au milieu de
la plaine eft vn Pagode dont la couuerture, qui finit en pointe, eft fort
agreable.

VFOE.

C'Eft vne des plus grandes & des plus fameufes villes de la Chine, pour fon trafic & pour fon Port d'vne heure de circuit auec, des maifons de cofté & d'autre
fort peuplées, elle eft fcituée fur les bords d'vne belle eauë courante, qui fe va
perdre dans la riuiere de Kiam. Tous les Ionques & autres baftimens qui paffent par deuant, font obligez d'y payer vn droit : cette ville eft tres-confiderable par fes edifices publics, par les maifons de fes habitans & par fes Pagodes. Il
y a à chaque pointe de ce Port, vn fort bafty à l'Hollandoife auec fes bouleuers
& fes parapets, nous n'y vifmes aucune machine de guerre, quoy que ce foit

le lieu où se font les meilleures armes de tout le Pays , & dont les Habitans tirent vn
gain tres-considerable : C'est aussi icy qu'est establie l'estape de la Biére de la Chine,
on la brasse en cette Ville pour estre portée apres par tout le Royaume.

TEIITONG.

ESt située derriere vne Isle à la droite de la riuiere;on la peut voir de deux lieuës
de loin, ç'a esté autrefois vne fort belle ville; mais les Tartares qui l'ont prise &
reprise , l'ont reduite en vn estat déplorable,& ne luy ont laissé que trois tours,dont
la hauteur marque encores auiourd'huy l'ancienne magnificence de cette Ville.

NANKIN.

NANKIN estoit autresfois la residence des Rois de la Chine , mais le Roy
Humvus ayant déliuré le Royaume de la tyrannie des Tartares l'an 1368.
le Throsne Royal fut transferé de Nankin à Pekin , afin d'estre plus proche
de la frontiere, & de fortifier la partie de l'Estat la plus exposée aux incursions
des ennemis. Depuis ce temps-là, Nankin n'a plus tenu que le second rang . Elle
à 32. degrez de latitude Septentrionale, esloignée seulement de quinze lieuës de la
mer, est bien bastië, le circuit de ses murailles est enuiron de six lieuës d'Allemagne, sans y comprendre les fauxbourgs,dont nous ne vismes point le bout : elle touche du costé du Nord à la grande riuiere de Kiam, a vn fossé profond que l'on passe
sur vn pont de quatorze batteaux ; du costé de l'Est, elle s'estend dans le pays iusqu'à vne longue vallée qui en diuers endroits est trauersée de canaux si profonds ,
que les vaisseaux qui viennent de la mer, y trouuent assez d'eau pour y pouuoir
charger & décharger leurs marchandises. Les murailles ont trente pieds de haut,
sont bien basties de pierre de taille par embas, & de brique en haut, auec des ornemens qui les terminent & qui regnent tout autour,il y a treize portes dont les
battans sont de fer, auec de bons corps de garde à droit & à gauche; la foule est toûjours si grande à la porte vers l'eau,que l'on a de la peine à s'en tirer. Les ruës principales de la ville sont la pluspart tirées à la ligne , larges de 28. pas, & au milieu il y a Voyés la
de grandes pierres bleuës ; il y a des barrieres de 100. pas à 100. pas de distance, qui figure.
se ferment toutes les nuits, & à chacune il y a vn Capitaine sous la conduite duquel
tout le voisinage est diuisé.

　　Les maisons ordinaires des Bourgeois sont mal basties, les appartemens pressez &
peu commodes, auec des enseignes extraordinairement hautes au deuant, & des
planches sur lesquelles ils marquent tout ce qui est dans la maison. Les boutiques & magazins sont toutefois fort propres, & bien fournis de marchandises de toutes les sortes, & quoy qu'il y ait à ce qu'on dit, plus d'vn million
d'hommes, neantmoins toutes les prouisions de bouche y sont en abondance & à
grand marché,plus qu'en aucun autre lieu,dont on ne s'estonnera pas si l'on conside-
re la fertilité de la campagne où elle est située. Le Palais où les Rois de la Chine ont
tenu long-temps leur residence est au Sud de cette fameuse ville , enuironné d'vne
haute muraille toute de brique,le circuit en est quarré, chaque costé de ce quarré est
de 20000 pas,tout ce terrain est diuisé en trois parties,les Tartares ont pris leur quartier du costé du Pagode de Paolinxi,& dressé vne infinité de hutes où ils s'accômodent
le mieux qu'ils peuuent,& laissent les Chinois dans la ville sans troubler leur trafic ny
leur repos. Dans la place la plus enfoncée du Palais il y a vn chemin fort large pour
se promener , qui trauerse en Croix toute l'estenduë de cette place. Cette promenade est de pierres grises, de costé & d'autre, il y a vne galerie bastië de pierre d'ar-
doise éleuée de trois pieds au dessus du rez de chaussée où coule vn petit ruisseau d'eau
viue qui contribue beaucoup à la beauté du lieu, au dessus de la seconde porte , est suspenduë vne cloche de la hauteur de deux hommes. Elle a 32. brasses de
tour,& est épaisse d'vn quart d'aulne. Les Tartares en content des merueilles, mais

le bruit en eſt tout à fait ſourd, & ſon alliage n'aproche pas de la bonté de celuy de
nos cloches. Hors du circuit du Palais, du coſté du Sud de Nankin dans la pente des
montagnes , paroiſt le fameux Pagode de Paolinxy , accompagné de baſtimens
les plus magnifiques de toute la Chine. Mille de leurs Preſtres ont en cét endroit vn grand edifice dans lequel il y a 10000. Idoles. Au milieu de la place
il y a vne tour de Porceleine qui a eſté baſtie par les Tartares il y a plus de
700. ans. Quand on eſt au haut de la tour, on découure toute la ville & toute la
campagne iuſqu'à l'autre coſté de la riuiere de Kiam ; l'on eſt ſurpris de voir la grâ-
de eſtenduë de cette ville, & comme elle eſtend ſes bras au delà de ſes murs iuſqu'à
la riuiere de Kiam. Cette tour à neuf eſtages voutez, on y monte par 184. marches
auec des galeries qui tournent tout autour. Le toiɛt de ces galeries eſt diuerſifié de
verd, de jaune & de rouge, & au deſſus des galeries il y a des croiſées auec des grilles de fer, à tous les recoins de la couuerture ſont penduës des clochettes de cuivre,
leſquelles au moindre vent font vn carrillon fort agreable. Au haut de la tour eſt
vne pomme de pin qu'on dit eſtre de pur or. Ces Preſtres Payens, dont a eſté fait
mention cy-deſſus, viuent d'herbages, ſemblables à ces anciens diſciples de Pythagore.
Les Habitans de cette ville ſont plus ciuils & de meilleure foy que les autres Chinois,
& les ſurpaſſent auſſi dans les Sciences & dans les Arts, l'on voit icy beaucoup de perſonnes conſiderables par leur richeſſes: Il y a apparence que les Chinois y ont plus de
liberté qu'ils n'en ont dans les lieux où il y a moins de môde, & qui ſont par cette raiſon plus expoſés à la tyrannie des Tartares. Les Ieſuites ont icy vne grande Egliſe,
qui eſtoit autrefois vn ancien Pagode, ils la tiennent magnifiquement parée, comme
ſôt celles des Catholiques Romains, elle eſt enuironnée d'vn Iardin de toutes ſortes
d'arbres fruiɛtiers & ſur tout de ceriziers, dont le fruit eſt fort bon & en grande
quantité: Il y a auſſi beaucoup de Chinois qui ſont Mahometans, & qui pour ſe faire
diſtinguer des autres, portent des bonnets blancs pointus : Il y a trois Gouuerneurs
Chinois, & vn Tartare : quand vn Gouuerneur qui a bien fait ſon deuoir, a fait ſon
temps & eſt ſur le point de partir, le peuple luy met vne de ſes bottes & luy rend
pluſieurs autres deuoirs auec de grands ſouhaits, qu'il puiſſe faire vn heureux voyage, & l'on fait vne peinture de ſa botte qu'ils ſuſpendent au deuant du Palais où il
demeure, pour vne eternelle memoire de l'obligation que la ville luy a. On voit
pluſieurs de ces Tableaux qui repreſentent des bottes en diuers endroits de la ville.
Tout y eſt à fort bon marché, tellement que la Compagnie ne ſçauroit deſirer vn
lieu plus propre que Nankin pour le commerce du Iapon.

TCIENIEN.

PEtite ville ſituée ſur la gauche de la riuiere de Kiam, qui va tomber dans la mer
à 180. lieuës d'icy en courant vers l'Eſt ; à l'emboucheure on trouue au milieu
de cette riuiere plus de 15. braſſes d'eau , & en remontant vers Nanquin il
s'y en trouue ſix , quand on ſçait bien prendre l'endroit où elle eſt plus profonde :
d'icy on va au canal royal dreſſé à plaiſir, le long des bords duquel on voit de
beaux bourgs des villages, & des campagnes ſi fertilles & ſi bien cultiuées, qu'il n'y a
rien au monde des plus agreable , auec quantité de grands vaiſſeaux chargez de
marchandiſes. Sur la gauche eſt vn Pagode de l'Idole Kingang fort renommé, &
remply de ſtatuës, & vn peu plus loin vn autre auec vne tour fort artificieuſement
baſtie , qui a ſix eſtages, & cent trente-huit marches de hauteur, elle a de diametre 45. pas à ſon ſommet, & 60. au rez de chauſſée ; elle a eſté baſtie par vn Mandorin. La campagne des enuirons eſt vnie comme vne mer lors qu'elle eſt calme : de
ſorte qu'on pourroit aiſément prendre la hauteur de la tour auec vn Arbaleſtre. La
ville eſt baſtie à la gauche du canal Royal, fermée d'vn quarré de murailles hautes, & fortifiées de bons boulleuarts fort éleuez, elle a de tour trois heures de

Voyés la
ur.

chemin, & vn faux-bourg bien bafty où il fe fait vn grand commerce. Cette ville
eft fort renommée pour fes richeffes & pour fa magnificence , mais dauantage
pour l'extraordinaire beauté dé fes femmes, qui furpaffent de beaucoup toutes les autres par leur efprit & par leurs manieres. Au deuant de la maifon où l'on
paye le droict d'Entrée, le paffage eft fermé par vn pont de batteaux : de là on entre dans la ville apres auoir paffé trois portes, toutes les ruës y font tirées à la ligne
& pauées de briques. Les murailles de la ville font d'vne grande hauteur, auec vne
moulure au bord. A la fortie de la ville fur la gauche eft vn Pagode auec vne haute
tour, & vne galerie qui tourne fix fois au tour, delà on peut voir toute la campagne. A l'Oüeft court vne eau rapide qui trauerfe la ville, on a bafty deffus diuers
ponts de pierre de taille, dont les arches font fort belles & fort efleuées : fon principal commerce confifte en fel & en grains. Quand on va de là au village apellé Sao-
pao, on trouue fur la droite quantité de coupoles bafties de pierre, & le fameux
Sepulchre de Sultan Key.

Voyés la figure.

KAIVTSIN.

ES t fitué à droit du canal Royal, tout proche du bord de la grande mer qui eft
arreftée en ce lieu par vne forte digue de pierre. Elle eft fort peuplée, & fes
fauxbourgs auffi, ils s'y fait vn bon traffic : Le pays des enuirons eft fort bas & tel
qu'il le faut pour le ris : Les maifons des païfans y font à perte de veuë & fi prés
l'vne de l'autre, que toute la campagne y paroift comme fi ce n'eftoit qu'vne grande
ville fort peuplée: Vers l'Oüeft toute la campagne paroift blanche, du ris dont elle
eft femée, les bords de la riuiere font tous couuerts de rozeaux, dont la taille s'aferme
tous les ans, les Habitans les vendent & s'en feruent pour leur chauffage ; il y a auffi
quantité de moulins à vent qui détournent l'eau, & qui font faits auec beaucoup
d'artifice.

Les Hollã-
dois ap-
pellér mer
les grands
lacs, côme
Haerlem
meer.

PANVCIEN.

AVffi à la droite du canal, a efté autrefois vne ville bien floriffante, côme il fe
peut encore voir par les ruynes & par le débris de fes edifices. Au dehors de la
muraille vers le Nord eft le Temple d'vne Idole, dont les dedans & les dehors font
fort beaux : le canal Royal en ce quartier a efté tiré à la ligne, & il y a des endroits
où l'on en dériue l'eau pour rendre plus fertiles les campagnes où croift le ris.

HOYANINGAM.

ELle eft au cofté droit du canal dans vn pays marefcageux, elle eft diuifée en
deux par vne muraille, & à de bons bouleuarts auec vn fauxbourg bien bafty &
fort peuplé, qui a enuirõ trois lieuës d'Allemagne de lõgueur. A l'entrée fur la droite, la campagne eft pleine de Sepulchres, dont quelques-vns font hauts efleuez. Dans
vne des parties de la ville eft le logis où demeure le Pouruoyeur de l'Empereur, qui
y eft fort craint & fort confideré , dans l'autre eft vn Colonel des Troupes Tartares. Sinfiampu eft vn peu plus loin, confiderable pour les maifons & Pagodes,
qui font de l'vn & de l'autre cofté de l'eau. Sa fcituation eft entre le canal Royal &
la riuiere jaune, & a vne lieuë ou enuiron d'eftenduë. A l'entrée il y a vne éclufe
auec de fortes portes. Le commerce y eft grand, & grande l'abondance de viures
auec des magazins où l'on trouue à achepter tout ce qui peut feruir à baftir des
vaiffeaux, il y en a de toutes fortes qui s'y font & qui s'y vendent. Icy vn bras
de la riuiere jaune coupe le canal Royal iufqu'à Teyvvanmiao, où l'on rentre
dans ce canal, apres vne efpace de chemin de douze lieuës d'Allemagne, en de
certains endroits elle eft auffi large que le Rhin, auprés de Cologne, l'eau en eft fi ef-
paiffe & bourbeufe, qu'on ne s'en peut pas feruir, à moins que de la clarifier auec

B iij

de l'alun. Les Chinois difent que le Ciel & la Terre ont chacun vne riuiere capitale, que cette riuiere jaune eft la capitale de la Terre; non feulement par cette raifon qu'elle tire fa fource d'vne eau dormante, mais auffi parce qu'elle coule auec tant d'impetuofité, & que quand elle s'éclaircit, on en peut tirer de grands préjugez pour les chofes à venir : Par exemple, vn peu auparauant l'irruption des Tartares, elle deuint claire, mais cét augure fut expliqué en ce temps-là d'vne autre maniere & adapté à vn autre fleau, dont le Royaume eftoit menacé. Cette riuiere eft fort groffe & capable de diuifer la Chine en deux parties.

TANIENIEN.

Est à la gauche de la riuiere jaune fermée d'vn rampart reueftu de pierre; C'eft vne petite ville, mais qui eft bien peuplée, & où il y a plufieurs belles maifons.

SIIANGEEN.

Située au pied d'vne haute colline, à la droite de la riuiere jaune, à l'entrée de ce cofté-là eft vn Pagode fort magnifique. Cette petite ville n'a qu'vn Chafteau pour tout ornement; ce qui fait que plufieurs la mettent au nombre des villages, du refte elle n'eft pas mal peuplée, & fort cômode pour la Nauigatiô. A deux heures de chemin du bourg de Kiaxia eft le canal Royal qui fort de la riuiere jaune, & d'vne autre riuiere qui court au contraire, qui eft de l'autre cofté, & qui y a efté conduite à force de trauail & de machines pour l'augmêter de fes eaux : A l'emboucheure il y a vne éclufe d'où fort vn courât d'eau fi rapide, qu'il faut employer les forces de plufieurs hômes & l'artifice des machines pour tirer les barques. Entre ce canal & la riuiere jaune, eft vne langue de terre fort lôgue & étroite à l'extremité, il y eut autrefois vne ville nômée Kanfim, maintenât détruite, on dit que les Habitans s'en font retirez pour la crainte des deux riuieres qui leur dônoient trop fouuent des alarmes par leurs inondations : Ils ajoûtent qu'autrefois vn braue foldat deffendit dâs cette place le paffage des trois riuieres : cette fituation l'a fait paffer pour vne des plus importantes places de la Chine : Aux enuirons de ce bourg de Kiaxia croift du Romarin dans des champs incultes, fi épais & en fi grande abondance, que les bruyeres ne le font pas dauantage dans la Zuurlandt : Il fe fait icy de grandes chaffes de Cerfs. La Prouince de Nankin eft feparée de celle de Xantum par vne petite montagne qui s'éleue fur les deux coftes de ce canal : A vne lieuë & demie de ce village on voit deux pierres bleuës fort hautes jointes enfemble par vn ouurage de maçonnerie, auec vn ornement de moulures qui regne tout autour, toutes deux pleines d'infcriptions, fur chacune de ces pierres eft efleuée vne redoute quarrée, pour marquer la feparation des deux Prouinces, chaque redoute a sô Gouuerneur : le canal n'a point efté tiré icy tout droit, mais va toufiours en ferpentant, afin de reprimer par là vne partie de la violéce de fon cours, tres-grande en cét endroit : au lieu où finiffent fes détours on voit vne ancienne ville toute détruite, en laquelle a autrefois pris naiffance vn Roy de la Chine, & peu à peu depuis fa mort & la decadence de fa maifon, cette Ville a auffi couru la mefme fortune, & a manqué en mefme temps : en forte qu'on ne voit plus que quelques veftiges de fes remparts, tout le refte de la ville eft maintenant vne place que l'on laboure & que l'on feme & pour effacer plus facilement la memoire de cette ville, les éclufes qui en eftoient tout proche en ont efté tranfportées au village de Theyfiang, remarquables par fes 36. tours qui le deffendent des deux coftez du canal Royal, auec de vaftes campagnes fertiles en bleds & en ris, qui l'enrichiffent & s'étendent aufli loin que la veuë fe peut eftendre.

CINNINGSIN.

CErre ville eſt à la droite du Canal dans vn terroir fort mareſcageux, ſes maiſons ſont fort prés l'vne de l'autre, elle a deux Pagodes fort éleués; & auſſi vne tour d'enuiron 200. pieds de hauteur, & 150. pieds de diametre, elle a huit eſtages, le pied eſt de pierre taillée, le reſte eſt de brique, les degrez ou marches ſont d'ardoiſes bleuës, pratiquées dãs l'épaiſſeur de la muraille qui eſt de huit palmes. Céte ville eſt auſſi grande que Canton : ſous le gouuernement des Chinois, elle eſtoit beaucoup plus magnifique, ſon fauxbourg s'eſtend des deux coſtez du canal Royal, il eſt fort grand & remply de monde, elle a deux grandes écluſes où l'on arreſte l'eau à plus de ſix pieds de hauteur. Chaque Hoſtellerie de cette ville, à ſa troupe particuliere de Comediens pour diuertir les hoſtes; c'eſt vne choſe étonnante d'y voir tant de Comediens & de Comedienes richement parées, & qu'ils ſe puiſſent entretenir pour le peu de choſe que leur donnent les Chinois; car pour ſix ou ſept condryns ils leur font des Comedies qui durent tout vn iour. Les Chinois ont icy des oyſeaux qu'ils appellent Clovva dreſſez à prendre du poiſſon, ils ont vn petit batteau à rames bordé de gros rozeaux; ces oyſeaux ſont ſur le bord du batteau : en cét eſtat ils vont en mer, ils laſchent leurs oyſeaux hors du bord, qui plongent tout auſſi-toſt & nagent tout autour de leur batteau, dans le temps que le Chinois auance auec ſon batteau & qu'il rame; lors que l'vn de ces oyſeaux a pris du poiſſon, il ſort de l'eau & vient auec grande viſteſſe au deſſus & l'engorge dans la poche qu'il a ſous le bec, il ne peut pas paſſer outre, car il a le col ſerré par le moyen d'vn petit anneau qui empeſche qu'il n'aualle tout à fait ſa proye, & quand il eſt rentré dans la barque, ils luy ouurent le bec auec force, & leur ſerrant le col de la main pouſſent le poiſſon iuſqu'à la gueule, & s'il arriue qu'il ne retourne pas aſſez-toſt pour ſe plonger & pour en prendre encores d'autres, ils le battent à coups de baſton ſi rudement qu'on luy voit voler la plume de deſſus le corps, ce que nous ne pouuiõs aſſés admirer. Ils ont à Nanxin encore vne autre maniere de peſche, ils ioignent pluſieurs barques enſemble, qui ont ſur la droite vne large planche qui y eſt attachée & qu'ils ont couuerte d'vne peinture blanche, ils la laiſſent flotter lors que le Soleil luit, ſa lumiere reflechit de deſſus la planche, le poiſſon qui ſuit le bord du batteau s'y élance hors de l'eau & y demeure pris, ou bien dans vn fillet tendu le long du bord, la pluſpart de ces poiſſons ſont des petites Sardines qu'on appelle à Batauia des ſauteurs, & ſont de fort bon gouſt. La riuiere de Queey entre dans le canal Royal, aux enuirons de Nauvvang, ſi l'on jette dans cette riuiere neuf baſtons, il s'en trouuera ſix qui vont vers le Nord, & les trois autres du coſté du Sud, nos gens en ont fait l'épreuue tout vis à vis du Pagode de Longvvang Miao, c'eſt à dire, du ſerpent Royal. La riuiere jaune déborda iuſques icy en 1644. il y eut pluſieurs milliers de perſonnes noyez, & ce meſme Pagode en fut tellement inondé, qu'à preſent on n'y void plus rien qu'vn eſtang d'eau : c'eſt peut-eſtre là le ſerpent dont Fernand Mendez a parlé : Les Habitans du pays en attribuent la cauſe à leur ſerpent, & diſent que ne ſe plaiſant plus à ſéjourner ſur la terre, il auoit changé de demeure & s'en eſtoit retourné au Ciel.

Dans la relation du voyage, on appelle autrement les meſmes oiſeaux:

Springers.

XANTSIV.

ESt ſituée ſur les deux coſtez du canal, elle eſt deffenduë auec de bons Châteaux exactement carrée & grande enuiron d'vne heure de chemin, auec vn rempart de terre reueſtu de pierre, il y a pluſieurs beaux baſtimens, mais la pluſpart ſont inhabitez & en ruyne : au milieu de la ville vers le bord de l'eau eſt le Pagode de

Teyvvan Miao, admirable pour son Architecture. Il y eut autrefois vn Pagode sur le bord d'vn lac , & abisma il n'y a pas long-temps auec tous ses Prestres : La riuiere iaune, comme nous l'auons desia dit, a inondé tout le ressort de cette ville, & à emporté auec les digues & les chaussées, des villages & des Villes entieres de la dépendance de celle-cy.

TMNCHAM.

EST situé dans vn fond, son circuit est d'vne petite heure de chemin, ses murs nous parurêt de meilleure defense que ceux de pas vne autre ville que nous ayôs veuë iusqu'à present ; deux rues principales qui se croisent diuisent toute la ville en quatre parties, il y a à l'endroit où elles se coupent vn grand édifice auec quatre arcades & autant de conuertures l'vne sur l'autre. Les portes sont fortes, chacune à son pont, & est deffendue des bastions qui flanquent la muraille, du costé du Nord on passe vn pont de bois de 137. pas. l'eau sur laquelle il est basty tourne tout autour de la ville : de l'autre costé il y a vn grand fauxbourg où l'on trouue à acheter tout ce qui est necessaire à la vie. A l'Est est vn Tombeau de fer épais d'vne brasse & demie, haut de vingt pieds enuiron, dressé en cét endroit en mesme temps que la tour de Porceleine de Nanking, au pied de ce monument sont quelques caracteres estrangers qui marquent que ç'a esté le Tombeau de quelque personne signalée, & qui apres auoir bien merité de son pays fut tué dans vn combat.

LINCING.

EST vne Ville fameuse située sur les deux bords du canal Royal, qui est gardé en cét endroit par deux Caualiers , & coupé par deux fortes éclufes, depuis la bourgade Senfianpu iusqu'icy il y a cinquante-huit écluses qu'il faut toutes passer, ces écluses sont si larges que les plus grands vaisseaux qui entrent dans les riuieres y peuuent passer facilement, il est vray qu'on ne les ouure qu'auec beaucoup de peine, & qu'elles ne retardent pas peu le voyage : vers le costé qui regarde le Nord il y a vn pont de neuf batteaux qui joint les deux parties de la ville, que le canal a diuisé. La ville est remplie de belles maisons & de Temples, elle est située dans vn terroir de sable enuironé d'vn rempart de terre , qui est reuestu de pierre : flanquée du costé du Nord de 15. boul=euarts & de deux tours rondes, elle à la figure d'vn Triãgle dont les costez sont inégaux, & qui peuuent auoir enuiron vne heure & demie de circuit, sans y comprendre les fauxbourgs. Entr'autres fruicts qui sont icy en grande quantité, il y a beaucoup de poires d'vn bon goust, & qui se peuuent garder fort long-temps. Vne demie heure au dehors des murailles du costé du Nord de cette ville, tout contre le bord de la riuiere comme on va à Pekin, est vn Temple ou Pagode, où il y a quantité de raretez à voir : Dans l'endroit de ce Temple le plus retiré est la statuë d'vne Deesse de trente pieds de hauteur & d'vne bonne sculpture.

VCIENHEEN.

EST fermée d'vne muraille quarrée sur le costé droit de la riuiere de * Kiam, qui se rejoint icy à son autre bras. On voit encore diuerses marques de l'ancienne magnificence de cette ville, du costé du Sud : Au delà de l'eau il y a vn fauxbourg qui est fort peuplé ; c'est là que finit la Prouince de Xantun & que celle de Pekin commence.

CVIHINIEN.

CVIHINIEN,

EST dans vn pays plat à la droite de la riuiere de Kiam, * ſon circuit eſt d'enui- * Guei.
ron deux heures de chemin, elle a de belles murailles & des Pagodes tout à fait
bien baſtis, auec vn fauxbourg grandement peuplé, il croiſt quantité de cotton
dans les terres d'alentour, les Habitans pour la pluſpart s'en habillent, le trauaillent
& en font grand commerce, il ſe ſeme icy tous les ans, il reſſemble fort au millet, quand il eſt en fleur.

TVNCHAM,

EST d'vne forme quarrée, à droit de la riuiere de Kiam, * elle eſt principalement * Ie crois
qu'il faut li-
re Guei.
conſiderable par le circuit de ſes murailles, & par ſes baſtions & redoutes, ſes
fauxbourgs ſont fort peuplez, il ſe fait icy grand commerce par mer. Les mariniers Tartares ont couſtume de ſe pouruoir en ce lieu de breuuage, parce que la
bierre qui eſt leur boiſſon ordinaire, eſt icy à bon marché, & qu'elle ſe garde plus
long-temps & eſt de meilleur gouſt qu'en nulle part de la Chine.

TONQVANHEEN,

EST à la gauche de la riuiere, plus auant dans le pays d'vne portée de mouſquet :
elle eſt gardée par les Chinois du conſentement de l'Empereur, eſt preſque toute quarrée, ſon circuit eſt d'vne bonne heure de chemin, auec de fortes murailles. La campagne des enuirons de la ville eſt d'vn aſpect fort agreable & plantée
d'arbres de toutes ſortes d'eſpeces ; entr'autres raretez il y a ſur la place du Marché
vn Lion de fer fondu, de la hauteur de huit aunes meſure de Hollande, tout à fait
beau & agreable à voir.

SANGLO,

EST à droite de la riuiere, vn peu dans le pays : elle a de grands fauxbourgs qui
s'étendent iuſques ſur les bords de la riuiere, & ſont par tout peuplez : il ne ſe
rencontre pas icy de Chinois fort riches : du coſté de l'Eſt on paſſe trois portes qui
conduiſent à vne haute muraille, ſur laquelle on monte par vn degré, & de là
on entre dans la ville ; mais les Tartares ont tellement ruiné toute cette Ville,
qu'on ne ſçauroit trouuer la Ville dans la Ville meſme. La pluſpart des maiſons
des villages de ces quartiers ſont baſtis de mortier, & couuerts comme les fours
chez les païſans de Vveſtphalie, excepté qu'elles ſont plattes deſſus, où ils ont vn
trou pour donner paſſage à la fumée ; à vn des coſtez eſt vne feneſtre auec la porte,
& n'ont point d'autres commoditez dans leurs logis. Le peuple eſt icy fort ſauuage,
fort brutal, & il leur eſt fort ordinaire de s'entre-tuer les vns les autres pour le
moindre ſujet.

SVNTICIEN,

EST à la droite de la riuiere dans vne raze compagne ; elle eſtoit autrefois de fort
grand trafic, à cauſe de ſa ſituation fort propre pour la mer, d'où elle tiroit
de grands auantages ; mais à preſent elle eſt preſque entierement de ſerte & ſans
Habitans.

✻✻✻

S I N I O H E E N,

ESᴛ à la gauche du canal Royal, qui ſe meſle en cét endroit auec vn bas de la riuiere jaune ; & 'apres l'auoir paſſée , continuë à rendre facile le voyage de
Pexin ; ſur le bord de l'eau eſt vn Pagode fort ancien, mais mal entretenu ; il ſemble que les Payens Chinois de ces quartiers ayent moins de zele pour leur Religion , que les peuples que l'on trouue plus bas. Toute cette contrée a payé autrefois des droits à ces Temples , maintenant ils ſont la pluſpart tombez en ruine, les
Idoles diſperſées l'vne deçà, l'autre delà , abandonnées, toutes nuës & découuertes:
Quelques-vns plus deuots que les autres , ont couuert ces Idoles de nattes ; d'autres ce ſont contentez de leur donner de grands chapeaux de paille ; mais generalement on les laiſſe en mauuais eſtat.

S I N G L E I H E E N,

PEtite villette ſur la gauche de la riuiere , elle a vn beau fauxbourg ſur les deux
bords de la riuiere, qui eſt fort peuplé : Du coſté de l'Oüeſt eſt vn grand baſtiment d'vne grande enceinte, qui enferme vn fort beau bois ; là eſt vn Monaſtere de
Filles, où les hommes n'entrent point. A la droite vn peu plus auant dans le pays ,
eſt vn Pagode auec trois Tombeaux, où a eſté autrefois enterré vn Roy auec ſa femme. Il y a en ces quartiers quantité de ſauterelles, qui de temps en temps paſſent en
ce pays auec les vents d'Eſt , & broutent tout ce qu'il y a dans les champs : Les payſans pour empeſcher ce dégaſt , ſe mettent en campagne auec des enſeignes & des
étendarts, & font vn ſi grand bruit pour chaſſer ces inſectes, que tout le pays en
retentit.

T I E N C I N

TIencin, ville fameuſe, d'vne figure quarrée, vn peu plus grande que la fortereſſe
de Battauia, elle eſt fermée d'vne muraille de 25. pieds de haut, auec vn boule-
uart derriere ſans Artillerie : Ses fauxbourgs ſont fort grands, enuironnent toute la
ville, & en augmentent la beauté : On void icy des Ionques & d'autres vaiſſeaux
qui negocient dans la Corée, au Iapon & ailleurs, & attirent à cette ville de la reputation & beaucoup de profit : Le pays d'alentour eſt mareſcageux , eſt inondé en
hyuer, principalement lors qu'il y pleut beaucoup ; mais la principale cauſe de cette
inondation , vient de ce que pluſieurs riuieres s'aſſemblent en ce lieu, & font vne
caſcade à l'endroit où eſt le Chaſteau.

G O E S I V V O L,

ESᴛ à la gauche de la riuiere , grande enuiron de demie heure de chemin , fermée d'vne muraille ; les fauxbourgs s'étendent fort loin du coſté de l'eau.

F O E H E E N·

PEtite ville auſſi à la gauche de la riuiere , & auancée dans le pays enuiron d'v-
ne bien petite lieuë.

S I A N S I A N V V E I·

C'Eſt la Rade Imperiale , ſituée à gauche du canal Royal ; elle eſt fort peuplée &
deffenduë d'vn fort Chaſteau, au milieu duquel on void vn bel Arc de triomphe dreſſé de pierre griſe : Au Sud de cette place, eſt vn Pont de pierre de cinq arca-

des, auec des maiſons de coſté & d'autre : Il a 42. pas de longueur. Toutes le mar-s
chandiſes qui vont à Pekin ſe débarquent icy & à Tongſieu,pour y eſtre conduites
ſur des charretes ou ſur des beſtes de voiture , qui y attendent touſiours leur
charge.

TONGSIEV.

ESт vne grande Ville en vn terroir bas & inculte du coſté droit du chemin
Royal de Pekin ; mais à la gauche du canal. Ce fut icy que le Grand Tamerlan deffit autrefois le Roy de la Chine, & ſe fit apres couronner Roy dans Pekin
meſme : elle eſt bien fortifiée ; la Ville eſt ſeparée encore par vne muraille, les ruës
ne ſont point pauées ; le chemin d'icy à Pekin eſt bordé de villages fort bien baſtis
& pleins de monde, on void vn Pagode ſur la gauche de la Ville.

Voyez les notes.

PEKIN.

NOvs ſommes maintenant arriuez à la Ville capitale de la Chine, où l'Empereur des Tartares a à preſent eſtably ſa reſidence. C'eſt icy le veritable
Cambalu du Royaume de Cathay, que la Compagnie auoit inutilement cherché
par deux fois, eſperant d'y pouuoir entrer par la mer de Tartarie qui luy eſt à
l'Eſt : Les Mores & les Moſcouites qui viennent icy trafiquer la nomment Cambalu . mais ce qui confirme le plus cette aſſertion, c'eſt qu'à cinq lieuës iuſtement par
delà Pekin, de l'autre coſté de ces hautes montagnes qui ſeparent la Tartarie &
la Chine, entre leſquelles a eſté baſtie la longue muraille, il n'y habite point d'autres peuples que les Tartares Occidentaux, appellez communément Sauvv, c'eſt
à dire ſales & graiſſeux ; & plus auant vne autre race de Tartares nommez Iupitats
ou Hutatien, dont le pays s'eſtend iuſqu'à la mer interne ou du Nord : ces Tartares ſont fort pauurement habillez de peaux de poiſſon, & n'ont rien à vendre que
des Cheuaux, des Sabres, des Martres, & autres fourures ; la deſcription du pays du
Cathay ne s'accorde point auec ce que l'on a de relations de leurs pays : Il eſt ſitué à l'Eſt & au Nord-Eſt de la Chine, ils ſont voiſins des peuples de la Corée & de Leauvvnt. Leur pays s'eſtend vers le Nord iuſqu'à cinquante degrez,
où il eſt borné de la mer & de la terre d'Eſo ou d'Ieſo, & dont la plus grande
partie dépend auſſi de l'Empereur de la Chine. La ville de Pekin eſt vn peu auancée dans les terres ſous la hauteur Septentrionale de 40. degrez : elle eſt fortifiée
d'vn double mur. La ville de dehors n'a que de ſimples murailles, où de coſté &
d'autre de la porte on void trois baſtions, ſans compter les batteaux ou bacs à
paſſer : On paſſe icy ſur vn pont de pierre vne eau rapide, qui a ſon cours le long
des murailles du fauxbourg, tire vers le Nord, & leur ſert de foſsé. Apres eſtre
entré par la porte du Midy, on fait enuiron demie heure de chemin auant que
d'arriuer à la ſeconde enceinte de la Ville ; ſur ce chemin on rencontre vne groſſe
tour d'vne hauteur extraordinaire, deffenduë de quelques pieces d'Artillerie ; on
ſe trouue apres à la porte de l'enceinte interieure de Pekin : cette ſeconde enceinte
eſt fermée d'vn foſſé bien large, plein de l'eau de la riuiere, ſouſtenuë en cet endroit par de hautes écluſes ; les murs ſont fort hauts, & fortifiez de baſtions ſi prés à
prés, qu'on peut aiſément ietter vne pierre de l'vn à l'autre, tous neantmoins en
bon eſtat & bien flanquez ; & à la porte le mur eſt ſi épais, qu'on y pourroit
faire pluſieurs batteries les vnes ſur les autres. Les ruës de Pekin ne ſont
point pauées ; ce qui les rend en Hyuer ſi ſales, qu'à peine on y peut aller à pied ;
& en Eſté lors que le vent de Nord-Eſt ſouffle, la pouſſiere y vole par tout &
gaſte toute la Ville, en ſorte que perſonne n'oſeroit ſortir, ſi ce n'eſt apres s'eſtre
couuert le viſage d'vn voile. C'eſt vne incommodité & vne peine inſupporta-

ble, mais elle occupe beaucoup de pauures gens qui viuēt du falaire qu'ils tirent des cheuaux & autres montures qu'ils loüent par les ruës. Autrefois les ruës eſtoient pauées de pierres ; mais comme elles eſtoient incommodes en Hyuer à caufe de la glace qui les rendoit fort gliſſantes, on les couurit de terre à la hauteur de deux ou trois pieds, ainſi les entrées des maiſons ſont à prefent auſſi baſſes au deſſous des ruës qu'auparauant elles eſtoient au deſſus : en fortant de la Ville on void à la gauche quelques collines que les Tartares cultiuent, ils y ſement toutes fortes d'herbes pour la cuiſine, & les arrouſent fort ſoigneuſement. Du haut de ces collines, l'on peut découurir toute la campagne & cette grande muraille baſtie contre les inuaſions des Tartares ; elle eſt tirée entre les pointes de ces montagnes fort hautes, fort efcarpées, & qui feparent la Chine de la Tartarie. Le Palais de l'Empereur eſt juſtement au milieu de la Ville enfermé dans la feconde enceinte, ſon circuit eſt de douze ly ou trois quarts d'heure de chemin ; la pompe & la magnificence éclatte dans tous les départemens de ce ſuperbe baſtiment ; en dehors il y a des galleries où les plus riches couleuts n'ont point eſté épargnées ; la couuerture en eſt fort maſſiue, les thuiles vernies de jaune, qui reluiſent comme ſi c'eſtoit de l'or, quand le Soleil donne deſſus : il y a quatre portes qui regardent les quatre parties du Monde : les murailles font de brique rouge couuertes d'vn chaperon de thuiles jaunes, ont enuiron vingt-cinq pieds de haut : à l'entour de l'enceinte du Palais eſt vne grande efplanade où l'on void touſiours des troupes de Caualerie & d'Infanterie qui la battent, & ne laiſſeut paſſer perſonne ſans ordre. Deuant la premiere porte du coſté du Sud, eſt vne terraſſe reueſtuë de pierre, a qui a quarante pas de l'argeur, & cinquante de longueur : cinq arcades font autant d'entrées, & portent dans vne autre place b qui a quatre cens pas de largeur ſur 800. de longueur : Cette place eſt commandée par trois baſtimens qui paroiſſent de bonne deffenſe ; de là on paſſe dans vne autre place parfaitement quarrée, elle fert d'auantcourt à celle des appartemens de l'Empereur qui a la mefme figure, c mais qui eſt ornée de quatre principaux baſtimens d'vne Architecture fort particuliere, auec des couuertures fort riches à la maniere de la Chine ; la face de chacun de ces baſtimens occupe le tiers du coſté du quarré ſur lequel ils font éleuez ; de ces baſtimens on defcend par quatre degrez dans la Cour d carrelée de grandes pierres griſes ; dans les quatre angles de la grande enceinte du Palais, qui eſt quarrée, il y a des jardins e de plaiſance plantés de toutes fortes d'arbres fruitiers, & ornés de beaux Palais, f auec tant de magnificence, qu'il ne ſe peut rien voir de plus ſurprenant. L'affluence du peuple eſt la feule choſe qui donne de la recommandation à cette Ville, apres le baſtiment que nous venons de dire. Telle eſt la ville de Cambalu, ou la maiſon du Seigneur, ſituée dans le Royaume de Cathay, connuë ſous le nom de Pekin.

Voyez la figure.

Le Grand Tamerlan la prit par force, & fes ſucceſſeurs en furent chaſſez quatre-vingts ans apres, par les Chinois : Enfin, vn fameux voleur nommé Ly, s'en rendit maiſtre, les Grands du pays qui y eſtoient y ayant perdu la vie, auec le Roy mefme, l'vfurpateur s'aſſit ſur le Trône en qualité de Roy de la Chine ; mais ſon Regne ne dura que 40. iours, car entre ces Grands eſtoit le pere d'vn Chinois, General d'vne Armée ſur les frontieres de Leauton côtre les Tartares. Celuy-cy pour vanger la perte de ſon pere & de l'Eſtat, traite auec les Tartares, joint ſes forces aux leur pour le faire fortir de Pekin ; ils marchent enſemble, & trouuent la Ville ſans garniſon & ſans refiſtance ; car l'vfurpateur s'en eſtoit retiré quelque-temps auparauant auec toutes ſes richeſſes dans la Prouince de Xenſi. Le General de l'Armée des Tartares, fit difficulté de pourſuiure le voleur, alleguant que ce n'eſtoit pas vne petite affaire d'abandonner ſa patrie pour vne autre, ſans en tirer du profit, & offrit en mefme temps à ceux de Pekin de le pourſuiure auec toutes ſes forces, pourueu qu'ils recōnuſſent pour Empereur de la Chine le Roy des Tartares ſon neveu, qui n'auoit encore que ſix ans. Dans ce miſerable eſtat, où il n'y auoit point d'autre reſſource pour eux, ils tinrent conſeil, & delibererent enſemble trois iours durant, pour faire la choſe auec plus d'authorité, & que perſonne ne pût reuoquer ce qu'ils auroient conclu : enfin ils ſortirent de la Ville, & inuiterent les Tartares à y entrer, leur offrant tout le Royaume, à condition qu'ils leur ayderoient à purger le Pays des troupes de ce voleur public. Le General d'Armée des Tartares y entra auec ſes troupes, & y fit ſeoir ſur le Troſne ſon jeune neueu en qualité d'Empereur de la Chine, donne les ordres neceſſaires pour pourſuiure l'vſurpateur, & pour diſſiper tous ceux qui ſe voudroient oppoſer à cette élection. La Ville & la Prouince de Nankin ſuiuit l'exemple de Pekin ; mais dans les Prouinces de Kianſy, Foekjen, & de Canton, trois Princes de la Maiſon du deffunt Roy firent chacun vn party, & ſe firent proclamer Empereurs ; toutefois il n'y en a preſentement plus qu'vn en vie, cadet des freres du deffunt Roy, nommé Tonglux, que les Ieſuites diſent auoir baptiſé, & qu'ils nomment Conſtantin ; mais il fut défait n'aguere dans la Prouince de Quanſey, en ſorte que ſon General d'Armée eut de la peine à ſe ſauuer, & ſe retira à Tounkin. Pour ce qui eſt de ce Prince, on ne ſçait ce qu'il eſt deuenu.

Le Prince Tartare qui s'eſt ainſi rendu maiſtre de la Chine, & qui preſentement fait ſa reſidence à Pekin, n'eſt pas le Grand Cham & le Seigneur de toute la Tartarie, comme on a crû juſqu'à preſent, mais l'vn des plus petits Princes des Tartares, dont le grand-pere fut le premier Roy de ſa race, élu par les Habitans de ſon Pays, qui n'eſt qu'vne petite Prouince de la Tartarie Oriëtale, où auparauant il n'y auoit iamais eu de Prince Souuerain, il eſt le cinquiéme de ſa race ; ſa fortune a paru ſi merueilleuſe aux yeux des autres Princes de la Nation, qu'ils la comparent à vn éclair quand ils en parlent ; ils diſent ordinairement, c'eſt vne œuure de Dieu & du Ciel qui le peut empeſcher ?

Il y a dans la Tartarie maintenant huit Roys, dont chacun eſt Maiſtre dans ſon Pays, & y regne par droit de ſucceſſion, ſans que l'vn ait rien à dire ſur l'autre. Ils viuent en paix auec leurs voiſins, & ne ſe font point la guerre ; mais quelquesfois ſe joignent enſemble pour aller faire quelque courſe ; & parce que leurs Eſtats ſont fort pauures, ils viennent faire la Cour à ce nouuel Empereur de la Chine, à cauſe des grandes richeſſes dont il diſpoſe, auſſi en recompenſe-il leur fait de riches regales : de ſorte qu'il faut par maniere de dire, qu'il achete de ces Princes cette ſorte d'hommage.

Le Conſeil d'Eſtat, du temps du Gouuernement Chinois, eſtoit compoſé de ſix perſonnes, dont les deliberations ne s'eſtendoient que ſur les affaires les plus importantes de l'Empire, & cette Aſſemblée eſtoit appellée Locpol : chacun de ces ſix Senateurs eſtant hors de ce Conſeil, auoit ſon département particulier, & eſtoit auſſi Chef & Preſident d'vne autre Aſſemblée ou Conſeil où l'on traitoit des affaires de ſon Département. Ce Preſident compoſoit ſon Conſeil d'autant de perſonnes qu'il le jugeoit neceſſaire. Le premier de ces Conſeillers auoit la direction du Conſeil d'Eſtat, & ſon Aſſemblée s'appelloit Lipol. Le ſecond auoit les affaires de la guerre, les fortifications, & les reuenus de l'Eſtat, deſtinez pour ces dépenſes. Comme auſſi le pouuoir de donner des Commiſſions, & faire des Reglemens dans les affaires de cette nature ; ce Conſeil s'appelloit Pinckpol : Le troiſiéme auoit la Sur-Intendance des Baſtimens, tenoit compte de tout ce qui ſe baſtiſſoit dans tout le Royaume, & des frais qui ſe faiſoiët pour la cõſtruction ou l'entretien des Villes, des fortificatiõs, des digues, & des chauſsées, pour les reparations jugées neceſſaires pour la commodité publique, ſans la permiſſion duquel perſonne n'euſt oſé entreprendre la moindre choſe de cette nature, & l'Aſſemblée de celuy-cy s'appelloit Congpol. Le quatriéme auoit ſoin des péages & des impoſts du Royaume, ſon

Affemblée auoit nom Olpol. Le cinquiéme prefidoit au Confeil des affaires crimi-
nelles, en prononçoit les Sentences, dont l'execution fe faifoit dans la Cour du
lieu où il tenoit fon Confeil ; l'Affemblée de celuy-cy eftoit appellée Vngpol. Le fixiéme & dernier auoit la diftribution des charges & des Offices de Magiftrature,
les donnoit à ceux qui par leurs eftudes, leur genre de vie, & leurs mœurs, en
eftoient les plus dignes, & tenoit la main à ce que les Officiers s'acquittaffent dignement de leurs ordres. L'Empereur Tartare qui eft aujourd'huy maiftre de la
Chine, n'a rien changé à cette forme de Gouuernement, finon qu'il a donné pour
Adjoint à chacun de ces fix Senateurs Chinois, vne perfonne de fa Nation ; de maniere que ce Souuerain Confeil de l'Empire, eft maintenant composé de douze
perfonnes. Ces fix Prefidens Tartares tiennent aufsi leurs confeils refpe(tifs com-
pofez de perfonnes de leur Nation : les Membres du Confeil du premier College
nômés Lipoë, où fut traitée l'affaire des Holládois, font choifis dans trois differés
Pays, de Monchu ou Tartarie Orientale, où l'Empereur d'aprefent a pris naiffance,
& où font les Pays hereditaires, de la Grande Tartarie, qu'ils appellent autrement
Tartarie Occidentale ; & finalement de la Chine : ceux-cy, de mefme que les autres Membres des autres Confeils, ne peuuent refoudre ou conclurre aucune affaire que du confentement vnanime de toutes les voix ; de forte que la chofe ne paffe
point à la pluralité des voix : & quand l'Affemblée eft feparée, & que chacun de
ces Prefidens reuient à tenir fon Confeil à part, ainfi qu'il a cy-deuant efté dit, on
leur joint vn Vice-Prefident Tartare : ainfi au fonds, ce fôt les Tartares qui gouuer-
nent dans Pekin & dâs tout le Royaume de la Chine : mais come les Loix de la Chine ne leur font pas encore affez connuës, ils font contraints par fois de cedef quelque chofe aux Chinois, c'eft peut-eftre du cofté des Chinois qu'eft venuë la difficulté de nous accorder la liberté du commerce, comme vne chofe qui eft contre
les Loix fondamentales de cét Eftat, peut-eftre que les Tartares n'ont pas pû les y
faire confentir. Mais il y a moyen d'y remedier ; car les Senateurs n'ayant point
auancé leur fortune dans cette reuolution de l'Eftat, & n'ayant que des appartemens fort mediocres de l'Empereur, il feroit aifé de vaincre auec quelque argent leur refiftance.

    Quant à ce qui regarde la magnificence de cette Cour, le fafte de cét Empe-
reur, lors qu'il donne audiance aux Ambaffadeurs eftrangers, & l'honneur extraordinaire qu'on luy rend, nous en auons parlé cy-deuant en la Relation du retour
des Ambaffadeurs de Hollande, le 2. Octobre 1656. Quand l'Empereur fort il fe
fait vn fi grand bruit de tymballes, de trompettes, de hautbois, & autres inftrumens, qu'on ne fçauroit ny ouyr, ny rien voir : lors qu'il marche, il a toufiours
auec luy quatre Seigneurs de fa Cour, tous habillez d'vne mefme forte d'écarlatte,
mefmes ornemens de cheuaux, & eft fuiuy de 2000. Caualiers Tartares, tous perfonnes de marque : lors qu'il fait baftir vn nouueau Palais, la premiere fois qu'il y
entre, les Senateurs de fon Confeil fecret, & tous les autres Officiers de fa Cour
luy viennent fouhaiter toute profperité ; c'eft le temps auquel il les recompenfe,
en les faifant monter à de plus hautes charges, & qu'il fait grace auffi à des criminels condamnez à mort, ou au banniffement ; c'eft là qu'il décharge fes peuples des
impofts : Il a dans l'vn de fes ports, que les Tartares appellent Sianfiamvveij, &
que nous auons nommé la nouuelle Venife, 10000. Vaiffeaux, dont le moindre
eft du port de cent tonneaux, auec cela beaucoup de petites barques fort commodes pour y loger des familles entieres, vingt hommes fur chacune auec leurs
femmes & enfans ; de forte que l'Empereur a 20000. petites Barques à entretenir ;
toutefois parce qu'il fe rencontre que le nombre de 10000. en la langue Tartare
s'exprime de mefme que le titre de fa Maiefté, il n'eft pas permis de le pro-

noncer, mais ils difent que l'Empereur a 9999. Vaiffeaux : Ces Vaiffeaux vont &
viennent continuellement dans la grande riuiere de Kiam & fur le canal Royal,
pour receuoir les droits impofez fur le Rys, fur les viures, & fur les denrées, fans
compter ce qu'il prend de la Porceleine, dont la cinquiéme partie luy appartient
de tout ce qui s'en cuit dans le Royaume : il tire encore vn péage des Vaiffeaux
mefmes qui entrent par les éclufes dans le canal & dans tous les ports de la Chine :
Les Vaiffeaux qui viennent de dehors à Canton eftans mefurez, pour chaque
braffe en largeur on exige 128. teils, 8. maes, 8. condryns, 8. caffes & 8. aues,
qui font en tout 451. florins   2. fols $3\frac{57}{125}$ &
pour chaque braffe en longueur,
68. teil 7. maes. 8. condryns, 8. caffes} 240. florins 15. fols   3. $\frac{57}{125}$
& 8. aues, ou en monnoie d'Hollande.}

Ainfi à prefent toute la Chine eft prefque entierement foûmife à fon pouuoir, il n'a plus d'ennemis, finon le Pyrate Coxinga, qui infulte affez fouuent les
Prouinces maritimes, & principalement celle de Sincheo ; mais fa Maiefté en a depuis quelque-temps fait fortifier les endroits où il peut faire defcente, & a auffi
donné les ordres neceffaires pour faire ceffer l'intelligence qu'il entretient fous
ombre de commerce auec quantité de fes creatures de la mefme Prouince de Sincheo ; Le Pere de ce Pirate nommé Itquan, eft prefentement prifonnier à Pekin, &
chargé de chaifnes au col & aux iambes, enfermé dans fa maifon mefine, dont on
a muré toutes les entrées, & où il eft fort étroitement gardé. Du temps que les Ambaffadeurs de Hollande eftoient à Pekin, fur quelques nouuelles qui y vinrent de
Coxinga fon fils, on adioufta quinze autres chaifnes à celles dont il eftoit defia
chargé. Quelque-temps apres, Coxinga fit vne defcente fur la ville de Tioetiauvv,
& de là dans la Prouince Chekiam ; mais il en fut chafsé par vn des neueux de l'Empereur : Sa Maiefté eft maintenant fi irrité contre luy, qu'on a fait afficher par tout
dans les Prouinces de Fockien & de Chekiam, que quiconque le luy pourra liurer
mort ou vif, fera recompenfé d'vne fomme de deux cent mille teils.

Il reçoit les vifites des Ambaffadeurs, non feulement de ces autres Roys Tartares, dont nous auons cy-deuant fait mention, mais auffi de diuerfes autres Nations de l'Afie & d'Europe.

L'année auparauant que les Ambaffadeurs d'Hollande arriuaffent à Pekin, il y
eftoit venu des enuoyez des Ifles de Liques, qui ne font pas encores tout à fait fub-
iuguées, qui auoient apporté ces prefens pour l'Empereur.

2. Buyres d'or du poids de 66. l. 6. 8.

2. Boiftes d'or.   5. l. 5.

2. Buyres d'argent.   55. l. 6.

2. Boiftes d'argent.

2. Plats fort rares du Iapon.

300. Euentails dorez, argentez, & autres.

400. Kangans, ou petits habits de diuerfes couleurs de toutes les fortes.

Vn Picol de Gomme lack.

2. Picol de poivre.

2. Picol de bois de Saphan.

Mais ce prefent ne fut pas iugé digne de paroiftre deuant l'Empereur, par cette
raifon auffi qu'il auoit efté gafté en chemin, tellement que ces Ambaffadeurs s'en
retournerent fans audiance.

Les noftres rencontrerent à Pekin vn Ambaffadeur du Grand Duc de Mofcouie, qui y eftoit arriué par terre, & auoit mis fix mois à faire ce voyage, bien
qu'il en euft pû venir à bout en quatre mois fi c'euft efté en efté : il y eftoit defia venu vne fois dés l'année precedente auec vingt perfonnes, il auoit remporté de grãds

regales pour les Zibelines qu'il auoit apportées auec d'autres pelleteries, les Mofcouites eurent permiſſion de pouuoir reuenir, pourueu qu'ils preſentaſſent à ſa Majeſté les Marchandiſes, auparauant que de les faire voir à d'autres. L'Ambaſſadeur
reuint ſur cette aſſeurance, on luy fit beaucoup de faueur d'abord, il eut la permiſſion d'aller par tout auec ſes gens, d'acheter & de vendre comme il leur ſem-
bleroit le plus à propos; vn mois apres ces Mofcouites ne viuans pas entre eux-mê-
mes côme il falloit, & ſe fourrant par tout dans les lieux de débauches qui ſont fort
frequens dans Pekin, où ils faiſoient ſouuent grand bruit. Cette liberté leur fut
retranchée, ſans toutefois leur oſter celle de paroiſtre de fois à d'autres dans les
ruës : Mais quand l'Ambaſſadeur ſe fut declaré qu'il ne vouloit point donner ſes
Lettres de creance qu'à l'Empereur meſmes, ny faire la reuerence deuant le Sceau
de Sa Majeſté, ainſi que les Loix du Pays le portent; il fut renuoyé le 14. Septembre 1656. ſans auoir eu audiance.

L'vn des plus conſiderables de cét Ambaſſade vint ce meſme jour-là ſur le midy
prendre au nom de tous les autres, congé des Ambaſſadeurs de Hollande, comme
ils eſtoient à table, ils le remercierent; & apres l'auoir le mieux traité qu'ils peu-
rent, ils luy ſouhaiterent vn heureux retour, & luy baillerent auſſi comme il l'auoit
ſouhaité, vn mot d'écrit; afin que quand il ſeroit de retour à Mofcovv, il pût faire
voir par là qu'il les auoit rencontré en cette Cour : la pluſpart des gens de la troupe
de cét Ambaſſadeur, reſſembloient plus par leurs cheueux & barbes blondes à des
Suedois, à des Danois, ou à des Allemans, qu'à des Mofcouites. Cét Ambaſſadeur
fut arreſté dans le Pays, parce qu'il n'auoit point de paſſe-port de l'Empereur, tellement qu'il renuoya à Pekin des gens de ſa ſuite, auoüant auec ſoûmiſſion la
faute qu'il auoit faite, & ſuppliant qu'on luy permit de retourner ſur ſes pas pour
corriger ſa faute, qu'autrement il n'oſeroit plus retourner deuant ſon Maiſtre.
L'Empereur receut bien ſon excuſe, & le premier Miniſtre vint le lendemain
apres que les Hollandois eurent eu leur Audiance, à ſçauoir le 3. d'Octobre 1656.
voir nos Ambaſſadeurs dans leur logis, pour s'informer, comme il fit, de l'eſtat de
la Mofcouie; entre-autres, ſi c'eſtoit vn Eſtat qui fuſt grand & bien peuplé, & s'il
eſtoit puiſſant en Vaiſſeaux; pareillement ſi les Mofcouites eſtoient ſoldats, s'ils
eſtoient gens de mer, s'ils eſtoient gens de bonne foy, & ſemblables choſes. Le
plus conſiderable des Roys de Tartarie, qui tient ſa reſidence en la ville de Samarcand, auoit baillé à cét Ambaſſadeur Mofcouite lors qu'il paſſa par ſa Ville, 30.
Tartares pour le conduire par la Tartarie juſqu'à Pekin, & ces 30. eſtoient retournez à Samarcand auec vn riche regale que l'Empereur leur auoit mis entre leurs
mains pour leur Maiſtre; il conſiſtoit en vn ſeruice entier de vaiſſelle d'argent,
des ſelles de cheuaux richement garnies, & autres harnois de cheuaux; comme
auſſi des étoffes, & de toutes ſortes de cuirs bien paſſez & appreſtez pour en faire
des bottes, &c.

Les Mores ont taſché il y a pluſieurs années d'introduire la Religion Mahome-
tane dans la Chine, & par là ſoûmettre les Chinois à leur obeyſſance : à cette fin,
ils auoient couſtume auparauant cette reuolution, & du temps du regne des Chinois, de faire au nom de leur Roys vne petite Ambaſſade tous les trois ans, d'enuiron trente perſonnes, & tous les cinq ans vne grande de 70. hommes vers le
Roy de la Chine, ainſi qu'ils ont encore fait n'aguere vn peu deuant la derniere
reuolution de cét Eſtat, ils vinrent à Pekin auec 300. hommes : mais l'Empereur
Tartare ayant eſté informé qu'ils eſtoient d'vne Ville de la Prouince de Xenſi, où
ils faiſoient leur trafic, qu'ils y habitoient ordinairement, qu'ils y eſtoient en fort
grand nombre, & mariez meſmes auec des femmes Chinoiſes; Sa Majeſté ordonna qu'ils euſſent à ſe retirer au plus viſte hors du pays, y laiſſer leurs femmes ſans
en emmener vne ſeule : les Mores s'y oppoſerét, mais ils furent la pluſpart taillez en

pieces; si bien que de long-temps apres ceux de leur Religion n'ont eu enuie d'y reuenir; neantmoins du temps que les Ambassadeurs d'Hollande y estoient, sçauoit le 3. d'Aoust 1656. on y vit arriuer vn Ambassadeur de la part du Grand Mogol, où il parut auec vn present de

  300. Cheuaux communs.
    2. Cheuaux Persans.
   10. Picols de pierre de Coldryn.
    2. Austruches.
 200. Cousteaux Moresques.
    4. Drommadaires.
    2. Aigles.
    2. Alcatifs, ou Tapis.
    4. Arcs.
    1. Selle auec tout son Harnois.
    8. Cornes de Rinoceros, & tout cela sous pretexte d'obtenir que leurs Prêtres eussent la liberté de reuenir au Royaume de la Chine, comme ils ont fait de toute ancienneté, pour mettre dans le bon chemin ces pauures peuples qui sont dans l'erreur; il disoit que le Grand Mogol son Maistre auoit sous luy 360. Roys, & que son pays estoit le plus estendu de tous ceux qui sont voisins de la Chine. Les Tartares jugerent bien, comme c'estoit aussi la verité, que cette Ambassade se faisoit plustost par contrainte & par apprehension que les Tartares Occidentaux à la Chine ne luy fissent la guerre, que par aucune bonne volonté qu'il eut pour cét Estat. Cét Ambassadeur estant venu à la Cour auec 30. persónes, au lieu qu'il n'auoit ordre que pour vingt, on luy en fit de rudes reproches; à quoy il ne repartit autre chose, sinon qu'il auoit seulement doublé le nombre ordinaire de ses gens, de crainte qu'il ne luy en demeura vne partie malade par les chemins. Durant tout son sejour à Pekin, il se gouuerna fort mal, & fit paroistre peu de conduite, se plaignant & faisant grand bruit de ce que l'on ne luy auoit pas donné des Chinois, pour le seruir par ordre de l'Etat & du Gouuernement Tartare, comme il disoit, que ses Deuanciers en auoient eu du temps du Gouuernement des Chinois, qu'on ne le traitoit pas selon ce qui s'estoit toûjours pratiqué dans la Chine: Son indiscretion alla jusques à faire porter deuât les Senateurs assemblez au Conseil, vn des moutons qu'on luy auoit enuoyez pour sa ration; parce que selon son sens, cét animal n'estoit pas assez gras, on le renuoya auec raillerie, & on luy demanda s'il estoit venu pour remplir son ventre affamé, & s'il venoit de la part d'vn plus grand Maistre que les Hollandois qui se contentoient de la ration qu'on leur donnoit. Le premier Ministre ordonna neantmoins, qu'on fit chercher les Registres Chinois, où les traitemens des Ambassadeurs sont marquez, & qu'on eut à se regler là dessus pour le traitement qu'on deuoit faire à celuy-cy. Les Mores en deuinrent si hardis, qu'ils vouloient souuent forcer leur garde & sortir la Ville quand bon leur sembloit; mais la garde les resserra dans leur logis, & leur ferma la porte. Le premier Ministre enuoya deux Mandarins pour appaiser cette rumeur; ils demanderent à l'Ambassadeur s'il estoit venu à Pekin en qualité d'Ambassadeur ou de Marchand? Que s'il estoit Ambassadeur, il falloit qu'il garda les Reglemens qu'ils sont obligez de garder dans cette Cour, qu'autrement il se declara Marchand, que luy & ses gens auroient toute liberté d'aller dans toutes les ruës & marchez de la Ville, & cependant leur firent garder le logis si étroitement, que les Mores n'auoient pas la liberté de regarder sur la rue.

Il vient aussi à Pekin tous les ans des Ambassadeurs des quartiers de la Tartarie, qui est vers la mer du Nord, & vers le pays d'Eso, pour rendre à l'Empereur leurs hommages accouſtumez, & payer leur tribut ordinaire de Pelleterie ; il y en arriua deux du temps de la reſidence des Ambaſſadeurs Hollandois, auec 300. familles, peuple fort pauure, veſtus de peaux de poiſſon ; ils demandoient quelque lieu pour s'eſtablir dans le Leauton & autres lieux : ce ſont ces Tartares qu'on nomme ordinairement Savvo c'eſt à dire ſales & graiſſeus, ils ſont habillez comme ceux de Pekin, & portent des manches étroites.

L'Empereur reçoit auſſi tous les ans les complimens de ceux de la Corea ; & au temps du départ des Ambaſſadeurs de Hollande, il parut des Ambaſſadeurs de ces quartiers-là, qui eſtoient partis d'vn lieu éloigné de dix journées de la ville de Pekin.

Bien que les Tartares & les Chinois ſoient Payens, qu'ils adorent le Diable publiquemēt, ils font neantmoins aſſez paroiſtre qu'ils ont encores quelque crainte & apprehenſion de Dieu : au temps que nous y eſtions, l'Empereur ayant appris que la riuiere de Kiam s'eſtoit ſi fort enflée, qu'on l'auoit veuë monter juſques à la moitié des murs de la ville de Kianſy, fit publier vn Mandement par tout ſon Pays, portant que perſonne n'euſt à tuer aucun animal pour manger de trois iours de ſuite, pour impetrer par là de Dieu qu'il luy pleût faire ceſſer les pluyes qui tomboient ſans intermiſſion dans ce temps-là, & qui auoient eſté cauſe du débordement des riuieres principalement de la riuiere jaune ; l'on enuoya vn ſoir pour cette raiſon aux Ambaſſadeurs toute la volaille qu'on leur deuoit donner en trois iours, auec ordre de la faire tuer tout à l'heure, dont on leur rendit raiſon en leur faiſant part de l'ordre qui auoit eſté donné.

Ils enterrent les morts auec des ceremonies fort approchantes des noſtres ; lors que le frere de l'Empereur fut enterré, tous les grands de Pekin marcherent par ordre couuerts de vieux habits de dueil ; ils honorent la memoire des gens de merite, & l'Empereur ayant depuis peu augmenté les appointemens de la mere du jeune Roy de Canton, il donna en meſme temps de nouueaux titres d'honneur à ſon mary quoy qu'il fuſt mort long-téps auparauant. L'Empereur, qui juſqu'à preſēt a eu 21.femmes, s'eſtoit propoſé, ſoit pour la ſuggeſtion des Senateurs Chinois de ſon Conſeil d'Eſtat & Priué, ou meſme de ſon propre mouuement, d'accroiſtre ce nombre juſqu'à 107. autant qu'en ont eu ſes predeceſſeurs les Roys de la Chine, tellement qu'il y en a encore 86 à adjouſter ; mais celuy qui donne ſa fille à l'Empereur, peut bien faire ſon conte qu'il ne la reuerra iamais ; car elles ſont gardées beaucoup plus étroitement que dans pas vn Monaſtere, & elles ont encores ce danger à courir apres eſtre paruenuës à l'honneur d'entrer au lict de l'Empereur, que ſi elles ne luy plaiſent pas, il faut qu'elles meurent dés la nuict meſme. Ils témoignent beaucoup d'inclination pour la Religion Chreſtienne ; les Ieſuites ont dans Pekin, & en diuerſes autres places des Egliſes, où ils exercent leur Religion, & diſent que l'Empereur meſme y a creu en certains temps : touſiours eſt-ce vne choſe tres-certaine, qu'ils ſont fort conſiderez par toute la Chine : Le Ieſuite Adam eſt ſi bien auprés de l'Empereur, qu'il peut approcher de la perſonne de ſa Majeſté quand il luy plaiſt ; entre les addreſſes qui leur ont le plus ſeruy pour ſe bien mettre dans l'eſprit de ces peuples, la ſcience de l'Aſtrologie eſt la principale : car l'Empereur d'aujourd'huy, & les grands de ſa Cour y prennent vn ſingulier plaiſir, & s'exercent meſmes dans l'eſtude de cette ſcience.

Ce ſont les Portugais qui forment le plus d'oppoſition au trafic de la Compagnie, & qui taſchent de tout leur pouuoir à nous tenir hors de la Chine : Nous y auons encores pour ennemis les Marchands Chinois de Sincheo, qui trafiquent par tout, à cauſe de la contribution qu'ils payent à Coxinga ; ils ont vn grand

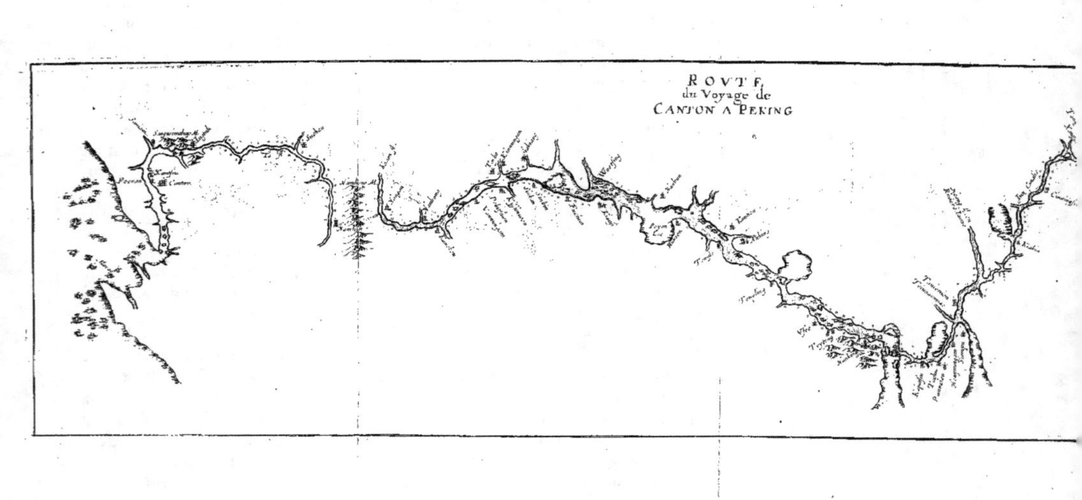
ROUTE
du Voyage de
CANTON A PEKING

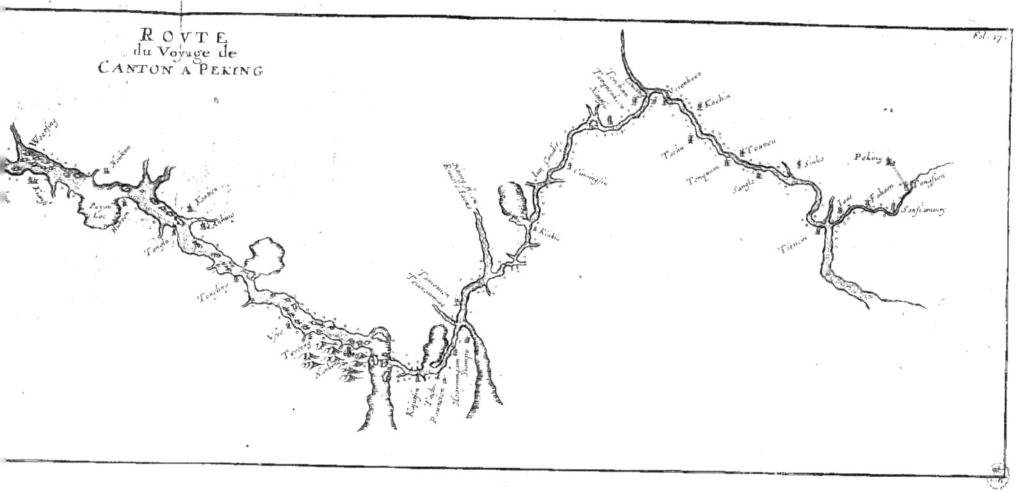

ROVTE
du Voyage de
CANTON A PEKING

auantage fur nous ; car dans le Priué Confeil de l'Empereur, il y a fix perfonnes
de la Prouince de Sincheu, qui fouftinrent l'intereft de leurs compatriotes : toutefois, afin de les détacher de Coxinga, on tafche à les attirer à Canton, à quoy ils
ne témoignent pas beaucoup de repugnance ; jufques-là mefme, que le Lieutenant
du jeune Roy de Canton, par leur fufcitation & confeil, a enuoyé à Cambo-
dia vne Ionck richement chargé, afin d'y folliciter la liberté du commerce : le Pilote ou Patron de ce Vaiffeau eft vn Meftis de Macao, & les hommes qui font deffus font tous de la mefme Prouince de Sincheu, en partant ils obtinrent de nos
gens vn paffe-port, auec vn pauillon du Prince ; on croit que la Compagnie aura
befoin de quatre comptoirs dans la Chine, vn en la ville de Tiencin ou dans Pekin mefmes, pour échanger leurs épiceries, manufactures, toiles, bois de Sanda-
le, & dents d'Elephant, contre de l'or : vn autre dans la ville de Kianfy, où fe tient
le marché de la porceleine ; vn troifiéme à Nankin, ou en quelqu'vne des principales Villes de Sincheo, pour y negocier de foyes, de chanvres, & de toiles, qui
eftoient autrefois fort recherchées au Iapon : Les Marchands de Sincheu n'a-
cheptent point leur foyes à Nankin, mais dans les Villes de Kangfiu & de Voët-
chie, d'où ils les tranfportent, en defcendant la riuiere, jufques à vne place de la
Prouince de Kexiam, où les Ioncques d'vn port de mer nommé Nimpo, qui n'eft
pas éloigné de cette place les attendent, fans ozer monter plus haut. Il faudroit
eftablir vn quatriéme comptoir à Canton, pour acheter les eftoffes de foye : On
trouueroit le débit du cloud de girofle à Kiangfi, où on pourroit vendre le picol
quatre-vingt ou cent Teils, & le poivre vingt ou vingt-cinq Teyls, auffi bien
qu'à Nankin ; mais à Pekin on le pourroit vendre jufques à quarante Teils ; la
noix-mufcade, le macis, & la canelle, ne font pas fort recherchez dans ces quartiers : à Nankin ils demandent de l'yuoire & du bois de Sandal ; les grandes pieces
s'y pourroient vendre jufques à cent cinquante Teyls le picol ; le picol de vif-ar- ^{Picol poids}
gent deux cent cinquante Teyls ; les draps noirs, rouges, cramoify, écarlatte, cou- de 125. liur.
leur de pourpre, couleur de fleurs de pommier, d'vn gris de fer, s'y pourroient
debiter ; les draps gris blancs, ny les verds, n'y feroient point propres ; les ferges a ra- ^{a Croonraf-}
zes & les étoffes que nous appellons perpetuane, des mefmes couleurs que nous fen.
venons de dire, y feroient bien venduës ; comme auffi les draps, les * eftamines, les * Stameton.
creffes, & femblables eftoffes de laine legeres, noires ou brunes ; mais le principal
profit feroit fur les perpetuanen, les draps s'y venderoient fix, fept & huit Teyls,
la perpetuanen, trente, trente-cinq, & quarante Teyls, les ferges razes
quarante-cinq Teyls ; les couleurs les plus recherchées font le rouge, le bleu, &
le noir ; les pieces d'ambre jaune, groffes & rondes, y font de bon debit ; celles au
contraire, qui font en ovale, n'y font pas propres ; il feroit bon d'y porter auffi des
coraux pafles & rouges : on pourroit auoir auffi pour cent cinq Teyls d'argent, vn
marc d'or de vingt-quatre carats.

Le picol de la foye de Nankin fe vend 60. Teyls, les étoffes blanches qu'ils appellent Pelings fe vendent au poids, à raifon de deux mas deux condrins le poids
d'vn Teyl ; tellement qu'vne piece qui peferoit neuf ou dix Teyls, reuiendroit à
deux Teyls d'argent.

Le mufc eft fort cher à Nankin, on l'y vend trente ou trente-cinq Teyls le Cat- ^{Voyez en la}
ty : nos Ambaffadeurs en virent vne forte à Pekin, dont on leur demanda jufques figure dans
à 40. Teyls le Catty ; mais ce mufc eftoit net & pur, les bourfes eftoient entieres le fragment
fans aucune ouuerture, auec les tefticules dedans, comme ils eftoient venus de la de l'Indo-
befte ; le mufc n'eftant autre chofe que les tefticules d'vne befte femblable à vn pleuftes, pre-
Dain ou Cerf, que l'on trouue dans la Prouince de Honan. miere partie
de ce recüeil

Le Manuf-
crit eft dans
la Bibliothe-
que de M.
Gaumin.

QVand ce ne feroit point icy la premiere fois qu'on donne au public quelque chofe de cette langue, ce que l'on en donne ne laifferoit pas d'eftre fort confiderable, en ce qu'il contient les Regles d'vne langue, peut-eftre, les plus fimples qui puiffent fuffire à la communication des hommes, les vns auec les autres. Ce que dit le Pere Gruber de la Langue des Tartares qui font maintenant les maiftres de la Chine, m'a fait croire que ce pouuoit eftre celle dont ie donne icy ces Regles.

DES VERBES.

Dans cette Langue, les Verbes n'ont qu'vne conjugaifon, & il n'y a point d'autres temps que ceux qui marquent le Pafsé & l'Auenir.

Le caracteriftique, ou marque, du Prétérit, ou du temps pafsé eft, Ba.

Daltba	*Il a battu.*
Ailba	*Il a enuoyé.*
Aidba	*Il a mangé.*

La Caractariftique ou marque du futur, ou auenir eft, mou.

Daltmou	*Ie batteray.*
Ailmou	*I'enuoiray.*
Aidmou	*Ie mangeray.*

La Caracteriftique ou marque de l'Infinitif eft Kou, qui l'eft auffi pour le Gerûdif.

La Caracter'iftique, ou, marque de l'Impératif, eft le B'. fans voyelle.

Mufareb	
Dalteb	*Battes.*

La Caracteriftique ou marque du Participe actif, eft Gi, & c'eft auffi la forme des noms des ouuriers; le mefme fe rencontre dans la Langue Turque.

Tous les temps fe conjugent d'vne mefme maniere, il fuffira d'en donner vn Exemple.

Ni Daltba	*I'ay battu.*
Gi Dalteba	*Tu as battu.*
Anaa Dalteba	*Il a battu.*
Bangi, ou, Banai Dalteba	*Nous auons battu.*
Ta Dalteba	*Vous auez battu.*
Tfedai Dalteba	*Ils ont battu.*

LES NOMS.

Les Noms ne reçoiuent autre changement dans leur Declinaifon, que celuy qui marque la difference du pluriel au fingulier, t. eft la marque du pluriel.

Mouri	*Vn Cheual.*
Mourit	*Les Cheuaux.*

Les noms diminutifs fe forment, aioustant Gane.

Mouri	*Vn Cheual,* Mourigane, *vn petit Cheual.*
Aldou	*Aldougane.*

Les Comparatifs fe forment, en aioustant la particule toutta, qui fignifie plus.

Le mien, le tien, s'exprime de la forte, Mouri, *le Cheual,* Mourini, ou, Manai-Mouri, *mon Cheual,* Nanai-mouri, *ton Cheual.* Teanai-mouri, *fon Cheual.*

On auroit pû ajoufter icy vn Dictionaire de cette Langue des Monguls; mais nous n'en auons icy qu'vne feule copie pleine de fautes, & écrite par vn Perfan qui n'entendoit point la Langue Arabe, dans laquelle les mots Monguls font expliquez, ce qui m'a obligé d'en differer l'impreffion.

DESCRIPTION GEOGRAPHIQVE
DE
L'EMPIRE DE LA CHINE,
PAR LE PERE MARTIN MARTINIVS, I.

PREFACE AV LECTEVR,
où est contenuë la Description generale de toute la Haute Asie.

L faut demeurer d'accord que l'Asie a esté de tout temps, & est encores à cette heure, le premier & le plus excellent pays de tout le monde. C'est elle qui a eu ces beaux & agreables jardins du Paradis terrestre, que la diuine main auoit plantez auec les premiers hommes nos premiers peres : c'est de là, que ces grandes colonies se sont estenduës au long & au large, & ont peuplé tout le monde. Ces peuples ont appris aux autres les ceremonies de la Religion, les bonnes mœurs, les lettres & les autres sciences. C'est elle enfin qui a donné la naissance au Sauueur & Liberateur du genre humain, Dieu & homme tout ensemble. Depuis le deluge ou l'inondation generale, la Chine a esté la partie de l'Asie la plus polie & la mieux cultiuée ; soit que vous en consideriez le gouuernement Politique, la pratique des Arts, ou la Theorie des sciences. Car l'Histoire que les Chinois en ont faite dés les premiers Siecles, contient prés de trois mille ans auant l'Incarnation de Iesus-Christ ; ce qui paroist éuidemment par l'abregé que nous auons fait des Histoires de la Haute Asie, & par nostre Chronologie. On dit mesme que dés ce temps-là ils possedoient les sciences ; comme la Philosophie morale, & sur tout les Mathematiques : ce qui se confirme par les anciennes obseruations qu'ils ont des estoiles, & par ces vieilles & antiques maximes de leur gouuernement, contenuës dans leurs anciens Liures qu'on a gardé & conserué jusqu'à present. *Dignité & excellence de la Haute Asie.*

Or cette partie du monde que ie nomme la Haute Asie, est appellée des vns Serica, des autres Sina ou China, & des Tartares Catay & Mangin ; nom dont ils appellent aussi bien le pays de la Chine que les Chinois : car le mot de Mangin signifie en leur langue des hommes Barbares ; & c'est ainsi qu'ils traitent d'ordinaire ceux de la Chine, qui meritent bien aussi ce titre, à cause de leur orgueil & arrogance. Pour les Turcs, & les autres Mahometans, qui passent par terre tous les trois ans par Laor & Cascar entrent dans la Chine, sous le faux pretexte qu'ils y vont en Ambassade de la part de leur Roys, ils la nomment Catay. Mais ce qui vous estonnera sans doute, ces noms estrangers sont tout à fait inconnus à ceux de la Chine, excepté celuy de Mangin, dont les Tartares, comme j'ay dit, ont accoûtumé de les appeller, par injure & par moquerie. Quant aux Chinois, ils nomment leur Empire Chunghoa & Chungque, noms qu'ils luy donnent à cause de son excellence. car le dernier signifie Royaume du milieu (aussi le croyent-ils au milieu de la terre ;) & l'autre signifie le jardin, ou plustost la fleur du milieu. Ce sont là les deux noms les plus communs & ordinaires qu'ils ont retenus : toutefois ils en *D'où viennent ses diuers noms, & pourquoy elle les a. Laor & Cascar.*

ont eu d'autres de temps en temps selon les diuerses familles qui y ont successiue-
ment tenu l'Empire : ainsi les Tartares le nomment à present T'ai-cçing, auparauant il s'appelloit T'aiming, & Ta'ijuen, il y a plus de trois cens ans. Quelqu'vn
pourroit croire auec raison, que ce Royaume a autrefois esté celuy des Hippopha-
ges, ou mangeurs de cheuaux ; car tous en mangent aussi ordinairement que du
bœuf : les Tartares mesme la preferent à quelqu'autre viande que ce soit.

D'où est ve-
nu le mot de
Chinois.
    Mais pour sçauoir d'où vient le nom de Sinois, ou plustost de Chinois, on le
pourra voir plus clairement dans mon abregé, où ie montre qu'il est venu de la famille Imperiale de Cçin. Quant à ceux qui veulent qu'il soit venu du mot de Cçing,
qui est vn terme doux & ciuil, dont les Chinois se seruent beaucoup en parlant, ils
se trompent selon mon jugement : car les Chinois qui vont par mer aux Indes, &
trafiquent auec les Indiens & Portuguais, ont de coustume de s'entre-appeller Cia,
qui est vn terme de ciuilité, & non pas Cing, dont il n'y a que les gens sçauans qui
se seruent, & ceux qui affectent de parler plus poliment que les autres. La pluspart
des Marchands de Chincheu & de Quangtung, qui sont presque les seuls entre
les Chinois qui ayent fait voyage sur mer, n'entendent pas le mot de Cing. Pour
moy ie croirois bien plustost, que les Habitans de la ville de Chincheu ont donné
ce nom à tout le Royaume ; car ce sont eux qui ont le plus voyagé par mer dans les
Indes ; c'est pourquoy les Portugais & les Indiens ont bien pû aisément former ce
nom de la Chine. Quelques-vns le font venir de ceux de Sion ; car (comme ils disent) le mot de Sina en langue Sionique, vaut autant à dire que pays ou terre excellente. Mais puisque ie n'en ay point plus de certitude, ie n'oserois rien affirmer
sur ce sujet.

Les bornes de
la Haute Asie.
    Voila ce que j'auois à dire quant au nom. J'appelle au reste cette partie d'Asie,
Haute, à cause qu'elle est situëe dans vn lieu fort haut & auancé : car la mer Orientale la borne vers l'Orient. Et l'experience mesme fait assez voir, que l'Ocean Indien, ou la mer Orientale, n'est pas la derniere, comme on l'a crû jusqu'à present.
Les Chinois nomment cette mer Tung, c'est à dire Orientale : elle passe presque
par toute la haute Asie du Nord au Midy, & du Midy au Couchant ; au Septentrion
la Chine est separée de l'ancienne Tartarie, & des Royaumes de Niuche, de Niulhan, & d'vne partie de Tanyu, par le moyen de cette fameuse muraille, si renommée entre les Historiens, qui commence à l'extremité de la Prouince du Nord
de Corea, de Leaotung, où elle est bastie dans vn bras de mer sur des fondemens
jettez à pierre perduë, de là elle trauerse vne estenduë de pays de 300. lieües
d'Allemagne, elle est tirée vers le Couchant du sommet d'vne montagne à l'autre,
& finit en suite aux bords de la riuiere Iaune, dont nous discourerons amplement
vn peu plus bas. Le reste de la partie de la Chine qui est vers le Septentrion, est
borné par le Royaume de Tanyu, & par le desert sablonneux, qui la separe du
Royaume de Samahan & de Cascar. Pour le pays qui est plus au Midy, il est borné des Royaumes du Prestre Ioan, de Geo ou de Cangingu (que les Chinois nomment communément Sifan, de ceux de Tibet, de Laos, de Mien, de Pegu, (où
elle touche à Bengala,) en fin des Royaumes de Tunking & de Cochinchina, que
les Chinois nomment Kiaochi. Elle a enuiron trente degrez de longueur, depuis
le Cap ou Promontoire de la ville de Ningpo (que les Portuguais appellent Liampo) jusqu'aux montagnes Amasienes ou Damasienes. Sa largeur est fort grande,
car elle s'estend depuis le dix-huictiéme degré jusqu'au quarante-deuxiéme. Ce
pays, pour si grand & vaste qu'il puisse estre, n'est regi & gouuerné que par vn
seul Monarque, qui peut bien auec raison porter le titre & la qualité de grand,
puisque la haute Asie peut disputer de sa grandeur & de son estenduë, auec l'Europe toute entiere.

Fortifications
naturelles.
    De plus, si vous considerez auec soin son assiette & situation, & les comparez

auec les autres parties du monde qui luy font adjacentes, vous diriez que la nature
l'a fortifiée elle-mefme, & luy a bafty des forterefles pour la deffendre & garder
des autres; les entrées en font fi difficiles, qu'elle femble mefme feparée de tout le
refte du monde: il y a peu de fonds le long de fes coftes, fort apprehendées d'ailleurs à caufe des tempeftes qui y font frequentes, & des roches & des baffes qui en
rendent l'approche fort dangereufe, principalement aux grands Vaiffeaux. Du
cofté du Nord, vne folitude affreufe luy fert de deffenfe, & cette muraille où l'art
a fuppleé ce que la nature auoit manqué de faire pour la rendre inacceffible de ce
cofté-là. Du cofté du Couchant, les montagnes Damafienes la feparent mieux du
refte de l'Afie, que n'auroit pû faire la plus forte muraille du monde.

Les parties les plus Meridionales font fous le fecond climat qui paffe par l'Ifle *Les climats de*
d'Hainan; & les plus Septentrionales, par le fixiéme, i'entends les Prouinces de *laHaute Afie.*
Pekin & de Leaotung: elle a quelques pays fous la Zone torride, mais c'eft fort
peu de chofe; la plus grande partie eft fous la temperée. Sa grande largeur & eftenduë, fait que la temperature de l'air & de la terre y eft differente, felon la diuerfité
des pays, & des faifons de l'année. Du cofté qui regarde le Septentrion, le froid y
eft d'ordinaire fort rude & violent, les neiges frequentes & épaiffes, & qui durent & continuënt fort long-temps; les riuieres y gelent auffi bien fort: ce qui
n'arriue pas au Midy, où les chaleurs font plus grandes, & où croiffent en quantité & abondance tous les fruits des Indes; comme les Bananas, les noix de palmes, *Sa fertilité.*
les Mangas, Ananas, & autres. Au Septentrion, elle produit des raifins, des figues, des chaftaignes, des pefches, des coins, des poires, des noix, fruits femblables à ceux que nous auons dans l'Europe.

L'air de ce pays eft par tout fort temperé, le terroir gras & fertile, les paftura- *L'Air.*
ges extremément bons, la mer & les riuieres riches en poiffon. Il femble que l'art
& la nature ayent contribué tout ce qu'ils peuuent pour l'enrichir: de façon que
vous auriez de la peine à dire fi la haute Afie eft plus redeuable à la nature pour fa
fertilité & abondance, qu'à l'art qui l'a fi bien fçeu mettre à profit en la cultiuant.
Enfin, il faut confeffer que tout ce qui fe trouue de beau, difperfé dans le refte du
monde, fe trouue ramaffé dans la Chine. Il n'y a prefque rien chez les Eftrangers,
qu'elle n'aye, & ils s'y trouue mefmes quantité de chofes qu'on chercheroit inutilement ailleurs. Vous me direz peut-eftre, qu'il n'y a point d'efpiceries ny de fenteurs; mais elles font fi proches, & on les a auec tant de commodité, à caufe du
grand commerce & trafic qui fe fait de part & d'autre; que ces denrées doiuent
pluftoft paffer pour domeftiques que pour eftrangeres, & pour autant de liens
eftablis par la diuine Prouidence, pour les obliger a entretenir focieté & bonne
correfpondance auec leur voifins.

L'Empereur Xunus la diuifa autrefois en douze Prouinces. Yvus fon fucceffeur *Differente*
n'en fit que neuf, enuiron M M C C L X ans auant la naiffance de Chrift: mais pour *diuifion de la*
lors il ne comprenoit que le pays du Septentrion, feulement depuis le quarantié- *Haute Afie.*
me degré de latitude jufqu'au trentiéme, c'eft à dire iufques à la grande riuiere de
Kiang. En fuite les Prouinces du Midy furent peu à peu affujetties, & de la barbarie dans laquelle elles auoient vécu, reduites fous le gouuernement & fous la politeffe Chinoife. Finalement, tout l'Empire de la Chine fut diuifé en quinze grandes Prouinces.

Il y en a fix de maritimes, fçauoir Pekin, Xantung, Kiangnan ou Nanking, *Ses Prouinces.*
Chekiang, Foxien, Quangtung. Les mediterranées, qui font au cœur du pays, &
qui tirent vers le Nord, font Quangfi, Kiangfi, Huquang, Honan, Xanfi. Enfin Xenfi, Suchuen, Queicheu, Yunnan, qui font vers le Couchant; le pays de
Leaotung n'eft point compris au Leuant de la Prouince de Pekin, où commence la
grande muraille, la peninfule de Corea, qui eft tributaire à l'Empire, ny auffi

beaucoup d'Isles qui en sont proches, & qui payent tribut, dont la plus considerable est celle d Hainan. Assez prés d'Amacao, il y en a quantité d'autres, qui par
fois se touchent & sont si peu éloignées, qu'on diroit que ce n'en est qu'vne, bien
qu'il y en ait plusieurs. L'Isle Formosa en est proche, les Chinois la nomment Lieu-
kieu, & elle est à l'opposite de la Prouince de Fokien. Prés du promontoire de
Ningpo est l'Isle de Cheuxan, qui à present est considerable, marchande, & peuplée. Il y en a quantité d'autres au Septentrion, entre Corea & la Chine, dont nous
parlerons dans son lieu.

Sa Figure.　　La figure de tout l'Empire de la Chine est presque quarrée; & c'est ainsi que
les cartes de la Chine le representent. Toutefois il y a deux Tung ou Promon-
toires qui s'auancent fort dans la mer, dont l'vn est proche de la ville de Ningpo,
d'où l'on peut passer au Iapon en fort peu de temps, en quarante heures enuiron;
l'autre est dans la Prouince de Xantung, prés de la ville de Tengcheu; ce Golfe
de mer est fermé d'vn costé par la peninsule de Corea, & de l'autre par le costé de
la Chine, assez semblable au Golfe de Venize.

Erreurs dans　　Par ce moyen, il sera tres-aisé de decouurir deux erreurs bien grossieres, qui
les vieilles &　se remarquent dans la pluspart des cartes de l'Europe. La premiere, en ce qu'el-
nouuelles car-　les mettent la grande muraille, & la ville royale de Pekin, au 50. degré de hau-
tes.　　teur, y ayant à peine deux journées de chemin de Pekin jusqu'à la muraille, comme il me souuient de l'auoir remarqué auec ceux de nostre Compagnie, ayant
mesme par fois trouué 39. degr. 59.

Faute com-　　La seconde, qui n'en doit gueres de reste à l'autre, c'est qu'elles feignent vn
mise dans la　autre Royaume tres-considerable au delà de la Chine, & le nomment Catay,
description du　auec les villes de Quinsai & de Cambalu, &c. puis qu'on ne trouue par delà la
Catay.　　grande muraille, que de certains Tartares de Tanyu, Niuche, & de Niulhan,
qui errent & sont vagabonds auec leur cheuaux & chariots, sans auoir de Villes.
Il y en a aussi d'autres comme on tire d'auantage vers le Nord, que ceux de la
Chine nomment Yu pi, à cause des peaux de poisson dont ils se font des corse-
lets & des casques. Ce sont les Tartares, sortis des bouts & extremitez de l'O-
rient, qui à present se sont rendus maistres de la haute Asie, y estans entrez par
le pays de Leaotung. Quant à ce que peuuent estre ces lieux de Cambalu, Quinsai, Catay, & Mangin, j'espere cy-apres le faire voir plus clair que le iour: par
ce moyen, on pourra aisément comprendre les veritables causes du nombre d'erreurs qu'on a commises iusqu'à present, pour n'auoir pas bien entendu M. Paul
de Venise. Et il ne faut pourtant pas qu'on estime que cela vienne de ma teste, ou
de mon inuention: car ie proteste ingenuëment & auec verité, que j'ay tout tiré
& recueilly des Liures Geographiques & Cartes de la Chine, qui ont esté faites
& imprimées pour chaque Prouince en particulier, que i'ay par deuers moy, &
que ie suis prest de communiquer & de faire voir aux curieux. On pourra donc
remarquer, à moins que d'estre tout à fait ignorant dans la Geographie, quel
soin & diligence i'ay apporté dans cét ouurage.

Abondance de　　Mais pour quitter ces égaremens, & reprendre le vray chemin, la haute Asie,
chair & des　comme i'ay dit, abonde & produit tout ce qui est necessaire pour l'entretien de
autres choses　la vie. Il y a des vaches, des brebis, des cheures, des oysons, des canes, des pou-
necessaires.　les, & autres tels animaux: sur tout il y a quantité de pourceaux, n'y ayant point
de maison qui n'en ait; on les nourrit & engraisse d'vne admirable façon, la chair
de pourceau estant estimée fort delicieuse dans la Chine, car ils en mangent
toute l'année, & la preferét à toute autre; aussi y a-t-elle fort bon goust. Le commun peuple ne pardonne pas mesme aux cheuaux, mulets & asnes, ny aux
chiens qu'on sert sur la table des grands Seigneurs, & se vendent plus cher que
les autres animaux. Il y a par tout du bled, du ris, qui leur sert de pain, du miller,

& des legumes de toutes les sortes. Pour des fruits de l'Europe & des pommes, il y en a en fort grande abondance , hormis des amandes & des oliues : mesme elle en produit qu'on n'a iamais veu dans l'Europe. Il y a aussi de diuerses sortes d'herbes potageres, & plus à choisir que parmy nous ; aussi en mange-on dauantage : car il y a quantité de personnes qui croyent encore le passage ou la transmigration des ames, & qui font conscience de manger de la viande.

Quant aux riuieres, elles ne sont pas moins pourueuës ny fournies de poisson *Les Poissons.* qu'elles sont ailleurs : & on ne le pesche pas en si grande quantité dans la mer ny dans les lacs ; mais on les nourrit dans la Chine, comme on fait les animaux priuez & domestiques dans l'Europe. Car comme ils sont obligez de faire des fossez au milieu des champs de ris par où les ruisseaux ne passent point, il faut que de necessité ils arrosent la terre, quand il n'y a point de pluye, de peur que les grains ne meurent de seichéresse ; & c'est dans ces fossez où ils donnent à manger aux poissons, & leur nourriture est de la lentille de marests : c'est pourquoy vous voyez au mois de May quantité de ces bateaux pleins d'eau qui vont par toute la Chine, dans lesquels il y a de ces petits poissons, qu'on vend lors qu'on croid les pouuoir nourrir & éleuer. Ils chargent quelquesfois des batteaux entieres de grands poissons, qu'ils couurent de glace, & les portent ainsi jusqu'à Pekin, les pouuant garder auec cét artifice vn mois entier : on sale & saupoudre ceux qu'on ne peut garder, qui seruent à nourrir le peuple.

Il y a si grande quantité de soye, que j'oserois bien asseurer qu'il en sort plus *Quantité de* de la seule Prouince de Chekiang, que presque de tout le reste du monde : ils *soye.* nourrissent des vers à soye deux fois par an. L'Histoire de ce peuple qui est tresancienne, rapporte qu'ils ont eu la science de nourrir des vers à soye, deux mille quatre-vingts ans auant la Natiuité de Iesus-Christ. De façon qu'il est tres-vraisemblable, que les autres Nations ont appris des Chinois l'art de mettre la soye en vsage. On peut mesme prouuer par diuerses raisons, que l'inuention des canons, de l'Aymant, & de l'Imprimerie, ne nous ont esté connuës que par leur moyen : car lors que les Tartares de la famille d'Iuena entrerent dans la Chine, il y auoit quantité d'Etrangers auec eux ; entr'autres de l'Europe B. Oderic (dont les Reuerends Peres Bollandus & Henschenius traitent auec beaucoup de soin, selon leur coûtume, dans leur liure des actes & vies des Saints,) & F. Ayton Armenien, M. Paul Venitien, & autres. Comme donc nous n'auons la connoissance de ces arts qu'enuiron en ces temps-là, il y a bien de l'apparence que ce sont eux les premiers qui nous les ont apportés de la Chine. Pour la semence de coton, il n'y a que cinq cét ans, ou enuiron, que les Estrangers la leur ont enseignée : mais à present il y en a si grande quantité, & elle produit & multiplie tant, que vous croiriez que la Chine seule est presque capable de fournir & pouruoir tout le reste du monde d'habits de coton ; aussi est-ce l'étoffe la plus ordinaire, dont on s'habille. Il n'y croist point de lin : toutefois il y a du chanvre, dont on fait des habits d'Esté ; inuention qui est fort commode. Ce pays produit aussi de la soye qui croist sur les arbres, dont nous parlerons dans la Prouince de Xantung.

Cette abondance de toutes choses, vient principalement de la grande indu- *Commoditez* strie de ce peuple, & des fleuues, des riuieres, & des lacs, dont tout le pays est arro- *des riuieres.* sé. Il y en a quantité qui sont extrémément poissonneux & fort propres à faire croistre le ris : car on l'y seme, & il y croist deux fois par an ; y ayant si grande quantité de bateaux qui vont & viennent pour en faire la cueillette, que c'est presque vne chose incroyable. Vous pouuez juger de la grande commodité des riuieres par ce qui suit : C'est que de Macao on va par bateau jusqu'à Pekin, où il y a prés de six cens lieuës, à la reserue d'vne journée de chemin qu'il faut faire par terre, pour passer vne montagne.

Ainſi de Chekiang on trauerſe toute la Prouince de Suchuen par eau , ſelon la
longueur qu'elle a , en allant de l'Orient au Couchant : meſme il n'y a preſque
point de Ville ny de Cité , où on ne puiſſe aller par bateau , y ayant par tout ou
des riuieres , ou des canaux , ou des foſſez. Il ſe rencontre en cette haute Aſie vne
infinité de mines de diuers metaux , qui ſe trouueroient riches & abondantes à la
premiere ouuerture : mais les loix du pays deffendent de tirer ny or ny argent ;
parce que les vapeurs nuiſibles qui s'éleueroient de la terre , feroient capables de
faire mourir les hommes dans les mines : eſtant bien raiſonnable que les Empereurs & les Roys faſſent plus d'eſtat de la vie de leurs ſujets , que non pas de l'or ny
de l'argent ; mais il eſt permis à tout le monde d'amaſſer de l'or ſur les riuages , &
il s'y en amaſſe auſſi beaucoup auec grande facilité , qui paſſe pluſtoſt pour marchandiſe que pour payement. Car ils ne comptent pas comme nous auec de la
monnoye ou des pieces d'or & d'argent ; mais pour preuenir les tromperies , ils pe-
ſent tout , principalement l'argent , qu'ils ont coupé en pieces apres l'auoir fondu
& refondu en vn creuſet , & y mettent le ciſeau , portans vn trebuchet fort propre ,
enfermé dans vn eſtuy de bois. Ils n'ont ſeulement que des liards marquez des armes du pays , qu'ils percent & enfilent d'vn cordon , pour ſeruir de payement , &
acheter les denrées les plus communes. On y tire quantité de mineraux , comme
de l'argent vif , de l'airin , du fer , de l'eſtain , du cuivre , du vermillon , de la pierre
d'azur , & du vitriol. De plus , on y fait du cuivre blanc qui n'eſt gueres plus cher
que le cuivre jaune. Ils font quantité d'ouurages & de beſognes de fer fondu , ſemblables à celles que nous faiſons dans l'Europe ; comme des canons , des cloches ,
des mortiers , des fourneaux , & tels autres ouurages.

Il eſt incroyable , combien la haute Aſie eſt peuplée au prix des autres parties
du monde : les villages y ſont à proportion auſſi peuplez que les Villes ; & à voir le
peuple ſur les grands chemins , vous croiriez que c'eſt vne armée qui marche , ou
eſtre dans nos foires de l'Europe. Il ne faut donc point trouuer eſtrange , ſi quelques Portuguais , lors qu'ils y entrerent la premiere fois , auoient accouſtumé de
demander à quelques-vns , ſi les femmes y faiſoient neuf ou dix enfans tout à la
fois. D'autres affirmoient que les Citez eſtoient mobiles & changeoient de place ;
car il y a par tout vn ſi grand nombre de nauires , qu'ils occupent ſouuent autant
d'eſpace qu'vne grande Cité en pourroit prendre , dont auſſi ils ne repreſentent
pas mal la forme ny la figure , principalement lors que tous ces Vaiſſeaux jettent
l'Ancre en vn meſme lieu : Or ils n'éleuent pas ſeulement leurs familles dans ces
bateaux , mais ils y nourriſſent auſſi quantité d'animaux ; ſur tout des pourceaux ,
des poules & des canes. C'eſt pourquoy l'eau n'eſt pas moins peuplée & habitée que
le continent , au moins dans les Prouinces du Midy , car la nauigation n'eſt pas ſi
commune & ordinaire dans les pays du Nord. Que ſi nous nous en rapportons aux
Hiſtoires de la Chine les plus authentiques , qui gardent auec beaucoup de ſoin le
roolle & le dénombrement des hommes de chaque Prouince , Ville , & des autres
endroits ; (ſans y comprendre la famille Royale , les Magiſtrats , les Eunuques , les
ſoldats , les ſacrificateurs , les femmes & les enfans) on y trouue cinquante-huit
millions , neuf cent quatorze mille , & deux cent quatre-vingt quatre hommes ,
58,914,284. Il ne faut donc point trouuer eſtrange , ſi quelqu'vn affirme qu'il y
a bien deux cent millions d'hommes : Or ce nombre & ſupputation eſt fort aiſée à
faire ſelon les loix de la Chine : Car chaque pere de famille eſt obligé , ſous de grié-
ves peines , de mettre & afficher vn écriteau à la grande porte de ſa maiſon , qui
contienne & faſſe ſçauoir le nombre & la qualité de ceux qui ſont logez chez luy.
Il y a vn dixenier qu'ils nomment Tifang , qui a l'inſpection & la charge ſur dix
familles , & qui a ſoin de recueillir cette ſupputation & dénombrement ; que ſi ou
manque au calcul , il eſt tenu & doit en auertir les Officiers & Gouuerneurs de la

ville. Cela s'obserue rigoureusement durant les troubles; tellement qu'il n'est pas permis de receuoir personne chez soy, dont on n'ait donné le nom à connoistre; sur tout s'il y doit faire du sejour.

Il y a 150. grandes Villes remarquables, & 1226. moindres, toutes fermées de murailles; ie n'y comprends point quantité de places de guerre, non plus qu'vne infinité de chasteaux, de bourgs, de forts, de franchises, de villages, qui n'en doiuent souuent gueres de reste à nos Villes: mais le nombre en est si grand, qu'on auroit de la peine à en faire le calcul. Il m'est souuent venu en l'esprit vne pensée, que si cette grande muraille, qui est au Nord, enuironnoit toute la Chine, que la haute Asie ne formeroit qu'vne seule Ville, qui seroit extremément peuplée & bastie; à raison que si vous sortez d'vn lieu cultiué & habité, vous entrez tout aussi-tost dans vn autre qui ne l'est pas moins. La pluspart de ces Villes, qui sont basties sur des riuieres nauiguables, ont de chaque costé de fort longs & larges fauxbourgs, recommandables pour leur grandeur & magnificence.

Au reste, la difference qu'il y a entre les Villes & les Citez, n'est pas fort considerable, si on regarde seulement à la grandeur, y ayant par fois des Citez qui sont aussi grandes ou plus, que des Villes: car la seule difference consiste dans les titres que les Gouuerneurs se donnent diuersement, & selon l'authorité & le pouuoir qu'ils ont conformément aux loix de l'estat & aux coustumes de la Chine. Il est bien vray que les Villes vont deuant, & sont plus honorables que les Citez; mais celles-cy ne sont pas moins peuplées ny moins opulentes. Les Villes se nomment Fu, & les Citez Cheu ou Hien. Il y a aussi des lieux francs & priuilegiez, & des bourgs, qui pourroient bien aller du pair auec des Citez, pour la grandeur, & pour le grand negoce & trafic; principalement ceux qu'ils nomment Chin: mais parce qu'ils n'ont point de murailles, ny leur Magistrats particuliers; aussi n'ont-ils icy le titre ny la qualité de Citez, & sont gouuernez par les Magistrats des autres lieux qui en sont les plus proches.

L'esprit des Chinois verifie ce qu'Aristote a écrit des peuples de l'Asie, que ceux de l'Europe sont forts & robustes; mais que ceux de la Chine les surpassent en subtilité d'esprit. Ils sont trompeurs, fins & aduisez, & ne se trouuent iamais surpris, quelque accident qui leur arriue; ils sont ingenieux & pleins d'industrie, ne laissent perdre la moindre chose qui peut seruir: Et dans vne si grande abondance de choses precieuses, ils ne laissent pas d'amasser de vieux haillons & beaucoup d'autres choses qu'on ne ramasse point ailleurs, gardent des os de chiens, des plumes de poules, des soyes de pourceaux, & mesme les plus sales excremens, dont ils font trafic. Pour les Arts mechaniques, on ne peut douter de l'industrie des ouuriers de la Chine, apres auoir veu ce qu'on nous apporte tous les iours de ces quartiers-là; comme toute sorte d'habits de soye, de la porcelaine, des cabinets dorez, & sur lesquels ils couchent & appliquent leur belle colle, des habits faits à l'éguille, & autres de cette nature; quoy que pourtant les plus beaux ouurages ne sortent pas de la Chine. Ils trauaillent & grauent parfaitement bien sur l'ébene, l'yuoire, le coral, l'ambre, les iaspes, sur les plus durs marbres, & sur les autres pierres precieuses. Ils imitent & contrefont si bien l'ambre iaune auec de la poix fonduë, que mesme il fait honte au naturel & veritable. Il y a desia long-temps qu'ils sçauent faire du verre fort transparent de ris, toutefois il n'est pas de la bonté du nostre; mais il en approche beaucoup, & ne luy ressemble pas mal pour les autres qualitez du verre. Pour la peinture, ils nous sont de beaucoup inferieurs, comme n'ayans pas encore compris ce qu'il faut obseruer dans les ombres, ny comment il faut mêler & addoucir les couleurs: mais ils reüssissent fort bien en oyseaux & en fleurs, qu'ils representent auec l'aiguille & en tapisserie de soye si naïuement, qu'on ne sçauroit mieux les representer au naturel; ce qui rauit en admiration

rous ceux qui voyent ces ouurages. Quant à l'inuention de la nauigation & l'vfage
de la bouffole, des canons, & de la poudre, ils l'ont eu long-temps auant ceux de
l'Europe, comme j'ay remarqué auparauant.

Agriculture.   Mais que diray-je de l'Agriculture ? qu'ils ont reduite à de certaines regles felon
la diuerfe qualité des pays : auffi en font-ils grand eftat, affeurans que les hommes
ne s'en fçauroient paffer fans fe faire tort, comme ils pourroient bien des autres
arts & meftiers. Pour cét effet, ils donnent de grands priuileges aux laboureurs, &
les encouragent tellement au trauail, qu'ils ne fouffrent pas vn pied de terre fans
eftre cultiué. Quand le terroir eft maigre & fterile, ils le rendent fecond par leur
induftrie & artifice, & l'engraiffent & laiffent chommer, de peur qu'il ne fe laffe
de produire deux fois par an. S'il n'y a point d'eau, ils creufent des foffes, & y font
venir l'eau de fort loin, par le moyen des ruiffeaux qu'ils tirent des riuieres ; c'eft
pourquoy on peut faire aller les bateaux dans toute la Chine : Quand les eaux font
dans vn lieu bas, ils les éleuent auec grande facilité, par le moyen d'vn inftrument
affez femblable à nos chapelets, fait d'aix & de planches quarrées, qui enleuent
grande quantité d'eau.

Pefche admi-   Pour faire paroiftre l'efprit des Chinois, i'ay trouué bon d'ajoufter icy vne façon
rable.   tout à fait rare & extraordinaire dont ils fe feruent pour pefcher. On void dans ce
pays vn certain oyfeau qui eft vn peu plus petit qu'vn oyfon, & qui reffemble affez à vn corbeau, a le col fort long, le bec d'vn aigle, dont le bout eft extremément
crochuë : On luy apprend à pefcher, comme on fait aux chiens à prendre des liévres, & on luy ferre & étrecift tellement le col auec vn anneau de fer, qu'il ne fçauroit aualler les plus petits poiffons, & ceux qui font trop grands, & ne peuuent paffer par la cauité de fon col, il les éleue auec fon bec, & fait bruit en mefme temps,
afin que le pefcheur y vienne & les puiffe prendre. I'ay par fois veu trois ou quatre
oyfeaux apres vn feul poiffon qui s'aydoient les vns les autres à pefcher leur proye ;
c'eft de la forte qu'ils prennent des poiffons qui pefent bien fix liures & d'auantage. Les pefcheurs tirent beaucoup de profit de cette pefche, & payent vn certain
tribut pour chaque oyfeau.

L'Archite-   Nous les furpaffons de beaucoup pour l'Architecture, magnificence, & folidité
Eture.   des baftimens ; mais ils l'égalent & l'emportent mefme par deffus nous, s'il s'agift
de conftruire des tours & des ponts : Outre les tours, qui font fort hautes & tres-
bien bafties, ils ont auffi quantité de ponts, remarquables pour leur grandeur &
pour leur Architecture. Les maifons ne font pas magnifiques ; mais elles font plus
commodes & plus nettes que les noftres. Ils n'ayment pas à voir plufieurs eftages,
à caufe de la peine de monter les degrez. Tout le monde occupe le bas de la maifon, qu'ils partagent en fales & chambres. Le dehors n'a pas beaucoup d'ornemens, à la referue de la grande porte & des autres plus petites qui font fur le deuant, qui font magnifiques dans les maifons des gens riches : Le dedans eft plus orné, tout y reluit à merueille pour eftre enduit de cette precieufe colle de Cié, dont
on vernit toutes les murailles. Les maifons font d'ordinaire de bois, mefme les
Palais du Roy : toutefois, les murailles principales font de briques, qui ne feruent
qu'à feparer les fales des chambres : car le toit & la couuerture eft fouftenuë de
piliers de bois, toutes les tuiles font d'argile comme les noftres. Ils ne veulent
point de feneftres qui regardent fur les ruës, difans qu'il n'eft pas honnefte de s'en
feruir. Ils ont diuers appartemens ; le plus retiré eft le quartier où demeurent les
femmes, qui font fi étroitement gardées, pour les tenir dans la modeftie & leuer
tout foupçon, qu'il n'y a point de prifon dans l'Europe qui ne foit plus libre &
plus douce.

Des fciences.   Pour les fciences, ils nous font de beaucoup inferieurs, encore qu'ils les eftiment
bien d'auantage que nous ne faifons pas : Car ils n'ont prefque rien de veritable ny

de

le folide, à la referue de l'Aftrologie, dont ils n'eftiment que cette partie qu'on nomme judiciaire. Quant à cette Philofophie que nous appellons morale, il y a defia long-temps qu'ils l'ont affez bien deduite des principes mefme de la nature & de la raifon. Ils difent des chofes fort releuées touchant les vertus, rapportans le tout au gouuernement de la Republique. Par ce qui fuit, vous pourrez juger de la fubtilité de leur efprit, ils comprennent en fort peu de temps noftre Arithmetique, noftre Geometrie, les calculs du mouuement des eftoiles & des planettes, mefme la Logique de l'Vniuerfité de Conimbre, qui eft imprimée en langage Chinois. Ils ont auffi quantité de traitez de l'Architecture, Phyfiognomonie, Anatomie, & arts mechaniques, &c. imprimez auec les figures à leur mode.

Quant à la Medecine Pratique, ils l'emportent par deffus nous ; à la verité nos Medecins s'amufent & s'arreftent dauantage à la theorie & au difcours ; mais les Medecins Chinois gueriffent auec bien plus de facilité & plus vifte. Ils ont des liures fort anciens de la nature des herbes, des pierres & des arbres, enrichis de figures comme poutroit eftre Diofcoride ; outre cela, des autheurs modernes & anciens qui pronoftiques, traitent des fignes, des effets, caufes, & des maladies. Leurs medicamens & remedes confiftent pour la plufpart en fimples & en decoctions ; ils fe feruent de cauteres actuels, & de frictions, mais point de faignée, dont ils croyent l'adminiftration dangereufe. Ils employent les refrigeratifs & le regime de viure pour temperer la maffe du fang, & affirment que fi le pot bout, il ne faut pas pour cela verfer le boüillon, mais pluftoft en ofter le feu pour l'empefcher. Ils ont de fi belles remarques & obferuations touchant la nature du poux & des arteres ; qu'ils peuuent mefme découurir par leur moyen les abcez & d'autres caufes les plus cachées d'vne maladie. Ils prennent garde à fix poux ou battemens en chaque bras, dont il y en a trois qui font les premiers & principaux, & autant de feconds & de moindres, qui appartiennent à diuerfes parties du corps. Pour le premier, ils le rapportent au cœur, le fecond au foye, & le troifiéme à l'eftomac, & les autres à diuerfes parties. Lors qu'ils vont voir vn malade, ils font bien vne demie heure à luy tafter le poux, tout le monde fe tenant cependant dans vn grand filence ; ils difent apres quelle eft la caufe de fa maladie, quelle partie du corps elle afflige, & en jugent fort pertinemment. On y trouue auffi par tout quantité de Chimiftes, qui ne promettent pas feulement de faire de l'or, mais encores l'immortalité ioignant l'vne & l'autre pour tromper de ces promeffes en mefme temps les credules & les auares.

La fubtilité de leur efprit ne paroift que trop dans des rufes & tromperies fort adroites & delicates, qu'ils pratiquent tous les iours. Ils ont l'efprit exellent, le corps auffi & fouple, & auffi adroit que l'efprit. Ils fupportent aifément le trauail & la fatigue, mais non pas la faim ; & ils croiroyent mourir, s'ils eftoient vne matinée entiere fans manger.

Les Marchands font pleins d'induftrie, toute la nation ennemie de l'oifiueté & de la pareffe. Ils ne trouuent rien de penible, pourueu qu'il y ait la moindre efperance de profit, preferans fouuentefois l'vtile à l'honnefte. Leur fanté eft affez forte & vigoureufe, ils s'endurciffent à la fatigue dés leur enfance. En quelques endroits, ils font auffi blancs que ceux de l'Europe, à qui ils ne reffemblent pas mal, fi ce n'eft qu'ils ont le nez camus, la barbe claire, de petits yeux à fleur de tefte, & bien fendus, & la face vn peu plus large & carrée. Les hommes & les femmes ont les cheueux fort noirs & longs, méprifent, & ont mefme horreur des cheueux blonds & roux, bien dauantage que les Thebains. Les femmes font d'ordinaire de baffe taille, mais ont le vifage affez beau & gay. Ils font confifter la principale partie de la beauté & bonne grace des femmes à auoir de petits pieds : c'eft pourquoy on leur preffe & lie fi fort les pieds auec des bandes tout auffi-toft

La Medecine.

Excellente & admirable methode pour tafter le poux & manier l'artere.

La conftitution de leur corps.

qu'elles sont nées, qu'ils ne peuuent croiftre apres. Il y en a qui ne les ont pas plus
gros que des chevres : merueilleufe folie dans vn peuple fi poly & fi ciuilisé, qui auroit mefme aueifion pour vne Helene, fi elle auoit les pieds auffi grands que les
femmes de noftre Europe.

La Religion.   Les Chinois ont trois fortes de Religion. Ie nomme la premiere & la plus ancienne la Philofophique ; la feconde l'Idolatre ; la troifiéme l'Epicurienne : ils l'appellent Sankiao, ou la triple doctrine. La Philofophique eft veritablement la plus
confiderable & la plus puiffante ; car c'eft elle qui tient le gouuernement & a la di-
rectiō de l'Empire : auffi n'y a-t-il que des Philofophes qui foient admis au gouuernement de la Republique. Cette fecte fe nomme Iukia ; elle ne connoiffoit autrefois qu'vn fouuerain principe, & leurs vieux liures de Philofophie difent beaucoup
de chofes du Ciel, du premier & fouuerain Empereur, celuy qui regit & gouuerne tout l'Vniuers : ces fages aduoüent & confeffent ne pas fçauoir quelle eft
fa nature, fon effence, ny comment il le faut feruir & honorer ; c'eft pourquoy ils
ayment mieux ne le point feruir du tout, que de manquer & errer dans ce culte.

Sectes des   Ceux donc qui fuiuent cette opinion, ne confiderent & ne prennent autre foin
Philofophes. que du gouuernemēt de la Republique, & de la pratique des vertus morales. Cette
Philofophie traite auffi du ciel, de la terre, de l'homme, comme de chofes dont
la connoiffance comprend celle de toutes les autres. Ils appellent ces trois études du
nom de Sançai. Sous la fcience du ciel & de la terre, ils comprennent les principes
des chofes, de la generation & de corruption, du mouuement des cieux, des eftoiles, de l'vne & de l'autre Aftrologie ; enfin de l'agriculture, de l'arpentage, &c.
Pour la fcience de l'homme, elle eft fimplement morale. Ils y confiderent principalement ces cinq chefs ou articles. Le premier eft du pere & du fils, où ils propo-
fent des exemples d'obeyffance, qui meritent plus d'eftre admirez qu'ils ne font
faciles à eftre fuiuis : le fecond eft de la femme & du mary, où il eft traité de leur
diftinction & difference, & de leurs deuoirs, &c. le troifiéme eft du Roy & des
Sujets, où il eft parlé de la fidelité & de l'amitié qu'ils doiuent porter à leurs Sujets,
dont ils font comme les peres. Le quatriéme traite des amis & de l'amitié. Le
cinquiéme des freres, de l'amour de l'aifné & de l'obeyffance du cadet. Il enfeigne apres trois mille petites ceremonies ou preceptes, qui regardent la ciuilité &
la bien-feance exterieure, la modeftie, la difcretion, & autres vertus femblables : ils donnent auffi beaucoup de grandes loüanges à la prudence, à la pieté, & au
courage, lors que nous l'employons à nous furmonter nous-mefmes. Pour la juftice & la vertu, qui nous fait juger des autres par nous-mefmes, & par la comparaifon que nous en faifōs, ils l'éleuēt & la recommandēt fi fort, qu'ils y font cōfifter
le plus haut degré de perfection. Cette fecte ne fe met pas beaucoup en peine de
fçauoir les chofes futures, auffi n'en difpute-elle iamais ; pour cette raifon feulement, qu'elle n'eft pas mefme capable de bien diftinguer ny comprendre ce qu'elle
void deuant fes yeux. Elle enfeigne encores fort foigneufement l'vfage des vertus
interieures & exterieures, qu'il les faut pratiquer, à caufe du bien & de la recompenfe qu'on reçoit de la vertu, fans auoir aucun but, ny fe propofer aucune autre fin : faites, difent-ils, des actions vertueufes, fans attendre ny efperer aucune recompenfe ; la vertu eft affez contente d'elle-mefme, n'y ayant rien de plus beau
dans tout le monde : ces liures font pleins de ces grands fentimens, nos Philofophes anciens n'ayant iamais rien dit de femblable ny de meilleur.

La fecte Ido- La feconde fecte eft l'Idolatre, qu'ils nomment Xekia : cette pefte & cōtagion in-
latre. fecta la Chine vn peu apres la natiuité de Chrift. Ils croyēt la metempfychofe, ou le
paffage & trāfmigration des ames ; elle eft de deux fortes, l'vne interne, & l'autre exterieure : cette-ci fert aux idoles & les adore elle enfeigne que ce paffage eft comme
vn chaftiment des pechez apres la mort ; c'eft pourquoi ils s'abftiennent de manger
de tout ce qui a en vie. Cette Religion eft ridicule, & les Sacrificateurs qui la fuiuēt

s'en mocquent eux-mefmes ; toutefois ils l'eftiment neceffaire pour retirer les
ignorans du vice, & pour les encourager à la vertu. Quant à leur metempfychofe
interieure, elle eft excellente, & vne des plus belles parties de la Morale : car elle
confidere l'ame dépoüillée du corps, & qui triomphe de toutes les mauuaifes
paffions & mouuemens déreglez ; mais ils enfeignent qu'elle paffe en celle des bê-
tes brutes, qui ont eu les mefmes paffions, ne reconnoiffant autre recompenfe
ny fupplice apres la mort, & fouftenant que toutes chofes font bonnes ou mauuaifes, felon que nous les confiderons diuerfement. Mais nous en difcourons plus amplement dans l'Abregé de noftre Hiftoire de la Chine, qui commence depuis la
creation du monde.

La troifiéme fecte approche fort de celle d'Epicure ; car elle fait confifter la La fecte Epi-
beatitude dans la volupté, promet & cherche de rendre la vie du corps immortelle curienne.
par le moyen des remedes ; elle a trouué d'admirables inuentions pour acquerir &
augmenter les plaifirs & la volupté, & affeure que tout s'aneantit apres la mort. Il
y a quantité de Magiciens qui font de cette fecte, qui eft bien la plus fale & la plus
mefchante de toutes. Dieu vueille que ces fectes, au lieu des faux & erronez principes qu'elles retiennent encore à prefent, puiffent vn iour comprendre les myfte-
res de noftre Religion. Les apparences y font grandes ; car ces Philofophes eftiment fort la Morale de l'Europe, qui s'accorde auec celle qu'ils enfeignent ; de forte qu'il femble qu'il n'y a que les principes furnaturels qui leur manquent.

Ils aymēt naturellemēt toutes les vertus, & ceux qui en font profeffion ; mais ils Les vertus.
ne laiffent pas d'eftre vicieux en eux-mefmes. Toutefois cōme ils font fins & rufez,
ils couurent leurs defauts auec vn merueilleux artifice, de peur qu'ils ne paroiffent
& ne viennent en veuë ; admirans la chafteté & continence, que pourtant ils n'ob-
feruent iamais. Ils croyent qu'il y a du deshonneur, & que c'eft vn témoignage de
mifere, de n'auoir point d'enfans ; ils requierent la chafteté dans les vefues. Les
honneftes femmes n'ont pas accoûtumé de fe remarier ; ils dreffent des arcs triomphaux aux vefues qui ont vécu dans la continence, & y mettent des infcriptions
pour vn eternel fouuenir à la pofterité. Ils font beaucoup d'eftat, & admirent vne
foûmiffion modefte & graue, quand on fait ou dit quelque chofe, témoignans
bien l'obferuer en apparence ; quoy qu'ils ne la poffedent pas en effet. Il n'y a point Leur obeyf-
de nation qui honore & refpecte tant fes parens ny fes maiftres ; il va de la vie de fance enuers
ne les point nourrir, de leur eftre desobeyffant, ou de faire difficulté d'entrer en leur maîtres
leurs places lors qu'ils ont à fournir quelque couruée, ou de les fafcher en quelque & leur pa-
façō que ce foit : c'eft vn crime lors que les difciples, quoy que de plus grande con- rents.
dition que leurs maiftres, ne leur donnent pas la premiere place & le premier
rang, ny des titres & qualitez plus honorables, & quand ils refufent de leur ayder
& affifter lors qu'on les en requiert. Il n'y a rien qu'ils ayent plus en horreur & de-
teftation que les actions, paroles & geftes, qui reffentent la cruauté & la colere ;
c'eft pourquoy ils cachent ou diffimulent leur haine, & ne portent iamais d'armes
lors qu'ils voyagent, eftimans que c'eft vne chofe indigne & deshonnefte d'en porter, & de faire la guerre aux hommes : auffi font-ils peu de compte des foldats, &
les tiennent prefque pour ennemis.

Et il paroift bien quelle eftime ils font des bonnes lettres & des fciences, en ce Ils font peu
que les perfonnes non lettrées ne font point receuës au gouuernement de la Re- d'eftat des ar-
publique ; tant plus vn homme eft docte, tant plus eft-il auancé aux richeffes & aux mes, mais
honneurs ; c'eft de là que vient toute la Nobleffe. Il n'y a prefque perfonne parmy beaucoup des
eux, pas mefme les payfans, qui n'eftudie iufqu'à quinze ans ; à peine s'y trouue-il fciences.
vn homme qui ne fçache écrire. Comme donc toute la Nobleffe procede des lettres, & qu'on l'y cherche, fans auoir égard au fang ny à la naiffance, hors-mis
dans les familles Royales ; tant plus le rang & la place qu'on tient en la Republi-

que est haute & éleuée, d'autant plus les titres & les honneurs qu'on reçôit de tout le monde sont-ils grands & considerables ; sans qu'on prenne garde, de quelle extraction on est, & par quel moyen on s'est auancé & mis en faueur.

Comment ils se marient. Les mariages s'y font presque comme parmy nous. Le mary donne le doüaire à son épouse ; mesme les personnes de mediocre condition achetent en quelque façon leur femme de ses parens : ceux qui sont vn peu de qualité, s'ils reçoiuent des presens pour auoir marié & colloqué leur fille, ils en rendent bien la valeur & dauantage. Les parties qui doiuent contracter ne se voyent iamais l'vn l'autre, ny ne parlent ensemble ; il ne se fait point aussi de contract. Les parens des deux costez font le mariage par des procureurs & personnes tierces & interposées. Ainsi on enuoye la mariée dans vne chaise au logis de son mary, qui ne l'auoit iamais veüe auparauant, accompagnée de quantité de monde, qui marche deuant auec des torches & flambeaux, *La Polygamie en vsage.* quand ce seroit mesme en plein iour, & à midy. Vn seruiteur la suit & porte la clef de la chaise au marié ; luy seul a la permission de l'ouurir ; & en la voyant la premiere fois, il iuge de sa bonne ou mauuaise fortune. Leur femme estant morte, ils en peuuent prendre vne autre, & on ne trouue point estrange qu'ils ayent encores vne concubine de rechange, tant la condition des femmes est mal-heureuse en cét égard.

Diuerses marques de ciuilité. La ciuilité & les complimens des Chinois sont, ie ne diray pas seulement ennuyeux pour leur longueur, mais superstitieux : entre Bourgeois, on donne toûjours le haut bout au plus vieux, & entre les estrangers à celuy qui vient de plus loin : Nous donnons les titres & qualitez selon la naissance & la charge & profession, & eux selon l'âge, tant plus on est vieux, tant plus est-on honoré, toutefois ils ont leur degrez. Il n'y a que les superieurs & les maistres qui se seruent de ces mots & termes, de moy & de toy, quand ils parlent à leur sujets & seruiteurs. Au reste, quand on parle à vn autre, chacun prend sa qualité selon le degré qu'il a eu dans son bas âge. Les Chinois sont fort officieux & prompts à saluer à la rencontre, demeurent long-temps dans leurs festins, & sont fort courtois enuers les estrangers, & extremément modestes & posez dans leurs gestes, contenance, & autres façons de faire ; mais principalement les Philosophes & Magistrats, qui se font distinguer des autres par vne certaine grauité Stoïque : car ils tiennent que c'est à faire aux personnes mal-nées, de crier & d'éleuer sa voix par les ruës, de causer, de regarder çà & là autour de soy, de ietter la veuë d'vn costé ou d'autre, de dire des sottises. On n'entend guere de discours sales ny de blasphémes. On ne va dans les ruës que bien vestu, en bon ordre, & la teste conuerte, quand ils veulent rendre l'honneur à quelqu'vn, ils baissent & enclinent fort profondément tout le corps, & couurent leurs mains en les joignant : si deux se rencontrent, ils s'enclinent de mesme costé tout à la fois. Ils donnent la main droite aux estrangers, & la gauche quand ils se promenent : car comme ils marchent tousiours auec l'éuentail, ils craignent d'incommoder leur compagnie en leur chassant le vent au visage. Ils croyét pour la pluspart, que c'est vne chose deshonneste & inciuile de prendre auec les doigts les viandes qu'on doit manger ; c'est pourquoy ils les prennent & portent fort proprement à la bouche auec deux petits bastons vn peu longs, faits d'ébene, d'yuoire, ou d'autre matiere. Pour les viandes, on les sert sur la table toutes coupées par morceaux, sur tout lors qu'elles sont vn peu dures : l'ordre de seruir leurs tables est fort beau & commode quand on y est accoustumé, bien qu'au commen- *Leurs habits.* cement il semble vn peu fascheux. Leurs habits sont larges, & vont jusqu'aux talons : ils sont ouuerts par deuant, mais ils les attachent sous le bras droit : les manches sont amples, tout l'habillement est graue & modeste. Ils portent les cheueux fort longs, les peignent & les cordonnent en rond sur le sommet de la teste, où ils les attachent & couurent d'vn reseau de crin de cheual, & puis y mettent vn petit bonnet par deſſus, qui a la forme & figure d'vn cylindre ou d'vn cube, par où on peut juger de la qualité & condition de chaque perſonne : car auſſi ſont-ils differens ſelon la diuerſité de ceux qui les portent. Les robes des femmes ſont fort ofngues, leur couurent les pieds, & prennent depuis le col juſqu'aux talons ; de façon qu'elles n'ont rien de découuert que la face. Elles cachent leur mains dans leurs manches, qui ſont touſiours de ſoye, auſſi bien que leurs habits. Ce n'eſt pas leur couſtume de rien prendre de la main des hommes ; mais on le met premierement ſur vn eſcabeau, ou ſur vne table, puis ſe couurant la main elles le prennent.

Quant à leur breuuage, ils boiuent touſiours chaud, ſoit que ce ſoit de l'eau, *Leur breuua-* du vin, ou du ris boüilly : Ils ſont touſiours tremper cette herbe ſi celebre, qu'ils *ge.* nomment Cha, dans ces liqueurs, ou en de l'eau boüillante, & la boiuent toute chaude. Quand j'y ay eſté accouſtumé, j'ay fort deſapprouué ceux de l'Europe, qui ayment tant à boire froid : car les Chinois en beuuant chaud, appaiſent leur ſoif, ſe deſalterent, & deſſeichent les humeurs ; c'eſt pourquoy ils ne crachent preſque iamais, & ne ſont point ſujets à la grauelle ny aux cruditez d'eſtomac, comme ceux de l'Europe ; ne ſouffrent point tant de maladies, ny de ſi grandes, que parmy nous, & ne ſçauent ce que c'eſt que de grauelle, de goutte aux pieds & aux mains, ny d'autres ſemblables maladies.

Les chemins publics ſont admirables ; car on les a rendus ſi commodes pour les *Chemins pu-* voyageurs, qu'il eſt impoſſible d'y rien ajouſter. Premierement on les égale, *blics, admi-* puis on les pave, ſur tout dans les Prouinces du Midy, où on ne ſe ſert gueres de *rables pour* cheuaux ny de chariots. Dans les plus hautes montagnes meſmes, on y a fait des *dité.* *leur commo-* paſſages, apres auoir coupé les rochers de chaque coſté, rompu, égalé & applany les ſommets des montagnes, & comblé les vallées ; ce qui abrege & accourcit fort le chemin. A certaine diſtance, ſçauoir à chaque pierre (qui contiennent dix ſtades Chinoiſes, ou vne lieüe de France) il y a des coureurs qui portent en grande diligence les ordres du Roy & des Gouuerneurs. C'eſt pourquoy, s'il arriue quelque choſe d'extraordinaire & de nouueau, on le ſçait en peu de iours par tout le Royaume ; à chaque huitiéme pierre (qui eſt vne journée de chemin) on a baſty des maiſons Royales & publiques qui ſe nomment Cungquon & Yeli, où logent les Gouuerneurs & Magiſtrats, qui y ſont receus aux dépens du Roy, apres y auoir enuoyé vne lettre auparauant, pour informer les hoſtes de leur arriuée & qualité, & leur faire ſçauoir en quel temps ils arriueront en chaque lieu. Lors qu'vn Gouuerneur y arriue, il y trouue tout preſt & en eſtat, non ſeulement des viures, mais auſſi des cheuaux, des chaiſes, des portefaix, & des nauires s'il eſt beſoin : car il écrit & mande par auance dans vne tablette (que les Chinois nomment Pᶜai) tout ce qu'il veut & deſire auoir. On trouue le meſme ordre ſur le bord des riuieres, que ſur les grands chemins, où il n'y a aucun arbre qui empeſche ou embarraſſe, ſi ce n'eſt à la diſtance de cinq coudées, de peur que par cét empeſchement les batteaux ne fuſſent retardez quand on les tire. Les bords meſme en pluſieurs endroits ſont reueſtus de pierres quarrées depuis le fonds juſqu'en haut, auec des ponts de pierre à pluſieurs arcades lors qu'il en eſt beſoin : en quoy ils ne ſemblent pas ſeulement deuoir diſputer auec raiſon de la grandeur auec ceux de Rome, mais auec ceux meſme de toutes les autres Nations. Ie ne doute pas que ceux qui ne l'ont pas veu, n'ayent de la peine à le croire ; auſſi ne ſçauroit-on rien trouuer dans l'Europe qui en approche. Ces nauires *Nauires ſom-* royaux deſtinez au ſeruice des Gouuerneurs, reſſemblent à de fort hautes mai- *ptueux &* ſons. Aux coſtez il y a quantité de chambres, au milieu eſt la ſale, raiſonnable- *magnifiques.* ment grande, où il y a des tables arrangées, des ſieges trauaillez fort artificieuſement, des feneſtres & des portes de bois, faites à ouurage treilliſſé, & grauées

de toutes fortes de grotefques : au lieu de vitres, on fe fert d'écailles ou plaques
d'huiftres fort minces & deliées, ou d'eftoffes & draps fort fins, frottez & en-
duits d'vne cire fort luifante, qui les deffendent parfaitement bien de toute forte de vents, ils font enrichis de diuerfes figures, de fleurs, d'arbres, & d'autres
chofes. Le tillac eft tout enuironné de galleries & de treillis, où les matelots peuuent courir fans incommoder ceux qui nauigent. Ces nauires font extremement
diuertiffans & agreables à voir, mefmes fort recreatifs pour la diuerfité de leurs
couleurs : au dedans tout eft releué d'or auec des figures d'oifeaux, & de villes;
ce qui merite d'eftre veu, & eft auffi tres-commode & profitable. Ces Vaiffeaux
font auffi longs que des Galeres; la largeur & la profondeur font égales. Pour y
entrer, il faut monter par vn degré qui a bien prefque huit coudées de hauteur.
La prouë a la forme d'vn chafteau, où font les trompettes & les tambours, qui
battent continuellement : Auffi-toft que les autres Nauires l'entendent, ils font
place; que fi le Vaiffeau d'vn autre Gouuerneur les rencontre, ils fe deferent re-
ciproquement felon le degré & le rang qu'ils tiennent : furquoy ils n'ont point
de querelles ny de conteftes entre-eux, y ayant de certains Reglemens & Or-
donnances pour le decider. Pour cét effet, on voit les titres & qualitez du Gouuerneur qui nauige, écrites fur la prouë en lettres d'or d'vne coudée, auec des
pauillons de foye de diuerfes couleurs, qui volent des deux coftez. Lors qu'il n'y
a point de vent, il y a des perfonnes deftinées pour tirer à la corde, ou pour faire
aller le Nauire à la rame : les auirons ont la forme d'vne queuë de poiffō, maniere
de ramer aisée, & qui fait voir que les Chinois font gens d'efprit; car fans battre ny fraper l'eau, & fans en tirer l'auiron, vne feule rame peut conduire le Nauire; de forte qu'vn matelot fait autant que fept ou huit parmy nous. Dans les
villes les maifons font affez fimples; auffi ont-ils plus d'égard à la commodité

qu'à la magnificence. Celles des riches font vaftes & fuperbes; mais celles des
Gouuerneurs les furpaffent, & on les pourroit nommer des Palais. Il y en a 15.
ou 20. en chaque Ville capitale, & quelquefois dauantage. Dans les Villes mediocrement grandes, il y en a quatre, qui font toutes de mefme façon; fi ce n'eft
que les vnes font plus grandes que les autres, felon que le Gouuerneur tient vn
plus haut rang. Ces maifons font bafties aux dépens du Roy, pour y loger les
Gouuerneurs ou les Magiftrats; & l'Empereur ne leur donne pas feulement des
Palais & des Vaiffeaux, mais auffi tous les meubles neceffaires, des prouifions &
des feruiteurs: mais ce qui eft bien plus confiderable, c'eft que quand le Gouuerneur eft fur fon depart, ou qu'il s'en va dans vne autre Prouince, ou que fon
temps eft expiré, (ce qui arriue par fois au bout de demy an) il peut, fans qu'on
luy puiffe faire de reproche, emporter tous fes meubles, & on meuble la maifon
tout de nouueau pour fon fucceffeur.

    Les plus grands Palais ont quatre ou cinq auant-cours, auec autant de maifons
dans chacune de ces courts : à chaque frontifpice il y a trois portes, celle du milieu
eft la plus grande, les deux coftez de ces portes font ornez de lions de marbres.
Proche de la grande porte, il y a vne place, enuironnée de barrieres vernies de
lacque ou colle rouge de la Chine : aux coftez il y a deux petites tours, auec des
inftrumens de mufique & des tambours, que l'on bat quand le Gouuerneur fort
ou entre, ou quand il monte au fiege : Au dedans de la porte il y a vne grande place, où s'arreftent ceux qui ont des procez, & ceux qui demandent quelque chofe:
à cofté, il y a de part & d'autre de petites maifonnettes, où demeurent les plus bas
Officiers de la Cour: il y a auffi deux fales pour receuoir les plus confiderables
eftrangers, qui viennent voir le Gouuerneur. Ces fales font garnies de fieges, &
d'autres meubles: on y donne le cofté droit aux gens de robe, & la main gauche à
ceux qui portent l'épée. Quand on a paffé cette fale, on voit trois autres portes

qui ne s'ouurent iamais, sinon lors que le Gouuerneur monte au tribunal; celle du milieu est extremément grande, il n'y a que les plus grands Seigneurs qui ayent permission d'y entrer, les autres doiuent passer par celles qui sont à costé. Apres on découure vne autre grande cour, au bout de laquelle il y a vne fort grande sale, soûtenuë & appuyée de fort grosses colomnes, qu'on appelle Tang; c'est là où le Gouuerneur rend la Iustice; des deux costez les Notaires, les Greffiers, les Huis-siers, les Sergens, & autres Officiers publics, ont leur logement, qu'ils ne quit-tent pas quand il y a changement de Gouuerneur; mais demeurent tousiours & sont stables, estans entretenus des deniers publics, & ainsi passent d'vn Seigneur à l'autre, sans changer de lieu ny de demeure. En suite on entre dans la seconde, beaucoup plus belle que n'est la premiere; ils la nomment Su tang, c'est à dire se-crete; on n'y admet que les intimes & particuliers amis, lors qu'on les veut entre-tenir: tout autour, il n'y demeure que les domestiques & ceux de la suite du Gou-uerneur. Quand on a passé cette sale, on trouue vne fort grande porte, & l'appar-tement des femmes du Gouuerneur & de leurs enfans. Tout y est magnifique & commode, auec des forests, des jardins, des lacs, & autres recreations, qui peu-uent donner du diuertissement & du plaisir.

Il seroit à propos d'expliquer icy le gouuernement & la forme de cét Empire; mais comme d'autres en ont traité auant moy, & que par occasion j'en ay aussi mis & inseré tout ce qui s'en pouuoit dire dans mon Abregé de l'Histoire de la Chine, ie n'en diray icy que fort peu de chose, afin que personne ne se plaigne que j'aye passé sous silence des choses, que j'ay moy-mesme admiré tout le premier.

Le Roy dispose absolument de la vie & des biens de tous ses sujets; l'Empire de la Chine est tout à fait Monarchique, passe du pere aux enfans, & à leur defaut aux plus proches du Sang Royal. L'aisné succede à l'Empire; les autres ont bien le titre & la qualité de Rois, mais n'en ont pas l'authorité ny le pouuoir. On assigne à cha-cun sa Ville, son Palais, sa Cour, & ses Officiers, auec des reuenus & appanages pour entretenir vn train de Roy; mais ils n'ont aucun droit sur le peuple. Les Of-ficiers de la Couronne leur enuoyent leur reuenus tous les trois mois, de peur qu'ils ne fassent des amas & des épargnes, & qu'en suite ils ne broüillét. Il y va de la vie de sortir du lieu où on leur a ordonné de demeurer: ainsi tout l'Empire est gouuerné par vn seul Empereur, sans l'auis & ordre duquel, personne n'oseroit rien entre-prendre: c'est luy qui met & establit les Gouuerneurs dans tout l'Empire. Il y a six Tribunaux dans la ville Royale: le premier est des Magistrats, qui se nomme Lypu: le second des finances, qu'ils appellent Hupu: le troisiéme est celuy de Lypu pour les coûtumes & ceremonies: le quatriéme Pingpu pour la milice: le cinquiéme est pour les bastimens publics, & se nomme Cungpu: le sixiéme Hingpu, qui est pour les crimes. C'est dans ces six Cours où se font toutes les affaires de l'Empire: car les Gouuerneurs des Prouinces aduertissent de tout l'Empereur par leur re-monstrances & requestes, qui, apres les auoir considerées, les renuoye se-lon leur qualité & importance, au Tribunal où elles doiuent estre examinez: les Conseillers apres les auoir serieusement examinées, presentent leur resolution à l'Empereur, qu'il change ou confirme selon sa volonté: & afin que cela se fasse auec plus de seureté & de precaution, il choisit pour l'aider & soulager quelques-vns des principaux & plus considerables Philosophes de tout le Royaume, qui se nomment Colao ou Caisiang, c'est à dire Gouuerneurs auxiliaires, & les pre-miers Officiers du Roy, se tiennent prés de sa personne, lors qu'il s'agit d'affaires, & luy donnent conseil: car les autres ne le voyent presque point. Ce qu'il y a de rare & d'admirable dans ce gouuernement, est qu'encore que l'Empereur ne sorte iamais de sa Cour, ou fort rarement, si ne laisse-t-il pas toutefois de sçauoir par-faitemét l'estat de tout son Royaume, & commét ses Gouuerneurs se comportent;

il enuoye tous les ans vn viſiteur en chaque Prouince, qui a plus de pouuoir que les autres Gouuerneurs, & qui eſt comme ſon Ambaſſadeur. C'eſt luy qui viſite la Prouince, s'enquiert, & examine auec ſoin les vertus & les vices de tous les Gouuerneurs, afin d'en donner les informations par écrit à l'Empereur, quand il eſt de retour à la Cour : de ſorte qu'on diroit que le gouuernement de la Chine reſſemble & imite la conduite d'vn Ordre de Religieux bien eſtably. Et il ne s'en faut pas eſtonner, puis qu'il y a deux mille ans que les Philoſophes de la Chine ne trauaillent à autre choſe qu'à mettre leur Republique dans le plus haut degré de perfection, n'y ayant rien à quoy ils s'employent auec tant de zele : & celuy-là auoit grande raiſon d'appeller vn Royaume heureux, dont le Roy fut Philoſophe. Les

Comment les Chinois nomment leur Empereur. Chinois appellent leur Empereur Tiencu, c'eſt à dire fils du Ciel. Et quoy que parmy ce peuple, le Ciel, Dieu, & la Diuinité Souueraine, ne ſoient ſouuent qu'vne meſme choſe, ce n'eſt pas pourtant qu'ils le croyent eſtre engendré du Ciel ; mais ils le nomment ſon fils, comme eſtant celuy de tous les hommes qu'il ayme & cherit dauantage ; par cette marque, que le Ciel luy a fait preſent du plus grand honneur qu'il puiſſe donner. Ils l'appellent auſſi communément Hoangti, c'eſt à dire Empereur jaune, ou de Terre, qu'ils diſent eſtre de cette couleur, & ainſi ils le diſtinguent du ſouuerain Xangti ou de l'Empereur & du Roy des Cieux. Le premier qui porta le nom d'Hoangti, regna l'an M M D C X C V I I. auant la natiuité de Ieſus-Chriſt, a conſerué ſa memoire ; on a appellé en ſuite tous les Empereurs Hoangti, comme parmy nous nous appellons les Empereurs Ceſars, à cauſe de Iule Ceſar, le premier qui porta ce nom, & le plus grand des Empereurs Romains.

Les reuenus de l'Empereur. Perſonne ne poſſede vn pied de terre, qu'il n'en paye le tribut au Roy ; c'eſt pourquoy il ne faut pas trouuer eſtrange, ſi leurs reuenus annuels ſont ſi grands : car, ſans comprendre ce que les Gouuerneurs tirent des deniers publics, ny l'argent pour l'entretien des Officiers & des ſoldats, il entre tous les ans L X. millions d'écus dans les coffres du Roy ; de ſorte que tout ſon reuenu peut bien monter à la ſomme de C L. millions d'écus : l'Empereur au reſte ne peut diſpoſer de la moindre partie de cette grande maſſe ; car on met tout cét argent dans le treſor public : neantmoins il a tout ce qu'il veut ; mais il faut qu'il le demande au Sur-intendant des Finances & aux Treſoriers. Le Roy eſtablit & oſte les Gouuerneurs à ſa volonté, mais ils tiennent rang ſelon leur qualité ; chacun eſt abſolu dans ſon Gouuernement & dans ſa Prouince, à moins que le ſouuerain Conſeil leur donnent vn autre ordre & commandement. Il y a tant de charges publiques dans cét Empire, & vn ſi grand nombre de Gouuerneurs, qu'on auroit bien de la peine d'en faire le dénombrement, & de les placer ſelon leur qualité & le rang qu'ils tiennent : c'eſt pourquoy on imprime tous les trois mois vn liure qui contient leurs noms, leur patrie, leurs offices & degrez : ce qui eſt fort neceſſaire dans la Chine pour ceux qui, ſelon la couſtume du pays, vont par deuoir rendre viſite à leurs amis, ou les veulent cõgratuler par lettres de leurs emplois. On y a compté juſqu'à onze mille Gouuerneurs, ſans y comprendre les moins conſiderables. Le titre & la qualité que les Chinois donnent communémẽt aux Gouuerneurs, eſt celle de Quonfu : les eſtrangers les appellent Mandarini ; peut-eſtre à cauſe qu'ils commandent aux autres. Qui en voudra ſçauoir d'auantage, qu'il prenne la peine de voir noſtre

Ceux qui ont bien écrit de la Chine. Abregé, ou le Saint voyage du R. P. Nicolas Trigaut, ou la Relation de la Chine du R. P. Alvaro de Semedo. Pour les autres qui en ont écrit, ie n'en fais pas tant d'eſtat, parce que la plus grand part ne parlent que par ouy dire, & ſouuent ſur le

Toutes les villes de la Chine ſe reſſemblent preſque. rapport d'autruy, qui d'ordinaire eſt ſujet à caution.

Ie ne m'eſtendray pas beaucoup dans la deſcription des Villes ; car la pluſpart ſe reſſemblent, & ne different que pour leur grandeur, ou pour le trafic & le negoce :

elles

elles font d'ordinaire quarrées, les murailles font larges & hautes, bafties de briques ou de pierres quarrées, & vn rempart de terre derriere, tout autour vn grand foffé, & des tours quarrées & fort hautes, bafties dans vne. diftance conuenable; ces murailles au refte, ne reffemblent pas mal à ces anciens murs de Rome, dont on void encor les veftiges. Chaque porte eft double, & a doubles batans, entre ces portes il y a vne place d'armes pour y exercer les foldats. Quand on entre par la premiere porte, on ne voit point l'autre, parce qu'elle eft de cofté, & non à l'oppo-fite. La premiere eft fortifiée & deffenduë d'vne double muraille, qui ne repre-fente pas mal la pointe de nos baftions. Au deffus des portes il y a de fort belles & hautes tours, que les Chinois appellent Muen Leu, qui font comme autant de petis arfenaux où l'on tient les armes & corps de garde pour les foldas; l'ouurage eft de bonne deffenfe; mais ceux qui les gardent ne font pas de mefme. Hors des portes il y a de fort grands fauxbourgs, & par fois prefque autant d'habitans que dãs la ville. Chaque ville a prefque toutes les citez, ont en vn de leurs plus agreables endroits & des plus frequentez au dehors des murailles, à tout le moins vne de ces tours, que ce peuple par vne ancienne fuperftition s'imagine prefager vne bonne ou mauuaife fortune: elles ont neuf eftages, ou du moins fept; l'Architecture en eft admirable, & là hauteur merueilleufe. Ie feray cy-apres la defcription d'vne ou de deux, afin qu'on puiffe plus facilement iuger par là de la ftructure des autres.

Le baftiment public qu'ils nomment Culeu a affez de raport, & ne reffemble pas mal à ces tours, que nous appellerions vne tour à quadran ou a horologe, c'eft là où les Gouuerneurs vont faire bonne chaire; on y void vn horologe rempli d'eau, qui marque les heures: car quand l'eau coule & tombe d'vn vaiffeau dans l'autre, elle eleue en mefme vne tablette & efcriteau qui marque les heures: vn homme expres y prend garde & bat le tambour à toutes les heures, & aduance fon efcriteau hors de la tour pour montrer l'heure du iour efcrite en caracteres de la longueur d'vne coudée, que ceux qui font curieux de l'antiquité voyent par la defcription que ie viens de faire, fi elle ne pourroit point feruir pour mieux comprendre la conftruction des clepfydres, ou horologes à eau des anciens Romains. Le mefme homme prend garde au feu; & comme il regarde toute la ville de fort haut, fi le feu vient à fe mettre dans quelque maifon, il bat le tambour. Il y va de la vie pour celuy dont la maifon brûle par fa propre faute & negligence, à caufe du danger qu'il y auroit pour les autres maifons du voifinage, qui font communement toutes de bois.

Il y a d'ordinaire proche de chaque tour vn fuperbe & magnifique temple; outre cetuy-là vn autre ordinarement qui n'eft pas moins fomptueux, dedié au Conferuateur & gardien de la ville: & bien qu'à prefent ils y adorent les idoles par vn feruice facrilege & profane, toutefois il a efté vn temps auquel ils ne reconnoiffoient qu'vn efprit ou demon tutelaire. C'eft là où tous les Gou-uerneurs preftent ferment la premiere fois qu'ils entrent en charge, & font reçeus dans la magiftrature; ils promettent de n'auoir égard qu'à la iuftice & à l'equité, prenonts l'efprit mefme à temoin, comme vengeur des crimes & des in-iuftices.

Les villes & les bourgs font beaucoup embellies par leurs arcs de triomphe, auffi bien que par de hautes tours, dont il y a grand nombre, ils font de pierre de taille ou de marbre admirables, fi vous en confiderez la magnificence ou le trauail. On les erige à l'honneur de ceux qui ont rendu de notables feruices à la cité & à la republique. On en baftit auffi quelques vns à l'honneur des citoiens qui font paruenus aux plus hauts degrés de Docteurs. Mais nous en parlerons plus amplement en fon lieu.

Il n'y a guere de villes ni de cités qui n'ayent vn College de Cungfutius

{ C

magnifique , & digne de la memoire d'vn autheur que les Chinois ne se laf-
sent iamais de loüer. On n'y void aucune statuë ni idole; personne n'y entre
que les estudiants, & encor durant certains iours. Les Recteurs & les Regens y
expliquent ses livres, & ceux qui veulent estre promeus y prennent leurs degrez, &
observent quantité de ceremonies pour tesmoigner & faire paroistre leur gratitude , des beaux preceptes & enseignements qu'il leur a laissés , ces colleges sont
ordinaires dans toutes les moindres villes, ainsi ie ne me mettray pas beaucoup
en peine de les descrire separement , mais bien ce que s'y rencontre de rare &
de particulier dans chacune.

Apres la description des villes, i'adioûte celle des montagnes, qui n'en sont
pas fort eloignées. Les Chinois ne sont pas moins paroistre de curiosité que de
superstition à les examiner & à les choisir, estimant que toute leur felicité en
depend, à cause que le dragon, (qui est le Prince de la felicité, comme ils croyent,)
y fait sa residence. Lors qu'ils veulent bastir des sepulcres , ils examinent auec
soin la figure des montagnes, en recherchent & sondent toutes les veines & les
entrailles, sans épargner de peine ny de despence, pour trouuer vn heureux endroit,
sçauoir la teste , la queuë , ou le cœur du dragon : & c'est là dessus qu'ils predisent,
que la posterité du defunt aura tout à souhait, & ioüira de toutes les felicitez
imaginables. Il y a beaucoup de ces diseurs de bonne auenture, qui errent par toute
la haute Asie , qui obseruent & remarquent la figure & les veines des montagnes,
comme les Astrologues sont la position du Ciel & les diuerses conionctions &
aspects des estoiles , les Chiromanciens les lignes des mains , & les Phy-
sionomistes les traits du visage ; estudes auquel les Chinois s'addonnent
fort.

Pour moy , i'ay cette croyance , que quelque Philosophe a inuenté cette vanité , pour augmenter par ce moyen la pieté qu'on doit auoir pour les morts. La
pluspart des montagnes de la Chine ont de gros bourgs, & sont fort diuertissantes,

pour les beaux sepulcres, & pour les forets & bocage qui s'y rencontrent; & comme l'industrie des Chinois ne souffre pas qu'aucun pouce de terre soit en friche,
ils les esgalent & applanissent pour y semer du ris, mais nous en parlerons ailleurs.
Quant aux temples , des idoles les plus grands & les plus magnifiques, ils les
bastissent proche des bois , & des lieux les plus agreablement situez : c'est là
aussi où sont leurs Monasteres & Conuents de Sacrificateurs, il y a encores de grandes forets habitées par vne sorte de peuple qui n'est point suiet au Chinois.

Des montagnes ie descens aux eaux & aux grandes riuieres , le peu d'espace
que les cartes contiennent, ne permet pas mesme que i'en fasse le denombrement ;
ie tâcheray par cette raison d'en mettre icy quelque chose , afin de ne rien
oublier : car si i'eusse voulu tout representer exactement dans les cartes , il en
eut falu grauer vne particuliere pour chaque ville ; ce qui eust esté fort penible,
& encore de plus grande despence : en effet, chaque ville auec les cités &
bourgs qui en dependent , pourroit passer pour vne petite Prouince. S'il y a

quelque chose de remarquable, ie ne l'ay pas obmis, soit que ie l'aye veu ou
tiré des Cosmographes Chinois.

Ie fais distinction entre les riuieres , les fleuues , & les torrents. Ie nomme
riuieres les eaux qui coulent doucement, , & les fleuues celles qui vont plus
viste. Les torrents sont ceux qui se forment des pluyes & des neiges fonduës,
qui viennent des lieux eleués , & qui se iettent auec grande impetuosité & violence
au trauers des vallées, qui toutefois sont pour la pluspart nauigeables, principalement pour les petis bateaux, ou pour ces nasselles, qui sont faites de faisseaux ou
pacquets de roseaux liés ensemble. Mais, auant que de finir cette preface, il faut
que i'y descriue les deux plus nobles & fameuses riuieres de toute la haute Asie,

qui meritent bien que j'en traitte à part ; je leur donne ce rang, à cause de la longueur de leur cours , & de la grande quantité d'eaux qu'elles roulent.

J'ay raison de donner la preference à celle d'Yangçu Kiang, que les Chinois *Description de la riuiere d'Yangçu Kiang.*
par excellence nomment Kiang ; comme si vous disiez le fils de la mer. C'est cette
riuiere qui diuise & partage toute la Chine en Meridionalle & Septentrionalle :
dans son cours du Couchant vers l'Orient, elle prend des noms differens, selon la
diuersité des lieux & endroits par où elle passe. Le premier est Minkiang , nom
qu'elle tire des montagnes de Min où elle prend sa source; ces montagnes du costé
le plus occidental de la Prouince de Suchuen , s'auancent beaucoup vers l'occident, jusqu'à Sifan, autrement pays du Prete Ian; du costé du Septentrion, elles
commencent assez prés de la ville Capitale de Guei ; & cette riuiere qui en sort
passe de là auec grande impetuosité deuant les murs de cette ville ; & apres auoir
diuisé & partagé ses eaux, elle s'esten d(par maniere de dire)en diuerses branches,
& par les circuits & détours qu'elle prend , enuironne la plus grande partie de ce
pays , comme si c'estoit vne Isle. Proche de la Cité de Sincin elle change de nom,
& se nomme Takiang. Apres s'estant grossie de quantité de ruisseaux, qui ne sont
pas fort considerables, proche de la Cité de Sui , elle se décharge dans le fleuue
de Mahu. Prés de la Cité de Liucheu elle se nomme Liukiang. De là elle se va
rendre prés de la ville de Chungking , & prend le nom de ce grand fleuue de Pa,
apres s'y estre premieremēt déchargée. Puis ayant passé par la ville de Queicheu,
située dans la Prouince d'Huquang , elle reprend son premier nom de Takiang,
assez prés de la ville de Kingcheu. Iusques icy elle s'est jettée par les détours &
étrecissures des vallées , y entraînant vne fort grande quantité d'eaux , & souuent mesme au trauers de dangereux rochers, & d'horribles precipices, par où les
Chinois ne laissent pas de passer, les éuitant heureusement par le moyen de leur
industrie & de leur addresse.

Depuis Kingcheu elle coule plus doucement, de là elle passe au Nord du lac de
Tungting, apres l'auoir passé auec la capitale qui en est proche, elle entre dans la
Prouince de Kiangsi , où s'estant grossie & extremement enflée par les eaux du
lac de Pengsi ou de Poyang, elle prend le nom d'Yangçu Kiang. Cette riuiere est
douce & si tranquille depuis la ville de Kieukiang iusqu'à la mer Orientale, c'est
à dire plus de cent lieuës de chemin, qu'on y peut aller à la voile; ce qui est encores plus admirable : c'est que le flux & reflux de la mer donne jusque-là , la Lune estant nouuelle ou pleine ; & porte iusques sous les murs de cete ville les poissons de la mer: Cette riuiere a bien deux lieuës de large vers Kieukiang, de là
elle engraisse & arrouse la Prouince de Nanking , jusqu'à ce qu'apres auoir passé la ville de Kiangning, autrement Nanking , & celle de Chinkiang, elle se décharge dans la mer par vne grande emboucheure qu'elle s'est ouuerte: elle
se forme mesme dans cette emboucheure vne Isle, dans laquelle il y a vne Ville, auec vne fort grosse garnison & beaucoup de vaisseaux. Il y a quantité de
Villes & de Citez qui sont basties de chaque costé de cette riuiere , que nos Cartes
representeront cy-apres.

Le fleuue d'Hoang doit estre mis le second ; je le nomme saffrané ou jaune, (se- *La riuiere saffranée d'vne merueilleuse couleur.*
lon que le mot signifie en langage Chinois;) ce nom luy ayant esté imposé à cause
de sa couleur. Lors que ie le vis la premiere fois, ie creus que c'estoit vne marests,
mais l'impetuosité & la violence de ses eaux me fit bien-tost changer d'auis : car
son cours est si rapide , & descend auec tant d'impetuosité, qu'il n'est pas possible
d'y faire monter les Nauires, à moins d'y mettre deux fois autant de monde qu'on
n'a accoustumé d'en auoir : Il a en quelques endroits vne demie lieuë de l'argeur, & quelquefois d'auantage. Pour la longueur, il a bien prés de huit cent milles
& plus : Voicy comment les Chinois le décriuent. Le fleuue d'Hoang prend sa

C ij

fource d'vn lac entre les montagnes de Quenlun qui font au Midy ; ceux du pays appellent ce lac Otunlao. L'on voit les eaux de plus de cent fources qui le forment, on le nomme la mer de Singcieu , il a bien quatre-vingt ftades en quarré, les Chinois en ont diuerty l'eau par vn canal, qui forme vn autre lac, mais plus petit: au fortir du lac le fleuue d'Hoang va vers le Septentrion , puis fe tourne vn peu vers l'Orient, en fuite il paffe par la Prouince de Xenfi, où il prend fon chemin tout droit vers le Leuant : puis allant vers le Nord il paffe au delà les campagnes fablonneufes , ou les deferts de Xam , de là en fe tournant vers le Midy il rentre dans la Chine , & enfin il fe décharge dans la Mer dans la Prouince de Xantung : Et c'eft prefque tout ce qu'en dit l'Hiftorien Chinois. Ce fleuue eft donc le deuxiéme de la haute Afie pour fa grandeur & pour fa reputation; il fait de grands rauages apres eftre rentré dans la Chine , inondant d'ordinaire tous les pays qui en font proches , & le couurant de vafe & de limon. Pour moy i'eftime que les montagnes de Quenlun où il prend fa fource font les montagnes Amafiennes , & qu'elles ne font pas éloignées de la feconde ville royalle du grand Mogot , qu'on nomme Laor , ou bien du royaume de Tebet , mefme la fituation de ce pays m'oblige à croire que les riuieres de Siam & du Pegu, le Gange de Bangala, le Mefon des Laos, & l'Hiftor de Cambogia prennent leur fource dans ces montagnes : auffi ceux de la Chine affeurent que la plus part des grandes rivieres qui vont au Midy y prennent leur fource. Apres donc que le fleuve faffrané a traverfé & paffé ces grands pays de Sifan & de Tanyu, qui ne font aucunement fujets à ceux de la Chine, il fe rend enfin & rentre dans leur pays, proche de la ville de Lingao, affez pres de la cité de King dans la Prouince de Xenfi , du cofté où cette grande mura ille regarde l'Orient; car la riviere jaune court le long de la muraille, & apres avoir paffé à la hafte les deferts de ce cofté là & auoir couru l'efpace de mille ftades , elle reprend fon chemin vers le Midy, retourne & rentre dans la Chine par la porte de Se de la grande muraille , puis elle fepare les Provinces de Xenfi de celle Xanfi. De là elle entre dans la Province d'Honan, puis dans celle de Xantung, & fait vne grande partie de fon chemin par la Prouince de Kaignan , iufqu'à ce que toute trouble & bourbeufe qu'elle eft , elle fe plonge auec impetuofité dans la mer , proche de la ville d'Hoaignan. Elle auoit accoutumé de prendre autrefois fon cours par la Prouince de Peking & Xantung , mais les Chinois par leur induftrie & le trauail , en ont diuerti le cours , à caufe qu'elle couuroit entierement de grandes & larges campagnes lors qu'elle venoit à s'enfler : toutefois ils en ont conferué vn petit bras pour faire voir les anciennes traces de fon lit.

Son eau eft tellement pleine de limon qu'elle en eft toute iaune , & ne fçauroit eftre renduë claire en mille ans , au iugement des Chinois : c'eft pourquoy ceux de la Chine difent en commun prouerbe, quand la riuiere iaune fera claire , lors qu'ils veulent parler d'vne chofe fort difficile , ou impoffible. Ceux qui en boiuent la rendent claire en y iettant de l'alun; car lors qu'il s'eft diffous, le limon defcend au fonds du vaiffeau, dont la quatriéme partie fe trouue pleine d'vn limon fi fubtil & fi delié qu'on ne le fent prefque pas. Vous treuuerez dans les Cartes les autres grandes riuieres, defcrites chacune en particulier , auec ce qu'il y a de remarquable dans chaque ville. Vous y treuuerez auffi les lacs, les eftangs, les fontaines , les bras de mer, afin que par là, ceux de l'Europe ayent vne connoiffance generale de la Haute Afie.

I'ay fait cette defcription dans le bruit, il m'auoit fait oublier cette grande & fameufe muraille; dont ce qu'on a dit dans l'Europe eft fort confus. Elle ne renferme pas feulement vne Prouince , mais quatre : ce n'eft pas que ie n'aye toûjours creu qu'il falloit ofter quelque chofe de cette grande longueur qu'on luy donne

Ie ne treuue pas qu'elle ait plus de 300 lieuës d'Alemagne, dont il en en faut 15
pour faire vn degré ; car toute ſa longueur eſt depuis ce Golfe de la mer, dans lequel le fleuue d'Yalo, qui vient de la Tartarie Orientale, ſe deſcharge, iuſqu'aux
montagnes de la ville de Kin, proche des bords de la riuiere Saffranée, & il n'y a
point plus de vingt degrez ; c'eſt à dire trois cent lieuës d'Alemagne: encore que ce
qui ſemble luy manquer à cauſe de l'etreciſſure des paralleles, ſoit amplement
recompenſé par ſa courbeure & ſes détours. Cette muraille continue toûjours
ſans interruption, ſi ce n'eſt au Septentrion de la ville de Siuen de la Prouince de
Peking, où il y a vn petit eſpace qui eſt occupé de montagnes affreuſes, & inacceſſibles, qui ſont comme liées & attachées à cette muraille ; comme auſſi à Se
où elle reçoit le fleuue Iaune, & ailleurs, d'autres riuieres plus petites qui y
viennent des pays eſtrangers, ſur leſquelles il y a des arcades, qui forment vn
pont. A la reſerue donc de ces endroits, elle eſt par tout continuée, & eſt baſtie
preſque de meſme façon, non ſeulement dans les campagnes qu'on ne treuue gueres en ces quartiers, mais meſme dans les endroits où elle trauerſe, & paſſe au
haut des montagnes. Il y a de fort hautes tours deſpace en eſpace, auec des portes pour ſortir, & proche des chaſteaux fort bien munis & placez, pour deffendre
la muraille & loger les ſoldats, comme on le peut voir dans les cartes. L'Empereur de la Chine y a entretenu pres d'vn million de ſoldats, comme ils diſent.
Cette muraille a trente coudées Chinoiſes de hauteur ; ſa largeur eſt de douze &
& quelquefois de quinze. Ceux de la Chine nomment communement cette muraille Vanli Ching, c'eſt à dire la muraille de dix mille ſtades, entendans par ce
nombre, non la veritable longueur de la muraille, mais vne longueur exceſſiue
& prodigieuſe : car comme deux cent cinquante ſtades Chinoiſes font vn degré
de l'Equateur, ſa longueur feroit de quarante degrez, qui prennent bien plus d'eſpace que ne fait toute la Haute Aſie en longueur. Xius fondateur de la famille
Imperiale de Cina, fut celuy qui commença le premier cet ouurage, il égala ou
ſurpaſſa tous les Empereurs de la Chine, tant pour la grandeur des ouurrges &
baſtimens qu'il fit faire, que pour la reputation de ſes belles & grandes actions:
car apres auoir ruiné la famille de Cheua, & aſſujetty toute la Chine à ſon Empire, de petit Roy qu'il eſtoit il fut fait Empereur, il desfit les Tartares en pluſieurs
rencontres : & pour empecher qu'à l'auenir il n'entraſſent de force dans la Chine,
il fit baſtir cette grande muraille : Il commença cet ouurage apres auoir regné plus
plus de vingt & deux ans, l'an deux cent quinze auant la natiuité de Chriſt. Cet
ouurage fut tout acheué au bout de cinq ans, ayant employé vne infinité de monde à ce trauail : car il voulut que de dix hommes on en choiſiſt trois dans toute
la Chine. On commença cette entrepriſe en diuers endroits du royaume, &
elle fut acheuée auec vn grand ſoin & vne diligence incroyable au bout de
cinq ans. Ce baſtiment eſtoit ſi bien lié, ſi ferme & ſi ſolide, les pierres qui le
compoſent ſi bien taillées, qu'il y alloit de la vie pour ceux qui en auoient entre-
pris quelque partie, ſi on pouuoit faire entrer vn clou entre les ioints des pierres. Vers le Golfe de la mer, dans les eaux duquel elle eſt baſtie durant quelques ſtades ; les Chinois écriuent que pour en aſſeurer dauantage les fondemens,
on coula à fonds quantité de vaiſſeaux chargez de pierres & de fer, comme il ſort
de la mine. Ce fut ſur ces fondemens qu'on commençaà éleuer la muraille depuis le pays de Leaotung, de là elle s'auance vers Peking ; puis elle couure les
prouinces de Xanſi & de Xenſi, elle ne s'eſtend pas droit en ligne, mais biai-
ſe & tourne par fois ſelon la diuerſe ſituation des lieux.

Cet ouurage eſt grand, magnifique, & digne d'eſtre admiré de tout le monde,
pour auoir pû ſubſiſter iuſqu'à preſent contre les injures du temps, ſans qu'il en
ait ſouffert aucun dommage. Il ne me reſte plus rien à adiouſter icy, ſinon

quelque chofe qui femble deuoir apporter beaucoup de lumiere & d'eclair-
ciffement pour ce qui fuit.

Chronologie Chinoife.

La methode la plus courte, pour l'intelligence de la Chronologie Chinoife,
eft de fçauoir en quelle année ont regné les familles des Empereurs que nous
nommerons cy-apres. Premierement l'Empire de la haute Afie a efté electif,
& cette forme de gouuernement a continué fous fept Empereurs, depuis l'an
MM D CCC XLVII. auant la Natiuité de Chrift, jufqu'à l'an MM CC VII : & les
Chinois confeffent eux-mefmes que leurs Hiftoires ne contiennent rien de vray,
ny aucune certitude auant ce temps-là: depuis, la fucceffion a efté hereditaire.
Yvus le dernier Empereur, qui ait efté choifi par les Electeurs, fut celuy qui fonda
le premier la famille de Hiaa, elle commença l'an MM CC VII. & dura jufqu'à
l'an M D CC LXVI. Car cette mefme année la famille de Xunga occupa l'Empire, apres auoir ruïné celle d'Hiaa. La troifiéme fut celle de Cheua, qui, apres
auoir exterminé & détruit la precedente, commença l'an M C XXII. & regna fort
long-temps, fçauoir iufqu'à l'an CC XLVI. auant la naiffance de Iefus-Chrift. Ce
fut dans cette année que la famille de Cina prit commencement, elle ne tint
l'Empire que iufqu'à l'an CCVI. & fut fuivie de la famille d'Hana, dont les fucceffeurs regnerent iufqu'à l'an CC LXIV. apres la naiffance de Iefus-Chrift. En
fuite vint la famille de Cyna, qui dura iufqu'à l'an CCCC XIX.

Cinq Roys en ce mefme temps fe firent la guerre, qu'on nomma la guerre
des Vta'i, iufqu'à ce que quatre de ces Vta'i ayans efté défaits, le cinquiéme de la
famille de Tanga occupa le gouuernement, & fe faifit de l'Empire l'an du Seigneur D C XVIII. mais fort peu de temps apres, l'Empire fut diuifé & partagé en
diuerfes factions, dont on appella les principaux chefs du nom de Heutai. Enfin
l'an D CCCC XXIII. la famille de Sunga paruint à l'Empire de la Chine,
qu'elle conferua iufqu'à l'an M CC LXXVIII. auquel les Tartares la ruïnerent
de fonds en comble, s'eftás rendus maiftres de la plus grande partie du Royaume,
lors que cette famille eftoit dans fa fleur & dans fon luftre: ce qui verifie dans ce
rencontre, auffi bien qu'en tout autre, *Que la fortune des hommes ne tient qu'à vn pe-*
tit filet, & qu'il n'y a rien dans le monde plus affeuré que fon inconftance. Ce fut en
ce temps-là, & fur la fin de cette famille, que Marc Paul de Venife entra dans la Chine, & d'autres étrangers qui le precederent ou le fuiuirent, & auec les Tartares,
qui fonderent la famille d'Iuena, elle tint l'Empire iufqu'à l'an M CCC LXVIII.
que la famille de Ta'iminga commença à fe produire, apres auoir chafsé les Tartares; & c'eft cette famille dont nous auons veu la tragedie; les Tartares l'ayant
prefque ruïnée, ont commencé l'an M D C XLIV. d'appeller leur famille, la famille de Ta'icinga.

Comment ceux de la Chine mefu-rent.

Il faut encores expliquer les mefures Chinoifes. I'ay dit cy-deffus que les Chinois reprefentent la Chine comme quarrée; & en cela ils ne fe trompent pas beaucoup. Parce donc qu'ils ignoroient qu'il y euft d'autre pays que celuy de la Chine,
ils ont creu que la terre deuoit eftre quarrée, & le Ciel rond. De là vient que dans

Voyez la fi-gure du che ou de la coudée Chinoife dans la Carte de la Chine.

la Chine on ne mefure que par quarrez: ainfi auoit-on accouftumé anciennement
de diuifer tout le pays en de tres-petits quarrez, pour amaffer le tribut du Roy
auec plus de facilité, & les payfans en femoient & cultiuoient de neuf vn pour le
Roy : Or leur mefure & arpentage differe peu de la façon de mefurer de Strabon,
de Mela, de Pline, & de Solin. Nous diuifons noftre chemin en pas, & en miles, &

Diuerfes me-fures.

eux en Pú, Chang, Li, P'u, & C'an.

Ly eft la plus petite mefure, il en faut dix pour faire vn Fuen, dix Fuen pour
faire vn ç'un, dix de ces derniers pour vn Ch'e, dix Ch'e pour vn Ch'am, fix Ch'e
pour faire vn púú. CCC LX. púú feront vn Li, & dix Li vn p'u, & huit p'u ou LXXX.
Li vn ç'an : or ces noms & termes Chinois s'accordent fi bien auec ceux de noftre

daïs, que nous nous feruirons cy-apres.

C'an eft vne iournée de chemin, autant que ceux de la Chine en peuuent faire commodement en vn iour.

Peu nous l'appellerons vne pierre, ou colonne Milliaire; car auffi en dreffe-t'on dans toute la Chine (comme autrefois les Romains leurs colonnes Milliares) où ils marquoient la diftance des lieux.

Par Li i'entens vne ftade, encor qu'il en faffe deux des noftres à peu pres.

Che eft vne coudée, Pú ú vn pas, car c'eft ce qu'il fignifie en Chinois. I'appelleray Ch'am vne perche qui a dix coudées, ou bien vn pas & quatre coudées. Quant aux autres mefures, elles ne font pas neceffaires en cet ouurage.

Mais pour donner vne mefure à vn degré de l'Equateur, ie treuue qu'il réponderoit à 90000. Pú ú ou pas Chinois : a Li ou ftade Chinoife eftant de 360. pas, il faudra 250. ftades pour vn degré, & les 15. ftades feront fix miles d'Italie; car vn mile d'Italie contient 4. ftades & ½ : & parce qu'vn pas contient fix ché ou coudées, vn degré aura 540000. coudées; & vn ftade 2160 coudées, ou 216 perches. *Quelle grandeur a vn degré.*

La carte de la Chine, dont ceux du païs fe feruent dans leurs voyages, reprefentée par ftades, ie n'entens pas cette carte exacte & particuliere, qui marque comment vn lieu gift auec l'autre, mais feulement celle qui fait voir quelle diftance il y a d'vne ville capitale à vne autre, auec les noms des villes. Or cette diftance fe voit dans la table fuiuante, dans les premiers quarés.

	Pe-king.	Kiang-ning.	Hang-cheu.	Hu-quang.	Xan-tung.	Xan-fi.	Ho-nan.	Su-chuen.	Fo-kien.	Quang-tung.	Quang-fi.	Xen-fi.	Kiang-fi.	Yun-nan.	Quei-cheu.
Pe-king.	0	2425	3340	2527	925	1230	1315	4730	5220	5545	5015	2390	2980	5570	4730
Kiang-ning.	2425	0	920	1630	1783	2270	1115	4560	2795	4555	4117	2355	1594	5035	4000
Hang-cheu.	3340	920	0	1325	2700	1390	1025	3960	1870	3675	3750	3270	1170	4590	3550
Hu-quang.	2527	1630	1325	0	1750	2100	1212	3860	2025	1980	2487	2015	635	3040	2000
Xan-tung.	925	1783	2700	1750	0	1730	980	4210	4150	4980	4250	3320	3077	5240	4200
Xan-fi.	1230	2270	3190	2100	1730	0	1155	2675	5260	5230	4380	1890	3660	5140	4100
Ho-nan.	1315	1115	1025	1212	980	1155	0	3325	4420	4210	3700	1240	2520	4310	3270
Su-chuen.	4730	4580	3960	3860	4210	2675	3320	0	4883	4035	3100	2350	3415	2170	1130
Fo-kien.	5220	2795	1870	2025	4150	5260	4420	4883	0	1420	3460	5109	1790	5130	4640
Quang-tung.	5545	4555	3675	1980	4980	5230	4210	4035	1420	0	1230	4810	2560	3570	1160
Quang-fi.	5015	4117	3750	2487	4250	4380	3700	3100	3460	1230	0	3750	2515	3380	2350
Xen-fi.	2390	2355	3270	2015	3320	1890	1240	2350	5100	4810	3750	0	3760	3810	2810
Kiang-fi.	2980	1594	1170	635	3077	3660	2520	3415	1790	2560	2515	3760	0	3990	2950
Yun-nan.	5570	5035	4590	3040	5240	5140	4310	2170	5130	3570	3380	3810	3990	0	1040
Quei-cheu.	4730	4000	3550	2000	4200	4100	3270	1130	4640	1160	2350	2810	2950	1040	0

La Prononcia-
tion des mots.

Quant à la vraye prononciation des noms, il faut remarquer que tout ce qui
est escrit par che, estre prononcé comme les Italiens prononcent le c deuant la
voiele i ou e. De mesme cette ç auec la virgule deffous, doit estre prononcée
comme la zediglia des Espagnols, ou comme le z des Italiens. Partout où vous
verrez cette marque ᶜ elle marque l'afpiration des Grecs, qu'ils nomment fpiritas
afper. I'efcris par fois des mots par vn j confone, qu'il faudra prononcer comme
les Italiens leur Gi & Ge, & ceux qui font efcrits par K, il les faudra exprimer
comme les Italiens font leur Che & Chi, comme s'il y auoit Quæ & Qui. Le refte
fe doit prononcer comme il eft efcrit. Et quoy que vous rencontriez fouuent le
mefme nom, fi eft-ce pourtant qu'il a des fignifications & des caracteres bien differents : car les Chinois ont grand nombre de caracteres, & peu de mots, & entres
ceux là plufieurs qui fe reffemblent fort en la maniere dont on les prononce. Il y en
a beaucoup que i'efcris par ng, que d'autres ont efcrit par M, comme Peking, auprés
de quelques-vns Pekim : mais comme l'm en chaque fillabe doit eftre prononcée à
bouche ouuerte, comme les Portuguais ont accoûtumé de la pronocer, auffi ay-ie
voulu y adjoûter le ng, pour exprimer d'autant mieux la prononciation Chinoife.

Mais, parce que ie remarque fous quelle conftellation chaque païs eft placé, il
m'a femblé à propos de mettre icy les noms & les longitudes des 28. conftellations
Chinoifes, auec la marque des planetes, de la nature defquelles on dit qu'elles peuuent eftre, ce qui s'acorde parfaitement auec noftre cicle folaire : Or ie mets ces
longitudes felon qu'elles furent corrigées l'an M D C XXVIII. auquel il fut arrefté
qu'on corrigeroit le Calendrier Chinois, & que l'on en établiroit à l'epoque la
premiere année de l'Empereur Cungchinius, qui commanda aux Peres de noftre
Societé de trauailler à cette correction : Ce qui s'acheua fous fon regne.

Il ne me refte qu'à décrire fuccintement les païs qui touchent à l'Empire de
la Chine. Voyons ce qu'en difent les Geographes Chinois : car, pour ce qui eft du
Iapon de la Corea & de Laotung, i'en traiteray dans la carte particuliere de chacun de ces païs.

Le Nom.		La Longit.		Le degré.		Les fig.
Ki'o.	♃	198 :	39	18 :	39	♎
Ka'ng.	♀	209 :	14	29 :	14	♎
Ti.	♄	219 :	54	9 :	54	
Fang.	☉	237 :	48	27 :	48	♏
Sin.	☾	242 :	34	2 :	34	♐
Vi.	♂	250 :	7	20 :	7	♐
Ki.	♀	265 :	43	25 :	43	♐
Teu.	♃	275 :	3	5 :	3	♑
Nieu.	♀	298 :	54	28 :	54	♑
Niu.	♄	306 :	33	7 :	33	♒
Hiu.	☉	318 :	14	18 :	14	
Guei.	☾	328 :	13	28 :	13	♒
Xe.	♂	438 :	20	18 :	20	♓
Pi.	☿	4 .	1	4 :	1	♈

Le Nom.		La Longit.		Le degré.		Les fig.
Quei.	♃	15 :	32	15 :	32	♈
Leu.	♀	28 :	46	28 :	46	♈
Guey.	♄	41 :	46	11 :	46	♉
Mao.	☉	53 :	37	23 :	37	♉
Pie.	☾	63 :	16	3 :	16	♊
Sang.	♂	74 :	14	17 :	14	♊
çu.	☿	78 :	35	18 :	35	♊
Cing.	♃	90 :	8	0 :	8	♋
Qu'ei.	☿	120 :	33	0 :	33	♌
Lieu.	♄	125 :	9	5 :	9	♌
Sing.	☉	141 :	9	22 :	9	♌
Chang.	☾	150 :	32	0 :	32	♍
Ye.	♂	168 :	36	18 :	36	♍
Chin.	☿	185 :	36	5 :	36	♎

DE LA TARTARIE ORIENTALE.

E premier Royaume qu'on rencôtre eſt celuy de Niuche, que l'on peut *La Tartarie* dire auoir eſté juſqu'à preſent inconnu à ceux de l'Europe. Voicy ce *Orientale.* qu'en dit le Geographe Chinois : Ce Royaume au couchant eſt borné par les terres de Kilangho; au Midy il touche à la Corea, & ſe nommoit jadis Soxin, alors il ne comprenoit ſeulement que le pays qui eſt ſitué le long de la riuiere de Quentung, qui tire vers l'Orient, & vers Caiyven au Septentrion. Ce peuple a eſté appellé Kin. La famille d'Hana nomma ce pays Yeleu, & le Roy de Guei, Hoekie. Sous la famille de Tanga on luy donna le nom de Vico, ſous la famille de Taiminga on y baſtit quelques forts, & on l'appella Niuche, & ce Royaume luy paya tribut durant quelques années. Voila ce qu'il dit de la ſituation & du nom. Quant aux mœurs, voicy ce qu'il en écrit : ils habitent, dit-il, en des cauernes ſous terre, s'habillent de peaux de beſtes, ſe plaiſent extrémément à exercer leur force, approuuent le larcin & les rapines, & mangent la chair toute cruë, font vn certain breuuage ou biere de millet pilé, qu'ils mélent & dé-trempent auec de l'eau. Les arts auſquels ils s'addonnent ſont, tirer de l'arc auec dexterité & addreſſe, de chaſſer; il y a bien des ſortes de ces Barbares, auſſi ont-ils des mœurs & des façons de faire bien differentes : voila ce qu'en dit l'Hiſto-rien Chinois fort ſuccintement. Mais nous l'expliquerons vn peu plus amplement; & bien que j'auoüe & confeſſe ingenuëment n'auoir iamais veu ces pays, toutefois j'adjoûteray quelque choſe à ſa Relation auec autant de ſoin & d'exactitude qu'il me ſera poſſible, l'ayant tiré des cartes de la Chine, & des narrations que m'en ont fait les Tartares meſmes, auec qui j'ay ſouuent conuerſé eſtant dans la Chine.

L'Antiquité de la Tartarie Orientale paroiſt premierement en ce qu'il en eſt *Antiquité de* fait mention ſous la famille d'Hana, c c v i ans auant la natiuité de Noſtre Sei- *la Tartarie.* gneur, & qu'elle continuë, bien que ſous diuers noms, ſelon la coûtume des Chi-nois. On nomme ce peuple *Kin*, c'eſt à dire de l'or : on les appelle auſſi communé- *En vn autre* ment les Seigneurs des montagnes d'or, parce qu'on eſtime que ce pays en eſt *endroit il dit* tres-riche & tres-abondant. Les bornes de cette Tartarie ſont au Septentrion & au *qu'il y a qua-* Nord-eſt, Niulhan, autre Royaume de Tartarie; au leuant celuy d'Yúpi qui *tre mille ans* en eſt vn autre, & qui eſt borné d'vne mer qui paſſe entre le Iapon & la Tartarie *qu'ils ſont* Orientale; au Midy elle touche à la peninſule de Corea, qui eſt proche du pays *ſoumis aux* de Leaotung, dont Niuche eſt ſeparé par la grande montagne. Ses limites au Cou- *Chinois, par* chant ſont le grand fleuue de Linhoang, qui paſſe entre ce Royaume de Tartarie *les guerres* & les terres de Kilangho. *qu'ils leur ont* *faites.*

Entre tous les Tartares, ceux-cy ont touſiours eſté les ennemis capitaux de la *Les Tartares* Chine, ils y entrerent ſous la famille Imperatrice de Sunga, défirent les Chinois *ennemis des* en diuerſes rencontres; de ſorte que les Empereurs meſmes furent contraints de *Chinois, &* quitter & abandonner les Prouinces du Septentrion, pour ſe retirer dans celles du *depuis quãd.* Midy, les Tartares s'eſtans rendus maiſtres des Prouinces de Leaotung, de Pe-cheli, Xanſi, Xenſi & de Xantung, auroient ſans doute aiſément ſubjugué tout l'Empire, ſi les Tartares de Samahania leurs voiſins, n'euſſent point eſté ja-loux & enuieux de leurs conqueſtes; ceux-cy qui auoient deſia conquis vne gran-de partie des Etats de l'Aſie, entrerent par les Prouinces du Midy & par les plus Occidentales de la Chine, pour leur faire vne rude & furieuſe guerre; ils les chaſ-ſerent finalement hors de l'Empire, & ſe rendirent maiſtres de la plus grande par-tie de la Tartarie Orientale; c'eſt de cette guerre que traite Marco Polo de Veniſe; apres donc auoir liuré pluſieurs ſignalés combats aux Empereurs Chinois, qui s'é-

C D

toient retirez au Midy, ils eurent l'Empire tout entier pour le prix & pour recompenſe de leurs victoires, & fonderent la famille d'Iuena enuiron l'an mille deux cent ſeptante & neuf ans ; mais nous en parlerons plus amplement lorsque nous traiterons du Catay & du Mangin.

Ce ſont ces Tartares de Kin, qui depuis peu ſe ſont rendus maiſtres de la plus grande partie de l'Empire, iay veu toute cette tragedie de mes propres yeux. Celuy qui voudra ſçauoir la ſuite de cette guerre, qu'il prenne la peine de lire mon petit Abregé de la guerre de Tartarie, où j'explique ce qu'on dit, que les Tartares auoient accoûtumé de payer tribut à l'Empire de la Chine, auec les raiſons qu'ils ont eu de ſe reuolter & de faire la guerre. Mais parlons de leurs mœurs & façons de faire.

Habitations des Tartares. Ce que les Autheurs Chinois raportent, que les Tartares habitent en des cauernes ſous terre, fait aſſez voir la haine que ceux de la Chine portent à cette nation : car ils ne demeurent point dans des cauernes, mais bien ſous des pauillons. Pour moy, ie les ay veu auoir des meilleures tentes que i'aye veuës en aucun autre droit : elles ſont faites d'étoffe de ſoye, cirée d'vn beau luſtre : d'autres les ont de peaux, qu'ils tendent & détendent en vn inſtant : quand ils les éleuent ſur terre vn peu plus haut qu'à l'ordinaire, elles ſemblent eſtre comme ſuſpenduës en l'air, ils les enuironnent tout autour d'vn ret fait de groſſes cordes, à la hauteur de cinq ou ſix pieds, l'arreſtant & retenant auec de petits piquets, de meſme façon que les bergers d'Italie aſſeurent leurs logettes. Et pour empeſcher que ce ret ne paroiſſe, ils le couurent de tapis, comme auſſi la terre ſur laquelle ils s'aſſiſent, ils mangent les jambes croiſées, ſans ſe ſeruir de ſieges ; mais ſeulement de petites tables fort baſſes & ſimples, on s'aſſied de la ſorte preſque dans toute l'Aſie, ſi ce n'eſt dans la Chine, où on a des ſieges fort hauts & parfaitement bien trauaillez, & meſme des tables qui n'en doiuent rien à celles de l'Europe ; de façon qu'il ſemble à preſent que la pluſpart de nos coûtumes & façons de viure ſoient venuës des peuples de la Haute Aſie : car ceux de la Chine croyent, que c'eſt vne choſe incommode & deshonneſte de s'aſſeoir à terre, & de manger ſans table, que cela tient du barbare. Les grands Seigneurs ont d'autres tentes pour leurs femmes, pour leurs enfans, pour leurs valets, & pour la cuiſine, qui ſont ſi communes & ſi bien ordonnées, qu'on les prendroit pour vne maiſon : ie ne ſçay ſi ces cent vingt & quatre Citez ou Forts (qui furent baſtis ſous la famille d'Iuena) ſont encore dans la Tartarie ou non, ie n'ay pû m'en éclaircir : toutefois ie leur ay ouy dire, qu'ils ne manquoient pas de petites maiſons, entourées de murailles de terre, qu'on bâtiſſoit pour les payſans & pour les vieillards, qui ne s'éloignent pas beaucoup de leurs maiſons. Le nom auſſi que ces Tartares ſe donnent, me fait croire que Muoncheu eſt quelque grande Ville : car lors qu'on leur demande d'où ils ſont, ils répondent pour la pluſpart qu'ils ſont de Muoncheu, & diſent que c'eſt la plus grande place de tout le Royaume : c'eſt pourquoy ceux de la Chine les appellent communément Muoncheugin, c'eſt à dire, hommes de Muoncheu. Au reſte, les Tartares ont des Citez mobiles, errent auec tout leur beſtail & leurs familles entieres, & changent de paſturage ſelon l'occaſion, comme nous le venons de dire des Tartares Occidentaux.

Habits des Tartares. Ils s'habillent d'ordinaire de peaux, mais ils ne laiſſent pas d'auoir des habits de ſoye & de coton, qu'ils achetent de ceux de la Chine, ou qu'ils échangent auec des peaux de loups, d'ours, de renards, de caſtors, de loutres, de martes, de ſouris de Moſcouie, que nous appellons communément martes Zibellines, & d'autres tels animaux. Leurs habits ſont fort longs, & deſcendent juſqu'aux talons, les manches eſtroites, qui finiſſent en forme de la corne d'vn cheual. Ils ſe lient d'vne ceinture vn peu large, & ont vn mouchoir à chaque coſté pour s'eſſuyer

les mains & le visage : ont aussi vn couteau qui pend à leur costé, auec deux bourses, dans lesquelles ils ont du tabac qu'ils ayment beaucoup. Ils reçoiuent les é-
trangers en leur offrant du tabac, & les valets apportent autant de pipes allumées
qu'il y a d'hostes. La vertu, ou plustost le vice de cette herbe, a desia penetré par
tout le monde, où l'vsage n'en est que trop familier & ordinaire. Ils portent leur
cimeterre du costé gauche, & prennent la poignée qui se leue trop par derriere :
c'est pourquoy, lors qu'ils vont à cheual, ils peuuent facilement tirer leur
épée de la main droite, sans y employer la gauche. Leurs bottes sont faites de
soye, mais pour la plufpart de peau de cheual courroyée ; ils ne se seruent point d'é-
perons. La coiffure qu'ils ont leur sied bien. Leur bonnet est rond & bas, lié tout
autour d'vne bande de fourure fort riche. Cette peau leur garantit la teste du
froid. En esté ils portent vn bonnet qui est fait de jonc ou de paille. Par dessus la
bande de peau, il y a vne fine toile de lin rouge, qui enuironne & va tout autour
du bonnet, ou bien du crin de cheual noir, ou teint en vn beau rouge.

Ils ressemblent assez aux Chinois. Leur couleur tire sur le blanc, leur taille ra-
massée & quarrée. Ils ne sont pas grands parleurs ; & pour leurs autres mœurs &
façons de faire, ils ne ressemblent pas mal aux Tartares qui sont dans nostre voisinage ; si ce n'est qu'ils semblent vn peu plus adoucis & ciuilisez, peut-estre à cause
du voisinage de la Chine.

Pour ce qui est de leur force, ce que les Chinois en disent est veritable, lors
qu'ils se comparent à eux : mais si vous les considerez absolument & en general,
vous trouuerez que tout y est Asiatique, & qu'ils ne meritent point d'estre mis
en comparaison auec ceux de l'Europe, encore qu'ils soient plus soldats que les
Chinois ; car la plufpart se nourrissent & s'enduiciffent à la fatigue dés leur bas
âge. La terre leur sert de lict, sur laquelle ils mettent le mesme tapis dont ils parent
& couurent leur selles. La premiere viande qu'ils rencontrent leur est vne bonne
nourriture. Leur manger est ordinairement de la chair, ils ne haïssent pas celle
qui n'est qu'à demy boüillie & rostie. Ils tuent des cheuaux & des chameaux pour
les manger. Ils s'adonnent & se plaisent extremément à la chasse. Ils ont aussi
d'excellens vautours, & de fort bons chiens de chasse. Ils sçauent parfaitement
bien tirer de l'arc, à cause qu'ils s'y exercent dés leur jeunesse. Ils sont grands
larrons. Ils ont des casques de fer tout semblables aux nostres, à la reserue de la
partie qui couure le visage. Leur cuirasses ne sont pas faites toute d'vne piece,
mais de plusieurs attachées auec de petits cloux de fer, de sorte que cela fait
grand bruit lors que la caualerie marche. C'est vne chose estrange, qu'il n'y ait
personne parmy eux qui sçache ferrer les cheuaux, quoy qu'ils soient presque toujours à cheual, & que toutes leurs forces consistent en caualerie.

De Religion, ils n'en ont presque aucune : ils ont en horreur le Mahometisme,
ont mauuaise opinion des Turcs, qu'ils appellent Hoei Hoei. Peut-estre que
leur haine est venuë de ce que les Turcs aiderent autrefois à ceux de la Chine à
les chasser ; ce qui arriua sous le regne du Fondateur de la famille de Taiminga,
lors que les Chrestiens, & les Nestoriens principalement, prirent le party des
Tartares. Mais nous aurons occasion d'en parler dans vn autre endroit. Toutefois, il y a de l'apparence qu'ils ont tiré des Sacrificateurs des Indes, quelques ceremonies, ou plustost superstitions : car ils ont des Sacrificateurs qu'ils nomment
Lamas, qu'ils ayment & respectent. De plus, ils brûlent les corps morts (ce qui
est familier & ordinaire dans les Indes) & jettent dans le mesme buscher les femmes, seruiteurs, cheuaux & armes du deffunt ; ils contestent estre fort en peine
de ce qui leur arriuera apres la mort. Ils reçoiuent & embrassent la Religion
Chrestienne auec grande facilité, & il y en a mesme desia plusieurs qui en sont
profession. Qui est celuy qui pourra nier que le Ciel ne leur ait ouuert le chemin

de la Chine , pour y trouuer la veritable religion : C'eſt ainſi que la Prouidence
diuine permit autrefois que Rome , la maîtreſſe des nations , fut priſe & ruinée
par des Barbares, afin d'enſeigner les principes & fondemens de la religion Chrétienne aux Goths & aux Vandales , & pour les illuminer en ſuite de la veritable lumiere de l'Euangile.

La langue de ce peuple eſt aisée ; elle ſemble auoir quelque affinité auec celle des
Perſes. Il y a des caracteres qui reſſemblent à quelques vnes des lettres Arabes.
En liſant ils commencent du haut de la page , & finiſſent au bas, comme ceux de la
Chine , continuans de la droite à la gauche comme les Hebreux & les Arabes ; ce
qui eſt auſſi commun à ceux de la Chine. Leur Alphabet eſt tout autre que celuy
des Chinois, leurs lettres (quoy que differentes pour la figure) ont le meſme
ſon & la meſme prononciation que les noſtres, ſçauoir A. B. C. ils ſe vantent d'a-
uoir plus de ſoixante lettres au lieu de vingt-quatre ; à cauſe qu'ils font vne lettre
d'vne voyelle & d'vne conſonne iointes enſemble , & les proferent comme ba ,
be , &c.

Les Chinois écriuent qu'on treuue des rubis , & de fort belles perles dans cette
Tartarie : peut-eſtre les peſchent-ils dans cette mer qui eſt entre la Tartarie & le
Iapon ; ils adjoûtent qu'on y voit vn poiſſon qui eſt vache,plus grande que ne ſont
les noſtres , & qui a d'ordinaire vn cham ou perche de long , toutefois ſans écailles
ny cornes. Ie croirois que ce poiſſon eſt le meſme que celuy dont le R.P. Chriſto-
phle d'Acunha fait la deſcription fort ample , lors qu'il traite de la riuiere des
Amazones, qu'il a veuë toute entiere. Cette hiſtoire eſt imprimée en Eſpagnol
à Madrid l'an M D C X L, dans laquelle il nomme ce poiſſon *Peſce Buei*. Il y a auſſi
en Tartarie vne ſorte de vautour nommé Haitungcing , plus petit que les autres ;
mais qui oſe attaquer des oyes ſauuages.

La plus grande montagne qu'on treuue dans cette Tartarie eſt celle de Kin,c'eſt
à dire , la montagne d'or ; peut-eſtre que c'eſt de là que ce peuple a tiré ſon nom.
Cette montagne a deux branches, l'Orientale & l'Occidentale, qui s'étendent fort
au long vers le Septentrion, comme les Alpes ou le mont Apennin en Italie ; l'autre montagne eſt fort haute , ſe nomme Chang-pe , & a bien mille ſtades. Ils ont
vn lac de quatre-vingt ſtades , d'où ſortent deux fleuues , l'vn qui va vers le Midy
& ſe nomme Yalo , & l'autre Quenthung , qui tire vers le Nord. La riuiere de
Sunghoa prend ſa ſource dans cette montagne , & peu de temps apres meſle ſes
eaux auec celles du fleuue de Quenthung. Ainſi mêlez , ils ſe tournent vn peu
vers l'Orient , & ſe déchargent apres dans la mer Orientale.

DV ROYAVME DE NIVLHAN,
& d'Yeço ou de Ieſſo.

E Royaume de Niulhan eſt dans la Tartarie ; mais il ne laiſſe
pas d'eſtre vne dépendance de celuy de Niuche , & proprement la
partie de ce Royaume qui regarde vers le Nord-eſt & le Nord.
Les Tartares Yupiens qui ne ſont pas loin de la mer , en ſont proches; on les nomme ainſi, parce qu'ils ſe font des caſques & des cor-
ſelets de peaux de poiſſons tres-dures & tres-fortes. Plus loin il y a vne terre ferme de grande eſtenduë, que les Chinois appellent Yeço , qui eſt ſans doute la meſme que celle qu'on nomme d'ordinaire Ieſſo, dans laquelle ils aſſurent qu'il y a vn
grand lac appellé Pe.

Maffeo , vn de noſtre ſocieté , en fait cette deſcription au 4. liure de ſes epiſtres,

qu'il a prife mot pour mot des hiftoriens Chinois. Il y a vn pays de fort grande
eftenduë plein d'hommes fauuages, qui touchent au Iapon du cofté du Nord, éloigné de 300. lieües de Meaco, felon les autres de deux cent cinquante-quatre milles :
ceux d'Yeffo s'habillent de peaux de beftes, ont le corps tout velu, la barbe fort
grande & des mouftaches, qu'ils releuent auec vn pieu lors qu'ils veulent boire :
Cette nation eft fort afpre au vin, belliqueufe & redoutable aux Iaponois : ils la-
uent leurs playes d'eau falée lors qu'ils font bleffez au combat, & c'eft le feul remede qu'ils ayent : on dit qu'ils portent fur leur poitrine vn miroir de cuiure, capable de refifter aux coups de fleches ; & que les plus riches entre les Tartares en portent, ils attachent leur épée à leur tefte, la poignée pend fur leurs épaules :
Ils n'ont aucune ceremonie, fi ce n'eft celle d'adorer le Ciel, &c. Plufieurs font en
difpute pour fçauoir fi cette terre de Ieffo (que ie nomme ainfi auec ceux de l'Europe, laiffant le nom d'Yeço que les Chinois luy donnent) eft vne ifle ou vn continent : mais fi nous en voulons croire les Chinois, c'eft veritablement vne partie
de la Tartarie deferte, qui tient à Niulhan & aux Yupfi, auec qui elle fait vn mefme
continent ; que le Iapon eft vne ifle, puis qu'il y a vn bras de mer qui le fepare de Ieffo : Quant à moy, ie tiens ma parole de ne rien affurer quand les chofes
font douteufes, & ie renuoye le lecteur à ma carte, dans laquelle i'ay reprefenté
celle du Iapon que i'ay rapportée de la Chine.

De plus, on voit par les écrits des Chinois que par delà le pays de Leaotung, il
y a des terres au Nord-Eft vers le continent, qui ont fix mille ftades, c'eft à dire
pres de vingt-quatre degrez, par où l'on voit qu'il y a de tres-grandes étenduës de
pays iufqu'au détroit d'Anian, qui doit eftre proche de Quivira : ie n'oferois pourtant affurer ce détroit, ce que i'en dis en l'abregé des hiftoires femble eftre veritab-
ble. Si Dieu permet que ie retourne vn iour fain & fauf dans la Chine, auec
ceux de la focieté, qui ont deffein de porter la lumiere de l'Euangile dans *Leurs mœurs*
les terres les plus inconnuës de la plus Haute Afie & de la Tartarie, il fe *& façon de*
pourra aifément faire qu'auec cette occafion nous mettrons auffi cette hiftoire *viure.*
au iour, pour la plus grande perfection de la Geographie : ce que pourtant nous
n'eftimons que fort peu ou rien du tout, au prix de l'efperance du falut des ames
de ces peuples.

DV ROYAVME DE TANYV.

Aiffons l'Orient, & paffons vn peu vers l'Occident où eft ce grand &
puiffant royaume des Tartares Orientaux, qui commence au couchant de la riuiere de Quenthung, & occupe cette grande plaine qui eft
entre les deferts & les folitudes fabloneufes & arides de Xamo ; ce
royaume s'étend mefme au delà du defert iufques vers la vieille Tartarie, que les
Chinois appellent Samahania : ils nomment cet étenduë de pays que nous venons de dire Tata, corrompant le mot à caufe de l'R, lettre que les Chinois n'ont
point dans leur Alphabet. M. Polo Venitien femble auoir connu cette nation,
quand il l'a appellé Tangu, changeant tant foit peu le nom. Les Chinois écriuent que ce peuple eft vn peu plus humain que ne font les Tartares d'Orient ;
il femble qu'il foit tres-ancien, parce qu'il en eft fait mention dans les hiftoires du
temps des premiers Empereurs de la Chine, comme de gens qui leur ont fouuent
bien taillé de la befogne ; neantmoins ils ont efté fouuent vaincus par les Empereurs de la Chine qui ont enuoyé des colonies dans leur pays, comme ie le fay voir

auec plus de foin dans mon abregé : de là vient peut-eftre que leur façon de viure
eft plus polie & plus douce que celle des autres Tartares : voicy ce qu'en dit noftre
hiftorien Chinois. Il y en a eu de diuerfes fortes, & felon les differentes familles
de ceux qui ont tenu l'Empire, auffi ont-ils eu des noms differens. Hiaa, la premiere famille qui a regné les a nommez Hiuncho, celle de Cheua, Hienyun : la
famille de Cina & de Hana les ont appellez Hiungnu : enfuite ils ont eu diuers

Les anciens noms. noms felon les differens Roys, fous la famille de Tanga ils ont efté nommez Tho-
xiúe, & Kicheu fous celle de Sunga. Ces Tartares furent fubjuguez au mefme
temps que la famille de Hana prit fin, & furent entierement défaits par le Roy
Viion : Le rebelle Queijú fort peu de temps apres les défit prefque à platte coutu-
re : en fuite le royaume vint à ceux de Tho Kve : en ce temps-là ils fouffrirent
beaucoup de ceux de la maifon de Tanga, qui les fubjuguerent enfin : mais le Roy
de la Tartarie plus occidentale en ayant chaffé les Chinois, fes fucceffeurs leur ay-
derent fous la famille de Sunga à s'emparer de l'Empire de la Chine, d'eux eft fortie la famille d'Ivena, celle de Sunga ayant efté tout à fait éteinte l'an M CC LXXVIII
apres la naiffance de Chrift : cette famille d'Ivena a gouuerné affez paifiblement
l'Empire de la Chine durant quatre-vingt dix ans ; neuf Empereurs de la Chine,
Tartares de naiffance, en font fortis par vne fucceffion continuë ; mais ils en furent chaffez peu de temps apres par Hunguvus, & la Chine deliurée de leur iou g
l'an de Chrift, M CCC LXVIII, auquel la famille de Thaiminga tint l'Empire,
dont nous parlerons plus amplement ailleurs. Les Chinois décriuent les mœurs
des Tartares de cette forte : Ils vont çà & là auec leurs troupeaux cherchans de

Leur mœurs. l'eau & des pafturages, s'habillent de peaux des beftes, & font leurs logetes auec des
tapis : ils ne pardonnent ny à leur pere ny à leur frere quand ils font en colere : ils
brulent les corps morts : quand ils portent leurs morts au bûcher ils chantent &
fautent, accompagnez de tous leurs amis : d'autres entre eux pendent les corps aux
arbres, & les y laiffent trois ans durant, & puis en brûlent les os. Voila ce qu'en
difent les hiftoriens de la Chine, à quoy ie n'ay rien à ajouter.

I N eft vne montagne, où les Tartares reçeurent autrefois vne grande deffaite
fous l'Empereur Hiaouvu, de la famille de Hana, car ils y perdirent leur Roy &

*Les monta-
gnes les plus
remarqua-
bles.* les premiers du Royaume : ils ont mefmes à prefent accoutumé de pleurer & de
foupirer quand ils paffent cette montagne, comme touchez de compaffion du mal-
heur de leur compatriotes. Lankiufiu eft vne autre montagne, fur laquelle foixante & dix mille Tartares furent pris tous en vie par l'armée des Chinois, lors
qu'ils eftoient encor fous l'obeïffance de la famille de Hana. Iengen s'appelle la
montagne des feftins, parce que Hiaovus y regala fes foldats, apres que le Capitaine du charroy & le General de fa Caualerie eurent pour la troifiéme fois remporté fur les Tartares vne tres grande victoire : là mefme eft la montagne de Ki-
núi. Ie ne treuue point d'autres riuieres que celles qui fe voyent dans la carte.

Il y a de fort grands moutons dans cette Tartarie, dont la chair eft tres-excellente, & la queuë fi groffe qu'elle pefe fouuent plufieurs liures. Il y a beaucoup

Le beftail. de bons & forts cheuaux, encore qu'ils ayent la corne du pied fort étroite, la
tefte petite & courte ; ce qui eft commun à prefque tous les cheuaux de Tartarie,
qui à la verité furpaffent tous les autres à la courfe & en viteffe. Il y a grand' abondance de Chameaux, & d'autres animaux : l'ay remarqué parmy ces peuples deux
chofes qui m'ont femblé admirables ; la premiere, ce petit inftrument de
fer, ou vne languette d'acier repliée, venant à eftre touchée des deux lévres &
du doigt rend vn fon femblable à celuy de ces inftruments qui fe font à No-
rimberg, & qu'on appelle communement *Trompunes* : les Tartares en ont de femblables, & s'en feruent de mefme façon quand ils font fur leurs cheuaux, & fe
plaifent à ouïr ce fon : Ie n'ay pû apprendre d'où ils peuuent auoir eu ces inftru-

ments, à moins qu'ils les faſſent eux-meſmes, ou qu'ils ayent quelque commerce auec ceux de l'Europe. La ſeconde choſe dont ie me ſuis emerueillé, eſt vne certaine herbe qu'ils diſent naitre ſur les pierres; car elle eſt incombuſtible, lors meſme qu'on la tient long-temps dans le feu, elle y deuient bien rouge & s'y enflamme en quelque ſorte; mais quand on l'en tire elle recouure incontinent ſa premiere blancheur, qui tire toutefois vn peu ſur le cendré: Elle ne croiſt pas fort haute, mais reſſemble à la petite eſpece de chanvre, ſans toutefois auoir la tige ſi dure ny ſi forte; car elle ſe romp beaucoup plus aiſément: quã l'on la met dãs l'eau elle ſe met en pieces & deuient comme de la boüe: peut-eſtre que les anciẽs Romains ont fait de cette même herbe, ces draps dans leſquels ils brûloient leurs corps morts, pour empécher que les cendres ne ſe mélaſſent auec celles du bûcher; car i'ay de la peine à me perſuader & de croire qu'ils ſe fiſſent de cette pierre qu'on nomme Amianthus, comme Porcacchi le veut dans ſes funerailles, & Anſelme Boëtius de Boot dans ſon traité des pierres precieuſes; ou bien comme d'autres autheurs plus modernes l'aſſeurent d'alun de plume, ou de Talc, ou verre de Moſcouie, on fait auſſi de cette herbe, vne meche qui dure toujours, & qu'il n'eſt point beſoin de moucher; mais quand elle eſt ſale, on n'a qu'à la ietter dans le feu, & oſter les ordures qui s'y ſont attachées; car elle ſe trouue en ſon entier, & reprend ſa premiere netteté.

DV ROYAVME DE SAMAHANIA.

Pres la Tartarie Occidentale de Tanyu, eſt vn autre Royaume, que ceux de la Chine nomment Samahania; ſa ſituation nous oblige de croire que c'eſt celuy de Samarcanda: il eſt ſitué au Zud-Eſt d'vne des plus fortes villes de la Chine qu'on appelle Socheu, au couchant de la montagne Imaus. Les Chinois affirment qu'on y treuue des villes fort remarquables, & des palais bâtis d'vne belle architecture & ordonnance; qu'en ce pays-là le Roy a accoutumé de s'habiller de blanc, de ſe ſeruir de vaiſſelle & de meubles d'or & d'argent, & de toucher à la viande auec la main. I'ay mes raiſons pour croire que ces pays ne ſont pas fort éloignez de la mer Caſpienne, ny de l'Alexandrie, qu'Alexandre bâtit autrefois dans la Bactrienne. Ces Tartares de la famille de Cinchi, qui enuahirent l'Empire de la Chine, dont le Venitien parle, eſtoient de ce pays là: I'ay d'autres raiſons de croire que ce ſont les meſmes, qui apres auoir eſté chaſſez de la Chine, & s'eſtre ioints à Tamerlan, fonderent le royaume du grand Mogor, & reduiſirent preſque toute l'Aſie ſous leur puiſſance, qui firent l'Empereur Bajazeth leur priſonnier: Ie ne trouue aucune mention dans leur hiſtoire, que Tamerlan aye iamais fait la guerre à ceux de la Chine; car Tamerlan n'a fait parler de luy qu'apres que le premier de la famille de Taiminga eut chaſſé les Tartares de la Chine, & n'a point pouſſé ſes conqueſtes vers l'Orient; mais bien pluſtoſt vers l'Occident: dans le royaume de Mogor, iuſques dans la Perſe & dans les autres lieux qui tirent dauantage vers le couchant: Ce qui n'eſt pas difficile à prouuer, ſi on conſidere que Tamerlan n'a pas regné fort longtemps, & qu'il a vécu enuiron l'an de Noſtre Seigneur M CCCC VI, auquel temps tout le Royaume de la Chine eſtoit dans l'obeiſſance de l'Empereur Taicungus, de la famille de Taiminga, & l'vn des deſcendans de cet Hnnguvus, qui apres auoir chaſſé les Tartares de la Chine, reſtablit l'Empire & rendit la liberté à ſon pays; homme qui d'vne fort baſſe condition, de petit ſacrificateur & de voleur qu'il eſtoit, paruint à l'Empire de la Chine.

Le Royaume de Caſcar touche (ſi ie ne me trompe) au Royaume de Samahania. Qui en voudra ſçauoir dauantage, aye recours au liure du voyage de

Benoiſt Goes, inſeré dans le voyage du Reuerend Pere Nicolas Trigaut.

DV ROYAVME DE SIFAN.

LE mot de Sifan parmy les Chinois, comprend les frontieres de leur Empire qui ſont vers l'Occident, mais principalement celles qui s'étendent de la prouince de Xenſi, à Iunnan, où ſont compris les pays d'Vſuçang, de Kiang, & de Tibet; ces noms comprennent pluſieurs peuples, ceux de la Chine diſent qu'il y en a de plus de cent Nations. Sur ces frontieres ſont les royaumes de Geo & de Cangingu que le Venitien appelle le royaume du Preſtre-Iean : les Chinois qui ne font point d'eſtat des royaumes étrangers, loüent cetuy-cy, & auoüent que les bonnes mœurs s'y conſeruent; que les loix de la Republique & du gouuernement y ſont excellentes; qu'il y a beaucoup de villes fortifiées de foſſez & de murailles. Témoignage fort auantageux en faueur de l'excellence de ce pays, & dont on doit d'autant plus faire d'eſtat, que ceux qui le rendent ſont extremement retenus, lors qu'il eſt queſtion de donner des loüanges ; car la bonne opinion qu'ils ont d'eux-meſmes, fait qu'ils n'eſtiment pas beaucoup ce qui eſt hors de la Chine. Les Chinois diſent que ce Royaume eſt borné par les montagnes de Min, & par la riuiere Iaune qui y paſſe. Ces montagnes ont beaucoup d'étenduë, & ſe joignent enfin à celles de Quenlun, autrement les montagnes Amaſées, d'où la riuiere Saffranée tire ſon origine.

Là meſme, vers le Couchant, il y a vn fort grand lac qui s'appelle Kia, d'où vient le Gange & les autres riuieres que i'ay miſes dans la carte.

La pluſpart de ces peuples ſuiuent la doctrine de Fe, & croyent la metempſychoſe : ils fondent de grandes idoles de cuivre, font de fort beaux tapis, & ont grand nombre de bons cheuaux. Ie n'ay rien treuué de rare de ces peuples que ce que j'en viens de dire.

Le Royaume de Mien ſuit apres celuy de Tibet, il eſt ſitué à l'Orient de Bengale, & s'étend iuſques au Midy de la Prouince de la Chine nommée Iunnan.

LE ROYAVME DE LAOS.

CEux de la Chine apellét ce Royaume Laoquo : on n'en ſçait rien d'aſſuré dans l'Europe que le nom : ie mettray icy en peu de mots ce que les Chinois en écriuent, & ce que i'en ay leu dans la Relation que le R. P. Leria de la Compagnie de Ieſus en a faite, dont i'ay le manuſcript, & que i'eſtime beaucoup à cauſe du merite de ſon auteur qui y a paſſé pluſieurs années à prêcher l'Euangile.

Ce Royaume de Laos, dit Leria, eſt ſitué au milieu de l'Aſie Meridionalle, éloigné de tous coſtez de la mer pour le moins de cent lieuës : c'eſt pourquoy il n'y a preſque point de poiſſon, & bien qu'on en prenne quelques vns dans les riuieres, ſi ne laiſſent-ils pas d'eſtre chers, & cependant ne ſont pas fort agreables au gouſt. Il y a quantité de bœufs ſauuages & de pourceaux, dont la chair eſt à grand marché. Ils ont auſſi force poules, on en a vne dixaine pour cinq ou ſix ſols. On y a tous les fruits qui ſe treuuent dans les Indes, mais fort peu de ceux que nous auons dans l'Europe, à la reſerue des grenades, & des raiſins ſauuages qui y ont bon gouſt. Ce pays eſt tres-fertile en ris, qui ne craint point la ſechereſſe, à cauſe des riuieres qui inondent toujours l'Eſté, car les neiges des Montagnes de Tibet, ie croy qu'il a voulu dire Iunnan, qui eſt proche de Tibet, venant à ſe fondre, les font tellement croiſtre, que tout le pays s'en trouue inondé, comme l'Egypte l'eſt des eaux du Nil : ce qui eſt vne marque fort euidente d'vne prouidence

tout

tout à fait diuine, puis qu'il ne pleut dans ce Royaume que deux mois de l'année :
c'eſt au temps de ces pluyes qu'on laboure & qu'on ſeme : ſi les riuieres n'inon-
doient point le pays, l'année ſeroit ſterile, & la ſeichereſſe feroit mourir les grains;
c'eſt vne choſe admirable, que le tuyau du ris ne croiſt qu'autant que l'eau monte ;
le meſme arriue à Sion & à Camboya : la moiſſon du ris ſe fait en batteau ; car à
peine leueroit-il , s'il n'eſtoit dans l'eau.

La meſme riuiere, qui coupe le Royaume de Laos, & qui par ſes deſtours arrouſe
tout ce pays, ſe diuiſe en deux bras, dont l'vn touche en paſſant le Royaume de
Sion, & l'autre celuy de Camboya, où cette Riuiere eſlargit tellement ſon lict, que
les plus grands nauires y peuuent monter l'eſpace de quatre vingt lieuës.

Le Royaume de Laos a cette incommodité, que ce fleuue ne va pas tout à l'entour
ny ne l'arroſe pas de tous coſtez comme il fait le Royaume de Sion; c'eſt pourquoy
ces Peuples on eſt contraints de prendre beaucoup de peine à conduire des canaux, de peur que le terroir ne deuint ſterile. On y a cueille du Benjoin, qui eſt
vne ſorte d'encens tres-excellent. Il y a quantité d'yuoire & d'Elephants : ce
pays produit auſſi des Rhinoceros qui ſont ennemis mortels des Elephants : les
Chinois en eſtiment fort les cornes. Il y a du ſalpeſtre , du fer, des mines d'or &
d'argent, de l'eſtain du plus fin & du meilleur ; comme auſſi du muſc qui vient du
Royaume de Lu, qui en eſt proche, mais ſi on y tranſporte l'animal d'où on le tire,
il y meurt tout auſſi toſt, comme le poiſſon hors de l'eau. Ce peuple ſe ſert de monnoye d'argent; mais pour acheter les Marchandiſes qui ſont de fort bas prix, ils ont
de petites coquilles, ils les nomment caoxis, dont 1200 valent à peine vne piaſtre : on
en a toutefois aſſés d'vne centaine pour acheter vne poule. La langue de ceux de
cette nation a vn peu de rapport & d'affinité auec celle qui eſt en vſage au Royaume de Sion.

Les Royaumes qui côſinent à celuy de Laos ſont, le Tungking & Cochinchina au   Les bornes
du Royaume
de Laos.
Nord-Eſt : celuy de Chanpar le borne à l'Orient, & en eſt ſeparé par vn deſert &
des montagnes : Camboya & Sion luy ſont au Midy, & Pegu au Couchant : au
Nord il touche le Royaume de Lu(ou, pour mieux dire, à la Prouince Iunnan de la
Chine :) voila tous les eſtats auec qui ce peuple fait commerce; mais ſon principal
trafic eſt auec ceux du Tungking & de Camboya : c'eſt preſqu'en ſubſtance tout ce
qu'en dit noſtre P. Leria. Retournons maintenant à l'autheur Chinois : le Royaume de Laos, dit-il, a eſté vne dépendance de l'Empire de la Chine, compriſſe
dans la prouince d'Iunnan, quoy qu'apres la reuolte de celuy qui en eſtoit Seigneur, il ſoit demeuré libre : il ſe nommoit Chaoxuipuen : c'eſt vne nation fiere,
arrogante & ſuperbe : ils peignent tout leur corps & leur paupieres, ſe faiſants
pour cet effet de petites picqures auec vne aiguille, ils demeurent en des maiſons
hautes : le reſte de ce qu'il dit s'accorde auec ce que nous auons touché cy-deſſus.

Le milieu de ce Royaume eſt au dix-neuſieſme degré Nord , & va preſque juſ-   La hauteur
du Pole.
qu'à vint & deux : la moindre hauteur eſt de dix-ſept. Tout le pays s'eſtend dás vne
longue campagne, qu'vne grande riuiere, qui paſſe au trauers de Iunnan, coupe
par le milieu : cette riuiere ſe nomme Lungmuen, court auec grande violence ; ils
ſont par fois côtrains de tirer leurs batteaux hors de l'eau ; & les ayans tranſportes
par terre, de les y remettre de rechef, apres auoir paſſé les endrois les plus difficils.

Ceux de la Chine marquent quelques montagnes, qui enuironnent preſque tout   Montagnes.
le Royaume de de Laos : la premiere ſe nomme Kiuleu , au pied de laquelle a eſté
autrefois vne Cité qui en portoit le nom , dont on void encores les ruines.

Quen eſt vne autre montagne , où l'Autheur Chinois remarquent beaucoup de
raretez, vne cauerne grande & belle à voir qu'ils nomment Cinghiu; vn pont fort
riche , (car le mot de Pao le donne aſſez à connoiſtre ;) vn Temple dedié aux
idoles & tres-ſuperbe , qu'ils nomment Peyun : outre cette montagne il y a

C E

celles de Gay & de Siang , qu'on appelle Gançu. Les Chinois nomment la plus
grande de leurs riuieres Lungmuen , ie ne fçay point le nom que luy donnent les
peuples qui en font proche; l'autre eft Laifu ; & enfin le lac Lang.

LE ROYAVME DE GANNAN.

L E Royaume que lesChinos nommentGannan,contient les Royaumes
de Tungking de & Kiaochi ou Cochinchina : ils ont efté nommés d'vn
nom plus ancien Nankiao. Sous la famille de Cina,Siang , ce n'eftoient
que des Seigneuries. Hiaoúus , de la famille de Hana,grand conque-
rant, fe rendit maiftre de tous ces pays : & y ayant mené des colonies , il les gou-
uerna felon la police & les loix de la Chine , & fut le premier qui leur donna le
nom de Kiaochi , à caufe qu'ils auoient la plus part les doigts des pieds croifez ,
fçauoir le pouce ou gros ortueil, fur le plus proche qui eft plus petit : La famille
de Tanga les appella Kiaocheu : toutesfois il n'a jamais paru que ceux de la Chine
fiffent beaucoup d'eftat de ces pays , & ce principalement , comme ils difent ,
à caufe des mœurs barbares de fon peuple : mais en voicy la veritable caufe ; c'eft
qu'il a tousjours mieux aimé eftre libre , viure felon fes Loix,& auoir fon propre
Roy ; & d'ailleurs furpaffant ceux de la Chine en force de corps, ils ont deffendu
leur liberté. Lors que la famille de Taiminga commença à gouuerner , cette
nation fut fubjugée par Hunguvus, il y a enuiron deux cent nonante ans , qu'elle
fut donnée à vn petit Prince nommé Chin , en tiltre de Seigneurie feodale , peu
de temps apres il fut tué par trois de fes Gouuerneurs , iffus de la famille de Ly ,
qui fe faifirent du Royaume.

L'Empereur Iunglous ayant apris les reuolutions ariuées dans ce Royaume,
fit mourir deux de ces Gouuerneurs : le troifiéme ayant pris la fuite,ce Royaume fut derechef reduit en Province : mais à peine auoit-il mis bas les armes , que
le fugitif Ly l'enuahit pour la feconde fois , apres en auoir chaffé les Gouuerneurs
Chinois, s'eftant au prealable auifé fort prudemment de depefcher vn Ambaffade vers l'Empereur. Siuenteus tenoit l'Empire pour lors , ce Prince qui aimoit
le repos,&qui eftoit plus efclaue de fes plaifirs,que maiftre de fon Empire : s'ennu-
yant des rebellions de ce peuple , le donna à Ly , & le fit Roy , à condition de le
reconnoiftre , & de luy enuoyer tous les trois ans vne Ambaffadeur auec
de grands prefents : ainfi ce pays fut feparé de l'Empire de la Chine enuiron l'an
M CCCC XXVIII apres la natiuité de Chrift ; mais il ne dura pas longtemps dans
cette forme de gouuernement : car , apres auoir efté tourmenté de guerres intefti-
nes, il fut diuifé en trois parties , dont l'vne forme le Royaume de Laos, l'autre
celuy de Tungking,& la troifiéme celuy de Cochinchina : tellement qu'à prendre
les chofes dans leur origine ce ne font que des parties des Prouinces de Quangfi,
& d'Iunnan, que les Chinois appellent toutes Leao, c'eft à dire barbares : voicy la
defcription qu'en fait l'auteur Chinois : ces habitans font barbares , ne fçauent
ce que c'eft de juftice ny de ciuilité;laiffent croiftre leurs cheueux jufques fur les efpaules , fe coupent la barbe , prennent plaifir à fe lauer le corps, ils plongent fort
bien fous l'eau,demeurent en de petites logettes , ignorent la diuerfité des rangs
que doiuent tenir les Magiftrats;reçoiuent ceux qui viennent loger chez eux auec
des fueilles de Betel & d'Areca , qui font communes dans toute l'Afie Meridio-
nelle, ainfi ce autheur mefprife toûjours les eftrangers felon fa coûtume.

Ces pays ne laiffent pas d'eftre extremement fertiles en tout ce qui eft
neceffaire pour la vie. Ils ont la mefme religion que ceux de la Chine , les
mefmes caracteres & la mefme façon d'efcrire; & quoy que leur pronocia-
tion foit tout autre , ils fignifient toutefois la mefme chofe , femblable à des

peintures, que diuerses nations nomment diuersement, quoy que la voyant elle
leur represente à toutes vne mesme chose. Ils abondent en toiles fines, soyes & en
coton ; cette huile ou cette liqueur si soüeue & si agreable, que les Portugais nomment Rosamalia, y découle des arbres : elle produit aussi grande quantité de ce
bois d'aigle, de couleur de pourpre, que les Espagnols appellent Lacque ; ceux
de la Chine s'en seruent pour teindre leurs estoffes de soye. Qui en voudra sçauoir dauantage, qu'il voye ce que le R. P. Alexandre Rhodes de nostre Societé
en a écrit depuis peu en François auec tant de clarté & de netteté, ayant trauaillé dans cette vigne du Seigneur auec beaucoup d'assiduité durant plusieurs
années. *Voyez aussi l'extrait du Livre de Missions, du Iapon, du P. Martini, dans la suite de ce Recueil.*

L'Autheur Chinois dit qu'il y a aussi force singes, & vne sorte qui s'appelle
Singsing : pour les prendre on leur donne du vin à boire dans les forests, dont
ils s'enyurent ; ils veulent que ce soit de leur sang que se fasse la plus belle écarlatte.
Il se trouue aussi parmy eux vn autre animal qui est fort rare, qu'ils nomment
Fefe . il a presque la forme humaine, les bras fort longs, le corps noir & velu,
marche legerement & fort viste, & deuore les hommes : lors qu'il rencontre vn
homme, il se prend à éclater premierement de rire , imitant son ris & sa voix
auant que de l'attaquer.

Keuleu est vne montagne, au pied de laquelle il y a vne Ville qui a le mesme *Les principa-les mõtagnes.*
nom. Les montagnes de Quen, Lung, Gai, & Siang, n'ont rien de fort remar-
quable.

Laisu est vne des principales riuieres. Ie ne trouue pas que les Chinois y en *Les rivieres.*
ayent remarqué dauantage.

Il est temps que ie vienne à la description de chaque Prouince de la Chine, où
ie n'aduanceray rien, comme de moy-mesme, que ce que j'y ay veu ; j'ay fait le
tour de sept, & j'ay tiré le reste des Cosmographes Chinois auec beaucoup de fidelité : car leurs Liures sont tres-exacts, & font comme vn corps d'histoire, dans
laquelle ils décriuent le nom & la situation des grandes Villes, des Citez, des Riuieres, des Montagnes, & des autres particularitez. Il est vray qu'ils ne marquent
iamais la longitude ou latitude, encore qu'ils soient fort soigneux de faire mention des distances : mais parce que j'en ay fait l'obseruation en plusieurs endroits,
il m'a esté facile de les mettre en leur place ; ce qui n'a pas laissé de me donner de
la peine : Ie me suis principalement seruy dans tout ce trauail, des Cartes & des
Liures des Chinois, qui sont presque les seules choses que j'en ay rapporté, &
que ie garde comme vn thresor.

LA PREMIERE PROVINCE

PEKING,

Autrement

PECHELI.

Le nom de la Prouince.

N met par honneur la Prouince de Peking la premiere, elle tire ce nom de la ville royale de Peking, qui signifie le Palais Royal du Septentrion, pour le diftinguer de celuy du Midy qui s'appelle Nanking, encore que le vray nom de la Prouince foit Pecheli. Il y à defia long-temps que les Empereurs de la Chine tiennent leur Cour dans cette Prouince, principalement ceux qui ont regné depuis la natiuité de Chrift; car la famille de Leaoua, celles de Kina, d'Iuena, & finalement les Tartares, qui font les premiers de celle de Taicinga, y ont fait leur demeure.

Ses bornes. Les limites de cette Prouince font, vers l'Orient, vn bras de mer nommé Eanghai, qui fait la peninfule de Corea & qui bat la cofte de la Chine qui la regarde: au Nord-eft elle a le pays de Leaotung, au Septentrion la grande muraille, & aufli cette partie de l'ancienne Tartarie, qui eft entre la muraille & le defert de Xamo: elle regarde au Couchant la Prouince de Xanfi, dont elle n'eft feparée que par des montagnes qu'on nomme Heng: au Zud-oüeft la riuiere Saffranée luy fert de borne, qui paffant par Xanfi entre dans cette Prouince & dans celle de Honan: Elle fe joint finalement au Midy & au Zud-eft à la Prouince de Xantung, qui en eft feparée par le fleuue Guey: toute cette Prouince a la figure d'vn triangle rectangle.

Les anciens noms. Elle a eu cy-deuant diuers noms, par fois on l'a appellée Ieu & Ki: elle a huit grandes Villes, dont chacune en a plufieurs autres qui en dépendent; de forte qu'il femble que chaque Ville pourroit encores faire vne Prouince: outre ces *Le nombre des Citez.* grandes Villes dont nous venons de parler, elle en a plus de cent trente-cinq plus petites, mais qui ont toutes des murailles & des foffez, je me contenteray de faire mention feulement de celles-là dans cette Geographie, puis qu'aufli bien les Geographes Chinois ne marquent point dans leurs Liures, ny dans leurs Cartes, les places qui ne font point murées, à caufe de leur grand nombre: toutefois nos Cartes en feront voir toûiours quelquesvnes des plus confiderables, puis qu'aufli bien le peu d'efpace qu'elles contiennent, & le peu de temps que j'ay, ne me permettent pas d'inferer le nom de toutes.

La qualité. Pour ce qui eft de la temperature de l'air & du terroir, il fait plus grand froid dans cette Prouince, que l'éleuation du Pole ne femble le deuoir permettre; car à *Nota, dans la Carte elle ne paffe guere le 41.* peine paffe-elle le quarante & deuxiéme degré: toutefois les riuieres y font tellement prifes de glace, & fi fort gelées durant quatre mois tous entiers, que la glace porte les cheuaux & les charettes chargées des plus pefans fardeaux: on en coupe aufli de grandes pieces qu'on garde par delices pour l'Efté fuiuant, mais non pas pour boire à la glace; car ils boiuent toufiours fort chaud, & à diuerfes reprifes:

durant ces froids, les batteaux font tellement arreftez dans la glace, qu'ils ne fçauroient paffer outre ; & quelque part où la glace les furprenne (ce qui arriue toûjours à la my-Nouembre) il faut qu'ils y demeurent fans en fortir pendant
quatre mois ; car le degel ne vient point auant le commencement du mois de
Mars : cette gelée fe fait prefque en vn iour, au contraire il en faut plufieurs pour
degeler feulement la fuperficie de la glace : mais il eft encores plus admirable, que
durant ces fortes gelées on ne fent point ces grands froids qui font la glace en nos
quartiers : c'eft pourquoy il faut abfolument auoir recours aux exhalaifons de la
terre, & à la conftitution nitreufe de ce pays, pour en rendre la caufe : de là vient
auffi qu'encore qu'il y pleuue rarement, fi eft-ce que la terrey paroift humide
tous les matins ; cette humidité fe feiche auffi-toft que le Soleil fe leue, & fe change en pouffiere fort menuë, qui eftant enleuée par le vent, penetre & falit tout.

Le Liure de la Chine, qui contient le dénombrement de tout le peuple de cét *Le nombre*
Empire, conte 418,989 familles dans cette Prouince, & 3452,254 hommes, fans *des hommes.*
les Magiftrats, les Soldats, & quelques autres, que nous auons dit cy-deffus ne
deuoir iamais eftre compris dans ces Liures.

Le Tribut qui fe paye du ris, du millet ou du froment, eft de 601,153 facs de fin *Tribut.*
lin qui n'eft pas ouuré 224 liures (chaque liure de vingt onces,) de foye filée
45135. de coton 13748 ; de bottes de paille, & de foin pour nourrir les cheuaux du
Roy 8737,284. de pefées de fel, chaque pefée contenant cent vingt & quatre liures, 180,870. fans parler des autres droits qui s'y exigent ; cette fomme au refte
ne femblera pas eftre grand chofe, fi on la compare auec les tributs des autres
Prouinces : car celle-cy a fon terroir à la verité fort vny, mais fterile & plein
de fable : fon peuple auffi eft moins poly & moins propre qu'aucun autre, à apprendre les arts & les bonnes lettres : d'ailleurs fort porté aux armes, comme font
tous les Chinois Septentrionaux : fi on les compare auec ceux du Midy, qui au
contraire les furpaffent en efprit & en politeffe.

Vous trouuerez dans la defcription de chaque Ville tout ce qui s'y void de parti- *Charriot à*
culier : j'adjoûteray feulemét icy la façon de laquelle ils voyagét, qui eft ordinaire *vne rouë qui*
en ces lieux-là, & affez commode : ils fe feruent d'vn chariot qui n'a qu'vne rouë, *porte trois*
fait en forte qu'il n'y a place au milieu que pour vn homme qui s'y tient comme *perfonnes, &*
qu'vn homme
s'il eftoit à cheual, les autres deux eftans de chaque cofté, le charretier le pouffe *feul fait aller.*
par derriere, & fait auancer le chariot auec des leuiers de bois, auec autant de
feureté que de vifteffe : C'eft peut-eftre de là que viennent les contes qui fe font
que le vent y fait aller les chariots, & que ceux de la Chine les conduifent fur la
terre auec des voiles, comme les Nauires fur la mer : la campagne de cette Prouince plate & vnie, rendroit l'vfage de femblables chariots affez aifé, & nous voyons
que cela s'eft fait ailleurs.

J'auois promis dans la defcription generale de la Haute Afie, de traiter du Ca- *Le lieu où eft*
tay ; de peur que ceux de l'Europe qui la cherchent, ne s'en égarent pas d'auanta- *le Catay.*
ge, comme ils ont fait cy-deuant, pour n'auoir pas entendu ce que M. Polo Venitien en écrit. Catay donc n'eft en effet autre chofe que les fix Prouinces
Septentrionalles de la Haute Afie, qui fe feparent des neuf autres, qui font au
Midy, par le grand fleuue Kiang, Marc-Polo appelle les Meridionales le Royaume de Mangin, comme les fix premieres Catay : & il ne s'en faut pas eftonner,
puis qu'encore à prefent les Tartares & les Mores, qui ont accoûtumé de porter
tous les trois ans leurs tributs à l'Empereur de la Chine les nomment ainfi ; le nom
du fleuue Kiang, celuy des Prouinces qui font au Nord & au Midy, comme auffi
leur nombre, s'accorde auec la defcription que ce Venitien donne du Catay & de
Mangin, ainfi ie ne doute plus que Catay ne foit dans cette Haute Afie : adjoûtez
à cela, que lors que le R. P. Mattheo Ricci de noftre Societé arriua pour la pre-

miere fois à Peking, il y trouua vn Turc qui y auoit mené vn lion pour en faire
prefent à l'Empereur de la Chine : l'ayant diligemment interrogé, & tout exprés,
pour fçauoir comment ils appelloient le Royaume de la Chine : il répondit que
c'eſtoit en effet le Catay, que ceux de fon pays le nommoient auſſi de la ſorte ; &
que le nom de la Ville Royale eſtoit Cambalu.

L'experience qu'en a faite Benoiſt de Goes de noſtre Societé le confirme : car,
comme il entendoit fort bien les langues d'Aſie, & particulierement la Perſane,
il fut enuoyé par le R. P. Nicolas Pimienta Viſiteur des Indes, pour s'informer
du Catay, (afin d'y introduire en ſuite la lumiere de l'Euangile par le moyen
de ceux de noſtre Societé :) apres auoir parcouru auec beaucoup de peine preſque
toute la Haute Aſie, il vint finalement auec des bandes de Mores, qu'ils appellent
Carauanes, au Catay, ils nommoient ainſi la Chine, où il y auoit eu ſi long-temps
des Religieux de noſtre Ordre : apres donc auoir fait quelque connoiſſance auec
eux, comme il ſe difpoſoit à faire le voyage de Cambalu ou de Peking, il tomba
malade, & mourut dans la Chine ; où cherchant le Catay il trouua le Ciel auec la
recompenſe de ſes trauaux. Son Voyage eſt imprimé dans celuy du R. P. Nicolas Trigaut.

Chats dont on fait beau-coup d'eſtat.

Dans cette Prouince il y a des chats tous blancs, qui ont le poil long, les
oreilles pendantes, les Dames les aiment extrémément, comme celles de l'Europe
ayment leurs petits chiens de Malte : mais ils ne prennent point de ſouris, à cauſe
apparamment que ces Dames les nourriſſent trop delicatement : ils ne manquent
pas pourtant de ceux qui prennent les ſouris, dont on n'a pas tant de ſoin ; ce qui
les rend peut-eſtre meilleurs que les autres.

Les Chinois, amateurs de l'antiquité.

Le Palais Royal bruſla ſous Siuen Te, cinquiéme Empereur de la famille de
Taimainga, l'an mil quatre cent apres la natiuité de I. Chriſt : dans cet embraſe-
ment, l'or, l'argent, le cuiure, ſe fondirent enſemble : de ce meſlange de trois
metaux ſe fit vne ſorte de cuiure Corinthien, dont on fit nombre de vaiſſeaux
de tres-grand prix, principalement pour les parfums, & dont on ſe ſert auſſi à faire
boüillir l'eau. Les Chinois ſont auſſi curieux des antiquitez que ceux du Iapon,
ils recherchent les vieux inſtrumens, les caractéres & écritures antiques, & les
pierres à broyer l'encre, qu'ils ont accoûtumé de preferer aux perles & aux
pierres pretieuſes, & ils appellent ces pieces Cutung ; entendans par ce mot general toutes ſortes d'Antiquez.

XVNTIEN,

La premiere des Villes de cette Prouince, autrement la Ville Royalle.

La latitude de Xuntien.

LA premiere des grandes Villes ſe nomme Xuntien, comme ſi vous diſiez
l'obeïſſante au Ciel : elle ſe nomme auſſi Peking, c'eſt à dire, le Palais Royal du
Septentrion. I'ay ſouuent obſerué ſa latitude, que i'ay trouuée de 39. deg. 59.
pour ſa longitude, l'ayant calculé par des obſeruations d'Eclypſes, ſelon les tables
de Lanſberge, j'ay treuué tant en cette Ville qu'en quelques autres de la Chine,
qu'elle eſtoit bien eſloignée de Ter Goes en Zelande de 7. heures, 56. minutes,
qui ſont 119 degrez de l'Equateur : ſuppoſant donc que Ter Goes eſt eſloigné de
27 degrez des Iſles Fortunées, le Meridien de cette ville paſſera par les 146 degrez,
ou par les 149. 20, ſi on ſuppoſe que Ter Goes ſoit eſloigné du premier Meridien de 30 degrez, 20 minutes,

Ses Citez.

Elle a juriſdiction ſur vingt-ſix citez, auſquelles elle cōmande, comme leur capitale & leur Metropolitaine : ce qui ſoit ici dit vne fois pour toutes ; car cela ſe doit

entendre de toutes les autres, fçauoir que chaque grande Ville a plufieurs citez qui en releuent, & auec lefquelles elle forme comme vne petite Prouince : voicy les noms de toutes celles qui en dépendent, 1 Xúntien, 2 Xúny, 3 Cʰhangpʰing, 4 Leanghiang, 5 Mieyun, 6 Hoaijo, 7 Kugan, 8 Iungcinʰg, 9 Tungan, 10 Hiangho, 11 Tʰung ⊙, 12 Sanho, 13 Vucinʰg, 14 Paoti, 15 Cho ⊙, 16 Fangxan, 17 Pa ⊙, 18 Vengan, 19 Tachinʰg, 20 Paoting, 21 Ki ⊙, 22 Iotinʰen, 23 Fungjung, 24 Cuʰnhoa, 25 Pʰingko, 26 Que. Entre ces villes il y en a quelques-vnes qui font plus grandes, & plus confiderables, ie les marqué de cette marque ⊙, les Chinois les appellent Cheu, & les autres Hien.

Le territoire de cette Ville a eu diuers noms, felon les differents Empereurs qui y ont commandé ; car c'eft vne coutume parmi ceux de la Chine, de changer *Ses diuers noms.* le nom de quelques Villes (fi on ne le change à toutes) lors que la famille, qui gouuerne, change: au téps d'Yuus, le premier des Empereurs qui ayt regné fur ceux de la Chine, lors qu'il diuifa l'Empire en neuf Prouinces, ce pays dépendoit de la Prouince de Ki, on le mit fous les conftellations de Vi & Ki, comme le mefme Empereur l'ordonna. Sous la famille de Cheua, cette contrée s'appelloit Ieu; fous celle de Cina, Xangxo; mais fous celle de Hana, Quangyang. Elle a efté nommée Fanyang par la famille Cyn, & Ienxan fous celle de Sunga: ce fut fur la fin de cette race que Marco Polo entra dans la Haute Afie auec les Tartares; apres qu'ils en eurent efté chaffez, la famille de Taiminga donna à cette Ville les noms de Peking & de Xuntien, qu'elles retient encores aujourd'huy.

Il eft à remarquer, que les Tartares & les Maures ont donné à cette Ville le *Que c'eft que Cambalu.* nom de Cambalu, qui fignifie la Ville du Seigneur : c'eft là le Cambalu de Marco Polo ; & tout ce qu'il en efcrit dans fon 4 liv. chap. 3. conuient à cette Ville : car lors que ce Venitien entra dans la Chine, c'eftoit la Ville Royale des Tartares, ces peuples s'eftoyent rendus maiftres de la Chine dés l'an mil deux cent dix, long-temps au parauant que ce voyageur y entraft; c'eft à dire, comme il appert par fes efcrits, l'an mil deux cent feptante & cinq, lors que les Tartares forçerent la partie de la Chine qui eft du cofté du Midy, ou qui fe nomme Mangin, dont nous traiterons amplement cy-apres.

l'Empereur Taʰiçungus, qui regnoit l'an du Seigneur mil quatre cent quatre, *Quand c'eft que la ville Royale de Xuntien fut baftie.* embellit de beaucoup cette Ville ; car c'eft le premier de la famille de Taiminga qui y ayt tenu fa Cour; fon grand pere auoit chaffé les Tartares il tranfporta fa Cour à Peking, pour leur refifter plus aifement en cas qu'ils vouluffent entreprendre quelque chofe : il y fit faire des murailles quarrées ; ayants de circuit quarante ftades Chinoifes, & vingt coudées de largeur, & y feit baftir des tours defpace en efpace, bien muniës de toute forte d'armes ; feit creufer des foffez fort profonds tout à l'entour. La Ville a douze portes, la plus grande partie du Royaume de la Chine y aborde de tous coftez, tous les Magiftrats les Gouuerneurs, & ceux qui defirent eftre promeus & auoir leur degrez, s'y doiuent rendre de toute la Chine : car tout le gouuernement depend de cette ville comme de la *Le grand abord & les richeffes de cette ville.* Capitale de l'Empire, c'eft là où l'on voit toutes fes richeffes, les Marchandifes y arriuent de toutes parts ; auffi s'y treuue-il vne abondance incroyable de toutes chofes. Il n'y a rien de neceffaire, rien de delitieux qui manque à ce nombre infiny de Peuple : on y voit plufieurs milliers de nauires royaux employez, fans parler de ceux des particuliers, à transporter les chofes neceffaires pour l'vfage de la Cour : car ceux de la Chine ont mis tout leur trauail & toute leur induftrie pour faire des riuieres & des canaux, afin de pouuoir nauiger prefque par tout, & que des prouinces tant du Midy que du Nord, le chemin foit libre jufqu'à la Cour: certes, ils y ont admirablement bien reüffy, encor que la nature y ayt autant contribué que l'art ; car on ménage fi bien les eaux, qu'on peut voyager par eau durāt pluſieurs centaines de milles: tous les vaiſſeaux s'aſſemblent à Tſien-cin, Ville marchande & des plus celebres,ils montent de là vers Peking : d'où vient, qu'encor que cette Ville ſoit ſituée dás vn lieu ſterile,ſi ne laiſſe-t-elle pas toutéfois d'eſtre vn riche magazin de toutes choſes : ce qu'en diſent les Chinois eſt tres-veritable, *que rien ne croiſt dans Peking,& cependant que rien n'y manque:*j'ay treuué à propos d'adjoûter en cet endroit la deſcription de cette Ville , que j'ay tirée du voyage Chreſtien du R. P. Nicolas Trigaut.

Au liv. 4.
chap. 3.

Ie ferois tort , dit-il , à la majeſté de cette Ville , & ie tromperois l'attente dé mon Lecteur, ſi je n'en diſois quelque choſe : Cette Ville Royale eſt ſituée à l'extremité du Royaume vers le Nord , eſloignée de ces celebres murailles, qu'on auoit faites contre les Tartares , de cent milles d'Italie : Nanking

Les autres,
font cette di-
ſtance bien
moindre.

la ſurpaſſe , en ce que ſes rües ſont plus grandes & mieux ordonnées , les baſtimens plus ſolides , & qu'elle a plus grand nombre de forts ; mais , en eſchange , Peking la ſurpaſſe en nombre d'habitans , de ſoldats & de magi-ſtrats : elle eſt enuironnée au Midy de deux enceintes de murailles hautes & for-

Repreſenta-
tion de la vil-
le de Peking.

tes , & ſi larges que douze cheuaux y peuuent aiſement courir de front; ces mu-railles ſont baſtiës de brique , auec les premieres aſſiſes de groſſes pierres de taille,le milieu des murailles eſt remply de terre battuë au lieu de brique:elles ſur-paſſent en hauteur celles des Villes de l'Europe: au Septentrion elle n'eſt enui-ronnée que d'vne ſeule muraille: les ſoldats y font la garde de nuit ; de jour les Eu-nuques gardent les portes, à tout le moins le veulent-ils faire croire car;ils y ſont plutoſt pour exiger les droits,ce qui ne ſe pratique pourtant pas dans les autres Vil-les:on voïd le palais Royal dans l'enceinte interieure du coſté du Midy tout proche des portes de la Ville, & qui de là s'aduance juſqu'à la muraille du Se-ptentrion : d'où l'on pourroit inferer qu'il occupe toute la Ville ; mais il s'en faut beaucoup,car elle s'eſtend de chaque coſté du Palais,à la verité il eſt vn peu plus petit que celuy de Nanking ;mais ſa beauté & ſa magnificence en recompenſent bien la petiteſſe : Car, depuis que les Roys ne tiennent plus leur Cour à Nanking , celuy-là deſtruit tous les jours comme vn corps qui n'a plus d'ame : cependant que leur preſence embellit de plus en plus celuy de Peking.

L'incommo-
dité de la
pouſſiere.

Il y a fort peu de rües dans Peking qui ſoient pauées de briques ou de cailloux ; c'eſt pourquoy on ne ſçauroit dire en quelle ſaiſon on a plus de peine à y marcher : car on eſt egalement incommodé, en hyuer de la bouë, & en eſté de la pouſſiere : il pleut rarement dans cette Prouince,toute la terre s'y reduit en poudre , & pour ſi peu que le vent l'agite,il n'y a point de lieu dans les maiſons où elle n'entre & qu'elle ne ſaliſſe. Pour remedier à cette incommodité on a introduit vne coutû-me, qui ſeroit trouuée ailleurs fort eſtrange: c'eſt qu'il n'y a perſonne, de quelque condition qu'il ſoit , qui aille à pied ou à cheual, ſans porter vn voile qui luy deſcende depuis la teſte juſques ſur la poitrine, & luy couure le viſage , ſans pour-tant qu'il l'empeſche de voir, cependant qu'il le garde de la poudre. Dans la Ville, on tire auſſi vne autre commodité de ce voile, qui eſt de n'eſtre point connu ſi l'on ne veut:par ce moyen on eſt diſpenſé de la peine de faire des complimés des reue-rences,& de prendre ſoin de s'ajuſter Il y a meſme de leſpargne;car ceux de la Chine n'eſtiment pas qu'il y ayt de l'honneur d'aller a cheual par la Ville , il en couce de ſe faire porter en chaiſe, & on peut ſans reproche diminuer ſon train par le moyé du voile. Il n'y a point de lieu où il ſoit plus ordinaire d'aller à cheual ou ſur d'autres montures,tout le monde s'en ſert,la bouë & la pouſſiere y contraignent; vous en trouuez par tout dans les carrefours, aux portes, aux ponts de la Vil-le,au Palais , & ſous les Arcades qui y ſont frequentes , où on attend le monde; de façon que pour quelques fois vous pouuez aller à cheual tout vn jour : & par-ce qu'il y a vn grand abord dans la Ville,les muletiers menent ſouuent leurs beſtes

par

par la bride pour vous faire paſſage : auſſi il n'y a pas vn des principaux du pays
dont ils ne ſçachent la maiſon : on treuue encore vn livre qui enſeigne à point
nommé les quartiers, les ruës & les places de la Ville. Vous n'y trouuez pas ſeulement des cheuaux, mais auſſi des chaiſes & des porteurs. Voila ce qu'en dit Trigaut, qui eſt preſque dans les meſmes ſentiments que nous, ſur le ſujet de Cambalu & du Catay.

Il y a au reſte, de fort magnifiques palais pour chaſque magiſtrat qui vit à la *Les Palais.*
Cour. Et bien qu'ils n'approchent pas en ſolidité ny en magnificence de ces edifices
de marbres ſi lourds & ſi peſants, ſi ne laiſſent-ils pas pourtant d'auoir plus d'eſtenduë quant au plan, & d'eſtre plus commodes & plus nets que ne ſont les noſtres.
Le palais de l'Empereur eſt du coſté Septentrional de la Ville ; ſi vous en conſide- *Dans la deſ-*
rez la grandeur ou les embelliſſemens, il ſurpaſſe la magnificence des noſtres : il a *cription pre-*
douze ſtades Chinoiſes de circuit, quatre portes, qui regardent les quatre parties *cedente, le Pa-*
du monde : celle du Midy a le plus grand abord, il eſt enuironné de trois murailles *lais eſt au*
hautes & fortes : entre les deux premieres ſont les Eunuques, gardes du corps, il eſt *Midy, & s'a-*
permis aux principaux Gouverneurs d'y entrer pour y traiter d'affaire : dans la *uance iuſques*
derniere enceinte qui a plus de terrain que les autres, ſont les apartemens & les *au Septen-*
jardins où le Roy demeure : il n'y a que les Eunuques & les femmes qui en ayent *trion.*
l'entrée, le Roy ſe ſert d'eux en toutes choſes. Les emplois y ſont differents ſelon
les divers degrez d'honneur. Il n'y a qu'vne Reyne legitime, les autres ſont concubines, auec beaucoup d'autres pour le ſeruice du Palais : les vnes y ſont femmes de
chambre, les autres y ont ſoin de la garderobe. I'ay oüi dire qu'il y en auoit bien
cinq mille.

Le premier & principal Palais eſt celuy de l'Empereur, de la premiere Imperatrice, & des petits Princes ; le ſecond pour l'Imperatrice mere de l'Empereur : auſſi-toſt que les petits Princes ſont hors d'enfance, ils occupent chacun vn
Palais ; les autres Reynes, & les quatre premieres concubines, ont chacune le ſien
ſitués chacun vers l'vne des quatre parties du monde. Il y en a vn autre pour ceux
qui ſont agéez, comme eſtoit autrefois le Prytanée à Athenes : & beaucoup d'autres Palais pour d'autres vſages. Il y a auſſi de fort belles maiſons pour les Eunuques, d'autres pour les concubines, pour leurs ſeruantes ; d'autres pour les artiſans,
& pour les ſacrificateurs : enfin il y a plus de quinze mille perſonnes qui ſont logez *Sa fabrique.*
& nourris dans ce Palais. Les dedans ſont fort riches, on y void des voutes de marbre & de pierre, des galeries, des promenades, des colomnes & des ſtatuës parfaitement bien faites. Toutes les tuiles brillent, à cauſe de la couleur royale dont elles
ſont enduites, qui eſt le jaune ; de ſorte qu'à les voir de loin, on croiroit qu'elles
ſeroient d'or ; ſur tout lors que le Soleil donne deſſus : tout ce qui y eſt fait de bois
brille comme vn miroir, & eſt verny de ce pretieux vernis qu'ils nomment C'ie.
Ils n'ont pas tant d'eſtages que nous, quoy que pourtant leurs maiſons ſoyent fort
eleuées, & baſties ſur des colomnes fort groſſes, & fort hautes, toutes égales, d'où
ils eſtiment que depend de tout leur bonheur : Il y a dequoy s'eſtonner d'où ils peuvent auoir vn ſi grand nombre de ſi groſſes colomnes ; car il n'y en a point
qu'on puiſſe embraſſer auec les deux bras, elles ont par fois plus de quinze &
vingt coudées de hauteur, toutes dreſſées exactement à plomb. Le plancher eſt
fait de planches fort épaiſſes, éleué de terre de la hauteur de pres de trois coudées,
ſi ferme & ſi ſolide, qu'on croiroit que ce fuſt la terre meſme : on a fait paſſer dans
ce Palais vn fleuve par artifice, qui porte de grands batteaux, & qui dans le Palais
ſe diuiſe en diuers canaux pour la commodité & pour le diuertiſſement du lieu :
il tourne au tour de pluſieurs montagnes, qui ſont d'vn coſté & d'autre de ſes
bords, toutes faites par artifice, en quoy la curioſité des Chinois va juſques à la

*Monta-
gnes faites
par arti-
fice.*

superftition : ils y plantent des arbres & des fleurs auec vn ordre tout particulier;
on void plufieurs de ces montagnes dans les jardins des plus curieux. Voyés - en
la defcription que le Reuerend Pere Trigaut en a faite. Dans ces beaux jardins
de la Chine, ce dit - il dans fon lieu , j'ay veu vne montagne artificielle de pieces
de marbres brutes, où on auoit creufé fort ingenieufement des cauernes, des chambres , des fales, des degrez, des eftangs ; & tout cela pour temperer les chaleurs de l'efté par la fraicheur de ces lieux, quand ils eftudient , ou qu'ils fe di-
uertiffent : ce qui en augmentoit la beauté , c'eft qu'elles eftoient faites en la-
byrinthe : ainfi la place qui n'eftoit pas fort large , ne laiffoit pas de retenir deux
ou trois heures ceux qui en vouloient faire le tour : voila ce qu'en dit le P. Trigaut.

Dans le mefme Palais il y a vne place qui peut tenir trente mille hommes. Il y
a cinq mille hommes qui font garde aux portes durant la nuit, auec cinq elephants
qu'on a fait venir de la prouince d'Iunnan. Si on vouloit parler des lacs, viuiers,
jardins , bois , & autres embelliffements & dependances de ce Palais, il feroit befoin d'vn liure pour en faire le dénombrement. I'adjouteray feulement ceci,
qu'il ne fe treuue prefque rien de beau , ny de bon dans tout l'empire de la Chine,
ny chez les nations eftrangeres, qui n'entre auffi-toft dans le Palais , fans en jamais
fortir.

*Temples de
la Compa-
gnie de
I E S V S.*

La Compagnie de I E S V S a deux Eglifes dans cette ville, l'vne ancienne, l'autre nouuelle , accordée depuis peu par les Tartares ; il y en a auffi vne autre magnifique hors des murailles & au couchant de la Ville , que l'Empereur Vanlius
donna pour y faire le fepulchre du R. P. Mattheo Ricci , qui auoit beaucoup
trauaillé dans ce royaume , & auoit fait imprimer en langue Chinoife plufieurs
livres de noftre croyance, des hiftoires de l'Europe, & des Mathematiques, dont
les Chinois font encores à prefent beaucoup d'eftat, le nom du P. Ricci y eft en
grande veneration.

Les fruits.

Il y a vne foreft fort grande & diuertiffante auec vn Palais toutjoignant,
dont vous pouuez voir la reprefentation fort exacte en taille douce, fur la fin du
voyage Chreftien du Reuerend P. Trigaut. Ie ne l'ay pas voulu mettre en cet
endroit par cette raifon ; cette ville a auffi des temples & plufieurs belles tours,
tant dehors que dans l'enceinte des murailles. Il y en a cinq entr'autres qui font
confiderables pour la beauté de leurs ftructures.

Le territoire de cette ville produit de fort bonnes pommes, poires , prunes,
*Les monta-
gnes les plus
notables.*
quantité de froment & de millet, prefque de toute forte de legumes ; il produit
auffi des noix & des chaftaignes, comme auffi des figues & des raifins , dont toutefois on ne fait point de vin ; ils fe feruent de charbon au lieu de bois,qu'on tire de
la montaigne Kiel.

La montagne de Ti'enxeu eft au Nord de la ville,là font les fepulchres des
Empereurs, dreffez auec beaucoup de magnificence & de fuperftition, ils font à
quatre lieuës de la ville ; ie n'en fay point la defcription, parce que ie n'y ay pû
aller : mais ie feray mention de ceux de la ville de Nanking ; que i'ay veus,y ayant
efté introduit par vn ami qui en auoit la garde. Au Nord-oueft de la ville paroift la montagne de Iocíven , où l'on voit le fuperbe Palais de la famille d'Ivena,
où l'Empereur Tartare auoit accouftumé de fe retirer durant les chaleurs de
l'Efté. La montagne de Pefeu eft proche de la ville de Changp'ing ; de là fortent
deux torrents qui vont fe rendre au bourg de Feu : celle de Nan n'eft pas fort
efloignée de la cité de Pa , fort recreatiue à caufe d'vne foreft de rofeaux de douze
ftades de longueur, dans laquelle il y a vne maifon de plaifance. Là mefme fe void
cette haute & roide môtagne de Pu'on qui a diuers fômets,fur l'vn defquels il y a
vne fort grande pierre,qui branfle pour fi peu qu'on la touche.La môtagne d'Yen

commence à Iot'ien ; & c'eſt la plus grande de toutes , car elle s'eſtend plus de
mille ſtades: celle de Chinquon eſt proche de Iungjung ; elle a quarante ſtades ; &
vers le Midy vn ſommet qu'on nomme la fleur, à cauſe de la varieté des couleurs
qui paroiſt dans ſes pierres. Prés de Cunhoa eſt la montagne de Mingyue , ainſi
appellée à cauſe d'vne cauerne ou paſſage ſous-terre, qui la perce, en ſorte qu'vn
autre trou paroiſſant à l'oppoſite de cette ouuerture, il ſemble que l'on voit au
bout vne clarté ſemblable à la Lune , quand elle pleine ; que les montagnes de
Kie & de Siuvu ſon prés de Pingco, d'où on tire le charbon de terre, dont on ſe *Les riuieres.*
ſert pour faire du feu au lieu de bois.

Yo eſt vne Riuiere dans la montagne de Iociuen , qui tire ſa ſource du lac Si,
au couchant de la Montagne ; ce Lac a dix ſtades de longueur , & s'en va de là au
Palais de l'Empereur , don il l'arroſe les jardins & les foreſts par le moyen des
des deſtours & des lacs qu'on luy fait faire.

Le Fleuue Luxeu, qui s'appelle auſſi Sangcan , paſſe au Zud-oueſt de la Ville
Royale, on le paſſe ſur vn magnifique Pót, où on côte pluſieurs arcades de pierre.

Au Zud-oueſt de la montagne Tienxeu, il y a vn lac qui ſort de neuf fontaines:
comme les Chinois croyent que ce nombre ſoit heureux, auſſi a-t-il augmêté la ſuperſtition des ſepulcres de leurs Roys ; de là vient qu'on le nomme le lac de Kieulung ou des neuf dragons.

Prés de la cité de Cho, il y a vn foſſé fort long fait par artifice , il ſe nomme
Toc'ang, dont l'eau enuironne tout ce beau pays, & le rend merueilleuſement
fertile & abondant en toutes choſes.

PAOTING
La ſeconde Ville.

CEtte grande Ville a auſſi vn territoire fort agreable , & fort fertile en *Les cités.*
troutes choſes : on y compte vingt citez ; la premiere eſt Paoting, 2.
Muonching , 3. Ganſo, 4. Tinghing, 5. Sinching, 6. Thang, 7. Poye,
8. Kingtu , 9. Iungching , 10. Huon, 11. Ly , 12. Hiung , 13. Khi ☉, 14.
Xinçe, 15. Tunglo, 16. Gan ☉, 17. Caoyang, 18. Singan, 19. Ye ☉, 20. Lajxui.
Yuus les a toutes miſes ſous diuerſes conſtellations , ſelon leurs differentes ſitua-
tions, on eſtime qu'vne partie eſt ſous les conſtellations de Vi & de Ki , vne au-
tre ſous celles de Mao & de Pi. Sous l'Empereur Yuus cette Prouince dependoit de
celle de Kicheu, qui eſt aſſez conſiderable pour auoir produit ce grand Capitaine *Les anciens*
Yen Loijus, dont nous auons amplement parlé dans noſtre abregé. Au temps des *noms.*
Roys elle fut nommée Chao , Sintu par la famille de Hana , Paocheu par celle de
Sunga : c'eſt la famille de Taimainga qui luy a donné le nom qu'elle a à preſent.
On void au Zud-eſt de cette Ville , vn fort ancien debris des murailles de cette
Ville, que l'Empereur Chuenhious baſtit deux mille cinq cens ans auant la naiſ-
ſance de Chriſt. Il y a ſept Temples conſacrez aux Heros , l'vn à Iauus l'vn des
plus anciens Empereurs, on fait dans cette Ville vne boiſſon qui eſt fort eſtimé: *Les monta-*
Il y a auſſi de fort excellentes chaſtaignes, & tres-groſſes. *gnes les plus*
conſiderables.
   Proche de Huon eſt la montagne d'Yki, ou la mere de l'Empereur Iauus à veſcu. Vers Hiung eſt la montagne de Tahiung : des rochers ſort vne fontaine dont
l'eau eſt fort claire. La montagne de Lungcie touche à la Ville d'Ye, ſur laquelle
ils croyent voir la trace du dragon : on a de la peine à cheminer par ces montagnes, à cauſe d'vn fort dont on les a barrées ; il faut paſſer cette montagne
iuſqu'à la Ville de Thaitung, prés de la Ville de Tunglo il y a vne vallée renfermée de montagnes, dont les ſommets ſont fort hauts : on n'y va que par vne
ſeule route encor fort eſtroite ; pluſieurs vont par là en temps de guerres, à cauſe
de la ſeureté.

Des riuieres. La riuiere de Kiutho paſſe prés de la Ville de Tnnglo : elle ſort de la Prouince de Xanſi du coſté du Midy, & vient des montagnes de Cinhi, de là, paſſant par la cité de Heuping , elle deſcend dans cette Prouince , puis elle paſſe outre vers l'Orient, & ſe deſcharge dans la mer vers le fort de Tiencin.

Au Midy de la Ville il y a vn lac appellé Lienhoa fort petit, mais agreable, à cauſe des fleurs qui portent le meſme nom : ie feray la deſcription de ces fleurs en vn autre endroit : le lac eſt proche du foſſé de la Ville.

IN , eſt vn fleuue qui prend ſa ſource aux montagnes d'Ye , & coule de la coſte du Septentrion vers le Couchant ; il enuironne la Ville , & forme l'Iſle de Pehoa par ſes deſtours.

HOKIEN
La troiſieſme Ville.

L'Effet a donné le nom d'Hokien à cette Ville , parce qu'elle eſt entre des riuieres : auſſi y en a - il pluſieurs qui enuironnent ſon territoire comme ſi c'eſtoit vne Iſle. Sous la famille de Cheva elle a eſté autrefois ap-

Les anciens noms. pellée Tungyam ; ſous celle de Hana Poihai : mais les familles de Tanga & de Sunga l'ont voulu nommer Ingcheu & Inghai. Sous l'Empire d'Yvus elle dependoit de la Prouince de Kiche : elle a couru des fortunes bien differentes, tantoſt elle a eſté ſous le Roy Ci, tantoſt ſous le Roy Chaos , tantoſt ſous celuy d'Ien , va iiuſqu'à la mer Orientale , où il y a de fort grandes campagnes, dans leſquelles le ſel ſe fait & ſe forme de l'eau meſme de la mer : elle a peu de monta-gnes & encore fort petites : ſes eaux ſont pleines de poiſſons, & abondent en ecre-uiſſes fort excellentes : les temples les plus remarquables ſont dediez à quatre heros : elle a dix-huict cités ; la premiere eſt Hokien, 2. Hien , 3. Heuching, 4. So-

Les cités. ning, 5. Ginkieu, 6. Kiaoho, 7. Cing, 8. Hingci, 9. Cinghai, 10. Ningcin , 11. King ☉, 12. Vkiao, 13. Tungquang , 14. Kuching , 15. Cang ☉, 16. Nanpi, 17. Ieuxan , 18. Kingyun·

Vne montai-gne digne de remarque. Il n'y a qu'vne montagne remarquable prés de la cité de Cing , ſon ſommet s'eſtend en vne longue & large campagne, fort eſtimée à cauſe de ſa fertilité, la Merne eſt auſſi vn bourg : la montagne ſe nomme Si.

Lac merueil-leux. Prés de la cité d'Hien il y a vn lac fort profond qui s'appelle Vo : y iettant vne pierre, l'eau deuient rouge comme ſang : s'il y tombe des fueilles des arbres pro-chains, elle ſe changent en hirondelles, comme on dit des canes d'Irlande ; toute-fois ie m'en rapporte à ceux de la Chine.

CHINTING
La quatrieſme Ville.

CHinting eſt vne grande Ville qui commande à vn fort grand territoire, dan lequel on compte trente & deux cités : les montagnes de Heng la ferment du

Ses cités. coſté du Septentrion, & la riuiere Huthus au Midy ; les cités ſont celles cy : la pre-miere eſt 1. Chinting, 2. Cinxing, 3. Hoëio, 4. Lingxeu , 5. Khoching, 6. Lo-ching , 7. Vuxe , 8. Pingxan , 9. Heuping, 10. Ting ☉, 11. Sinlo , 12. Kioyang, 13 Hintang , 14. Ki ☉, 15. Nancung , 16. Sinho , 17. Caoxiang, 18. Vuye , 19. Cyn, 20. Ganping, 21. Iaoyang, 22. Vuxiang, 23. Chao ☉, 24. Pchiang , 25. Lungping, 26. Caoye, 27. Linching, 28. Can Hoang, 29. Ningcin , 30 Xin ☉, 31. Hengxui, 32. Yuenxi. Dans la diuiſion d'Yui ce pays eſtoit dans la Prouince de Kicheu, ſous

la domination des planetes Mao & Pi. La famille de Cheua la nomma Ping- *Ses vieux noms.*
cheu, celle d'Hana Hengxan, la famille de Tanga Hencheu. Le nom qu'elle a
à present luy vient de la race de Taiminga : La ville a au Soleil leuant vn grand &
magnifique temple : au derriere il y a vn edifice diuisé en neuf salles ; il a cinq
estages est haut de cent trente coudées. Dans la partie du temple la plus secrete
& cachée, il y a vne statuë fort grande & fort celebre, qui a la forme d'vne *Idole celebre.*
fille, & a plus de septante coudées de hauteur : on l'a nommé Quonin & le
temple Lunghing ; il y a aussi d'autres lieux dediez aux heros : entre ceux-là il
n'y en a que cinq de considerables, dont l'vn est dedié au premier Empereur de
la famille de Hana.

On void assez prés de la cité de Cingking vne fort haute montagne, nommée *Les montagnes qui sont re-*
C'angnien, dont le sommet surpasse les nues mesmes, sur lequel il y a vne *marquables.*
fontaine medicinale de grande vertu, où la Reyne Xayanga fit bastir vn tres-su-
perbe Monastere, dans lequel plusieurs sacrificateurs viuent pour conseruer vn
eternel souuenir, de ce qu'apres s'estre lauée dans cette fontaine, elle fut guerie
d'vne maladie inueterée.

Prés de Kioyang il y a vne montagne d'où sort vne fontaine de tres-grande
vertus les Chinois y treuuent des herbes fort rares, ils les cherchent auec grand
soin, comme aussi d'autres drogues pour la medecine.

La montagne de Ki est proche de celles de Cuui & de Tiaopuon, celle-cy est
fort remarquable à cause que Hansinius y deffit Chyniuus.

Vma est vne montagne prés de Canhoang, ainsi nommée à cause de cinq cheuaux qui sont faits de pierre fort dure ; la famille de Sunga, pour couurir ces
statues fit bastir vn edifice fort magnifique.

Prés de Ningcin il y a vn grand lac & marais : il se nomme Talo. *Les rivieres.*
Proche de Heuping il y a vn petit lac qui se forme de deux petites fontaines
for proche, dont l'vne est tres-froide, & l'autre chaude.

XVNTE

La cinquiesme Ville.

LE territoire de la ville de Xunte est à la verité d'vne tres-petite estendue, *Sa situation.*
il a pourtant vne campagne riante & agreable ; il n'y a que neuf villes, mais
toutes celebres & peuplées : ce pays est tres-fort, & se deffend aysement
des courses des ennemis, par le moyen des montagnes qui l'enuironnent. Il y a
force estangs & force eaux, en quoy consiste sa fertilité : il abonde principalement en poissons & en escreuisses ; les citez qui en dependent sont, la premiere *Les citez.*
Xunte, z. Xaho, 3. Nanho, 4. Pinghiang, 5. Quangcung, 6. Kiulo, 7. Thang-
xan, 8. Nuikieu, 9. Gin. L'Empereur Yuusla plaça sous la Prouince de Kicheu,
& sous la constellation de Mao : la famille de Cheua qui a tenu l'Empire la nom- *Les anciens noms.*
ma Hingque : au temps des Roys elle a esté tantost aux Roys de Cyn, tantost à
ceux de Chao : sous la famille de Hana elle s'appelloit Siangque, Sinte sous celle
de Sunga, & Xunte sous celle de Taiminga. On y trouue vn sable tres-fin &
deslié, fort propre à polir les pierreries : ie m'en suis par fois seruy pour faire
des lunettes auec fort bon succez, il est meilleur que nostre esmeril ou tripoli,
car il rase sans egriser : on le vend par tout la Chine ; on en fait aussi de la vaissel-
le de terre, mais qui n'approche pas pourtant de la porcelaine de la Prouince de
Kiamsi : ceux de la Chine y viennent querir des pierres de touche pour esprou-
uer l'or, auec d'autres, qui sont fort estimées pour leur couleur & dureté. Il y a
vn pont de pierre dans la ville. Deux temples remarquables : le premier à l'Em-

pereur Iaus sur cette montagne qui a le mesme nom ; l'autre est prés de Nuikieu.

Les monta-
gnes qui sont
celebres.
    La cité de Xaho a vne montagne fort renommée, mais pleine de cauernes : on
la nomme Tang, c'est à dire le bain, parce qu'il en sort vne eau chaude qui guerit
la de gale.

    Pungcio est vne montagne pres de Nuixieu, où les Medecins trouuent des me-
dicaments fort rares : là mesme est la montagne de Cu, c'est à dire orpheline, parce qu'elle n'a qu'vn sommet.

Les rivieres.
    Chochang est vne riuiere pres de Pinghiang : elle prend son origine dans la Pro-
uince de Xansi, assez proche de la cité de Lu dans la montagne de Kieu : de là ayant
passé la cité de Pinghiang, elle se mesle auec la riuiere de Guei, proche de la ville
de Hingci.

Le fruit de
Linkio
est grand
appellé Ma-
cres, le Tri-
bulus Aqua-
tique.
    Ce grand lac de Talo, dont j'ay parlé dans la ville de Chinting, se nomme aussi
Quangho, renommé pour ses poissons, Cancres, escreuisses, & pour vn fruit aquatique qu'on appelle Linxio : ce fruit a presque la mesme figure, que les Macres, ou tri-
bulus Aquatique, il represente vne piramide triangulaire ; l'écorce en est verte &
epaisse, & rouge aux extremités ; il deuient noir quand on le seiche, la substance au
dedans en est tres-blanche, & a le goust d'vne chastaigne, bien qu'il soit trois ou
quatre fois plus gros : on le plante par toute la Chine dans des eaux marescageuses ;
cette plante a les fueilles fort petites, & qui s'estendent fort loin sur l'eau ; les fruits
se cachent sous les eaux, & multiplient beaucoup ; ce lac va iusqu'à la cité de Kiúlo.

QVANGPING
La sixiesme ville.

Les cités.
Elle est la capitale des neuf suiuantes ; la premiere est Quanping, 2. Kiocheu,
3. Fihiang, 4. Kice, 5. Hantan, 6. Quangping, 7. Chinggan, 8. Guei, Cingho. l'Empereur Yvus rengea tout ce pays sous les mesmes constellations, &
dans la mesme Prouince que la precedente : au temps des Roys elle estoit dans
le Royaume de Cyn, puis sous celuy de Chao ; sous la famille de Cina elle fut nommée Hantan ; le nom qu'elle a à present luy a esté donné par celle de Hana. Entre
les autres temples qu'elle a, elle en a vn qui est dedié à ces hommes que les Chinois
Des hommes
immortels.
disent ne mourir jamais ; ils veulent faire croire qu'vn Heros y apparut autrefois,
qui y instruisit si bien vn pauure enfant, qu'il deuint apres vn grand Philosophe,
& finalement Empereur pour sa science. Il n'y a rien de fort particulier pour les riuieres, ny pour les montagnes.

TAMING
La septiesme ville.

Taming est la ville de cette Prouince la plus auancée vers le Midy ; vers le Septentrion la riuiere de Guei enferme ce territoire, & la riuiere Saffranée au
Midy : il est par tout arrosé de riuieres & d'estangs : Il y a vn lac de 80. stades de
circuit, qui nourit des poissons fort delicats : ce terroir est merueilleusement fertile
& agreable. Yvus le diuisa autrefois en deux Prouinces ; la partie qui est vers le Septentrion appartenoit à la Prouince de Kicheu, & la plus Meridionalle au Royaume d'Yen ; la premiere estoit sous la planete Xe, & l'autre sous celle de Pie : C'est
là que la tres-ancienne famille de Xanga tint le siege de l'Empire : La famille de
Cheua la nomma Yangping, celle de Tanga Tienhiung : le nom qu'elle a à present

luy vientde la famille de Sunga : elle a onze citéz fous elle, dont la premiere eft 1. Taming, 2. Taming, 3. Nanlo, 4. Guei, 5. Cingfung, 6. Nuihoang, 7. Siún, 8. Hoa, 9. Kai ☉, 10. Changyuen, 11. Tungming. Il n'y a que quatre Temples, mais plufieurs fepulchres remarquables, celuy de l'Empereur Cauus eft le plus an-cien , & fort celebre pour fon antiquité de quattre mil ans. *Les citéz.*

La montagne de Cie eft proche de Cingfung, remarquable par ce fepulchre de Cauus. *Les monta-gnes.*

Pres de la cité de Siun eft la montagne de Feuki cú : au couchant elle a vn lac qui vient d'vne Ville autrefois nommée Siun , qui abyfma en cet endroit : là mefme eft Cuxin, la plus haute de toutes les montagnes, & fort roide.

Pres de Nuihoang eft le lac de Luçu de 80. ftades : il y a vn eftang pres de la Ville de Caori, & vn autre beaucoup plus grand, qu'on appelle Changfung ou Moma, l'vn & l'autre tient du mareft : la riuiere de Guei paffe par les citez de Nui-hoang & de Siun, & c'eft là que les riuieres de Ki & de Chang s'affemblent & pren-nent le nom de Guei, le Guei fe defcharge dans la mer proche de Tiencin. *Les riuieres*

La huitiefme Ville IVNGPING.

IVngping eft à l'Orient de Peking, fon territoire eft plein de montagnes ; mais le golfe qui en eft proche fuplée à ce qui manque à la fertilité de ce païs: on y trou-ue grande abondance de poiffons, & de cette noble racine de Ginfeng, fi renommée dans toute la Chine : ceux du Iapon l'appellent Nifi : les Chinois luy donnent ce nom , à caufe qu'elle a la forme d'vn homme qui ouure les jambes, (car ils appel-lent vn homme Gin :) vous croiriez que c'eft noftre Mandragore, fi ce n'eft qu'elle eft plus petite ; toutefois je ne doute point que ce n'en foit vne efpece, car elle en a la figure & la vertu: jufques icy ie n'en ay encor pû voir les fueilles: la racine deuient jaune lors qu'elle eft feiche : elle n'a prefque point de fibres, ny de filaments ; elle eft toute parfemée de petites veines noiraftres, comme fi on les y auoit tirées fubti-lement auec de l'encre: lors qu'on la mafche elle eft desagreable , à caufe de fa douceur meflée d'vn peu d'amertume : elle augmente beaucoup les efprits vitaux, quoy que fa dofe foit à peine de la douziéme partie d'vne once: fi on en prend vn peu d'auantage, elle redonne les forces aux perfonnes affoiblies, & excite vne cha-leur agreable dans le corps; on s'en fert quand elle a efté cuite au Bain Marie, car elle rend vne odeur fouefve comme les fenteurs aromatiques : ceux qui font d'vne conftitution plus robufte, & plus chaude, font en danger de la vie s'ils en vfent, à caufe de l'augmentation & effervefcence des efprits qu'elle caufe, mais elle fait des merueilles pour les debiles, & pour ceux qu'vne longue maladie ou quelque autre accident a efpuifé de forces : elle reftituë tellement les efprits vitaux aux moribonds, qu'ils ont fouuent affez de temps pour fe feruir d'autres remedes , & recouurer leur fanté: les Chinois difent merueilles de cette racine: pour vne livre de cette racine on en donne trois d'argent. On tire l'eftain en ce mefme quartier, & on y fait auffi du papier. Ce pays eftoit fou Yuus dans la Prouince de Kicheu: la famille de Cina le nomma Leaofi, la Ville mefme s'appelloit Lulung fous les Roys de Guei : pour la famille de Tanga, elle luy donna le nom de Pingcheu. Elle a fix citez qui en dépendent; la premiere Iungping, 2. Ciengan, 3. Vúning , 4. Changly, 5. Lo ☉, 6. Loting. Il y a deux temples celebres dans cette Ville : le ter-roir de ces cités n'eft pas de grande eftenduë : la fituation en eft fort aduantageufe, eftant enuironnée de la mer, des montagnes , & des riuieres : le Fort le plus confiderable eft dans l'Ifle de la montagne de Cu , dont nous parlerons plus amplement cy-apres.

Il y a plufieurs torrents qui fortent de la montagne d'Iang, qui eft au Zud-eft de

La racine de Ginfeng.

Voyez-les dans le dif-cours fur la Relation de Thomas Rhoë.

L'eftain,

Les citez,

Les monte-gnes.

la Ville : Le fommet eft efpouuantable à voir : la montagne de Lungciuen eft
proche de Ciengan , il y a vne fontaine où ils viennent demander de la pluye au
Dragon, lors que la feichereffe eft trop grande : Tu,eft vne montagne fort haute,
& couuerte de bois fort plaifants & fort hauts.

Les riuieres. Au Zud-oueft de la Ville de Siuen il a vne fontaine tres-chaude,& vne autre pres
de Cheching vers le couchant , dans laquelle on pourroit aifement faire cuire des
œufs. In , eft vn lac de 30. ftades pres de Changli,qui abonde en fruits de Linxio,
en poiffons & en efcreuiffes : il eft fort long , car il fe defcharge dans la mer. Pres de
la cité de Lo il y a vne fontaine fort agreable.

Trois Citez deſtachées des autres.

ELles font bafties contre les courfes des Tartares , en des lieux que la nature a
fortifiez. Il y a des Colonels qui y demeurent : la 1. fe nomme Yenking , 2.
Iungning , 3 Paogan; la premiere abonde en vignes & en raifins , toutefois ils n'en
fçauent point faire du vin; ou , ce qui eft plus vrai femblable , ils n'en veulent point
faire , fe contentans de leur breuuage fait de ris , qui à la verité eft excellent : ceux
de l'Europe mefme ne s'en foucient pas, fi ce n'eft pour la Meffe. La cité de Paogan
a vn grand pont de pierre de taille, fous lequel paffe la riuiere de Luxeu ou Sanxan:
la cité mefme eft fituée au bord Septentrional de la riuiere.On y void au Zud-eft les
ruines d'vne ville fort ancienne , on les nomme les ruines de Hoangtius: ils difent
que c'eft là que Hoangtius auoit bafti cette cité. Fan eft vne momtagne au Nord de
Yanking , fur laquelle , s'eft peut eftre faite la premiere guerre ; car ce fut là que
La premiere guerre du monde . Xinnungus fut tué par Hoangtius, apres auoir regné cent & quarante ans : ce
combat, felon la fupputation de la Chronologie Chinoife, fuft deux mille fix cent
nonante & feptante ans auant la natiuité de Noftre Seigneur.

Des Forts de cette Prouince.

ON compte quatorze Forts qui ont efté faits pour la deffence de cette muraille
fi celebre : entr'autres il y en a vn qui tient le rang de Ville , fçauoir Siuen ,
confiderable pour fa grandeur & pour l'affluence de font peuple : il commande
prefque à tous les autres , & il y a plufieurs milliers d'hommes qui y font en garnifon: il a accoutumé de pouruoir les autres de ce qui leur eft neceffaire.On tire des
montagnes voifines du criftal fort net, du marbre & du Porphyre : ils ont des Rats
jaunes plus grans queles noftres , dont les Chinois recherchent fort les peaux : les
noms des Forts font , le premier Siuen , 2. Vanciuen du cofté gauche , 3. Vanciuen à
droit , 4. Hoaigan , 5. Caixping , 6. Lungmuen , 7. Changgan , 8. Chechixng , 9.
Iúncheu , (or ces neuf dependent de la Ville de Siuen ,) 10. Vuning , 11. Yu , 12.
Iungping , mais les plus grands font , 13. Xangai , & 14 Tiencin.

Le grand Fort de Xanghai eft dans l'Ifle de Cu,où la mer fait vn golphe,& s'aduance jufqu'au Nord;la riuiere de Linhoang qui vient de Tartarie s'y va defcharger:les
montagnes font tres-hautes en cet endroit : la mer d'vn autre cofté rend la deffenfe de la muraille tres-facile. Apres que les Tartares furent entrez par le pays
de Leaotung , on y mit vne groffe garnifon & des vaiffeaux , pour feruir de bride
aux Tartares.

Tiencin eft vn Fort ou Place de guerre au fonds du golphe de Cang, où toutes
les riuieres de la Prouince s'affemblent , pour fe rendre dans la mer : cette place
Ville mar-chande tres-confiderable. n'a prefque point fa pareille pour le trafic de grande eftenduë ; elle eft tres-
riche , & tres-magnifiquement baftie. C'eft là le lieu d'affembler des vaiffeaux
qui viennent de la mer ou des riuieres de la Chine; il y en a fi grand nombre
qu'on

qu'on auroit de la peine à le croire. I'ay mis deux iours à paſſer entre ceux qui
eſtoient à l'anchre à l'vn & à l'autre bord. Tout ce qui va à Peking paſſe par là , &
on y trouue les meilleures marchandiſes, parce que la vente y eſt plus libre, & qu'on
n'y a point mis d'impoſts.

Prés de Iuncheu eſt la montagne qui ſe nomme Lungmuen, c'eſt à dire la porte
du Dragon, parce qu'elle ſemble s'ouurir pour donner paſſage à vne riuiere qui
vient de Tartarie, & entre dans la grande muraille.

LA SECONDE PROVINCE
DE XANSI.

Vand on a paſſé la Prouince de Peking, celle de Xanſi ſe
preſente au Couchant; elle n'eſt pas à comparer à celle de
Peking pour la grandeur, ny pour le nombre de ſes habitans;
bien qu'elle la ſurpaſſe par ſon abondance de toutes choſes,
& par ſon antiquité; car les hiſtoires de cette nation rapportent, que les premiers habitans de la Chine ont commencé
d'y faire leur demeure. Cette Prouince n'eſt pas ſi grande *La qualité.*
que les autres, mais elle eſt agreable & ſaine; en beaucoup des
endroits, elle eſt montagneuſe, eultiuée pourtant preſque par tout, il y a meſmes
quantité de bois & de pleines ſur ſes mõtagnes: grãde abondance de grains, & grande quãtité de beſtail, peu de ris, mais en eſchange force millet, dont le peuple ſe ſert
en beaucoup d'endrois de la Chine, principalement dans les Prouinces qui tirent vers
le Nord: il reſſemble aſſés au noſtre quant à la figure & à la couleur, ſi ce n'eſt qu'il
eſt vn peu plus menu, il a aſſés bon gouſt: le peuple y eſt ſimple, on en eſtime les femmes pour leur bonne grace & pour leur beauté. Cette Prouince ſe nomme Xanſi,
comme ſi vous diſiés au couchant des montagnes, car telle eſt ſa ſituation; les montagnes de Heng la ſeparent de la Prouince de Peking, elle eſt bornée au Septentrion *Les bornes.*
par la grande muraille, qui continuë tout le long de cette Prouince, depuis le leuant
iuſqu'au couchant: au delà eſt le Royaume de Tanyu, & cette ſolitude ou deſert que
les Chinois appellent Xamo: apres elle eſt reſſerrée par cette grande & rapide riuiere Saffranée, qui coule du Septentrion au Midy, elle paſſe entre cette Prouince
& celle de Xenſi, & s'auançant tout droit vers l'Orient iuſqu'aux extremitez de
la Prouince, elle la ſepare d'auec celle de Honan. Toute cette Prouince repreſente
en quelque ſorte vn parallelogramme plus longue d'vn coſté que d'autre, dont l'vn
des coſtez eſt cette grande muraille, les deux autres ſont la riuiere Iaune, & le
quatriéme les montagnes de Heng.

La Prouince de Xanſi n'a que cinq villes, qui ont plus de nonante deux citez *Le nombre*
ſous elles, ſans parler des forts dont nous ferons mention cy-apres dans leur lieu. Le *des citez.*
Des hommes
liure qui contient le denombrement du peuple de la Chine, porte qu'il y a 589,959.
familles dans cette Prouince 5084.015. c'eſt à dire, plus de cinq millions d'hommes: le tribut du froment & du millet eſt de 2274,022 ſacs: elle paye 50 liures de *Le tribut.*
fin lin; 4770 pieces de draps de ſoye; 3544,850 gerbes de paille & bottes de foin
pour nourrir les cheuaux du Roy; 420,000 poids de ſel, chaſque poids de 124 liures, ſans compter le reuenu des autres bureaux.

Cette Prouince a des vignes; Ses raiſins ſont les meilleurs qui ſe treuuent dans route la Haute Afie ; fi les Chinois en vouloient faire du vin, ils en auroient de tres-bon & en abondance, mais ils fe contentent de feicher ces raifins, & les marchands les vendent fecs par toute la Chine, comme ils font les noix. Les Peres de noftre Compagnie en font du vin pour la Meffe,& en enuoyent à ceux qui font dans les Prouinces voifines ; au lieu qu'auparauant il le falloit faire venir d'Amacao auec de tres-grands frais,& beaucoup de peine.

Feu admirable dans la Chine. Il y a vne chofe dans cette Prouince, dont le feul recit eft admirable, ce font des puys de feu,de mefme que nous en auons d'eau parmi nous ; on y en void par tout, & on s'en fert pour cuire les viandes ; ce qui eft fort commode & de nulle defpenfe; on ferme l'ouuerture du puys,en forte qu'on ne laiffe que de petits trous, que les vaiffeaus où eft la viande peuuent remplir ; c'eft ainfi que les habitans de cette Prouince ont accoutumé de cuire leur viande fans beaucoup de peine. I'ay ouy dire que ce feu eftoit efpais,& peu clair; & que quoy qu'il foit chaud,il ne peut brufler le bois qu'on y iette:on le met dans de grandes canes ou rofeaux,& on le peut aifement porter où l'on veut ; & s'en feruir pour cuire, en ouurant le trou de la cane: la chaleur qui en fort peut faire vn peu boüillir ce que l'on y a mis,jufqu'à ce que la matiere en foit exhalée, c'eft vn admirable fecret de nature, fi la chofe eft veritable. Ie m'en rapporte aux hiftoriens de la Chine, que ie n'ay guere treuué menteurs dans les chofes que i'ay peû verifier moy-mefme. Dans toute cette Prouince on tire du charbon comme celuy du Liege ou des Pays-Bas : les Chinois du Septentrion s'en feruent pour efchauffer leurs poifles & leurs eftuues : apres auoir premierement caffé ces pierres, ils les pilent (car ils en tire fouuent de tres-grandes & de tres-noires) & puis les ayant deftrempées auec de l'eau, ils en font des maffes, comme on le pratique aux Pays-bas: elles ont de la peine à prendre feu ; mais quand il y eft vne fois, il dure fort long-temps, & eft fort ardent:

Les poifles de la Chine. les poiles font pour la plus-part de briques comme en Allemagne, mais faits en façon de petits lits, de forte que vous croiriez pluftoft voir vn petit lit dans vne chambre, qu'vne poifle ou vne eftuue,qui ne laiffe pourtant pas de feruir en hyuer pour s'y coucher la nuit.

Noftre Societé a plufieurs Eglifes dans cette Prouince,mais il n'y en a que deux où nos religieux faffent leur demeure ordinaire. Il s'y treuue par tout vn grand nombre de Chreftiens : les lieux, des refidences,de ceux de noftre Compagnie, font marquez du nom de I e s v s.

La premiere & capitale ville TAIYVEN.

La fituation & la nobleffe de la ville. LA Ville capitale de Taiyuen a toûjours efté mife au rang des plus confiderables, ancienne, magnifique & bien baftie : elle a de tres-fortes murailles, enuiron de trois lieuës de circuit, fort peuplée ; au refte eft fituée dans vn lieu fort agreable & fort fain : la verdeur de fes coftaux & fes montagnes couuertes de bois en rendent la veuë diuertiffante. La riuiere de Fuen y paffe au couchant, qui rend fertiles les lieux où elle paffe : anciennement, lors que la famille de Cheua regnoit,les freres des Empereurs y faifoient leur demeure; on l'appelloit pour lors le Royaume de Tang, puis apres de Chao : mais lors que la famille de Cina eu deffait les Roys, on la nomma Cinyang ;la famille de Tang a y pofa le fiege de l'Empire ; & pour lors on luy donna le nom de Peking: Mais la famille d'Vrai la nomma Sixing, & celle de Sunga Hotung ;la famille de Taiminga lui a donné le nom qu'elle a à prefent,le fils du premier Empereur de cette famille y a fait fa refidence.

Il ne faut pas s'eftonner s'il s'y treuue fi grande quantité de baftimens,& fi magnifiques, puis que ç'a efté la demeure de tant de Roys; mais le principal & le plus remarquable eſt le Palais Royal, conſiderable ſur tout pour ſa grandeur, & pour *Sepulcres magnifiques.* ſon architecture : on void des ſepulcres dans les montagnes voiſines, en quoy les Chinois ne ſont pas moins paroiſtre leur ſomptuoſité que leur ſuperſtition : ils ſont tous de marbre ou de pierre de taille : ils occupent beaucoup d'eſtenduë, pour en rendre la magnificence plus grande, accompagnés des voutes, des arcs de triomphe, qui n'en doiuent rien de reſte à ceux de Rome : comme auſſi les ſtatuës des Heros, des Hommes Illuſtres, les figures de diuers animaux, de Lions; mais principalement de cheuaux : ces ſtatuës poſées chacune dans leur place, s'accompagnent fortbien les vnes les autres, dans vne diſtance conuenable, dont ils ſont tres-exacts obſeruateurs : i'admiray auſſi de vieilles foreſts des cyprez plantez en eſchiquier, auſquels la hache n'a iamais touché. I'ay veu tout ce que ie rapporte icy.

L'Empereur Yuus mit ce pays dans la prouince de Kicheu, ſous la conſtellation *Les citez.* de Seng & de Cing, à cauſe de la differente ſituation qu'il a : le territoire de cette Ville eſt grand, & comprend vingt & cinq citez, dont voicy les noms, 1. Taiyuen, 2. Taiyuen, 3. Iuçu, 4. Taco, 5. Kci, 6. Siuxeu, 7. Cingyuen, 8. Kiaoching, 9. Venxui, 10. Xeuyang, 11. Yu, 12. Cinglo, 13. Hoxio, 14. Pingting,⊙, 15. Loping, 16. Che⊙, 17. Tinſiang, 18. Tai⊙, 19. Vtai, 20. Kiechi, 21. Cofan⊙, Fan, 23. Hing, 24. Paote⊙, 25. Hiang. La racine de Ginſeng ſe trouue auſſi dans ce pays, quantité de Muſc; la pierre d'Azur y eſt fort commune, on y fait de la vaiſſelle de terre aſſez belle. Entre les autres poiſſons qu'on peſche dans la riuiere Iaune, il s'y en prend vne ſorte qu'ils appellent Xehoa, à cauſe des taches pierreuſes qu'il a ſur ſa peau : ce poiſſon ne ſe peſche qu'aupres de la cité de Paote, l'on en fait beaucoup d'eſtat.

Il y a grand nombre de temples magnifiques dediez aux heros, on en conte ſept *Les temples.* de fort conſiderables, entr'autres celuy de Cuhia baſti ſur la montagne d'Inſiuen, à l'honneur d'Hanſinius ce vaillant General; & vn autre dans la Ville, à l'honneur d'vn Roy de la famille de Chao; on dit que la ſtatuë ſe dreſſa d'elle-meſme, apres que le ſculpteur l'eut grauée ſur vne pierre pretieuſe, & qu'elle s'en alla au lieu qu'on luy auoit preparé.

Il y a beaucoup de montagnes; celle de Kiecheu au Nord-eſt de la Ville *Les montagnes les plus notables.* eſt remarquable; on la nomme Kiecheu, qui ſignifie ce qui attache le nauire. car ils diſent, que l'Empereur Yuus arreſta ſon vaiſſeau à cette montagne, lors qu'il le conduiſoit ſur la riuiere de Fuen : vers la cité de Kiaoching il y a la montagne de Hukiue, d'où on tire grand quantité de tres-bon fer : & l'on y fait beaucoup d'outils de cette matiere. La montagne de Cio, proche de la cité de Pingting, eſt auſſi fort renommée à cauſe de la magnificence de ſon temple, & d'vn monaſtere, dans lequel vn grand nombre de preſtres viuent en commun. Pres de Cofan eſt la montagne de Siüe, c'eſt à dire de neige, dont elle a le nom, à cauſe qu'elle en eſt preſque toũiours couuerte : celle de Xeleu merite auſſi d'eſtre nommée, à cauſe de ſes ſommets affreux & deſcouuerts : elle ſurpaſſe les autres en hauteur; & eſt dans la iuriſdiction de la cité de Hing.

Cyn eſt vne riuiere proche de la cité de Taiyuen, dont le bras, qui coule vers *Les riuieres.* le Septentrion, eſt celuy que le Roy Chipeus fit creuſer, afin de ſubmerger cette Ville qu'il auoit aſſiegée, en cas qu'il ne la peuſt prendre : vous en treuuerez la deſcription plus au long dans l'abregé que i'ay fait de l'hiſtoire de la Chine.

Au couchant de la Ville il y a vn torrent nommé Lieu, à cauſe de la quantité de *L'uſage des ſaulx.* ſaulx qu'on void ſur les deux bords de ce torrent : le peuple de la Chine met ces arbres au rang de ceux qui ſont les plus agreables, ce ne ſont pas des ſaulx ordinaires qui pouſſent leur branches en haut; mais d'autres, qui ſe baiſſent & ſe plient d'enhaut comme ſi c'eſtoient des cordes, & tous couuerts de fueilles, touchent

iufqu'à terre , ils les dreſſent par cét artifice, lors que la branche pouſſe en haut
ils la courbent & la chargent tellement de terre,que le tronc paroiſt audeſſus ; de
façon que la branche qui eſt deſia pliée vers terre, y prend racine,& il en vient vn
ſecond arbre , dont les branches venant toutes à ſe courber, font vn agreable ſpe
ĉtacle. Les Chinois en font d'ordinaire le meſme des autres arbres , comme nous
auons accoutumé de le pratiquer dans les hayes , & dans les treilles.

La ſeconde Ville PINGYANG.

La qualité. ON nomme Pingyang la ſeconde des Villes de ſa Prouince , encor qu'elle ne
cede à la capitale , ni pour l'eſtenduë du territoire , ni en excellence, ni en
nombre de citez : car ſon pays eſt en partie plat , & en partie montagneux: le fonds
en eſt fertile , cultiué par tout , ſi ce n'eſt proche des montagnes les plus affreuſes:
l'air eſt bon, les citez & les villages abondent en toutes choſes : la Ville meſme eſt
plus conſiderable pour ſon antiquité que n'eſt pas ſa capitale ; de façon qu'elle peut
paſſer pour vne des principales villes de la Haute Aſie: c'eſt là où l'Empereur Iauus,
dont on ne ſçauroit aſſez louër le merite, a tenu ſa Cour, & qu'il y a regné deux
mille trois cent cinquante & ſept ans auant la naiſſance de Ieſus-Chriſt : cette Ville
eſt ſituée au bord de la riuiere de Fuen , qui regarde l'Orient : Fuen deſcend de la
Les citis. capitale, & ſert pour y faire môter les marchandiſes: trente-quatre citez dependent
de Pingyang , dont la 1. eſt Pingyang , 2. Sianglin , 3. Hungtung , 4. Feuxan , 5.
Chaoching , 6. Taiping , 7. Yoiang, 8. Ieching , 9. Kioyao, 10.Fuenſi,11. Pau , 12.
Pau ☉ , 13 Lincin , 14. Yungho , 15. Yxi , 16. Van Ciuen , 17 Hocin , 18. Kiai ☉ , 19.
Ganye , 20. Hia , 21. Venhi , 22. Pinglo , 23. Iuiching , 24 Kiang , 25. Ciexan , 26.
Kiang , 27. Yuenkio , 28. Ho ☉ , 29. Kie ☉ , 30. Hiangning , 31. Cie ☉ , 32.
Taning , 33. Xeleu , 34 Yungho.

Diuers riuieres rendent le pays au tour de cette Ville fort fertile : la riuiere
Iaune y paſſe du coſté d'Occident & du Midy : celles de Fuen & de Hoei en parta-
gent le territoire, que l'Empereur Yuus mit dans la Prouince de Kicheu, &
plaça ſous les conſtellations de Cu & de Seng : ce pays a eſté autrefois aux Roys
Les anciens de Cyn, puis à ceux de Han, & peu de temps apres a ceux de Chao, ſous les familles
noms. Imperiales de Cina & de Hana, il eſtoit cenſé entre les terres de Hotung: la famille
Tanga a nommé cette Ville Cincheu, les Vtai l'ont nommée Tinchan : la famille
Tartare d'Iuena l'a appellée Cinning : celle de Taiminga luy a rendu ſon vieux
nom de Pingyanga , que l'Empereur Iauus luy auoit donné : on l'appelle encore de
meſme à preſent : la cité d'Hia eſt recommandable à cauſe que ç'a eſté la patrie de
l'Empereur Yuus, qu'il y baſtit vn Palais qu'il nomma Hiaam, du nom de la Ville,
Les Egliſes Kiang & Pu , les deux plus grandes cités ſont renommées pour deux Egliſes de-
de la Compa- diées au vrai Dieu , & pour le grand nombre de Creſtiens qui les habitent : deux
gnie de Ieſus. Preſtres de la Compagnie de Ieſus ont ſoin d'y aduancer la religion Chreſtienne ;
peu d'ouuriers pour vne ſi grande moiſſon.

Il n'y a que douze temples conſiderables dans tout le territoire de cette ville, dont
l'vn eſt de pierres de taille , baſti ſur la montagne de Cuikin , auec force colomnes
de pierre : il y en a auſſi vn autre pres de Taiping , où on a fait vne deſpenſe veritablement Royale : la famille Imperiale de Sunga le fit baſtir à l'honneur d'vn de ſes
Generaux, pour exciter par là ſes autres Officiers a faire leur deuoir.

Les monta- Golung eſt vne fort grande montagne qui commence pres de Siangling, de là elle
gnes les plus paſſe vers le Septentrion & les citez de Fuenſi & de Fuenxan, puis s'aduançant
remarqua- vers le Midy elle touche aux Villes de Kioyao & d'Yeching , où elle ſe joint auec
bles. les montagnes d'Vlao, va tout d'vne traite & ſans interruption iuſqu'à la Prouince
de Xenſi, & encor plus loin au couchant.

La partie de cette montagne qui eſt proche de Kioyao s'appelle la montagne de Kiao : c'eſt là où la couronne de cet ancien Empereur Hoangtius eſt enterrée auec ſes autres marques de l'Empire.

Xeuyang eſt vne montagne proche de la cité de Pûi, remarquable en ce que ces deux Philoſophes iſſus du ſang Royal, qui mépriſoient l'Empire, s'y cacherent, tenans à deshonneur d'obeïr à l'Empereur Cheui, fort décrié pour ſes vices.

Là meſme eſt la montagne de Lie, Xunus cet Empereur ſi fameux eſtoit vn laboureur de ces quartiers là : iuſques à preſent cette montagne n'a produit aucune plante dangereuſe, ny qui eût des eſpines : ils veulent faire croire que c'eſt à cauſe des merites de ce perſonnage.

La riuiere d'Hoei, eſt du territoire de cette Ville, elle commence proche d'Teching, de là elle tire vers le couchant, & va deſcharger ſes eaux bourb euſes dans la riuiere Saffranée. Proche de Van Ciuen, on marque vn torrent qui vient des montagnes, dont l'eau eſt fort chaude en Hyuer, & tres-froide en Eſté.

Il y a vn lac au pied de la montagne de Xeuyang, aſſez grand, où l'on dit que l'Empereur auoit accoûtumé de ſe diuertir à la peſche.

Le lac d'Ieu, c'eſt à dire ſalé, commence proche de la grande cité de Kiang, de là il va iuſqu'au territoire de la cité de Ganye : il a cent & quarante ſtades de circuit : tout ce lac eſt ſalé comme l'eau de la mer, & l'on en fait du ſel.

La troiſieſme Ville TAITVNG.

CEtte Ville eſt la troiſieſme, elle n'a pas l'antiquité, ni la grandeur des autres; mais elle eſt conſiderable pour la commodité du lieu où elle eſt ſituée, & pour la force de ſes murailles : elle eſt entre les montagnes auec tout le païs qui en depend, vers le couchant, où le païs eſt moins raboteux & difficile, & par conſequent plus expoſé aux courſes des Tartares, il y a pluſieurs Forts, dans leſquels auſſi bien que dans la Ville on tient vne forte garniſon : les Roys de Chao, ſur la fin de la famille de Cheua, furent les premiers qui rendirent ce païs ſuiet aux Chinois, pour lors on l'appelloit Petie; la famille Imperiale de Cina le nomma en ſuite Iunchung, celle de Tanga Iuncheu : depuis ce temps on l'a toûiours appellé Taitung : cette Ville a iuriſdiction ſur onze citez, la 1. Taitung, 2. Hoaigin, 3. Hœnyuen, 4. IngO, 5. Xanin, 6. So☉, 7. Maye, 8. Guei ☉, 9. Quangling, 10. Quangchang, 11. Lingkieu. On trouue dans ſes montagnes de tres-bonne pierre d'Aſur : on y prepare auſſi des peaux dont on fait grand traffic : il y a grande quantité de Porphyre & de marbre : elle produit du iaſpe de diuerſes couleurs : elle a cinq temples conſiderables, dont l'vn eſt dedié à la memoire d'vn hoſte, pour auoir rendu vne bonne ſomme d'or auec beaucoup de fidelité au fils d'vn homme qui cherchoit ſon pere, qui auoit logé chez luy, & y eſtoit mort; le fils ni aucun autre ne ſçahant rien de cet or: les Chinois en memoire d'vne ſi rare probité, nomment la cité Hoaigin, qui vaut autant à dire qu'embraſſant la pietié; & baſtirent vn temple à la memoire de cet homme: ce temple s'appelle Changgin, c'eſt à dire toûiours pieux.

Pres de Hœnyuen il y a vne partie de la montagne de Heng, où les Herboriſtes viennét de tous coſté pour y amaſſer diuerſes herbes excellentes pour la medecine: ie ne ſçay quelle ſuperſtition les empeſche de mettre la coignée aux arbres qui y ſont.

La cité de So à la montaigne Iueny, nom d'vne Muſicienne, que le Roy Guei aimoit fort, & qui y eſt enterrée.

Pres de Quangchang eſt la montagne d'Hiang, remarquable pour vne foreſt de vieux pins : au milieu eſt vn temple & vn couuent.

Tape, montagne proche de Lingkieu, dont on tire vne terre ſi rouge, qu'on s'en

Les riuieres. peut feruir au lieu de vermillon, pour imprimer des cachets ronges à la Chinoife.

La carte marque les riuiere: au couchant de la Ville, il y a un petit lac qui vient d'vne riuiere nommée le lac de Kiunçu, c'eſt à dire du bon homme; car c'eſt là où demeuroit cet hoſte qui rendit l'or.

Pres de la cité de So ſur la montagne d'Yenking, il y en a vn autre fort profond, d'vne ſtade de circuit

La quatrieſme Villle LVGAN.

L'Empereur Yuus comprit le païs de Lugan dans la Prouince Kicheu, & le mit ſous les conſtellations de Sang & de Cing : la famille de Cheua en fit le *Antiquité.* Royaume de Liheu, dont les Roys de Han s'emparerent, puis ceux de Chao: & quand les Roys eurent eſté desfaits, le premier Empereur de la famille de Cina appella cette Ville Xantang : celle de Taiminga luy donna le nom qu'elle a à preſent, en fit la reſidence d'vn Prince de ſes parents, & luy fit baſtir à la ville de Lugan vn magnifique Palais : c'eſt de là qu'elle eſt deuenuë riche & puiſſante : elle eſt ſituée au bord de la riuiere Chang au Septentrion, dans vn lieu aſſez agreable : le territoire en eſt peu étendu, mais en eſchange fort diuertiſſant, & qui n'en doit gueres de reſte aux autres, elle fournit en abondance tout ce qui eſt neceſſaire à la vie : elle n'a que huit citez ſous ſon obeïſſáce, 1. Lugan, 2. Chançu, 3. Tunlieú, 4. *Les citez.* Sianghengs, 5. Luching, 6. Huquan, 7. Liching, 8. Pçingxun. Il y a deux temples de marque, dont l'vn eſt baſti à l'honneur de Xinnungus ſur la montagne de Peco, c'eſt à dire de toutes ſortes de fruits, où l'on void auſſi vn puys, pres duquel on dit qu'vn inconnu preſenta de la ſemence de froment, de miliet, & des legumes à ce Xinnungus premier Empereur de la Chine, & luy enſeigna comme il falloit ſemer les grains ; ainſi la Chine a ſa Ceres, & pour marque de leur reconnoiſſance d'vn ſi grand bien fait, ils luy baſtirent ce temple auec beaucoup de ſomptuoſité.

Les monta- La montagne de Fakieu eſt proche de Chançu : elle ſe nomme ainſi à cauſe de la *gnes les plus* quátité de ſes tourterelles, il y a pluſieur, foreſts, & vn château pour defédre le pays. *remarqua-* *bles.* Lin eſt vne montagne proche de Tunlieu, ſur laquelle Heuyus cet archer tres-adroit tua en volant ſept oiſeaux l'vn apres l'autre.

Proche de Luching, la montagne qui ſe nomme Funieu, c'eſt à dire qui couure la vache; car ils diſent qu'vne vache furieuſe & enragée y tua beaucoup de monde, qu'vn hôme inconnu la fit entrer dans vne cauerne, & qu'on ne le vit point depuis.

Les riuie- Pour les riuieres, il n'y a rien de remarquable, ſi ce n'eſt que la riuiere de *res.* Chang commence proche de Lugan dans les montagnes qui ſont pres de la riuiere de Sin.

La cinquieſme Ville FVENCHEV.

La ſitua- QVand vous remontez la riuiere de Fuen, vous treuuez au bord qui re-*tion.* garde l'Occident, la Ville de Fuencheu, a mi-chemin entre la capitale & les autres Villes de Pingyang : elle eſt ſituée en vn lieu qui eſt fort propre pour le trafic. Elle a ſon nom de la riuiere. Tout ce païs eſt montagneux à la verité, mais il en laſſe pas d'eſtre cultiué, & d'auoir des champs fertiles en toute ſorte de bleds, des *Vne ſorta-* foreſts, & de tres-bons paſturages : on y fait vn breuuage de ris fort eſtimé, qui *re boiſſon.* vaut bien le vin que nous auons: on y fait tremper de la chair de bouc preparée de quelque maniere particuliere. Les Chinois en font grand eſtat, il nourri beaucoup: il a beaucoup de force, & vn gouſt fort agreable & delicieux, ils le nomment communement Yangciëu, comme ſi vous diſiez vin de bouc : le Roy, qui eſt de la famille de Taiminga, demeure dans la Ville, où on a baſti vn magnifique

Palais , qui aduance iusques vers la porte qui regarde le soleil leuant : on y
void aussi vn autre Palais superbe & ancien, où le Roy Iang auoit accoutumé de
passer la chaleur de l'Esté : il a regné l'an six cent dix apres la naissance de Christ:Il
y a quatre temple dediez à des Heros. Cette Ville commande à huit citez,
situées toutes depuis le leuant iusqu'au couchant , entre la riuiere de Fuen & la
riuiere Iaune , la 1. Fuencheu, 2. Hiaoy, 3. Pingiao, 4. Kiaihieu,5.Ninghian, 6. Les citez.
Lingxe , 7. Iungning ☉, 8. Lin.

l'Empereur Yuus comprit cette Ville dans la Prouince Kicheu , sous la constellation de Seng : elle a esté autrefois sous l'obeissance des Roys de Cyn , puis de
Guei , & ensuite de Chao : la famille de Cina & de Hana l'ont appellée d'vn
mesme nom Taiyuent: celle de TangaHaocheu : la famille de Taiminga luy a
donné le nom qu'elle a auiourd'huy.

Vanhu est vne fort haute montagne au couchant de la Ville : elle a ce nom de Les mon-
dix mille hommes,qui monterent au sommet,& echaperent le danger qu'ils cou- tagnes les
roient , d'vn grand debordemét d'eaux qui auoit inondé beaucoup de païs. plus conside-
rables.

La montagne de Caotang est proche de Hiaoy , il y a beaucoup de bains , des
fontaines chaudes , & de ces puits de feu, dont i'ay parlé cy-dessus.

Il n'y a rien de particulier pour les riuieres, si ce n'est vne fort grande cheute Les riuieres.
d'eaux , dans les montagnes qui sont proche de Pingiao , dont le bruit s'entend
durant plusieurs stades.

Il y a beaucoup de fontaines chaudes & boüillantes, semblables à celles de Poz-
zolo en Italie : si les Chinois recherchoient toutes ces commoditez auec plus de
curiosité , ils en verroyent aisement les mesmes effets : car il y en a de toutes sortes
differentes entre elles pour leur couleur & pour le goust de leurs eaux.

Sin , l'vne des plus grandes citez.

APres auoir fait la description des grandes Villes , il y a quelques citez qui
restent, que les Chinois nomment Cheu,elles commandent bien à quelques
autres citez , mais elles n'ont pas pourtant ni le nom ni la diginté de Villes : la premiere de ces cités est Sin , dans le peu d'espace de terre qu'elle contient , elle ne
laisse pas d'en auoir deux autres sous elle: la seconde est Siniuen , & la troisiéme La qualité.
Vuhiang. Ce païs est la partie de la Prouince la plus haute, & où l'air est d'ordinaire
plus espais & plus froid qu'ailleurs:les montagnes y sont si hautes , que ceux qui y
passent remarquent vn notable changement dans l'air , & le trouuent quelquefois
trop subtil pour la respiration. C'est là où est la source de la riuiere de Chochang. Il
y a trois temples considerables , dont l'vn est fort celebre pour auoir esté autrefois
visité par les Roys mesmes : il est au Midy de la ville nommé Venchung , l'on y
garde vne fort grande biblioteque où les plus anciens de leur Roys ont estudié.

La seconde des plus grandes citez Leao.

LA grande cité de Leao en a deux autres sous sa iurisdiction , sçauoir Iuxe &
Hoxun:ce païs n'est pas fort different de celuy de Sin : au leuant il n'y a que les
montagnes de Heng qui le bornent : il est considerable pour la racine de Ginseng
qu'il produit , & pour le musc dont il abonde.Il a deux temples magnifiques , l'vn
basti par la famille Imperiale de Cheua,en faueur d'vn de ses Generaux , qui rem-
porta vne grande victoire , & mourust peu de temps apres des blessures qu'il auoit
receuës dans vne bataille : là aussi se void son sepulcre qui est fort magnifique.

La troisiéme de grandes citez, Ce.

CEux de la Chine escriuent que le païs de Cé est vn des plus asseûrez contre les courses des ennemis, parce qu'il est par tout fermé de la montagne Iaune & de la riuiere de Sin, qui en rendent l'entrée fort difficile: cette cité en gouuerne cinq autres, la 1. Cé, 2. Caoping, 3. Iangching, 4. Linchuen, 5. Sinxui, qui sont toutes dans des vallées, hormis Caoping qui est sur la montagne de Hanuang, bast ie dãs vn lieu fort diuertissant, à cause des vallées qui sont au bas. Il ne s'y treu-
L'eau rou- ue rien de fort rare, si ce n'est le fleuue rouge de Tan; car son eau ressemble fort a du
ge. sang: pour sa couleur: ceux de la Chine asseurent qu'autre fois elle estoit fort claire, mais qu'elle tient cette couleur de Pei, vn des plus fideles Gouuerneurs des Roys de Chao, qu'elle a conserué iusqu'à present; parce que ce fut proche de ce fleuue qu'il se fit mourir.

Les Forts.

CEtte Prouince compte quatorze grands Forts, bastis pour la deffente de la grande muraille, & pour la seureté des chemins: il y en a qui sont plus grands & mieux peuplez que ne sont les citez mesmes, le 1. Gueiyuen, 2. Ieuguei, 3. Coguei, 4. Maye, 5. Vanglin, 6. Iangho, 7. Caoxan, 8. Tienching, 9. Chinlu, 10. Cingyuen, 11. Panglu, 12. Chungtun, 13. Gentung, 14. Tungxing.

LA

TROISIESME PROVINCE

XENSI.

ETTE Prouince pourroit difputer de grandeur & d'antiquité auec toutes les Prouinces de la Haute Afie ; car les Empereurs *Sô antiquité.* de la Chine y ont fait prefque de tout temps leur demeure, juf-ques fur la fin de la famille de Hana, c'eft à dire plus de deux cent foixante & quatre ans apres la naiffance de I. Chrift : auffi elle a efté peuplée par les premiers Chinois, autant qu'on le peut voir dans leur plus anciennes hiftoires ; & i'ay nombre de tres-fortes raifon, qui me font croire qu'ils n'ont iamais commencé de s'auancer du couchant ve s l Orient, qu'apres le deluge vniuerfel. Cette Prouince eft celle des Prouinces Septentrionales de la Chine, qui s'eftend le plus vers l'Occident, car elle touche au royaume du Preftre-Iean, à celuy de Cafcar & de Tibet, païs que *Ses bornes.* les Chinois comprennent fous le nom de Sifan : du cofté du Nord, elle eft feparée du Royaume de Tayu par la grande muraille, & par les Forts qui en font proche. La grande muraille à la verité ne couure pas toute cette Prouince, car elle ne paffe point les bords de la riviere de Iaune, mais la partie de la Prouince, qui eft au delà de la riviere & qui n'a point de muraille, eft affez couuerte de ce côté là, par desde-ferts & des fables toufiours arides Xéfi a efté autrefois plus cultiué qu'il n'eft à pre-fent : cette mefme riviere Saffranée, qui paffe entre cette Prouince & celle de Xan-fi, termine la premiere du cofté du Leuant ; de façon que cette grande riviere Iaune forme prefque les trois coftez de cette Prouince : du quatriefme cofté qui eft au Midy, ce ne font prefque que montagnes qui la bornent, & qui la feparent de Honan, de Suchuen, & d'Huquang.

On dit que cette Prouince contient 83 1051 familles, 393 4176 hommes, & paye *La quantité d'hommes &* d'ordinaire le tribut de 192 9057 facs de froment ou de millet ; 360 l ures de toile fi- *l'abondance* ne, de foye filée de toute forte 9218, de coton 17172, de toile de coton 12, 8770, de *de toutes cho-* botes de foin pour les cheuaux du Roy 151, 4749 : fans parler de plufieurs autres *fes* reuenus des impofts, qu'on a mis fur chaque chofe. Cette Prouince contient huit Villes remarquables, & cent fept citez, fans conter les places de guerre & Forts, dont il y en a dix neuf de confiderables, nous en parlerons cy-deffous.

L'air de ce pays eft doux, & la terre eft fertile, à caufe du débordement des tor- *Qualité.* rents & des riuieres, & de la quantité des terres labourées : de forte qu'elle rapporte abondamment tout ce qui eft neceffaire à la vie : il y a des mines d'or fort riches, & quoy qu'il foit defendu par les loix du pays d'ouurir aucune mine, fi eft-ce toute-fois qu'il y a vne infinité de monde qui vit fort à fon aife du gain qu'il y a à amaffer

C G

& à lauer ce fable d'or, que les riuieres & ruiffeaux tirent des mines : Ce peuple eft traitable, ayme les eftrangers, leur façon de viure eft fort douce, & eft plus propre à l'eftude que les autres Chinois plus Septentrionaux.

Il y a cette incommodité dans cette Prouince, qu'il y pleut moins que dans les autres du Septentrion, & qu'elle fouffre fouuent vn fi grand dégaft des fauterelles, qu'encore mefine que les Magiftrats contraignent tout le monde, de quelque cōdition qu'il puiffe eftre, de fe mettre en câpagne pour leur faire la guerre & les détruire, fi ne laiffēt elles pas par fois de tout brouter, fans laiffer aucune verdure dans les champs : il y en a d'ordinaire vne fi grande quantité, qu'elles obfcurciffent le Soleil, les Chinois n'en haiffent pas la chair quand elles eft bouillie. Ce pays produit peu de ris, eft tres-abondant en froment & en millet, & mefme à caufe de la trop grande force de froment, lors qu'il eft creu à vne certaine hauteur, ils font quelquefois contraints de laiffer aller les brebis dans les champs, afin qu'en Hyuer elles puiffent brouter les bleds, qu'on croid auoir plus de force lors qu'ils repouf-

fent en fuite au Printemps.

Cette Prouince fournit auffi beaucoup d'excellentes drogues, furtout de la rhubarbe, qui n'eft pas fauuage comme on penfe, mais qui a befoin d'eftre cultiuée auec foin : les Chinois la nomment communément Taihoang : la racine en eft affez folide, auec des extuberances qui aduancent de cofté & d'autre : les fueilles ne reffemblēt pas mal aux choux de noftre pays, mais elles font plus grādes : ils pendent & feichent à l'ombre les racines apres les auoir enfilées, car elles perdroient leur force fi on les feichoit au Soleil : toute la rhubarbe qu'on nous apporte dans l'Europe, vient pour la plus grande part de cette Prouince, & de Suchuen, par la mer des Indes, ou par Cafcar, Aftracan & Ruffie, ou par les Royaumes de Tebet, du Mogor & la Perfe : Les Turcs & les Tartares, par les ambaffades qu'ils fuppofent tous les ans de la part de leurs Roys, entrent dans la Chine, qu'ils appellent Catay, afin de negocier plus librement auec les Chinois, fous ce pretexte : toutefois ceux de la Chine y ont donné bon ordre, ne permettant à perfonne qu'à l'Ambaffadeur, & à quelques-vns de fa compagnie feulement, qu'il peut prendre pour paroiftre auec plus de magnificence & de pompe, d'entrer dans le cœur du Royaume, & principalement dans la Cour de l'Empereur à Peking : pour les autres, ils font contraints de s'arrefter dans les citez de Cancheu & de Socheu, où l'vn des Viceroys de cette Prouince fait fa demeure, qui a ordre de les obferuer & de prendre foigneufement gade aux deffeins des Tartares qui en font proche. Leur marchandife la plus ordi-

naire eft le Iafpe felon leur eftime, eft la plus precieufe de toutes les pierres : ils les nōment Yu, les Marchands l'ont du Royaume d'Yarken, & les vendent auec beaucoup de gain & de profit. Il reffemble à l'Agathe ou au Iafpe de l'Europe, fi ce n'eft qu'il a vn peu plus d'efclat, & qu'il blanchit à caufe d'vn peu de bleu qui y paroift meflé : ce pourroit bien eftre vne de ces pierres dont la fainte Ecriture fait mention, & qu'elle met au nombre des douze pierres precieufes qu'Aaron deuoit auoir fur fon veftement : fi on en pouuoit auoir vne carrée, & qu'vn des coftez fuft d'vn demi palme, la valeur en feroit ineftimable, & il n'y auroit que l'Empereur feul qui la peût payer : les Gouuerneurs, & les premiers des Magiftrats font garnir leur ceintures & baudriers de cette forte de pierres : les autres les portent enrichis d'or, d'argent, d'yuoire, ou d'autre matiere femblable, chacun felon fa charge & dignité.

Ces Marchands remportent vne grande quantité de rhubarbe, de mufc, & d'autres chofes femblables, que les Chinois portent au marché, qui fe tient à Cancheu, auffi-toft qu'ils ont appris que ces eftrangers y font arriuez.

Mais afin qu'on ne foit pas plus long-temps en peine de fçauoir que c'eft que le mufc, ie diray ce que i'en ay veu plus d'vne fois de mes yeux : c'eft vne boffe, ou eminence au nombril d'vn animal, qui reffemble à vne petite bourfe, cōpofée d'vne pellicule fort fubtile, couuerte de poil fort delié : les Chinois appellent cét animal

Xe, d'où vient le mot de Xehiang, c'est à dire l'odeur ou bonne senteur de cét animal Xe, qui signifie le musc : cét animal a quatre pieds, & ne ressemble pas mal à vn petit cerf, si ce n'est que le poil tire dauantage sur le noir, & qu'il n'a point de bois : les Chinois en mangent la chair quand ils l'ont tué.

On trouue quantité de musc dans cette Prouince, comme aussi dans celles de Suchuen & de Yunnan, & autres lieux qui approchent le plus du couchant, comme ie diray en son lieu. Si ces bourses sont pures & naturelles, sans estre falsifiées, elles sont tres-excellentes, & ont vne odeur & saueur forte, & comme la grande lumiere offusque la veuë, & les sons trop retentissans offensent l'aureille ; de mesme le musc naturel & la ciuette pure blessent l'odorat : mais, les Marchands remplissent des bourses faites de la peau & des dépoüilles de la beste, & adioûtant vn peu de musc, ils le vendent comme s'il estoit pur. On fait aussi dans cette Prouince de Xensi vne certaine estoffe fort gentille de laine de brebis, ou de poil de chevre, incomparablement meilleures que ces estoffes qu'on nomme à Milan des sayettes : on y fait aussi des tapisseries qui ne sont pas à mépriser, & autres choses semblables ; mais principalement ils font des chapeaux d'vne forme pointuë comme sont les nostres, mais sans bords, dont les Soldats & les hommes se seruent cômunément dans la Chine : la Prouince de Xensi fournit tout cela à la haute Asie. Quant au poil de Chevre, ils ne se seruent que de celuy qui est le plus prés de la peau, ou du poil d'hyver, n'y ayant rien de plus mollet ni de plus delicat : ceux de la Chine le nomment le poil d'hyuer, parce qu'il croist durant cette saison à ces animaux, comme si la nature les vouloit par là garder du froid.

Cette Prouince est encore celebre par vne pierre fort antique, sur laquelle la Loy de Dieu est escrite en caracteres Syriaques & Chinois, apportée à ceux de la Chine par les successeurs des Apostres : on y list le nom des Euesques & des Prestres de ce temps-là, & celuy des Empereurs Chinois qui leur furent fauorables, & leur accorderent des priuileges : elle contient aussi vne courte explication de la Loy Chrestienne, mais tout à fait admirable, composée en langage Chinois treseloquent, dont Dieu nous fera la grace d'en dire dauantage dans nostre seconde Decade de l'abregé des histoires de la Chine. On l'a trouuée l'an M. D C. XXV dans la cité de Sanyuen, comme on creusoit les fondemens d'vne muraille : le Gouuerneur de la Ville, ayant esté informé aussi-tost de ce monument qu'on auoit treuué, en considera l'inscription de plus prés ; &, comme ils sont grands amateurs de l'antiquité, il l'a fit imprimer, & en suite vn écrit à la loüange du monument, & puis apres tailler sur vne autre pierre de mesme grandeur vne copie de celle qu'on auoit treuuée, en obseruant les mesmes traits & caracteres, auec toute la fidelité requise. Les Peres de nostre Societé en ont porté à Rome vn exemplaire selon l'original, auec l'interpretation : on la garde à present auec son interpretation dans la biblioteque de la Maison Professe de IESVS : elle fut imprimée à Rome l'an M.DC.XXXI. Or la figure de cette pierre est vn parallelogramme, qui a cinq empans de large, vn d'espaisseur, & dix de longueur : au haut il y a vne Croix, comme est celle des Cheualiers de Malte : si quelqu'vn desire en auoir vne plus exacte connoissance, il l'aura toute entiere & plus amplement d'écrite dans la Prodrome de la langue Coptique, composée par le R.P. Athanase Kircherus, & dans la Relation de la Chine faite par le R.P. Alvaro Semedo.

L'Euangile a autrefois esté dans la Chine

Ce sont donc les Peres de nostre Societé qui ont ramené cette connoissance de la Loy de Dieu, qu'vn si grand espace de temps auoit abolie, ou à tout le moins effacée de la memoire des hommes : ils l'ont, dis-je, restablie, en bastissant quantité d'Eglises au vray Dieu viuant, frequentées d'vn grand nombre de Chrestiens, & renommées pour la grande pieté & deuotion qui s'y remarque : il y a deux Peres de nostre Societé qui ont grand soin d'y cultiuer cette jeune vigne : l'vn fait sa demeure dans la ville Capitale, l'autre va par la Prouince, pour y aduancer le seruice de Dieu, & pour le bien des ames, selon que la necessité le requiert, afin de communiquer le pain de vie à tous ceux qui le demandent.

restably par ceux de la Societé de Iesus.

La premiere ou capitale ville

S I G A N.

La grandeur
& la noblesse
de Sigan.

SIgan qui eſt la ville capitale, cede à fort peu d'autres, ſi on regarde à ſa ſituation dans vn pays fort beau & recreatif, à ſa grandeur, à ſon antiquité, à la force & fermeté de ſes murailles, à la beauté de ſon aſpect, & à ſon commerce: Ses murailles ont trois milles d'Alemagne de tour, elles ſont tres-fortes & ſi magnifiques, que ceux qui y demeurent diſent que leur ville a des murailles d'or : il y a ſur
ces murailles des tours qui paroiſſent de fort loin, & bien bâties, dans vne diſtance
conuenable : il n'y a que quatre portes dans ces murailles pour mieux garder & aſſeurer la ville. Vous pouuez iuger de ſon antiquité, de ce que les trois familles
Imperiales de Cheua, Cina & Hana y ont regné : cette ville eſt par cette raiſon
pleine de bâtimens tres-magnifiques au dedans & au dehors, ſon aſpect diuertiſſant : elle eſt ſituée au Midy ſur le bord de la riuiere de Guei, de là elle va vn peu en
tant ; de façon que ſes baſtimens & ſes murailles repreſentent comme vn amphitheatre. La riuiere qui eſt au bas contribuë auſſi beaucoup à ſon embelliſſement &
à ſa commodité, on feroit vn liure de tout ce qu'il y a de rare; de peur toutefois que
ie n'oublie ce qui merite le plus d'eſtre ſçeu, ie vous en diray icy en peu de mots
quelques particularitez.

Ses ponts.

Cette ville a trois Ponts ſur la riuiere de Guei; l'vn eſt à l'Orient, l'autre au Midy, & le troiſieſme au Couchant : tous les trois ont pluſieurs arcades de pierres de
taille carrées fort hautes : il y a auſſi des appuys de pieces de fer, des ſtatuës de
lions, & d'autres ornemens pour embellir cét Ouurage : la cité de Lancien en a vn
quatrieſme qui ne reſſemble pas mal à ces trois : i'ay crû qu'il n'eſtoit pas à propos
de faire mention des autres, qui ſont moins remarquables & moins celebres. Il y
a auſſi la tour d'Yen, qu'on appelle à neuf ceintures, à cauſe qu'elle a neuf eſtages,
& ſurpaſſe les autres tours en hauteur & magnificence : elle eſt toute de pierre, &
au dedans incrouſtée de marbre : mais nous aurons ailleurs plus de ſuiet de faire la
deſcription de ces grandes pieces. Au couchant, eſt le Viuier Viyang, au milieu
Viuiers ſont
magnifiques.
d'vne cloſture de murailles de trente ſtades de circuit ; il occupe vne partie
de la montagne de Lungxeu, de là ſe va rendre dans la riuiere de Guei, d'où en conduit de l'eau pour des canaux, des lacs & des eſtangs, afin d'y repreſenter des combats de mer: on compte ſept ſuperbes Palais dans cette enceinte, & dix-ſept ſalles
voutées : elles ſont baſties dans cette enceinte autour du Viuier : il y en a ſept qui
ſurpaſſent les autres en grandeur & en beauté. On y void auſſi les ſepulchres fort
magnifiques des anciens Roys, entre leſquels paroiſſent les monumens de ces
vieux Empereurs, Cauus, Venius, Vui, dont la memoire eſt en veneration. Il y a
pluſieurs Temples, mais principalement onze qui ſont remarquables, pour leur
grandeur & pour leur magnificence. Entre vne ſi grande quantité de Temples pro-
phanes, il y a vne Egliſe que les Peres de la Societé de IESVS ont conſacrée à Dieu,
& que les Chinois & les Tartares (depuis peu conuertis au Chriſtianiſme par ceux
de noſtre Compagnie) viſitent beaucoup : vn petit Roy de cette Nation y fait ſa
demeure auec vn aſſez grand nombre de Tartares, & il y en a deſia beaucoup qui
ſe ſont rangez au Chriſtianiſme, & à qui on enſeigne les principes de la Religion.
Dieu qui a commencé vne ſi bonne œuure, la vueille augmenter & faire croiſtre.

Les anciens
noms.

Dans le partage que fit Yuus, ce pays dependoit de la Prouince d'Yung, ſous les
conſtellations de Cing & Quei : ç'a eſté la patrie de la famille Imperiale de Cheua,
& le ſiege de l'Empire : la famille de China le nomma Quandgchug. Au temps des
Roys, le Roy Cin y commanda, en apres Guei, en ſuite Suius : quand les Roys eurent eſté defaits, la famille de Sunga l'appella Yunghing, celle d'Iuena Ganſi, &

celle de Taiminga Sigan, tranſpoſant ſeulement les ſyllabes : ce dernier nom ſignifie le repos de l'Occident.

Le territoire de cette ville eſt en beaucoup d'endroits rempli de montagnes,
mais qui ſont agreables : il occupe vn grand pays, & fournit abondamment tout ce Les citez.
qui eſt neceſſaire : on y compte trente-ſix citez ; La 1 Sigan, 2 Hienyang, 3 Hing-
ping, 4 Linchang, 5 Kingyang, 6 Caoling, 7 Hu, 8 Lant'ien, 9 Liuo, 10 Xang ⊙,
11 Chingan, 12 Tung ⊙, 13 Chaoye, 14 Hoyang, 15 Ching Ching, 16 Pexui, 17 Han-
ching, 18 Hoa ⊙, 19 Hoayn, 20 Gueinan, 21 Puching, 22 Conan, 23 Xanyang, 24
Xangnan, 25 Yao ⊙, 26 Sanyuen, 27 T'ung quon, 28 Fu P'ing, 29 Kien ⊙, 30 Fung-
ciuen, 31 Vncung, 32 Iungxeu, 33 Fueu ⊙, 34 Xunhoa, 35 Xauxui, 36 Changuu.

On y prend des cerfs, des liévres, des daims, & quantité d'autres beſtes ſauua- Les raretez.
ges : Il y a vne ſorte des chauuesſouris auſſi groſſes que nos poules : ceux de la
Chine en preferent la chair à celle des poules les plus delicates. Et vne ſorte d'herbe qui chaſſe la triſteſſe auſſi-toſt qu'on en a mangé, & engendre la ioye : elle croiſt
principalement ſur la montagne de Nieuxeu, les Chinois la nomment Quei : on y
tire auſſi vne terre tres-blanche : les femmes la recherchent, & s'en ſeruent au lieu
de ceruſe, parce qu'elle augmente leur beauté, la détrempant auec de l'eau, elle
oſte & efface toutes les taches noires du corps ; on la nomme Quei ki, c'eſt à dire,
l'herbe des Demoiſelles.

La cité de Sanyuen merite d'eſtre marquée à raiſon du muſc & des eſtoffes faites
de poil de chévre, dont il y en a vne quantité conſiderable : c'eſt vn lieu de grand
trafic, riche & fort peuplé.

La cité de Linchang à la montagne de Limon, dans laquelle il y a vne fontaine Les monta-
qui reſſemble au criſtal, & qui eſt d'vne nature admirable : car bien qu'il y ait à pei- gnes remar-
quables.
ne quatre coudées d'eau, ſi eſt-ce qu'elle ne laiſſe pas d'eſtre extrémement froide Proprieté ad-
dans ſa ſuperficie, & eſt ſi chaude au fonds, qu'à peine y a-t-il perſonne qui y puiſſe mirable d'v-
ne fontaine.
ſouffrir les mains.

On voit la montagne d'Io proche de Lantien, dont on tire vn mineral de couleur
bleuë comme du paſtel ; il eſt fort recherché pour teindre les eſtoffes. Là meſme
eſt la grande montagne de Ciepuen fort faſcheuſe & difficile à monter, ſur laquelle
il y a vn Fort pour defendre le chemin. Proche de Vucung eſt la montagne de
Taipe, que ceux qui font des predictions en conſiderent la ſituation des montagnes, mettent au rang des onze montagnes les plus heureuſes : ils diſent qu'on y
exciteroit les foudres, tonnerres & de grandes tempeſtes ſi on y batoit le tambour :
auſſi eſt-il defendu de le faire.

La montagne de Canciuen eſt proche de Xunhoa, c'eſt à dire la montagne d'eau
douce, parce qu'il y a vne ſource d'eau fort douce, ſur laquelle on a baſty vne maiſon de plaiſance tres-magnifique.

La riuiere nommée Guei arroſe la ville du coſté du Nord, rend les paſtura- Les riuieres.
ges fertiles, & prend ſa ſource proche de la cité de Gueiyuen, dans la partie de cette
Prouince qui regarde l'Occident ; elle s'aduance de là vers l'Orient, & ſe tournant
vn peu vers le Midy, elle ſe deſcharge enfin dans la riuiere Iaune, qui eſt ſi trouble,
que c'eſt bien inutilement qu'elle eſſaye de la rendre claire par ſon eau nette & fort
pure. La riuiere de King, qui n'eſt pas des moins remarquables, ſe meſle auſſi du
coſté du Nord de la ville de Sigan, auec la riuiere de Guei.

Le fleuue de Tie paroiſt auſſi au plus haut de la montagne de Nan, d'où il deſcend auec grand bruit & impetuoſité.

Au Midy de la ville, il y a vn lac raiſonnablement grand, nommé Fan, il ſe fait
par le concours de pluſieurs riuieres : il y en a vn autre à l'Orient de la cité de
Tungquon. Celuy qui eſt au Zud-eſt de la ville, eſt vn lac artificiel fait par le
moyen des canaux qu'on y a conduits de la riuiere de Guei : l'Empereur Hiaouus
le fit embellir d'vn Palais fort remarquable, auec des bois & des iardins pleins
de fleurs qu'il faiſoit cultiuer auec grand ſoin : c'eſt là où il auoit accoûtumé de ſe

diuertir de traiter ſes amis, de leur donner ſouuent la comedie, & d'autres diuer-
tiſſemens. Il fit auſſi creuſer vn autre lac au Zud-oueſt de la ville nommé Quenming : c'eſt là où il les inſtruiſoit à les faire batre & eſcrimer par plaiſir, comme s'ils
ſe fuſſent rencontrez dans vn combat naual, afin qu'ils s'y accoûtumaſſent peu à peu:
car, ſongeant à faire la guerre aux Proinces les plus Meridionalles, où il y a quantité de vaiſſeaux & d'eau, il formoit ſes gens par ces exercices pour s'en ſeruir dans
ces deſſeins, ce qui s'eſt pratiqué auſſi chez les Romains.   Ce meſme Empereur fit
auſſi faire au Midy vn autre grand lac & vn viuier tout proche ; on le nomme Si-
len, c'eſt là où il s'alloit repoſer apres ces jeux & paſſetemps. Il fit auſſi mettre
dans le meſme lac vn grand poiſſon de pierre, lequel il fit dreſſer ſous l'eau,
comme ſi ç'euſt eſté vn eſcueil, afin que les Pilotes paſſans proche appriſſent à
euiter les eſcueils & les bancs de ſable : on dit que ce poiſſon fait vn grand cri lors
qu'il doit pleuuoir ; ce qui vient peut-eſtre du ſon refléchi de quelque Echo qui eſt
proche : ils aſſeurent de plus, que cét Empereur ſongeoit quelquefois en dormant
a uoir pris ce poiſſon auec l'hameçon, qu'il demandoit & imploroit ſon aſſiſtance, &
que le lendemain ils treuuoient ce poiſſon dans le Lac veritablement pris à l'hama-
çon, & que ſe ſouuenant de ſon ſonge, il le laiſſoit aller, & luy donnoit la liberté :
De plus, que le meſme Empereur retournant à la peſche trouua deux perles, que
les Chinois nõment Myngyue, ou pierres du clair de Lune, ainſi appellées à raiſon
qu'elles croiſſoient ſelon que la Lune eſtoit vieille ou nouuelle, & qu'elles dimi-
nuoient comme on dit que fait la pierre de la Lune nommée Selenite : il y en a qui
aſſeurent qu'il ſe rencontre encor de ces pierres dans la Chine, & que meſme il y
en a à preſent dans le palais de Peking : mais ils veulent que le prix & la valeur en
ſoient ineſtimables, & quand l'Empereur receut ces pierres, voilà, dit-il, le preſens
que me fait le poiſſon, en reconnoiſſance de l'hameçon que ie luy ay oſté.

La ſeconde Ville

FVNGCIANG.

L A ville de Fungciang eſt ſituée au bord de la riuiere de Ping au Midy : elle a
ce nom du Phœnix, oiſeau que ceux de la Chine eſtiment eſtre vne marque
d'vn tres-grand bonheur : ils diſent qu'on ne le void que fort rarement: ils le nomment communément Fung, & Ciang ſignifie bonheur : voilà les deux noms, dont
celuy de la ville eſt compoſé : ils le decriuent & le repreſentent comme vn oiſeau
remarquable pour la diuerſité de ſes couleurs, & qui paroiſt touſiours ſeul, & encore fort rarement, toutefois que c'eſt vn preſage heureux pour l'Empire. Pour moy,
ie n'ay pas de peine à croire qu'il y ait vn Phœnix, ou à tout le moins qu'il y a vne
ſorte d'Aigles de diuerſes couleurs & inconnuë : ceux de la Chine ont accoûtumé
d'en peindre par fois la figure ſur leur tapiſſeries, & ſur leur plus riches habits.
Cette ville eſt grande & remarquable, les baſtimens n'en ſont pas à mépriſer ;
entr'autres Il y en a cinq de conſiderables. Tout ce pays eſt cultiué, l'air en eſt
aſſez doux & temperé, le terroir fertile à cauſe des torrens, des ruiſſeaux, & des riuieres : car il y a cinq riuieres qui arrouſent ce territoire, qui eſt auſſi enuironné
de hautes montagnes, qui luy ſeruent de defenſe & de remparts: huit citez dependent de la ville, la premiere Fungciang, 2 Kixan, 3 Paoki, 4 Fufung, 5 Mui, 6 Li-
nyeu, 7 Lung⊙, 8 Pingyang.

Yuus a diuiſé le territoire de cette ville auſſi bien que de ſa metropolitaine : la
famille de Cheua l'a miſe dans la Prouince de Ki, que les premiers de cette famille
poſſedoient lors qu'ils n'eſtoient encores que de petits Roys : peu de temps apres
le petit Roy C'in eut la meſme Prouince en qualité de Seigneur feodataire, &
c'eſt par là que ces petits Princes de C'in ſe frayerent le chemin pour ruiner l'Em-

pire & la famille Cheua. Ie fais voir dans mon abregé, que le nom de Chinois est venu d'eux aux Nations estrangeres : la famille d'Hana nomma ce pays Hing-keing : le nom qu'elle a à present luy vient de la famille de T'anga : on tire de là des perroquets, & d'autres oiseaux qui apprennent aisément à parler. Il y a aussi vne sorte de serpent qui est fort noir, dont se fait vn antidote contre plusieurs maladies. Il se treuue vn poisson prés de la cité de Pingyang, que ceux de la Chine appellent pierre : si on en iette sur les habits lors qu'il est seché & reduit en poudre, il empesche que les vers ne s'y mettent & ne le gastent.

Nan, est vne montagne fort considerable pour sa grandeur : elle commence proche de la cité de Ki, de là elle passe par le territoire des citez de Lantiē & de Hu.

Paoki a la montagne de Chinçang, dont le sommet semble fort approcher de la figure d'vn coq : on dit qu'il se fait vn si grand bruit & mugissement dans ses destours lors qu'il doit tonner, ou faire mauuais temps, & qu'on le peut entendre de trente stades de loin & dauantage.

Là mesme est la montagne de Xecu, c'est à dire la montagne des dix tambours de pierre, que le Roy Siuenus y fit mettre, afin que les chasseurs fissent signe aux autres, lors qu'ils verroient des bestes sauuages.

Il y a aussi la montagne de Taipe qui surpasse les autres en hauteur : le sommet en est tousiours blanc de neige mesme au milieu de l'Esté : elle paroist prés de la cité de Mui.

La montagne de Quan n'est pas fort loin de là : il y a vn tres-beau Fort pour la defence du pays : ils y prennent des faucons & des vautours, dont ils se seruent pour la volerie.

Les principales riuieres sont Yung, Guei, Ping.

Il y a aussi vn assez grand lac à l'Orient de la ville, qu'on nomme Tung : auec vn autre appellé Hiuenpu.

La troisiesme Ville

HANCHVNG

LA riuiere de Han qui vient du costé d'Orient, passe sous les murailles de cette ville : la verité & l'effet luy ont donné le nom de Hanchung ; parce que tout son territoire est presque situé entre les riuieres de Han à l'Orient, & à l'Occident : il s'esleue par tout en des montagnes qui sont fort hautes & fort frequentes, elles enuironnent beaucoup de vallées fort agreables, où on peut abondamment trouuer tout ce qui est necessaire pour viure : il y a sur tout grande quantité de miel & de cire, & force musc & cinabre : on rencontre souuent dans les chemins des troupeaux de daïms & de cerfs : ce païs produit aussi grand nombre d'ours qui sont ennemis des cerfs, ceux de la Chine en font beaucoup d'estat, & trouuent les pieds de deuant de fort bon goust. Cette ville commande à seize citez, son destroit est fort grand, mais les montagnes rendent ce païs affreux, la premiere est Hanchung, 2. Paoching 3. Ch'ingcu, 4. Yang, 5. Sihiang, 6. Fung, 7. Mien, 8 Ningkiang ☉, 9. Lioyang, 10, Hinggan ☉, 11. Pingli, 12 Xeciuen, 13 Sinyang, 14 Hanyn, 15 Peho, 16 Cuyang.

Dans la distribution qu'Yuus fit des villes de la Chine, il plaça cette ville de mesme que la precedente ? mais cét Empereur, qui estoit Astrologue, la voulut ranger sous les constellations d'Ye & de Chin : elle a esté autrefois sous l'obeïssance de ces petits Roys de Cin, & c'est par là qu'ils commencerent pour se rendre maistres de tout l'Empire, & pour ruiner la famille de Cheua : c'est là encore que Lieupangus, premier de la famille de Hana, s'estant armé contre la famille de Cina,

laiſſa le titre de General pour prendre la qualité de Roy ; ce fut luy qui nomma
le premier cette ville Hanchung : les familles de Tanga & de Sunga changerent
ſon nom en celuy de Hingyuen : mais celle de Taiminga luy rendit ſon premier
nom. Cette ville eſt grande & peuplée, dans vne ſituation extrémement forte,
& enuironnée de montagnes & de foreſts, qui luy ſeruent de rempart : les Chinois ont touſiours fait beaucoup d'eſtat de cette place dans leurs guerres : on y
void cinq temples dediez aux Heros, conſiderables, pour leur grandeur, l'vn
a eſté baſti à l'honneur de Changleangus, pour conſeruer vn ſouuenir eternel d'vn ouurage prodigieux, dont ie feray bien-toſt mention : ie ne croy pas
Le temple de Changlean-gusqu'il s'en treuue vn pareil dans tout le monde. Le chemin de cette ville à la capitale eſtoit autrefois fort difficile à cauſe des montagnes & valées par où il paſſoit ; il faloit auancer vers l'Orient, iuſques aux frontieres de la Prouince de
Hoüan, & retourner apres vers le Septentrion, & faire ainſi plus de 2000. ſtades,
là où de droit chemin il n'y en auroit pas 800. ſtades. Dans la decadance des Empereurs de la famille de Cina & dans le téps que Lieupangus diſputoit l'Empire à
Hyangyuus, Chágleangus, hóme fort prudét & fidele à Lieupangus dót il eſtoit le
Genral, fit applanir toutes ces motagnes, ces deſtours & precipices, afin de prédre
le deuát des ennemis qui meditoient la retraite; ces mótagnes furent donc appla-
nies auec vne próptitude incroyable & auec vn tres-grád trauail : y ayát employé
pluſieurs centaines de milliers d'hommes, & cómandé que toute ſon armée y tra-
uaillaſt, & donné à chaque bande ſa portion de la montagne à applanir & égaler :
façon qu'on vid des murailles faites de la montagne meſme, qui s'éleuoient à
plomb des deux coſtez ſi hautes, qu'elles ſembloient toucher iuſqu'au Ciel :
& quoy que la lumiere vinſt d'enhaut, ſi auoit on peine d'y voir en marchant : il fit faire des ponts en quelques endroits auec des poutres couuertes de
planches, qui ioignoient deux montagnes.

Il en commanda d'autres aux endroits ou les torrens en tombant du haut des
montagnes, les creuſent & interompent le chemin ordinaire, mais aux lieux
où les vallées eſtoient vn peu plus larges, il y fit mettre des piliers, de façon
que le tiers du chemin ſe faiſoit ſur ces ponts, qui ſont ſi hauts en quel-ques
endroits, que vous ne ſauriez voir le fonds du precipice ſans horreur : quatre caualiers y peuuent aller de front : on ne laiſſe pas meſme à preſent de conſeruer, & de refaire ce chemin pour la commodité de ceux qui voyagent
il y a des villages en certains lieux, & des hoſteleries pour y loger, tout ce chemin
eſt encores couuert de terre qu'on y a portée, auec des gardes-fou de bois & de fer
des deux coſtez du pont, pour la ſeureté des paſſans. Sa longueur eſt depuis cette
ville iuſqu'à la partie de la Metropolitaine qui regarde au couchant, c'eſt à dire,
qu'il eſt éloigné d'enuiron trente ſtades de la ville d'Hanchung, où il finit : les
Chinois appellent ce pont C'ientao, ou le chemin des appuys.

La montagne de Tapa commence proche de Sihiang, & s'aduance de là iuſqu'à
la Prouince de Suchen prés de la cité de Pa.

La montagne d'Yoniu eſt proche de Lioyang, c'eſt à dire de la pretieuſe femme, car on y void la ſtatuë d'vne femme qui eſt ſi belle, qu'on diroit que c'eſt plû-
toſt la nature qui a pris plaiſir à la faire, que l'art.

Cuking eſt vne fort haute montagne, proche de Siyang, qu'on ne la ſçauroit
regarder ſans eſtonnement.

Cupe eſt auſſi vne montagne proche de la cité de Fung, dans laquelle on compte
ſeptante & deux cauernes : là meſme eſt la montagne de Nanki, ſur laquelle il y a
vn fort grand lac : proche de là eſt la montagne de Vutu, dont on tire ce mineral
que ceux de la Chine nomment Hiunghoang : ils eſtiment que c'eſt vn ſouuerain
remede contre toute ſorte de venins, contre les fievres malignes, & contre les
chaleurs contagieuſes de la canicule : ils s'en ſeruent quand il a trempé dans le vin :
il eſt de couleur rougeaſtre & iaune, marqueté de points noiratres : il reſſemble au

crayon

crayon ou à la terre qui est vn peu dure, & approche assez du vermillon pour la
couleur, si ce n'est qu'il tire vn peu sur le jaune, & n'est pas propre à la peinture :
l'en ay encore vne petite piece, mais ie ne voy pas que nos Medecins de l'Europe
en ayent connoissance, ny que nos Autheurs en facent aucune mention.

Les deux riuieres de Han, l'Orientale & l'Occidentale, tiennent icy le premier *Les riuie-*
lieu; celle qui regarde l'Orient tire son origine des montagnes de la Cité de Min- *res.*
cheu, & l'autre prend sa source au delà de la Cité de Fum: l'vne & l'autre coule auec
vne tres-grande quantité d'eau, & s'épand par vn grand pays: elles peuuent porter nauires par tout : la Carte fera voir les autres particularitez de cette Prouince,
qui sont moins considerables.

La quatriesme Ville

PINGLEANG.

Pingleang est vne ville qui a abondance de toutes choses : ses montagnes,
dont l'aspect n'est poit affreux mais agreable, & la fertilité de ses eaux en
rendent le sejour fort plaisant : elle commande à dix Citez, la 1. est Pin- *Ses Citez.*
gleang, 2. Cungsin, 3. Hoating, 4. Chinyven, 5 Kuyven ⊙, 6. King ⊙, 7.
Lingtai, 8. Choangleang, 9. Lungte, 10. Cingning⊙.

Dans cette ville il y a trois Teples, qui surpassent les autres en grandeur & ma- *Les anciens*
gnificence, dediez à des Heros : on y voit vn Palais fort remarquable de la fa- *noms.*
mille de Taiminga, car vn des petits Roys de cette Maison auoit accoûtumé d'y
faire sa demeure : l'Empereur Yvus annexa cette ville à la Prouince d'Yung, &
la voulut mettre sous les constellations de Cing & de Quei : elle fut nommée
Ganti sous la famille de Hana, mais Kingyven sous celle de Sunga; ce dernier
nom signifie la source de la riuiere de King : en effet, la fontaine d'où cette riuiere prend sa naissance paroist proche de la ville : d'autres l'ont tousjours appellée la ville de Pingleang, à cause de la douceur de l'air.

La montagne d'Io est proche de Chingyven, dans laquelle se trouuent de pe- *Les monta-*
tites pierres fort luisantes, qui ressemblent aux diamans ; & proche de Hoating *gnes les plus*
il y a vne vallée de trente stades en longueur, qui est si profonde & si estroite, *remarqua-*
qu'elle ne reçoit que peu de lumiere, & est tousiours fort obscure : elle est trauer- *bles.*
sée par vn grand chemin paué de pierres quarrées.

La riuiere King passe au couchant de la ville, elle tourne de là vers l'Orient, *Les riuieres.*
elle trauerse la partie Occidentale de la Cité de King, plus elle court vers le Midy,
& se décharge dans la riuiere de Guei, au Leuant de la Ville capitale de Sigan.

La cinquiesme Ville

CVNGCHANG

Cette ville est située au bord Meridional de la riuiere de Guei, elle est à *La situation,*
l'Oüest de la ville Pingleang que nous venons de decrire. Yvus la mit autrefois au mesme rang que celle qui precede : c'est vne ville marchande fort
peuplée, & vne place importante à la seureté de l'Empire de la Chine; car ses
montagnes sont si peu accessibles, & ses auenuëss si difficiles, qu'elle se peut
mocquer de ses ennemis: il n'y a rien de plus curieux qu'vn sepulchre le plus ancié
qu'il y ait de memoire d'homme ; & c'est celuy de Fohuius premier Empereur de
la Chine : il nasquit proche de C'in, qui est du ressort de Cungchang. Il s'y trouue
aussi grande quantité de Musc. On compte dix-sept citez qui en releuent, la 1. est

C H

Les Citez

Cungcha·ng, 2. Ganting, 3. Hoeiding, 4. T'ungguei, 5. Chang, 6. Ningyven,
7. Fokiang, 8. Siho, 9. Ching, 10. C'in☉, 11. C'ingan, 12. C'ingxui, 13. Li, 14.
Kiai☉, 15. Ven, 16. Hoei☉, 17. Leangtang.

On tire par tout icy ce mineral Hiunghoang, dont i'ay parlé cy-deſſus, auec
quelques petites pierres bleuës, qui tirent ſur le noir marquetées de petites veines blanches : elles ſont fort eſtimées chez les Grands ; car la plus part croyent,
qu'eſtant broyées en poudre fort ſubtile & menuë, elles ſont vn grand remede, &
qu'elles contribuent beaucoup à les faire viure plus long-temps : cette ville a trois
Temples plus conſiderables que les autres, dont l'vn eſt dedié à la mere de Fohius ;
il ſurpaſſe les deux autres en grandeur & magnificence.

Durant les guerres, ſur le declin de la famille de Cheua, ce pays eſtoit ſujet au
peuple de Kiangiung : la famille de Hana, apres auoir fait mourir le Gouuerneur Lungſi que celle de C'ina y auoit mis, appella cette ville Thienxui : la famille de T'anga la nomma Guei Cheu, celle de Sunga Cungcheu, & celle de Ta-
minga luy donna le nom de Cungchang.

*Les monta-
gnes les plus
notables.*

Il y a proche de Hoeincin vne fort grande & haute Montage, appellée Si-
ue, à cauſe qu'il y a touſiours de la neige.   Prés de Fokiang eſt la montagne de
Xecu, qui ſe nomme ainſi, à cauſe d'vn tambour de pierre : les Chinois diſent
qu'ils ont remarqué, que lors qu'il fait du bruit, c'eſt vn preſage qu'ils doiuent
auoit guerre.   Prés de la cité de Cing eſt la montagne de Loyo, ſur laquelle eſt
la ſtatuë d'vn grand Lion ; de ſa bouche découle vne fontaine.   Là meſme eſt la
montagne de Cheuch'i, qui va iuſques aux confins de la cité de Siho : ſur ſon plus
haut ſommet elle a vne plaine d'enuiron vingt ſtades.

Ils eſcriuent que prés la cité de Cin, ſur la montagne de Pochung, il naiſt vne
herbe nommée Hoaco, qui rend ſterile lors qu'on en mange.   Il y a pluſieurs autres montagnes, mais où il n'y a rien digne de remarque.

Les riuieres.

Proche la cité de Ching il y a vn petit lac, planté tout au tour d'arbres & de
fleurs : les bourgeois le nomment leur delices, & s'y aſſemblent ſouuent pour
faire feſtins.

Proche de la cité Cin, vn autre lac qui s'appelle Tienxui, c'eſt à dire eau cele-
ſte, parce que ſon eau remedie à pluſieurs maladies.

Le grand lac de Tien en eſt proche, n'eſtant eſloigné que de vingt ſtades de la
cité de Ven.

Il y a vne petite Iſle prés de Leangtang qu'on nomme Pipa, & vne fontaine
tres-agreable proche de Siho.

La ſixieſme Ville

LINYAO.

*L'Or & nom-
bre d'autres
choſes qu'elle
produit.*

SI nous aduançons vn peu vers l'Occident, nous y rencontrerons la ville de
de Linyao, qui eſt remarquable en ce que c'eſt là où la grand' muraille finit :
elle a pour bornes les montagnes qui ſont prés les bords de la riuiere Iaune : elle
a eſté embellie par vn Roy de la famille de Taiminga qui y a fait ſa demeure : &
a auſſi de la reputation à cauſe de la quantité d'or qu'on amaſſe dans le ſable, dans
les montagnes & dans les torrens qui ſont proches. Ce pays montagneux produit

*La figure de
cet animal eſt
dans les Re-
lations des
plantes de la
Chine.*

des Hures ou bœufs ſauuages, & des animaux qui reſſemblent fort aux tigres,
oh les nomme communement Pau : les Chinois en recherchent fort les peaux
pour s'en habiller : il y a beaucoup de beſtes à laine, ſemblables à celles qui ſont
dans la Perſe & en Tartarie : elles ont la queuë fort longue & fort groſſe, la chair en
eſt plus delicate qu'aucune autre : on y trouue auſſi diuerſes ſortes de poires & de

pommes. Les temples les plus confiderables font trois. Dans le partage qu'Y-
vus a fait du pays, dont nous auons parlé cy-deffus, il y comprit cettuy-cy,
& c'eft là où a efté la Seigneurie de Sikiang: quand la famille de C'ina fe fut em-
parée de ce pays, elle le nomma Lungfi, celle de Sunga Yentheu; mais le Roy
Sui l'appella Kinti de la quantité d'or; car le mot de Kinti fignifie terre d'or: la
famille de Tanga luy a donné le nom d'à-prefent: cette ville eft baftie fur vne
montagne, & elle en renferme vne partie de fes murailles, appellée Paoting;
elle commande à cinq citez, dont la 1. eft Linyao, 2. Gueiyven, 3. Lan⊙, 4. Kin,
5. Ho⊙.

La montagne de Caolan embraffe la cité de Lan, comme fi c'eftoit vn thea- *Les monta-*
tre: & en fait vne belle & grande perfpectiue: là eft cette grande montagne *gues les plus*
de Pexe, dans laquelle ce General Leanghooius fi renommé ayant efté affiegé *celebres.*
par les Tartares, & ne pouuant auoir d'eau pour rafraîchir fon armée, fit vn vœu à
cette montagne, pour auoir dequoy donner à boire à fon armée, ils difent, qu'il y
parut tout auffi-toft vne fontaine. Prés de la cité de Ho eft la montagne de Ciexe,
qui a deux fommets fort hauts, entre lefquels paffe la riuiere Iaune, comme fi
elle entroit par vne porte. Au deffus de la cité de Lan il y a vne vallée fort agreable, qui eft fertile à caufe de la riuiere qui l'arrofe; de là vient qu'il y a fi grand'
quantité de beftail & de bled, elle fe nomme la vallée d'Yu, qui ne reffemble pas
mal à noftre vallée de l'Adice.

La riuiere Saffranée eft au Couchant de la cité de Lan: la riuiere de Yao, paffe *Les riuieres.*
proche des murailles de la ville; fes eaux font vn fi grand bruit, qu'on diroit que
c'eft vn tonnerre: la fource en eft dans Sifan, autrement les terres du Prete Iean,
& du Tibet.

La feptiefme Ville

KINGYANG

O N eftime la Ville de Kingyang pour la force & fermeté de fes murailles, &
pour la profondeur des foffez qui l'enuironnent: c'eftoit vne place confiderable contre les inuafions des Tartares: elle a plufieurs chafteaux qui
font proches de la grande muraille: ce pays n'a pas toufiours efté fous l'Empire de
la Chine; car il dépendoit de Tanyu dans la Tartarie; mais Xius, le premier de la famille de C'ina, s'en eftant rendu maiftre, en chaffa les Tartares, l'en-
ferma au deçà de la grande muraille, & le nomma Peti: la famille de Tanga l'appella Kincheu: le nom qu'il a à prefent luy a efté donné par celle de Sunga. Tout
ce pays eft arrofé de plufieurs eaux & riuieres: fes montagnes & fes grandes riuieres luy feruent de rempart. Il y a trois Temples fort illuftres, dont l'vn *Les plus gran-*
eft dans la ville tout à fait grand & fuperbe: dans vne des fales, bafties fur de *des raretez.*
grandes colomnes, on voit plus de trente-fept figures de la famille des Roys de
Cheua. On recueille icy vne forte de ris qui purge, & prouoque les vrines: il y a
auffi vne certaine herbe femblable à des cheueux blonds; les Chinois la nomment Kinfu, c'eft à dire, foye dorée: elle eft amere au gouft, plutoft froide que
chaude, & guerit la gale: il y a auffi vne forte de febve, qui eft vn fouuerain &
excellent remede contre tous les venins. Cette ville a cinq citez fous fa iurifdiction, dont la 1. eft Kingyang, 2. Hoxi, 3 Hoan, 4. Ning⊙, 5. Chinning.

Au Nord de la ville eft la montagne de Taipe, qui commence prés de la fource *Les monta-*
de la riuiere de He. Proche de la cité de Hoan eft la montagne d'Vlum, fur la- *gues les plus*
quelle il y a vn Fort pour la garde du pays; proche de Chinning eft la montagne *confiderables.*
de Lo, où on void vingt & fept ftatuës humaines: ils difent que c'eft la nature qui
les y a mifes.

H ij

Les riuieres. La riuiere d'Hon paffe prés de la cité d'Hon, à qui elle a donné le mefme nom. Celle de Pefuen eft au Leuant de la ville : la carte fera voir le refte. On ne doit pas paffer fous filence les lacs de Pepao, qui font au Nord de la Ville : celuy de Fung qui eft proche de la cité d'Hoxui, eft remarquable pour fon eau fort claire : celuy de Xahu eft plus long ; car il va iufqu'aux frontieres de la cité d'Hoxui, & commence prés de la cité de Ning, Le lac de Hoama, qui eft au Septentrion de la ville, a quarante cinq ftades de longueur : là mefme il y a deux lacs qui font falez, dont on tire beaucoup de Sel; c'eft pourquoy on les nomme Yenchi, c'eft à dire les eftangs à fel. Pres de la cité de Chinning il y a vne fort belle fontaine, claire comme criftal, qu'on nomme Oingxui.

La huitiefme Ville

IENGANG.

CE pays n'a pas toûiours efté de l'Empire de la Chine : l'Empereur Xius, qui s'en empara le premier, le ferma d'vne grande muraille. Cette Ville eft fi- tuée fur le bord Septentrional du lac de Lieû, dans vn lieu agreable & fertile : ce qui en augmente la beauté, eft vne montagne renfermée dans les murailles, remarquable par diuers edifices tant publics que particuliers qu'on y a baftis. Cette ville commande à dix neuf citez, la premiere eft Iengan, 2 Ganfai, 3 Canciuen, 4 Ganting, 5 Paogan, 6 Ychuen, 7 Ienchuen, 8 Ienchang, 9 C'ingkien, 10 Feu☉, 11 Cochuen, 12 Chungpu, 13 Ykiun, 14 Suitte☉, 15 Miche, 16 Kia☉, 17 Vpao, 18 Xinmo, 19 Fuco. Il diftille de fes montagnes vne liqueur bitumineufe qu'on nom- me d'ordinaire huile de pierre, dont on fe fert pour la lampe & pour guerir la ga- *L'abondance de toutes cho- fes.* le : ce pays abonde auffi en fourrures precieufes, principalement en martes Zi- belines : il y a quantité de marbres de toute forte, il produit auffi vne fleur qu'ils nomment Meutan, les Chinois en font beaucoup d'eftat, le nom qu'ils luy ont donné vaut autant à dire que la Reyne des fleurs; elle eft plus grande que les rofes *La fleur de Meutan.* de noftre pays, & luy reffemble quand à la figure, mais fes fueilles font plus lar- ges : elle n'a pas fi bonne odeur, mais la furpaffe en beauté : elle n'a point d'efpines & a la couleur plus blanchaftre, comme fi elle eftoit meflée de blanc & de rouge : on en trouue auffi de rouges & de jaunes : l'arbriffeau qui la produit ne refemble pas mal au fureau de noftre pays : on cultiue cette fleur par toute la Chine dans les jardins des curieux, auec beaucoup de foin & d'artifice, on la doit couurir dans les lieux où il fait fort chaud, pour la garder des ardeurs du Soleil. Il n'y a que deux Temples dediez aux Heros.

Les principa- les monta- gnes. La premiere montagne fe nomme Chingleang, au Nord-eft de la Ville; dans vne de fes cauernes on voit vne peuple d'idoles, i'entens dix mille ftatues, tou- tes taillées fur des pierres dures, les vnes plus petites, les autres plus grandes : el- les furent toutes faites par le commandement d'vn certain Roy qui viuoit dans la folitude.

La montagne de Mengmuen eft au Leuant d'Ychuen, elle forme vne Ifle dans la riuiere Iaune.

Prés de la cité de Feu eft la montagne d'Ingtao, elle fe nomme ainfi à caufe de fes cerifiers.

Proche de la cité d'Ykiun eft la montagne d'Yohoa : elle a ce nom à caufe d'vn Palais qui y eft bafty. Prés d'Ienchang eft la haute montagne de Tochen, dont la montée eft difficile & l'afpect affreux : elle eft fi roide par tout, que peu de perfon- nes s'y peuuent ayfement defendre, contre vn plus grand nombre; car il y a des boûrgs & des Campagnes qu'elle renferme : prés de la ville de Taôhoa est vne cauerne dont on tire le cinabre.

La riuiere de Vuting est proche de Cingkien, on la nomme communement *Les riuieres.* l'inconstante ; parce que comme elle court en des lieux sablonneux, aussi est elle tantost fort haute, tantost extrememement basse : le lac de Lieu est au Midy de la Ville, on le nomme ainsi à cause qu'il est plein de saulx.

Pres de Paogan on voit la riuiere de Kiemo, dont on dit que l'eau est si legere *Eau d'vne* qu'elle ne sçauroit porter ny bois ny vaisseau ; car ils vont tout aussi tost au fonds, *nature mer-* comme s'ils estoient dans l'air. *ueilleuse.*

Les places d'armes.

APres auoir fait la description des villes & des citez, reste celle des Forts qui sont dás l'enceinte ou hors de la grande muraille, pour la deffendre auec tout l'Empire ; cóme aussi de ceux qui sont d'vn costé & d'autre dás cette Prouince, mais particulierement de ceux qui sont au couchant pour resister aux Royaûmes de Cascar, de Samahan, & de Tanyu ; les neuf suiuants sont les principaux, le premier est Socheu⊙, Xacheu⊙, 3 Xancheu⊙, 4 Iungchang⊙, Leangcheu⊙, 6 Choanglang⊙, 7 Sining, Chiny⊙, 9 Culang⊙ ; il y en a plusieurs qui sont plus petits, le premier Ninghia, 2 Ninghiachung, 3 Yaocheu⊙, 4 Mincheu⊙, 5. Hocheu⊙, 6 Cinglu, 7 Yulin, 8 Chinfan, 9 Xetu, 10 Hantung, 11 Pinglu, 12 Mingxa, 13 Guei, 14 Sengquei : & dans la grande muraille, cóme elle va du leuant au couchant on trouue les Forts qui suiuent, 1 Semuen, 2 Kinthang, 3 Hoama, 4 Pecho, 5 Taxum, 6 Pu'kiue, & encor d'autres moins considerables.

Le Vice-Roy fait sa demeure dans Cancheu, qui est vne ville de guerre : ce n'est pas le mesme que celuy qui fait sa residence dans la ville capitale de Sigan : c'est là aussi que demeurent les autres Magistrats qui sont les plus considerables, & qui ne reçoiuent leurs ordres que de la Court mesme : cette ville est extrememement fortifiée contre les entreprises des Tartares : les soldats sont tous choisis, & diuisés en troupes au tour de la ville. Il y a vne campagne de sable jaune où il y a fort peu d'arbres & d'herbes, aussi est-ce vne partie du desert de Xamo, & peut estre celle que les Cosmographes de l'Europe nomment Lop.

Socheu est aussi vne ville extrememement forte : le Gouuerneur qui y est a beaucoup de pouuoir : elle est diuisée en deux parties : les Chinois, que les Turcs, & ceux d'Astracan nomment Catayens, habitent dans la premiere, & les Mahometás & estrangers dans l'autre ; ils y viennent de l'Occident pour trafiquer, c'est de là *En quel lieu* que vient le nom de ce desert qui en est proche, sçauoir Caraquatay, qui signifie *est Caraqua-* le pays de ceux du Catay : parce qu'aussi il y a nombre de Chinois qui y habitent : *tay.* voicy les plus grandes raretez qu'il y ait ; la ville de guerre Ninghia qui est renfermée de la montagne d'Holan, comme d'vne muraille : cette montagne a trois cens stades de circuit : il s'y trouue force cheuaux sauuages ; dans Yaocheu il y a beaucoup de musc : Mincheu des perdrix, & des poules qui ont de la laine : il y a grande abondance de chanvre dans Hocheu, comme aussi du musc, des mirabolans, & du bois de senteur, qui ressemble à celuy de Sandal.

La montagne d'Hiaikeu, est au bord de la riuiere Iaune proche de Ninghia, aü *Les plus fa-* plus estroit de la vallée qu'elle fait, paroît la riuiere Iaune qui passe auec beaucoup *meuses mon-* de violence : il y a vne tour fort antique sur le sommet de cette montagne, & bien *tagnes.* qu'elle soit presque toute tombée par terre de vieillesse, si ne laisse on pas d'y compter encor cent quatre vingt marches : c'est vn ouurage tout à fait admirable, ayant falu porter le ciment & les pierres à vne si grande hauteur.

Les Chinois disent que proche de Chegan & au bord il y a vn pont qui se nomme Fi, qui joint deux montagnes d'vne seule arcade, qui a bien quarante perches

Chinoifes, c'eft à dire quatre cent coudées de largeur, & cinquante de hauteur en ligne perpendiculaire ; la riuiere Iaune paffe deffous : ils adiouftent qu'on mit trois ans à le faire, & le nomment auec raifon le pont volant.

Proche d'Yalin eft la montagne de He, où les Tartares vont fouuent chercher du fourrage & de la pafture pour leurs troupeaux & beftail ; il y a quantité de torrents & de ruiffeaux, d'où vient qu'il y croift auffi de l'herbe en abondance : l'autre montagne fe nomme Kilieu, qui eft proche de Leangcheu, & fort frequentée des Tartares.

Les riuieres.　Les Chinois mettent au Zud-oueft de Socheu la mer ou le lac de Cing, c'eft à dire la mer noire, qui a en longueur cent cinquante ftades.

Des lacs falez.　Il y a deux lacs falés proche de Ninghia, l'vn plus grand que l'autre, aufquels la nature aide à produire du fel, fans que les hommes y contribuent rien de leur peine ny de leur labeur.

Riuiere merueilleufe.　Proche de Cancheu eft la riuiere de Io, les Chinois la nomment Io auec bonne raifon ; car le mot fignifie debile : en effet fes eaux font fi foibles & legeres, qu'elles ne peuuent pas mefmes porter des pailles : elle coule vers le couchant ; mais les Chinois ne marquent pas jufqu'où elle va, & par où elle paffe.

Le lac de Húngyen eft proche de Oancheu, le nom fignifie fel rouge ; car auffi y fait on du fel rougeaftre : les cartes feront voir le refte.

L A

QVATRIESME PROVINCE.

DE XANTVNG.

ENTRE les Prouinces qui font au Septentrion, celle de Xantung eft la quatriéme, elle pourroit auec raifon paffer pour vne fort grande Ifle ; car elle eft bornée de la mer au Nord, à l'Orient, au Midy, & arrofée prefque toûjours des riuieres du cofté du couchant ; c'eft pourquoy elle peut porter des nauires prefque partout : la Prouince de Pexing, & le Golfe de Cang la bornent au Septentrion : à l'Orient elle aboutit à la mer, & la ri-
Les limites.　uiere de Ci, la coupe par le milieu : la Prouince de Nanking & la mer luy feruent de limites au Midy, & la riuiere Iaune la fepare de Nanking : le fleuue de Iun, dont le Canal a efté fait par artifice, & celuy de Guei qui eft naturel, en ferment tout le refte de cette Prouince. La grande quantité de riuieres, de lacs & des ruiffeaux rend le terroir de cette Prouince fertile & fort abondant en tout ce qui eft neceffaire en bled, ris, millet, froment, orge, féues, phafeoles, en toute forte de
Abondance de fruits.　grains & de fruits : il n'y a que la feichereffe, & le dégaft des fauterelles, qui interrompt quelquesfois cette heureufe abondance : il y pleut rarement : toutefois il y a des campagnes fi grandes & fi fertiles, qu'on dit que lors qu'vne année eft fertile, la pleine recolte peut fuffire toute feule pour dix ans, & pourroit mefme aux autres Prouinces.

On y a les poules & les œufs à bon marché, & les plus gras chapons ne coûtent gueres d'auantage ; & ce qui ne se pratique quasi point ailleurs, c'est qu'on a meilleur conte des plus gros & des plus gras chapons que des poulets : Il n'y a point de lieu où on donne les Faisans, les perdrix & les cailles à meilleur marché, comme aussi les lieures; car il n'y a point de Chinois qui soiết plus grắds chasseurs que ceux de cette Prouince: elle produit aussi des loups, qui apportent du dommage au pays & aux hommes; & il y a si grande quấtité de poisson dans les lacs, riuieres, & dans la mer, que vous y pouuez auoir dix liures de poisson pour vn liard de nostre pays. La soye y croit d'elle mesme dans les arbres & dans la campagne, sans estre filée par des vers à soye domestiques, mais par d'autres qui ne ressemblent pas mal aux chenilles : ils ne la tirent pas en rond ny en oualle, mais bien en filstres-longs, qui sortent peu à peu de leur bouche; la soye en est blanche : ce fil s'attache aux arbrisseaux & aux buissons, selon qu'il est poussé d'vn costé & d'autre par le vent, on l'amasse & on en fait des estoffes de soye, & bien qu'elles soyent vn peu plus grosses que celles qui sont faites de soye filée dans la maison, si est-ce qu'elles sont plus serrées & plus fortes.

Ce pays produit aussi de tres.excellentes poires de toute forte, des chastaignes & diuerses sortes de noix : mais il y a si grand quantité de prunes, qu'elle les seiche & en fait part aux autres Prouinces, aussi bien que de ses poires : il y a de plus vne sorte de pômes que ceux du pays appellent Suçu, on en trouue dans les autres Prouinces, mais il y en a plus grande abondance dans celle cy: on les seiche côme les figues dans l'Europe & on les garde toute l'année; les Marchands en vendent par toute la Chine, ces pommes sont vn peu plus grosses que ne sont les nostres, presque rondes, rouges & vermeilles: leurs pepins sont plats & ronds, de la grosseur d'vn liard : renfermés dans vne escorce dure comme du bois: or ces pepins ne sont pas dans le cœur de la pomme, mais ils se touchent les vns aux autres dans la chair vers la pelure, ou leur partie la plus pointuë est tournée: quelque-fois il y en a dix, quelque fois cinq, plus ou moins, selon la grosseur de la pomme : il y en a aussi qui n'ont point de pepins, & dont la chair est toute rouge, & quand elle est meure, elle deuient molle comme vne corme, & a vn goust tres-bon & tres-agreable: & il se forme dessus comme vne crouste de miel ou de sucre qui est seiche, de sorte que vous croiriez que c'est vne escorce de citron confite : il y en a aussi quelques vnes qui ont l'escorce verte, qui estants meures ne viennent pourtant iamais molles, mais qu'on coupe auec vn coûteau comme les nostres, ou à qui on oste la peleure auec les dents: du reste ne different pas de celles qui sont rougeastres: Ie ne crois pas que ce fruiết croisse ailleurs que dans la Chine : l'arbre, sur lequel il croist, est mediocrement grand, & n'a presque pas besoin d'estre cultiué.

Le liure de la Chine, qui contient le nombre des hommes qui se trouuent en chaque lieu, fait son conte dans cette Prouince de 770555 familles, & de 6,759,675 hommes. Ce peuple a l'esprit plus pesant & plus grossier que les autres Chinois : il y en a peu parmy eux qui reussissent entre les gens de lettres; ils sont laborieux & supportent le froid : & sont forts & hardis. I'ay souuent veu des enfans, qui ne se joüoient pas seulement tous nuds en hiuer, mais qui se jettoient dans les riuieres, ou on dit qu'on les laue quand ils naissent : de là vient qu'ils supportent le trauail & qu'ils sont si courageux. Il ne faut donc point s'estonner si ce pays produit tant de voleurs, qui se sont rendus quelquefois si considerables par leur forces, & par leur nombre qu'ils ont esté capables de faire des armées & d'aspirer à l'Empire. Ils ont eu cy-deuant de si fameux chefs parmy eux, qu'ils en ont donné tous les noms aux cartes dont on joüe en la Chine, pour distinguer la valeur & le rang de chacune; aussi en ont ils autant que nous, en effet elles ne different en rien des nostres; car il y en a de quatre diuerses couleurs, horsmis qu'au lieu des rois, des valets & des dames, ils representent la reste de ces brigands auec leur noms, afin que ceux qui joüent, (qui par fois deuiennent eux-mesmes des voleurs) ayent horreur de leurs aếtions en joüant & se souuiennent de leur mauuaise fin.

Cetee Prouince a beaucoup fouffert dans cette guerre des Tartares, à caufe de la temerité dé ce peuple, & de fon courage ; car comme ils fe reuoltoic nt contre les Tartares, tantoft d'vn cofté tantoft de l'autre ; auffi ont ils efté affligez par de grandes deffaites ; de forte que la plus grand part de cette nation a efté taillée en pieces, & tout le pays ruiné.

Dans toute la Prouince de Xantung, on compte fix villes pour les plus confiderables, & plus de quatre vingt douze citez. Le Tribut du millet, du ris & du froment eft de 2,8,1,2119 facs ; de foyee filée elle en paye 54, 990 rouleaux ; de liures de coton 52, 449 ; de bottes de paille & de foin 3824, 290 ; outre le reuenu des Bureaux, dont il y en a trois fur la riuiere d'Iun, où tous les Nauires qui vont à Peking doiuent payer : & bien que les droits des marchandifes, qui paffent outre ne foient pas grands, toutefois il y a tant de forte de marchandifes & en fi grande quantité, que j'ay ouy dire fouuent aux Gouuererneurs qu'ils montoient jufques à dix millions, ou bien cent fois cent mille efcus, outre ce que les Gouuerneurs en prennent en cachete.

La riuiere d'Iun augmente principalement les richeffes de cette prouince : fon canal a efté fait par artifice : c'eft fur cette riuiere que tous les vaiffaux de l'Empire paffent pour porter leur marchandife à la Cour à Peking: ce grand canal commence au Septentrion de la Ville de Socien, au bord de la riuiere faffranée, d'où on mene tous les vaiffeaux, qui y abordent de tous coftez, dans cette riuiere d'Iun, & il va de là iufques à la cité de Cining, puis enfuite iufquà la cité de Lincinq, ou il fe defcharge dans la riuiere de Guei, & à caufe qu'en plufieurs endroits de ce canal, il n'y a pas affez d'eau pour faire paffer les grands vaiffeaux : on la fouftient par des efclufes : I'y en ay compté plus de vingt, c'eft vn ouurage qui eft fort beau & de durée, on a laiffé vne porte pour y faire entrer les nauires : ils la ferment auec des aix fort grands & efpais, puis les ayants leuez par le moyen d'vne rouë & d'vne machine auec beaucoup de facilité, ils donnent paffage à l'eau & aux nauires, iufques à ce qu'ils les ayènt fait paffer par la feconde porte auec le mefme ordre & la mefme methode ; & ainfi en fuite par toutes les autres ; mais à moitié du chemin, auant qu'on vienne à Cining, ils font entrer autant d'eau qu'ils veulent du lac Cang par vne fort grande efclufe, & l'arreftent quand il faut, de peur que l'eau ne coule trop, & que le lac ne tariffe ; car l'eau de ce lac eft bien plus haute que n'eft pas le pays qui en eft proche ; c'eft pourquoy dans vn fi petit efpace de pays, il s'y trouue pour le moins huiét efclufes, qu'on nomme communement Tung Pa, à raifon qu'elles fouftiennent la trop grande impetuofiré de l'eau.

Et pour vne plus grande commodité, 'affin que quand les vaiffeaux arriuent au lac, ils ne foient pas contraints de paffer au trauers, ils ont fait au bord de ce lac vn foffé ou canal, auec de fort belles digues des deux coftez, par où tous les vaiffeaux paffent auec facilité. Certes fi ceux qui fe meflent de conduire les eaux & nos Architectes de l'Europe voïoyent la longueur de ce canal, l'epaiffeur & la hauteur de ces digues, leur force & leurs ornemens faits tous de pierre de taille fi folides, ils auroient fans doute fujet d'admirer l'induftrie des Chinois ; à peine fe trouuera-t'il vne nation, qui puiffe venir à bout de fi grands trauaux, auec tant de diligence. Il y des hommes à chaque efclufe, qui font gagez des deniers publics, pour tirer les nauires iufqu'à ce qu'ils foient paffez. C'eft par ce canal que les nauires vont de la riuiere Iaune iufqu'à Peking ; on verra en fuite quelle nauigation elles font pour entrer dans la riuiere Iaune.

La premiere Ville ou la Capitalle.

CINAN.

L'Empereur Yvus mit la Ville Metropolitaine de Cinan auec tout son pays dans *Le nom de la Ville* la Prouince de Cincheu, & la plaça sous la constellation de Guei; elle a depuis vn fort long-temps le nom de Cinan, à cause de la plus grande riuiere de cette Prouince qui s'appelle Ci; & pour lors les Roys de Cy y tenoient leur Cour; mais quand ils eurent esté defaits par la famille Hana, elle nomma cette Ville Cinan; parce qu'en effet elle est au Midy de la riuiere Ci, & que Nan signifie le Midy : apres elle changea de nom & fut appellée Linchi sous la famille de Tanga; mais celle de Taiminga luy rendit son plus ancien nom de Cinan.

La Ville de Cinan est fort grande, bien peuplée, & celebre pour la magnificence *Sa situation, & ses commoditez* & grandeur de ses bastimens: elle est située dans vn lieu marescageux: il-a-des lacs dans la ville & hors des murailles; c'est pourquoy elle est ouuerte par tout pour les basteaux : ce n'est pas toutefois que vous n'y puissiez aller par tout à pied, y ayant quantité de ponts pour cét effet, entre lesquels est celuy de Pehoa ; ce pont a plusieurs arcades, qui ioignent vne Isle nommée Taiming, aux deux bords d'vn lac qui a le mesme nom, & qui est enfermé des murailles de la ville : il y a vn autre pont sur le mesme lac qui se nomme Fuyung, basti de pierre quarrées, qui ne doit rien de reste à l'autre.

Vn des Roys de la famille de Taiminga a tenu sa Cour dans cette ville, mais les *Le Temple de Tungo.* Tartares l'ayãt fait mourir, ils n'y ont rië laissé que les palais & des jardins de plaisance. Il y a plusieurs Tēples pour leurs Idoles & pour leurs Heros, dix entr'autres qui sont les plus considerables, mais celuy de Tungo les surpasse de beaucoup en grandeur, ayant esté basti par Hoangtius, c'est là ou ils escriuent que plus de soixante & douze Roys ont vescu, tous hommes paisibles, deuots & Religieux ; ces Princes durant leur retraite l'ont embelli de superbes & magnifiques piliers, & de bastimens qui y sont encor plus admirables: leurs Prestres qu'on nomme Bonzes ioüissent de grands reuenus: on voit aussi dans les montagnes de fort beaux sepulchres, tant des Roys que des principaux du pays. Pour la Compagnie de IESVS, elle y a vne Eglise dediée au vray Dieu, & deux Peres, qui trauaillent merueilleusement bien dans cette vigne du Seigneur,

Ce pays ne doit rien de reste à aucune autre des Prouinces du Septentrion ; car *Qualité de ce pays.* il-y-a grand quantité de millet & de toutes sortes de grains : & ses pasturages nourrissent beaucoup de bestail : elle commande à trente citez, dont la 1. est Cinan, 2 Changkieu, 3 Ceuping, 4 Chagxan, 5 Sinching, 6 Ciho, 7 Citung, 8 *Les citez.* Ciyang, 7 hichuen, 10 Iuching, 11 Linye, 12 Change'ing, 13 Fiching, 14 Cingching, 15 Ling, 16 T'aigan☽, 17 Sinrai, 18 Laiüü, 19 Te☉, 20 Tep'ing, 21 P'iugyuen, 22 Vuting☉, 23 Yangsin, 24 Haifung, 25 Loling, 26 Xangho, 27 Pin 28 Licin, 29 Chenhoa, 30 P'uta'i.

Hoang est vne grande montagne qui commence proche de Changkieu, de là *Les montagnes les plus remarquables.* elle s'estend jusqu'à Cichuen, puis aux enuirons de Ceuping: la montagne de Champpe commence proche de la cité de Changxan, & va jusqu'à Ceup'ing, où il y a vn Temple fort celebre: la montagne de Tai est tres-haute & tres-grande elle est proche de Taigan : ceux de la Chine disent qu'elle a quarante stades, & qu'ils peuuent voir le Soleil de son sommet au premier chant du coq : il y a plusieurs cauernes dans cette montagne, beaucoup de Temples auec quantité de Sacrificateurs qui y vinent presque de mesme que nos Hermites. *Les riuieres.*

Proche de Laiuu est la montagne de Taxe, d'où on tire du fer.

La mer bat les terres des citez de Pin, de Licin, Haifum, & de Chenhoa.

Le lac de Taming est dans la partie Occidentale de la ville, il en sort vn canal qui va au lac de Choing, qui aussi est dans les murailles : de ces deux lacs on a conduit des canaux par toute la ville, afin de la rendre nauigable; ouvrage certes tout à fait admirable : ces canaux conduisent au lac de Cioxan, qui est hors la ville du costé du Septentrion.

Il y a vn fort grand lac proche de Changkieu, qui se nomme Peiun : il abonde en poisson, en fruiéts de Linkio, & en fleurs de Lien, dont j'ay fait la description ailleurs.

On compte au Midy de la ville plus de septante & deux fontaines, il y en a vne entre autres qui s'appelle Kiuto, dont l'eau est beaucoup plus excellente que celle des autres.

La riuiere d'Yo passe prez de Ghangkieu, elle prend sa source dans la montagne d'Hosien.

La Seconde Ville.

YENCHEV.

CE territoire sous l'Empereur Yvus estoit diuisé en deux parties, dont l'vne estoit comprise dans la Prouince d'Yencheu, & l'autre dans celle de Siucheu : de sorte qu'elle estoit sous deux constellations, sçauoir sous celle de Quei & de Leu : tout ce pays est renfermé de deux riuieres fort celebres de Ci & de la Saffianée : la riuiere de Ci arrose le pays qui est au Nord, & la Iaune celuy qui est au Midy, où il y a plusieurs belles campagnes, des montagnes couuertes de bois des Lics, & des riuieres riches en poissons; elle est cultiuée par tout, l'air en est doux & temperé, & le terroir extremement fertile. C'a esté autrefois le Royaume de Lu ou la Ville se nomme Xanyang, les Roys de Cu s'en rendirent apres les maistres : la famille de Sunga la nomma Taining; neantmoins elle a toûiours retenu le nom qu'elle a d'Yencheu : elle commande à vingt & sept citez, dont la

premiere est Yencheu, 2 Kioheu, 3 Niuyang, 4 Ceu, 5 T'eng, 6 Ye, 7 Kiuhiang, 8 Yutai, 9 Tan, 10 Chinguu, 11 Cao☉, 12 Cao, 13 Tingt'ao, 14 Cining☽, 15 Kiaciang, 16 Kiuye, 17 Kiunching, 18 Tungping☉, Venxang, 20 Tungo, 21 22 Iangco, 23 Xeuchang, 24 Yu☽, 25 T'anching, 26 Fi, 27 Suxui.

Entre ces citez Cining doit estre mise la premiere, car elle surpasse ou à tout le moins elle égale sa capitale, pour sa grandeur, quantité de monde, pour le nombre de ses marchandises, & mesme pour la reputation d'estre vne des villes les plus marchandes de la Chine; car estant située au milieu de l'aquedu&t ou canal d'Iun, tous les vaisseaux y doiuent passer & payer les droits.

Cette ville tireroit assez de gloire de cela seul, qu'elle a eu vn Roy de la famille de Taininga : mais ce qui la releue dauantage, au jugement des Chinois, c'est

que Cungfutius, ce Philoso he si celebre, est né dans son territoire, à sçauoir dans la cité de Ceu, dans laquelle on luy a dedié plusieurs Temples, qui sont autant de marques à la posterité de la reconnoissance des Chinois : il y en a 15 principalement qui luy ont esté dediez, & à d'autres Heros, où on void plusieurs sepulchres, mais celuy de Cungfutius est le plus grand.

Ils raportent que le pays produit de l'or proche de Kinhiang, & qu'on auoit anciennement accoustumé de l'y amasser, c'est de là que cette cité a eu son nom; car le mot de Kinhianc vaut autant à dire que pays ou terre d'or; on le tiroit principalement de la montagne de Kiuye.

Proche de Kioheu est la montagne de Fang, celebre par les sepulchres des parents de Cungfutius. Hing est vn costeau proche de Ningyang : il s'appelle ainsi à cause de la quantité d'abricots qu'il y a. Changping est vne montagne proche de la cité de Ceu, où on dit que Cungfutius nafquit, dans la cité qui porte le mefme nom que la montagne, où on void les ruines d'vne ville antique. Proche de la cité d'Ye eft la montagne de Kiun, affez agreable, & où il y a plufieurs bourgs. Fung eft vne montagne proche de Tungping, tellement meflée de forefts & de campagnes, que c'eft vn païfage à peindre; ceux de la Chine la comparent au beau tafetas à fleurs.

Proche de Taigan eft la fource de la riuiere Veu ; de là elle paffe proche de Nin- gian & de Venxang. La riuiere de Su paffe auffi proche de la cité de Suxui, où elle prend fa fource & luy donne fon nom : apres elle paffe par le territoir des ci-tez de Kioheu & de Cining.

Les lacs font, 1 Nanuang proche de la cité de Ven, 2 Toxan, 3 celuy de Fau-lius proche de Tingtao, 4 Leangxan proche de Tungp'ing, 5 Lui, c'eft à dire le lac du tonnerre prez de la cité de Cao ; car au milieu il y a vne pierre, dont le corps reffemble à vn dragon, & la tefte à vn homme : ceux de la Chine la nomment l'efprit du tonnerre, & difent que fi on luy frape le ventre, qu'il en fort vn bruit comme celuy d'vn tonnerre. Il y a encores d'autres lacs moins confiderables. Prez de Ningyang eft la fontaine de Tao, c'eft à dire du brigand, dont Cungfu-tius, difent-ils, ne voulut jamais boire, quoy qu'il euft grande foif ; tant il auoit d'auerfion pour le nom mefmes d'vn mefchant homme.

La troifiefme Ville.

TVNCHANG.

LE pays de la Ville de Tunchang fous l'Empereur Yvus eftoit compris dans la Prouince de Yencheu, & placé fous les conftellations de Cuci & de Xe. Au temps des Roys vne partie eftoit dans l'obeïffance du Royaume de Ci, l'autre de Guei, & l'autre de Chao : la famille de Hana nomma cette ville Ciyn, & celle de Tanga, Pop'ing ; celle de Sunga luy donna le nom de Pocheu ; pour celuy qu'-elle a à prefent c'eft la famille d'Iuena qui le luy a impofé. Son terroir eft vni & fertile, produit des fruits en abondance & de toute forte, de façon qu'il n'y manque prefque rien de ce qui fe treuue ailleurs, ny qui foit neceffaire à la vie : les vers à foye y filent auffi grande quantité de foye. Pour la ville elle eft celebre & magnifique, & commande à dix-huit citez, dont la premiere eft Tung-chang, 2 Tangie, 3 Pop'ing, 4 Choangping, 5 Kieu, 6 Sin, 7 Cingp'ing, 8 Keu 9, Lincing⊙, 10 Quont'ao, 11 Caor'ang⊙, 12 Gen, 13 Hiacin, 14 Vuching, 1, Po⊙, 16 Ian 17 Quonching, 18 Choaching.

Entre ces citez, Lincing furpaffe toutes les autres, foit dans le nombre d'habi-tans, dans l'abondance de toutes chofes, dans la magnificence de fes baftiments, & pour eftre vne ville marchande & fort renommé ; de forte qu'elle cede à peu de villes de cet Empire ; car elle eft fituée dans vn lieu où la riuiere de Guei & le canal de d'Iun s'affemblent : de là vient que les nauires y abordent prefque de toute la Chine, & qu'elle eft comme le magazin de toutes fortes de marchan-difes. Il y a vn Bureau où trois Commis en reçoiuent les droits ; elle a quantité de baftimens confiderables, & plufieurs Temples Et entr'autres vne tour hors des murailles, d'vne ftructure & d'vne magnificence fans pareille : la figure en eft octogone, elle a huict eftages ; fa hauteur depuis le fondement iufqu'au fommet eft de nonante coudées, & fa largeur à proportion : l'exterieur de la muraille eft tout de terre de porcelaine, peinte & embellie de figures au naturel : par le dedans elle eft reueftuë de marbres de diuerfes couleurs, & qui font tellement bien polis, qu'ils reprefentent le vifage de ceux qui s'y re-

X (I ij

gardent, comme fi c'eftoit le miroir le plus net du monde ; fur tout aux endroits
ou le marbre eft noir : on y monte par vn efcalier ou degré à vis , qui n'eft pas au
milieu de la tour,mais dans l'époiffeur de la muraille : on va par cet efcalier dans
tous les eftages, & de là à de tres-belles galeries faites de marbre ornées de grilles
de fer dorées,qui deffendent &embelliffent les faillies qui enuironnét cette tour:
aux coings des galleries en dehors , & principalemant en haut, il y a des clochettes
fufpenduës; de forte qu'eftant agitées par le vent,elles rendent vn fon fort agreable ; au dernier eftage on voit vne Idole ; à qui la tour eft dediée ; cette ftatuë eft
de cuiure fondu & doré : Il y a prez de la tour quelques Temples d'Idoles , dont
l'architecture & l'ordonnance font tout à fait admirables & qui pourroient donner de la ialoufie à ces lourds & pefants edifices de l'ancienne Rome. Cette tour
eft vne de celles que les Chinois (comme i'ay dit) firent baftir auec fuperftition,
s'imaginans que leur fortune & leur bon-heur en dependoit; j'en ay fait la defcription parce que i'y ay monté , & que ie l'ay confiderée diligemment & auec at-
tention , ce n'eft pas qu'il n'y en ayt de plus belles dans la Chine , vous pourrez
iuger de toutes les autres par celle-cy, puis qu'elles fe reffemblent pour la plus
part , & que l'architecture & l'ordonnance eft par tout la mefme.

Il y a vne montagne entr'autres qui eft digne de remarque, nommée Mingxe,
 qui fignifie vne pierre refonante : elle n'eft pas éloignée de Caotang ; au fommet
de cette montagne on y a dreffé vne piece de bois, qui a cent perches de haut,on
dit , que pour fi peu qu'on la remuë, elle rend vn fon comme celuy d'vn tambour : c'eft auffi de là que cette montagne tire fon nom.

Le canal d'Iun coupe le territoire de cette ville par le milieu, prez de Linching,
 il fe décharge dans la riuiere de Guei : la carte fera voir tout ce qui refte à
fçauoir des riuieres.Il y a vn lac dans Quouching qui fe nomme Ho , dans lequel
le Roy Guei nourriffoit autrefois des grües auec grand foin : les Chinois nourriffent auffi ces oifeaux fort volontiers dans leur maifons auffi bien que les cerfs :
& comme ces animaux viuent fort long-temps, ils tiennent que de les auoir dans
leur logis, & de les regarder fort fouuent, c'eft vn moyen d'attirer les influences qui les peuuent faire viure dauantage.

La quatriefme Ville.

CINGCHEV·

L'Empereur Yvus mit cette ville dans la Prouince qui porte le mefme nom,
& l'a placée fous les conftellations d'Hiù & de Guei; elle a efté autrefois aux
Roys de Ci: la famille d'Hana l'a nommée Pehai , celle de Sunga Chinhai : mais
elle tient le nom qu'elle a à prefent de la famille de Taiminga : elle ne manque
pas de montagnes,mais la mer & les riuieres la rendent abondáte: il n'y a point de
lieu où on ait les chofes neceffaires en plus grande abondance, ny a meilleur marché,& fur tout fi grande quantité de poiffon , qu'ils tirent beaucoup de profit des
peaux feules qu'ils nomment communement Segrin : cette ville eft renommée
principalement pour auoir eu vn Roy de la famille de Taiminga. Sa jurifdiction
s'eftend fur quatorze citez, la premiere eft C'ingcheu, 2 Linchi, 3 Pohing, 4 Ca-
oyuen, 5 Logan, 6 Xeuquang, 7 Changlo, 8 Linkiu , 9 Gankiu, 10 Cbuching,
11 Mungin , 12 Kiu☉ , 13 Yxui, 14 Gechao.

 Il s'y tire vne pierre du ventre des vaches, que les Chinois appellent Ni-
euhoang, c'eft à dire jaune , parce que cette pierre eft d'ordinaire de cette couleur : elle n'eft pas toûjours également groffe, quelquefois elle eft bien de la groffeur d'vn œuf d'oye : elle n'eft pas d'ailleurs fi folide que la pierre de Bezoar, mais

plus vnïe : neantmoins les Medecins Chinois en font plus d'eſtat que du Be-
zoart : vous diriez que c'eſt du plus tendre crayon, mais jaune & ſec : ceux de la
Chine veulent qu'elle ſoit d'vne qualité tres-froide, aſſeurãt qu'elle eſt tres propre
pour diuertir les defluxions & les catharres, que ſi on en prend la poudre dans de
l'eau chaude, qu'elle les arreſte tout incõtinẽt, & que ſi on verſe deſſus vn peu d'eau
froide, qu'il en ſort vne vapeur ou fumée, & qu'elle va tout auſſi toſt au fonds de
l'eau dont elle ſ'imbibe. Pour moy ie croy que cette pierre eſt la meſme que cello
que Bellonius dans ſes Obſeruations au liu. 3 chap. 46. nomme pierre de fiel : le
meſme autheur dit que les Arabes la nomment Haraczi.

Proche de Chuching eſt cette grande montagne de Langſie; elle tire vers le Le- *Les monta-*
uant & s'eſtend iuſques à la mer : il y a pluſieurs bourgs que l'Empereur Cius y a *gnes les plus*
baſtis ; car il y mit prés de trente mille hommes pour la culriuer & la peupler. *conſiderables.*

La montagne de Mapien eſt proche d'Yxui, dont le ſommet s'aplanit en vne *Les riuieres.*
campagne de nonante ſtades.

La mer eſt proche des citez de Logan, Ceûquan, Chuching, & Gecgio, où
à tout le moins prés de leur territoire. Les Chinois eſcriuent, que dans les Iſles
prochaines, il croiſt vne herbe qu'ils nomment Lungſin, qui donne de la force
& de la viteſſe aux cheuaux s'ils en mangent. La riuiere de Copoi prend ſa ſource
dans la montagne d'Y, & paſſe delà par la cité de Ciû.

La cinquieſme Ville.

TENGCHEV.

LA plus grande partie du territoire de Tengcheu eſt en terre ferme, mais la
Ville eſt en quelque ſorte ſeparée du continent; l'havre en eſt tres-commode,
& les Chinois y tiénent vne grande armée nauale & vne forte garniſon; car elle
eſt baſtie dans vn lieu fort propre pour garder le Golfe de Cang; elle commande
à huit citez ; dont la premiere eſt Tencheu, 2 Coang, 3 Foxan, 4 Leuhia, 5 *Les citez.*
Chaoyuen, 9 Laiyang, 7 Ninghai☉, 8 Venteng. Dans le partage que fit Yvus
elle fut miſe au nombre des villes de la Prouince de Gingcheu, ſous les meſmes
conſtellatiõs que la precedẽte: les peuples de Gaoy l'ont habitée autrefois auant
qu'ils fuſſent ſous l'obeïſſance des Chinois; la famille d'Hiaa en fit la conqueſte
du temps des Roys, elle eſtoit dans le Royaume de Ci, mais elle doit ſon nom d'à-
preſent à la famille de Canga. Il n'y a que trois Temples qui ſoient fort conſiderables : au reſte ie dois marquer icy, que les roſeaux y ſont quarrez contre
l'ordre de la nature, qui a accouſtumé de les produire preſque toûjours ronds. Il y
a quantité d'huiſtres qui font les delices des tables de la Chine : la pierre de Nieu-
hoang ou de vache s'y trouue auſſi.

Tengheng eſt vne montagne ſituée au Septentriõ de la ville, fort renommée *Les montaũ-*
par la desfaite du Roy de Ci par Canſinius. La montagne de Chifeu eſt proche de *gnes les plus*
Foxan, & s'aduance vers la mer en forme d'vn iſtme. La montagne de Cheuy eſt *celebres.*
auſſi au Septentrion de cette ville de figure ronde, vne roche de cette montagne entre dans la mer, les Chinois la nomment Chu, c'eſt à dire la perle.

La mer entoure cette ville du coſté du Leuant, du Couchant & du Septentrion.
Le lac d'Hiyuang eſt proche de Laiyang : la fontaine de Hanuen eſt vne des mer- *Les riuieres*
ueilles de la nature : car en meſme temps il en ſort de l'eau chaude & de la froide :
c'eſt auſſi par cette raiſon qu'on la nomme Hanuen : elle eſt proche de Chaoyuen.

La sixiesme Ville.

LAICHEV

CE nom luy a esté donné par ces anciens peuples de Lao, que les Roys de Ci reduisirent sous leur obeïssance, apres que ces Roys eurent esté desfaits ; la famille d'Hana nomma cette ville Tunglai, mais elle a presque toûjours retenu depuis le nom qu'elle a à present. La ville de Laicheu est située sur vn promontoire : la mer la borde de trois costez, & les montagnes de l'autre : elle commande à sept citez, la premiere est Laicheu, 2 P'ingtu, 3 Vi, 4 Changie, 5 KiaoO, 6 Caomie, 7 Cieme. Il y a cinq Temples qui sont considerables, & plusieurs Forts vers le bord de la mer. Yvus a mis les forts sous les estoiles de Hiu & de Guei.

Les Citez.

La montagne d'Hoang est au Midy de la ville : vne certaine fille luy donna ce nom, aussi luy dedia on vn temple en memoire de sa virginité. La montagne de Tachu est au bord de la mer prez de la cité de Kiao. Proche de Cieme on voit la montagne de Lao, qui s'auance vers la mer.

Les montagnes les plus notables.

La mer, qui entre dans la partie de la ville qui regarde le Septentrion, passe aussi par les citez de Changye, de Vi, de Kiao, & de Cieme. Sans parler des autres choses, il n'y a que deux riuieres qui soient dignes de remarque : la premiere est celle de Kiao proche de Pingtu, Kiao signifie que la riuiere de Colle, à cause que son eau est gluante & trouble : la seconde est celle de Vi proche de Caomie, dont Hansinius arresta le cours auec des sacs pleins de sable, & desfit par ce moyen ses ennemis, comme ie le fay voir plus au long dans mon Abregé. Il y a aussi proche de Pi'ngtu vne fontaine, nommée Seüyo dont l'eau est tres-excellente.

Les riuieres.

Les Isles.

ON compte aussi quelques Isles dans cette Prouince, qui se verront dans la carte ; les plus remarquables sont celles qui suiuent : la premiere est Feüyeu au couchant : cette Isle n'est pas grande, mais cultiuée partout. 2 Tienheng est vne isle dans la mer proche de Caomie : c'est là que cinq cens Philosophes se precipiterent dans la mer, à cause de la haine que l'Empereur Xius portoit aux bonnes lettres, comme on peut le voir dans mon Abregé. Xamuen est vne Isle fort peuplée ; c'est la plus grande de toutes, elle est dans le Golfe de Cang : c'est vn havre fort commode pour les nauires, car on passe aisement de là à la Corée, à Peking & à Leaotung : c'est aussi vn havre tres-propre pour entreprendre de grands voyages : on dit qu'elle est fort riche en or, & qu'elle à des mines tres-considerables, mais qui sont gardées de peur qu'on ne les trauaille.

Les Forts.

ON a basty des forts, dans tous les detours que fait la mer, à l'embouchure des riuieres, à l'entrée des ports qui sont la pluspart si grands & si peuplez, qu'ils ne doiuent rien de reste aux grandes citez ; en voicy les noms, le 1 Ningc'ing, 2 C'inghai, 3 Chingxau, 4 Gueihai, 5 Sanxan, 6 Kixan, 7 Ciuenxan, 8 Mauan, 9 Siaoye, 10 Haiçang, 11 P'unglai, 12 Chin, 13 Xechin.

LA

CINQVIESME PROVINCE.

DE HONAN.

A situation du lieu où est cette Prouince luy a donné le nom de Honan : Honan signifie la partie de la riuiere qui est au Midy, aussi est elle située sur le bord de la riuiere Saffranée, elle va tout droit du couchant au leuant, & separe cette Prouince de celle de Xansi & de Peking. Au Leuant & au Zud-est, elle est bornée de la Prouince de Nancheli ou Nanking : au Septentrion & au Nord-est elle confine à Pecheli ou Peking, & en quelques lieux à la Prouince de Xantung : au Midy & au Zud-Ouest à Huquam : à l'Occident elle aboutit à Suchuen, & à Xansi.

Les Chinois affirment que cette Prouince est au milieu du monde ; car ils ne croyent point qu'il y ayt d'autre pays que le leur, tousiours est-elle au milieu de la Chine : les anciens Empereurs y ont souuent tenu leur Cour, l'ayant preferée aux autres à cause de la commodité de la riuiere Iaune, & de l'incroyable beauté & fertilité du pays. Son terroir s'estend en campagnes, si ce n'est du costé de l'Occident, ou il est haut & bas à cause des montagnes : hors de ces montagnes elle est presque par tout fort fertile. Il y a mesme des forests sur les montagnes : les champs rapportent quantité de froment, de ris, & nourrissent beaucoup de bestail : l'air en est doux, temperé, & en rend la demeure fort saine : tout ce pays est plain de villes, de citez, de gros bourgs & de chasteaux, & si bien arrosé de riuieres & de petits ruisseaux, qu'à peine s'en trouuera il vn autre qui merite de luy estre comparé : Il produit aussi presque tous les fruits que nous auons dans l'Europe en si grande quantité, qu'on les a à presque pour rien : enfin on y a les choses necessaires & mesmes les superfluës en si grande abondance, que ce n'est point merueille si les Chinois nomment cette Prouince leur jardin de plaisance ; aussi est elle si recreatiue vers l'Orient, & cultiuée auec tant de soin, que vous y pouuez voyager durant plusieurs jours, comme si vous vous promeniez dans vn jardin : lors que i'y estois il me vint dans l'esprit que la Prouince de Honan pourroit estre ppellée le jardin de la Chine & de la haute Asie, comme l'Italie est celuy de l'Europe.

Le liure de la Chine, qui contient le denombrement des personnes, marque dans cette Prouince 589,296 familles, & 5,106,270 hommes : le tribut du bled & du ris qu'ils payent est de 2414477 sacs : de soye cruë 23509 liures : d'estoffes & de drap de soye de diuerses sortes 9959 : de toile de coton, dont pourtant il n'y a pas grande quantité 341 : de botes de foin pour les cheuaux du Roy 2288744.

Cette Prouince commande à huit grandes villes, & cent citez, outre les forts & chasteaux, dont ie parleray plus bas.

La premiere Ville ou la Capitale.

CAIFVNG.

C'Aifung eſtoit grande, riche, peuplée & remarquable pour la magnificence de ſes baſtiments ; mais elle fut preſque toute ruinée l'an M. DC. XLI.
apres auoir ſoûtenu vn long ſiege pluſieurs mois durant, contre les rebelles de la
Chine : toutefois elle s'eſt remiſe en quelque façon dans ſa premiere ſplendeur : on
compte preſque deux lieuës de C'aifung juſqu'à la riuiere Iaune tirant vers le Midy : elle eſt ſituée dans vn lieu fort bas, proche de la riuiere de Pien qu'elle a à l'O-
rient, au Midy & au Couchant ; c'eſt vn des bras de la riuiere Iaune, dont les
eaux ſont plus hautes que la ville meſme ; mais pour empeſcher qu'elles n'endom-
magent la ville, on y a baſty de fort grandes digues de pierres de taille, la longueur de plus de trois cent ſtades : cette ville n'auoit rien à craindre de ce ſiege,
ſi les ſoldats de ſa garniſon n'euſſent point eux meſmes rompu les digues, penſant
noyer ces rebelles, qui tenoyent leur ville de ſi prez aſſiegée : mais elle ſe trouua
enuelopée dans ſes eaux, auec vne de nos Egliſes, & vn Preſtre de noſtre ſocieté.

l'Empereur Yvus auoit diuiſé le territoire de cette ville en deux Prouinces, il
en auoit mis vne partie dans celle d'Yen, & l'autre dans celle d'Yu ; & les auoit
placé ſous deux conſtellations, ſçauoir de Kio & de Cang : ſous la premiere famille
Imperiale d'Hiaa elle fut nommée Hiao, l'Empereur Chungtingus qui eſtoit de
cette famille y tranſporta ſa Cour : & quoy que les Empereurs ayent changé leur
demeure par apres, ſi eſt ce qu'il y a toûjours eu vn Roy dàs cette ville, & vn Prince de la famille de Taiminga qui eſtoit fort conſiderable, auec beaucoup d'autres
du Sang Royal, qui y ont auſſi demeuré : Du temps des Roys Guei, elle eſtoit la

capitale du Royaume, & pour lors on la nommoit Taleang : la famille de Tanga
l'appella Piencheu ; ſous celle d'Vtai, c'eſtoit la Cour du Royaume de Leang,
auſſi luy donna-t-on le nom de Leangcheu ; ſous la famille de Kina on l'appella
Nanking, c'eſt à dire la Cour du Midy ; ſous celle d'Iuena elle fut nommée Pien-
leang ; mais la famille de Taiminga luy a donné le nom qu'elle a à preſent. Son
territoire comprend trente & quatre grandes citez, dont la premiere eſt C'aifung,

2 Chinleu, 3 Ki, 4 Tunghiu, 5 Taikang, 6 Gueixi, 7 Gueichuen, 8 Ienlin, 9
Fukeu, 10 Chungmeu, 11 Ianguü, 12 Iuenuü, 13 Fungkieü, 14 Iencin, 15 Laniang,
16 Chin ☉, 17 Xangxui, 18 Sihoa, 19 Hiangching, 20 Xinkieu, 21 Hiù ☉, 22 Li-
niú, 23 Siangching, 24 Ienching, 25 Changco, 26 Iu ☉, 27 Sinching, 28 Mie, 29
Ching ☉, 30 Iungyang, 31 Iungçe, 32 Hoin, 33 Súxúi, 34 Ifung. Entre ces citez
celle de Sinching eſt remarquable, à cauſe que Honangtius deuxiéme de ce nom
y naſquit.

Cette ville a fort grand nombre de beaux baſtimens, de tours, de ſepulchres,
de grands Palais, & dix temples tres-magnifiques, dediez à des Heros. Proche
de la Cité de Chin eſt vn lieu de plaiſance, c'eſt vn parc fermé de murailles,
auec vn palais fort agreable auec vne chambre baſtie pour prendre le frais, &
où l'on ne ſent point les plus grandes chaleurs de l'eſté.

Y eſt vn coſteau renfermé dans ſes murailles, diuertiſſant & remarquable pour
les jardins, bois & baſtimens, tant publics que particuliers qui y ſont. Xeu eſt vne
montagne dont les Chinois font grand eſtat, ne croyant pas qu'en tout le monde
elle ait ſa pareille pour ſa figure, & pour ſa ſituation : elle eſt miſe la premiere
dans les liures de Fungxui, qui a eſcrit du bon-heur des montagnes.

La montagne de Kiçu eſt proche de Sinching, ou on void vne cauerne em-
belli-

bellie par Hoangtius ; on dit que cét Empereur auoit accouftumé d'y paffer l'Efté.

Les riuieres de Kinxui, de Pa, d'Iu, la Saffranée, celles de Xeleang & de Pien *Les Riuieres.* qui font affez grands , arroufent le territoire de cette ville. Il y a les deux petits lacs de Si, dont l'vn va vers le couchant de la cité d'Hiu, & l'autre paffe proche de Ienling , auec deux autres lacs fort petits qui fe nomment Lieu, à caufe de la quantité de faulx qui le bordent ; l'vn eft proche de la cité de Chin, & l'autre de celle de Sinchin.

Il y a auffi le lac de Kinming, ou du Combat naual : la famille Imperatrice *Lac.* de Sunga le fit creufer au couchant de la ville : l'Empereur Taiçungus auoit accouftumé d'y faire exercer fes foldats ; ce lac eft fort diuertiffant, il y a force Palais & Temples à voir : on y voit de tout coftez des Vers & de la Poëfie, grauée dans le marbre, à la loüange de ce lac. Il y a auffi d'autres lacs, mais de moindre confequence, dont l'vn s'appelle Tungmuen, à caufe que l'eau y eft fort claire , fans mouffe & fans herbe ; il eft proche de la cité de Chin.

Putien, le plus grand lac de tous ceux du pays, eft dans le territoire de la cité de Chungmeu. Il y a auffi vne excellente fontaine dans les montagnes de la cité d'Iu.

La feconde Ville

QVEITE.

TOut le païs de cette ville eft renfermé de deux grádes riuieres au Septentriô de la riuiere Iaune, & au Midy de celle d'Hoai. Elle a de la reputation pour la fertilité de fon terroir, & pour la bonté de fon air ; l'Empereur Yvus la plaça comme fa Capitale ; fon excellence paroift en ce que les Roys de Sung y ont tenu leur Cour. Au temps de ces Roys ce pays fut partagé entre les trois Roys de Ci, de Cu , & de Quei ; mais la famille de Cina apres les auoir tous défaits le nomma Xangkieu, celle de Hana Ciuyang ; celle de Sunga Ingtien : les Roys d'Vtay luy donnerent le nom qu'elle a à prefent : elle commande à neuf ci-*Les citez.* tez , abondantes & fort peuplées : la 1 eft Queite, 2 Ningling, 3 Loye, 4 Iaye, 5 Iungching, 6 Iuching, 7 Ciu⊙ , 8 Hiaoching, 9 Xeching.

Il y a de toute forte d'oranges , des grenades tres-excellentes ; la cité de *Fruits.* Xeching, qui eft la derniere de toutes en tire fon nom, à caufe qu'il y en a fi grande abondance, & qu'elles y font excellentes ; car le mot de Xeching fignifie les murailles de Grenades. Sur le lac de Nan au Midy , eft vn pont de pierre de taille, & vn autre de mefme , hors des murailles de la cité d'Iungching. Il n'y a que trois Temples confiderables, dediez aux Heros.

Ce pays eft fort plat, il y a peu de montagnes, & encore fort petites, dont *Les montagnes les plus remarquables.* les Geographes Chinois ne marquent que le nom. La montagne d'In eft proche de Loye, celles de Tang & d'Yu proche de Iungchin.

Les riuieres Iaunes, de Pien & de Ciu arrofent ce territoire : le lac de Nan eft au Midy de la ville, il eft diuifé en deux parties, par vn pont : le lac de Si eft auffi au couchant de la cité de Ciu : le lac de Chokin a de la reputation, à caufe de quantité d'ouuriers en foye qui y demeurent, & qui y ont efté attirez par la bonté & excellence de fon eau, dans laquelle la foye prend vn merueil-leux luftre, quand on l'y laue : c'eft de là que ce lac a tiré fon nom, qui fignifie le lauoir d'eftoffe Damafées.

K

La troifiéme Ville

CHANGTE.

CEtte ville eft dans la partie la plus Septentrionale de cette Prouince : les Pouinces de Xanfi & de Peking la refferrent , de-là vient qu'elle n'a pas beaucoup d'eftenduë. Le pays eft plat prefque partout,& fon terroir gras & fertile. Il n'y a gueres de montagnes, & s'il y en a elles font fort petites: prés de la cité de Cu, il y en a vne vn peu plus grande que les autres ; elle fe nomme l'aimant, à caufe qu'on y en tire : l'Empereur Yvus, adioufta ce pays à la Prouince de Ki, & le mit fous les conftellations de Xe & de Pi. Au temps des Roys elle dépendoit du Royaume de Guei ; la famille de Cina la nomma Hantan , puis apres Stangcheu ; elle tient le nom qu'elle a à prefent de la famille d'Vtai. On y trouue diuerfes fortes d'abfinte : on y pefche auf-fi vne forte de poiffon que ceux de la Chine nomment Haiûl, le petit du poif-fon ; car il crie comme vn enfant quand on l'a pris : il reffemble affez à vn crocodile, a la queuë fort longue, enuiron de quatre pieds : quand fa graif-fe brufle, il n'y a point d'eau ny d'artifice qui la puiffe efteindre. On y compte fept Temples ; mais celuy qui eft au couchant de la ville & dedié à Yvus, furpaf-fe tous les autres en grandeur & en magnificence : cette ville commande à fept ; citez, dont la 1 eft Changte, 2 Tangin, 3 Linchang , 4 Lin, 5 Cu ☉, 6 Vugam, 7. Xe.

La montagne de Simeu eft proche de Tangin, c'eft de là que la riuiere de Tang prend fa fource : La cité de Lin a la montagne Yyang fi roide & difficile, qu'on a bien de la peine à y monter : toutefois il y a vne plate campagne au fommet, où beaucoup de gens fe retirent durant la guerre : Il y a auffi la mon-tagne de Cu, proche la ville de Cu : le Roy Ci y cacha quantité d'or , ayant fait mourir en fuite ceux qui l'y auoient caché, de peur qu'il ne fuft découuert ; neantmoins le fils d'vn des ouuriers, quoy qu'enfant, remarqua le lieu, & en-leua ce threfor quand il fut grand : on y tire auffi d'excellente pierre d'aymant.

La riuiere de Lo & de Ganyang, qui fe nomme auffi Von, paffe par la cité de Liu, y entre dans la terre, & fe cache pendant quelques ftades, & puis fe ré-pand tout d'vn coup.

La quatriefme Ville

GVEIHOEI.

L'Empereur Yvus plaça cette ville en mefme lieu que la precedente : elle la regarde au Midy, & eft fituée au bord meridional de la riuiere de Guei, qui prend fa fource dans le territoire de cette ville, qui eft fablonneux & beau-coup plus fterile que ne font les autres, il ne manque pourtant d'aucune chofe neceffaire, à caufe de la commodité des riuieres. Cette ville eft confiderable pour auoir eu vn Roy qui y a fait fa demeure : les Temples les plus fameux font fept, dediez aux heros : elle a iurifdiction fur fix citez, Gueihoei, 2 Coching, 3. Sinhiang, 4 Hoekia, 5 Ki, 6 Hoei.

Apres que l'Empereur Vitus eut fait mourir ce mefchant Empereur Kieus, qui tenoit fa Cour dans cette ville, il en changea le nom & l'appella Pinan,

luy donnant Cangxous pour Roy : du temps des Roys elle appartenoit à ceux
de Guei : fous la famille de Cina, elle fut comprife dans les terres de Hotung:
la famille de Hana la nomma Honui ; celle de Sunga Queicheu : le nom qu'elle a à prefent luy vient de la famille de Taiminga. On void au Midy de cette ville vn Temple qui eft fort remarquable & magnifique, bafty au mefme
lieu où l'Empereur Vüus rencontra ce grand Philofophe Linvangus, dont les
bons confeils & la vertu luy feruirent tant, pour paruenir à l'Empire.

Il y a proche de Ki vne montagee qui a le mefme nom, fort agreable pour *Les monta-*
les belles forefts qui y font : là mefme eft la montagne de Cingnien, dans *gnes.*
vne de fes cauernes eft vne eau croupiffante, où fi on laue quelque partie du
corps où il y ait du poil, il en tombe tout auffi-toft.

La riüiere de Guei paffe au Septentrion de la ville, fa fource en eft à l'Occi- *Les riuieres.*
dent.

La riuiere de Ki paffe par la cité de Ki, à qui qui elle donne fon nom.

La cinquiefme Ville

HOAIKING.

CEtte ville a vn fort petit territoire, d'ailleurs l'air y eft doux & fain, &
le fonds fertile : au Septentrion elle eft bornée de montagnes, & au Midy de la riuiere Iaune; il contient fix citez, la 1 eft Hoaking, 2 Ciyüen, 3 Siyevüu.
4 Vuche. 5. Meng, 6 Ven. Dans le partage que l'Empereur Yvus en fit, ce
pays appartenoit à la Prouince de Ki, & eftoit fous les conftellations de Xe *Ancien nom,*
& de Pı : la famille Imperatriale de Xanga la nomma Kinui, & celle de Cheva Sanyven : du temps des Roys elle s'appella tantoft Guei, puis Quei; &
apres Ching : la famille de Cina l'appella Sanchuen, celle de Hana Honui, celle de Tanga Hoaicheu, & la famille de Taiminga Hoaiking; vn Roy de cetre
famille y demeuroit d'ordinaire : elle n'a que trois Temples qui foient confiderables, elle produit de bons remedes pour la medecine, dont elle fournit
les autres Prouinces.

Dans le foffé de la cité de Ciyüen on a enfermé diuerfes fortes d'animaux : là
mefme il y a vn baftiment fort remarquable, en memoire d'vn homme qui
fur le poinct de fe marier fit au Ciel cette priere : Ie ne demande point de richeffes ny du plaifir, auffi n'eft-ce pas pour cette confideration que ie me veux
marier : ie fouhaite feulement d'auoir des fils qui foient gens de bien : vne
priere fi iufte fut exaucée, il en eut trois de fa femme, qui furent tres-grands
Philofophes, & Gouuerneurs de Prouinces.

Au Septentrion de la ville eft la montagne de Tai, qui s'entr'ouurit autrefois, *Les monta-*
il en eft demeuré vne cauerne de trois cens perches : l'eau qui en fort eft fort *gnes.*
épaiffe & bitumineufe; de forte qu'on s'en fert en plufieurs lieux au lieu d'huile; elle n'a pas mauuais gouft.

La montagne de Vanguo proche de Ciyüen, reffemble à vn Palais, elle eft
couuerte de bois & d'arbres.

La riuiere de Ki prend fa fource dans la montagne de Vanguo, elle fe ca- *Les riuieres,*
che apres fous terre, & en fuite fait le lac de Taye; les eaux qui en fortent fe
nomment la riuiere de Ci.

La sixiême Ville

HONAN

HOnan a le mefme nom que la Prouince entiere : elle regarde fa capitale vers le couchant , & eft fituée fur le bord Septentrional de la riuiere de Co, les Chinois veulent que ce foit le centre & le nombril du monde, parce qu'elle eft au milieu de la Chine ; le pays qui l'enuironne eft plein de montagnes ; mais il ne laiffe pas d'eftre fertile : la ville eft fort grande & fort peuplée. Elle a eu vn Roy de la famille de Taiminga : on y compte treize Temples fameux , erigez à l'honneur des Heros , dont l'vn eft bafty fur la riuiere de Co à l'Orient de la ville, fous lequel la riuiere paffe, comme fous la voute d'vn pont. Cette ville a donné aux Chinois le premier Empereur qu'ils ayent eu de la famille de Sunga. L'Empereur Yvus auoit adiouflé ce pays à la Prouince d'Yú fous la conftellation de Mao : la famille de Cina la nomma Sanchuen, qui fignifie trois cheuaux ; auffi la ville eft-elle fituée entre trois riuieres: la famille d'Hana luy a donné le nom qu'elle a à prefent , car elle s'y retira lorsqu'elle eut efté chaffée des prouinces du Nord, & y tint le fiege d'vn Empire qui n'y deuoit pas durer long-temps : le Roy de Guei la nomma Cocheú ; la famille de Tanga Tungtu ; celle de Sunga Siking ; la famille de Kina la nomma Kinchang ; mais celle de Taiminga luy rendit fon premier nom de Honan.

Les citez. Elle commande à quatorze villes, dont la premiere eft Honan, 2 Ienfu, 3 Ceng, 4 Mengcin, 5 Yyang, 6 Tengfung , Iungning, 8 Mengcin, 5 Yyang, 6 Mienchi, 10 Cao, 11 Xen ☉, 12 Lingpao, 13 Xeuhiang, 14 Luxi.

Inflrument pour connoiflre la hauteur du Pole par le moyen de l'ombre, & la connoiffance de l'aimant, fort ancienne parmy les Chinois. Entre ces citez Tengfung merite bien qu'on s'arrefte vn peu à la confiderer ; car ceux de la Chine la mettent au milieu & au centre du monde ; on y void mefme encor à prefent vne regle efleuée à plomb fur vne plaque de cuivre, diuifée en certaines parties, comme auffi vne ligne tirée fur la mefme placque, diuifée auffi en fes parties : Cheucungus, ce grand Aftrologue & Mathematicien Chinois Empereur de toute la Chine , fe feruoit autrefois de cét inftrument, pour prendre l'ombre du midy, afin de fçauoir en fuite l'eleuation du pole, & faire d'autres obferuations : il viuoit mille cent vingt ans auant la naiffance de I. C. Là mefme on void la tour fur laquelle il auoit accouftumé d'obferuer le cours des Aftres ; elle fe nomme Quonfingtai , c'eft à dire la tour pour confiderer les Aftres : le mefme Cheucungus auoit fans doute dés lors vne connoiffance fort particuliere de l'aiguille & de la bouffole ; comme ie le fay voir plus clairement dans l'Abregé que i'ay fait de l'hiftoire de la Chine.

Il y a dans ce pays quantité de fepulchres fort magnifiques, & de tres-beaux iardins autour des murailles de la ville ; auec plufieurs parcs. Proche de la cité de Xen on void dans vn grand Temple, douze ftatuës, fur leur bafes ; ce font des pieces qui s'y font conferuées depuis que l'Empereur Xius les fit fondre, auec vn artifice tout à fait extraordinaire.

Les montagnes. La grande montagne de Pe mang eft au Septentrion de la ville, de là elle occupe les pays de Ienfu, de Cung & de Mengcin : la double montagne d'Inquan eft au Zud-oüeft de la ville : dans cét entre-deux elle reçoit comme par vne porte la riuiere d'In. Proche de la cité d'Hiang font les montagnes de King, d'où on tire le cuiure ; on efcrit que c'eft de là que l'Empereur Coangtius prit le cuiure dont il meubla fa Maifon, & fit fes machines : c'eft la mine la plus ancienne dont on fe fouuienne.

Y, eft vne riuiere dont la fource eft dans les montagnes de la cité de Luxi ; Lo est vne autre riuiere remarquable : il y en a auffi d'autres moins celebres : mais à l'Orient de la cité de Ienfu on remarque vn lac qui eft froid en Efté & fort chaud en Hyuer ; & au milieu de la ville d'Honan la fontaine de Ping, qui eft fort agreable : On y a fait vn efchaffaud de pierre, afin que les curieux la puiffent mieux confiderer, & plus à leur aife.

La feptiéme Ville

NANYANG.

CEtte ville, qui eft vne des plus celebres, eft fituée au couchant de la riuiere d'Yo, dont le pays eft de grande eftenduë, fertile & abondant en toutes chofes : il s'y trouue treize citez, dont la 1 eft Nanyang, 2 Chinping, 3 Tang, 4 Pieyang, 5 Tungpe, 6 Nanchao, 7 Tenho, 8 Nuihiang, 9 Sinye, 10 Checuen, 11 Yuu, 12 Vuyang, 13 Ye. Ce pays eft par tout renfermé de montagnes & de riuieres, & eft de grande confequence pour la feureté de l'Empire Chinois ; car il y a fi grande quantité de viures, qu'il s'eft veu fournir ce grandes armées des chofes neceffaires : l'Empereur Vvus la ioignit à la Prouince de Iú, & ordonna qu'elle feroit placée fous les conftellations de Chang ; c'eftoit vn Royaume qui appartenoit anciennement à la famille d'Hiao auant qu'elle fe faifift de l'Empire. Sous la famille de Cheua elle fut nommée Xinpe ; apres les Roys de Cu s'en emparerent, puis ceux de Han : la famille de Cina luy a donné le nom qu'elle a à prefent : la famille de Sunga & de Tanga l'appellerent Voncheu. Cette ville eft extrémement peuplée & opulente : elle produit la pierre d'azur, & vne forte de ferpens, dont la peau eft tachetée & marquetée de petites taches blanches ; les Medecins Chinois s'en feruent contre la paralyfie, apres l'auoir fait tremper dans vne phiole pleine de vin. On y void de tresbeaux baftiments, & neuf Temples dediez aux Heros : vn Roy de la famille de Taiminga y a fait fa demeure, ce qui a ferui d'vn grand ornement à cette Ville.

Au Septentrion eft la montagne d'Yu, où on trouue trente-fix eftangs. La montagne de Taipe commence prés de Nuihiang, & va iufques proche de Checuen : là mefme eft la montagne de Tienchi, auec vn lac dont l'eau eft merueilleufement bonne pour les maux de cœur.

La riuiere d'Yo, ou de Pe, celles de Pie, de Chi, & de Hoai, rendent ce pays fort fertile ; mais ce qui donne plus fujet d'admiration, eft la riuiere de Tan, qui paffe prés de Nuihiang, dont tous les poiffons font rouges, & ne fe pefchent que vers le commencement de l'Efté, fe tenans cachez tout le refte de l'année. Ceux de la Chine efcriuent, que fi on fe frotte les pieds du fang de ces poiffons, qu'on pourra aifément marcher fur l'eau : ie m'en rapporte à eux ; pour moy, qui n'ay iamais veu ce pays, ie n'en puis rien affeurer ; ils adiouftent que fi en Efté on trouble l'eau, les poiffons montent incontinent en haut, & rendent la riuiere rouge & de couleur de feu ; c'eft de là qu'elle fe nomme Tan, qui fignifie rouge.

Proche de la cité de Teng eft vne petite Ifle nommée Pehoa, c'eft à dire de toutes fleurs, au milieu de laquelle il y a vne maifon de plaifance, baftie auec beaucoup d'art.

Proche de Nuihiang eft vne fontaine ; les Chinois font beaucoup d'eftime de fon eau, perfuadez qu'ils font qu'elle fert à prolonger la vie.

La huictiéme Ville.

IVNING.

LE ressort de cette ville est proche du bord du lac de Co, à l'Orient de la ville que nous venons de dire; elle est enuironnée de montagnes au Nord, & au Midy de la riuiere d'Hoei : elle produit cette precieuse herbe Cha, que ceux de la Chine ne sçauroient assez loüer, & dont ils se seruent aussi tous les iours; j'en fay ailleurs vne description plus particuliere. Yvus mit ce pays dans la mesme Prouince que la precedente , & le rangea sous trois constellations, selon les diuerses parties de son territoire; sçauoir sous celle de Kio, de Kang, & de Ti. Du temps des Roys vne partie appartenoit au Roy de Cai; & l'autre à celuy de Xin. La famille de Cina la nomma Sanchuen, celle de Hana Iunam, parce qu'elle est proche de la riuiere au Midy : la famille de Tanga l'appella Cai cheu, & celle de Sunga Hoaikang : celle de Taiminga luy a confirmé le nom que celle d'Iuena luy auoit donné. Il y a eu aussi vn Roy d'vne famille Royale qui y a demeuré. On y compte huict Temples dediez aux Heros ; elle commande à quatorze citez, dont la premiere est Iuning, 2 Xangçai, 3 Sip'ing, 4 Sinçai, 5 Siúp'ing, 6 Chinyang, Sinyang⊙, 8 Loxan, 9 Kioxan , 10 Quango, 11 Quangxan, 12 Cuxi, 13 Sie, 14 Xangching.

La montagne de Tienchung est au Septentrion de la ville: ils disent que cette montagne est le centre du monde.

Proche de Synyang il y a vne montagne fort haute & fort plaisante : on a souuent remarqué que quand les nuées en couurent le sommet, qu'il pleuuera bientost apres.

La montagne de Hing est proche de Quangxan; elle se nomme ainsi à cause des prunes que nous appellons de Damas, dont il y en a beaucoup.

La riuiere de Ming prend sa source dans les montagnes qui sont prés de Sinyág.

La riuiere de Pelu ou de Pie passe par la cité de Quang: Iu est vne riuiere dont vne ville prend le nom. Le lac de Si est au couchant de la ville, la veuë en est fort plaisante, & le lieu fort frequenté des habitans de Iuning, lors qu'ils se veulent diuertir.

Vne des plus grandes citez.

I V.

CEtte cité n'a pas encor merité l'honneur d'estre mise au nombre des villes de la Chine; bien que pour l'excellence & fertilité de son terroir elle puisse pretendre l'egalité auec plusieurs villes : cela n'empesche pas toutefois qu'elle ne commande à cinq citez, dont la premiere est Iu⊙, 2 Luxan, 3 Kia, 4 Paofung, 5 Yyang. Elle est située au bord Septentrional de la riuiere de Iu, dont aussi elle tire son nom; la source de cette riuiere n'en est pas fort éloignée. Sous l'Empereur Yvus elle appartenoit à la Prouince de Iu sous les constellations de Chang. Du temps des roys elle estoit dans l'obeïssance du roy d'Han, elle dépendit apres de Honan : la famille de Tanga la nomma Linju, & celle de Taiminga l'affranchit, & la nomma Iu.

La montagne de Lu est proche de la cité qui en porte le nom.

La cité de Iu a au couchant vn lac de cent stades, & au Zud-ouest vne fontaine d'eau fort chaude, c'est pourquoy on la nomme Ven.

La riuiere de Sien prend sa source de la montagne de Ki, prés de la cité de Tengfung.

LA SIXIESME PROVINCE
DE SVCHVEN.

A Prouince de Suchuen , c'eſt à dire de quatre eaux , ne cede à aucune autre ny en grandeur , ny en abondance de toutes choſes : la grande riuiere de Kiang la coupe par le milieu : c'eſt pourquoy on peut appeller l'vne de ſes parties , Septentrionale , & l'autre Meridionale : cette Prouince eſt fort proche des Indes : auſſi les mœurs de ceux de Suchuen s'accordent aſſez bien auec ceux des Indiens : il n'y a que les montagnes Damaſienes qui la ſeparent du Royau- *Racine de China.*
me de Tibet : elle eſt fort abondante en tout ce qui eſt neceſſaire à la vie : il y a grand nombre de ſoye, d'herbes & de mineraux, qu'on a accouſtumé de nous aporter de ces quartiers. La vraye racine de Sina ſe trouue ſeulement dans cette Prouince ; pour la ſauuage on la trouue par tout : les Chinois nomment l'vne & l'autre Folin ; on nous apporte ſeulement la ſauuage, dont la moüelle eſt en quelque façon teinte de rouge ; mais elle n'eſt pas ſi grande que la vraye , & elle n'a pas tant de vertu. Or, comme i'ay dit, la vraye racine naiſt ſeulement dans cette Prouince, & ſous terre, comme les glands de terre en Hollande, & les patates aux Indes : ils eſcriuent qu'elle vient principalement aux pieds des Pins, dont il y a des foreſts, qu'elle naiſt de leur reſine, qui tombant à terre y prend racine , auec le temps s'eſtend apres ſur la ſurface de la terre , & puis jette de groſſes racines ſous terre, auſſi groſſes par fois que la teſte d'vn petit enfant, & qui pour la figure & peſanteur reſſemblent à ces groſſes noix d'Inde, que nous appellons Coccos ; pour la couleur de leur eſcorce, elles y ont aſſez de rapport, bien qu'elle ne ſoit pas ſi dure , ny ſi épaiſſe , mais plus molle : ſous l'eſcorce eſt vne chair blanche & ſpongieuſe, dont les Medecins Chinois font grand eſtat, s'en ſeruans dans leurs medecines, au deſſaut de la veritable racine , ils ne laiſſent pas de ſe ſeruir de la ſauuage ; toutefois auec moins de ſuccez.

La Rhubarbe qui croiſt en cette Prouince eſt auſſi tres-excellente, & c'eſt de là que ceux du Tibet & du Mogor, qui y vont ſouuent, ont accouſtumé de nous *La Rhubarbe.* l'apporter. Les plus conſiderables parmy eux ſont les ſacrificateurs des idoles, que les Indiens nomment Lamas. Il y a des Peres de noſtre Societé, qui en ont trouué quelques-vns qui auoient veu Surate, Goa , & vne grande partie des Indes les plus proches, & qui connoiſſoient meſme les Portugais. Il y a auſſi beaucoup d'ambre des deux ſortes, ſçauoir du jaune du plus rouge, cóme on nous l'en- *L'ambre.* uoye de Pologne , ſi ce n'eſt qu'il eſt incarna : quelques-vns eſtiment qu'il ſe fait de la moüelle purifiée des pins, qui par ſucceſſió de téps s'endurcit & deuient tranſparante : il eſt vray que j'en ay veu faire par artifice, de poix de pin ou de raiſine par decoction, & que les Chinois ne laiſſoient pas de vendre, tant il eſtoit bien contrefait : car ce n'eſt pas à dire que l'ambre ſoit pur ou naturel, quand il

attire la paille ou quelque autre chofe fort legere & feche : cette preuue n'eft
pas affeurée ; car l'ambre artificiel & contrefait a auffi bien la faculté & la vertu
attractiue que le veritable. Vous verrez dans la defcription de chaque ville
tout ce qu'il y a de rare dans cette Prouince.

Cette Prouince eft de grande eftenduë : la Prouince d'Huquang la borne à
l'Orient : au Zud-eft celle de Queicheu, & celle de Xenfi au Nord-eft : elle a
au Nord-oüeft les peuples de Coninguangi, ou les terres dans lefquelles M. Polo
Venitien met les Eftats du Prete-Ian : les Chinois les nomment Sifan : le Royaume du Tibet eft à l'Occident ; dans fa partie la plus efloignée & au Midy elle touche à la Prouince d'Iunnan : cette Prouince contient huict villes, outre quatre
villes de guerre, auec cent vingtquatre citez, fans parler des lieux moins confiderables, ny des Forts. Le liure, intitulé le dénombrement des Chinois, y
compte 464129 familles, & 2204170 hommes : encores que ce liure ne faffe
mention que de la moindre partie de la Prouince, car elle eft pleine de foldats,
dont ce liure ne parle point. Le tribut du ris eft de 6106660 facs, de foye filée
& de cruë 6339 liures, de coton 74851, de poids de fel 149179 ; outre les impofts & peages dont il y a deux bureaux dans cette Prouince pour les receuoir.

Xius le premier de la famille de Cina, fut celuy qui adjouta ce pays à l'Empire l'an deux cent cinquante avant la venuë de Iefus-Chrift, comme je le fay
voir dans mon Abregé ; car pour lors il y auoit deux Princes de la race de l'Empereur Hoagtius, nommez Pa & Cho, qui fe reuolterent fous la famille d'Hïaa ;
il n'a point efté reüny à l'Empire, qu'au temps de l'Empereur Xius.

On tire beaucoup de fer par toute cette Prouince, comme auffi de l'eftain &
du plomb : il s'y trouue auffi d'excellentes pierres d'aimant. Ils ont des puits à
fel, qui en fournifent toute la Prouince : grande preuue de la diuine Prouidence ; car cette partie de la Chine eft extrémement efloignée de la mer, & l'on ne
fçauroit auoir du fel d'ailleurs qu'auec vne incommodité indicible : or ces puits
font fouuent profonds de cent pas, creufez dans des montagnes cultiuées :
l'ouuerture du puits a à peine trois ou quatre palmes de large, ils les creufent
auec vne main de fer, la laiffans aller à terre, fa pefanteur & les pointes de fes
doigts font qu'elle s'y enfonce, puis la tirans auec vne corde, elle fe ferme
d'elle-mefme & eftreint la terre qu'ils tirent du puits, iufqu'à ce qu'ils ayent
rencontré de la terre falée & de l'eau : ils puifent cette eau dans vn vaiffeau
qu'ils defcendent pour cét effet ; le vaiffeau a vn trou au fonds, auec vne foupa-
pe, qui s'ouure quand l'eau y entre & qu'il defcend à vuide ; mais quand il eft
plein & qu'on le tire auec la corde, le trou fe ferme & le vaiffeau demeure plein
d'eau falée ; cette eau éuaporée fur le feu laiffe du fel, mais il ne fale pas tant que
celuy de mer.

La Compagnie de IESVS a efté dans cette Prouince, la plus Occidentale de
la Chine, elle y auoit deux Preftres dans la capitale, qui s'employoient auec grand
foin ; mais cette ville ayant efté entierement ruïnée auec toute la Prouince durant ces dernieres guerres, ces Peres furent contraints d'en fortir, & ne fe fau-
uerent que par vn miracle du maffacre qui s'y fit ; ce danger neantmoins ne leur
a point fait perdre l'enuie, & l'efperance d'y retourner auec la grace de Dieu.
Sur les plus hautes montagnes de cette Prouince, du cofté du Nord-eft, où elle
fe ioint à celle d'Honan, eft le Royaume de King, qui ne releue point de l'Empereur de la Chine ; mais il tient à honneur d'en receuoir la couronne & les
autres marques de Royauté : au refte ces montagnards ne veulent point que les
Chinois viennent fur leurs montagnes. Ie nomme ce Royaume King, parce
qu'il fut fondé par le peuple de King & des pays voifins, lors qu'ils abandonnerét
la Prouince de Huquang ; & fe retirerent dans ces hautes montagnes, pour
éuiter le bruit des guerres & l'infolence des foldats : ce fut du temps des Roys,
& lors

& lors que la famille de Cheva entre ſes montaignes prit fin. Il y a des vallées fort agreables, & des champs tres-bien cultiuez, ou les laboureurs n'ont point à craindre l'inſolence du ſoldat.

La premiere ou Capitale Ville.

CHINGTV.

CHingtu merite le rang qu'elle tient de Capitale, car elle ſurpaſſe de beaucoup les autres Citez qui en dependent, par la magnificence de ſes baſtimens, & par l'affluence de ſon peuple : elle eſt extremement marchande ; vn Roy de la famille de Taiminga y a fait ſa reſidence, & y a tenu vne tres-grande Cour : ſon Palais eſtoit ſuperbe, auoit bien quatre milles d'Italie de circuit, baſti au cœur de la ville, on y entroit par quatre portes, on trouue vne grande place deuant la porte du coſté du Midy, embellie de pluſieurs arcades de pierre, d'vne bonne architecture. Cette ville eſt toute coupée d'eaux, & nauigable preſque par tout, à cauſe des canaux qu'on y a conduits, reueſtus de pierre de taille : il y a quantité de ponts de pierre, on y compte ſept temples dediez aux Heros, dont l'vn ſe nomme Cho conſacré au Roy Cançungus, en memoire de l'art qu'il leur aprit, à nourrir les vers à ſoye, & d'en faire des eſtoffes.

Les Roys de Cho y ont tenu leur Cour auant qu'elle fuſt ſous l'Empire de la Chine : la famille de Hana l'appella Quanghan & y tint le ſiege de l'Empire : *Noms anciēs,* les Roys de Cin luy ont donné le nom qu'elle a à preſent. La famille de T'anga la nomma Kiennan. Cette ville eſt ſituée dans vne Iſle que les riuieres *Situation,* ont formée. Le pays en eſt en partie plat, & en partie eſleué & montaigneux : le fonds tout à fait fertile, auſſi n'y ſouffre-t'on pas qu'il y demeure vn pouce de terre ſans eſtre cultiuée : tous les champs ſont arroſez par des petits ruiſſeaux, qui y ſont naturellement, ou qu'on y fait venir par artifice, principalement vers l'Orient, où on peut aller en batteau trois iours durant, par vne campagne tres-agreable & tres-diuertiſſante : on paſſe en faiſant ce chemin plus de cent ponts.

Cette ville commande à trente citez, dont la 1 eſt Chingtu, 2 Xoanglieu, 3 *Les citez,* Venkiang, 4 Sinfan, 5 Sintu, 6 Kintſang, 7 Ginxeu, 8 Cingping, 9 Pi, 10 Cſu, 11 Nuikiang, 12 Quon, 13 Pſeng, 14 Cungning, 15 Gan, 16 Kien ☉, 17 Cuyang, 18 Cungking, 19 Sincin, 20 Han ☉, 21 Xefang, 22 Miencho, 23 Teyang, 24 Mien ☉, 25 Changming, 26 Lokiang, 27 Mieu ☉, 28 Venchuen, 29 Guei ☉, 30 Pao.

Il y a dans cette ville vne choſe merueilleuſe à voir ; c'eſt vn certain oiſeau *Vn rare oiſeau.* que les Chinois nomment Thunghoafung : il a le bec rouge comme du vermillon, on ne ſe laſſe point d'admirer la varieté des couleurs de ſes plumes, il naiſt d'vne fleur nommée auſſi Tunghoa, il vit auſſi long-temps qu'elle dure, de ſorte que vous diriez que c'eſt vne fleur qui vole, tant il y a de raport pour ſa beauté, & pour ſon peu de durée.

Ieking eſt vne montaigne proche de la cité de Cu, plus haute que les nuës. *Les montagnes.* La montagne de Cingching prés de la Cité de Quon a plus de mille ſtades de longueur : elle tient le cinquieſme rang entre les plus fameuſes : ils s'imaginent que c'eſt là où les Xinſiens, c'eſt à dire les hommes immortels, s'aſſembent. La montagne de Lunggan eſt proche de la cité de Gan : elle eſt fort agreable pour ſes foreſts & pour ſes fontaines : on y void les ruines du Palais des Roys de Cho, où ils auoyent accoûtumé de paſſer les chaleurs de l'Eſté.

L

La cité de Cungking a aussi sa montagne nommée Toyúng, on y trouue des Singes qui ressemblent à des hommes, & sont presque aussi grands : ils aiment
les femmes, & tachent de les violer quand ils peuvent. Tatung est vne montagne fort haute proche de la cité de Xefang : on diroit qu'elle touche au
ciel : il y a vne riuiere qui en tombe de fort haut, aussi fait elle grand bruit.
La montagne de Pin, qui est proche de la cité de Guei, est presque aussi haute ;
les Chinois escriuent qu'elle a bien soixante stades de hauteur : de son sommet
on void la capitale au trauers des autres montagnes : c'est de cette montagne
que la grande riuieré de Kiang tire sa source, de là elle tourne vers les terres
du Preste Iean. Tienchi est vne montagne proche de Mien☉ , aupres de laquelle il y a vn lac que la pluye ne fait point grossir ni enfler, mais qui ne diminuë point aussi durant la seicheresse.

    La riuiere de Kin est au Midy de la ville, on la nomme communément la ri-
uiere Damasée, à cause du merueilleux lustre & l'esclat qu'y prend le velours
qu'on y laue. La riuiere de To passe proche de Sifan : c'est vn bras destourné
de la riuiere de Kiang : l'Empereur Yvus le fit creuser pour empescher les
debordements & les inondations de cette riuiere. La riuiere de Chu passe deuant la cité de Cu, on la nomme la riuiere des perles, parce que de nuit on y
voit de la clarté qui brille : ils s'imaginent que ce sont des escarboucles, ou
de ces pierres precieuses que ceux de la Chine nomment Yeming, c'est à dire
qui esclairent & luisent de nuit. Le lac de Si tourne autour du fauxbourg de
la cité de Cungking, sur ses bords du costé du couchant, on a basti quantité de
maisons de plaisance, les habitans du lieu en font leur delices. La riuiere de
Co passe deuant la cité de Han ; on en recherche l'eau comme plus propre
qu'aucune autre à donner vne bonne trempe au fer.

    Au Zud-est de la ville on void le lieu destiné aux combats nauaux, ou l'é-
tang d'Yolung, que le Roy Suius fit faire pour y exercer ses soldats, dans le
dessein qu'il auoit de faire la guerre au Roy de Chin.

    Le lac de Vansui a quarante stades, il semble auoir esté fait exprés pour
seruir de fossé à la ville, la terre en ayant esté tirée pour le rempart des murailles. Proche de Nuikiang il y a vne fontaine d'eau, laquelle tantost hausse,
tantost baisse, on a remarqué qu'elle suiuoit les periodes du flux & reflux de la
mer, bien qu'elle en soit fort esloignée.

La seconde Ville.

PAONING.

CEtte ville est située sur le bord oriental de la riuiere de Kialing ; son territoire est renfermé par vne couróne ou chaine de montaignes, il y a grand'
abondance de musc, & encor beaucoup plus de daims : la ville d'elle mesme
est assez belle, & assez considerable pour ses bastimens : elle n'a que quatre
temples qui soyent dignes de remarque. Sa jurisdiction s'estend sur dix citez,

dont la premiere est Paoning, 2 Cangki, 3 Nanpu, 4 Quangyven, 5 Pa☉, 6
Chachoa, 7 Tungkiang, 8 Kien☉, 9 Cutung, 10 Nankiang. L'Empereur
Yvus comprit cette ville dans la Prouince de Leang, & voulut qu'elle depen-
dist des constellations Cing & Quei : du temps des Roys elle fut nommée Pa;
mais la famille d'Hana l'appella Pasi ; celle de Tanga Lancheu ; celle de Sunga Gante ; la famille d'Iuena luy a donné le nom qu'elle a à present, à cause
de l'embouchure estroite des montagnes, ou on a basti des Forts. L'Historien Chinois remarque en cet endroit vne chose merueilleuse d'vn certain

arbre nommé Ciennien, c'eſt à dire de mille ans; cet arbre eſtoit dans vn tem- *Arbres d'vne excesſiue grā-*
ple aux idoles de la cité de Kien, & d'vne telle grandeur, que deux cent mou- *deur.*
tons ſe pouuoient cacher ſous vne de ſes brāches, & aller tout au tour ſans eſtre
veus, quand meſme on s'en ſeroit approché : peut- eſtre ſont-ce de ces arbres
des Indes, dont il en naiſt pluſieurs autres, des branches qui ſe picquent en
terre : les Portugais les nomment arbres des racines.

Cette ville a à l'Orient les montagnes de Puon & de Mienping, qui ſont *Les monta-*
fort agreables à cauſe de leurs champs & de leurs foreſts : proche de Cangki *gnes le plus*
on voit la montagne de Iuntai extremement haute, on la nōme par cette raiſon *notables.*
le throſne des nuës. La cité de Pa a vne montagne qui ſe nomme Io, d'où on
tire des pierres pretieuſes; mais il eſt fort difficile d'y monter, à cauſe qu'elle eſt fort eſcarpée.

Là meſme eſt la montagne de Ping Leang, au ſommet de laquelle il y a *Les riuieres.*
vne fort grande plaine, enuironné de rochers, qui la renferment, & luy ſeruent
de murailles.

La riuiere de Pa donne ſon nom à vne cité proche de laquelle elle paſſe;
cette riuiere ſe nomme Pa, parce qu'elle repreſente aſſez bien par ſes circuits
un caractere de l'alphabet Chinois Pa, qu'ils prononcent Pa, aſſez ſemblable à
noſtre C, Pa ſignifie en Chinois c'eſt aſſez

La ville de Paoning a au Midy le torrent d'Haitang, il ſe nomme ainſi à
cauſe du grand nombre de roſes d'eau qui s'y trouuent, & qu'ils appellent
Haitang.

La troiſieſme Ville

XVNKING.

LE territoire de cette ville ne manque pas auſſi de montagnes : auec cela
il a plus de terres labourables que Paoning : il y a par tout grand' quantité de ſoye, d'oranges, & de racine de Scorzonere : ce pays produit auſſi des
chaſtaignes, qui ſe fondent d'elles meſmes dans la bouche comme du ſucre.
L'Empereur Yvus adjouſta ce pays à la Province de Leang, & le plaça ſous les
conſtellations de Seng & de Cing : la famille de Cheua le nomma Iungcheu;
celle de Hana appella cette vlile Ganhan, & celle de Tanga Nanke; mais la
famille de Sunga & celles qui luy ont ſuccedé, luy ont donné le nom qu'elle
a à preſent. Elle n'a que trois temples conſiderables; & commande à dix
citéz, dont la premiere eſt Xunking, 2 Sike, 3 Fung⊙, 4 Iungxan, 5 Ylung, 6
Quanggan⊙, 7 Kin, 8 Tacho, 9 Gochi, 10 Linxui.

Au couchant de la ville eſt la montagne de Co, celebre pour ſes foreſts d'o- *Les monta-*
rangers. La cité de Sike eſt baſtie ſur vne montagne qui porte le meſme nom. *gnes.*
Là meſme eſt cette grande montagne de Nanmin qui a douze ſommets fort
hauts : il y a auſſi neuf puys à ſel.

La riuiere de Chuen paſſe à trauers des rochers proche de Quanggan, où il *Les riuieres.*
y a trente & ſix Caſcades, dont l'eau fait vn tres-grand bruit en tombant. La
fontaine de Tieju coule au couchant de la ville; on l'appelle la fontaine de
laict, à cauſe de la bonté de ſon eau.

La quatriefme Ville

SIVCHEV.

SIucheu eft vne ville marchande &fort celebre,car les deux riuieres deKiang & de Mahu,qui peuuent porter nauires, fe joignent prés de fes murailles du cofté de l'Orien ; celle de Kiang vient de la capitale, & l'autre du grand lac de Mahu, d'où elletire fon nom,& fes eaux. Cette ville entre autres baftiments particuliers & publics, a trois temples confiderables, dediez auxHeros. Tout fon pays eft rude & difficile à caufe des montagnes; neantmoins fertile, & qui produit tout ce qui eft neceffaire à la vie: il y a par tout beaucoup de ro-feaux; comme auffi de ce fruit de Lichi fi eftimé, dont ie feray ailleurs la defcri-ption. On y trouue auffi des perroquets; ils difent qu'vn eftranger en ayant acheté vn, & le voulant porter dans fon pays , qu'il parla de cette forte ; ie fuis oifeau de laChine,ie dedaigne d'aller chez les eftrágers,& que peu apres il mou-rut ; c'eft par tout que les hommes font parler les beftes felon leurs fentimens.

Oifeau par-lant.

Ce pays fut autrefois nommé Iungcheu par les Roys de Sui: la famille de T'anga l'appella Nanki ; celle de Sunga luy a donné le nom qu'elle a à prefent. Cette ville commande à dix citez,dont la première eft Siucheu, 2 Kingfu,3 Fu-xun, 4 Nanki, 5 Hingu en, 6 Changning, 7 Iunlien, 8 Cung, 9 Cao, 10 Lung-chang.

Les citez.

La montagne de Xeching eft au Midy de la ville : on la nomme communé-ment la muraille de pierre, parce que fes fommets fort hauts, reprefentent vne muraille.

Les monta-gnes les plus remarqua-bles.

La montagne d'Hanyang eft proche de Kingfu, & celle de Lingyven proche de Fuxun,au bord de la riuiere de Kiang.

Au Zud-ouëft de la ville,la riuiere de Xemuen ou de Heng paffe & entraine vne grande quantité d'eaux,qui tombenr d'vne cafcade qu'ils nöment la cloche; parce qu'elle fait vn grand bruit : au couchant de la Ville il y a auffi vn lac qui a cinquante ftades de longueur , mais qui n'eft pas beaucoup large. Proche de Changning il y a vne fontaine qui y fourd,toute enuironnée de vieux arbres.

Les riuieres.

La cinquiefme Ville

CHVNGKING.

S'Il y a ville dans toure la haute Afie qui reffemble à aucune de celles de l'Euro-pe pour fa magnificence, certes c'eft celle-cy; car elle eft fituée fur vne mon-tagne où les baftiments paroiffent s'efleuer peu à peu en montant, en façon d'amphitheatre. Le mot de Chungxing fignifie double joye en langue Chi-noife, parce que telle doit eftre la joye de ceux qui au fortir des dangers de la mer, trouuent vn port fi agreable , & vne fi belle ville ; elle eft fort mar-chande , & fituée dans vn lieu où les deux riuieres de Pa & de Kiang s'af-femblent. Entre les baftiments de marque elle a fix Temples confidera-bles : on y fait de fort beaux coffres de cannes entrelacées, & de plufieurs couleurs. Il s'y trouue beaucoup de fleurs de Meutang, comme auffi de cet excellent fruit de Lichia, qu'on enuoye à la Cour quand il eft meur, par des courriers exprés. Il y a auffi quantité de fort bons poiffons, principalement des tortuës. Ce pays eft de grande eftenduë, en partie plat, & en partie efleué en montagnes; il a des mines : l'air eft fort fain,& fort temperé.Il commande à

L'abondance de toutes chofes.

vingt cités, dont la premiere eſt Chunking, 2 Kiangcin, 3 Changxeu, 4 Taço, 5 Les citez.
Iungchuen, 6 Iankiú, 7 Iungchang, 8 Kikiang, 9 Nanchuen, 10 Kiukiang, 11
Ho☉, 12 Tungleang, 13 Tingyven, 14 Piexan, 15 Chung☉, 16 Fungtu, 17
Tienkiang, 18 Feu☉, 19 Yulung, 20 Pengxui.

La premiere montagne merite d'eſtre admirée de tout le monde, elle eſt ſur Les monta-
le bord de la riuiere de Feu, elle aboutiſt à cette ville & à la cité de Tunchuen; on gnes.
en a fait vn idole qu'ils nomment Fe ; elle a les pieds croiſez, & les bras qu'elle
tient dans ſon ſein: jugez de la grandeur par ce qui ſuit ; on en void les yeux, le
nez & la bouche de plus de deux milles : cette ſtatuë rend plus croyable l'offre
de Dinoſtrate à Alexandre le Grand, ſelon le rapport de Vitruve, de faire vne
ſtatuë du mont Athos, qui tiendroit vne fort grande ville dans l'vne de ſes deux
mains, & dans l'autre vne riuiere, ou vn lac capable de fournir ſuffiſamment de
l'eau à ceux du pays. Cynyung eſt vne montagne au couchant de la ville, remarquable pour ſes belles & agreables foreſts. La cité de Ho eſt proche de la
montagne de Lungmuen, ſur laquelle il y a eu vn temple fort magnifique, auec Bibliotheque
vne Bibliotheque de trente mille volumes ; nommée la Bibliotheque de Siyu- Chinoiſe.
lus, car vn Gouuerneur qui portoit ce nom, l'a commencée. Proche de Piexan il y a vne campagne de deux cent ſtades, formée par la montagne de
Chungpie. Proche de Fungtu eſt la montagne de Pingtu, fort renommée
entre les ſeptante deux, dont le liure de Taoſu fait eſtat. Proche de Penxui eſt
la montagne de Fonien, où il y a beaucoup de puits à ſel.

Pluſieurs riuieres paſſent par ce territoire, elles ſont toutes marquées dans la Riuieres.
carte: le torrent de Mingyo, qui eſt proche de la cité de Chung, eſt enuironné de
rochers fort roides, & fait vn fort grand bruit en tombant d'vne montagne, qui
a plus de cinquante perches de hauteur : au bas ſes bords ſont bordés de
vieux arbres fort hauts.

La ſixieſme Ville

QVEICHEV.

CEtte ville eſt vne des plus Occidentales de toute la Prouince, elle eſt ſituée La ſituation.
au bord Septentrional de la riuiere de Kiang; & parce que c'eſt la premiere
qui ſe preſente quand on entre dans la Prouince, auſſi y a-t-il vn bureau, où on
paye les droits des marchandiſes qu'on y apporte: de là vient ſa richeſſe & ſon
opulence ; elle a juriſdiction ſur treize cités, dont la premiere eſt Queicheu, 2 Les citez.
Coxan, 3 Tachang, 4 Taning, 5 Iuniang, 6 Van, 7 C'ai, 8 Ta☉, 9 Sinfing, 10
Leangxan, 11 Kienxi, 12 Tuoghiang, 13 Taiping.

Ceux de la Chine loüent ce pays pour ſa fertilité; auſſi n'y laiſſent ils rien en
friche, ſi ce n'eſt ou les rochers & les montagnes pleines de pierres, deſrobent
quelque terrain à l'induſtrie des laboureurs, principalement dans les lieux Septentrionaux, où les montagnes ſont ſi rudes & en ſi grande quantité, que même
iuſqu'à preſent elles ne ſont habitées, que par vn peuple ſauuage & groſſier,
qui ne reconnoiſt point les Chinois. Il y a quantité de puits de ſel, d'orangers &
de citrons, comme auſſi force muſc, & des perdrix en grand nombre. On y void
trois temples remarquables. Ce pays ſous l'Empereur Yvus fut diuiſé en deux
parties, dont l'vne appartenoit au pays de Leág, & l'autre à la Prouince de King;
Yuuo l'a mis ſous les conſtellations de Chin & de Ye. Sous la famille de Cheua
elle dependoit du Royaume de Iuſo: ſous celle de Hana elle fut nommée Iungning ; la famille de Tanga la nomma premierement Iungan, puis Queicheu,
nom qu'elle a encor à preſent.

L iij

Cette ville a au Septentrion la montagne de Chekia , on y void les ruines
d'vne place où ont refidé les Roys de Iufo : proche de Coxan eft la montagne de Han, haute & roide : là mefme proche du bord de la riuiere de Kiang eft
la montagne de Co, elle fe nomme ainfi, parce qu'elle reprefente vne lettre de
l'alphabet Chinois, qu'on prononce ço : Tulie eft vne montagne proche de la
cité de Van, dont vn des fommets eft fi haut , qu'il n'y a point d'oifeau qui puiffe
voler plus haut. Si eft vne montagne au couchant de la cité de Van, où on void
encor le jardin de plaifance de la famille de Sunga , auec un lac, des bois, & des
fruitiers. Tunghoa eft vne montagne où la cité de Ta eft baftie ; proche de
Leangxan eft la montagne de Caoleang, qui s'eftend iufqu'à mille ftades en
longueur, partie vers l'orient, partie vers le couchant : la montagne de Xehiang a ce nom à caufe de l'abondance du mufc ; car le mot de Xehiang fignifie
du mufc. Dans la montagne de Co , dont i'ay parlé cy deffus, il y a vn chemin
de cent foixante ftades de long , qui va toufiours en montant.

La riuiere de Cing fe defcharge dans celle de Kiang à l'orient de la ville ; elle
tire fa fource du lac de Cingyuen , qui contient cent ftades en quarré ; on la
nomme la riuiere claire, car le mot le fignifie , en effet il n'y a point de riuiere
dans toute la Prouince dont l'eau foit plus claire que celle là : il y a vn autre
grand lac proche la cité de Ta , nommé Vanging , dont les riues font bordeés
de jardins à fleurs , d'arbres fruitiers , & baftis de gros bourgs.   Il y auffi
quantité de puits à fel dans les montagnes proche de Taning.

La feptiéme Ville

LVNGGAN.

LVnggang eft fituée proche de la fource de la riuiere de Feu ; cette place
n'eft pas appellée fans raifon la clef de toute la Prouince ; le pofte en eft
important , il n'y a que trois citéz dans tout fon deftroit, mais il y a un bien plus
grand nombre de Forts : les citez font , la 1 Lugan , 2 Kiangyeu, 3 Xeciuen : les
Forts fe peuuent voir dans la carte. Il ne faut pas paffer fous filence, que Xeciuen a efté le pays natal d'Yvus ce grand Empereur & Aftrologue, qui fut le premier de la famille Imperatrice d'Hiàa ; on y a baftivn fort beau temple en memoire de ce grand homme.   Ce mefme Empereur adjouta ce pays à la Prouince
de Leang, & voulut qu'il fuft fous les conftellations de Cing & de Quei : la famille de Cina le comprit dans le territoire de Kiang ; celle de Hana nomma
cette ville Inping, & Tanga Lungmuen : la famille de Taiminga luy a donné
le nom qu'elle a à prefent.

Cungtung eft vne montagne au Septentrion de la ville , de là elle s'aduance
dans le grand efpace qu'elle occupe iufqu'aux terres de Sifan, & aux montanes Amazienes : au Zud-eft eft la montagne de Xemuen , qui fepare les terres
de Sifan ou du Prete Iean, de celles de la Chine.

La riuiere de Feu prend fa fource au Zud-oüeft de la ville, elle fait vn grand
chemin par cette Prouince , elle mefle enfin fes eaux auec celles de la riuiere de
Pa , & fe defcharge auec elle dans la riuiere de Kiang proche de Chung King.

La huiéliefme Ville

M A H V.

CEtte ville eft baftie fur le bord Septentrional de la riuiere de Mahu, proche
d'vn lac qui en porte le nom : elle n'a point de commandement fur aucune

cité ; toutefois il y a quantité de Forts & de places qui en dependent. L'Empe- *Noms ancits*
reur Hiaouus fut le premier qui l'a fit bastir lors qu'il entreprit le voyage des
Indes,& passa par ce pays : il l'appella Iangco : la famille de Tanga luy donna
en suite le nom qu'elle a à present, qui signifie le lac du cheual ; leurs histoires
portent qu'on vid vn cheual dans ce lac en forme de dragon, c'est de là que ce
lac, la ville, & la riuiere tirent leur nom.

La montagne de King signifie vn miroir ; on la nomme ainsi à cause d'vne *Les montá-*
fontaine fort claire , & qui sourd au bas de cette montagne : là mesme *gnes.*
au couchant de la ville est la montagne de Talo,où des grands cerfs ; aussi y
en a-t'il grand nombre.

Il y a forces eaux,mais qui coulent toutes à la reserue des lacs,auec tát d'impe- *Les riuieres.*
tuosité & de violence,que s'il y en auoit de semblables dans l'Europe,on ne croiroit pas y pouuoir nauiger ; neantmoins l'industrie des Chinois en vient à bout.

La premiere grande Cité.

TVNGCHVEV.

APres les villes il faut décrire quelques vnes des citez qui sont les plus remarquables , & qui en ont d'autres sous elles : elles sont assez peuplées &
assez grandes pour meriter le nom de villes, cependant elles ne l'ont pas ; de
peur que si cette Prouince auoit dauantage de villes, on ne fut obligé de luy
donner plus de Gouuerneurs qu'à celles de Peking & à Nanking. La premiere *La qualité.*
cité Tungchuen☉,commande à huit autres,1 Tungchuen,2 Xehung,3 Ientsing,
4 Chungkiang, 5 Suining, 6 Fungki , 7 Ganyo, 8 Lochi. Tout ce pays est plein
de riuieres,& la fertilité est merueilleuse par tout : elle s'estend en plaines & en
campagnes en plusieurs endroits : l'air y est grandement sain, il y a peu de montagnes , & si encor ne sont elles ni rudes ni pierreuses, mais cultiuées pour la
plus part, & peuplées de gros bourgs ; il y a abondance de chastaignes & de
prunes. Ce pays produit aussi des roseaux à sucre, dont on en tire beaucoup & *L'abondance*
d'excellent,&bien qu'il y en ayt eu de tout temps,si est-ce qu'ils n'en sçauoyent *de sucre,& la*
point tirer le sucre, comme ils disent eux mesmes, iusqu'à ce qu'vn certain *façon de le*
Prestre Indien en eust enseigné la maniere aux habitans du pays ; ils disent que *faire.*
l'asne,sur lequel il alloit,entra dás vn lieu où y il auoit de ces cannes & roseaux,
le maistre du champ le prit, & ne le voulut point rendre que l'autre ne payast le
dommage que son asne auoit fait ; l'Indien, pour le reparer, luy enseigna comme il falloit tirer le sucre que la nature a caché dans les roseaux.

La montagne de Tungquon est proche de Chunkiang,on y tire du cuiure; *Les monta-*
& proche de Lochi est la montagne de Ciepuong, remarquable pour ses bois, *gnes.*
pour ses eaux , & pour l'admirable varieté des pierres qui s'y treuuent, repre-
sentant dans cette diuersité les plus belles peintures du monde.La montagne de
Pago est proche de Xinkia, esloignée de quinze stades de Tungchuen.

La riuiere de Feu passe au couchant de la cité , & au Zud-ouest la riuiere de *Les riuieres.*
Xe,dont la source se voit proche de la grand cité de Kien, & apres diuets circuits & destours passe deuant la cité de Xehung.

La deuxiefme Cité

MVICHEV.

CEtte cité est au Midy de la capitale ; les deux bras de la riuiere de Kiang
enuirônent son territoire;la cité même est situee au milieu du lac de Hoan,

qui luy fert de foffé, auec des ponts de pierre qui la joignent aux bords de ce lac : elle a auffi quatre temples remarquables; & commande à quatre citéz, dont la 1 eft Muicheu, 2 Pengxan, 3 Tanleng, 4 Cingxin.

Les monta-
gnes. La montagne de Gomui eft vne partie de celle de Min, elle a trois cent ftades de longueur, & va iufqu'au Midy de cette cité. Il y a auffi la montagne de Peping au couchant, dont le fommet efclaire de nuit, comme fi il y auoit des lumieres allumées.

Les riuieres. La riuiere de Che paffe deuant la cité de Pexan; elle fe nomme auffi Hoanglung, c'eft à dire dragon jaune; car leur hiftoire porte qu'on y vid vn dragon de cette couleur du temps de la famille d'Hana.

On appelle le lac de Hoan la bague, car il enuironne la ville & fes bords, dont l'Occidental en eft le plus efloigné, font ornés de fuperbes baftimens, & la ville pour demeurer dans leur penfée, reprefente la pierre de la bague, & en eft enfermée de tous coftés.

La troifiéme Cité.

KIATING.

La fituation. **L**E territoire de la cité de Kiating eft fort agreable, à caufe de fes lacs & de fes riuieres; cette ville ne cede à pas vne des autres qui font fituées fur la riuiere de Kiang : elle abonde en mufc, en ris, & en autres chofes neceffaires; elle commande à fept citez, dont la 1 eft Kiating⊙, 2 Gomui, 3 Hungia, 4 Laikiang, 5 Kienguei, 6 Iung, 7 Gueijuen, elle a deux temples confiderables.

Les monta-
gnes. Au Nord de la cité eft la montagne de Mienkiang, fa defcente des autres coftez eft tortueufe, mais icy elle tombe à plomb iufques dans la riuiere de Kiang. La cité d'Iung prend fon nom de la montagne d'Iungte, c'eft la plus haute & la plus grande de toutes celles de ce territoire : on y void vingt quatre *Les riuieres;* maifons de pierre, c'eft ainfi qu'ils appellent des cauernes fort creufes.

Le ruiffeau de Chocung qui fe void au Septentrion de la cité de Kaiting eft digne de remarque : les Chinois difent qu'vne femme fe promenant fur fes bords, ouyt vne voix qui fortoit d'vne groffe canne, & que l'ayant tirée, elle y trouua vn enfant caché; (car ces rofeaux de la Chine font gros comme de petits tonneaux) qu'elle l'efleua dans fa maifon, qu'il paruint à eftre Yelang; & que ce fut luy qui fonda le Royaume d'Yelang dans la partie Occidentale de cette Prouince. Mingyue eft vn petit lac au leuant de la cité de Kiating : proche de Laikiang eft l'Ifle de Ho couuerte de rofeaux & de fleurs.

La quatriefme grande Cité

KIVNG.

CEtte grande cité en gouuerne deux autres, fçauoir 1 Kiung, 2 Taye; 3 Pukiang, où il n'y a rien de remarquable, fi ce n'eft ce qu'on lift du petit lac d'Yotan proche de Pukiang; que Hoangtius y trauailla à la Chimie, plus de deux *Antiquité de* mille cinq cent ans auant la natiuité de Chrift : c'eft de là que les Chymiftes *la Chymie.* doiuent tirer l'origine & l'antiquité de leur art, non pas de leur Moyfe fabuleux, de Marie fa fœur, ou des Pythagoriciens; comme ont fait les Grecs.

La cinquiefme grande Cité

LIVCHEV.

La fituation. **L**E pays de Liucheu contient quatre citez, dont la 1 eft Liucheu, 2 Naki, 3 Hokiang, 4 Kiangan. La premiere eft fituée au bord Septentrional de la riuiere
de

de Kian , dans vn lieu fort agreable , & fort frequenté des Marchands : on y
trouue des pierres d'Azur en quantité, & d'vn fort beau bleu ; cette cité a quelques edifices publics qui font fort celebres , entr'autres il y en a vn au leuant
de la ville, à l'endroit où vn lac fe forme des eaux de deux riuieres qui s'y affemblent. La famille de Sunga fit faire ce baftiment pour ioüir de la veuë de ce lac ;
c'eft encore maintenant vn lieu de plaifance & de bonne chere.

La montagne de Pao eft au Midy de la cité : la temparature de l'air y eft telle, *Les monta-*
que ceux qui y demeurent, ne doiuent point aprehender la fievre : &s'ils l'y por- *gnes dignes*
tent ils gueriffent aifement ; fi ce n'eft au mois de Mars & d'Auril ; car pour *de remarque.*
ceux qui l'ont l'vn de ces deux mois, il n'y a point d'efperance d'en efchapper.

Au Zud-oüeft de cette cité il y a la montagne de Fang, dont le fommet a la
forme d'vn cube ou dez, il eft proche de cette grande riuiere de Kiang.

La riuiere de Cu paffe au Nord de la cité , & du Septentrion defcend par la *Les riuieres*
cité de Cu, qui depend de la capitale.

La fixiéme grande Cité

YACHEV.

CEtte cité eft vne des plus occidentales, & des plus proches du Royaume de
Tibet: elle a jurifdiction fur quatre citez, dont la 1 eft Yacheu, 2 Mingxan,
3 Iungking, 4 Luxan, elle a auffi plufieurs Forts pour la defence de la Prouince.

La montagne de Mung eftl proche de Mingxan, dont les cinq fommets *Les monta-*
s'efleuent iufqu'au ciel : ils amaffent de la manne fur le plus haut, que ceux de *gnes.*
la Chine nomment Pinglu, c'eft à dire rofée gelée. Iungking a vne montagne
nommée Kiûnglai, où on trouue de la glace en Efté.

Les Villes de guerre.

CEtte Prouince a quatre villes de guerre, dont la 1 eft Tungchuen, 2 Vmung,
3 Vfa , 4 Chinhiung : on les nomme militaires, parce que les habitans font
tous vieux foldats, ou leurs enfans & petits fils, aufquels l'Empereur de la
Chine donne les mefmes gages qu'à leur peres, & leur partage les terres qui
font proches de leur ville : ainfi ils congedient leurs troupes quand il n'y a plus
de guerre, & les recompenfent en les mettant en garnifon dans toutes les frontieres de leur Royaume.

La premiere ville eft fituée prés de la montagne d'Vlung , & de la riuiere *villes.*
de Kinxa qui rend beaucoup d'or.

La feconde eft toute renfermée des montagnes horribles, où fe prennent les
plus hardis vautours.

La troifiefme eft fort proche de la feconde , il n'y a qu'elle qui aye des pommes de pin fur fes montagnes.

La quatriefme abonde en mufc : il y a auffi beaucoup de perdrix, & vne forte
de febves ou de phafeoles qu'ils nomment, pierreufes, à caufe de leur dureté ;
ce font des arbres qui produifent ces fruits : ils font extremement bons aux de-
faillances de cœur.

La montagne d'Vlung eft fituée au bord de la riuiere de Kinxa, elle s'eftend *Les monta-*
en longueur à plus de cent ftades. *gnes.*

Les montagnes de Tain & d'Vmuen font proches d'Vfa : on diroit que leurs
fommets font comme fufpendus en l'air , tant ils font efleuez, & de difficile
accés.

La montagne d'Vtung eft proche de Chinkiung : elle reprefente vn homme

M

debout, qui baisse sa teste.

Les riuieres.

La riuiere de Kinxa ou au sable d'or, passe par la cité de Tungchuen, ses habitans amassent quantité d'or, ce qui enrichit le territoire d'Humung.

Les Citez de guerre & les Forts.

CÉs Citez & ces Forts ont esté bastis vers Midy, principalement contre les montagnars de Queicheu, qui sont gens sauuages & farouches; i'en mettray icy les noms, & marqueray en suite ce qu'il y aura de considerable: 1 Po☉, 2 Iungning, 3 Yenyang, 4 Xequei, 5 Yemui, 6 Tienciuen, 7 Ly☉, 8 Pinchai☉, 9 Sungfan, 10 Ticki, 11 Kienchang☉, 12 Cienguei, 13 Ningpo, 14 Yuesui, 15 Iencing, 16 Hocichuen, 17 Hoangchuen, 18 Ielung, 19 Hiugin, 20 Le, 21 Vûgan, 22 Lungyo, 23 Sungguei, 24 Cinci, 25 Techang, 26 Maçu, 27 Kiûngpu, 28 Cungço, 29 Hoangping, 30 Hie☉, 31 Chin, 32 Tantang, 33 Chaohing☉, 34 Hieu, 35 Xesie.

Vers Po il y a des Rhinoceros, beaucoup de miel & de cire; celle de Hiunghoang produit beaucoup de drogues pour la medecine. Iungning abonde en oranges, & fournit des cheuaux fort courageux. La cinquiesme Yemui est renommée par le chant de ses rossignols. La sixiesme a force poissons, force musc, & des poules qui portent vne laine, semblable à celle des brebis; ces poules sont petites, ont les pieds fort courts, sont courageuses, les dames les aiment fort: Il y en a à Camboia, qui leur sont en quelque façon semblables, mais qui ont des plumes & non pas de la laine. On y cueille aussi cette herbe de Cha si renommée, dont vous trouuerez la description ailleurs. Le pays de Ly☉ qui en est proche n'estoit point à la Chine; il fut conquis du temps des Roys. La dixième est bastie dans les montagnes prés de la source de la riuiere de Kiang; elle nourrit beaucoup de bestes à cornes, sêblables à celles du Thebet, qui ont la queuë fort longue, épaisse & frisée; ceux de la Chine les recherchent pour en orner & parer leur drapeaux: on y fait aussi des tapis de poil d'animaux. Il n'y a qu'vn Gouuerneur, qui commande à tous les Forts qui sont depuis l'onziesme iusqu'au dix-septiesme; les Chinois le nomment Tusu. La famille de Hana reduisit en Prouince ceux de ces pays les plus auancés vers l'Occident, apres auoir sousmis la plus grande partie du Royaume de Kiung. Ce pays produit de l'Azur, est fort estimé pour la beauté de ses montagnes, & pour son fonds qui est fort gras.

Les montagnes.

Proche de la cité de Ly est la montagne de Iuleang, tellement couuerte de forests & d'arbres, qu'elle fournit de bois suffisamment à tout le pays. La montagne de Peçui est proche de Pingchai, où on remarque, que si la neige qui est tombée l'hyuer se fond sur le sommet, c'est vn signe que l'année suiuante sera tres-bonne; au contraire, c'est vn mauuais presage, si elle s'y garde iusqu'à l'Esté. La montagne de Tiexe se void vers Kienchang; on la nomme ainsi à cause de ses pierres de mine de fer; car il s'y en trouue de si riches, que si on les fond, on en retire du fer tres-beau, & fort propre à faire des cimeterres & des espées.

Pour ses riuieres, elles sont marquées dans la carte.

LA SEPTIESME PROVINCE
DE HVQVANG.

LA plus gráde partie de cette Prouince de Huquang eſt vn pays plat & vne raſe campagne, arroſée par tout de lacs & de riuieres. Elle tire ſon nom du grand lac de Tungting ; car le mot de Hu ſignifie vn lac, & celuy de Quang eſtendu : la grande riuiere de Kiang la coupe par le milieu, & la diuiſe en Meridionalle & Septentrionale. Elle eſtoit autrefois aux Roys de Cu, on l'appelloit la Prouince de King, ces Roys y faiſoient leur demeue, & menaçoient de là les Empereurs de la Chine, les eſgalant en forces, s'ils n'eſtoient plus forts qu'eux. Les Chinois, pour loüer cette Prouince, la nomment Iumichiti, c'eſt à dire, le pays du poiſſon & du ris : les montagnes ſont couuertes des foreſts, ils nourriſſent par tout force beſtail, on l'appelle le grenier de la Chine; ſur tout il y a grand' quantité de grains, dont elle pourroit non ſeulement ſes habitans, mais ceux des pays qui en ſont proches, iuſques là qu'il eſt paſſé en Prouerbe parmi ceux de la Chine, *que l'abondance de la Prouince de Kiangſi peut bien fournir à la Chine entiere ce qui luy faut pour vn desjeuner; mais que celle de Huquang la peut abondamment nourrir & raſſaſier.* Cette abondance eſt cauſe qu'on y trouue quinze grandes villes tres-celebres, & cent huit citez ; auec vn grand nombre de villages & de gros bourgs, ſans compter les villes de guerre, ny les Forts. *Son excellence.*

Les bornes de cette Prouince au Nord ſont la Prouince d'Honan; au Nord-oüeſt elle confine à celle de Xenſi; au couchant elle aboutit à celle de Suchuen; au Midy à celle de Quanſi, & elle eſt bornée au Zud-oüeſt de la Prouince de Queicheu ; vers l'Orient de celle de Kiangſi, & au Zu-eſt de celle de Quanturg. Le Roole de la Chine compte dans cette Prouince 531, 686 familles, & 4 83, 3 590 hommes, à la reſerue de ceux que i'ay dit cy-deſſus, qu'il ne faloit pas comprendre, non plus que ceux qui tirent leur origne de la famille Royale; & qui ſont pour la plus part dans cette Prouince d'Huquang ; i'ay entendu dire à vn Gouuerneur de la Chine, qu'il y en auoit plus de trois cent mille çà & là dans la Chine, qui deſcendoient tous d'Hunguvus, celuy qui fonda le premier la famille de Taiminga : & qui, apres auoir chaſſé les Tartares, ſe ſaiſit de l'Empire, il y a enuiron deux cent nonante ans; mais depuis peu cette famille ſi nombreuſe a eſté preſque tout à fait eſteinte par les Tartares. *Les limites.* *Le nombre des hommes.*

Le tribut du ris eſt de 2,167, 559 ſacs; de ſoye filée 17, 977 rouleaux, il faut voir le reſte dans la deſcription particuliere de chaque ville. *Le tribut.*

La premiere ville ou la capitale VVCHANG.

ON void à Vuchang le ſuperbe palais de la famille de Taiminga, qui y a tenu ſa Cour. Il y a cinq temples qui ſurpaſſent les autres en grandeur, & en la defpenfe qu'on y a faite. Vuchang eft fituée du cofté Meridional de la riuiere de Kiang ; & bien qu'elle n'en foit pas fort proche, toutefois on y peut aller par tout en bateaux par le moyẽ des canaux qu'õ y a cõduit de tous coftez:d'ailleurs tout ce territoire à merueilles eft coupé de ruiffeaux, qui le rendent fertile : il y a des montagnes dont on tire du criftal ; on y cueille auffi l'herbe Cha, & il s'y fait grand' quantité de papier des rofeaux qui y croiffent, comme auffi de leur fueilles. Cette ville commande à dix citez, 1 Vuchang, 2 Vuchang, 3 Kiayu, 4 Puki, 5 Hienning, 6 Cungyang, 7 T'ungching, 8 Hinque ☉, 9 Taye, 10 Tung-xan. C'a efté icy autrefois le Royaume des Roys de Cu, où on parloit vne autre langue que celle de la Chine ; ce qui fe peut prouuer par Cungfutius mefme, quand il dit; fi les Roys veulent eftre pieux,ils doiuent demeurer auec ceux qui le font; de mefme, que celuy qui veut apprendre la langue de Cu, doit aller dans ce Royaume,ou frequenter ceux qui y demeurent;car vn Roy ne fçauroit jamais eftre homme de bien, qui a des courtifans fcelerats ; comme il eft impoffible d'apprendre la langue de Cu, conuerfant toujours auec ceux de la Chine. La famille de Hana nomma cette ville Kianghia: le Roy V luy a don-né le nom qu'elle a à prefent ; mais la famille de Sunga le changea en celuy d'Ingcheu; celle de T'anga la nomma Vucing ; enfin la famille de Taiminga luy a rendu fon premier nom de Vuchang, noftre Societé a eu dans fa capitale vne Eglife, & à prefent il n'y a point de Preftre.

Au Zud-eft de la ville eft la montagne de Taquon, dont les pierres & le ter-roir font de couleur d'or; fes cotteaux & fes vallées la rendent agreable: proche de la cité d'Vuchang,il y a vne môtagne de même nom,fur laquelle on dit qu'vn homme autrefois parut couuert de poil par tout le corps haut de dix coudées ; & que cela arriua fous la famille de China.Proche de Kiayu fur le bord de la riuiere de Kiang eft la montagne Chepie,remarquable pour la desfaite de Caocaus par Cheüyvus : proche de Kungyang eft cette grande montagne de Lungciuen, qui a enuiron 200. ftades, & dans laquelle il y a vne grande cauerne : la cité de Hinque a vne montagne nommée Chung,où il y a vn lac, dont l'eau eft comme de l'encre.Là eft auffi la montagne des Kicuquon ou des neuf palais; on la nom-me ainfi, parce que les fils du Roy Cyngan y firent baftir neuf palais pour y eftudier.

Il y a deux lacs nommés Xun,l'vn proche de Kiayu, & l'autre prés de Puki.

Le ruiffeau de Han coule des montagnes de Vuchang,dont l'eau qui eft beau-coup plus froide que l'ordinaire; elle tempere l'air durant la canicule ; par cette raifon les Roys firent baftir vn Palais fur ce ruiffeau, où ils auoient accoû-tumé de fe retirer l'Efté, pour éuiter les chaleurs.

La riuiere de Lo paffe au milieu de la ville de Vuchang.

L'Ifle de Lu eft proche de la cité de Vuchang dans la riuiere de Kiang.

Proche de la montagne de Chepie eft l'Ifle de Sanhoa,tout proche de la cité de Taye, eu Cheüyvus, apres auoir remporté la victoire fur Çaocaus, traita fes foldats, on couurit de fleurs les tables qui furent dreffées pour ce regale;de là luy eft venu le nom de Sanhoa, qui fignifie joncher des fleurs.

Il tombe vn eau des montagnes de Taye, de la hauteur de quatre cent per-ches enuiron.

La deuxiefme Ville HANYANG.

IL y a des lacs au dedans & au dehors cette ville ; c'eft pourquoy on y peut na-uiguer par tout:& des riuieres qui peuuent porter batteaux paffent au trauers de fon pays. Hanyang n'a dans fa dependance que deux citez,elle eft pourtant fi fertile qu'elle n'en doit rien de refte aux villes d'vn plus grand reffort ; car elle eft proche de la riuiere de Han, & du lieu où elle fe defcharge dans celle de

Kiang. Elle eſt fort conſiderable pour le grand abord qui s'y fait de marchandiſes: on y prend force oyes ſauuages, il y croit toute ſorte d'Oranges & de citrons: on y remarque vne tour fort haute, nômée Xeleuhoa au Nord-oueſt de la ville: Vne fille, ce diſent-ils, qui auoit beaucoup de reſpect pour ſa belle mere ; la deuant traiter, luy ſeruit vne poule qu'elle auoit bien appreſtée ; mais à peine en eut elle mangé qu'elle tomba roide morte ; la fille fut menée en juſtice, on l'accuſe, on la condamne à la mort, comme on l'alloit executer, elle paſſa par hazard deuant vn grenadier; on dit que prenant vne de ſes branches, elle luy parla de cette ſorte : ſi i'ay empoiſonné ma belle mere, que la fleur de cette branche meure; mais ſi ie ſuis innocente, qu'elle produiſe des fruits tout à l'heure: à peine auoit elle acheué ſa priere, que cette branche parut chargée de grenades: Les habitans, pour conſeruer la memoire de ce miracle, firent baſtir cette tour des deniers publics, & on la nomma Xeleuhoa, c'eſt à dire fleur de grenades : les deux citez qu'elle gouuerne, ſont Hanyang, & Hanchuen ; l'vne & l'autre ont pris leur nom de la riuiere de Han.

Il n'y a point de montagne digne de remarque, ſi ce n'eſt celle qu'on nomme Kieuchin, c'eſt à dire des neuf vierges; car on liſt que neuf ſœurs y veſcurent dans le celibat, trauaillant continuellement à la Chymie: cette montagne eſt au Zudoüeſt de la ville.

Le lac de Langquon eſt dans la ville, & celuy de Taipe au couchant; au pied de la montagne de Kieuchin, au Midy, il y a vn lac de deux cent ſtades.

La troiſieſme ville SIANGYANG.

Siangyang eſt auſſi proche de la riuiere de Han, & eſt ſituée ſur ſon bord Occidental : le pays où elle eſt, eſt rude & faſcheux à cauſe des montagnes, mais elle eſt remarquable pour y auoir eu vn Roy de la famille de Taiminga; & pour la grande quantité d'or qui s'amaſſe dans les ſables de ce pays, il eſt defendu d'ouurir les mines, mais permis à tout le monde d'amaſſer l'or des riuieres: on y tire auſſi de la pierre d'Aſur, du verd pour la peinture, & du vitriol : il y a des perdrix, & beaucoup de vieux pins, fort propres à faire des colomnes ſelon l'architecture Chinoiſe ; auec cela vn grand & magnifique Palais : cette ville eſt auſſi embellie de trois temples dediez aux Heros: elle commande à ſept citez, & à quelques Forts pour ſa deffence: la premiere eſt Siangyang, 2 Iching, 3 Nanchang, 4 Caoyang, 5 Coching, 6 Quanghoa, 7 Kiun☉. Prés de Caoyang il y a vn pont appellé Saxoang, ſur la riuiere de Han : il a pluſieurs arcades & eſt tout de pierre de taille, & a eſté baſti par les Roys de Guei. Ce pays eſtoit autrefois de la Prouince de King, ſous les conſtellations d'Ie & de Chin : la famille de Cheua le nomma Coteng : il tire le nom de Scangyang des Roys de Guei, qui baſtirent les murailles de la ville.

Proche la cité de Kiung eſt la grande montagne de Vutang, qui a vingt & ſept ſommets, trente ſix coſteaux, & vingt quatre lacs ou eſtangs. Il y a pluſieurs temples magnifiques, auec des conuents de ſacrificateurs ; car c'eſt là que les autres ſacrificateurs de la Chine prennent leur ceremonies : ceux dis-ie, qui ſuiuent la doctrine des idoles la plus ſubtile, & croyent la Metempſycoſe ou le paſſage des ames, entendent par là vne ſeparation morale de l'ame d'auec le corps; c'eſt pourquoy ils ſont tousjours dans la contéplation: ceux qui croyent le ſens litteral de la Metempſychoſe & le paſſage de l'ame d'vn animal dâs le corps d'vn autre, reçoiuent leur ordre & inſtitution de la montagne de Tientai dans la Prouince de Chekin, où demeurent les principaux ſacrificateurs de leur ſecte, ie parleray, Dieu aydant, à fonds de ces dogmes dans la ſeconde Decade de mon Abregé de l'hiſtoire de l'Empire de la Chine. Il croît ſur cette montagne beaucoup de fedum ou joubarde herbe qui eſt tousjours verte.

La montagne de Co donne le nom à la cité de Coching, où il croiſt vne forte de roſeau qui ne dure que trois ans ; car apres ce temps la vieille racine meur apres auoir pouſſé vn nouueau rejetton, ſe contentant d'auoir veſcu trois ans, & d'auoir laiſſé vne nouuelle lignée.

Les riuieres.   La riuiere d'Han au ſortir de la Prouince de Xenſi , entre dans la Prouince d'Huquang par le territoire de cette ville , & apres s'eſtre eſtenduë dans vn grand eſpace de pays, elle augmente finalement les eaux de la riuiere de Kiang prés de la ville d Hanyang.

La riuiere de Siang eſt au Nord-oueſt de la ville : elle nourrit vn animal qui reſſemble fort à vn cheual, ſi ce n'eſt qu'il eſt couuert d'eſcailles, & a des ongles comme vn tigre : il eſt fort feroce, il en veut aux hommes & aux autres animaux ; mais il n'oſe les attaquer qu'au printemps, qui eſt la ſaiſon qu'il ſort de l'eau, & fait ſes courſes ſur terre.

L'Eſtang de Chinchu eſt dans l'eſpace où eſt baſti vn temple aux idoles proche de Nanchang ; cet eſtang s'appelle le lac aux perles, car ſi, en marchant pres du bord , vous frappez vn peu rudement la terre, il en ſort de tous coſtez de petites boulles d'eau, groſſes comme des perles : l'Iſle nommée Kiafung , eſt au couchant de la ville.

La quatriéme Ville TEGAN.

L'Empereur Yvus adjouta ce pays à la Prouince de King , & le plaça ſous les conſtellations d'Ie & de Chin. Cette ville a eu des noms bien differents, *Noms anciês.*   ſelon les diuers Roys qui y ont regné ; apres que la famille de Cina les eut desfaits, elle la nomma Nankiun, celle de Hana, Kianghia, celle de Sunga Ganlo ; la famille de Tanga luy donna le nom de Ganhoang ; le nom qu'elle a à preſent luy vient de celle de Sunga. Elle a ſix citez ſous ſon obeiſſance, la 1 Tegan, 2 *Cire merueilleuſe.*   Iunmung, 3 Hiaocan, 4 Ingching, 5 Sui☉, 6 Ingxan. Il y a vne choſe bien rare dans ce pays, c'eſt de la cire blanche que de petits vers font, de meſme façon que les mouſches à miel, ſont beaucoup plus petits, mais fort blancs ; or ces vermiſſeaux ne ſont pas domeſtiques, mais ils ſe trouuent dans les cháps : on fait des chandelles de cette matiere, comme on en fait de cire parmi nous, mais qui ſont bien plus blanches ; c'eſt pourquoy comme elles ſont cheres, auſſi n'y a il que les plus riches du pays qui s'en ſeruent ; car outre la blancheur elles ſentent extremement bon quand elles bruſlent, ſans rien ſalir ni gaſter, la lumiere en eſt auſſi tres-claire. Ce pays eſt fermé de montagnes au Nord, & au Midy de riuieres, qui luy ſeruent de bornes : on y compte trois temples conſiderables.

Les montagnes.   La montagne de Tahung eſt la plus grande & la plus affreuſe de toutes ; elle commence au Nord de Suicheu : ſur le ſommet il y a vn lac. Proche d'Ingxan eſt la montagne de Tungting, ils y decriuent vne fort grande ouuerture ſans fonds. Là meſme eſt la montagne de Kie, où on void encor à preſent les ruines de l'ancienne ville de Kieyang.

Les riuieres.   La riuiere de Che paſſe deuant la cité de Sui, & ſepare tout ce pays en deux. Iunmung eſt vn grand lac qui a ſoixante dix ſtades , il eſt au Leuant de la ville de Tekan.

La cinquiefme Ville HOANGCHEV.

CEtte ville eft fituée au bord Septentrional de la riuiere de Kiang, qui paffe fort prés de fes murailles ; c'eft pourquoy elle eft fort peuplée, & fort riche, *La fituation.* car il y arriue tousjours des marchandifes & des batteaux. Cette ville eft auffi deuenuë fort celebre à caufe qu'vn Roy de la famille de Taiminga y a fait fa demeure ; & qu'il s'y trouue vne forte de ferpents, dont on fe fert contre la lepre, & contre la gale, ce pays produit auffi de l'abfynte blanc ; les Medecins de la Chine le nomment ainfi à caufe de fon excellence ; les Chinois s'en feruent contre la bruflure. L'Empereur Yvus a diuifé ce pays comme le precedent. Du temps des Roys c'eftoit le Royaume d'Hoang : les Roys de Cu s'en rendirent maiftres en fuite : la famille d'Hana le nomma Silo ; pour le nom d'à-prefent elle l'a de celle de Tanga. Tout le terroir de cette ville eft cultiué, fi ce n'eft au Nord, ou les montagnes commencent d'eftre plus difficiles : du refte elle eft fort diuertiffante à caufe de fes riuieres, & contient neuf citez fans les Forts : la i cité eft Hoangcheu, ʒ Lotʃien, ʒ Maching, 4 Hoangpi, 5 Hoanggan, 6 Kixui, 7 Ki☉, 8 Hoangmui, 9 Hoangci.

Cui Pao eft vne montagne au Septentrion de la ville, où l'on trouue des pier- *Les monta-* res, qui, eftant mifes & expofées au foleil, deuiennent rouges, & d'autres jau- *gnes.* nes, & gardent quelque temps cette couleur, peut-eftre, comme ces pierres de Boulogne qui peuuent conferuer quelque temps la lumiere du foleil, & la faire paroiftre dans vn lieu obfcur.

La cité de Maching a vne montagne nommée Moling, qui eft couuerte d'arbres & de forefts, dont fes habitans tirent beaucoup de commoditez. La montagne de Suçu eft proche de Hoangmui, fur le fommet de laquelle il y a vn temple dedié à trois fameux Medecins, comme auffi vne tour magnifique de 9 eftages.

La riuiere de Ki paffe par la cité de Ki, à qui elle donne fon nom. Proche de *Les riuieres.* Hoangpi il y a vn lac qui fe nomme Vú, c'eft à dire militaire, où les Roys exerçoient leurs foldats aux combats de Mer : il y a auffi vn autre lac plus grand, appellé Vheu, proche d'Hoangmui. Vis à vis de la cité de Ki il y a vne Ifle nommée Niaofo dans la riuiere de Kiang : le lac de Kinxa eft au leuant de la cité de Ki, & celuy de Taipe proche d'Hoangmui.

La fontaine de Loyu rend la cité de Kixui celebre ; car c'eft vne des trois fontaines, dont l'eau eft la plus eftimée des Chinois, pour faire leur Cha ou The.

L'Ifle de Pequey, ou de la tortuë blanche, dans la riuiere de Kiang, eft vis à vis de cette ville, on dit qu'il arriua vn eftrange accident à vn foldat ; & qu'ayant efté jetté dans la riuiere par les ennemis, vne tortuë le paffa à l'autre bord, comme vn Arion entre les Dauphins ; & on efcrit, que le plaifir que cette tortuë fit à ce foldat, fut vne marque de fa reconnoiffance, qu'il l'auoit longtemps nourrie, & mife volontairement en liberté : cela fent la fable ; il y a cela de vray qu'on y void de fort grandes tortuës : & auffi de plus petites, qui font fort belles, qu'on nourrit par tout dans les maifons par plaifir, elles ne font point plus groffes que des moyneaux ; on les appelle des tortuës de Loman.

La fixiefme Ville KINGCHEV.

KIngcheu eft auffi fur le bord Septentrional de la riuiere de Kiang enuironnée du lac de Tung au Nord, & au leuant ; ce qui la rend tres-forte : elle eft celebre pour la magnificence de fes baftiments, & pour fon commerce ; c'eftoit autrefois la Cour du Royaume de Cu, le Roy Iuenus de la famille de Leanga y fit fa demeure en fuite. Son territoire eft tout à fait agreable & fertile. Elle commande à treize citez ; 1 Kingcheu, 2 Cunggan, 3 Xexeu, 4 Kienli, 5 Sungki, 6 Chikiang, 7 Iλng☉, 8 Changyang, 9 Itu, 10 Iuengan, 11 Quei☉, 12 Hingxan, 13 Patung. Dans la diuision que fit Yuus il la mit dans le mesme lieu que la precedente. La famille d'Hana la nomma Kingchen, qu'elle a tousjours retenu depuis. On y trouue vne herbe qui se nomme de mille années ; & mesme on croit qu'elle est immortelle ; si on la fait tremper dans l'eau, & qu'on en boiue, elle teint le cheueux blancs en noir, & sert à prolonger la vie : on y trouue aussi quantité d'oranges, & de fort excellentes pierres, dont ceux de la Chine accommodent leur ancre, apres l'auoir broyée, de mesme que nos peintres font leur couleurs : on y compte cinq temples remarquables, dediez à des Heros.

Les montagnes.   La montagne de Fang, proche de Changyang est aussi digne de remarque, ils disent qu'elle est de telle nature, qu'on n'y sent point de vent, ny au Printemps, ny dans l'Automne; & que neantmoins le vent sort en Esté continuellement de ses cauernes; & qu'en Hyuer les vents y rentrent, & dans les mesmes cauernes, par lesquelles ils en estoient sortis. Il y a aussi la mõtagne de Kieucang, qui entre dans la riuiere de Kiang, & qui la bride & retient par ses doubles costeaux, qu'elle aduance comme si c'estoient des digues, & en rend la nauigation plus longue & plus difficile : elle commence proche de Sungki. La cité de Quei est proche la montagne de Cutai, où on void vn Palais des anciens Roys.

La riuiere de Kiang est proche de Patung, qui, sortant de la Prouince de Suchuen, entre dans celle-cy.

Les riuieres.   Le lac de Tung, qui est à l'Orient de la ville, a quarante stades de longueur : il nourrit ses habitans de son poisson, & les diuertit par la beauté de ses bords.

Proche de la cité de Chikiang est l'Isle de Peli, c'est à dire de cent stades : la description anciéne marque qu'il y a eu autrefois quatre vingt dix-neuf petites isles, qui en suite n'en ont formé qu'vne seule Isle, à cause du sable qui les a couuertes, & des eaux qui se sont retirées.

La septiesme Ville YOCHEV.

La situation & cõmodité.   LE grand lac de Tungting separe le territoire de cette ville en deux; car il y en a vne partie qui est au leuant de ce lac, & l'autre au couchant : la riuiere de Kiang passe prés des murailles de cette ville au Septentrion, où trois riuieres s'assemblent; sçauoir celle de Kiang, de Siang & de Fung, qui rendent le pays merueilleusement fecond, & abondant en poisson : c'est pourquoy on ne doit pas s'estonner, si on appelle cette ville dans la langue des Sçauants, la porte de trois riuieres; aussi y aborde-il de tous costez vn grand nombre de vaisseaux & de marchandises; on y trouue la pierre d'azur dans les montagnes, & vne autre qui est verte; laquelle estant reduite en poudre, fournit d'vn tres-beau verd aux peintres : il y a force citrons & force oranges, & vne abondance incroyable de toutes choses. Le Palais d'vn Roy de la famille de Taiminga en augmente de beaucoup la magnificence ; vn de ces Roys y a fait sa Cour; de là vient que les bastiments publics & particuliers sont si superbes : on y compte trois temples fort magnifiques dediez aux Heros.

Cette ville a esté autrefois dans la Seigneurie de Sanmao, elle fut apres erigée en royaume : les Roys de Cu en suite s'en rendirent maistres ; mais la famille de Cina la remit sous l'Empire Chinois : en apres celle de Sunga la nomma Paling ; elle a conserué iusqu'à present le nom d'Yocheu, que la famille de Tanga luy a donné : elle a huit citez sous son obeissance, la 1 est Yocheu, 2 Linsiang, 3 Hoayung, 4 Pingkiang, 5 Fung☉, 6 Xemuen, 7 Culi, 8 Ganhiang.

Les citez.

La

*La montagne de Pacio est au Midy de cette ville ; cette montagne est fort cele- *Les Monta-* bre pour vn temple fort magnifique, ils y remarquent aussi vn conuent qui est basti *gnes.* au milieu de deux petits lacs.

La montagne, ou pour mieux dire l'Isle de Kiún au milieu du lac de Tungtin est au zud-ouest de la ville.

La montagne d'Vxe est au Zud-est de la ville, l'on y trouue de petites pierres noires, dont les Medecins se seruent principalement contre les maux de gorge & contre l'esquinancie, apres les auoir reduites en poudre.

Proche de Linsiang est cette grande montagne de Tayun ; on y compte soixan- te & dix costeaux : il y en a vne autre qui se nomme Tung, c'est à dire qui a cent stades, remarquable pour ses forests de Pins tout proche de Hoayung, on tire du talc ou verre de Moscouie.

La cité de Pingxiang a dans son voisinage la montagne de Tiengo ; elle a cinq cent stades, & est mise dans les liures de Taosu entre les vingt montagnes, qui sont les plus remarquables : les Medecins de la Chine en font beaucoup d'estat pour cent sorte d'herbes medecinales qu'elle produit.

Proche de Ganhiang est la montagne d'Hoang, c'est à dire jaune ; car toute la terre, & les pierres de cette montagne paroissent en quelque sorte, comme si elles estoient dorées ; c'est pourquoy on la nomme aussi Kinhoa ou fleur dorée.

Le grand lac de Tungtin commence au Zud-ouest de la ville : on escrit que ce *Les Riuieres.* lac s'est fait par vn desbordement ; il est vray qu'on y voit encore quantité d'Isles fort peuplées, elles ont mesmes des temples, qui sont magnifiques, comme aussi des monasteres, auec vn grand nombre de sacrificateurs : il y a vne Isle flo- tante dans laquelle on a basti vn monastere. Les racines des arbres & des roseaux qui s'entrelaçent & s'entortillent les vnes dans les autres, en soutiennent le terrain, en sorte qu'on ne doit point craindre qu'il s'éboule, & vienne jamais à manquer.

Il y a aussi l'Isle de Kinxa, qui se nomme ainsi à cause de son sable doré.

La huitiesme ville CHANGXA.

Hanxa est du costé droit de la riuiere de Siang : elle a ce nom à cause des petites estoiles appellées Chanxa sous l'influence desquelles ils ont mis cette ville ; ces estoiles sont dans la constellation de Chin. Ce pays est en partie plat & en partie montagneux & difficile : mais par tout gras & fertile ; l'air y est sain, & on y a toutes choses à foison : il y a par tout grande quantitté de ris, qui mesme dans la plus grande seicheresse de l'année, n'a rien à craindre, à cause que ce pays est ar- rosé de lacs & de riuieres ; de façon que si on manque de pluye, on fait venir l'eau des riuieres dans les champs, ou bien les laboureurs l'y deriuent par le moyen des machines, dont ils se seruent auec beaucoup d'artifice & d'industrie. L'on y pesche vers le moys de May cet excellent Poisson, que les Portugais nomment Sauel. On tire de fort beau vermillon ou cinabre de ses montagnes. Vn Roy de la famille de Taiminga a fait sa demeure dans cette ville ; y a basty de superbes édifices, & vn Palais, on y void aussi six temples assez magnifiques : sa jurisdiction s'estend sur onze citez, Chanxa, 1. Siangt'an, 2. Siangin, 4. Ninghiang, 5. Lieuyang, 6. Liling, 7. Ieyang, 8. Sianghiang, 9. Xeu, 10. Ganhoa, 11. Chaling 0.

Cette ville s'appelloit iadis Changxa sous la famille de Cheua, & Vugan sous *Les Monta-* celle de Sunga : depuis elle a presque tousiours retenu le nom qu'elle a à present. *gnes.*

Au couchant de la ville est la montagne de Iumo, qui signifie du Talc ; car aussi en tire-on grand nombre : les Medecins de la Chine croyent qu'estant reduit en chaux

& meflé dans du vin ; il fert beaucoup à prolonger la vie. On rencontre auſſi au couchant de la ville cette grande montagne d'Yolo , qui s'eſtend iuſques aux montagnes de Heng, auec leſquelles elle eſt attachée.

Proche de Ninghiang il y a vne tres-grande montagne , qui a cent quarante ſta-des, nommée Taguei. Celle de Taihu eſt proche de Lieuyang, elle s'eſleue en trois grandes Croupes , au milieu deſquelles il y a vn grand lac fort profond : la montagne de Xepi n'en eſt pas loin : il y a auſſi vn lac de quarante ſtades, il ſe nomme le lac de Pexa , d'où ſortent quatre ruiſſeaux ; l'vn fait la riuiere de Lieu : pour les autres , ils ſe vont rendre dans la riuiere de Iuping ; on y void auſſi la montagne de Tungyang, la treiziefme de celles dont les liures de Tauſu font tant d'eſtat. La montagne de Sucung appartient à la cité de Xeu : on remarque ſur cette montagne vne fontaine d'eau fort chaude , & trente ſix coſteaux : auec d'autres montagnes fort grandes.

Les Riuieres.　La riuiere de Mielo paſſe deuant la cité de Siangyn : elle eſt renommée pour auoir eſté cauſe que la feſte de Tuonu s'obſerue parmi les Chinois. Cette feſte ſe fait par toute la Chine , auec grand pompe, & rejoüiſſance, le cinquieſme Moys,en memoire d'vn de leur Gouuerneur, homme de grande probité, qui s'y pre-cipita , comme il ſe vid pourſuiui par des traiſtres : Il eſtoit extrememenc aimé *Les combats nauaux de Tuonu.* dans ſon gouuernement; ils font ce iour-là des ieux,des combats ſur l'eau & des feſtins à ſon honneur, & font apres ſemblant de chercher leur Gouuerneur : cette feſte a fait tant de bruit,que ce qui eſtoit particulier à ce lieu,ſe pratique maintenant par toute la Chine ; ils combattent ce iour-là ſur de petits vaiſſeaux tous dorez , de diuerſes ſortes , qui ont la figure d'vn dragon , & mettent des prix pour ceux qui remportent la victoire : & comme c'eſt le public qui les donne , auſſi ces prix font-ils de quelque valeur fort enuiés.

La riuiere de Lofeu paſſe proche de la cité de Xeu : on l'eſtime à cauſe des excellentes lamproyes qu'elle produit.

La cité de Siangyn eſt proche du lac de Cingçao : ce lac arrouſe auſſi le territoire de la ville d'Yocheu , & ſe meſle auec celuy de Tungting.

Les Isles.　L'iſle de Kive eſt proche de Xehoa , on l'appelle l'orange, parce qu'il y en a quantité : il y a auſſi vne petite iſle au Nord de la ville , nommée Tungquon.

La neufviefme ville PAOKING.

LE territoire de cette ville eſt plein de montagnes , principalement du coſté qui tire le plus vers le Midy, où ſes montagnes & celles de la Prouince de Quanſi s'entre rencontrét : il ne laiſſe pas d'y auoir des vallées fertiles & de fort belles campagnes : cette ville a eu vn Roy de la famille de Taiminga ; elle commande à cinq citez, 1. Paoking , 2. Sinhoa , 3. Chingpu , 4. Vuchang, 5. Sining. Paoking eſt proche de la riuiere de Cu , dont elle ne reçoit pas peu de commodité : elle eſtoit autrefois dans le Royaume de Cu : quand les Roys d'V ſe furent rendus maiſtres de ces pays, ils la nommerent Xaoling : la famille de Tanga l'appella Xaocheu : pour le nom qu'elle a à preſent elle le tient de Sunga : elle a trois temples magnifiques dediez aux Heros.

Les Montagnes.　La montagne de Lung eſt à l'orient de cette ville : elle eſt enuironnée de quatre ſommets ſi eſgaux , qu'elle paroiſt de meſme de quelque coſté qu'on la regarde : au milieu il y a vn lac, d'où ſortent deux ruiſſeaux, l'vn fait la riuiere de Lien , qui paſſe pres de la cité de Siangxiang ; l'autre la riuiere de Chao. La montagne de Iun eſt proche du Reſſort de la cité de Vuchang, elle eſt la ſoixante neufuieſme de celles dont les liures de Tauſu font eſtat. On y compte ſeptante-vn coſteaux : là meſme eſt la montagne de Kinching , la ſoixante & huitiefme chez Tauſu. Proche de Sinning est la montagne de Changmo, qui est de si grande estenduë & d'vn si difficile accés, que les hommes qui l'habitent n'ont nul commerce auec leurs voi-sins, sont tout à fait sauuages, & n'obeïssent point aux Chinois.

La riuiere de Gu prend sa source dans les montagnes de la cité de Vucang ; de là *Les Riuieres.* elle descend à trauers les rochers & les precipices : il y a quarante & huit endroits, où il est fort malaisé de nauiger : entre-autres vn au Nord de la ville, qui est si roide & si rapide, qu'on a esté contraint d'y dresser vne fort grosse colonne de cuiure, où ils lient les nauires, iusques à ce qu'ils ayent tout ce qui est necessaire pour les faire monter, autrement, il n'y auroit point eu de moyen de les faire remonter dans des eaux si rapides & entre des montagnes si mal-aisées.

La dixiéme ville HENGCHEV.

LA riuiere de Ching du costé de Midy moüille les murailles de cette ville, *La situation.* de sorte qu'vne partie de son territoire en est renfermé, comme aussi la riuie-re de Siang, qui en fait vne peninsule : les montagnes de ces païs sont cultiuées & agreables, & il s'y treuue tout ce qui est necessaire pour viure, quantité de per-drix, du talc & d'autres choses : il s'y fait du papier ; ses mines d'argent la rendroient fort riche, s'il estoit permis de les ouurir : ce païs appartenoit iadis au Royaume de Cu : la famille d'Hana appella cette ville Queiyang ; le Roy V, Siangtung ; la fa-mille de T'anga la nomma Hunan ; la famille de Taiminga luy a rendu le nom que les Rois de Leang luy auoient donné. Cette ville a neuf citez sous sa iurisdiction, sçauoir, 1. Hencheu, 2. Hengxan, 3. Luiyang, 4. Changning, 5. Gangin, 6. Ling, 7. Queiyango, 8. Linuu, 9. Laxan.

Ceux qui demeurent dans la montagne de Taccu, qui est au couchant de la ville, *Les Monta-* troyent qu'il y ait quantité d'argent ; & mesme on écrit qu'on y a ouuert autrefois *gnes.* des mines : la montagne d'Heng commence proche de Hengxan, & a huit cent stades d'étenduë : on y compte septante deux sommets, dix grandes cauernes, tren-te-huit fontaines, & ving-cinq torrents. Proche de Luiyang est la grande mon-tagne d'Heuki, où ils ont remarqué soixante & dix sommets. La cité de Ling a la montagne de Vanyang fort proche, elle a trois cent stades : les vieilles forests qui la couurent la font paroistre toute verte : la montagne de Xeyen est proche de Queiyang, on la nomme l'Hirondelle de pierre ; car apres la pluye on y treuue des pierres qui ressemblent parfaitement à des hirondelles ; les Medecins mesmes croyent pouuoir distinguer les mâles d'auec les femelles par la diuersité des cou-leurs ; ils s'en seruent dans leurs medecines. La montagne de Hoayn est fort belle à voir, elle entre dans les territoires des citez de Linuu & de Lanxan ; on la nom-me la Fleur, à cause de sa grande beauté.

La riuiere d'V, vient de la ville de Iung, & passe pres de la ville de Changning : *Les Riuieres.* la riuiere de Ching passe au Nord de Hengcheu : sa source est dans les montagnes au leuant de la ville de Paoking. Il y a aussi à l'Orient de la ville vn lac tres-pro-fond, dont l'eau est verte ; on dit qu'elle est fort bonne pour faire ce breuuage, que les Chinois tirent du ris.

La onziéme ville CHANGTE.

CEtte ville est resserrée entre des riuieres, & située sur le bord oriétal de la riuie- *Sa situation* re de Iuen qui y décharge ses eaux dans vn lac ; elle est presque par tout naui- *& qualité.* guable, aussi bien que son païs, qui est de petite estenduë, mais tout à fait agreable & qui surpasse de beacoup tous les autres en fertilité. Il y a eu aussi vn Roy de la famille de Taiminga qui y a tenu sa Cour : on en voit vn superbe palais dás la ville, qui com-

(N ij

mande à quatre citez , dont la premiere est Changte , 2. Taoyven, 3. Lungyang , 4. Iuenkiang. Le peuple de Manyen occupoit ce païs sous la famille de Xanga & de Cheva , auant qu'il fut assuietty à l'Empire de la Chine ; mais le Roy de Cu s'en rendit maître; & quand ces Rois eurent esté défaits par la famille de Cina elle l'appella Kiuchung: celle d'Hana luy donna premierement le nom de Vulinh; apres que le perfide Hiangyvus eut tué le Roy de Cu , le peuple de cette ville témoigna tant de tristesse à ses obseques, que la famille d'Hana qui vangea sa mort, & fit mourir cet Hiangyvus , appella la cité Iling , c'est à dire terre de Iustice: les Roys d'V la nommerét Vucheu; pour le nouueau nom qu'elle a à present, elle le tient de la famille de Tanga: on y compte trois Temples fort considerables : elle abonde en pierres d'Azur: on y ramasse aussi de la Manne: elle produit toute sorte d'oranges, entre autres il y en a que les Chinois nomment Oranges d'Hyuer, car elles ne viennent que quand la saison des autres est passée , elles ont fort bon goust ; ils ont aussi des cedres qu'ils appellent la main de l'Idole , aussi leurs extremitez finissent en de certains petites protuberances , comme si c'estoient les doigts d'vne main , ils ne sont pas bons à manger; mais si on les pend dans la chambre, ils rendent vne odeur fort douce, & la parfument toute ; ils se seruent de sachets faits de rezeaux pour les suspendre.

L'eau rouge.

La montage de Lo, c'est à dire des cerfs, à cause qu'il y en a quantité, est au couchant de la ville de Changte: la cité de Taoyuen est proche de la montagne de Lo: c'est la quarante deuxiéme de celles de Taosu. Vers le Nord ouest de la ville on voit vne fort grande cauerne nommée Lungmuen, deuant laquelle il y a vn pont qui passe d'vne montagne à l'autre, il est parfaitement quarré , vn de ses costez a pres de deux stades de longueur, vn torrent passe par dessous.

Les Riuieres. Le lac de Tungting s'estend iusques aux limites des citez de Lungyang & de Iuenkiang. Le lac de Chexa se ioint à celuy de Tungting.

La riuiere de Lang est au midy de la ville, & vient de la ville de Xincheu, où elle se nomme Yuen : elle entre dans cette Prouince au midy de la grande cité d'Yven , & prend sa source dans la Prouince de Queicheu au midi du Fort de Taipsidg.

L'Isle de Kiue est proche de Lungyang, a pres de vingt stades en longueur, & produit quantité d'oranges , pour cet effet on la nomme Kiue , c'est à dire l'orange.

La douziéme ville Xinchev.

Sa situation & abondance. **X**Ingcheu a quantité de grandes montagnes dans son ressort ; l'on en tire force argent vif , pierre d'azur & du verd : on écrit aussi qu'elles sont riches d'or & d'argent. Vne partie de ces montagnes a toûjours esté habitée par des hommes sauuages & farouches; ceux de la Chine veulent faire croire qu'ils sont nez d'vn chien & de la fille d'vn Roi, & disent qu'en trois ans elle fit six garçons & autant de filles, que s'estans mariez ensemble ils fonderent cette nation: on nomme ces montagnars Vulinman: ils ont inuenté cette fable sur ce fondement, qu'ils ont de la peine à croire que ceux-là soient des hommes , dont la façon de viure n'est pas Chinoise. Ce pays estoit autrefois au Roi de Cu : la famille de Cina le nomma Kiuchung, celle de Hana Kingcheu, celle X'anga Luxi, la famille de Taiminga luy a donné le nom qu'ella a encor à present : elle commande à six citez , dont la premiere est Xincheu, 2. Luki, 3. Xinki, 4. Xopu, 5. Iuen, 6. Kiuyang , 7. Mayang.

Les Montagnes. La montagne de Toyeu est au Nord-ouest de la ville , la vingt-sixiéme entre celles des liures de Taufu; là mesme est la montagne de Siaoyc, où on treuua mille volumes qui y auoient esté cachez , lors que l'Empereur Xius iura de faire perir & brûler tous les Liures. Proche de Kiuyang est la montagne de Locung, où ils décriuent vn oiseau qui ne chante iamais , si ce n'est lors qu'il doit pleuuoir; les païsans le tiennent pour vn signe asseuré de pluye : dans la mesme montagne il y a vn lac qui occupe à ce qu'ils difent pres de cent mille arpens de terre.

La riuiere de Xin eft à l'Orient de la ville : le torrent d'Yuen au Zud-ou-eft. Au Midi de la cité de Luki il y a vn peuple groffier & fauuage, qui demeure dans les montagnes, & dont ie viens de parler. On y compte cinq ruiffeaux, fçauoir, celui dHiung, d'Yeu, d'Yuen, de Xin, & de Muou.

Les Riuieres.

La treiziéme ville IVNGCHEV.

Elle eft proche de la riuiere de Siang, & fituée entre des montagnes qui font fort agreables pour leur verdure : il n'y a point de ville en cette Prouince plus auancée vers le Midi : vn Roi de la famille de Taiminga y a tenu fa Cour, auffi on en voit vn fuperbe & magnifique Palais dans la ville. Il y a vn fort beau cofteau couuert d'arbres & de maifons, & quatres Temples dediez aux Heros : cette ville a Iurifdiction fur fept citez, dont la premiere eft Iungcheu, 2. Kiyang, 3. Tauo, 4. Tunggan, 5. Ningyven, 6. Iungning, 7. Kirnghoa.

Ce païs a autrefois dépendu du Royaume de Cu : la famille d'Hana la nomma Lingling, les Rois d'V qui le poffederent apres, l'appellerent Iungyang : pour le nom qu'il a à prefent, il le tient de la famille de Tanga.

Au couchant de la ville eft la montagne de Kiungyo, confiderable pour la quantité des beaux rofeaux qui y font : proche de Tunggan vne montagne qui fe nomme Suvang, la plus haute de tous ces quartiers.

Les Monta-gnes.

La riuiere de Siang paffe au Septentrion de cette ville, elle court par les confins de cette Prouince, & de celle de Quangfi, & tire fa fource de la montagne de Siang : l'eau de cette riuiere eft claire comme criftal, & quoi que fort profonde en quelques endroits, cela n'empéche pas qu'on ne puiffe compter tous les cailloux & les petites pierres qui font au fonds.

La riuiere de Siao paffe affez pres de la ville au leuant, & au Septentrion fe méle auec celle de Siang, fa fource eft dans les montagnes au Zud-oueft de la cité de Ningyven ; ces montagnes fe nomment Kieni, il a là auffi vn lac appellé Tien. On voit vne cheute d'vne grande quantité d'eau proche de la cité de Tau, qui fait vn Eftang, où il naift des fleurs de Lien iaunes : on en treuue rarement ailleurs de cette couleur ; i'en fais vne defcription plus ample dans vn autre endroit.

Les Riuieres

La quatorziéme ville CHINGTIEN.

L'Empereur Yvus comprit cette ville & fon païs dans la Prouince de King, & la plaça fous les conftellations de Ie & de Chin : elle appartenoit autrefois aux Rois de Cu ; & on la nommoit Ingchung : la famille d'Hana l'appella Iunxe : la famille de Taiminga luy a donné le nom qu'elle a à prefent, auec le titre & la qualité de ville ; car ce n'eftoit auparauant qu'vne cité, mais à prefent elle commande à fept citez, dont la 1. eft Chingtien, 2. Kinxan, 3. Cienxiang, 4. Mienyang, 5. Kingling, 6. Kingmueno, 7. Tangyanh. Cette ville eft fituée fur le bord de la riuiere d'Han qui regarde vers l'orient, enuironnée de tous coftez d'eaux & de montagnes, qui luy feruent d'vn fort rempart : fon païs abondant en tout ce qui eft neceffaire à la vie : il y a fix temples dediez au Heros.

La montagne de Kingmuen eft proche d'vne cité qui en a auffi le nom : cette montagne a ferui autrefois de forte muraille & de borne au Royaume de Cu du cofté qui regarde le plus le Septentrion. La montagne de Cucai eft proche de Tangyang, & la trente-troifiéme de celles du liure de Taufu : les arbres

Les Monta-gnes.

& les pierres qu'on y treuue font toutes rouges; il y a vn ruiffeau dont l'eau eft fort agreable & de bonne odeur.

Les Riuieres. La riuiere de Ciengiang paffe deuant la cité qui en porte le nom.

Ie ne dois pas oublier la fontaine de Sinlo, à caufe de fon eau qui eft excellente, elle eft dans la montagne de Kingyuen.

La quinziéme ville CHINGYANG.

CEtte villle eft la plus au Septentrion de toute la Prouince, fort proche de Xenfi, & qui reçoit la premiere les eaux de la riuiere d'Han; qui vient de l'Orient & enuironne cette ville, apres s'eftre beaucoup déftournée & auoir fait vn fort grand circuit, elle paffe en fuite par tout le refte de cette Prouince : elle a fept citez fous fon obeïffance, 1. Cingyang, 2. Fang, 3. Choxan, 4. Xancin, 5. Chogi, 6, Chingfi, 7. Paogang.

Anciens noms. L'Empereur Yuus la mit au mefme departement que la precedente, & fous les mefmes conftellations : lors que les Rois de Cu en eftoient les maîtres, on la nommoit Siegive, à caufe de la quantité d'eftain qu'on y a toûiours treuué, & qui s'y tire encores à prefent, c'eft pour cela auffi que la famille d'Hana l'a appellée Scie, c'eft à dire eftain; mais celle de Tanga la nomma Nanfung, à caufe de la fertilité de fon territoire, comme fi vous difiez la fertilité du Midi; pour le nom qu'elle a à prefent c'eft la famille de Taiminga qui le luy a donné. Il y croît vn certain arbriffeau qui monte & rampe en haut comme noftre lierre, & produit des fleurs d'vn iaune qui tire vn peu fur le blanc; les extremitez des fes branches font fort menuës & deliées comme des filets de Soye ; on dit que fi on en lie & applique vne petite branche fur la chair nuë, qu'on repofe d'vn fort doux fommeil ; c'eft pourquoi on l'a nommé Menghoa, c'eft à dire la fleur du fommeil.

Les Montagnes. Au Nord-oueft de la ville eft la montagne de Tienfin, dont les cofteaux qui ont vne pente douce enuironnent vne plaine de cent ftades, comme fi c'eftoient des murailles ; les Medecins y vont fouuent chercher des herbes medecinales.

Proche de la ville de Choxan eft la montagne de Canglo, où on écrit qu'vn certain païfan amaffa des chaftagnes durant quelques années qu'il garda, afin de preuenir par ce moyen vne famine qui arriua, & qu'il auoit preueuë ; il affifta par là fes amis, & les fauua de la mifere que fouffrirent les autres.

Là mefme eft la montagne de Nuiqua, du nom d'vne femme qu'ils adorent dans vn Temple fort fuperbe & fort magnifique ; ils affeurent que cette femme a raccommodé vn endroit du Ciel qui eftoit rompu : auec la mefme fimplicité fans doute, que les Mahometans qui difent que Mahomet fouda la Lune.

Les Riuieres. La riuiere de Lungmuen paffe à l'Orient de Chingyang, & prend fa fource dans vne montagne qui en a le nom. Proche de Choxan eft la riuiere de Cungyang, dont l'eau a la proprieté d'ofter les taches des habits : on écrit qu'elle eft auffi fort bonne pour aiguifer les outils de fer, & que cette proprieté luy vient de ie ne fçay quel fel qui donne vn peu de pointe à feseaux. Là mefme eft la riuiere Xangyung, où il fe fait vne grande cheute d'eau; fi on y iette feulement la moindre pierre, il commence tout auffi-toft à tonner & à pleuuoir.

La premiere grande Cité CINGCHEV.

CEtte cité eft tres-forte d'affiette, & fituée dans vn fort bon endroit; elle a trois autres citez à qui elle commande, 1. Cingcheu, 2. Hoeitung, 3. Vngtao, 4. Suining: la montagne de la Prouince de Queiecheu eft fur la frontiere.

La montagne de Fi eſt de difficile acceʐ, il y a ſur ſon ſommet vne campagne. *Les Monta-* La montagne de Feçu eſt fort grande & fort haute , elle ſepare cette Pro- *gnes.* uince de celle de Quicheu, & commence proche de Tungtao.

Proche d'Hocitung eſt le lac de Cingpo, dans lequel il y a de fort grandes *Les Riuieres.* pierres & des rochers , où les perſonnes de qualité vont pour s'y diuertir. Il y à auſſi vn ruiſſeau d'Hiung formé par neuf torrens, nommés Lang, Vu, Hiung, Xin, Lung, Sui, Quei, Vu, & Aiung.

La ſeconde Cité CHINCHEV.

CEtte cité touche à la Prouince de Quantung, elle eſt entre deux riuieres: quoy que ce païs ſoit plein de montagnes, il ne laiſſe pas d'eſtre aſſez cultiué: Chincheu eſt grande, peuplée & celebre, elle commande à cinq au- tres citez, 1. Chincheu, 2. Iunghing, 3. Ychang, 4. Hingning, Queiyang, 6. Queitung: elle eſt auſſi remarquable à cauſe d'vn pont de pierre magnifique, diuiſé en pluſieurs arcades, tout de pierres de taille, & qui a en longueur plus de cent perches Chinoiſes : on ne compte dans tout ce païs que trois Tem- ples qui ſoient conſiderables.

La montagne d'Hoangceng eſt au midy de la cité : c'eſt là où eſt la ſource *Les Monta-* de la riuiere de Chin : la montagne de Pepao eſt proche de Iunghing, haute & *gnes.* roide , mais remarquable encores à cauſe de la belle eau de ſa fontaine.

Yen eſt vn petit lac dans la montagne de Xenieu proche de Hingning : *Les Riuieres.* il eſt fort chaud au ſommet tout le long de de l'Hiuer : ils y voyent des oyes ſauuages deux fois l'an, lors qu'elles ſe retirent vers le Midy, & lors qu'elles paſſent vers le Nord, c'eſt pourquoy on l'appelle Yen, qui ſignifie vn oye.

Les Villes de Guerre.

IL y a onze places de guerre, 1. eſt Kio, 2. Iungxun, 3. Paocing, 4. Nanguei, 5. Xiyung, 6. Xanggi, 7. Ladgiang , 8. Sanping , 9. Iungting, 10. Tiengia, 11. Iunmui.

La cité de Xi eſt proche de la riuiere d'Y , elle a ſous elle quelques petits châ- teaux : on y trouue du Muſc. La cité de Paocing abonde en argent vif.

La montagne de Keſing s'eſleue par deſſus les nuës : on dit qu'il y fait vn froid *Les Monta-* exceſſif : peut-eſtre à cauſe qu'elle eſt fort éleuée. *gnes.*

La montagne de Tuting eſt fort haute & large : ſon terroir eſt fort agreable & fertile en ris : il y a auſſi de grandes foreſts.

REMARQVE.

MArtinius n'a touché qu'en paſſant la fable de cette Nation, qui tire ſon origine des chiens ; Ramuſco la rapporte pluſtoſt des Moines, dont il a inſeré le Voyage dans ſon ſecond Volume. *Ritornando per deſerti li Tartari, peruennero ad vna terra , nella quale , ſi come alla Corte dell' Imperatore con fermezza ne raccontarno i Clerici Rutheni, & altri, che vi erano ſtati , ritrouarono certi mon- ſtri, li quali hanno ſpecie di femina : & poiche per molti Interpreti hebbero domanda- to quali feſſero gli huomini di quella terra, fu gli riſpeſto, in quel luogo tutte le femine che naſcono, hauer forma humana, ma gli maſcoli di cane : mentre che dimorarono in*

questa terra li cani, nell' altra parte del fiume ſi congregarono inſieme. & eſſendo d'i-
nuerno tutti ſi gettarono all' aqua poi riuolgeuanſi nella ſabia & coſi perlo gran freddo.
ſi congelaua ſopra di loro quella materia & poiche, ciò molte fiate hebberò fatto, con
grand' impeto aſſaltarono i Tartari, i quali gettando ſaette ſopra di loro, pareua che
percoteſſerò ſaſſi, conciofia che quelle indietro ritornauano, ne manco laltre ſue armi
li poteuan dare noia alcuna, ma eſſi cani ſaltando in mezzo à loro i molti colmor-
der ammazzarono e coſi furono ſcacciati li Tartari dalla ſua patria.

Les Chinois la content autrement, & diſent que le Roy Caoſin quoy qu'il eut fait long-temps la guerre à vn Chef de briguans nommé V, & l'eut ſouuent reduit à l'extremité, il n'en pût venir à bout, iuſques à ce qu'ayant fait publier dans ſon Royaume, qu'il donneroit vingt mille onces d'argent, vne Ville, & ſa fille en Mariage, à qui luy aporteroit la teſte de ce ſcelerat : vn chien qu'il nourriſſoit, nommé Puonhu entra dans vn bois où eſtoit V auec ſes troupes, l'étrangla, & en apporta la teſte à ſon maiſtre; Caoſin fut fort aiſe de ſe voir de-liuré d'vn ſi dangereux ennemy : mais comme il eſtoit en peine d'executer ſa parole, ſa fille qui le vit dans cette peine, luy dit, qu'il ſeroit encore plus-mal honneſte d'y manquer, que de la marier à cet animal; le mariage en fut fait, & en trois ans elle en eut ſix garçons & autant de filles, deſquelles cette Nation Cynique tire ſont origine, à ce que diſent les Chinois.

LA HVITIE'ME

LA

HVITIE'ME PROVINCE

KIANGSI.

LA Province de Kiangſi tient à celle de Huquang du coſté de l'Orient : elle n'eſt guere plus petite que la precedente, encore qu'on nomme celle de Huquang le grenier de toute la Haute Aſie, & qu'on diſe que celle-cy ne ſert que pour un dé-jeûner. Il y a un fort grand lac dans l'une & dans l'autre, nom-mé Poyang, qui n'en doit guere de reſte à celuy de Túngting.

Long-temps avant que cette Province fuſt ſujette à l'Em-pire de la Chine, une grande partie appartenoit aux Rois de çu, & l'autre à ceux d'V : la Province de Chekiang la ferme à l'Orient; celle de Fokien au Zúd-eſt; celle de Quantung en touche les extremitez au Midy : la Province de Kiangnan ou de Nanking la joint au Nord, & celle d'Huquang environne le reſte. Cette Province commence au Midy par des montagnes qui ſont fort larges & tres-vaſtes; car les montagnes de trois diverſes Provinces, ſçavoir de Kiangſi, de Quantung & de Fokien, uniſſent en cet endroit leurs ſommets, quoy qu'elles cômencent dans chacune ſeparément. Le peuple y eſt ſauvage & groſ-ſier, & ne dépend point de l'Empire de la Chine : il oſe meſme ſouvent ſortir de ſes cavernes pour aller à la picorée & au butin, & l'emmener quand il eſt proche; ce n'eſt pas qu'ils puiſſent rien entreprendre de grand ny de conſiderable, y ayant pour cet effet des Châteaux & des Forts par tout avec des garniſons, contre les inſultes de ces montagnards. Les Chinois ont taſché pluſieurs fois de dompter cette nation, mais ils n'en ont pû venir à bout, à cauſe que l'en-trée & les avenuës de ces montagnes ſont preſque inacceſſibles, quoy qu'on *Montagnards.* y trouve en ſuite de fort belles vallées, & une campagne admirablement bien cultivée.

L'excellence de la Province de Kiangſi conſiſte principalement en ce qu'elle eſt extremement peuplée, & qu'elle produit en abondance tout ce qui eſt ne-ceſſaire. Elle eſt auſſi preſque par tout arrouſée de fort grands ruiſſeaux, de rivieres & de lacs, & de plus environnée de tous coſtez de hautes montagnes, qui luy ſervent de boulevart, riches en mines d'or, d'argent, de plomb, de fer, & d'eſtain. On y void par tout ſi grande quantité de monde, que l'étenduë de cette Province aſſez grande à peine les peut loger; c'eſt pourquoy on en appelle, les habitans par toute la Chine les ſouris, tant eſt grand le nombre d'hommes qui s'y trouve, & de la fecondité des femmes. Ce peuple ſi nom- *Les Chinois* breux à de la peine à y trouver lieu pour faire ſa reſidence, c'eſt pourquoy il *de Kiang* eſt eſpars, & va errant par toute la Haute Aſie, où il s'employe & s'occupe à *miſerables* diverſes ſortes de ſervices, vils & mechaniques : ils s'addonnent principalement *& de vile* à faire des habits, à deviner, & aux ſortileges : ſont naturellement ména- *condition.* gers & ſordides dans leur particulier & en compagnie : à peine trouve-t-on rien chez eux qui tienne de la magnificence des autres Provinces. Les Chinois les

(O

raillent sur leur lesine. Ils sont fort attachez à la superstition : ils gardent pour
la pluspart des jeûnes des Idolatres avec beaucoup de soin, s'abstenans aussi de
certaines viandes , selon la doctrine de la Metempsychose ; de façon qu'ils
n'osent rien tuer qui ait eu vie, ny en manger quand un autre l'a tué. Il y en a
parmy eux qui passent des années entieres à amasser des os de vaches & d'autres animaux qu'on a jettez , afin que quand ils ont quelqu'un à traiter, ils
les puissent mettre en des plats de porcelaine , & en garnissent le fonds, pour
arranger en suite leurs mets & viandes en pyramide , comme c'est leur coûtume ; par ce moyen ils ne font pas obligez de les emplir, ny d'y mettre tant de
viande. Toutefois ce peuple a un esprit excellent & subtil, & il y en a plusieurs
à chaque examen à qui on donne les degrez des gens doctes & sçavans , &
qui parviennent en suite aux premieres Magistratures.

Mais pour venir au dénombrement de ses habitans , on écrit qu'il y
a dans cette Province 1363629. familles , & 6549800. hommes. Le tribut du
ris qu'elle paye, est de 1616600. sacs : elle donne aussi 8230. livres de soye cruë,
& de celle qui est filée 11516. rouleaux , sans parler des droits & impôts des
autres Bureaux.

La Province de Kiangsi est divisée en treize grandes villes , que vous
croiriez estre autant de Provinces, & qui commandent à soixante-sept citez.
Elle est par tout arrousée de lacs & de rivieres , qui peuvent porter bateau.
La riviere de Can la divise toute en deux parties, du Midy au Septentrion :

mais ce qui la rend plus considerable , c'est qu'il n'y a que dans cette Province & dans un seul Bourg où on fasse la meilleure & la plus belle
Porcelaine , dont ce Bourg fournit toute la haute Asie, & le reste du monde.
Ses rivieres ont diverses sortes de poissons , entre autres des saumons, des truites
& des estourgeons : j'en ay par fois acheté un pour six Iules ou Reales d'Es-
pagne, qui pesoit cent soixante livres, & une truite de dix livres pour trois
sols.

Mais pource que j'ay souvent fait mention des fleurs de Lien, & qu'il y en
a quantité dans cette Province , je les veux décrire icy avec brieveté ; car elle ne
fait pas seulement part de ses fleurs aux autres Provinces, mais aussi de ses fruits
quand ils sont secs. Cette fleur que ceux de la Chine nomment Lien , & les
Portugais Fula de Golfon , croist en des eaux croupissantes : elle paroist dessus
l'eau à la hauteur de deux ou trois coudées : les rejettons ausquels elle tient sont
tres-durs & forts : une racine produit souvent plusieurs fleurs : il y en a de diverses couleurs, de violettes, de blanches, de mélées, de rouges, & d'autres
leurs semblables : ces fleurs sont plus grandes que nos lys, & beaucoup plus
belles, toutefois elles n'ont pas si bonne odeur : vous diriez que ce sont de grandes tulipes, aussi en approchent-elles beaucoup par leur figure, avec de petites
boules qui ne tiennent qu'à un petit filet, & sont au milieu comme si c'estoient
les filets de safran d'un lys : apres la fleur vient le fruit, dont la figure est conique,
plus large vers sa base que la paume de la main, & plus gros que n'est le poing :
ce cone tient par la pointe à une queuë, à laquelle la fleur est attachée : la base est

tournée en haut ; dans la base il y a diverses pellicules , qui renferment chacune
un fruit de la grosseur d'une noisette, ou de nos plus grosses feves ; c'est pourquoy
il ne faut pas s'étonner si Dioscoride appelle ce fruit feve d'Egypte. Il y a une
escorce verte, qui le garde & le defend ; toutefois elle est un peu molle : l'amande
qui est dedans est blanche, & a fort bon goust quand elle est fraiche, ou quand
elle est seche : les Medecins Chinois en font beaucoup d'estat, comme estant
fort nutritif ; c'est pourquoy ils la donnent par tout à ceux qui sont foibles &
debiles, & qui commencent à se remettre apres avoir esté malades. Les feüilles de cette plante sont fort grandes , & rondes le plus souvent, flottent &
nagent dessus l'eau, comme celle de Nenuphar parmy nous, & tiennent à la

racine avec de longues queuës; la moitié de ces fueilles a bien parfois la longueur de deux empans. Il me souvient d'avoir veu de semblables fueilles en
des eaux dormantes de l'Europe, mais non pas qui eussent la fleur & le fruit
de mesme façon : les jardiniers & les revendeurs se servent de ces fueilles quand
elles sont seches, au lieu d'enveloppe ou de couverture de papier de cornets,
pour couvrir & empaqueter les marchandises qu'ils ont venduës. Pour la racine
elle est d'un excellent usage, elle croît souvent aussi grosse que le bras d'un homme, & se picque dans le limon & la vase, la profondeur de deux ou trois coudées :
elle est noüeuse comme celle des roseaux ; & son écorce ou sa peau exterieure
est tout à fait entiere ; sa moëlle & sa chair comme percée au dedans de grandes
ouvertures ou passages ; neantmoins elle est tres-blanche, & ressemble assez au
chardon de nostre pays, si ce n'est qu'elle est un peu plus insipide ; on en fait
beaucoup d'estat : elle est fort chere en Esté, parce qu'elle est rafraischissante;
de façon qu'il n'y a rien d'inutile dans cette plante : c'est une chose toute à fait
divertissante, de voir souvent des lacs entiers tous fleuris, non de fleurs sauvages, qui ne produisent point de fruits ; mais de celles-cy qui ont esté semées, &
qu'on cultive & renouvelle tous les ans par la graine que l'on seme dans l'eau :
les grands Seigneurs mesmes les cultivent dans leurs jardins & leurs parterres, &
à l'entrée de leurs palais, les conservant en de grands vaisseaux de terre pleins
de limon & d'eau.

La premiere Ville ou la Capitale NANCHANG.

CETTE Ville est aussi remarquable pour le nombre de ses gens de lettres *Sa situation*
que pour sa grandeur ; elle n'est pourtant pas si petite, qu'elle n'ait pour le *& excellēces*
moins deux milles de circuit. Il y a eu deux Rois de la famille de Taiminga,
qui y ont demeuré tout à la fois, ce que je n'ay jamais remarqué ailleurs.
Nostre Societé y a eu aussi une Eglise assez magnifique dediée au vray Dieu,
avec une maison autant commode que le lieu le pouvoit permettre ; mais
comme elle se revolta contre les Tartares, aprés l'avoir surprise pour la premiere fois, ils y mirent le feu, de façon qu'il n'en demeura que les murailles;
on l'a rebastie depuis, on luy a donné un Viceroy & les autres Magistrats, toutefois il n'y a plus ny Prestre, ny Eglise, faute de Missionnaires.

Cette Ville est située prés de la source de ce grand lac de Poyang, & au
Midy dans une Isle que la riviere forme toute seule : elle bornoit anciennе-
ment les Royaumes de çu & d'V : sous la famille de Cina, elle appartenoit au *Les anciens*
pays de Kieukiang. La famille d'Hana la nomma Iuchang ; celle de Tanga luy *noms.*
a donné le nom qu'elle a à present ; mais la famille de Sunga le changea en
celuy de Lunghing ; enfin celle de Taiminga luy donna son premier nom. Il
y a environ trois cens ans que la Cour se tenoit dans cette ville ; car le Sacrificateur Chu, aprés avoir chassé les Tartares de la Chine, y prit le titre & la
qualité de Roy, & l'appella Hungtu, qui signifie la grande Cour ; mais comme il
eut aprés augmenté ses conquestes, il transporta le trône & sa Cour à Nanking,
& luy redonna pour lors son vieux & ancien nom de Nanchang. Cette ville *Les Citez.*
commande à sept citez ; la premiere est Nanchang, 2. Fungchung, 3 Cinhien,
4. Fungsin, 5. Cinggan, 6. Ningo, 7. Vuning. Le fonds & le terroir de tout ce païs
est fertile, il n'y en a aucune partie qui soit deserte, & il est si plein de laboureurs, qu'à peine y laissent-ils aucun endroit où le gros & menu bestail puisse
paître, si ce n'est pour les pourceaux qu'ils nourrissent par tout avec grand soin
dedans & dehors la ville ; & il y en a si grand nombre dans la ville, qu'on a
bien de la peine à passer par les rües, tant il s'y en rencontre ; toutefois les rües
n'en sont pas plus sales, car ceux de la Chine en amassent le fumier avec beaucoup de diligence, comme aussi ceux des autres animaux, & le vendent cherement pour engraisser les champs.   (O ij

Cette ville contient quatre temples fort confiderables ; mais celuy qui fe nomme le Pilier de fer les furpaffe tous : ils difent qu'en ce mefme lieu hors des murailles de la ville a efté autrefois un homme qui furvenoit aux neceffitez des pau-
vres, & donnoit beaucoup au peuple ; qu'il fçavoit faire de fort bon argent : de
plus, ils adjoûtent que ce fut luy, qui par une fcience & induftrie tout à fait
divine, couvrit de terre le dragon qui menaçoit de ruiner leur ville, & qu'il l'attacha à une colomne de fer extrememement grande, qui fe void encore dans ce
temple ; qu'enfin il s'enfuit au Ciel avec toute fa famille. La fuperftition de ce
peuple luy a erigé ce temple. Le baftiment eft tout à fait magnifique & fuperbe
pour fa ftructure & grandeur : tout joignant il y a un Convent de Preftres : de
l'autre cofté il y a tousjours un marché, où on trouve tout ce dont on a befoin.

Proche de Fungfin eft la montagne de Pechang, dont il tombe une eau avec
grande impetuofité : elle a bien près de cent perches de hauteur; c'eft de là qu'elle a fon nom, & des cent perches de cheute qu'a cette eau.

La montagne de Xifung eft proche de Fungching ; cette montagne eft la
trente-neufiefme entre celles qui font celebres dans les Livres de Taufu.

La riviere de Chan ou de Can, eft à l'occident de la ville, dont je defcris la fource ailleurs.

La ville a au Zud-eft le lac de Tung fort eftimé pour fon excellent poiffon, &
pour fes belles eaux.

Le grand lac de Poyang commence au Nord-eft de la ville : on le nomme auffi
le lac de Pengli.

Vers Cinhien eft l'Ifle de Lungma, & celle de Pehoa eft à l'orient de la ville,
la petite Ifle de Teuxu luy eft au couchant.

La feconde Ville IAOCHEV.

CETTE ville eft fur le bord feptentrional de la riviere de Po : elle eft fort
belle & divertiffante ; tout le pays eft plat, & arroufé de rivieres ; ce qui la
rend merveilleufement fertile : elle a fept citez qui luy obeïffent, dont la 1.
eft Ioacheu, 2. Yûkan, 3. Loping, 4. Feuleang, 5. Tehing, 6. Gangin, 7.
Vannien. Vn Roy de la famille de Taiminga y faifoit autrefois fa refidence ; mais
ce qui la rend celebre & recommable, eft la quantité de Porcelaine qu'on y

fait ; il n'y a point de lieu dans tout le Royaume où l'on en faffe de plus belle, que
dans un bourg nommé Feuleang : ils ne prennent pas dans le pays mefme la terre dont on la fait ; on l'y apporte de la ville d'Hoiecheu dans la Province de
Kiangnan, où l'on ne la peut pas faire, encore qu'il y ait quantité de matiere, à
caufe difent-ils de la differente qualité des eaux. C'eft donc dans le bourg de
Feuleang que fe fait toute la vaiffelle & poterie de la Chine, par des payfans &
des hommes groffiers ; de mefme que celle Fayence en Italie : il s'en fait de
diverfes couleurs; la jaune, & celle où il y a diverfes figures de dragons reprefen-
tez, eft deftinée pour le Palais de l'Empereur : au refte on en fait de rouge, de
jaune, & de bleuë. Les Chinois ont accouftumé de fe fervir du paftel pour la
peindre en bleu ; auffi en a't'il grand nombre, principalement dans les Provinces qui tirent le plus vers le Midy, où l'on s'en fert auffi pour teindre les eftoffes.
Vous n'en fçauriez peindre de figure ny de fleur qu'ils n'imitent & ne contrefaf-
fent fur leurs Porcelaines : on peut juger de la quantité qui s'y en fait, par ce que

nous en voyons tous les jours dans noftre Europe; mais je m'eftonne d'où peut
venir le bruit qui court fi fort, que cette matiere fe fait de cocques d'œufs, ou de
coquilles de mer pilées, que des peres (felõ le rapport de quelques-uns) ferrér pour
leurs petits fils & defcendãs, qui la trouvãt au bout d'une centaine d'années. Toute cette vaiffelle fe fait de la terre qu'õ apporte de la prochaine ville de Hoiecheu
dans ce bourg; tout de même que noftre poterie. Cette terre n'eft pas graffe côme

noſtre glaiſe, mais reſſemble pluſtoſt à un ſable délié, dont les grains ſont tranſparans : ils le font tremper dans de l'eau, & en font apres des maſſes : meſme quand la Porcelaine eſt caſſée, ils en broyent & pilent les morceaux, & en refont de nouvelle, qui n'a pourtant pas l'éclat ny la beauté de la premiere. Ce qui fait qu'on eſtime la Porcelaine, c'eſt, ce diſent-ils, qu'on y peut mettre les viandes toutes boüillantes ſans qu'elle ſe caſſe : ils adjouſtent encore, ce qui eſt plus admirable, que ſi on en lie & attache les pieces avec du fil d'archal, elles peuvent tenir la liqueur ſans la laiſſer aller ; c'eſt pourquoy des racommodeurs de Porcelaine ſe voyent par toute la Chine, ſe ſervans d'un virebrequin fort ſubtil & menu pour faire ces petits trous ; ils le nomment communément dril, la pointe eſt de diamant, comme eſt celle dont les Vitriers & ceux qui gravent en verre ſe ſervent parmi nous, ou pluſtoſt comme eſt l'inſtrument de ceux qui percent le criſtal de montagne à Milan.

Ce pays a autrefois eſté aux Rois d'V ; la famille de Cina nomma cette ville *Noms an-* Poyang : celle de Sunga luy a donné le nom qu'elle a à preſent. Il eſt au Septen- *ciens.* trion & à l'Orient renfermé de montagnes, dont on tire la matiere pour faire la Porcelaine, principalement de celles qui ſont à l'Orient. Le pont de la cité de Gangin eſt digne de remarque, on le nomme le Pont d'obeïſſance. Ils diſent qu'une fille née de parens fort riches, ayant perdu ſon mary les premiers jours de ſes nopces, & l'honneſteté ne permettant pas aux femmes de ſe remarier, elle ſe conſoloit dans ſon veuvage par la preſence de ſa mere & de ſon pere, & en ſupportoit plus patiemment ſa perte ; mais comme ils furent morts, ſe voyant ſans conſolation, elle fit bâtir ce pont de pierre, diviſé en pluſieurs voûtes & arcades, & apres y avoir employé la plus grande partie de ſes richeſſes, elle ſe jetta du haut en bas dans l'eau ; c'eſt de là que ce pont a tiré ſon nom d'Hiaolie, qui ſignifie une remarquable obeïſſance.

La montagne de Macie occupe le coſté de la ville qui regarde l'Orient, c'eſt *Les monta-* la cinquante-deuxieſme entre les celebres. La montagne de Xehung proche *gnes.* d'Yúkan, s'appelle l'Arc en Ciel fait de pierre, à cauſe que l'eau qui en tombe repreſente toûjours un Arc en Ciel.

La montagne de Cienfo eſt proche de la ville ſur le bord d'un lac. Proche d'Yúkan eſt la montagne d'Hungyai, qui touche du coſté du Nord-oueſt au lac de Poyang.

Le lac de Poyang ou de Pengli entre dans le territoire de cette ville : la partie *Les rivieres.* qui s'étend & avance vers Yukan, ſe nomme Canglang, où eſt l'Iſle de Pipa.

La riviere de Po paſſe au Midy de la ville, ſa ſource eſt dans les montagnes de la ville d'Hoeiki. On fait venir ſur cette riviere en des bateaux le ſable pour en faire la Porcelaine.

La troiſiéme Ville QVANGSIN.

CETTE ville eſt ſituée entre des montagnes fort hautes & fort larges, mais *La ſitua-* qui ne ſont pas tout à fait deſertes & inhabitées ; car il y a quantité de *tion.* bourgs & de villages : la riviere de Xangiao y prend ſa ſource à l'Orient de la ville, & y paſſe au Nord ; mais parce que les trois Provinces de Kiangſi, de Fokien, & de Chekiang, confinent & aboutiſſent à ce pays, de là vient qu'il eſt plein de voleurs, qui apres avoir fait leur coup ſe retirent facilement dans les montagnes. Le pays ſe peut aiſément defendre contre les entrepriſes & l'effort des ennemis, à cauſe que le paſſage eſt fort étroit par ces montagnes, & qu'il n'y a point d'autre chemin. L'Empereur de la Chine y a tenu autrefois garniſon : on y fait grande quantité de fort bon papier : la meilleure chandelle de graiſſe de bœuf s'y fait auſſi : on y compte trois Temples fort remarquables : elle a ſept citez, dont la premiere eſt Quangſin, 2. Ioxan, 3. Ieyang, 4. Queiki, 5. Ienxan, 6. Iungfung, 7. Hinggan.   (O iij

Ce pays eſtoit autrefois en partie au Roy d'V , & en partie au Roy de çu ; ſous la famille de Cina il dependoit du pays d'Hoeiki : la famille d'Hana le nomma Iuhan ; celle de Tanga & de Sunga, Sincheu ; mais la famille de Taiminga luy donna le nom de Quangſin.

Les monta-
gnes.

La montagne de Ling eſt la trente-deuxiéme entre celles qui ſont fameuſes & celebres dans les Livres de Tauſu , couverte de vieilles foreſts, remarquable pour ſes herbes medicinales, elle produit auſſi de fort bon criſtal.

Proche de Ieyang eſt la montagne de Poafung, ſur le ſommet de laquelle il y a une maiſon de pierre, dont la hauteur s'eſleve au delà des nuës : il y a auſſi proche de cette montagne un pont fort antique , long de cinquante perches.

La montagne de Siang proche de Queiki eſt fort haute & de tres-grande étenduë : elle eſt tellement partagée & diviſée en fonds & en terres labourées qu'elle n'en doit guere de reſte aux plaines ny aux raſes campagnes : on y rencontre quantité de bourgs. Là meſme eſt la montagne de Lunghu , la trente-deuxiéme entre les celebres : elle a le nom d'un dragon & d'un tygre ; car elle a deux ſommets, dont l'un en s'élevant ſemble vouloir accabler l'autre : on nomme le plus haut Lung, c'eſt à dire le dragon ; & le plus bas Hu, c'eſt à dire le tygre.

Les rivieres.

La riviere de Xangjao paſſe au Nord de la ville : ſa ſource eſt dans les montagnes de Ioxam ; de là elle paſſe par le territoire de cette ville au Midy, & apres avoir couru en pluſieurs endroits, elle ſe joint enfin & ſe méle avec le lac de Poyang.

La quatriéme Ville NANKANG.

CETTE ville eſt ſituée ſur le bord occidental du lac de Poyang : ce lac diviſe & partage le pays en deux : les Chinois en font beaucoup d'eſtime à cauſe de ſa fertilité : les champs abondent en ris, en froment & en legumes : les montagnes fourniſſent du bois dans les lieux où elles ne ſont point cultivées : & les lacs & les rivieres enrichiſſent tout le pays par leur poiſſon. Elle a juriſdiction ſur quatre Citez, dont la premiere eſt Nankang, 2. Tuchang, 3. Kienchang, 4. Gany Elle a eſté autrefois aux Rois de çu ; la famille de Cina la mit dans le pays de Kieukiang : la famille d'Hana la nomma Pengçe : celle de Tanga Kiangcheu ; enfin c'eſt la famille de Sunga qui luy a donné le nom qu'elle a à preſent

Son abon-
dance.

Noms an-
ciens.

Il y a pluſieurs temples fort ſuperbes ; mais les principaux ſont ſur les montagnes de Quangliú & de Iuenxin, qu'ils adorent avec beaucoup de ſuperſtition. Il y a auſſi quantité d'Hermites & de Sacrificateurs qui y demeurent, qu'on pourroit nommer avec raiſon les martyrs & les eſclaves du Demon : chacun d'eux s'occupe dans ſa cellule à affliger & à tourmenter ſon corps avec tant de conſtance & de courage, qu'il y a tout ſujet de s'en eſtonner : ils croyent qu'aprés cette vie ils joüiront d'un eſtat bienheureux, les ames devant changer de corps, ſelon leur opinion : s'ils ne ſurpaſſent pas nos vieux Anachoretes dans les peines & dans les tourmens qu'ils ont ſoufferts volontairement, à tout le moins leur ſeroient ils égaux, s'ils les ſouffroient pour l'amour du vray Dieu. On dit qu'il y a autant de petites maiſonnettes ou de cellules ſur cette montagne, qu'il y a de jours en l'an. Cette montagne eſt tousjours couverte de nuages, lors meſme que l'air eſt ſerain par tout ailleurs ; de ſorte qu'on a bien de la peine de la voir du lac, encore qu'il en ſoit fort proche. Il y a pluſieurs Temples ſur ces montagnes, qui ſont admirables pour la grandeur & pour la quantité de leurs Idoles : il y a auſſi un fort grand pont de pierre de taille, qui traverſe une vallée par le moyen de ſes voûtes & de ſes arcades : le grand Monaſtere de Queiçung n'en eſt pas loin. Cette ville produit auſſi du chanvre, dont on fait des habits fort propres pour l'Eſté.

Les Hermi-
tes.

La montagne de Quangliu au Nord-ouest de la ville, est la huitiéme entre *Les monta-* les plus celebres : elle a cinquante stades de longueur ; c'est là où sont ces Ana- *gnes,* choretes dont je viens de parler.

Proche de Tuchang est la montagne de Ieunvix, marquée la cinquante-uniéme.

Le lac de Poyang passe tout prés de Nankang au Zud-est, où il a environ qua- *Les rivieres,* rante stades en largeur : ceux de la Chine asseurent qu'il a bien trois cens stades en longueur.

Lien est une fontaine au couchant de la ville, dont l'eau ressemble, quand elle tombe, à une toille d'argent, & en suite forme trente petits ruisseaux ; les Chinois croyent cette eau tres-excellente.

La cinquiéme Ville K I E V K I A N G.

K I E V K I A N G est une grande ville & fort marchande sur le bord Meri-dional de la riviere de Kiang, où elle se joint avec le grand lac de Poyang : *Quantité* on auroit de la peine à croire le grand nombre de vaisseaux qu'il y a, à moins *de navires,* que de l'avoir veu ; car ils viennent de tous les endroits les plus esloignez de la Chine dans cette riviere, qui est comme leur rendez-vous, où ils s'assemblent pour se mettre en mer. Quoy que cette ville soit à prés de cent lieuës de la mer, si ne laisse-t'on pas pourtant d'y prendre grande quantité de poissons de mer, comme des Esturgeons, des Dauphins, & des Saumons : & d'y voir le flux & reflux de la mer, principalement au plein & renouveau de la Lune : & la riviere descend vers la mer si lentement, qu'on a bien de la peine à s'en ap-percevoir ; c'est pourquoy on peut y aller par tout à la voile ; & c'est à cause de cette riviere que le grand Takiang change son nom en celuy d'Yangçukiang, *Kiang fils* qui signifie la riviere ou le fleuve qui est fils de la mer. On le nomme commu- *de la mer,* nément par excellence Kiang ; car aussi il ressemble fort à son pere, pour l'esten-duë & la profondeur de ses eaux : il a parfois une lieuë d'Allemagne de large ; & en cet endroit la navigation est dangereuse.

Il y a un Bureau dans cette ville, ou les Lieutenans du Roy tirent de grands *La situa-* droits. Kieukiang est au Nord de la capitale, au Midy elle est renfermée de *tion.* la montagne de Quangliu, & environnée d'eau au Nord & au Levant : elle a quantité de temples, & de beaux bastimens publics & particuliers. Cette ville commande à cinq citez, dont la 1. est Kieukiang, 2. Tegan, 3. Xuichang, 4. Hu-keu, 5. Pengçe. Le pays appartenoit anciennement en partie aux Rois de çu, & en partie à ceux d'V. Sous la famille de Cina on le nommoit comme on fait à *Ses anciens* present : la famille d'Hana le nomma Iuchang : le Roy Suius le nomma derechef *noms.* Kieukiang, & la famille de Sunga, Tinkiang ; mais celle de Taiminga luy a ren-du son ancien nom.

La montagne de Tacu est au Zud-est de la ville, & forme une Isle dans un *Les monta-* lac. *gnes,*

La montagne de Poye est proche de Tegan, elle occupe trente stades, & en-vironne cette cité, comme si c'en estoit les murailles.

Là mesme est la montagne de Quenlun, où il se trouve une pierre si grande, que cent hommes s'y peuvent estendre tout de leur long sans toucher.

Proche de Hukeu est la montagne qui se nomme Xechung, c'est à dire la Clo-che de pierre ; parce que les eaux agitées par le vent, & venant à choquer & heurter contre cette montagne, font un tres-grand bruit.

Siaocu est une montagne proche de Pengçe tout à fait inaccessible : elle est dans un lac, entourée d'eaux de tous costez : au Midy la rade y est fort petite pour les navires ; & au bord de la grande riviere, proche de Pengçe il y a la montagne de Matang, infame pour le naufrage de quantité de vaisseaux ; car s'ils s'esloignent tant soit peu du bord, l'impetuosité de l'eau les emporte, & les brise contre les rochers.

 Pour les rivieres, il n'y a rien de remarquable que ce qui se void dans la carte.

La sixiéme Ville KIENCHANG.

 QV o y que cette ville soit par haut & par bas, elle ne laisse pas d'estre magnifique & fort celebre, située agreablement dans un pays fertile sur la frontiere de la Province de Fokien: son destroit comprend cinq citez, Kienchang, 2. Sinching, 3. Nanfung, 4. Quanchang, 5. Luxi. Vn Roy de la famille de Taiminga y a fait sa demeure, & y a dressé un Palais d'une magnificence Royale : les jardins en sont extrémement agreables : les dedans du Palais fort riches, & les meubles superbes. Deux lacs embellissent aussi Kienchang, dont l'un est dans les murailles, & l'autre un peu hors de la ville ; cela n'empesche pas pourtant que ce dernier ne fasse part de ses commoditez & de ses richesses à la ville, par le moyen des canaux qu'on y a artificieusemét conduits. La Societé de Iesus y a aussi eu une Eglise dediée au vray Dieu, où on voyoit grand nombre de Chrestiens ; mais à present il n'y a point de Prestre qui y ait de demeure arrestée.

Il n'y a que deux temples qui soient considerables, dediez aux Heros.

 On y fait un fort bon breuvage de ris, plus excellent que n'est le vin de l'Europe : on le nomme d'ordinaire Macu : on peut mettre ce breuvage au rang des delices Chinoises. Le ris que ce pays produit est si excellent, en comparaison de celuy qui se cueille dans tout le reste de la Chine, qu'on l'enuoye de là à l'Empereur ; on le nomme grain d'argent, à cause de son excellence : on y fait aussi de fort belles estoffes de toutes sortes.

 Ce pays a autrefois esté aux Rois de çu : sous la famille de Cina il appartenoit à la ville de Kieukiang ; sous celle de Hana à celle de Iuchang : la famille de Tanga le nomma Kienvu : celle de Sunga luy a donné le nom qu'elle a à present.

 La montagne de Macu est la trente-sixiesme entre celles qui sont renommées dans les livres de Taufu : elle occupe quatre cens stades en longueur, & est au couchant de la ville. Proche de Quanchang est la montagne de Chunghao, où on ne void que des sommets tous nuds, si ce n'est un seul qui a l'avantage sur les autres d'estre couvert d'arbres, & d'estre distingué par un magnifique temple.

 Le lac qui est dans la ville se nomme Kinquei ; & celuy qui en est hors, Kiao : proche de Nanfung est aussi le petit lac de Vanfui.

La septiéme Ville VVCHEV.

 LE Cosmographe Chinois descrit le territoire de cette ville de la sorte : elle a des montagnes spirituelles, des eaux agreables, elle est située à l'extremité & au bout des Provinces de Fokien & de Quantung : les montagnes en sont si belles & si divertissantes, qu'à peine y peut-on adjouter aucune chose : il en sort des rivieres & des ruisseaux, qui arroufent tout le pays ; c'est pourquoy s'il y a ville qui merite d'estre estimée pour sa fertilité & pour son bon air, sans doute ce doit estre celle-cy. Elle produit de tres-bonnes oranges, & une si grande abondance de vivres, qu'on ne sçauroit se plaindre qu'il y manque rien de ce qui sert à la vie. Il s'y trouve quelques bastimens magnifiques, entre lesquels il y a cinq temples dediez aux Heros : on y vient par eau du lac de Poyang, dont on ne reçoit pas de petits avantages. Cette ville commande à six citez, Vucheu, 2. çunggin, 3. Kinki, 4. Yhoang, 5. Logan, 6. Tunghiang.

 Vucheu a au Levant une montagne qui se nomme Yangkiu : il s'y void, à ce qu'ils disent, la statuë d'un homme, qui est admirable ; car ils asseurent que

selon

felon la diverfe qualité & temperature de l'air, elle paroift auffi de differen- *Statuë ad-*
tes couleurs, c'eft pourquoy ceux qui en demeurent proche, ont de couftume *mirable.*
de predire par là le changement des temps.

La cité de Kinki eft proche de cette grande montagne de Iunglin, où on compte trente-fix fommets : elle s'avance & s'eftend jufqu'aux limites des Villes de
Quangfin & de Kienchang.

La riviere de Lienfan paffe au Nord-oueft de la Ville : elle eft remarquable par *Les rivieres.*
cela feul que ceux de la Chine en recherchent fort les eaux, pour faire des clepfydres ou horologes à eau ; parce qu'on croit qu'elle eft moins fuiette aux change-
mens & mutations de l'air que les eaux ordinaires.

Cette agreable fontaine de Mingyo eft auffi proche de Kinki ; & le lac d'He
dans le College de la Ville : il fe nomme He, c'eft à dire le noir, à caufe que
l'eau en eft extrememement noire.

La huitiéme Ville LINKIANG.

CETTE Ville eft fituée droit au Couchant de la precedente, fur le bord *La beauté*
feptentrional de la riviere de Can : on en fait entrer l'eau dans la ville ; ce *de fa fitua-*
qui n'apporte pas de petites commoditez aux habitans. Les Chinois écri- *tion.*
vent que ce pays n'eft pas moins beau que celuy de Vucheu, ny moins fertile &
abondant : cette Ville a auffi grand nombre de vaiffeaux ; car tous ceux qui defcendent de la riviere de Can ont accouftumé d'y paffer. Elle a quatre citez fous
fon obeïffance, Linkiang, 2. Sinkin, 3. Sinyu, 4. Hiakiang. Elle a efté tantoft
fous la domination des Rois de çu, tantoft fous celle de ceux d'V : fous la famille de Cina elle appartenoit à la Ville de Kieukiang, & fous celle d'Hana à Iuchang : pour le nom d'aprefent, elle l'a tousjours gardé depuis la famille de Sunga. On y compte trois temples fameux dediez aux Heros.

Au Septentrion de la Ville eft la montagne de Cœmao, la trente-troifiefme *Les monta-*
entre celles qui font marquées dans les livres de Taufu. Ceux de la Chine y ont *gnes.*
remarqué beaucoup de raretez, dont ils fe font imaginez que toute forte de
bonheur leur devoit arriver ; mais ie ne croy pas qu'il foit à propos d'en faire
mention. La montagne de Iofu qui eft proche de Sinkin, eft la dix-feptiéme
felon Taufu. La montagne de Mung proche de Sinyu eft fi haute, qu'on diroit
qu'elle va au deffus des nües ; elle ne laiffe pas toutefois d'eftre recreative &
divertiffante à caufe de fes forefts & de fes campagnes.

La riviere d'Yú ou d'Yven paffe proche de Sinyu, dont la fource paroift proche *Les rivieres.*
de Iuencheu : là mefme eft le lac de Funghoang, qui n'eft pas fort grand ; mais
il a cela de particulier, que la pluye ny la fechereffe ne le font ny enfler ny diminuer.

L'Ifle de Kiafung eft proche des murailles de la ville dans la riviere de Can : il
y en a une autre qui fe nomme Pehoa, & qui eft dans la ville au milieu d'un lac.

La neufiéme Ville KIEGAN.

CETTE ville eft fituée fur le bord de la riviere de Can au couchant, où ces *Rochers &*
infames rochers de Xapatan commencent : il y a bien du danger prenant *écueils dan-*
bateau à Kiegan, de defcendre fur la riviere, à caufe des efcueils & des rochers *gereux.*
fort pointus, qui font cachez çà & là, à travers lefquels la riviere court impe-
tucufement. On parle de dix-huit endroits où il y a le plus de danger : c'eft de là
qu'ils ont le nom de Xapatan, qui fignifie dix-huit cheutes : j'y ay paffé, mais non
pas fans peur ; je rencontray plufieurs autres bateaux en chemin, qui fe brife-
rent contre ces efcueils & rochers. Chaque bateau a accouftumé de prendre un
bon pilote de cette ville, pour le conduire par ces lieux où il y a tant de peril ;

le plus grand danger eſt dans un endroit nommé Hoangcung.

Sa ſituation.   Le territoire de cette Ville eſt inegal preſque par tout, à cauſe des montagnes & des coſteaux, qui ſont pour la pluſpart riches de mines d'or & d'argent: les val-lées & les champs ſont fertiles & agreables, ne manquent preſque jamais d'eau, & ne craignent point la ſechereſſe. Cette Ville commande à neuf citez, Kie-gan, 2. Taihao, 3. Kieſvi, 4. Iungfung, 5. Ganfo, 6. Lungciven, 7. Van-gan, 8. Iungſin, 9. Iungning. Anciennement elle eſtoit placée dans le meſ-me lieu que la precedente, & avoit les meſmes maiſtres: le Roy Suius & la fa-mille de Tanga luy donnerent ſon premier nom de Kiecheu; mais celle de Tai-gminga le changea pour celuy de Kiegan, nom qui eſt pris de la felicité & du bonheur des montagnes; car le mot de Kie ſignifie bonheur.

Les monta-gnes.   Il y une tres-grande montagne proche de Ganfo, on la nomme Vncung, elle occupe huit cens ſtades de pays.

Il y a auſſi la montagne de Cien, qui eſt fort grande & rude, & n'eſt pas loin de Iungſin.

Les rivieres.   Le lac de Mie, c'eſt à dire de miel doux, eſt proche de Ganfo, on le nomme ainſi à cauſe que le poiſſon qu'on y peſche eſt fort agreable au gouſt: le lac de Kien eſt proche de Kiexui; la riviere de Can paſſe prés de la Ville au levant.

La riviere de Lu n'eſt pas eſloignée de Kiexui, ſa ſource eſt dans les monta-gnes proche d'Iungfung: les deux rivieres de Xanglu & d'Hialu s'y deſchargent proche des murailles de Inkiang, puis elle deſcend vers le couchant; & en ſuite tournant tant ſoit peu vers le Nord-eſt, elle change de nom; car on l'appelle tantoſt Luyven, & tantoſt Lupo.

La riviere de Kie ou de Ven paſſe par le territoire de la cité de Kiexui, & for-me preſque par ſes deſtours une lettre Chinoiſe qu'ils prononcent Kie, c'eſt à di-re bonheur: c'eſt de là que la cité de Kiexui tire ſon nom, qui ſignifie l'heureuſe eau.

Le ruiſſeau de Senting, qui eſt proche de Iungſin, ſe nomme la flute, à cau-ſe que ſon eau coulant à travers les rochers avec tres-grande viſteſſe, forme un doux murmure ſemblable au ſon d'une flute.

La dixiéme Ville XVICHEV.

La beauté de ſon pays.   CETTE Ville eſt au Nord-oueſt de la capitale de Hoayang, elle eſt ſituée proche d'un riviere: on la nomme la fortunée, comme le nom meſme de Xui le montre, à cauſe que l'air y eſt fort doux & fort ſain, & que le fonds & les champs ſont tres-fertiles; auſſi elle paye de tribut trois cens mille ſacs de ris, & n'a pourtant de juriſdiction que ſur trois citez, Xuicheu, 2. Xangcao, 3. Sin-chang. Ce pays eſt par tout renfermé de montagnes & de foreſts, dont la veüe eſt fort agreable, avec pluſieurs bourgs fort peuplez: il n'y a preſque point auſſi d'endroit où il n'y ait de gros ruiſſeaux, où on trouve des paillettes d'or & d'ar-gent: on y tire auſſi la pierre d'azur des montagnes, & ce verd que les Chinois nomment Xelo. Sous la famille de Tanga ce pays fut appellé Micheu, à cauſe l'abondance de ris, car le mot ſignifie la cité au ris. La famille de de Sunga luy a impoſé le nom qu'elle a à preſent.

Les monta-gnes.   Vers l'orient de la Ville eſt la montagne de Tayu, ſur laquelle eſt un tem-ple fort magnifique au milieu d'une belle-foreſt.

Proche de Xangcao il y a une montagne qu'on nomme Lingfung, où il pa-roiſt de nuit une fort grande flamme, aprés qu'il y a plû de jour; mais on n'y voit rien lors que le temps eſt ſec. Ce peuple eſt fort ſuperſticieux, & croit que cette flamme eſt l'eſprit de la montagne; c'eſt à cet eſprit qu'ils ont dreſſé un temple fort magnifique vers la cité de Sinchang.

Les rivieres.   L'eau du lac de Cho eſt fort claire ſans jamais ſe troubler; & eſt proche de Sinchang.

La riviere de Xo eſt proche de Xangcao: ſa ſource boüillonne vers la cité de
Vançai , qui eſt dans la juriſdiction de la Ville : les Autheurs Chinois tiennent pour aſſeuré, que ſi on boit de cette eau, elle guerit pluſieurs maladies:
dans la Ville meſme il y a une fontaine , dont l'eau eſt excellente, on la nomme Puenſive.

L'onzíéme Ville de IVENCHEV.

LE territoire de cette Ville reſſemble à celuy de Xuicheu pour la fertilité;
& pour ſes dedans il reſſemble fort à celuy de la Province d'Huquang ,
dont il eſt tres-proche. Cette Ville gouverne quatre citez , dont la 1. eſt
Iuencheu, 2. Fueny, 3. Pingbiang, 4. Vançai. Du temps des Rois elle a eſté
tantoſt à ceux d'V, tantoſt à celuy de çu. La famille d'Hana la nomma Ychúen;
mais celle de Tanga luy a donné le nom qu'elle a à preſent. On y tire du vitriol &
de l'alun. On y compte quatre temples dediez aux Heros.

La montagne de Niang qu'on nomme la Viſible, à cauſe qu'on la peut bien *Les monta-*
voir, mais non pas en approcher, tant elle donne d'horreur à ceux qui la re- *gnes.*
gardent, à cauſe de ſes rochers, de ſes gouffres & de ſes precipices : elle a trois
cens ſtades de circuit : il en ſort une fontaine, dont l'eau eſt froide toute l'année; de façon que perſonne n'en peut boire, s'il ne l'expoſe au Soleil quelque peu de temps auparavant.

La riviere de Xo ſe nomme auſſi Kin, dont j'ay parlé cy-deſſus & plus *Les rivieres.*
amplement.

Le lac de Tung eſt prés de Kiencheu à l'Orient : on le nomme les delices
de la Ville, car les Chinois y vont faire bonne chere; on a baſty ſur le bord
divers Palais pour s'y divertir.

Le lac de Mingyo ſert de foſſé à la Ville, & peut porter les batteaux dans
toutes les places de la Ville: vers l'Orient il ſe joint avec celuy de Tung.

La douzíéme Ville CANCHEV.

CETTE Ville eſt ſituée dans un lieu où les deux rivieres de Chang & de *Son excel-*
Can s'aſſemblent; où elles ſe joignent vers la partie des murailles qui eſt *lence & ſa*
au Nord, elles forment une eſpece de lac; à peine cede-t'elle à ſa capitale , *ſituation.*
meſme elle la ſurpaſſe eu égard au bureau qui s'y tient: c'eſt d'ailleurs une
Ville fort marchande & de grand abord. Il y a un Viceroy qui y fait ſa demeure, qui n'eſt aucunement inferieur à celuy de la Province; auſſi a-t'il ſoin
de quatre Provinces, dont il tire le nom & la qualité de Viceroy. Ces Provinces ſont Kiangſi, Huquang, Fokien & Quantung : ce n'eſt pas que toutes ces
Provinces luy obeïſſent entierement; car de chacune il n'en gouverne que deux
Villes, qui ſont les plus proches de celle où il fait ſa reſidence. Or ce qui obligea
d'y établir un Gouverneur extraordinaire, ce furent les voleurs qui inſultoient
ſouvent ce pays; à cauſe qu'il leur eſt aiſé de fuir d'une Province dans l'autre (car
c'eſt icy que s'aſſemblent les montagnes des quatre Provinces :) c'eſt pourquoy
on y eſtablit un Gouverneur particulier, afin qu'il euſt l'œil principalement à aſſeurer le pays; pour cet effet on oſta deux Villes à chaqu'une des autres Provinces
voiſines. Ainſi ce Gouverneur particulier rend les mauvais deſſeins de ces brigands inutiles. On y a exigé un droit pour la paye des ſoldats qu'on doit entretenir contre les voleurs : les marchands ſupportent librement cette charge qui eſt
eſtablie pour aſſeurer leur trafic.

Canchcu a un pont fort long, baſty ſur cent trente batteaux; ſi je ne me trom- *Pont flot-*
pe, j'en ay compté autant : ce pont eſt proche des murailles de la Ville, & au meſ- *tant.*
me endroit où les deux rivieres s'aſſemblent. Ces batteaux ſont liez & attachez

les uns aux autres avec des chaisnes de fer : au dessus il y a des poutres & des planches fort epaisses, pour planchier ce pont. Sur le pont mesme est le bureau; car
il y a un de ces vaisseaux qui est fait & disposé en sorte qu'on le peut ouvrir & fermer quand les navires passent, jusques à ce qu'ils ayent payé l'impost. On void
aussi une tour entr'autres qui est fort magnifique; elle est sur le bord de la riviere
proche de la cité de Sinfung, que j'ay accoustumé d'appeller le Novizoniu Octogone, à l'imitation du Septizonium de l'Empereur Severé : elle est de pierre de
taille, & fort eslevée; mais parce que j'ay ailleurs fait la description de quelques
autres tours qui luy ressembloient, je n'en diray rien davantage.

Noms an-
ciens.
    Ce pays a autrefois esté aux Rois d'V, puis à ceux de lue : sous la famille de
Cina on le nomma Kieukiang; sous celle de Hana Changcan : il a retenu jusqu'à
present le nom que la famille de Sunga luy a donné. Il y a de fort beaux bastimens hors & dans la Ville; il faudroit trop de temps pour en faire la description.
Il y a entr'autres deux temples magnifiques dediez aux Heros. Elle gouverne
douze citez, qui sont la plufpart dans les montagnes : la 1. est Cancheu, 2.
Vtu, 3. Sinfung, 4. Hingque, 5. Hoeichang, 6. Ganyuen, 7. Ningtu, 8.
Xuikin, 9. Lungnan, 10. Xecching, 11. Changning, 12. Tingnan.

    On trouve de fort beaux moulins sur la riviere, comme on descend de cette
ville; par où on peut juger de l'esprit & de l'industrie des Chinois. Ces moulins
sont faits comme ceux d'Italie & d'Allemagne, & on s'en sert pour faire venir
& entrer les eaux des rivieres dans les champs à ris : ils ont de fort grandes &
hautes roües, aufquelles on attache de petits vaisseaux : la violence & l'impetuosité de l'eau les éleve en faisant tourner la roüe autour de son essieu : or ces
moulins, pour la plufpart, ne sont pas arrestez à demeurer dans un mesme lieu,
mais on les transporte sur les batteaux, & on les fait servir où l'on veut.

Les monta-
gnes.
    La montagne de Tiencho est prés de la Ville à l'Orient, où il paroist de
nuit une lumiere semblable à celle des charbons allumez : quelques-uns estiment que ce soient des serpens ou des araignées, qui, à ce qu'ils disent, jettent
par la bouche de certaines pierres precieuses qu'elles portent sur la teste, &
qu'elles avallent derechef.

    Proche de Sinfung il y a la montagne de Hiang, fort grande & fort large, fa-
meuse pour les rares medicamens qu'on y a trouvez. On y compte quatre-vingt
dix sommets fort hauts. Proche de Ningtu est la montagne de Kincing, la trente-
cinquiefme parmy celles dont les livres de Taufu font mention. Les Geographes
Chinois asseurent qu'il ne s'est jamais veu de bestes farouches, mais bien des
hommes tout à fait sauvages, & qui vivent en bestes dans ces montagnes &
dans celles qui en sont proches.

Les rivieres.
    La riviere de Can prend sa source à l'orient de la cité de Xuickin; delà passe
vers le Septentrion, & assez proche de la Ville elle reçoit la riviere de Chang, à
qui elle donne son nom. Cette riviere de Chang commence au couchant de la
Ville de Nangan, sur la frontiere de la Province de Huquang : ces deux rivieres s'estant assemblées partagent cette Province en deux; & aprés avoir passé
la capitale, elles grossissent le lac de Poyang.

    Il y a trois rivieres qui s'assemblent proche de Lungnan, sçavoir celle de Tao,
de Lien, & de Vo.

La treiziéme Ville NANGAN.

Nangan
Ville fort
marchande
& de grand
abord.
    CETTE Ville est la derniere & la plus meridionale de la Province : la rivie-
re de Chang passe le long de ses murailles; aussi est-ce une Ville marchande & de tres-grand abord; toutes les marchandises qui viennent à Quantung,
ou de Quantung, y doivent aborder; car lors qu'on a passé la montagne qui en est
proche, on met les marchandises sur d'autres batteaux, afin de les transporter jus-

ques où la riviere de Chang le permet : pour les autres marchandifes, on les def-
embarque & met à terre, pour les faire charrier par des portes-faix au travers des
montagnes , mefmes jufques dans la ville de Nanhiung. Les fauxbourg de
Nangan font plus grands que n'eft la ville mefme. Elle commande à quatre citez, dont la 1. eft Nangang, 2. Nankan, Xangyeu, 4. çungy : elle a auffi trois *Les citez.*
temples qui font fort remarquables.

Ce pays a autrefois efté aux Rois d'V, placé fous la mefme conftellation que celuy de Chancheu : pour le nom qu'il a à prefent, il le tient de la famille de Sunga.

La montagne de Sihoa, c'eft à dire la fleur de l'Occident, eft au couchant de *Montagnes.*
la ville ; elle eft agreable & cultivée par tout, ainfi elle merite bien d'eftre appellée la fleur. Il n'y a rien de fort remarquable dans les autres.

LA NEVFIE'ME PROVINCE
DE KIANGNAN,
COMMVNE'MENT
NANKING.

L A refidence que l'Empereur fait à Peking a ofté le premier râg *L'excellen-
ce de cette
Ville.*
à cette Province. C'a efté autrefois la refidence des anciens
Empereurs avant qu'ils la tranfportaffent à Peking; car c'eft là
que les familles d'V, de Cyn, de Sung, de Ci, de Leang, de
Chin, & celle de Tanga qui a regné du cofté du Midy, firent
long-temps leur demeure, & tindrent leur Cour ; c'eft là auffi
que la famille de Taiminga regna quelque temps, jufques à
ce qu'elle fe retira à Peking, afin qu'en s'approchant de la frontiere elle pût refifter plus aifément aux entreprifes des Tartares : cela n'a pourtant pas empefché
qu'on n'ait confervé dans la ville de Kiangning, dont nous venons de parler, qui
eft la capitale de cette Province, le Palais de l'Empereur, avec tous les Magiftrats, tout de mefme que dans Peking; mais un peu avant que je me miffe à écrire
cecy, les Tartares ont renverfé & deftruit de fonds en comble ce Palais, & ces
fieges de l'Empire, avec tous leurs monumens fi fuperbes, pour affouvir la haine
qu'ils portoient à la famille de Taiminga, dont ils avoient juré la ruine ; par- *Les Tarta-
res ont de-
ftruit les
embelliffe-
mens de cet-
te Ville.*
ce que ce fut elle qui les chaffa autrefois fort honteufement de la Chine. Il faut
confeffer qu'il y avoit des ouvrages fi admirables & fi magnifiques, qu'ils pouvoient paffer avec raifon pour des merveilles du monde, principalement les
fepulcres des Empereurs, qui eftoient fi fomptueux, que je ne me fuis pû empefcher de les admirer plus d'une fois : les Tartares les ont demoly d'une façon
tout à fait barbare. Ils ont changé le nom de la ville & de la Province ; car au
lieu de Nanking ils l'ont nommée Kiangnan ; & la ville Kiangnang, qui auparavant s'appelloit Ingtien : ils ont mefmes ofté à ce pays fon titre & fon rang,
avec tous fes Magiftrats & Officiers.

Cette Province eft de grande étenduë, extremement fertile, fort marchande : *C'eft une
ville mar-
chande, fa-*
elle comprend les villes les plus renommées de la Chine : elle n'a prefque point

menſe , & fort celebre. de ville ny de cité qui ne puiſſe paſſer pour une fort grande ville de trafic & de negoce ; & un ſi grand nombre de marchands, que j'apprehende moy-meſme que ceux qui ne l'ont pas veuë faſſent difficulté de ſe le perſuader, puiſque j'aurois eu de la peine à croire un autre qui me l'auroit dit, ſi je ne l'avois veu de *où il y a une incroyable quantité de navires.* mes propres yeux. J'ay ſouvent dit, qu'il ſembloit que tous les vaiſſeaux du monde abordoient dans cette Province. Tout ce pays eſt arroſé de lacs & de rivieres. *La riviere de Quiam ſelon M. Polo de Veniſe.* On peut aller d'icy par toute la Haute Aſie: tout y aborde de la riviere de Kiang, par le moyen des canaux naturels ou conduits par artifice : & c'eſt cette riviere que M. Polo Venitien nomme Quiang. Elle partage cette Province en deux; & quand elle en eſt ſortie, elle ſe décharge dans la mer par une grande embouchure, qui a pluſieurs lieuës de largeur, & où peuvent aiſément entrer les plus grands navires.

Tiſſerans en cotton. Il y a peu de montagnes dans cette Province, ſi ce n'eſt au Midy. Elle a de la ſoye & du coton en abondance ; de façon qu'on dit que dans la cité de Xanghai ſeule , avec les bourgs qui en dependent, il y a deux cens mille tiſſerans de toile de coton. Les femmes excellent dans ce meſtier : pour les hommes, ils s'occupent principalement à cultiver les champs, & il y en a meſme qui, pendant que leurs femmes ſont occupées à faire leur toile de coton, ont ſoin d'élever leurs enfans, comme s'ils en eſtoient les nourrices; c'eſt pourquoy il ne ſe faut pas étonner ſi cette cité ſeule paye d'impoſt à l'Empereur pour le coton ſeulement la ſomme de deux cens cinquante mille ducats. Or tout ce qui ſe fait dans la Province de Nanking eſt eſtimé plus excellent que ce qui ſe fait ailleurs ; de ſorte qu'on dit ordinairement que les meilleures choſes viennent de Nanking ; & la marque de ce lieu augmente le prix des marchandiſes. Les Portugais la nomment communément Lankin, ayant pris cette erreur de ceux de la Province de Fokien, avec qui ils trafiquent. Ils ſont plus rudes & groſſiers en parlant, & c'eſt un defaut particulier à ce peuple de changer en L tout ce qui commence par une N.

Ses bornes Cette Province eſt bornée de la mer à l'Orient & au Zud-eſt, de la Province de Chekiang au Midy , celle de Kiangſi la ferme vers le Zud-oueſt, à l'Occident c'eſt la Province de Huquang, au Nord-oueſt elle aboutit à celle d'Honan , le reſte confine à celle de Xantung.

Elle ſe diviſe en quatorze villes, comme en autant de petites Provinces, qui ont cent dix citez ſous elles, & d'autres petits lieux ſans nombre. On y *Nombre des hommes & des impoſts* compte 1969816. familles, c'eſt à dire, prés de deux millions , & d'hommes 9967429. ou prés de 10. millions : le tribut du ris eſt de plus de 5995034. ſacs: elle paye en ſoye filée 6863. livres ; des eſtoffes de ſoye de toute ſorte 28452. pieces ; de toiles de chanvre 2077. rouleaux : le tribut du coton eſt en argent, en bottes de paille ou de foin pour les chevaux du Roy 5804217. de poid de ſel 705100. Tout ce tribut fait une ſomme d'argent ſi grande , que j'ay oüy dire, il n'y a pas long-temps, au Gouverneur qui eſtoit mon amy, que cette Province ſeule mettoit tous les ans dans les coffres de l'Empereur tout compté prés de trente-deux millions de ducats. Outre les tributs que je viens de dire; il y a encore cinq bureaux, où tout ce qui ſort & entre dans Nanking, paye un certain droit.

Le naturel de ce peuple. Les habitans de cette Province ſont fort civils, ont l'eſprit excellent & fort propre à l'eſtude & aux arts : & il n'y a point d'examen où il ne ſe crée des Docteurs de cette Province.

La loy de Chriſt y fleurit. Il n'y a preſque point de Province où la Compagnie de Ieſus ait plus de Chreſtiens qu'en cette-cy : au lieu de trois Preſtres, que noſtre Societé y a, elle en auroit bien beſoin d'une trentaine. On y rencontre preſque par tout des Egliſes dediées au vray Dieu : il y en a deux dans la capitale; les autres qui ſont dans la Province ne demandent rien qu'un Paſteur. Mais parce que, cette Province eſt la plus celebre & remarquable de toutes celles qui ſont au Midy, j'ay trouvé bon d'ajouter icy une choſe digne de conſideration, & qui ſervira pour entendre parfaitement M. P. Venitien : il faut donc ſçavoir en premier lieu, comme j'ay remarqué ailleurs, que les Tartares nomment communément ces neuf Provinces Meridionales Mangin, & que le Venitien entra dans la Chine lors que les Tartares faiſoient la guerre à la partie Meridionale de la Chine, aprés s'eſtre un peu auparavant rendus maiſtres des Provinces qui ſont vers le Septentrion, que les Tartares occidentaux avoient conquiſes ſur les Tartares de l'Orient, non pas ſur les Chinois ; car les Tartares orientaux de Kin, aprés eſtre entrez dans la Chine, defirent l'Empereur, & le contraignirent de ſe retirer dans les parties les plus meridionales : or il eſt conſtant par les hiſtoires de la Chine, que les Tartares de Kin y enttrerent du coſté du Nort long-temps auparavant l'an de noſtre Seigneur mille deux cens ſix : qui eſt le temps auquel les Tartares occidentaux de Samahania, aprés avoir ſubjugué une grande partie de l'Aſie, & mis fin à la guerre de Mien, prirent auſſi les armes contre les Chinois, & s'ouvrirent le chemin par les Provinces qui ſont au Midy : car ils vinrent dans la Province de Suchuen, & aprés avoir traverſé celles de Iunnan & de Queicheu, & de là paſſé par les terres de Sifan, autrement le pays du Prete-Iean, ils ſe ſaiſirent de ces Provinces : mais avant que de faire la guerre à l'Empereur de la Chine, ils en chaſſerent entierement les Tartares de Kin de la Chine ; vinrent à bout de divers Empereurs, éleus ſucceſſivement par leurs ſujets, & qui s'eſtoient armez en diverſes Provinces : enfin l'an mil deux cens ſeptante-neuf, ils ſe rendirent maiſtres de toute la Chine. Or le Venitien n'entra dans la Chine pour la premiere fois, que l'an 1275. comme il paroiſt par ſes eſcrits, & ne ſçavoit pas que les Provinces du Nord eſtoient de l'Empire de la Chine ; car ces Tartares qui du temps de Marco Polo eſtoient les maiſtres, & tenoient l'Empire, les avoient priſes ſur les autres Tartares, & non pas ſur les Chinois ; ou bien il les a ſous-entenduës & compriſes ſous le nom de Catay à la façon des Tartares ; & j'oſerois bien aſſeurer avec raiſon, que Marco Polo Venitien a fait ſa premiere entrée dans la Chine par les Provinces du Midy, & non pas par celles du Nord ; ce qui ſe voit aſſez dans ſes écrits où il ne fait aucune mention de cette grande muraille : quelques-uns s'imaginent que les Tartares l'avoient abbatuë & raſée, mais l'experience & les hiſtoires Chinoiſes les convainquent de faux ; ce voyageur n'eſt jamais venu ſi avant : il dit qu'il n'a veu que deux Provinces de Mangin, il ſe trompe en cela, ſelon mon jugement, puiſqu'il en a veu à tout le moins quatre, comme je le feray voir ailleurs, où j'auray occaſion de traiter plus amplement de ces matieres. Et pour ce qui eſt des villes de Quinſai, de Singui & de Ciangfu, dont il fait mention, comme de pluſieurs autres choſes, j'eſpere rendre la choſe fort manifeſte, tant par la deſcription qu'il en fait luy-meſme, que par la ſituation & les noms de ces places que je rapporteray cy-aprés.

La premiere ou capitale ville K I A N G N I N G,

autrefois nommée

INGTIEG & NANKING.

CE fut Gueius Roy de çu qui fonda le premier cette ville, & la nomma Kinling, qui ſignifie pays d'oi : le premier de la famille de Cina en ayant changé le nom l'appella Moling : les Rois d'V qui y ont tenu leur Cour, la nommerent Kienye : la famille de Tanga luy donna le nom de Kiangning, que celle de Tai-

minga changea derechef pour celuy d'Ingtien ; mais les Tartares qui font à prefent maiftres de la Chine, luy ont rendu fon premier nom. Cette ville (s'il y en a
aucune dans toute la Haute Afie) eft fituée dans un lieu & dans un fonds tres-
agreable , proche de cette grande riviere de Kiang, baftie fur fes bords du cofté
de l'Orient : vous auriez de la peine à dire fi elle en reçoit plus de divertiffement
que de commodité ; car cette riviere ne paffe pas feulement devant la ville, mais
auffi , par le moyen des canaux qu'on a tirez par artifice en plufieurs endroits, on
y peut entrer prefque par tout avec de grands bateaux. Cette ville, au jugement des Geographes Chinois, furpaffe toutes les villes du monde en beauté &
en grandeur ; elle eft prefque par tout plate, fi, ce n'eft qu'elle renferme çà & là
de petits cofteaux fort divertiffans : au refte , elle eft pleine de palais, de temples , & de fort hautes tours, qui furpaffent de beaucoup la magnificence de celle , dont j'ay fait une legere defcription dans la cité de Lincing, dans la Province de Xantung. Cette ville a quantité de ponts de pierre, fouftenus par
des arcades : elle n'en doit rien de refte à aucune pour les edifices publics & particuliers , pour la douceur & bonne temperance de l'air, pour la fertilité de fon
terroir, pour la bonté & excellence des efprits de fes habitans, pour la politeffe
& douceur de leurs mœurs , ny pour la pureté & elegance de leur langage. Son
Palais a efté autrefois tres-grand & quarré, dont un feul cofté avoit mille deux
cens pas. La muraille de la ville a douze portes reveftuës de lames de fer, avec
des canons de chaque cofté : elle a de circuit vingt milles d'Italie. La ville a de
plus une troifiefme muraille, qui, à la verité , ne la renferme ny ne va pas tout à
l'entour, mais feulement dans les lieux où il femble y avoir plus de danger, & où
l'art peut aider la nature. Les Chinois defcrivent la grandeur de la ville en
difant, que fi l'on fait fortir au matin deux hommes à cheval par la mefme porte,
qu'on leur commande de galoper tout autour, l'un d'un cofté & l'autre de l'autre , qu'ils ne fe rencontreront qu'au foir ; on peut juger par là de la grandeur de cette ville. Il y avoit une garnifon de quarante mille hommes. Ie
paffe fous filence les jardins, les forefts, les lacs & mille autres remarquables
raretez de ville : toutefois il faut que je parle de cette tour baftie fur un cofteau
qui eft fort haut, qu'on pourroit nommer la tour Mathematique, parce qu'on
y garde trois inftrumens les plus grands qui ayent efté faits dans le monde :
le premier eft un globe celefte, avec fes meridiens & fes paralleles : le fecond
eft un inftrument que les Aftronomes nomment Armilla æquatoria, compo-
fé de trois cercles, de l'horizon, du meridien & du cercle vertical, qui fe
meut avec fes pinnules : le troifiefme eft une fphere Armillaire, qui eft tout
à fait femblable aux noftres : chaque inftrument a douze pieds en diametre,
le tout eft de cuivre doré & merveilleufement bien travaillé : des Dragons de
bronze jettez en fonte fervent de pied-eftail à toutes ces machines , fi exactes au refte, que Tycho Brahe mefme n'y pourroit pas trouver à redire. Il y a
à prefent trois cens cinquante ans que les Tartares de la famille de Iuena y po-
ferent ces inftrumens, qui confervent encore à prefent leur premiere beauté.

Mais il nous faut fortir un peu hors de la ville, fi nous y voulons voir avec
quelque foin les fepulchres des Rois. Il y a un grand bois planté de pins
au Nord-eft proche des murailles de la ville , fermé de murailles , qui a de
circuit douze milles d'Italie, & renferme une montagne où font les fepulchres.
Il feroit trop ennuyeux d'en faire la defcription par le menu, joint que ce
n'eft pas icy fa vraye place : toutefois il ne fera pas hors de propos de reprefenter
en quelque forte la magnificence d'un temple qui eft fur cette montagne. C'eft
un ouvrage tout à fait digne d'un Roy, foit que vous en confideriez la grandeur
ou la majefté, ou la ftructure : les dedans font tout de bois, horfmis les murailles
qui font de brique : il eft bafti dans un lieu fort haut, fur une levée ou terrace
faite de pierres de taille quarrées, quatre efcaliers avec leurs degrez de marbre :

ils

Sa beauté.

Le Palais,
Muraille.

Sa garni-
son.

Inftrumens
de Mathe-
matique.

Voyez la de-
fcription qu'a
donné le Pe-
re Trioxus
lib. 4. ch. 5.

Les fepul-
chres des
Empereurs
fort magni-
fiques.

ils regardent les quatre parties du monde. Il y a cinq nefs dans ce temple, qui ont
deux rang de colomnes de chaque cofté : elles font fort hautes, mais merveil-
leufeum.ent bien polies, & fi groffes, que deux hommes ont bien de la peine de
les embraffer : la hauteur auffi eft bien proportionnée au modelle & au diametre de la colomne, elles ont chacune plus de vingt-quatre coudées, & foûtien-
nent de fort groffes poutres, fur lefquelles on a dreffé d'autres piliers plus petits
pour porter la couverture qui eft faite d'aix, lambriffée, dorée & embellie d'une
fort belle fculpture. Dans les portes du temple on void des lauriers gravez, &
des lames d'or qu'on y a enchaffées. L'entrée & les feneftres font garnies de fil
d'archal, diverfement entrelacé pour conferver la fculpture de ces feneftres,
pour empefcher que les oifeaux ne faliffent les ornemens. Ce fil de fer eft fi fin
& fi delié, qu'il n'empefche aucunement le jour ny la lumiere, & on s'en fert
partout dans les plus grands edifices, & principalement dans les Palais. Au milieu du temple il y a deux throfnes enrichis de pierres precieufes & de perles.
Dans le lieu qui eft le plus élevé on void deux fieges, l'un pour le Roy quand il
facrifie, n'y ayant que luy qui le puiffe faire dans ce temple ; pour l'autre fiege
qui eft vuide, il eft deftiné pour la Divinité, comme fi elle s'y devoit trouver
pour y recevoir le facrifice. On ne void aucune ftatuë ou image dans ce temple,
mais plufieurs autels de marbre rouge, dreffez dans les cours du temple, qui reprefentent le Soleil, la Lune, les montagnes, & les rivieres de la Chine. Les Chinois difent qu'ils ont efté mis hors du temple, non pour eftre adorées, mais afin
qu'on fçache feulement que celuy que l'Empereur adore dans ce lieu, eft le
mefme qui a creé toutes ces chofes. Il y a autour du temple diverfes chambres,
ou lieux foufterrains ; ils difent que c'eftoient autrefois des bains, où l'Empereur
qui devoit faire le facrifice, avoit accouftumé de fe laver avec ceux qu'il prenoit
pour luy aider. Il y a des chemins fort fpacieux, qui conduifent vers ce temple &
aux fepulchres des Rois. De cofté & d'autre on void de vieux pins plâtez en echi-
quier; il y alloit autrefois de la vie d'en gafter, ou mefme d'en couper la moindre
branche. Il n'y a prefque point d'arbre fur cette montagne qui n'ait efté planté. Vous avez en cet endroit une brieve defcription de la foreft & du temple que
j'ay veu eftant à Nankin : celuy qui en avoit pour lors le gouvernement eftoit le
grand Eunuque, qui en ce temps-là s'eftoit fait Chreftien. Il y auroit bien plus
de chofes à dire de la foreft & des fepulchres du Palais de Pekin. Les Tartares ont
à prefent ruiné l'un & l'autre : ils en ont occupé & abatu tous les arbres, creufé &
foüy dans tous les fepulchres, demoly & rafé les Temples & les Palais : pour la
ville, elle a peu perdu de fa premiere fplendeur & magnificence, fi l'on ne
met entre fes pertes la ruine de ce Palais Royal. On y compte encore plus d'un
million de perfonnes, fans compter la groffe garnifon que les Tartares y tiennent;
car c'eft là où le Gouverneur des Provinces du Midy fait fa refidence.

Au mois d'Avril & de May en pefche dans la grande riviere de Kiang, qui *Pefche;*
eft proche de la ville, grand nombre d'excellens poiffons, que ceux de la
Chine nomment Xiyú, & les Portugais Sauel. Durant ces mois l'Empereur
eftablit un grand Eunuque, qui luy envoye avec grand foin de ces poiffons
jufqu'à Pekin tous en vie, couverts de glaces; (car auffi bien que dans quelques endroits de l'Europe on en garde tout l'Efté de celle qu'on a amaffée
durant l'Hyver ;) y ayant des navires deftinez pour cet effet : & bien qu'il
y ait plus de deux cens lieuës d'Alemagne, fi eft-ce que ce chemin fe fait en
fort peu de temps & dans huit ou dix jours ; car il y a des hommes qui font
deftinez pour tirer jour & nuit les navires, & d'autres tous frais pour eftre
mis à la place de ceux qui font laffez, qui fe trouvent toûjours prefts dans les
lieux affignez, de mefme que la pofte parmi nous ; auffi envoye-t'on pour
cet effet un écrit pour les advertir par avance de l'heure & du jour auquel le
navire doit arriver ; & on dit qu'il y va de la vie mefme pour les Gouver-

[Q]

neurs, de manquer à l'execution de ces ordres : ainfi on envoye deux navires toutes les femaines durant la pefche, fans regarder aux frais ny à la defpenfe, afin que l'Empereur puiffe avoir de ces poiffons, dont il fait part à fes Cour-

tifans. On fait partir auffi cinq vaiffeaux de cette ville tous les trois mois, chargez de quantité de belles pieces d'eftoffes de foye, qu'on envoye à l'Em-pereur mefme & à fa Cour : on nomme ces vaiffeaux Lungycuen, comme fi vous difiez les navires des habits du dragon, parce qu'ils font deftinez pour l'Empereur, qui porte des dragons pour fes armes. Pour moy je n'ay jamais rien vû de plus beau que font ces navires, & fi n'eftime pas qu'on en puiffe aifément trouver d'autres qui en approchent; car ils font tous dorez & peints de rouge, ce qui en releve l'éclat & la magnificence. Que s'il arrive que les navires des Gouverneurs des autres Provinces (dont j'ay fait mention cy-deffus) paffent proche de ceux de Nanking, il faut qu'ils oftent leur pavillon, baiffent leurs voiles, & cedent autant à leur magnificence qu'au lieu d'où ils viennent.

Mais noftre Societé a bien ennobli depuis peu cette ville d'un autre orne-ment; car il y a deux Eglifes dediées au vray Dieu, & une Chapelle baftie fur un côteau confacré à S. Michel, qui en eft l'Ange Tutelaire & le Prote-cteur. Il y a auffi quantité de perfonnes dans cette ville qui ont de long-temps la vraye lumiere de la foy, & la connoiffance du vray Dieu. Cette ville com-mande à fept Citez, dont la premiere eft Kiangning, 2. Kiuyung, 3. Lieyang, 4. Liexui, 5. Caoxun, 6. Kiangpu, 7. Loho.

Proche de Kiuyung eft la montagne de Mao, qui eft la premiere entre celles qui font eftimées heureufes & agreables dans les livres de Taufu.

La montagne de Ni eft au Nord-eft de la ville, il y a un Temple aux Ido-les, dans lequel on voit plus de mille ftatuës d'Idoles.

La montagne de Fang eft vers le Zud-eft de la ville, remarquable pour avoir efté percée par l'Empereur Xius : on dit que cinq mille hommes furent employez à cet ouvrage; car il avoit oüi dire à ces difcoureurs des monta-gnes, qui, comme nous avons dit ailleurs, tirent des conjectures des diverfes figures des montagnes pour predire la bonne ou mauvaife fortune, que cet-te montagne de Fang promettoit le Royaume à un autre Seigneur; il com-manda qu'on la perçaft pour en empefcher l'influence.

La montagne de San eft au midy de la ville de Nanking, une partie de cette montagne s'advance jufques dans la riviere de Kiang, environnée de chaif-nes de fer. Les Chinois font ridicules en ce qu'ils difent que c'eft de peur qu'elle ne s'enfuye; mais en effet, c'eft afin que ceux qui navigent y puiffent retenir & arrefter plus facilement leurs navires avec leurs crocs; car com-me ce rocher & cette montagne eft fort dure, auffi auroient-ils de la peine à empefcher autrement que leurs navires ne s'y heurtaffent, & ne s'y per-diffent.

Le lac Cienli, ou de mille ftades, eft proche de Lieyang, & il fe joint à ce-luy de Tai.

Hors de la porte de Nanking qui fe nomme Taiping, il y a un petit lac qu'on appelle Hiüenúú, qui eft au Zud-oueft de la ville.

Le lac de Tanyang eft proche de Liexui, de là il va jufqu'aux limites de la cité de Taiping.

L'Ifle de Pelu eft au Midy de la ville & dans la riviere de Kiang. Cette Ifle eft celebre à caufe que fous la famille de Sunga on en chaffa les troupes des Provinces du Midy.

L'Ifle de Changcung eft proche de la ville.

La petite Ifle de Teuxu eft au Zud-oueft.

La seconde Ville FVNGYANG.

L'Empereur Yvúús adjoufta ce pays dans lequel eft à prefent la ville de Fun- *Ses vieux* gyang, à la Province de Yang, & le mit fous la conftellation de Teu. Au *noms.* temps des Rois c'eftoit le Royaume de Tuxan : les Rois de çu s'en rendirent maiftres en fuite. La famille de Hana le conquit une feconde fois, & le nomma Chungli, fans luy donner le titre ny le rang de ville ; car ce n'eftoit qu'une cité qui fe nommoit Hoacheu. Vn facrificateur, le premier de la famille de Taimin- *Son agran-* ga, qui eftoit de cette ville, l'agrandit extrement, la ferma de murailles qui *diſſement.* ont bien cinquante ftades de circuit : il embellit merveilleufement les fepulcres de fes ayeux, qui jufques-là eftoient inconnus pour leur baffeffe, les enrichit avec une magnificence royale, & augmenta cette cité d'edifices & de maifons gran- des & fuperbes, luy donna le titre & le rang entre les villes, & un Viceroy avec dix-huit citez fous fa dependance. Ce fut luy qui l'appella le premier Fungyang, nom qui fignifie l'excellence & la nobleffe du Phœnix : il y fit baftir en fuite un tres-fameux Palais. Les citez qui font fous fa jurifdiction font, la 1. Fungyang, 2. Linhoai, 3. Hoaiyuen, 4. Tingyuen, 5. Vho, 6. Hung, 7. Xeu, 8. Ho- kieu, 9. Mungching, 10. Suo, 11. Hieutai, 12. Tienchang, 13. Soo. 14. Lingpi, 15. Ingo, 17. Haoo, 18. Ingxan.

Le territoire de cette ville a des montagnes, & eft arroufé de grandes rivieres, *La qualité* qui en rendent le fonds fertile & agreable : fameux d'ailleurs pour eftre la patrie *de ce pays.* de deux perfonnages qui ont efté elevez à la dignité de l'Empire, bien qu'ils fuf- fent d'une naiffance tres-baffe ; le premier Lieupangus, qui aprés avoir laiffé la *Les hommes* compagnie des voleurs avec qui il avoit vécu, ruina la famille de Cina, & fonda *illuſtres.* celle de Hana. Il nafquit dans cette partie du pays qui eft au Septentrion, affez prés de la cité de Poi. Le fecond fut un certain facrificateur appellé Chu, hom- me de fort petite naiffance, auffi voleur de profeffion, qui fut fait Empereur aprés avoir chaffé les Tartares de la Chine ; & ce fut luy qui fonda la famille de Taiminga. L'Empereur Ivus n'a pas auffi peu contribué à ennoblir ce pays : il avoit efté fait petit Roy de la cité de Mao par l'Empereur Yaúús. Ce pays ne s'eft pas contenté de produire des Empereurs, il a auffi donné aux Chinois le chef *Laoſúús* d'une fecte de Philofophes nommé Laoſúús, qui a vécu mefme avant Cungfu- *chef d'une* tius, & a enfeigné aux Chinois les dogmes d'Epicure, ou à tout le moins d'autres *ſecte de Phi-* qui leur reffemblent fort. On dit que c'eft dans la cité de Mao qu'il nafquit. *loſophes.*

Fungyang eft fituée fur une montagne, & renferme plufieurs cofteaux dans *Sa ſitua-* l'enceinte de fes murailles, qui font tous remarquables pour les baftimens tant *tion, & ce* publics que particuliers qui y font. *qu'elle a de particulier.*

Elle a fix temples dediez aux Heros. Il croift du talc & de l'abfinthe fur les montagnes voifines ; les Chinois le nomment abfinthe rouge, on s'en fert fort dans la pharmacie.

Iúnmu eft une montagne proche de Linhoai. Iúnmu fignifie du Talc, cette *Les monta-* montagne ayant tiré ce nom à caufe de la quantité qu'il y en a. *gnes les plus*

Proche de la cité de Xeu eft la montagne de çukin, où on trouva une fort *conſidera-* groffe piece d'or, dont on fe fervit fort heureufement contre plufieurs maladies ; *bles.* le peuple croit que ç'a efté quelque preparation chymique.

La montagne de Moyang eft proche de Hiutai : on la nomme le mont de la bergere, à caufe d'une tres-belle bergere qui y a demeuré autrefois.

La grande riviere de Hoai fepare & divife tout ce pays par le milieu : elle *Les rivieres.* prend fa fource dans la Province de Honan dans les montagnes de la cité de Tungpe, de là elle paffe au Nord de la cité de Hokieu : aprés avoir fait un long chemin pour traverfer cette Province, elle fe décharge prés de Hoaigan dans la riviere jaune, elle en augméte les eaux ; & toutes troublées & brouïllées qu'elles font, elles courent toutes deux avec violence & impetuofité dans la mer.

La riviere de Fi prend fa fource prés de la cité de So à l'orient du lac qu'on void fous le cofteau de Lung.

L'Ifle de Xinglung eft dans la riviere proche de Linhoai.

La troifiéme Ville S V C H E V.

Les com-
mencemens
& l'origine
de cette vil-
le, & fes an-
ciens noms.
TApeus a efté le premier des Chinois qui ait habité ces pays fous la famille de Cheva, comme je le dis plus amplement dans mon Abbrégé; il y amena des colonies des Provinces les plus feptentrionales, & fut le premier qui adoucit ces hommes auparavant groffiers & barbares. L'Empereur Yvus erigea ce pays en Royaume, & l'appella le Royaume d'V: apres que les Rois d'V eurét efté défaits, les Rois d'Iue s'en rendirent maiftres; mais ils n'en jouïrent pas long-temps, car les Rois de çu défirent ceux de Iue; de façon que ce Royaume fut conquis un autrefois, & apres que le Fondateur de la famille de Cina eut vaincu tous ces Rois, il ajoûta ce pays à la Province de Hoeiki. Le Roy Suius fut le premier qui appella cette ville Súcheû; la famille de Tanga & celle de Sunga la nommerent Changcheu & Pingxiang; enfin la famille de Taiminga la nomma Sucheu.

Lors que le facrificateur Chu prit les armes contre les Tartares, cette ville avec toutes les citez qui en relevent, & qui tenoient le mefme parti que leur capitale, fe defendit long-temps, & avec beaucoup de courage; un Prince Tartare, qui y eftoit, refifta aux armes triomphantes de Húnguvus; c'eft pourquoy elle paye jufques à prefent un tribut exceffif, c'eft à dire autant que deux Provinces toutes entieres, comme ville autrefois rebelle : mais fon terroir eft fi fertile, & il y a fi grande quantité de denrées & de marchandifes, que ce fardeau ne luy pefe pas beaucoup : elle paffe en effet pour une ville des
Le Paradis
des Chinois.
plus marchandes & fameufes de toute la Haute Afie, & pour une de ces places que ceux de la Chine nomment le paradis du monde, à caufe de fes richeffes, de fa beauté, & des delices de fon fejour; car auffi dit-on en commun proverbe dans la Chine, Xang-yeù t'ien t'ang, hià yeù fú Hang, c'eft à dire, ce que le ciel eft en haut, Sucheu & Hangcheu le font fur la terre : mais nous parlerôs cy-apres de cette feconde ville; car auffi eft-ce la capitale d'une autre Province. Sucheu eft baftie au milieu d'une riviere d'eau douce, bône à boire, & fi tranquille, que vous diriez que c'eft pluftoft un lac qu'une riviere; on fe peut promener dans fes
Situation de
la fameufe
& noble vil-
le de Sucheu.
ruës par eau & par terre comme à Venife; mais Sucheu furpaffe Venife, en ce que fon eau eft bonne à boire, & qu'on en tire plus de commodité pour la vie. Il y a quantité de ponts dedans & dehors la ville, pas tant toutefois qu'il y en a dans la capitale. Entre ces ponts plufieurs font magnifiques, & tous de pierre : les uns font élevez fur plufieurs arcades, les autres qui traverfent des ruiffeaux un peu plus eftroits qui font dans la ville, n'ont qu'une voûte. Les ruës & les maifons font bafties fur pilotis & fur des pins qu'on enfonce bien avant dans l'eau par le moyen d'une hie & d'autres femblables machines. Il y a des bras de rivieres & des canaux prefque par tout capables de porter les plus grands vaiffeaux, mefmes ils peuvent traverfer la ville & de là aller en mer, n'y ayant que trois journées de chemin. Cette ville eft auffi proche du grand lac de Tai, d'où les rivieres fe vont rendre dans la mer; c'eft pourquoy on y void une incroyable quantité de vaiffeaux & de marchandifes. Les murailles de la ville de Sucheu ont quarante ftades Chinoifes de circuit; mais fi vous y comprenez les fauxbourgs, vous en trouverez fans doute plus de cent. Il n'y
C'eft une
ville de
grand trafic.
& celebre
pour le ne-
goce.
manque rien de tout ce qui eft neceffaire aux ufages de la vie, ny au plaifirs; car c'eft un de ces lieux les plus renommez de l'Empire, où abordent les marchandifes des Portugais, des Indes, du Iapon, & de toutes les autres villes de la Chine; c'eft pourquoy il y a toute l'année un grand paffage de cette ville

dans les autres villes & Provinces, & une tres-grande communication & commerce ; & de peur que les navires ne courent rifque en paffant par le lac de Tai,
on l'a tellement retenu & refferré par le moyen des digues, qu'ils en ont fait un
foffé & un canal en l'eftreciffant : de forte qu'on va de cette ville jufqu'à Chinkiang, en defcendant tousjours ; & c'eft l'à où l'on retient les eaux de ce canal,
par le moyen d'une fort grande efclufe, qu'ils ouvrent & ferment felon que la
neceffité & le befoin le requierent. Vne grande partie de ce canal eft pavée de
pierre de taille, & reveftuë de mefme : mais comme on va de cette ville vers
Vkiang, il y a un pont de pierre, qui a bien trois cent arcades : là fe fait la feparation du lac de Tai ; ceux qui tirent les navires marchent fur ce pont avec
commodité ; auffi l'a-t'on fait de peur que les vaiffeaux ne fuffent contraints
de s'arrefter, & qu'en ce cas on les pûft remonter le long du pont à faute de vent.

Ceux de ce pays paffent pour avoir le gouft plus delicat que les autres, & pour *Le naturel*
fçavoir mieux affaifonner les viandes de fucre, de fel, & de vinaigre. Il n'y a pref- *de ceux du*
que aucun pays où on mange plus de beure & de lait ; & je ne me fouviens pas *pays.*
mefme avoir jamais veu de beure ailleurs qu'en cette ville. On y fait auffi un
breuvage de ris, dont ils fe fervent au lieu de vin, ne s'en trouvant point nulle
part de plus excellent ; on le nomme Sanpe, c'eft à dire breuvage de trois blan-
cheurs ; on l'envoye par tout l'Empire jufqu'à Pekin. Il y a quantité de navires,
qui ne font deftinez que pour le feul plaifir & divertiffement, tous enrichis d'or
& peints des couleurs les plus vives, plus femblables à des maifons magnifiques
qu'à des vaiffeaux. C'eft là où ces gens qui fe croyent nez pour le plaifir, s'abandonnent au vin, & au plaifir des femmes avec tant d'excez, qu'ils y perdent fouvent la vie. Il y a cinq grand vaiffeaux Royaux qui portent à l'Empereur tous les
trois mois du velours, & des pierres precieufes de diverfes fortes. Ce peuple aime
plus que les autres Chinois les beaux habits, de bien ajufter fes cheveux, & la
douceur de la vie & de la converfation : enfin, c'eft cette ville que M. Polo de *Livre 2.*
Venife nomme Singui à la façon des Tartares, comme il paroift principalement *chap. 63.*
lors qu'il la met fur le bord de la riviere de Kiang à l'Orient, & qu'il veut qu'elle
foit éloignée de trois journées de Chinkiangfu. Sucheu, comme je feray voir
plus amplement cy-apres, eft juftement dans cette diftance. En troifiefme
lieu il efcrit, qu'il y a cinq journées de Singui jufqu'à la ville de Quinfai, & il a
raifon ; car la ville qu'il appelle Quinfai en eft autant éloignée : mais j'en parleray dans la Province fuivante.

La cité de Cingingui eftoit bien vne de celles qui dependoient de cette ville,
mais les Tartares la deftruifirent & la raferent entierement, à caufe que les habitans avoient fait mourir les Alains, comme on verra dans mon Abregé des hiftoires de la Chine, avec toute cette guerre des Tartares. La ville de Sucheu
commande à fept citez, dont la premiere eft Sucheu, 2. Quenxan, 3. Changxo, 4. Vkiang, 5. Kiating, 6. Taiçang, 7. çungming. La Compagnie de Iefus
a des Eglifes au dedans & au dehors de la cité de Changxo, qui font dediées
au vray Dieu, & le nombre des Chreftiens s'accroift & s'augmente de jour en
jour : on a auffi confacré à Dieu quantité de leurs temples, d'où on a ofté les ftatuës des vaines & foles divinitez qu'ils adoroient.

Il y a vn bureau hors de la ville ; les marchandifes font franches, mais les navires payent feulemét un certain impoft à raifon de leur grandeur. J'ay oüy dire ou
receveur du bureau, qui m'eft amy, que la recepte des impofts eftoit d'un million de ducats par an ; d'où on peut juger du nombre & de la grandeur des vaiffeaux qui paffent fur cette riviere, puifque tous les navires des Gouverneurs
qui font au public ne payent rien quand ils portent quelque chofe à la Coûr, non
plus que les vaiffeaux de l'Empereur ; mais je n'ay pû fçavoir des livres de la
Chine, ny par le rapport d'autres perfonnes, combien cette ville paye de tribut
tous les ans à l'Empereur : j'oferois pourtant bien affeurer avec verité, que les

autres villes, à la referve de Kiangning feulement, ne donnent pas tant que fait Such uen toute feule : car l'impoft du ris tout feul monte à deux millions de ducats.

Les montagnes les plus notables.

Au Zud-oueft de la ville eft la petite montagne de Lignien proche du lac de Tai : elle eft remarquable pour le nombre des maifons qu'il y a.

La montagne de Sui eft à l'embouchure du lac de Tai, où il y a un temple magnifique, & un monaftere.

La montagne d'Yu eft dans la cité de Changxo, qui s'avance vers le couchant durant quelques ftades.

Les rivieres.

Le lac de Tai eft au Zud-oueft de la ville, qui eft fi grand que les Chinois croyent qu'il occupe trente fix mille arpens de terre.

Le lac de Xang eft proche de la cité de Changxo.

Tungting eft une fort grande montagne & plaifante ; elle forme une Ifle dans le lac de Tai, & eft fort celebre à caufe d'un convent de Sacrificateurs.

Il y a trois rivieres qui enuironnent la ville comme autant de lacs, & de là les vaiffeaux peuvent aller en divers endroits : la premiere fe nomme Leu ; la feconde Sung, qui va vers la cité d'Vkiang ; la troifiefme s'appelle Vfung, elle va vers l'Orient.

La quatriéme Ville SVNGKIANG.

SI en partant de Sucheu vous tournez tant foit peu vers le Zud-eft, vous y verrez cette grande ville de Sungkiang, illuftre pour la magnificence de fes baftimens. Cette ville eft baftie dans l'eau, les navires y pouvans venir de tous coftez : elle eft celebre pour la grande quantité de coton, de toile, & de draps de coton qu'elle fournit, dont elle ne pourvoit pas feulement ce grand Empire (où prefque tous ceux du commun s'habillent en Hyver,) mait auffi elle en fait part aux nations eftrangeres. Nous avons parlé cy-deffus de la cité de Xangai, qui eftoit fous la jurifdiction de celle-cy : on doit juger le mefme des autres, fans m'obliger à repeter fouvent une mefme chofe ; & bien que cette ville cede à beaucoup d'autres, eu égard à l'eftenduë de fon territoire, fi eft-ce que fon fonds n'en doit rien de refte à aucune, fi l'on a égard à fa fertilité. On n'y compte que trois citez, qui peuvent bien aller du pair avec les plus grandes villes, pour leur grandeur, leur abord, & pour la diverfité du negoce & du trafic qui s'y fait ; elles fe nomment, la 1. Sunkiang, 2. Xanghai, 3. Cingpu.

Sa fituation & fes noms.

Cette ville eft proche de la mer : à l'embouchure & entrée de la riviere il y a un Fort avec une garnifon, c'eft de là que les navires vont au Iapon. La famille de Tanga la nomma Hoating ; celle d'Ivena luy a donné le nom qu'elle a à prefent, avec le rang & la qualité de ville ; car elle n'avoit que le titre de cité auparararavant, & relevoit de celle de Sucheu : fes temples les plus remarquables font trois en nombre, dediez aux Heros.

Mais ce qui à noftre égard la rend plus recommandable, eft le grand nombre de ceux qui embraffent la Religion Chreftienne, y ayant quantité d'Eglifes où on exerce le culte du vray Dieu : on a compté fouvent plus de vingt mille Chreftiens dans la feule cité de Xanghai ; il y a eu auffi des bourgs tous entiers, qui ont receu la lumiere de l'Evangile, & la confervent avec fermeté & conftance. C'eft de cette riche & opulente cité (qui fe peut avec raifon vanter d'eftre heureufe pour le feul culte de la Religion, qu'eft forty cet excellent

Paul Docteur & grand Colauu, & excellent Promoteur de la Foy.

Docteur Chinois, ce celebre Paul, dis-je, qui a fait une profeffion fi ouverte du Chriftianifme, l'honneur & le fouftien de noftre faint voyage, qu'on ne fçauroit affez dignement loüer, & qui feroit capable de donner de l'emulation aux Chreftiens de l'Europe, fi mefme il ne leur fait de la honte ; car ayant foulé & mis fous les pieds le fafte des Philofophes Chinois, & l'arrogance de fa nation ;

il prefera la doctrine & l'humilité de Christ aux richesses & aux plus grands
Gouvernemens, & la connoissance de la Loy de Dieu, à la seconde place &
au second rang aprés l'Empereur, qui ne luy pouvoit manquer. Cette ville
n'est pas moins celebre à present pour le zele qu'on y fait paroistre à la vraye
Religion ; car l'an mil six cens quarante-neuf le petit fils de ce grand Paul
fut declaré Docteur du premier ordre, ayant esté instruit long-temps auparavant dans les mysteres de la Religion Chrestienne: il n'a guere plus de
vingt ans, & nous esperons qu'ayant un si grand genie & un esprit si excellent, il parviendra non seulement aux mesmes honneurs & dignitez que son
grand-pere, mais qu'il aura la mesme pieté & devotion, & le mesme zele pour
avancer la Religion Chrestienne. J'ajousterois bien un petit eloge en faveur
de ce grand Paul, si le R. Pere Alvaro Semedo ne l'avoit déja fait dans sa
Relation, & si je ne luy en devois un plus ample dans l'histoire de nostre
Mission de la Chine, que je mettray en lumiere, & qui s'estend depuis l'an
1610. jusques en l'an 1650.

Il n'y a presque que la montagne de Kin qui merite d'estre remarquée : Les monta-
elle est sur le bord de la mer au Zud-est : il y a un grand Fort, avec une for- gnes les plus
te garnison de navires & de soldats pour garder ce port. nobles.

Au Zud est de la ville est la mer vis à vis de la ville de Ningpo, qui est Les rivieres.
si proche de Sungkiang, qu'on asseure que dans le silence de la nuit on peut
entendre chanter le coq d'un bord à l'autre.

Hoangpu est un grand canal considerable pour la quantité d'eaux qui s'en
tirent : il a esté creusé à la main ; il est à l'Orient de la cité de Xanghai, de là
il se va rendre dans la mer.

Iung est une fontaine dont l'eau est excellente, elle est dans le temple de
Xanghai.

La cinquiéme Ville CHANGCHEV.

CHancheu est proche de ce Canal dont nous venons de parler, par où Sa situa-
les navires vont de Sucheu jusques dans la riviere de Kiang ; ses bords tion.
prés de cette ville sont revestus des deux costez & embellis de pierres de taille quarrées ; on y a dressé quelques arcs triomphaux, qui contribüent beaucoup à la splendeur & encore à la magificence de la ville. Elle commande à
cinq citez, dont la premiere est Changcheu, 2. Vusie 3. Kiangyn, 4. Gnihing, 5. Cingkiang. Cette derniere est bastie dans une Isle que la riviere de
Kiang forme avant que d'entrer dans la mer. Tout le territoire de cette ville
est renfermé de cette riviere, & du canal dont nous avons parlé cy-dessus ;
& parce qu'il est arrosé d'eaux presque par tout, de là vient que toute cette
campagne excelle & surpasse de beaucoup les autres pour la fertilité & pour
l'excellence des fruits.

On tiroit autrefois de fort bon estain dans une montagne qui est proche
de Vusie ; mais lors que la famille d'Hana commença à regner, les mines de
cette montagne furent épuisées ; de là vient que cette cité se nomme Vusie,
qui signifie sans estain. Il y a cinq temples aux Heros ; celuy qui est dedié au
Fondateur de cette nation surpasse les autres en grandeur ; il n'est pas loin de
la cité de Vusie. Gnihing veut dire la gloire de la terre ; ce nom luy a esté
donné, à cause qu'on y fait des vaisseaux de terre, & de la poterie, dont Les meil-
ils se servent comme le plus propre à y détremper & boire leur Cha ; c'est leurs vais-
pourquoy les Chinois les preferent à ceux de Kiangsi, encore qu'ils soient seaux pour
plus magnifiques & plus transparans ; ils trouvent que ceux de Gnihing le breuvage
donnent à ce breuvage un goust & une senteur qu'ils estiment. Ils en font de Cha se
beaucoup d'estat par cette raison, & ceux de cette cité ne s'occupent aussi font à Gnihing.

qu'à cette befogne. Il y a de ces vaiſſeaux qui ſont de grand prix, & qui ex-cedent ou égalent la valeur de ceux qui ſe font en Portugal, & qui ſe nom-ment Eſtremofia.

Sie eſt une montagne au devant de Vuſie, dont on tiroit cy-devant l'eſtain.

Les monta-gnes. Proche de Kiangyn on void la montagne de Chin, remarquable pour le recit fabuleux que font ceux de la Chine, qui veulent qu'il y ait eu une femme née d'une biche.

Le petit ruiſſeau de Leang, qui vient de cette petite colline de Hoei, ſe va deſcharger dans un lac proche de Vuſie. Il tire ſa ſource d'une fontaine qui ſe nomme Hoei, dont l'eau tient le ſecond rang pour ſa bonté : pour moy qui en ay beu, je l'ay trouvée ſi bonne, que je ne penſe pas que les Chinois ſe trompent icy en façon du monde; c'eſt pourquoy les grands Seigneurs en envoyent que-rir de tous coſtez; & comme il y a pluſieurs vaiſſeaux qui paſſent par là, il n'y en a pas un qui n'en achete par occaſion à tres-bon marché : on en trouve des vaiſ-ſeaux tous pleins; ce n'eſt pas qu'il ne ſoit permis d'en puiſer pour rien, ſi on veut s'arreſter & faire du ſejour dans ce lieu. On en porte dans les Provinces les plus éloignées, meſme juſques à la Cour à Peking; car on eſtime qu'elle eſt tres-pro-pre pour faire le Cha.

La ſixiéme Ville CHINKIANG.

La ville de Cingiam ſelon M. Polo le Ve-nitien. CEux qui liront les eſcrits de Marco Polo de Veniſe, verront clairement par la ſituation de cette ville & le nom qu'elle a, que c'eſt celle qu'il nomme Cingiam. Elle eſt baſtie ſur le bord de la riviere de Kiang, & à l'orient d'un ca-nal fait par artifice, qu'on a conduit juſques dans la riviere de Kiang; de l'au-tre coſté du canal, ſur le bord qui regarde l'occident, eſt ſon fauxbourg, qui n'eſt pas moins peuplé, & où l'abord eſt auſſi grand que celuy de la ville meſme. Il y a quelques ponts de pierre, qui joignent la ville au fauxbourg. Quand on a paſſé ces ponts & une eſcluſe, ce canal s'eſtend fort au large, & reçoit les eaux de la riviere de Kiang avec le flux & reflux de la mer.

A peine ſçauroit-on dire la quantité de vaiſſeaux qu'il y a toute l'année ; car tous ceux qui viennent de la Province de Chekiang & des autres villes orienta-les, doivent s'y arreſter, ſoit qu'ils aillent à Pekin ou ailleurs, pour mettre & dreſſer leurs maſts & hauſſer leurs voiles ; car auſſi ne s'en peuvent-t'ils ſervir avant qu'ils ſoient devant cette ville, à cauſe du grand nombre de ponts qu'ils rencontrent; mais on n'en trouve pas un de Chinkiang juſqu'à Pekin, pas meſme dans le canal artificiel, ſi ce n'eſt des ponts qui ſe levent. Ils nomment cette ville Kingkeu, c'eſt à dire la bouche de la Cour, parce qu'il y a toûjours des navires qui ſont preſts pour aller à la Cour : de là on peut juger fort aiſément de ſon tra-fic & des commoditez qui s'y trouvent. Il y a prés de cette ville des coſteaux fort *Vne Tour de fer.* agreables avec des temples fort grands & magnifiques. I'ay veu dans l'un une tour toute de fer, baſtie ſur une baſe qui en eſtoit auſſi : elle a environ trente cou-dées de hauteur : elle eſt faite en pyramide, embellie depuis le bas juſqu'au haut de diverſes figures, mais principalement de lauriers.

Chinkiang eſt fort renommée pour les excellens Medecins qui y ſont, & qui paſſent pour les plus habiles de la Chine. Le pays abonde en ceriſes qui ſont aſſez bonnes : elle ne commande qu'à trois citez, Chinkiang, 2. Tanyang, 3. Kintan.

Les monta-gnes. La montagne de Kin forme une Iſle dans la riviere de Kian au Nord-oueſt de la ville : on y void quelques temples aux idoles fort magnifiques; comme auſſi des monaſteres remplis de ſacrificateurs. Cette montagne eſt fort agreable, fer-tile d'elle-meſme, & encore plus par la culture des Chinois. Il en ſourd une fontaine nommée Chungleang, dont l'eau eſt fort eſtimée.

La septiéme Ville YANGCHEV.

QVAND on a passé la riviere de Kiang, on rencontre une fort grande *Sa situa-* écluse prés du Chasteau de Quacheu, où cômence un canal fait à la main, *tion & sa* sur lequel on vient dans cette ville d'Yangcheu. Elle est fort marchande, *noblesse.* fort peuplée & de grand abord : l'Empereur y a un bureau de fort grand revenu; & bien qu'il ait toute forte de marchandises, si est-ce que ses principales richesses luy viennent de la distribution du sel; car il y a beaucoup de salines vers l'Orient de la ville, où le sel se fait de l'eau de la mer, de mesme qu'en plusieurs endroits de l'Europe. Il y a grand nombre de fort riches marchands, qui revendent ce sel dans les Provinces, qui sont au cœur & au milieu de l'Empire, & qui ont embelli cette ville de bastimens tres-grands & tres-superbes. Des canaux d'eau douce coupent & partagent cette ville en plusieurs quartiers, avec vingt-quatre ponts de pierre à plusieurs arches, sans parler d'autres qui sont plus petits & en plus grand nombre. Au couchant & hors de la ville il y a un canal artificiel qui separe la ville du fauxbourg, il avoit bien une liëue d'Alemagne : il a esté entierement brûlé dans cette derniere guerre contre les Tartares.

Mais ce qui tache l'honneur de cette ville, c'est un commerce qui s'y fait, que *Femmes à* les femmes y sont à vendre, car il y en a plusieurs qui y demeurent, & qui font *vendre.* mestier d'acheter de petites filles, de les nourrir & élever delicatement, de leur apprendre à chanter, & sur tout à joüer des instrumens, à faire des vers, à bien peindre au naturel, à estre fines & adroites, à joüer aux échets, & mille autres arts & exercices; puis les revendent bien cher aux grands Seigneurs, qui s'en servent de concubines. L'air de cette ville est fort doux & temperé : le fonds en est agreable & fertile, & la pluspart des habitans *La qualité* adonnez à la volupté & aux delices. Elle a dix villes sous sa jurisdiction, *de ce pays.* dont la premiere est Yangcheu, 2. Ychin, 3. Taihing, 4. Caoyeu o, 5. Hinghoa, 6. Paoyng, 7. Tai o, 8. Iucao, 9. Tung, 10. Haimuen. Sous l'Empereur Yvus elle appartenoit à la Province d'Yangcheu, & estoit placée sous la domination des estoiles de Teu & de Nieu. Elle estoit sous l'obeïssance des Rois d'V, puis de ceux de Yve. Aprés qu'ils eurent esté défaits, le Roy de çu s'en rendit maistre. La famille de Hana la nomma Kiangtu; Sujus a esté le premier qui luy a donné le nom d'à present, la famille de Tanga l'a nommée Pangcheu.

Pour les rivieres & les montagnes, il n'y a presque rien de remarquable, *Les monta-* si ce n'est le lac de Piexe, la cité de Caoyeu estant située dans le mesme en- *gnes & les* droit où il commence, & où il y a un canal fait à la main, qui entre dans ce *rivieres.* lac d'où il tire ses eaux; & afin que les navires ne soient contraints de passer par ce lac, on y a fait à costé & à un des bords un canal de pierre de taille quarrée, long de soixante stades. Cet ouvrage est tout à fait magnifique & d'autant plus admirable, qu'on ne peut deviner d'où on a pû faire venir de si grosses pierres & si blanches, puisqu'il n'y a aucune montagne dans tout ce pays.

La huitiéme Ville HOAIGNAN.

CE sont deux villes au lieu d'une, renfermées pourtant d'une mesme mu- *La grandeur* raille. Celle qui est au Midy s'appelle proprement Hoaignan; mais celle *de la ville.* qui est au Nord-est se nomme Yenching : le fauxbourg de l'une de ces deux villes en augmente de beaucoup la grandeur; car il s'estend & s'avance des deux costez d'un canal prés d'une liëue d'Alemagne: on entre dans la riviere Iau-

ne par ce canal. La preſſe & la foule eſt ſi grande par tout , qu'il y a aſſez
de peuple pour en former pluſieurs autres villes, & l'abondance aſſez grande
pour les entretenir.

Il y a un Viceroy.　Vn Viceroy qui a ſoin de la proviſion de l'Empereur , y fait ſa reſidence ,
& gouverne ſept Provinces du Midy avec un plein pouvoir. Il a charge de
faire venir la proviſion, & tout ce qui eſt neceſſaire pour la Cour, des autres
Provinces, & dans le temps qu'il faut : il a pour cet effet des navires du Roy,
dont le nombre eſt infini, pour les porter à Pekin : mais avant que d'y aller,
le Viceroy viſite les proviſions, & apres les avoir bien examinées, il les envoye à la Cour. Il y a auſſi deux bureaux dans le fauxbourg ; dans l'un on paye
l'impoſt des marchandiſes , & dans l'autre l'on paye les droits des navires
qui ne ſont pas au Roy, ſelon ce qu'ils contiennent & ſelon leur grandeur :
une partie eſt deſtinée pour entretenir le canal, ſes chauſſées, & refaire les
écluſes : la ſomme d'argent qui entre dans les coffres de l'Empereur, ne laiſſe
pas d'eſtre grande. Il y a trois cheutes d'eau ſur ce canal au Septemtrion de
la ville ; mais la premiere, qui eſt la plus proche de la riviere de Hoai , eſt
veritablement la plus difficile & malaiſée de toutes ; car l'eau en tombe avec
grande impetuoſité , & deſcend d'une riviere qui vient de fort haut : or
pour empeſcher qu'elle ne couvre & ne ſubmerge tout le pays d'alentour ,
on la retient par le moyen des grandes digues qu'on a élevées, & d'une fortereſſe qu'on y a baſtie, qui ſe nomme Tienfi, c'eſt à dire qui vole du Ciel,
entendans par ces mots ce grand nombre d'eaux, qui d'un lieu fort élevé ſe
precipite en bas. Les navires ont bien ſouvent de la peine à ſurmonter ces
dangereux paſſages ; c'eſt pourquoy on entretient quelques centaines d'hommes des deniers du Roy, qui s'y trouvent quand il faut pour tirer les navires
avec des cables en tournant des roües ; & meſme difficilement viendroit-on
à bout de la violence & impetuoſité de l'eau, ſi on ne s'eſtoit aviſé de la retenir par le moyen d'une autre écluſe qu'on y a baſtie.

Sa ſitua- tion.　Cette ville eſt ſituée dans un lieu mareſcageux , mais qui ne laiſſe pas
de produire force ris & froment. La ville eſt riche & embellie d'ouvrages publics & particuliers, qui ſont tout à fait magnifiques & ſuperbes. Tout ce pays
eſt diviſé par des rivieres, & arrouſé de ſes lacs. Il y a dix citez, dont la premiere eſt Hoaigan, 2. Cingho, 3. Gantug, 4. Taoyven, 5. Moyang, 6. Haio,
7. Canyu , 8. Pio, 9. Sociven, 10. Ciuning.

Sous l'Empereur Yvus ce pays eſtoit dans la Province d'Yangcheu , ſous
la conſtellation de Teu. Premierement il appartenoit aux Rois d'V , aprés à
ceux de Iùe , & en ſuite à ceux de çu : ſous la famille de Cina ce n'eſtoit
encore qu'une cité qu'elle appella Hoaiyn ; celle de Hana la nomma Linhoai : la famille de Sunga luy a donné le nom qu'elle a à preſent , avec le
rang & la qualité de ville. I'ay veu plus de cailles & de phaiſans dans ce
pays, qu'en aucun autre. Il y a auſſi pluſieurs temples qui ſont magnifiques ;
& ſur tout quatre tours qui ſont fort hautes, ſemblables à celles dont j'ay fait
la deſcription ailleurs.

Les monta- gnes.　Vne ſeule montagne eſt digne de remarque, elle s'éleve & paroiſt dans la
mer proche de la cité de Hai , & ſe nomme Yocheu. Il y a un temple aux
Idoles, merveilleuſement ſuperbe, avec un convent de ſacrificateurs ; c'eſt là
où vont tous les eſtrangers de la Chine , & ceux qui s'addonnent à ces ſu-
perſticieuſes ceremonies des Chinois. On dit qu'il y a des mines d'or dans
cette Iſle.

Les rivieres.　Le grand lac de Xeho abonde en poiſſons, & arrouſe les pays de Moyang,
de Canyu, de Hai & de Gantum.

Le grand lac & mareſt de Hung eſt au levant de la ville : c'eſt là où croiſſent ces roſeaux ou cannes qui ſont ſi hautes, dont tout le pays eſt fort plat,

auſſi n'y a-t-il point d'autre matiere pour ſe chauffer, & preſque point d'autres arbres.

Proche de là il y a des marais ſalans, où il ſe fait du ſel en abondance.   *Salines ou marais.*

La neufiéme Ville LVCHEV.

L A ville de Lucheu eſt fort agreable & divertiſſante, ſituée dans un terroir *La ſitua-*
fertile : elle commande à huit citez, qui ſont preſque toutes ſur le bord de ce *tion.*
lac de çao ſi celebre & ſi renommé, qui ne divertit pas ſeulement ceux qui y demeurent, mais auſſi leur fournit toute ſorte de poiſſons, & rend la campagne ſi
fertile par le moyen de ſes eaux, qu'il a par tout grand nombre de grains
& de fruits. Ses citez ſont, Lucheu, 2. Xuching, 3. Lukiang, 4. Vuguei o, 5. çao,
6. Logan o, 7. Iugxan, 8. Hoxan. Ce pays eſtoit anciennement dans la meſme Province & ſous la meſme conſtellation que le precedent. Sous la famille de
Cheva il eſtoit encore libre, & on l'appelloit Lúçú: les Rois de çu s'en rendirent maiſtres peu de temps apres. Sous la famille Imperiale de Hana il ſe nommoit Lukiang : pour le nom qu'il a à preſent, c'eſt l'Empereur Sujus qui le luy a
donné. Du coſté d'Orient de cette ville, le petit Roy Tangus défit dans une
bataille rangée l'Empereur Xiëús, & ſe rendit maiſtre de l'Empire.

Cette ville eſt fort eſtimée pour la grande quantité qu'on y trouve de cette
herbe excellente nommée Cha , dont je feray la deſcription dans ſon lieu :
il s'y fait auſſi de tres-bon papier. On y compte deux temples qui ſont les plus remarquables , & un pont fort magnifique proche de Logan.

Dans le lac de çao eſt la montagne de Cu, c'eſt à dire l'orpheline , parce qu'el- *Les montag-*
le forme toute ſeule une Iſle.   *gnes.*

Proche de Lukiang eſt la montagne de Taifu , agreable à cauſe de ſes foreſts,
elle occupe un grand eſpace de pays.

La montagne de Kiuting eſt la dix-huitiéme entre celles qui ſont marquées
dans les livres de Toaxu, & eſt proche de la cité de çao.

Le grand lac de çao , & le petit lac de Pe s'aſſemblent proche de Lukiang.   *Les rivieres.*

La dixiéme Ville GANKING.

C ETTE ville eſt ſituée ſur le bord de la grande riviere de Kiang au Septen- *L'excellence*
trion: on l'eſtime l'une des plus conſiderables villes de la Province, elle eſt *& les com-*
tres-riche & tres-marchande ; car tout ce qu'on fait venir à Nanking des autres *moditez de*
endroits, doit premierement paſſer par Ganking: & comme c'eſt là que trois Pro- *cette ville.*
vinces confinent & aboutiſſent, & qu'elle eſt fort propre pour les expeditions de
guerre, auſſi y a-t'il un Viceroy different de celuy de la Province: ce Viceroy tient
une groſſe garniſon dans le Fort de Haymuen , qui commande le lac de Poyang
& la riviere de Kiam. La famille de Tanga y a fait eriger une colomne de fer qui
a trois perches de haut, groſſe à proportion, & toute d'une piece.

Tout ce pays eſt fort découvert, agreable, & le terroir fertile : on y compte
ſix citez, Ganking, 2. Tungching, 3. Cienxan, 4. Taihu, 5. Soſung, 6. Vang-
kiang. Ce pays ſe nommoit autrefois Von: le Roy de çu le ſubjugua : la famille
de Tanga l'appella Iucheu, & celle de Sunga Ganking.

Proche de Tungching eſt la montagne de Fcu, d'où il tombe une fontaine *Les monta-*
de deux cens perches de hauteur : la montagne eſt au bord de la riviere de *gnes.*
Kiang, toute creuſée & percée d'une infinité de cavernes.

La montagne de Siaocu a deux ſommets qui ſont fort hauts, proche de
Soſung : la riviere de Kiang prend ſon cours par une vallée qui eſt au milieu
de cette montagne. Sur l'un de ces ſommets on voit un grand temple aux
Idoles , & un convent.

(R ij

Les rivieres.　Pour la riviere de Kiang, aprés avoir paffé par les bornes & limites de la cité de Sofung, elle forme l'ifle de Sanglo.

L'onziéme ville T A I P I N G.

LA riviere de Kiang & le lac de Taiping partagent & arrofent le terri‑toire de cette ville : fon détroit comprend trois citez, dont la premiere eft Taiping, 2. Vuhu, 3. Fachang. Vuhu eft la plus confiderable & la plus ri‑che des trois ; car il y a un Bureau, & elle eft baftie dans une Ifle formée par la riviere de Kiang, qui fe divife en deux branches, qui fe reüniffent aprés vers Nanking.

Noms an‑ciens.　Ce pays a efté autrefois dans le Royaume d'V, puis aux Rois d'Ive, & en fuite à ceux de çu : la famille de Cina le mit dans le pays de Chang : celle d'Hana le nomma Tanyang, & celle de Tanga Nanyú ; pour la famille de Sunga, elle l'avoit premierement nommé Pingnan, & puis Taiping, le nom qu'elle a retenu & confervé jufques à prefent.

Les monta‑gnes.　La montagne de Tienmuen eft au Zud-eft de la ville ; on la nomme la porte du Ciel, parce que c'eft là où deux cofteaux refferrent le lit de la ri‑viere de Kiang.

La pierre de Hiao eft une pleine de cavernes ; on diroit qu'elle eft de tuf‑fe : elle tire fon nom de la grande quantité de hibous qui y nichent.

Les rivieres.　Pour les rivieres, il n'y a rien de particulier ; fi ce n'eft le lac de Tanyang, qu'on dit avoir trois cens ftades de longueur : il commence au Zud-eft de la ville, & s'eftend jufques à la cité de Liexui.

La douziéme Ville N I N G Q V E.

CE territoire a fix citez, Ningque, 2. Ningque, 3. King, 4. Taiping, 5. Cingte, 6. Nanling. La ville eft proche de la riviere de Von qui y paffe au levant, & conduit les navires jufques dans la grande riviere de Kiang. Tout ce pays eft rude & raboteux, plein de montagnes. Dans la ville il y a des cofteaux fort agreables, des bocages, & de fort beaux edifices, grande *Papier.*　quantité de chaftaignes & de poires : on y fait auffi force papier de rofeaux, de leurs feüilles qu'ils ont pilées, aprés les avoir trempées dans l'eau. Proche de la cité de King on voit un temple magnifique, nommé le temple du Cœur par‑fumé ; car le mot de Hiangfin fignifie la mefme chofe en langage Chinois : il eft dedié à cinq vierges, qui aprés avoir efté enlevées par des voleurs, ai‑merent mieux mourir que de les fatisfaire.

Les monta‑gnes.　Dans l'enceinte des murailles de la ville fe voit la montagne de Lingyang, qui pourroit pluftoft paffer pour un agreable cofteau, que pour une mon‑tagne.

La montagne de Ki eft proche de la cité de Ningque : la veüe & l'afpect en font fi agreables, qu'on la nomme les delices de fes habitans.

Proche de Taiping eft la montagne de Lugmuen, couverte de boccages épais & obfcurs : on dit que les Herboriftes y trouvent d'excellentes herbes medicinales.

La treiziéme Ville C H I C H E V.

CETTE ville eft fituée fur le bord de la riviere de Kiang au Midy. Son terroir s'éleve tout au tour en montagnes, & n'a pas beaucoup de campagnes, il ne laiffe pas pourtant d'eftre fort fertile & d'eftre abondamment pourveu de tout ce qui luy eft neceffaire : s'il luy manque quelque chofe, la

riviere de Kiang, qui en eſt proche, le luy peut aiſément fournir. Cette ville a ſix citez ſous ſa juriſdiction, 2. Chicheu, Cingyang, 3. Tungling, 4. Xetai,
5. Kiente, 6. Tunglieu. Il y a quatre temples qui ſont tres-remarquables.

Ce pays a autrefois eſté dans le Royaume d'V, puis dans celuy d'Iúe, & en
ſuite dans celuy de çu. Le Roy de Leang le nomma Nanling, & le Roy Sujus
Cieúpú; pour le nom qu'il a à preſent, il le tient de la famille de Tanga.

La montagne de Hing eſt proche de Tungling : elle ſe nomme ainſi, à Les monta-
gnes.
raiſon des abricots dont il y a grande quantité.

La montagne de Kieuhoa, ou à neuf ſommets : les Chinois qui obſervent avec
grande exactitude les montagnes, diſent qu'elle a la figure d'une fleur dont les
feüilles ſont recourbées.

La quatorziéme Ville HOEICHEV.

CETTE ville eſt la plus Meridionale de toute la Province. Du temps des
Rois elle fut miſe dans le meſme lieu & rang que la precedente : c'eſt
la famille Imperiale de Sunga qui luy a donné ſon nom. Son territoire eſt
fort montagneux, & confine aux Provinces de Kiangſi & de Chekiang ; elle gouverne ſix citez, Hoeicheú, 2. Hieúning, 3. Vuyuen, Kimuen, 5. In,
6. Cicki.

Hoeicheu paſſe pour une des plus riches de cet Empire; car elle a un ne- Marchands
fort adroits
& prudens.
goce conſiderable : l'air y eſt fort bon & temperé : les habitans ſont indu-
ſtrieux & aviſez, principalement dans le commerce : il n'y a point de ville dans la Chine ſi peu marchande qu'elle ſoit, qui n'ait quelques marchands de cette ville : il n'y a meſme point de banque, de change, ny de
lieu où l'on preſte de l'argent, où les habitans de Hoeicheu ne ſoient entre
les principaux intereſſez ; tant ils ſont eſtimez à cauſe de la grande connoiſſance qu'ils ont des marchandiſes. Ce peuple eſt ménager, ſe contente
pour vivre de ce qui eſt facile à trouver, & de peu; mais dans le negoce
il eſt hardi & entreprenant.

Il ſe fait dans cette ville la meilleure encre de toute la Chine, elle n'eſt pas li- Encre de la
Chine.
quide comme la noſtre, mais formée en petites maſſes oblongues: elle eſt embel-
lie ordinairement de figures de fleurs, d'animaux, de groteſques, & ornée de
lettres & de caracteres, ou pluſtoſt de Vers & d'Epigrammes à la loüange de
l'encre, & qui marque quelquefois le nom de celuy qui l'a faite; car parmy ceux
de la Chine qui aiment l'eſtude, l'art de faire de l'encre paſſe pour honora-
ble, comme auſſi tous les arts qui ont du rapport & de l'affinité avec les ſciences : ils ſe ſervent de cette encre tout de meſme que nos Peintres de leurs couleurs ; car ils la broyent & pilent ſur une pierre polie, la détrempent avec
de l'eau, & ainſi peignent pluſtoſt leurs lettres avec un pinceau qu'ils n'é-
crivent avec la plume : il y a auſſi dans cette ville de fort beaux buffets de
toute ſorte, où on applique & couche ce beau vernis de la Chine; on les prefere à ceux qui ſe font ailleurs : on y trouve auſſi de cette terre dont on ſe
ſert pour faire la porcelaine, & on en porte d'ordinaire dans la Province de
Kiangſi.

Il y a auſſi dans les montagnes de ce pays des mines d'or, d'argent & de
cuivre.

On ne trouve point ailleurs de plus excellente feüille de Cha, j'en feray Que c'eſt
que l'herbe
de Cha.
icy une briefve deſcription en faveur de la curioſité du Lecteur, & de ceux La feüille de
Sumach des
qui aiment la Botanique. Corroyeurs

C'eſt une petite feüille toute ſemblable à celle que produit le Sumach ne reſſemble
des conroyeurs : je croy meſme que c'en eſt une eſpece, toutefois elle point à celle
n'eſt pas ſauvage, mais domeſtique & ſe cultive, ce n'eſt pas auſſi un abre, du The qu'on
apporte icy.

(R iij

mais un arbriſſeau, qui s'eſtend en pluſieurs petites branches ou rameaux : ſa fleur approche fort de celle du Sumach, horſmis que celle de Cha tire davantage ſur le jaune ; elle pouſſe en Eſté ſa premiere fleur, qui ne ſent pas beaucoup, & en ſuite une baye qui eſt premierement verte, puis devient noiraſtre. Pour faire le Cha, on ne recherche que la premiere feüille qui naiſt au printemps, qui eſt auſſi la plus molle & la plus delicate : ils la cueillent avec beaucoup de ſoin l'une aprés l'autre, puis ils la font chauffer un peu de temps dans un coquemart à la main de fer à fort petit feu & lentement, puis la mettent ſur un matelats de toile de coton bien fine, deliée & unie, la pouſſant & remuant avec les mains : eſtant roulée de cette ſorte, ils la mettent derechef ſur le feu, la frotant pour la ſeconde fois juſqu'à tant qu'à force de la rouller elle ſoit enfin tout à fait ſeche. Ils la ſerrent ordinairement en des vaiſſeaux d'eſtain, & ont grand ſoin d'empeſcher qu'elle ne devienne humide ; bouchent & ſcelent ces vaiſſeaux, de peur que le plus ſubtil ne s'évapore ; car aprés l'avoir gardée fort long temps, ſi on la jette en de l'eau boüillante, elle reprend ſa premiere verdeur, & elle s'étend, ſi elle eſt bonne, elle donne à l'eau une plaiſante odeur, & un gouſt qui n'eſt point deſagreable, principalement quand on y eſt accouſtumé, & teind l'eau d'une couleur verdaſtre. Les Chinois font beaucoup d'eſtat des vertus de leur Cha ou boiſſon, en uſent tres-ſouvent de nuit & de jour, & en preſentent à ceux qu'ils traittent. Il y en a de tant de ſortes & de ſi differentes pour leur excellence & pour leur bonté, qu'il y en a dont la livre vaut deux eſcus d'or & davantage, & d'autre au contraire, que l'on peut avoir pour ſept deniers : elle a entre autres cette faculté, c'eſt que les Chinois ne ſçavent ce que c'eſt que de goute, ny de gravelle. Si on en prend aprés le repas, elle oſte toutes les indigeſtions & cruditez d'eſtomac ; ſur tout elle aide & facilite la digeſtion ; elle deſenyvre, & donne de nouvelles forces aux yvrognes pour recommencer à boire ; de façon qu'elle les ſoulage des incommoditez qu'apporte cette débauche, car elle deſſeche & nettoye les humeurs ſuperfluës, chaſſe les vapeurs qui cauſent le ſommeil, qui empeſchent de veiller, & delivrent ceux qui veulent eſtudier du ſommeil, qui a d'ordinaire accouſtumé de les accabler ou de les ſurprendre. Les Chinois luy ont donné divers noms, ſelon la diverſité des lieux où elle croiſt, & des vertus qu'elle peut avoir ; comme celle de Hoeicheu, qui eſt la plus excellente, eſt dans le pays nommé Sunglocha. Si quelqu'un en deſire avoir une plus ample deſcription, qu'il prenne la peine de voir ce que le R. P. Alexandre Rhodes en a écrit en François, qui à la verité en diſcourt fort pertinemment, lors qu'il traite du Royaume de Tunking, dans la premiere partie chap. 15.

Les montagnes.

    La plus grande montagne de ces quartiers eſt celle de Hoang, qui eſt au couchant de la ville ; on y compte vingt-quatre petits ruiſſeaux, & trente-deux ſommets qui ſont fort hauts, & entre ſes cavernes dix-huit antres fort obſcurs.

    La montagne de Ki eſt proche d'Hieuning, ſon ſommet a plus de cent trente perches de hauteur ; il y a un pont de pierre, qui traverſe une tres-profonde vallée.

Les rivieres.

    La riviere de Singan paſſe proche Hoeicheu, elle prend ſa ſource au couchant, puis reçoit quatre petits ruiſſeaux qui la groſſiſſent, dont le premier vient des montagnes de la ville, le ſecond d'Hieuning, le troiſiéme de Vuyen, & le quatriéme de Cicki. Cette riviere deſcend & paſſe avec grande violence à travers les vallées & les rochers juſqu'à Singan, qui eſt une des citez de la Province de Chekiang. On compte dans ce chemin trois cens ſoixante cheutes d'eau ; celle dont ils diſent que le paſſage eſt le plus difficile, ſe nomme Luicung, & eſt proche de la ville de Hoeicheu.

La premiere grande Cité QVANGTE.

CEs grandes citez ne font pas celles que les Chinois nomment Fu, mais bien celles qu'ils appellent Cheu, & qui ont d'autres moindres citez fous elles: il y en a donc quatre de ces dernieres dans cette Province, la premiere eft Quangte, riche par le trafic de fes foyes; elle en a une autre fous fa dépendance nommée Kienping; l'une & l'autre touchent à de fort grandes montagnes, mais qui font agreables: les principales font celles de Heng & de Ling ; la premiere eft au couchant de Quangte, elle eft plus haute que les nuës: elle a fur fon fommet une fontaine qui ne tarit jamais. Celle de Ling n'eft pas moins haute, elle a un fommet fort difficile & fort roide, de quinze ftades de hauteur: proche de ce fommet on voit une caverne, à l'entrée de laquelle eft une ftatuë de pierre d'un certain Sacrificateur, en laquelle on dit qu'il fut changé. *Les montagnes.*

La feconde cité HOCHEV.

LA cité de Hocheü en a une autre fous elle, nommée Hanxan, qui eft affez connuë, parce que ce facrificateur qui chaffa les Tartares, avoit choify ce lieu pour y faire fes brigandages.

La troifiéme cité CHVCHEV.

CEtte cité gouverne celles de Civenciao & de Laigan. Le lac d'V, qui commence prés de Civenciao, & s'étend proche de Laigan, rend le pays extremement fertile : ce pays renferme bien des montagnes, dont vous pourrez voir les noms dans la Carte.

La quatriéme cité SIVCHEV.

SIvchev a auffi jurifdiction fur les quatre citez fuivantes, fur Siao, Tangxan, Fung & Poi. Siucheu eft proche de la riviere Iaune, qui partage & divife tout ce pays par le milieu. Cette cité eft la plus frontiere de toute la Province, & la plus avancée vers le Septentrion. Ce pays eft de grande confequence, à caufe que quatre Provinces y confinent. Au Nord-eft de cette cité on void un pont flottant, fait de trente-cinq grands bateaux, attachez par de fort groffes chaifnes de fer. Il y a auffi un pont fur la riviere de Pien, mais il eft plus petit. Cette cité eft fort celebre & renommée, en ce que le premier de la famille de Hana, apres avoir pris la cité de Poi qui depend de Sucheu, fe fraya & s'ouvrit le chemin pour fe rendre maiftre de l'Empire.

Prés de la cité de Fung eft le lac de Ta, proche duquel on dit qu'une payfane mere de Lieupangus, eut commerce avec un efprit, & accoucha d'un fils qui fonda apres, la famille de Hana. La riviere de Su eft auffi proche de la cité de Poi, *Les rivieres.* digne de remarque, où on dit que furent jettez ces neuf vaiffeaux de cuivre, qui reprefentoient les neuf Provinces de la Chine, que l'Empereur Yvus avoit fait fondre ; ce qui arriva fur la fin de la famille de Cheva. On dit que le fondateur de la famille de Cina les fit chercher avec toute la diligence poffible, fans les avoir pû trouver: on faifoit tant d'eftime de ces vaiffeaux, qu'on croyoit que celuy qui les auroit, pouvoit s'affurer de l'Empire ; j'en parle plus au long dans mon Abregé de l'hiftoire de la Chine.

LA DIXIE´ME PROVINCE
DE CHEKIAN.

ETTE Province ne cede qu'aux deux Provinces Royales pour les marques & titres de nobleſſe, elle a meſme autrefois eſté auſſi une des Provinces Royales, principalement ſous la famille de Sunga : elle ſurpaſſe de beaucoup les autres, non en grandeur & en eſtenduë, mais en fertilité, en plaiſirs & opulence. Elle a onze grandes villes, qui ſont autant de Provinces ; car celle de Hancheu ſeroit ſuffiſante & capable toute ſeule de former un Royaume : ces villes commandent à ſoixante & trois citez, ſans y comprendre un nombre infiny de bicoques, & de chaſteaux, & une tres-grande quantité de gros bourgs fort peuplez. La Province de Chekiang eſt bornée de la mer à l'orient, où le trajet & le paſſage eſt fort court juſqu'aux Iſles du Iapon ; car quand le vent eſt favorable, on dit qu'on y peut eſtre dans un jour ou un peu davantage, partant du promontoire de Hingpo. Au midy & au Zud-oueſt elle regarde la Province de Fokien ; celle de Kiangnan environne & renferme le reſte. Tout ce pays a des montagnes & des campagnes raſes, fort agreable & recreatif pour les ſources de ſes fontaines, & pour l'abondance & la quantité d'eau de ſes rivieres & de ſes lacs, heureux pour l'abondance & diverſité de toutes choſes. La pluſpart des montagnes de cette Province ſont au Midy & au couchant, toutes cultivées & agreables, ſi ce n'eſt en peu d'endroits, où les rochers qui ſont çà & là, en rendent l'aſpect moins agreable : on ne laiſſe pas pourtant d'en tirer beaucoup de materiaux pour baſtir des navires, & des maiſons, & pour d'autres ouvrages. Les bois & les foreſts de meuriers y ſont communs : elle nourrit ſi grande quantité de vers à ſoye, qu'elle ne pourvoit & ne fournit pas ſeulement ſon pays de draps de ſoye de toute ſorte, mais auſſi en fait part au Iapon qui en eſt proche, aux Iſles Philippines, meſme aux Royaumes des Indes & de l'Europe les plus éloignez : ces etoffes ſont les meilleures qui ſe faſſent dans toute la Chine, & à ſi bon marché, qu'on y peut avoir à meilleur marché dix habits de ſoye, qu'un de la plus groſſe laine dans l'Europe. On y taille tous les ans ces meuriers comme nous faiſons les vignes, ſans les laiſſer croiſtre & devenir arbres; & on a appris par une experience de pluſieurs années, que les fueilles des plus petits produiſent la meilleure ſoye ; c'eſt pourquoy ils ſçavent parfaitement bien diſtinguer la premiere filure de la ſeconde : celle-là ſe fait de ces fueilles qui ſont molletes & delicates, & qui naiſſent au Printemps, dont les vers ſe nourriſſent ; l'autre ſe fait de celles qui croiſſent en Eſté & ſont plus dures; tant la diverſité de nourriture change les ouvrages meſme de ces animaux ſi petits. Ie me ſuis imaginé que l'ignorance de cette particularité fait la ſoye de l'Europe beaucoup plus groſſe & plus rude que celle de la Chine: en effet je remarque que la pluſpart de nos marchands la confondent & l'ignorent, cependant le prix de l'une & de l'autre eſt bien different dans la Chine. Au reſte la nourriture de ces vers eſt par tout de meſme; elle donne autant de peine & requiert autant de ſoin qu'on en prend en quelques endroits de l'Europe. C'eſt donc une choſe fauſſe & inventée, de croire que tous les vers qui ſont

Les limites.

C'eſt Ning-po qui eſt mis dans les cartes ſous le nom de Tſiampo.

La quantité de ſoye, & le debit qui s'en fait.

dans

dans les arbres y faſſent naturellement la ſoye, ſans que l'induſtrie & le travail
des hommes y contribuë la moindre choſe.

Les tributs que cette Province paye à l'Empereur ſont immenſes : le tribut *Le tribut.*
du ris eſt de 2510299. ſacs; elle paye de ſoye cruë 370466. livres ; & de ſoye filée 2574. rouleaux. Les grands vaiſſeaux du Roy, qu'ils nomment Lungychuen,
vont quatre fois par an à la Cour, chargez de draps de ſoye parfaitement bien
travaillez, & d'un ouvrage exquis ; on y meſle avec beaucoup d'artifice l'or &
l'argent, meſme des plumes d'oiſeaux de diverſes couleurs, des figures de dragōs,
qu'il eſt defendu de porter, n'y ayant que l'Empereur ſeul, & ceux de ſa Cour qui
les portent, comme le S. Eſprit ou la Toiſon en Europe. Ce pays fournit 870449 1.
botes foin ; de poids de ſel 444769. outre ce les revenus des deux bureaux,
qui ſont dans la ville capitale de cette Province. Dans le premier, on reçoit les
droits des marchandiſes qui viennent du Nord ; & dans l'autre, celuy du bois
qui vient du Midy : car, comme on met quantité de bois en œuvre dans la Chine, pour baſtir des maiſons, des vaiſſeaux, des coffres, & autres choſes de cette
nature, & qu'il y a de fort riches marchands qui font ce trafic ; de là vient que
le tribut qui s'en paye tous les ans à l'Empereur, eſt extremement conſiderable.
I'ay oüy dire à des perſonnes dignes de foy, que le tribut annuël de cette Province montoit à plus de quinze millions d'eſcus. Le livre intitulé le roolle & *Le nombre*
denombrement du peuple de la Chine, donne à cette Province 1242135. fa- *& naturel*
milles, & 4525470. hommes. Ce peuple eſt facile & courtois, a l'eſprit excel- *de ce peuple.*
lent, & fort adonné au culte des idoles & aux ſuperſtitions ; ils comprennent
aiſément les ceremonies & les myſteres de la Religion Chreſtienne : en effet,
pluſieurs d'entr'eux l'ont embraſſée, & ſont desja parfaitement bien inſtruits
dans noſtre doctrine & croyance.

Tout ce pays eſt percé de fleuves & de rivieres, avec des canaux que l'induſtrie des habitans ou la nature meſme a tirez des rivieres du Nort. On ne
ſçauroit voir ſans eſtonnement la multiplicité & la grandeur de ces ouvrages :
les canaux ſont fort larges, profonds, & reveſtus de chaque coſté de pierre de
taille, avec des ponts baſtis avec la meſme magnificence, qui rejoignent les campagnes que les canaux ont diviſées : ainſi on peut voyager dans toute cette Province par eau & par terre.

La premiere ou capitale Ville HANGCHEV.

MAIS afin que les Coſmographes de l'Europe ne s'égarent, & ne s'abuſent
pas davantage dans la recherche de la ville de Quinſai de Marco Polo de
Veniſe, dont ils ont donné tant de fois le deſſein, je la veux repreſenter côme
elle eſt ; j'eſpere ſi Dieu me le permet, de traduire avec le temps le theatre meſme *Il promet de*
des villes de la Chine, qui s'y eſt imprimé pluſieurs années avant qu'on en oüiſt *faire impri-*
parler dans l'Europe, où je ne croy pas qu'on ait jamais veu cet ouvrage. Mais *mer le Thea-*
pour effectuer ce que je viens de promettre, je prouve en premier lieu par de bon- *tre des Villes*
nes raiſons, que cette ville de Hangcheu eſt la meſme que celle de Quinſai ſe- *de la Chine.*
lon Polo le Venitien ; car elle eſt éloignée de Singui, c'eſt à dire de Súcheú, de
cinq journées de chemin, ſi nous parlons de la marche d'une armée, autrement
à peine y a t'il quatre journées ; c'eſt, dis-je, cette Quinſai, où eſtoit de ſon temps *Quinſai.*
la Cour de la Chine, que les ſçavants & les polis entre les Chinois nomment
Kingſu, & le vulgaire Kingſai ; c'eſt de là qu'eſt venu la Quinſai du Venitien :
mais Kingſu en cet endroit eſt un nom de dignité, commun à toutes les villes
Royales ; auſſi ſignifie-t'il une ville veritablement Royale. Cette ville qui s'appelle maintenant Hancheu, ſe nommoit autrefois Lingan ſous la famille de
Sanga; parce que Caoçungus, le dixieſme Empereur de cette famille, y eſtablit

(S

fa Cour comme il fuyoit devant les Tartares de Kin ; c'eft pourquoy du temps du Venitien on la nommoit Kingfu ; ce qui arriva l'an mil cent trente - cinq apres la naiffance de Chrift. La famille de Sunga y a auffi tenu le fiege de l'Empire , jufques à ce que les Tartares occidentaux du grand Can eurent chaffé les Tartares orientaux de Kin , du Catay , c'eft à dire des Provinces les plus feptentrionales de la Chine. Apres donc les avoir défaits , ils porterent leurs armes victorieufes dans le Royaume de Mangin , c'eft à dire dans les Provinces Meridionales de la Chine. Mais pour venir de plus prés à la queftion & à noftre fujet , c'eft cette ville qui a une infinité de ponts fort hauts : le Venitien en compte dix mille , & en cela il ne s'éloigne pas beaucoup de la verité , s'il y comprend les arcs triomphaux , que le Venitien a pû faire paffer pour des ponts à caufe de leurs arcades ; de mefme qu'il a appellé des Tigres , des Lions , quoy qu'il ne s'en trouve point de ces derniers animaux dans toute la haute Afie ou la Chine , non plus qu'en cette Province : il pourroit eftre auffi que faifant le compte de dix mille ponts , il n'ait pas feulement voulu y comprendre ceux de la ville & des fauxbourgs , mais auffi y adjouter tous ceux du pays : & pour lors il auroit dû augmenter encore un peu ce nombre , ce qui pourroit peut-eftre fembler incroyable à ceux de l'Europe. Pour confirmer la verité de ce que je dis , il y a le lac Sihu de quarante milles d'Italie ; car bien qu'il ne foit pas dans l'enceinte des murailles , toutefois il ne laiffe pas d'y toucher. C'eft de ce lac qu'on fait entrer nombre de canaux dans la ville , & dont les deux coftez font tellement couverts & garnis de Temples , de Monafteres , de Colleges , de Palais , & de Maifons , qu'il n'y a perfonne qui ne croye eftre pluftoft dans la ville qu'aux champs ; de plus, les bords du lac font par tout reveftus & pavez de pierre de taille quarrées, il y a un chemin fort fpacieux pour s'y promener. Il y a auffi des chemins ou des ponts qui le traverfent, fous lefquels les navires peuvent paffer : de façon que ceux qui fe promenent peuvent faire le tour de ce lac fur ces ponts ; c'eft pourquoy le Venitien les a pû aifément mettre au nombre de ceux de la ville.

Dans l'enceinte des murailles de Hangcheu il y a une montagne nommée Chinghoang, au Midy de la ville, où l'on void cette tour, où les heures fe marquent par le moyen d'une clepfydre ou horologe à eau ; il y a un quadran qui les montre , dont les lettres font dorées , & ont bien un pied & demy de longueur ; c'eft , disje , cette ville dont toutes les ruës font pavées de pierres quarrées ; c'eft elle qui eft fituée dans un lieu marefcageux , divifée & partagée par plufieurs canaux tous navigables ; c'eft elle enfin d'où l'Empereur s'enfuit vers la mer fur cette grande riviere de Cientang , qui a plus d'une lieuë d'Alemagne de largeur, & paffe prés de la ville au Midy ; de forte qu'on trouve icy la riviere que le Venitien donne à fa ville de Quinfai , & qui de là tirant vers le levant , fe va jetter dans la mer, n'en eftant pas davantage éloignée que l'a écrit ce Venitien. Il y a cecy de plus, c'eft que cette ville a de circuit plus de cent milles d'Italie , fi vous y joignez les fauxbourgs qui font fort grands , & qui s'eftendent fort loin de cofté & d'autre : c'eft pourquoy vous pourriez bien faire cinquante ftades Chinoifes en vous promenant du Nord au Midy , & paffant tousjours par des ruës forts habitées & peuplées, fans y remarquer aucune place qui ne foit baftie, ny aucune maifon qui ne foit occupée : vous pouvez faire le mefme chemin de l'Occident au Levant. Puis donc que l'hiftoire de la Chine, le temps , le nom, la defcription, la grandeur , & les autres chofes, font voir que cette ville eft veritablement celle de Quinfai, je ne penfe pas qu'on ait fujet d'en douter davantage ; toutefois nous en dirons encore quelque chofe plus amplement, quand nous viendrons à faire la defcription des villes que Marco Polo le Venitien nomme Cugui, Quelinfu , & Fugui.

Au refte, outre une infinité de tres-grands ponts, dont j'ay parlé cy-deffus, on rencontre par tout des arcs triomphaux. Dans la grand place de la ville feule

il y en a trois cens, qui font comme autant de monumens de Magiſtrats qui ont
fidelement exercé leur charges; ou des eloges publiques en faveur des citoyens
qui ont eſté avancez aux honneurs &aux dignitez. L'Empereur en a auſſi fait eriger d'autres, à la memoire de ceux qui ont rendu quelque ſervice notable à la
Republique. Or ces monumens ſont baſtis dans les places de plus grand abord,
embellis de diverſes ſortes de graveure & de ſculpture; l'Architecture & l'or- *Arcs triom-*
donnance eſt preſque tout à la Gothique:ces arcs triomphaux ont tousjours trois *phaux.*
arcades, la plus grande au milieu, & de chaque coſté une petite, par où on entre comme par de grandes portes; de part & d'autre il a y des Lions, ou d'autres
embelliſſemens de marbre, & au deſſus on void par tout des figures groteſques,
des oiſeaux, des fleurs, & des ſerpens, qui ſont ſi bien taillez, qu'il n'y a perſonne qui ne les admire; l'eſpace & l'entre-deux des figures où il n'y a rien, eſt
percé à jour, par fois orné & embelly de ſculptures qui paroiſſent ſe ſouſtenir en
l'air; je me ſuis meſme ſouvent eſtonné, comment ils pouvoient percei de la
ſorte de ſi groſſes pierres; car ils en font comme ſi c'eſtoit une chaiſne de pluſieurs anneaux. Ces Arcs ont d'ordinaire trois eſtages, le devant & le derriere
ſe reſſemblent ſi fort, que vous diriez que c'eſt le meſme arc, le regardant de
l'un ou de l'autre coſté:ces trois eſtages ſont parfaitement bien diſtinguez, & ſe-
parez par leurs corniches & architraves de marbre. Tout au haut de l'arc,ſur une
pierre couverte, bleuë, eſt eſcrit en lettres d'or d'une coudée de long le nom
de l'Empereur, ſous l'Empire duquel ce baſtiment a eſté conſtruit; au milieu il
y a une fort grande pierre, où ſe trouve auſſi en lettres dorées ou d'azur eſcrit le
nom, le pays, la dignité & l'eloge de celuy à l'honneur de qui tout l'edifice a
eſté baſty : mais ſi ces ouvrages eſtoient aux quarrefours, & que les ruës reſpon-
diſſent aux faces, j'avouë qu'on ne pourroit rien trouver ny inventer de
plus magnifique, ny qui contribuaſt davantage à l'embelliſſement de ces villes. On y compte quatre grandes tours à neuf eſtages. Les temples aux Idoles
ſont preſque infinis, tant ceux qui ſont dedans que dehors la ville : on dit qu'il y
a bien prés de quinze mille ſacrificateurs. On compte auſſi environ ſoixante mille tiſſerands en ſoye dans la ville & dans les fauxbourgs : les autres citez, villes, *Les Tiſſe-*
bicoques, bourgs, qui tirent vers le Nord, en ſont pleins. Il y a tant de peuple *rans.*
dans cette ville, qu'il s'y conſume tous les jours, à ce qu'on dit, dix mille ſacs de
ris; & chaque ſac en contient autant qu'il en faudroit pour nourrir ſuffiſamment
cent hommes en un jour : on y tuë auſſi mille pourceaux tous les jours, ſans compter les vaches, les chevres, les brebis, chiens, oiſons, canes & autres tels animaux; encore que la pluſpart des bourgeois ne mangent point de viande, eſtans
d'une certaine ſecte qui obſerve une abſtinence de viande continuelle. La quantité du poiſſon n'y eſt pas moindre, car on les porte à vendre par la ville tous en
vie; mais ces Pythagoriciens s'en abſtiennent auſſi, n'oſans pas toucher à la
moindre choſe qui ait eu vie.

La Societé de Ieſus a auſſi une Egliſe fort magnifique pour ſa grandeur dans
cette ville, qui eſt dediée au vray Dieu, comme auſſi deux Chapelles dans les
fauxbourgs : c'eſt là où je me ſuis employé l'eſpace de quatre ans le mieux qu'il
m'a eſté poſſible à cultiver & avancer la Religion Chreſtienne, ayant eſté contraint d'y laiſſer auſſi bien que dans les autres citez voiſines quantité de troupeaux qui font profeſſion de la Religion Chreſtienne; mais comme cette ſeparation m'a eſté ſenſible, & que je ne les ay quittez qu'avec regret. Dieu me faſſe la
grace d'y retourner bien-toſt ſain & ſauf avec d'autres Paſteurs. Ce pays appartenoit anciennement aux Rois d'V, puis à ceux de Iue; ceux de çu s'en rendirent maiſtres peu de temps apres : le Roy de Chin le nomma Cient'ang : le Roy *Noms an-*
Suius fut le premier qui luy donna le nom de Hangcheu : la famille de Tanga *ciens.*
l'appella Iuhang; celle de Sunga Lingan; mais la famille de Taiminga luy donna derechef le nom de Hangcheu. Cette ville cōmande à huit citez, Hangcheu,

2. Haining , 3. Fuyang , 4. Iuhang , 5. Lingan , 6. Yucien , 7. Sinching, 8. Changhoa.

On trouve dans ce pays des tigres presque par tout, que Marco Polo de Venise appelle improprement des Lions.

Les montagnes. Funghoang est une montagne au Midy de la ville, où il y a deux fort hauts sommets, l'un vis à vis de l'autre ; ils sont si hauts, qu'on diroit qu'ils touchent au Ciel , il y a sur chacun d'eux un temple aux Idoles, & une tour à neuf estages.

Xeceng est une montagne sur le bord Septentrional du lac de Si , avec une magnifique tour, & un temple aux Idoles.

La montagne de Tienmo commence proche de Lingan, c'est la trente-quatriéme entre celles qui sont fameuses dans la Chine : elle est à la verité fort grande & roide , elle a beaucoup de forests , & dans les vallées de fort belles & agreables *Potirons de la Chine.* campagnes semées de ris : c'est de là qu'on porte une infinité de champignons par toute la Chine, qu'ils confisent au sel , puis les seichent & les gardent toute l'année ; & quand ils les veulent cuire, ils les font tremper quelque temps dans l'eau, d'où on les tire aussi beaux & aussi frais que si on les avoit amassez l'heure.

Cette montagne s'avance & s'estend la longueur de quatre-vingt stades : on l'appelle Tienmo, c'est à dire l'œil du Ciel ; parce qu'il y a deux lacs sur ses deux sommets qu'ils nomment ses deux yeux , dont elle regarde le Ciel.

La montagne de Cinking est proche de Changhoa, où il y a un lac, qui, pour n'estre pas des plus grands , ne laisse pas d'occuper deux cens arpens de terre ; il *Poissons do-* est fameux & renommé pour les petits poissons dorez qui s'y peschent, que les Chinois ont nommé pour cet effet Kinyú , car la peau brille , pour estre en quelque façon entretaillée de lignes d'or : tout le dos est comme parsemé de poudre d'or : ils ne sont point plus longs que le doigt, ils ont une queuë à trois pointes , quelquesfois à deux, par fois elle est simple & un peu large ; ils sont curieux à voir : ceux de la Chine en font beaucoup d'estat, les nourrissent avec beaucoup de soin dans leurs maisons & dans leurs jardins de plaisance , en des vaisseaux qui sont faits tout exprés : les grands Seigneurs leur donnent quelquesfois à manger de leur main , se joüent souvent avec eux, côme si ces poissons connoissoient leur maistres , & qu'ils voulussent tesmoigner le plaisir & le divertissement qu'ils reçoivent, lors qu'ils sont honorez de leur presence : un de ces petits poissons vaut bien par fois deux ou trois escus d'or, sur tout, lors qu'ils ont toutes les bonnes marques que les Chinois desirent.

La montagne de Tiencho, qui est au couchant de la ville, est d'vn costé affreuse pour sa roideur, & de l'autre agreable & recreative : elle a un costeau qui n'est que rochers & pleine de cavernes , où on void des temples aux Idoles magnifiques avec des convens ; il s'appelle Filaifung : on dit qu'il y a plus de trois mille sacrificateurs qui y vivent, dont une grande partie demeure dans les cavernes, où ils s'obligent volontairement à une perpetuelle prison, les autres leur donnent à manger, l'attachant à une corde que ces Hermites tirent ; car aussi est- il non seulement difficile, mais tout à fait impossible d'entrer dans ces cavernes : c'est ainsi qu'ils reçoivent les aumosnes que leur donnent ceux qui les vont voir ; & ces charitez ne laissent pas quelquefois d'estre assez grandes, ce lieu estant visité & frequenté toute l'année, & sur tout au mois de May, non seulement des pelerins, mais aussi de ceux de la ville mesme, qu'une folle & vaine superstition y attire. Ce costeau se nomme Filaifung , qui signifie venir en volant ; ce nom ayant esté pris d'un certain sacrificateur des Indes, qui se prit à dire, comme il l'eut veu la premiere fois : voila certes le costeau, que nous cherchions dans les Indes, sans doute il faut qu'il soit venu icy en volant.

Si eſt un lac celebre , qui rend ſes habitans heureux par le divertiſſement *Les rivieres.*
qu'il leur donne : il tient le premier rang entre tous les lacs, la ville eſt baſtie ſur
ſon bord à l'Orient, quoy que pourtant il y ait un chemin pavé de pierres,
& long de ſept ſtades entre le lac & les murailles, qui en rend la promenade
tres-commode. Ce lac a bien quarante ſtades de circuit, renfermé par tout
de murailles & de montagnes, comme d'un des plus divertiſſans & agreables *Lac tres-*
theatres, d'où ſortent des ruiſſeaux moins conſiderables, qui ont chacun leur *diversiſ-*
canal & baſſin : on voit autour des montagnes, des temples, des palais, des *ſant.*
convens, des cabinets, des foreſts, des jardins fort recreatifs ; & aux deux coſtez
du lac il y a des chemins qui ſont pavez de pierres quarrées fort larges. Il y en a
auſſi au travers du lac avec des ponts pour y laiſſer paſſer les navires ; de façon
qu'on peut voir tout ce lac à pied. Ces chemins ſont plantez d'arbres de tous
coſtez ſelon l'art, à la ligne, & font une fort belle ombre ; ce ne ſont que pom-
miers, peſchers, ou ſaules : il y a par tout des galeries qui s'avancent en dehors,
des balcons & autres ſemblables commoditez, pour ceux qui s'y promenent :
certes la beauté de ce lieu eſt ſi ſurprenante, qu'on auroit de la peine à dire,
ſi on y devroit pluſtoſt loüer la nature ou l'induſtrie des Chinois à l'embellir,
l'eau de ce lac delicieux eſt claire comme criſtal ; de ſorte qu'on y peut
voir au fonds les plus petites pierres, & aux bords où elle eſt plus baſſe, elle eſt
couverte de fleurs de Lien. Les navires ne peuvent point ſortir de ce lac ; car
l'eau n'entre au couchant de la ville, que par de petits ruiſſeaux qui rem-
pliſſent ſeulement le foſſé & les canaux : cela n'empeſche pas pourtant qu'on
n'y baſtiſſe quantité de navires, qu'on pourroit appeller avec raiſon des pa- *Navires de-*
lais dorez, parce qu'ils ſont peints de diverſes couleurs, & que tout y brille du *licieux.*
plus fin & du meilleur or : de ſorte que c'eſt là où la magnificence & la pompe des feſtins, des ſpectacles, & des jeux éclate tous les iours ; ces Chinois de
Hangcheu, qui ſont autant d'eſclaves de la volupté, y trouvent en abondance tout ce qu'ils peuvent ſouhaiter. Les navires, chargez de toute ſorte de
proviſions, vont ſur ce lac avec plaiſir & en aſſeurance, ſans craindre le naufrage ni la tempeſte, à moins qu'ils ne s'y perdent eux-meſmes pour avoir
trop beu, ou ne ſe noyent & fondent dans les delices : ce n'eſt donc pas
merveille ſi ceux de la Chine nomment ce lieu & cette ville, le jardin delicieux, ou le paradis de la terre.

La riviere de Che donne le nom à cette Province, & la diviſe & ſepare
par le milieu, mais prés de la ville, elle change de nom, & s'appelle Cientang, & Singan dans les montagnes de la ville de Hoeicheu, où elle prend
ſa ſource. Cette riviere s'enfle tellement proche de la ville , le dix-huitiéme
jour de la huitiéme Lune (ce qui arrive en Octobre) que les Philoſophes
en pourroient tirer une fort ample matiere pour leurs diſputes. A la verité le flux
qui s'y remarque toute l'année eſt bien grand ; mais cetui ci le ſurpaſſe de beaucoup, eu égard à la violence & impetuoſité des eaux ; car elles y entrent auſſi
haute que des montagnes, & font un bruit ſi horrible, qu'il n'y a point de navires qu'elles ne renverſent & n'enfoncent. Enfin ce flux eſt de ſi grande
conſequence, que ce jour là, environ les quatre heures aprés midy , toute
la cité & les Gouverneurs y accourent, mais principalement les eſtrangers, *Flux & re-*
pour voir eux-meſmes la violence prodigieuſe de cette marée qui arrive cette *flux de la*
journée : par où l'on voit aiſément, qu'encore que le flux & reflux de la mer s'ac- *mer tout à*
commode en quelque façon aux periodes de la Lune , toutefois ne dé- *fait extra-*
pend pas abſolument d'elle ; mais auſſi de la diſpoſition de la terre & de *ordinaire &*
l'eau, qui compoſent toutes deux noſtre element , des differens détours *particulier.*
& éloignemens des rivages ; bien auſſi du different aſpect & influences des
diverſes des eſtoiles , & des exhalaiſons & qualitez ſouterraines, qui en ſortent : car comme au mois d'Octobre il arrive un grand changement dans la

faifon, l'Efté & l'Automne s'approchans infenfiblement de l'Hyver ; de
là vient que noftre terre s'en reffent en quelque forte, & que le fond
de la mer vient à s'agiter & remuer, felon la diverfe fituation des climats & des terres qui s'émeuvent auffi diverfement ; comme nous voyons
dans les Indes, lors que l'Hyver approche, que l'Ocean fait plus le mauvais,
fe fafche davantage qu'à l'ordinaire, & qu'il jette fi grand nombre de fable
vers les rivages, qu'il eft prefque capable de remplir & de combler tous les ports;
que le mefme Ocean ouvre & nettoye les ports quand l'Efté approche : ce qui
paroift auffi bien davantage quand on navige proche du promontoire de Bonne Efperance, où en de certaines faifons de l'année il fe forme des orages
& tempeftes de vents dans l'air & dans la mer mefme ; mais je laiffe cela
à ceux qui traittent des meteores, & à la fpeculation & contemplation des
Philofophes.

Au Nord de la ville, où l'on fait fortir l'eau du lac par une efclufe, de peur
que les pluyes ne le faffent trop enfler, on void un temple aux Idoles, qui eft fort
fuperbe, & fe nôme Chaoking, où il y a tousjours foire, & où fe trouvent les marchandifes les plus excellentes & rares, qui s'apportent tant de la Chine que du
refte du monde : fi j'en voulois faire la defcription, auffi bien que des autres particularitez de cette ville, il feroit befoin d'un livre entier ; c'eft pourquoy je
n'en diray pas davantage.

La feconde Ville KIAHING.

CETTE ville eft baftie dans un fond tres agreable & tres-fertile : le territoire eft de tous coftez arroufé de lacs & de canaux, qu'on y a fait venir
par artifice : on y efleve & nourrit auffi par tout un fi grand nombre de vers à
foye, qu'il n'y a point de maifon où on n'en trouve au Printemps. La ville de
Kiahing eft fituée dans un lieu d'eau douce, fort fameufe, à caufe de la magnificence de fes baftimens, de fa grandeur, & de fes richeffes : on y a fait
entrer des canaux de tous coftez, qui ont plufieurs ponts, & les bords tous reveftus & embellis de pierre, comme j'ay dit cy-deffus ; de façon qu'un peut fe
promener fur ces eaux par bateau & à pied. Il y a cecy de rare, c'eft que dans
toutes les ruës il y a des portiques parfaitemét bien baftis, de forte qu'on s'y peut
promener à couvert quand il pleut, & auffi grand nombre d'arcs triomphaux dedans & dehors la ville. Au couchant de la ville fur le bord du canal, & dans un
endroit par où paffent tous les navires, il y en a quinze quarrez tous de marbre,
il y a auffi un pont avec grand nombre d'arcades, qui a feptante pas Chinois de
longueur. Il y a auffi un baftiment illuftre & remarquable qui a neuf eftages :
tous les bords des foffez font reveftus & enrichis de pierres de taille quarrées,
& ont tant de ponts, que j'en ay compté moy-mefme, allant par eau de cette
ville à la capitale, plus de quarante, mais des plus confiderables ; car pour les
moindres, il y en a par tout.

Cette ville commande à fix citez, dont la premiere eft Kiahing, 2. Kiaxen,
3. Haiyen, 4. Pinghu, 5. çungte, 6. Tunghian. Elle n'eftoit autrefois qu'une
cité, fujette à la ville de Sucheu : fous la famille de Tanga elle eftoit dans la dependance de Hangcheu ; mais comme elle fe fut accreüe en richeffes & en grandeur, la famille de Taiminga luy donna le rang & le titre de ville, & la nomma
Kiahing, au lieu qu'elle s'appelloit auparavant Siucheu. Il naift par tout ce pays
en des eaux croupies & marefcageufes un certain fruit qui eft rond, que ceux
 de la Chine nomment Peci, il n'eft guere plus gros qu'une chaftaigne, le noyau
eft couvert d'une peau fort mince, deliée & brune ; la chair eft fort blâche, pleine
d'un fuc de fort bon gouft ; elle eft un peu plus ferme & plus dure que n'eft d'ordinaire celle des pommes, & un peu aigrette & acide : fi vous mettez de la mon-

noye de cuivre dans voftre bouche avec ce fruit, vos dents la rompront avec la mefme facilité que ce fruit, & la reduiront en une fubftance bonne à manger: certes ce pouvoir de la nature eft admirable, & j'en ay à diverfes fois fait exprés l'experience. On prend dans le territoire de cette ville, & en Automne de petits oifeaux qu'on nomme Hoangcio, ils les font tremper & confifent dans leur vin fait de ris, & en vendent toute l'année. Il y a auffi par tout une grande quantité de foye, & d'excellentes efcrevices. *Oifeaux qui fe nomment Hoangcio.*

La montagne d'Vtai fe voit au Nord-oueft de la ville dans le lac de Tienfing, qui fert de foffé à la ville. Les gouverneurs y ont fait baftir cinq maifons pour s'y divertir; les habitans s'en fervent auffi à cet ufage: c'eft de là que ce cofteau a tiré fon nom d'Vtai, qui fignifie les cinq autels. Ce pays eft plat, auffi n'y a-t-il point d'autre montagne qui foit remarquable. *Les montagnes.*

La mer paffe aux extremitez & limites de la cité de Haiyen, où il y a plufieurs marais falants, où on fait beaucoup de fel. *Les rivieres.*

La troifiéme ville H V C H E V.

CETTE ville prend fon nom du lac de Tai, au bord duquel elle eft fituée: car le mot de Hu fignifie un lac. Elle paffe pour une des plus grandes & floriffantes villes pour le negoce & pour fes richeffes, confiderable pour la fplendeur & magnificence de fes baftimens, pour la beauté de fes campagnes, de fes eaux & de fes montagnes. Il s'y fait grande quantité de draps de foye, & les meilleurs pinceaux dont on fe fert pour efcrire dans toute la Chine. Il s'y cueille auffi de la fueille de Cha qu'ils appellent Kiaicha. Il y a cinq temples dediez aux Heros, le premier & le principal eft dans la ville, confacré aux cinq premiers Empereurs de la Chine. Le pays de Hucheu a été autrefois un Royaume libre & fouverain, qui fe nommoit Tung; mais les Rois d'V s'en rendirent maiftres; puis ceux de Iue; en fuite ceux de çu. La famille de Cina luy donna le nom d'Vuching; mais celle de Tanga luy a impofé le nom qu'elle a à prefent: la famille de Sunga l'appella Chaoking; enfin celle de Taiminga luy a rendu fon premier nom. Vous pouvez juger de la grande recolte de foye qui s'y fait, par les difmes des draps de foye, que la feule cité de Tecing paye, & qui montent à cinq cens mille efcus d'or. Cette ville a jurifdiction fur fix citez, dont la premiere eft Hucheu, 2. Changhing, 3. Gankieo, 4. Tecing, 5. Hiaofung, 6. Vukang. *Les anciens noms.*

La quatriéme Ville N I A N C H E V.

CE pays eft en beaucoup d'endroits inegal, à caufe de fes montagnes & des collines; c'eft pourquoy cette ville ne doit point entrer en comparaifon avec les autres de fa Province, ny pour la grandeur, ny pour le nombre & la richeffe de fes habitans; toutefois elle ne tire pas un avantage mediocre de deux rivieres, qui peuvent porter des vaiffeaux, & qui s'affemblent proche de fes murailles. Elle eft auffi fort renommée pour le papier qui s'y debite: on tire du cuivre de ces montagnes, & on y amaffe beaucoup de gomme ou de glu de Cie, qui diftille des arbres, & reffemble à la terebenthine: les Chinois l'amaffent en Efté, la nettoyent, & luy donnent la couleur qu'ils veulent; la meilleure eft jaune, & apres la noire; quand elle n'eft pas tout à fait feiche, elle exhale une certaine vapeur venimeufe, qui fait paflir & enfler le vifage à ceux qui n'y font pas accouftumez; mais la guerifon en eft facile: celle dont on frote les cabinets, n'eft pas fi-toft feiche, fi ce n'eft qu'on la mette dans un lieu humide; or elle ne fe fond jamais quand elle eft une fois feiche, & il y a long-temps qu'elle eft connuë dans l'Europe par ces coffres & cabinets qu'on a fait venir du Iapon & de la Chine mefme. *Colle de la Chine.*

Cette ville commande à fix citez, Niencheu, 2. Xungan, 3. Tungliú, 4. Súigan, 5. Xeuchang, 6. Fuenxui. Elle a efté autrefois nommée Sintú, & Locheu par la famille de Tanga ; mais celle de Sunga l'a appellée Niencheu. Au bord de la riviere il y a un cofteau fort divertiffant , avec un temple qui a fept eftages. Il y a auffi quatre autres temples dans ce pays, dediez à des Heros.

La montagne d Vlum eft au Septentrion de la ville qu'elle enferme, où il y a deux lacs proches l'un de l'autre : l'eau de l'un eft fort claire, & celle de l'autre tousjours trouble.

La montagne de Funchung eft dans la vallée de Kieuli, la riviere paffe tout au travers, elle eft fameufe par les temples & les falles du Philofophe Niençúlin , qui ont accouftumé d'eftre vifitées par tous ceux qui navigent proche de là, tant ils ont d'admiration pour la memoire d'un fi grand homme : on efcrit que c'eft là où il s'addonnoit à la pefche , & fe tenoit caché , de peur d'eftre contraint d'accepter les principaux gouvernemens que l'Empereur luy prefentoit ; que c'eft là, dis-je, où il reçeut l'Empereur lors qu'il luy voulut faire l'honneur de le vifiter, il fe repofa mefme fur fon pauvre lict ; tant les Empereurs de la Chine ont autrefois fait eftat des gens de bien & des hommes doctes.

La cinquiéme Ville KINHOA.

L'ORIGINE du nom de cette ville tient de la fable ; car ils difent, que fur une montagne, qui eft proche de cette ville, l'eftoille de Venus & une autre , qu'ils nomment Vúniu, (qui fignifie une femme guerriere & martiale, ou une autre Pallas) eurent querelle pour une certaine fleur ; & parce que Venus eut l'avantage , & qu'ils nomment cet aftre Kinfing ou eftoille d'or, que c'eft de là que la ville a pris le nom de Kinhoa , comme fi vous difiez la fleur de Venus.

Cette ville a efté autrefois fort grande & magnifique pour fes baftimens ; mais dans ces dernieres guerres , les Tartares en ont bruflé une grande partie : toutefois on l'a rebaftie avec ce grand pont, qui eft au couchant de la ville, qu'on a remis dans fa premiere magnificence. On voit auffi prés de la cité de Lanki un pont de bateaux, meilleur que n'eftoit celuy que les Tartares avoient bruflé. Il n'y a point de lieu dans toute la Chine, où fe faffe de plus excellente liqueur pour boire, elle eft compofée de ris & d'eau , cuits enfemble : cette ville fait part aux autres de fes groffes prunes feiches , & de fes excellens jambons, n'y en ayant point dans toute la Chine dont on faffe tant d'eftat. Il y a auffi plufieurs Chreftiens ; de mon temps on avoit commencé de baftir une Eglife dans la cité de Lanki.

Cette ville commande à huit citez, fçavoir à Kinhoa qui eft la premiere, 2. Lanki, 3. Tungyang, 4. Yú, 5. Iungkang, 6. Vúy, 7. Pukiang, 8. Tangki, qui font en partie dans des pays montagneux , & en partie dans un pays plat, & produifent quantité de ris. Ce peuple eft le plus guerrier de toute la Chine, ce qu'ils ont bien fait paroiftre dans la guerre contre les Tartares ; ce pays a beaucoup fouffert, & a efté miferablement ravagé par ces conquerans.

Sous les Rois ce pays fut placé en mefme endroit que le precedent ; le premier Roy de Leang l'appella Kinhoa ; Suius, Vúcheu ; la famille de Sunga Paoúú, y mélans tousjours quelqu'un des noms de ces deux eftoiles ; mais celle de Taiminga le nomma derechef Kinhoa. C'eft icy que naift cette fleur

que les Portugais des Indes nomment Mogorin, (car je n'ay pû fçavoir comment elle s'appelloit en Latin) elle naift fur vn petit arbriffeau. Cette fleur eft tres-blanche, ne reffemble pas mal au Iafmin, fi ce n'eft qu'elle a plus de

fueilles,

feüilles, & rend une meilleure odeur; de sorte qu'une seule fleur est capable de parfumer toute une maison. Les Chinois ont raison d'en faire tant d'estat, & d'en conserver les arbres contre la rigueur de l'Hyver, en des caisses faites exprés. Mais ce qui m'a souvent donné de l'admiration, c'est une sorte de graisse qui vient de certains arbres, dont on fait de tres-bonnes chandelles, blanches, qui n'engraissent jamais les mains, & ne sentent point mauvais quand on les éteint. Ceux de la Chine nomment ces arbres Kieuyeu: ils sont assez grands, & ressemblent fort à nos poiriers pour la fûeille & pour la figure, & produisent des fleurs blanches comme les cerisiers; ensuite de la fleur vient une baye tout à fait ronde, aussi grosse qu'une cerise: cette baye est couverte d'une écorce mince & noirastre; la chair en est blanche, qui paroist en rompant son écorce quand la baye est meure; on amasse ces bayes pour les cuire dans de l'eau, la chair de la baye se fond dedans, & s'épaissit comme du suif lors qu'elle est refroide, pour le noyau qui reste, comme il est plein d'huile, ils le pressent de mesme que les olives parmy nous; mais ils ne s'en servent pas pour assaisonner leurs viandes, comme nous faisons, mais pour brûler dans la lampe. En Hyver les fueilles de ces arbres sont rouges comme de la rosette: j'ay souvent pris beaucoup de plaisir à voir ces fueilles; car il y en a des forests entieres qui paroissent toutes rouges: ces fueilles tombent, & comme elles sont un peu grasses, les brebis & les vaches en mangent volontiers, ce qui les engraisse beaucoup.

Suif qui vient des arbres.

La montagne de Kinhoa a trois cens stades, où ils feignent que les estoiles eurent dispute; c'est la trente-sixiéme dans les livres de Taoxu, elle est au Septentrion de la ville.

Les montagnes.

Proche de Pukiang est la montagne de Sienhoa, où on écrit que la fille du pieux Empereur Hoangtius a vescu, qu'elle y garda sa virginité jusqu'à la mort; ceux de la Chine trouvent cet exemple de vertu fort rare.

Proche de Iungkang est la montagne de Fangnien; on y monte par un degré de pierre; au sommet il y a un pont qui traverse une fort grande vallée.

Proche d'Yu est la montagne de Kiming, la plus grande de toutes, il faut neuf jours pour la monter: au sommet il y a un palais.

La riviere de Ho prend sa source proche de la cité de Cinyun, qui dépend de la ville de Chucheu; de là elle passe prés de la ville, puis se va incontinent rendre vers Lanki.

Les rivières.

La Sixiéme Ville KIVCHEV.

CEtte ville est bastie sur le bord oriental de la riviere de Changyo, & confine à la Province de Fokien; le chemin est de trois journées, fort difficile & malaisé à cause des montagnes. M. Polo de Venise nomme la Province de Fokien Fugui, & cette ville Cugui; car les Tartares au lieu de Cheu disent Gui; de là vient que le Venitien a pû aisément former le nom de Cugui de celuy de Kiucheu, ce qui est encore plus manifeste par le nom de la ville de Quelinfu, où ce Venitien alla aprés avoir passé les montagnes; car c'est une grande ville, que les Chinois nomment encore à present Kienningfu, dont je parleray dans la Province suivante. Cette ville de Kiucheu est une des plus meridionales de cette Province; c'est pourquoy M. Polo la met la derniere de la Province de Quinsai: ce qui fait assez voir la verité de nostre opinion; de sorte que ceux de l'Europe ne doivent desormais plus douter du Catay, Mangin, de Quinsai, & des positions de ces lieux, qui jusques icy ont esté inconnuës à nos Geographes: qu'on luy laisse donc l'honneur qu'il merite, car s'il a changé les noms, il ne les apprenoit que des Tartares, qui ne les prononcent pas comme les Chinois.

(T

Aprés que la famille de Cina eut occupé toute la Chine, on nomma cette ville Taimo; celle de Hana l'appella Singan; pour le nom qu'elle a à prefent, il luy e efté donné par la famille de Tanga. Elle commande à cinq villes, dont la premiere eft Kiucheu, 2. Lungyeu, 3. Changxan, 4. Kiangxan,
5. Caihoa.

*Les monta-
gnes.*

    La montagne de Lano eft au Midy de la ville, & la huitiéme entre celles
du liure de Taoxu; la montagne de Civen commence proche de la cité de
Kiangxan, d'où elle s'avance bien la longueur de trois cens ftades & davantage:
c'eft le chemin pour aller à Fokien, où il faut paffer plufieurs fommets de
montagnes, fort difficiles; mais le plus roide eft celuy de Sienhoa, où on a
fait un degré qui tourne autour pour y monter plus aifément; ce degré a bien
trois cens foixante marches, ou autant de pierres plates, qui le compofent :
fur le fommet il y a un magnifique temple, avec des cabarets pour ceux qui
voyagent.

*Serpens &
tigres qui ne
font point de
mal.*

    Proche de Caihoa eft la montagne de Gutien, où il y a des tigres & des
ferpens, qui ne font point de mal fur la montagne, mais qui en font beaucoup dans les pays d'alentour: pour les ferpens, ils n'ont point de venin.

Les rivieres.

    Proche de Caihoa eft un petit lac qui fe nomme Pehiai, à caufe de fes
fes efcrevices blanches, car le mot de Pehiai fignifie une efcrevice blanche.

La feptiéme Ville CHICHEV.

CE pays eft au milieu de grandes & de vaftes montagnes, il y a pourtant
des vallées tres-fertiles en ris ; & comme on a de la peine à le tranfporter, auffi y eft-il à fort bon marché. La ville eft affez peuplée, fituée fur le
bord de la riviere de Tung, qui de là eft navigeable jufques à la mer : il y
a des forefts de vieux pins dans le fond de ces montagnes, où les Chinois
prennent des materiaux pour baftir des maifons & des navires. On dit que
proche de la cité de Sunghiang (c'eft à dire la terre des pins) il fe trouve des
arbres qui font fi gros, que quatre-vingt hommes ne les pourroient embraffer; & qu'il y en a qui pourroient contenir trente-huit hommes dans la cavité
de leur tronc. La jurifdiction de cette ville s'étend fur dix citez, Chucheu,
2. Cingtien, 3. Cinyún, 4. Sungyang, 5. Suichang, 6. Lungciven, 7. Kingyven, 8. Iunho, 9. Sivenping, 10. Kingning. Elle a trois temples remarquables; on y fait de la vaiffelle d'une terre plus groffiere que la porcelaine,
dont les géns du commun fe fervent. Elle a prefque toûjours couru la mefme fortune que Kuicheu. La famille de Tanga la nomma Hocheu; mais celle de Taiminga luy a donné le nom qu'elle a à prefent.

*Les monta-
gnes.*

    Hoçang eft une grande montagne, la dix-huitiéme entre celles des livres
de Taoxu : elle a bien trois cens ftades : felon les Geographes Chinois elle
a mille perches de hauteur, & fon fommet n'eft point fujet aux chan-
gemens des temps, & ne craint ny le tonnerre ny la pluye. Elle commence proche de Cinyun, & fe pouffe jufques dans la mer. Il n'y a rien de
remarquable dans les autres montagnes.

Les rivieres.

    Le torrent de Lung commence au couchant de Suichang, & paffe au Mi-
dy proche de Chicheu, où celuy de Tung fe defcharge, & de ces deux fe forme la riviere de Vonxa.

*Cannes &
rofeaux. de
la Chine.*

    Le ruiffeau de Luyeu, qui eft proche de Kingning, paroift tout verd à cau-
fe des grandes forefts de rofeaux qui font fur les bords : ceux de la Chine les
nomment communément Cho, les Portugais les appellent Bambu ; il y en a
de plus grands les uns que les autres; ils font tous prefque auffi durs que du
fer, & fi gros que deux ou trois mains ne les fçauroient empoigner : & bien
qu'au dedans ils foient creux, diftinguez & divifez par leurs nœuds, fi ne

laiſſent-ils pas d'eſtre tres-forts ; de façon qu'on s'en peut ſervir pour ſoûtenir
de grands fardeaux : ils ont pour la pluſpart douze pieds de hauteur ou davantage ; les plus petits n'ont pas plus de cinq pieds : les uns ont le tronc & la
ſouche verte, les autres l'ont plus noire, & ceux-cy ſont d'ordinaire les plus forts ;
on les nomme aux Indes Bambus maſles. Il y a du plaiſir à voir ces roſeaux,
les fueilles en ſont longues comme celles des flambes, les extremitez un peu
repliées, elles ſont vertes toute l'année ; & bien que ces roſeaux ſoient durs, ſi
eſt-ce pourtant que ceux qui entendent le meſtier les coupent aiſément en filets fort deliez, dont on fait des nattes, des petits coffres, des boëtes, des
peignes, & autres ſemblables petits ouvrages fort curieux. Ils ſe ſervent des
Bambus pour faire les poteaux des plus petits edifices ; des roſeaux les plus
menus ils en font le fuſt de leurs javelines, dont ils ferrent le bout & la pointe, & les employent à pluſieurs autres uſages. Ces cannes & roſeaux eſtans
naturellement percez, deviennent tres-propres pour faire des conduits & des
tuyaux ; ils ſont auſſi excellens pour faire des tuyaux de lunettes d'approche
& des plus longues, à cauſe de leur legereté, droiteur, force & épaiſſeur.
Si on bruſle de ces cannes, quand elles ſont vertes & nouvellement coupées,
elles rendent de l'eau comme tous les autres bois ; les Medecins l'eſtiment,
car ſi l'on en boit, elle chaſſe hors du corps le ſang qui s'eſt caillé par
quelque cheute ou coup : avant qu'elles pouſſent ou jettent des fueilles, on
les fait cuire avec la chair au lieu de raves, meſme ſi on les fait tremper
& confir en du vinaigre, on les peut garder toute l'année pour les entre-
mets, comme nous avons parmi nous les concombres & les artichaux confits
au vinaigre.

<h3 style="text-align:center">La huitiéme Ville X A O H I N G.</h3>

X AOHING cede bien à ſa capitale en beauté, mais non pas en propre-La ſitua-
té : elle eſt celebre pour le grand nombre de gens ſçavans qu'il y a, &tion & la beauté de
pour l'eſprit de ſes habitans, ſituée dans un lieu fort commode, au milieu d'unecette ville.
eau bonne à boire : je n'en ſçay point qui reſſemble mieux à Veniſe, ſi ce
n'eſt que Xaohing la ſurpaſſe pour la netteté de ſes eaux & pour tout le reſte : elle eſt toute baſtie de pierres de taille blanches, qui reſſemblent fort
au travertin de Rome : il n'y a point de ruë ſans canal, elles ont toutes des
deux coſtez de fort grandes rües toutes pavées des meſmes pierres ; les murailles des maiſons en ſont auſſi baſties, ce qui ne ſe voit preſque point dans
tout le reſte de la Chine : on y voit auſſi pluſieurs ponts baſtis de la meſme pierre ;
il y en a encore de plus grands hors de la ville & ſur le canal : on peut aller ſur ce
canal trois jours durant tirant vers l'Orient ; les bords ſont reveſtus de ces pierres quarrées, l'eau y eſt retenuë au bout par une digue de pierre, avec des perſonnes eſtablies pour guinder les navires & les faire monter dans un autre
canal, qui continuë celuy-cy. C'eſt ſur ce dernier qu'on va en petits bateaux
juſqu'à la ville de Ningpo, les plus gräds vaiſſeaux prennent la mer : j'ay ſouvent
paſſé ſur ces digues, en faiſant ce chemin. J'ay veu auſſi prés de la ville grande
quantité d'arcs triomphaux qu'on y baſtit avec grande facilité ; car proche de la
cité de Siaoxan il y a une carriere qui fournit une grande partie de la Chine. Le
terroir de cette ville eſt preſque tout plat, & arroſé d'eaux & de rivieres. La
ville eſt d'elle-meſme remarquable, embellie de baſtimens magnifiques, publics & particuliers. L'air eſt pur & ſain, & il n'y a point de Legiſtes plus
ſubtils ni plus ruſez dans toute la Chine, de façon qu'il n'y a aucun gouver-Le naturel
neur qui n'en ait chez ſoy quelqu'un de cette ville. Elle commande ſur ſeptdes gens du pays.
citez, Xaohing, 2. Siaoxan, 3. Chúki, 4. Iuyao, 5. Xangyu, 6. Xing, 7.
Sinchang. La famille de Sunga eſt celle qui luy a donné la premiere le nom

qu'elle a ; celle de Tanga l'appella Iucheu. Il y a cinq temples , & deux edifices à neuf eſtages, tous ſomptueux & magnifiques.

Les monta-
gnes.

　　La montagne de Hoeiki eſt au Zud-eſt de la ville , & l'onzieſme entre les
celebres dans les livres de Toaxu : c'eſt de là que la Province de Hoeiki tira ſon
nom , elle comprenoit tous les pays qui ſont à l'Orient. La montagne de Suming a ce nom de ſes quatre cavernes , dont l'entrée regarde vers le Ciel : on les
nomme les quatre Clartez ; c'eſt la neufvieſme du livre de Taoxu. Elle s'eſleve
en 280. ſommets qui ſemblent toucher au Ciel : on dit qu'elle a dix-huit mille
perches de haut , & 280. ſtades de longueur : elle commence proche de Iuyao ,
& de là s'avance juſques vers Ningpo. La montagne de Tanchi eſt proche de la
cité de Xing , & la vingt-ſeptieſme des livres de Toaxu. Tanchi ſignifie un lac
rouge , car l'eau en eſt rouge comme du ſang , auſſi Tan ſignifie rouge , & Chi un
petit lac. Proche de Sinchang eſt la montagne de Vocheu , la quinzieſme en ordre : là meſme eſt celle de Tienlao, la ſeizieſme. Ces montagnes ſont eſtimées
dans les livres de Taoxu , à cauſe de quantité de temples & de convens de ſacrificateurs, qui leur donnent de la reputation , & de l'eſtonnement à ceux qui
font reflexion ſur leur grand nombre.

La neufiéme Ville N I N G P O.

C'Eſt cette ville que les Portugais appelloient Liampo , en corrompant un
　　peu ſon vray nom. Il y en a qui aſſurent, que de ce promontoire on peut
voir les montagnes du Iapon quand le temps eſt clair & ſerein ; mais la grande
diſtance qu'il y a , comme nous l'avons trouvé dans nos Cartes, m'empeſche de
le croire. Sous le gouvernement des Rois de Iue elle fut nommée Iungtung ; la

La qualité
de ce pays.

famille de Cina la mit dans la Province de Hoeiki ; celle de Tanga l'appella
Mingcheu ; celle de Sunga Kingyuen , & la famille de Taiminga Ningpo, qui
ſignifie appaiſant les eaux ou les ondes. L'air y eſt preſque par tout pur & ſain ,
tout le pays agreable & découvert, le terroir extremement fertile , ſi ce n'eſt en
quelque peu d'endroits où il y a des roches. Il abonde en poiſſon de mer , en toute ſorte de coquillages, comme auſſi en eſcrevices, dont elle fournit abondamment tout l'Empire : on y peſche toute l'année au commencement de l'Eſté des
poiſſons, qu'ils nomment Hoang , c'eſt à dire poiſſon jaune ; ce nom luy a eſté
donné à cauſe de ſa couleur : il eſt ſi delicat qu'on ne le ſçauroit garder une heure
hors de l'eau ſans ſe gaſter ; mais comme ce poiſſon eſt fort recherché de tous cô-
tez à cauſe de ſon bon gouſt & de ſa delicateſſe, on a accouſtumé de le mettre dãs
de la glace, & ainſi de le vendre pour le tranſporter, & pour cet effet on garde de
la glace en Hyver. Cette ville eſt recommandable principalement pour le bon
eſprit de ſes habitans, n'y ayant point d'examen où il ne s'en trouve beaucoup
qui prennent leurs degrez. Tous ceux du pays aiment fort les viandes ſalées ; c'eſt
pourquoy on a accouſtumé de dire de ceux qui y demeurent , qu'ils n'ont garde
de ſe pourrir meſme apres leur mort , puiſqu'ils ſe ſalent & ſe confiſent de ſel.
Cette ville commande à cinq citez, 2. çuxi, 3. Funghoa, 4. Tinghai, 5. Siang-
xan. Sans parler des beaux edifices qu'on void dans cette ville, le fauxbourg qui
eſt au Nord a trois ſtades de longueur, & eſt baſty ſur le bord Oriental d'un canal artificiel , où il y a pluſieurs arcs de triomphe , & deux tours à ſept eſtages ;
pour les bords, ils ſont reveſtus de pierre de taille à la longueur de vingt ſtades.
Au bout de ce canal il y a une eſcluſe , à travers laquelle on fait paſſer les petits
bateaux dans la riviere. I'ay ſouvent eſté dans cette ville, parce qu'il y a beaucoup de Chreſtiens : il y a deux lacs, l'un qui s'appelle la Lune , & l'autre le Soleil, ſur leſquels il y a des ponts qui ſont fort longs : toute la ville eſt percée de
canaux , & pleine de navires & de bateaux.

　　Il y a auſſi dans la cité de çuxi un grand nombre d'habitans qui ſe ſont faits

Chrestiens : avec un pont sur des piliers de pierre & de poutres de bois, qui a bien
cent perches de longueur ; & un autre fort haut, qui a trois arcades & est tout de
pierre.

Proche de çuki est la montagne de Lu, où il y a un superbe temple, visité par *Les monta-*
ce peuple superstitieux, pour y demander des songes heureux avec leur explica- *gnes.*
tion : il observe quelques ceremonies auparavant de se mettre en estat de songer.

La montagne de Suming, dont j'ay parlé cy-dessus, va jusqu'au Zud-ouest
de cette ville.

Proche de la cité de Tinghai est la mer Quonmuen, dans laquelle on a posé *Les rivieres.*
un pieux en façon de colomne. Ie ne sçay par quelle superstition les matelots
jettent quelque chose dans cette mer, croyans que la navigation ne leur sera pas
favorable s'ils ne le font.

On escrit que proche de Tunghoa il y a un estang nommé Yaopoi, petit, mais
tres-profond, dont l'eau devient plus claire qu'eau de roche, si l'on donne à cette cité un homme de bien pour gouverneur ; si elle en a un mauvais, elle paroist
trouble & broüillée.

La dixiéme Ville TAICHEV.

LE territoire de Taicheu est grand & montagneux : on y compte six citez,
dont la premiere est Taicheu, 2. Hoangnieu, 3. Tientai, 4. Sienkiu, 5. Ninghai, 6. Taiping. Cette ville est située sur une montagne. Du temps des Rois elle a esté tantost à ceux d'V, tantost à ceux de Iue : la famille de Cina la plaça
dans le pays de Minchung ; celle de Hana l'appella Changgan ; celle de Tanga
Haicheu, puis Taicheu, nom qui luy a demeuré jusques à present. On prend
dans la mer, qui en est proche, une sorte de raye, dont ils envoyent les peaux au
Iapon & dans tout le reste de la Chine avec grand gain & profit : on s'en sert
pour faire des fourreaux à des coutelas & à d'autres semblables usages.

Cette ville a au Midy la montagne de Caicho, la dix-neufiesme dans les li- *Les monta-*
vres de Taoxu. Proche de Hoangnieu est celle de Gueiyu, qui tient le second *gnes.*
rang. Toutes les pierres qui s'y rencontrent grosses ou petites, sont quarrées ; ce
qui donne de l'admiration aux Chinois, qui sont fort superstitieux en matiere
de montagnes. Proche de Tientai est la montagne de Checing, la sixiesme
dans les livres de Taoxu : elle est presque toute rouge. Là mesme se void la mon-
tague qu'ils nomment Tientai, qui est la plus celebre & la premiere de toutes
celles que décrit Taoxu. Il y a une cité qui en est proche & qui en porte le nom.
I'aurois de la peine à dire combien il y a de temples, & à exprimer la magnificence & le nombre des convens, où demeurent les principaux de la
secte qu'ils nomment exterieure ; les sectaires qui suivent cette metempsycose
exterieure y viennent recevoir leurs ordres & ceremonies ; de mesme que ceux
qui sont de la croyance de la transmigration interieure ou morale des ames, les
viennent recevoir sur la montagne de Vutang, dont j'ay parlé cy-dessus : on
croid que cette montagne a bien dix-huit mille perches de hauteur, & huit cens
stades de long.

Il y a une grande montagne proche de Ninghai, nommée Tienmuen, elle a
trois cens stades de longueur. Là mesme est l'Isle d'Yohoan, qui n'est que montagnes : le mot signifie un precieux cercle, à cause que les vaisseaux y trouvent
un abry tres-asseuré ; car le port de cette Isle est tout environné de montagnes,
comme si c'estoit un bassin. Proche de Taiping est la montagne de Fangching,
où le Roy de Iue vécut en homme privé, apres sa défaite.

L'onziéme Ville VENCHEV.

CE T T E ville eft fituée proche de la mer, elle eft baftie dans un lieu marefcageux ; ce rapport de fituation & la beauté de fes edifices la font nommer
la petite Hangcheu. Il y a grand nombre de vaiffeaux & de marchands; car les
navires trouvent dans la grande riviere un havre tres-commode, & le flux & reflux de la mer môte mefme jufqu'aux murailles de cette ville,& encore plus loin.

Vencheu a cinq citez fous fa jurifdiction, Vencheu, 2. Xuigan, 3. Locing,
4. Pingyang, 5. Taixun. Tout ce pays eft fort embarraffé de montagnes. Avant
que de venir à celles de Fokien qui font affreufes, on découvre une campagne
tres-grande & extremement fertile. Mais cette ville eft décriée par l'infame &
l'honteufe defbauche de fon peuple,ofant bien pecher ouvertement & à la veuë
de tout le monde, comme s'il avoit perdu toute honte : & quoy que les Gouverneurs ayent tafché de reprimer cette abomination, comme autrefois les Romains par le moyen de la loy Scatinia; fi eft-ce qu'on ne les a pû empefcher de
reprendre leurs vieilles habitudes, & de fuivre leur naturel. On mange à Ven-
*Huiftres
qu'un feme.* cheu de petites huiftres qu'on feme en des champs couverts d'eau, ce qui ne fe
void point ailleurs : on rompt & caffe quelques unes de ces huiftres, puis on en
jette les morceaux dans ces champs, comme fi c'eftoit de la femence, d'où naif-
fent des huiftres,qui ont fort bon gouft. Ce pays a autrefois efté aux Rois de Iue;
ceux d'V s'en faifirent apres. Leangus le nomma Iunkia : la famille de Tanga
luy donna la premiere le nom de Tungkia, puis apres celuy de Vencheu; la famille de Sunga l'appella Xuigan, & celle de Taiminga Vencheu.

*Les monta-
gnes.* Au Zud-oueft de la ville & dans une riviere fe void la montagne de Cúyú,
qui eft toute environnée d'eau. Il y a un fort beau temple & un monaftere.

Proche de Suigan eft la montagne de Siennien, la vingt-fixiefme dans les livres de Taoxu.

La grande montagne d'Yentang eft proche de Locing. Il y a un lac qui n'eft
pas des plus grands, n'ayant que dix ftades; on le nomme Yentang, c'eft à dire
le bain aux oifons, à caufe qu'en de certains temps l'on y en void beaucoup.

Les Forts.

LEs Forts les plus confiderables font, le premier Chinxan, 2. Kinxan,
3. Tinghai, 4. Quo, 5. Ninghai, 6. Cioxi, 7. Sinho, 8. Xetie, 9. Puon-
tun, 10. çumuen, 11. Tungchi, 12. Haigan, 13. Sining, 14. Haifung, 15. Nan.
Les Chinois les ont baftis fur le bord de la mer, pour empefcher les defcentes
de ceux du Iapon, & pour mieux commander la cofte. Il y a auffi plufieurs Ifles
fur ces coftes, fort peuplées de laboureurs & de pefcheurs; celle de Cheuxan eft
la plus grande & la plus habitée : c'eft là où le petit Roy de Lu fe retira lors qu'il
fut obligé de fuïr devant les Tartares, & où plufieurs Chinois fe rangerent prés
de luy; de là vient qu'elle eft fort peuplée, & qu'on y compte foixante & douze
petites villes fituées au bord de la mer : les rivieres & la mer y forment des havres & des ports tres-propres & tres-commodes : auparavant,cette Ifle eftoit deferte, il y a à prefent des armées navales, & ce Roy n'y craind point la cavalerie
des Tartares; & d'un lieu defert & inhabité s'eft fait un Royaume confiderable : les Tartares craignans qu'ils ne faffent quelque defcente en terre ferme,
entretiennent une groffe garnifon dans la cité de Tinghai qui en eft la plus proche, avec une armée navale. Ceux de la Chine efcrivent que cette Ifle a
autrefois efté un puiffant Royaume, qu'il fe nommoit Changque; mais qu'il
tomba en decadence aprés qu'on luy eut defendu le commerce dans la Chine. Par là elle fut abandonnée de fes principaux habitans, & il n'y demeura

que des payſans & des peſcheurs qui reconnoiſſoient l'Empire de la Chine. Les
Chinois y alloient ſouvent en pelerinage, & viſitoient un temple de cette Iſle,
qui eſtoit ſervy d'un grand nombre de ſacrificateurs; ils s'eſtoient imaginez que
ce lieu avoit je ne ſçay quoy de ſaint & de divin.

L'ONZIE'ME PROVINCE

DE FOKIEN.

ETTE Province eſt ſituée dans un lieu commode pour la na-
vigation & pour le commerce : elle eſt pleine de montagnes
couvertes de foreſts, où l'on trouve des materiaux pour baſtir
des navires, des ſources d'eaux & des fontaines qu'on détourne
adroitement pour arroſer les champs ſemez de ris, qui y vient
adretement. La nature n'a pas voulu qu'il y euſt de pays plat,
ny de campagne; mais le travail & l'induſtrie des hommes y *L'induſtrie*
en ont fait. On rencontre par tout de ces montagnes, que vous pourriez nommer *& le tra-*
avec raiſon des theatres verds : on a menagé dans leur pente des places plates, *Chinois*
on paſſe de l'une à l'autre comme ſi c'eſtoit un degré. Le ris ne croiſt que dans les *pour culti-*
eaux, il luy faut un pays plat. Ils conduiſent aſſez ſouvent d'une montagne à *ver ces mon-*
l'autre des canaux pour l'arrouſer, ſe ſervans de ces groſſes cannes & roſeaux *tagnes.*
qui naiſlent dans les montagnes, pour en faire les conduits : voila comme on cultive les montagnes preſque par toute la Chine, mais plus en cette Province
qu'en aucun autre lieu, à cauſe qu'il y en a beaucoup.

La prudence & l'induſtrie des marchands font les richeſſes de cette Province; *Trafic &*
car il n'y a preſque point de Chinois que ceux de ce pays, qui oſent aller dans les *commerce*
regions eſtrangeres, contre les loix du Royaume; de façon qu'ils tranſportent *Fokien.*
une tres-grande quantité de riches marchandiſes de la Chine, & les changent
pour d'autres qu'ils amenent d'ailleurs, comme de l'or, du muſc, des pierres precieuſes, de l'argent vif, des draps de ſoye, du chanvre, du coton, & autres marchandiſes de prix : outre cela du fer, dont il y a beaucoup de mines, de l'acier, &
pluſieurs inſtrumens faits tres - artificieuſement. C'eſt de cette Province que
ſont la pluſpart de ces Facteurs, qui vont au Iapon, dans l'Iſle Formoſa, aux
Philippines, Celebes, Iava, Camboja, Syam, & autres lieux & Iſles de la mer
Aſiatique & des Indes, & en rapportent pour retour beaucoup d'argent, de
cloux de girofle, de canelle, de poivre, de bois de ſandale, d'ambre, de coral, & d'autres marchandiſes rares; car tout ce que les eſtrangers ont eu de
la Chine juſques icy, vient de cette Province, à la reſerve de ce que les Portugais de Macao tirent de Quangtung, & de ce que les Chinois apportent à
Macao.

Vous pouvez juger du nombre des vaiſſeaux de cette Province (qui ſe nőment *Le nombre*
Changpan & Pancung) par l'offre que cette Province fit à l'Empereur, qui avoit *de leurs*
deſſein de faire la guerre au Iapon; ils offrirent de luy baſtir un pont de navires *vaiſſeaux.*
joints & liez enſemble, qui prendroit de la coſte juſqu'au Iapon; & il n'y a point
de doute qu'ils n'en euſſent ſuffiſamment trouvé pour ce deſſein, pourveu que
cette grande mer les euſt voulu ſouffrir enſemble.

C'eſt de cette Province fameuſe par les navigations qui ſe font tous les *Marco Polo s'en retour-na aux In-des de cette Province.* jours, que Marco Polo passa dans les Indes ; car c'est cette Province qu'il appelle Fugui, qui tire ce nom de sa capitale qui est Focheu. Il est encore bien vray semblable qu'il n'a eu aucune connoissance des Isles de la mer Orientale, que par le moyen des mariniers de cette Province qui le passerent ; car je tiens pour as-*Les voyages que les Chi-nois ont fait sur mer.* seuré par l'histoire de la Chine, que les Chinois ont veu tous ces pays & navigué dans toutes ces mers ; ce qu'ils n'ignorent pas, ny les Indiens aussi. Les preuves sont assez manifestes qu'ils ont passé dans le Golfe de Perse & sur la mer rouge ; mais j'en parleray plus à loisir dans un autre endroit : on croid que ces voyages ont esté interrompus par la crainte des Portugais, lors qu'ils se rendirent maistres avec beaucoup de bonheur de la plus grande partie des Indes.

Le naturel & les mœurs de ce peuple. Le peuple de cette Province est adonné à des desbauches execrables, il est d'ailleurs avisé & trompeur : ils n'y parlent pas tous un mesme langage, chaque ville a son dialecte, de sorte qu'on a peine de les entendre quand on voyage d'une ville à l'autre : pour celuy des doctes il est entendu dans toutes les autres Provinces ; mais il se trouve peu de gens dans celle-cy qui l'entendent, quoy que la pluspart ayent grand esprit : ils s'employent & s'adonnent fort à l'étude, & à toutes les sciences des Chinois : on y donne aussi les degrez à quâtité de sçavans Docteurs qui sont de cette Province ; d'un autre costé il y a beaucoup de pirates qui font de grandes voleries sur mer : on estime que ce sont les plus cruels de toute la Chine, comme retenans encore de leur premiere humeur barbare ; aussi sont-ce les derniers qui ont receu la douceur des loix & des meurs de la Chine. Autrefois le Royaume de Min, ou plustost les differentes Seigneuries qui portoient ce nom, & estoient sous l'obeïssance des Seigneurs de Min, estoient comprises dans ce pays : or comme la langue & la prononciation des lettres de cette nation est en quelque sorte differente de celle des autres, il ne se faut pas estonner, si parmy les escrivains Chinois (sur tout parmy ceux qui ont composé leurs histoires des relations & rapports de ceux qui demeurent dans cette Province) on y trouve tant de mots & de noms qui ne sont aucunement Chinois.

Avance-ment de la Religion Chrestien-ne. La Foy Chrestienne a esté de beaucoup avancée dans cette Province ; & bien que les habitans ayent de la peine & de la difficulté à la recevoir dans les premieres conferences, toutefois ils donnent aisément la main, & rendent les armes, quand on les a convaincu par raison : & ils sont d'autant plus fermes & religieux, qu'ils ont esté les plus lents à se convertir : de là vient qu'il n'y a presque point de ville ny de cité dans toute la Province, où la Societé de Iesus n'ait quelque belle Eglise dediée au vray Dieu. Les Peres de l'Ordre de sainct Dominique ont aussi une Eglise dans un bourg de cette Province, qui se nomme Tingteu, & est dans le territoire de la cité de Foning : il n'y a que ce lieu dans toute la Chine qui nous ait aidé & assisté dans nostre travail ; Dieu nous fasse la grace d'avoir nôbre de ces troupes de recreuës, & qu'elles s'augmentent par millions. Ce sont les souhaits & les vœux de tous les Chrestiens, des nostres, & des Chinois convertis.

Les limites de cette Pro-vince, De toutes les Provinces de l'Empire de la Chine, celle-cy est une des moindres : elle a l'Ocean Indien pour borne à l'Orient, au Zud-est, & au Midy : la Province de Quantung la limite au Zud-ouest, & elle confine à celle de Kiangsi au Couchant & au Nord-est : la Province de Chekiang borne le reste. Elle a huit villes, & quarante-huit citez ; il y a quantité de Forts bastis pour garder la coste de la mer : le livre qui contient le denombrement de tout le peule de la *Le nombre des hom-mes. Le tribut.* Chine, asseure qu'il y a 509200. familles, & 1802677. hommes : le tribut du ris est de 883115. sacs ; elle paye en soye 194. livres ; en soye filée 600. rouleaux : mais le plus grand revenu vient des navires ; le droit s'en paye selon le port & grandeur de chaque vaisseau.

Le climat de cette Province est un peu chaud, toutefois l'air y est pur & sain. Elle est arrousée de grandes rivieres, & le bord de la mer est extrememement inegal

à cause

à cause de divers Golfes : il y a auſſi une grande quantité de poiſſons, principalement prés du bord de la mer, comme auſſi dans toute la Province, à cauſe que la
mer la bat par tout : elle fait part à ceux qui ſont au cœur du pays de ſon poiſſon
ſec & ſalé, dont elle tire beaucoup de profit : on dit qu'il y a des mines d'argent &
d'or, mais on n'a ouvert juſques icy que celles deſtain & de fer; le deſir & la
convoitiſe des hommes n'oſent point s'attaquer aux autres en ce lieu non plus
que dans le reſte de la Chine, où il eſt defendu ſur peine de la vie, d'ouvrir &
de travailler les mines d'or & d'argent.

La premiere ou capitale Ville FOCHEV.

CE T T E ville capitale ſurpaſſe preſque toutes les autres de la Province, prin- La nobleſ-
cipalement pour la magnificence des baſtimens publics, pour eſtre une vil- ſe.
le de negoce pour la grande quantité de ſes marchands, pour ſa ſituation, &
auſſi pour le grand nombre de gens doctes ; ſon fonds eſt fertile, la mer pleine de
poiſſons, les rivieres navigables ; meſme les plus grands vaiſſeaux de la Chine
peuvent, ſortans de la mer, monter juſqu'aux murailles qui ſont vers le Midy
par une grande embouchure, où eſt le fauxbourg de Nantai; & ce pont ſi ſu- Pont admi-
perbe, qui a cinquante perches de longueur, & une demie de largeur, qui traver- rable,
ſe le Golfe : il eſt tout baſti de pierre blanche, & a plus de cent arcades : il y a des
deux coſtez des barreaux & des baluſtres, pour ſervir d'embelliſſement & de
defenſe, & des lions parfaitement bien taillez en pierre, poſez ſur des baſes de
meſme matiere. Il n'y a point de pont en l'Europe ſi beau que celuy-là ; mais
celuy de Sivencheu le ſurpaſſe. Les Chinois écrivent qu'il y en a un proche de
la cité de Focing, qui eſt ſemblable à celuy de Nantai, & qu'il a cent quatre-
vingt perches de longueur : je ne parle point de beaucoup d'autres ponts qui
ſont dans la ville & hors des murailles, parce qu'ils ſont de meſme ſtructure. Il
y a quantité de temples dans cette ville dediez aux Heros; mais celuy qui eſt
proche du pont de Nantai au Midy ſurpaſſe les autres en grandeur & magnificence. On croit que les Chinois n'ont point deſcouvert ce pays que ſous la famille de Ses ancien†
Cheva, & qu'en ce temps il en eſt fait mention dans leurs livres ſous le noms, &
nom de Min, qui n'eſtoit pourtant pas ſous l'obeïſſance de l'Empereur, mais de té. ſon antiqui-
pendoit des Seigneurs de Min. Le fondateur de la famille de Cina fut le premier
qui fit cette côqueſte : il ne la conſerva pas long-temps, ils ſecoüerēt bien-toſt le
joug mais l'Empereur Hiaoüús tres-heureux & fort ſoldat, l'aſſujetit pour tousjours à l'Empire de la Chine avec toutes les Provinces du Midy, y ayant eſtably le petit Roy Vúchúng, qui tint ſa Cour dans cette ville. Le Roy Cyn la
nomma Cyngan, Suius Mincheu; la famille de Tanga luy donna le nom de
Kiencheú, puis celuy de Focheu; elle a conſervé ce dernier nom ſous la famille
de Taiminga. Cette ville commande à huit citez, Focheu, 2. Cutien, 3. Mincing. 4. Changlo, 5. Lienxian, 6. Loyuen, 7. Iungfo, 8. Focing.

On fait dans ſon territoire une tres-grande quantité de ſucre fort blanc, &
c'eſt la premiere Province de l'Orient où on le faſſe : par là on peut juger que
cette ville eſt la Fugui du Venitien ; elle n'a pas une grande riviere qui la coupe
& ſepare en deux, mais une qui va juſqu'aux murailles, ſur le bord de laquelle
il y a un grand fauxbourg, & qui peut eſtre par cette raiſon celle du Venitien.

Il y a dans les lieux Meridionaux de cette Province, & principalement dans le Fruits de
territoire de cette ville grande quantité du fruit nommé Lichi, & que les Portu- Lichi.
gais de Machao appellent Lichias. Il naiſt ſur des arbres fort grands & fort hauts,
dont les feüilles reſſemblent à celles du laurier : il ſort des grapes du bout de ſes
branches : ſon fruit n'eſt pas ſi preſſé qu'il l'eſt dans les grapes de raiſin, & il pend
à de plus plus longues queuës : ſes grains ont la figure d'un petit cœur, ils ſont
gros comme une petite noix, & reſſemblent aſſez à une pomme de pin qui ſeroit

fort petite ; l'efcorce eft par coquilles ou pellicules, qui n'ont pas plus d'efpaiffeur qu'un parchemin qu'on peut aifémēt feparer fans couteau; l'amāde en eft blãche, a un bon fuc, le gouft tres-agreable, & la mefme fenteur que les rofes : quand le fruit eft meur il eft de couleur de pourpre; de façõ que ces arbres paroiffent de loin comme des cœurs de pourpre , & divertiffent ceux qui les regardent : tant plus le noyau eft petit, tant plus on eftime le fruit. Il eft fi bon qu'on ne s'en fçauroit raffafier : fon amande fe fond dans la bouche, & la remplit d'une douceur & d'un parfum comme fi c'eftoit une tablette de fucre rofat.

Il y a auffi une autre forte de fruit qui eft rond, dont la pellure reffemble fort à celle du Lichi, on le nomme Lungyen, c'eft à dire œil de dragon : il n'eft pas fi gros que le precedent, mais plus rond, comme font nos plus groffes cerifes; la peau eft un peu plus dure que celle de Lichi, & un peu plus femblable à unè coquille. Ceux de la Chine feichent ces deux fruits, on en vend de fecs par toute la Chine, mais ils n'ont pas l'agrément des nouveaux, car tout cet agreable fuc s'eft perdu en les feichant. On exprime auffi une liqueur du fruit de Lichia, dont les Chinois font du vin, qui eft affez doux, mais rare.

Il y a auffi un autre fruit, que ceux de la Chine nomment Muiginli, c'eft à dire les prunes de la belle femme : elles font en ovales, belles , plus groffes & meilleures que celles de Damas.

La Compagnie de I e s v s a une refidence dans cette ville, avec une Eglife & un grand nombre de Chreftiens; mais de peur d'eftre obligé de remarquer nos Eglifes dans cette defcription, j'ay eu foin, pour abreger, de faire mettre le nom de I e s v s aux villes & aux lieux où nous en avons.

Au Midy de la ville eft le cofteau de Keutai, où finit ce pont dont j'ay parlé cy-deffus : il y a un temple tout à fait magnifique appellé Nantai.

La montagne de Siúe Fng eft fort haute & fort grande, elle commence au Nord de la ville, & entre de là dans les terroirs des citez de Cutien , de Mincing & de Loyuen.

La montagne de Fang eft au Midy de la ville : il y a une vallée de quarante ftades : on void par tout fur les cofteaux des orangers & des citroniers , des cedres.

Proche de la cité de Cutien eft la montagne d'Vhoa, ou des cinq fleurs, nommée ainfi à caufe de fes cinq fommets tres-hauts & femblables les uns aux autres; on efcrit que chaque fommet a bien mille perches de hauteur.

Proche de Iungfu eft la montagne de Caocai, celebre & fort haute, & la feptiefme entre les fameufes des livres de Taoxu, agreable pour fes vieilles forefts, & celebre pour fes monafteres.

La riviere de Min paffe au Zud-eft de la ville, fa fource eft aux confins de la Province de Chekiang, proche de la cité de Lungciuen; de là elle paffe par Puching, puis par la ville de Kienning & les bourgs de Ienping & de Xuikeu, & apres s'eftre accruë d'une grande quantité d'eaux, elle entre dans le territoire de la capitale, d'où elle fe va defcharger dans la mer. De Puching jufqu'à la petite ville de Xuikeu, elle court au travers des rochers avec grande impetuofité, elle devient apres fort douce & fort paifible; & toute violente & bourbeufe qu'elle eft, les Chinois ne laiffent pas d'y naviger avec l'adreffe qui leur eft naturelle, & par le moyen de certains petits bateaux faits avec un merveilleux artifice; ces bateaux n'ont point le gouvernail comme les autres, mais deux qui s'avancent fort loin, l'un vers la poupe, & l'autre vers la prouë; avec ces gouvernails ils conduifent leurs barques avec grande facilité & viteffe au travers des rochers & des efcueils, les manient comme des chevaux par la bride. I'ay fait deux fois ce chemin, & fuis defcendu dans ces bateaux, mais ce n'a pas efté fans crainte; car fouvent le canal, qui eft entre les rochers, eft fi eftroit, que la barque a de la peine à y trouver paffage, tant il eft refferré par les rochers : auffi les naufrages y sont fort frequens. Ce qui fait dire aux Chinois, que les bateaux sont de papier, & les matelots de fer. Ces barques sont faites d'aix & de planches minces, les gouvernails attachez avec de l'osier ; c'est pourquoy quand le vaisseau vient à heurter contre les rochers, il ne se rompt pas à cause qu'il plie. Vous pouvez aisément juger avec quelle violence & impetuosité ces torrens tombent & se precipitent ; de ce qu'on ne met que trois journées pour descendre de Puching à la capitale ; & qu'on employe quinze jours tous entiers à faire le mesme chemin en remontant.

La seconde ville CIVENCHEU.

CETTE ville est grande à cause du trafic, & remarquable par la majesté de ses edifices, de ses temples , de ses ruës ; pavées fort nettement de briques, & renfermées de deux rangs de pierres quarrées. Il n'y a point de ville où les maisons soient plus magnifiques ; sans parler des autres bastimens superbes, ni de quantité d'arcs triomphaux qu'on voit par tout ; le *Temple admirable.* temple de Caiyuen merite qu'on l'admire, à cause de ses deux tours à sept étages : chacune a cent vingt-six perches de haut ; car on compte dix-neuf perches entre-deux estages : elles ont autour des saillies & des galeries à chaque estage, qui s'avancent en telle sorte, qu'on peut marcher tout au tour de ces tours par le dehors, ces bastimens sont de pierre & de marbre. Dans chaque estage on a mis une statuë de l'idole de Fe, de cuivre ou de marbre : ces statuës sont si ingenieusement taillées , que les Chinois osent bien se vanter, que ce n'est pas un ouvrage d'homme, mais de quelqu'un de ses Xinsiens ou hommes immortels, comme ils les appellent.

Civencheu est proche de la mer, & située dans un lieu fort agreable, & capable de recevoir des deux costez les plus grands vaisseaux au dedans de ses murailles, par le moyen d'un Golfe de mer : elle est bastie sur un promontoire tout environné d'eau , si ce n'est au Nord & au Zud-est : au delà de l'eau il y a sur le rivage de petites villes fort peuplées & marchandes, principale- *Loyang est marqué dãs la Carte à l'E.N.E.* ment au quartier vers le Nord-ouest, nommé Loyang, qui pourroit tenir son rang entre les plus grandes citez, & où commence un pont qui porte le mes- *Pont fort renommé & celebre.* me nom. Ie doute s'il a son pareil dans tout le monde. Voici comme en parle l'Historien Chinois. Le pont de Loyang est au Nord-ouest de la ville, bâty sur la riviere de Loyang ; on le nomme aussi le pont de Vangan : il a esté basty par un Gouverneur de la ville nommé Eaüang : il a plus de trois cens soixante perches de longueur, & de largeur une perche & demie : on y passoit en bateau avant que ce pont fust fait ; mais à cause de la violence des marées il s'y en perdoit tous les ans un grand nombre avec les passagers. çaijangus considerant que la force humaine ne pouvoit venir à bout de cet ouvrage, & que la grande profondeur empescheroit qu'on n'en pust asseurer les fondemens ; aprés avoir invoqué l'esprit de la mer, il le pria de retenir la violence de ses eaux, ce qu'il obtint (disent-ils.) La mer estant demeurée calme pendant vingt jours, on on y posa les fondemens, & l'on y dépensa quatorze cens mille ducats : voila ce qu'il en dit. Ie l'ay veu deux fois, tousiours avec estonnement : il est tout d'une mesme pierre noirastre, il n'a point d'arcades, mais plus de trois cens pilliers faits de fort grandes pierres : elles ont toutes la figure d'un grand navire, finissent & se terminent de part & d'autre en un angle aigu , afin de rompre avec plus de facilité la violence de l'eau. Cinq pierres égales occu- *Il faut qu'il y ait 1505. de ces pierres ou plus.* pent toute la largeur d'un pilier à l'autre ; chaque pierre a en longueur dix-huit de mes pas ordinaires, dont je me servois pour les mesurer en me promenant tout doucement, l'épaiſſeur eſt la meſme, il y a mille & quatre cens de ces groſſes poutres de pierre, pour ainſi dire, qui ſont toutes ſemblables & égales. Ouvrage admirable pour le grand nombre de ces lourdes pierres, & pour la maniere dont on les ſouſtient entre ces pilliers. Il y a des garde-foux ou appuis de chaque coſté, faits de la meſme pierre, avec des lions au deſſus, poſez ſur leurs baſes, & pluſieurs autres ornemens de cette nature. Vous remarquerez qu'en cette deſcription, je ne parle que d'une partie de ce pont, ſçavoir de celle qui eſt entre la petite ville de Logan, & le château qui eſt baſti ſur le pont, car aprés avoir paſſé le Château on trouve l'autre partie du pont qui n'eſt guere moindre que la premiere. Pour ce qui eſt de la dépenſe, on doit conſiderer que dans la Chine la plus grand part des ouvriers doivent travailler pour rien, quand on baſtit quelque edifice public; & pour ceux à qui on donne ſalaire, c'eſt ſi peu de choſe, que le ſalaire d'un ſeul ouvrier dans l'Europe en contenteroit une dixaine de ceux de la Chine.

C'eſt de cette ville & des autres lieux qui en dependent, qu'il va d'ordinaire quantité de navires dans les pays eſtrangers pour y trafiquer, comme *La Zarte de* ils l'ont fait autrefois; ce qui m'oblige de croire que la ville de Zarte de M. *M. Paul de* Polo n'eſt pas fort éloignée de celle-cy; car il dit qu'il n'y a que cinq jour- *Veniſe.* nées de chemin juſqu'à Focheu qu'il nomme Fugui; or cette ville eſt dans la meſme diſtance : je ſçay bien que le mot de Zarte n'eſt pas Chinois; de façon qu'il eſt croyable que les Tartares & eſtrangers appelloient quelque port & havre fameux de ce nom là : j'ay encore d'autres raiſons de le croire, comme l'on le verra dans la deſcription de la ville ſuivante, où il reſte pluſieurs veſtiges & memoires des Chreſtiens qui y ont eſté autrefois.

Cette ville commande à ſept citez, dont la premiere eſt Civencheu, 2. Nangan, 3. Hoeigan, 4. Tehoa, 5. Ganki, 6. Tunggan, 7. Iungchung. Elle *Noms an-* appartenoit autrefois aux Seigneurs de Min. Leangus la nomma Nangan, & *ciens.* le Roy Suius Venling; la famille de Sunga l'appella Pinghai; pour le nom qu'elle a à preſent elle le tient de celle de Tanga. Nous parlerons de Ganhai, qui eſt une petite ville tres-marchande, & qui releve de Civencheu; mais ce ſera quand nous ferons la deſcription des Forts.

Les plus ra- Paocai eſt une montagne, ſur le ſommet de laquelle il y une tour à neuf *res monta-* eſtages, qui ſert de phare à ceux qui naviguent : on la voit au Midy de la *gnes.* ville.

La troiſiéme Ville CHANGCHEV.

CHANGCHEV eſt la plus meridionale de la Province : elle tire ce nom de la grande riviere de Chang : elle eſt ſituée ſur ſes bords du coſté du couchant : le flux & reflux de la mer va juſques là. Au midy, où la riviere paſſe devant la ville, il y a un pont fort magnifique tout de pierre de taille, compoſé de *Pont fort* trente-ſix arcades fort grandes & hautes, qui forment un chemin ſi large qu'il y *celebre.* a de petites maiſons de part & d'autre avec des boutiques, où l'on vend tout ce qui ſe trouve de rare dans la Chine, & qui s'apporte des royaumes é-trangers ; toutes ſortes de marchandiſes y montent continuellement de Hiamuen, qui eſt un lieu de grand trafic, comme je diray lors qu'il en ſera temps.

Cette ville a dix citez ſous ſon obeïſſance, dont la premiere eſt Changcheu, 2. Changpu, 3. Lugnien, 4. Nancing, 5. Changtai, 6. Changping, 7. Pingho, 8. Chaogan, 9. Haicing, 10. Ningyang. Ie trouve que ce nom luy a eſté donné premierement ſous la famille de Tanga, & qu'en meſme temps elle eut le rang & la qualité de ville : peu de temps aprés la famille

de Iuena la reconnut pour telle, & baftit la cité de Nancing; ce qui me per-
fuade de croire que dés lors il y abordoit quantité de navires, & qu'il faloit
que la Zarte de M. Polo fuft icy quelque part. On a encore trouvé dans cet-
te ville des veftiges de Chreftiens, & beaucoup de pierres taillées & gravées du *Monumens de la Religion Chrétienne.*
figne de la fainte Croix, avec l'image de la Vierge Marie Mere de Dieu, devant
qui les Efprits celeftes fe profternoient, & deux petites lampes pendantes fur
ces croix mefme dans le palais d'un certain Gouverneur, on y trouva une
fort belle croix de marbre, que les Chreftiens en tirerent aprés avoir eu permiffion, & qu'ils mirent dans l'Eglife, que nous avons dans cette ville, avec
beaucoup de devotion & de pompe. I'ay auffi veu avec mes compagnons un
vieux livre chez un homme docte, fort bien écrit en lettres Gothiques fur du
parchemin fort delié, où il y avoit la plus grande partie de l'Efcriture fainte en latin; je fis tout mon poffible pour l'avoir, mais je ne pûs obliger celuy qui en eftoit le maiftre de me le donner, quoy qu'il fuft payen, encore que
je l'en priaffe, & que je luy offriffe de l'argent; me difant qu'on gardoit ce
livre dans fa famille comme une chofe fort rare que fes anceftres y avoient
confervé plufieurs années.

Cette ville eft fort peuplée, & fameufe pour la beauté de fes edifices, & pour
l'efprit de fes habitans: fes marchands ont de l'induftrie. Ceux de ce pays font naturellement trôpeurs, & addonnez à leurs plaifirs. Il croift dans le terroire de cette ville, auffi bien que dans celuy de la precedente, une grande quantité d'ex- *Excellentes oranges.*
cellentes oranges, femblables aux plus groffes que l'on a en l'Europe, mais qui
ont bien meilleur fenteur & meilleur gouft : l'arbre qui les produit reffemble
affez aux noftres, mais il y a cette difference pour le fruit, qu'il a le mefme gouft
en le mangeant qu'ont nos raifins mufcats, & la mefme odeur : ce fruit quitte
naturellement & avec facilité fon efcorce & fa peau dorée & épaiffe; il en eft de
mefme de la chair qui eft entre les pellicules : on confit ce fruit avec l'écorce,
apres l'avoir mis entre des preffes : il fe garde toute l'année; ils ne font pas
feulement ces delicateffes pour les autres Chinois, mais auffi pour les eftrangers chez qui ils les envoyent.

Vers l'Orient de la ville, il y a une montagne qui fe nomme Cio, où on dit *Les monta-gnes.*
qu'il y a une pierre de cinq perches de hauteur, & de dix-huit d'épaiffeur, qui
branfle & fe remuë pendant le mauvais temps.

Il y en a un autre plus proche de la ville qui fe joint avec la precedente, & fe
nomme Kieulang, recommandable pour fa fontaine qui eft claire comme du
criftail.

La quatriéme Ville KIENNING.

ELLE eft fituée fur le bord oriental de la riviere de Min : elle cede bien à la
verité à fa Capitale pour les marques de nobleffe, mais non pas en grandeur;
car fon territoire eft de grande eftenduë : il y a fept citez, Kienning, 2. Kienyang, 3. çunggan, 4. Puching, 5. Chingho, 6. Sungki, 7. Xeuning. Elle
appartenoit autrefois aux Seigneurs de Min : la famille de Tanga la nomma
Kiencheu; mais celle de Sunga luy a donné le nom qu'elle a à prefent: j'ay desja fair voir que l'endroit où Marco Polo l'a placée, témoigne affez que c'eftoit
fa Quelinfu. Cette ville a efté fort ruinée dans ces dernieres guerres des Tatta- *Ruine de cette ville.*
res; car s'eftant revoltée contre eux, & ayant efté prife pour la feconde fois
apres un long fiege, elle fut entierement brulée; & tous ceux qui s'y trouverent
paffez au fil de l'efpée : le feu & l'embrafement n'ont pas épargné une Eglife
que noftre Compagnie y avoit, n'y ayant que ce beau pont qui eft fur la riviere
de Min qui ait efté confervé de fa violence; ce pont eftoit couvert de cofté &
d'autre, il y avoit des maifons & des boutiques, tous les piliers eftoient fort

hauts, de pierre de taille, & le refte de bois ; c'eftoit par ce pont que l'on montoit dans un téple fort fuperbe, & bafty fur l'autre cofté de la riviere: on l'a remis en fa premiere magnificence: on a auffi commencé de rebaftir la plus grande partie des maifons, mais il s'en faut pourtant beaucoup qu'elles n'approchent de la beauté des premieres. Les villes de la Chine fe peuvent plus facilemét rebaftir, lors qu'elles ont efté brûlées, que celles de l'Europe, à caufe qu'elles font de bois pour la plufpart. Il y a auffi un autre pont magnifique qui fe nomme Choking, il eft proche de Kienyang, & fi long qu'il y a deffus foixante & treize boutiques, & tout couvert.

La ville de Kienning eft affez marchande ; car toutes les denrées qui montent & defcédent fur la riviere paffent par là; & lors qu'elles font arrivées à la cité de Pucing, on les defbarque, pour les faire porter par des portefaix jufqu'au bourg de Pinghu qui eft du reffort de la cité de Kiangxan, à travers des montagnes qui font fort hautes & de profondes vallées : on y compte trois journées de chemin, & on en rapporte d'autres de mefme façon de Pinghu à Puching. Ce chemin a efté applani autant qu'il a efté poffible : il eft tout pavé de pierres quarrées, & il y par tout des bourgs pour y recevoir les paffans. On donne à garder les marchandifes toutes pefées aux hoftes, apres leur avoir payé ce qui leur eft deu & leur droit ; les hoftes les font porter ailleurs par des portefaix ; de façon que les marchands reçoivent fidelement leurs marchandifes & fans peine ; s'il fe perd quelque chofe, l'hofte eft obligé de le payer & de le faire bon. Ceux de l'Europe auront de la peine à croire qu'il y ait tousjours dix mille portefaix, qui font prefts à porter leurs charges qu'ils attendent avec impatience ; car ils gugnent leur vie à aller & venir continuellement à travers ces montagnes ; & les Chinois font fort entendus à porter des fardeaux ; de façon que les payfans de ces pays là donneroient bien de la befoigne à nos ingenieurs, s'ils leurs voyoient mettre les plus gros canons & femblables fardeaux de part & d'autres fur des leviers ; en forte qu'ils les portent avec grande facilité par les chemins les plus eftroits des montagnes : & quoy qu'il en ait qui aillent devant, & que d'autres fuivent, & foient efloignez du fardeau de plufieurs pas ; fi ne laiffent-ils pas de fçavoir partager la pefanteur & leurs cordes fi également, que l'un n'en a pas davantage que l'autre ; foit qu'il en foit plus efloigné ou plus proche : c'eft ainfi que les Chinois portent fur leurs efpaules de grands marbes & des arbres tous entiers.

Il y a un bureau dans la cité de P'úching pour le droit du paffage des marchandifes: ce droit eft employé à reparer & à entretenir les chemins & les ponts. On void prés de la cité de P'úching au Levát ce pont fait de bateaux qui font liez & attachez enfemble. Il y a deux temples qui font les plus confiderables, celuy de Chúvencungus, qui a fi bien expliqué la Philofophie de Cungfutius, & qui fe lit dans toutes les Vniverfitez ; de forte qu'on eft contraint, par le commandement de l'Empereur, de fe fervir de fon explication.

Vers le Nord-eft il y a une fort haute montagne nommée Xin, où l'on void par deffus les autres montagnes le Soleil fe lever de la mer.

Proche de Kienyang eft la montagne d'Vlung, où il y a cinq cofteaux qui en renferment & environnent un autre ; il fe nomme en langue Chinoife la Perle, & les cofteaux fe nomment les cinq dragons.

Là mefme eft la montagne de Ciaoyuen, la treiziefme dans les Livres de Taoxu ; mais celle qui les furpaffe en grandeur & en reputation eft la montagne de Vuy proche de la cité de çúnggan. Il y a plufieurs temples, des convents & des Hermites, entre lefquels il fe trouve quantité de Gouverneurs qui fervent aux Idoles, la tefte rafe, apres avoir méprifé les richeffes du monde & les dignitez ; toutefois Dieu a choifi des ferviteurs parmy ces efclaves du demon, dont le fuccez & l'evenement font tout à fait admirables. Entre ces facrificateurs, un, qui

eſtoit comme le Prieur & Gouverneur de deux Temples, nommé Chang, con-
vertit ſes deux Temples d'Idoles en autant d'Egliſes pour y ſervir le vray
Dieu, aprés avoir briſé & mis en pieces toutes les idoles qui y eſtoient : il mit
dans une de ces Egliſes l'image de Ieſus-Chriſt noſtre Sauveur, & dans l'autre
celle de la bien-heureuſe Vierge Mere de Dieu. On l'avoit mis dans ſa jeuneſſe
chez un des principaux de cette ſecte pour en apprendre les myſteres & les ceremonies, mais il arriva que ce chef de ſecte eſtant fort malade, fort âgé, & prés de
ſa mort, ſon diſciple l'interrogea, s'il croyoit que la Loy qu'il luy avoit enſeignée
juſqu'à lors, fuſt ſuffiſante pour faire ſon ſalut, le vieillard luy répondit, non,
mon enfant, mais nous n'en ſçavons point de meilleure ; toutefois ayes bon
courage, car dans quarante ans il ſe trouvera des perſonnes qui t'enſeigneront
le vray chemin de ton ſalut. Il mourut ſur ces paroles ; Changus ne ſe
contenta pas d'avoir bien retenu les dernieres paroles de ſon maiſtre, comme autant d'oracles d'vne Divinité plus ſainte que n'eſtoit celle à qui il ſer-
voit, il les écrivit & les garda avec beaucoup de ſoin : peu d'années aprés, le
Gouverneur de la cité de Puching s'eſtant fait Chreſtien avec toute ſa famille, & invitant fort ſouvent le R. P. Simon de Cunha de le venir voir de la
ville de de Kiening, pour s'inſtruire dans les myſteres de noſtre religion, &
recevoir les Sacremens, un jour aprés avoir achevé le divin ſervice, il mena ce Pere pour voir cette montagne de Vuy ſi celebre : tous les Sacrificateurs
s'y rencontrerent pour recevoir leur Gouverneur, entre leſquels Changus
eſtoit auſſi ; mais comme en diſcourant on faiſoit parfois mention de la Loy
Chreſtienne, il parut tout eſtonné : C'eſt ſans doute, dit-il aprés au Gouverneur, cette Religion, & c'eſt le meſme homme, montrant le Pere avec le
doigt, qui doit m'enſeigner le vray chemin de ſalut, comme mon maiſtre me
l'a predit il y a long-temps : on regarde dans le livre où il avoit écrit les dernieres paroles de ſon maiſtre, avec l'année, & il ſe trouva qu'il y avoit quarante ans paſſez qu'il eſtoit mort. Il renverſa toutes les idoles, les foula aux
pieds, & tout tranſporté d'un ſaint zele, il leur reprocha qu'elles l'avoient ſi
long-temps trompé. C'eſt là meſme où il y a à preſent pluſieurs Chreſtiens,
& quantité d'Hermites qui vivent religieuſement & en commun, & ſans ces
dernieres guerres on en auroit veu ſortir d'excellens Predicateurs de la parole de Dieu ; mais nous ne doutons pas que cela n'arrive dans ſon temps, &
que la moiſſon n'en ſoit un jour tres-ample.

    Yú Leang eſt une montagne proche de Puching, qui eſt une de ces dix
montagnes qui ſont eſtimées les plus grandes de toute la Haute Aſie. Pour
les rivieres, il n'y a rien de particulier horſmis les noms que l'on peut voir
dans la Carte.

La cinquiéme *Ville* I E N P I N G.

C E T T E ville du bord de la riviere de Min va peu à peu en montant ſur la
pente de la montagne : ceux qui naviguent la voyent toute d'une veüe,
& en trouvent l'aſpect tres-agreable. Il y a deux grandes rivieres qui ſe joignent vers la porte de l'Orient, celle de Min & de Si, qui y forment un lac;
c'eſt pourquoy elle reçoit des navires de toute la Province : elle n'eſt pas des
plus grandes, mais bien des plus belles. Les montagnes ſur leſquelles elle eſt
baſtie ſont inacceſſibles par le dehors, cette ville eſt tres-forte par cette raiſon, & comme la clef de toute la Province : elle a cela de particulier, que
les habitans y parlent communément la langue des Sçavans; car on y amena
autrefois une colonie de Nanking : je ne ſçay que cette ville où on faſſe venir l'eau des montagnes dans chaque maiſon, par des canaux. On y compte
trois temples conſiderables, avec deux ponts, un ſur chaque riviere ; ces ponts
ſont faits de bateaux liez enſemble.

Noms an-
ſiens.

Cynus le premier Roy la nomma Ienping ; la famille de Tanga Kiencheû, celle de Sunga Nankien, mais la famille de Taiminga l'appella derechef Ienping. Cette ville commande à ſept citez, Ienping, 2. Cianglo , 3. Xa , 4. Yeuki, 5. Xunchang, 6. Iunggan, 7. Tatien. On dit communément de la cité de Xa, qu'elle eſt d'argent, à cauſe de la fertilité de ſon fonds & de ſes fruits. Cette cité eſtoit autrefois baſtie ſur l'autre bord de la riviere ; mais l'Empereur commanda qu'on la demoliſt, & tranſporta les habitans de l'autre coſté à cauſe qu'un fils avoit tué ſon pere là où elle avoit eſté premierement baſtie, les loix de la Chine jugeans qu'un tel crime ne pouvoit eſtre expié que par ce changement. Cette cité a auſſi un pont couvert, tout à fait magnifique, ſur lequel il y a pluſieurs boutiques. La Compagnie de Ieſus y a auſſi une Egliſe.

Les monta-
gnes.

Fung eſt une montagne qui environne preſque toute la cité de Cianglo de ſes coſteaux ; là eſt auſſi la grande montagne de Pechang, qui s'eſtend au delà des frontieres de la Province de Kiangſi.

Dans le territoire de la cité de Xa il y a une fort grande montagne & fort roide, nommée Huon. Ils écrivent qu'il s'y trouve un animal couvert de poil, qui reſſemble à un homme.

Yûevang eſt une montagne, où les Rois de Iue avoient accoûtumé de paſſer les chaleurs d'Eſté, ils y ont fait baſtir pluſieurs palais qui ne ſont pas loin de la cité.

La ſixiéme Ville TINGCHEV.

LE territoire de cette ville appartenoit anſſi autrefois aux Seigneurs de Min. Le Roy Cynus le nomma Sinlo : c'eſt la famille de Tanga, qui luy a donné le nom qu'elle a à preſent, ſous laquelle ce n'eſtoit qu'une cité ; la famille de Taiminga l'erigea en ville, & luy donna juriſdiction ſur huit citez, Tingcheu, 2. Ninghoa, 3. Xanghang, 4. Vûping, 5. Cinglieu, 6. Lienching. 7. Queihoa, 8. Iungting. Ce territoire eſt fort plein de montagnes, mais il ne laiſſe d'y avoir abondance de tout ce qui eſt neceſſaire à la vie ; toutefois le pays en eſt mal ſain. En un endroit où les montagnes de trois Provinces ſe joignent il y a un peuple farouche & ſauvage , qui vit au fond de ces montagnes en liberté & ſans reconnoiſtre les Chinois.

Les monta-
gnes.

çuihoa eſt une agreable montagne couverte de fleurs, qui donne beaucoup de plaiſir & de divertiſſement aux habitans de Ninghoa, ſur tout au Printemps. La montagne de Kin ou dorée luy reſſemble, elle ſe nomme de la ſorte : à cauſe de ſes mines d'or, dont la famille de Sunga fit l'ouverture : cette montagne proche de Xanhang, eſt ſi agreable que l'on en pourroit faire la plus belle peinture du monde. Il y a trois petits eſtangs, où le fer crud ſe change en cuivre. La montagne de Fung eſt fort haute, proche de Cinglieu, & inacceſſible.

Les rivieres.

Cingçao eſt un eſtang au Levant de la ville de Tingcheu, qui n'a qu'un arpent de terre d'étenduë , dont les eaux ſont fort baſſes : là proche les arbres conſervent toute l'année leur verdeur & leurs feüilles. Proche de Vûping eſt le lac de Loxui ou d'eau verte, à cauſe de la couleur de ſon eau, de telle nature que tout ce qui s'y lave prend cette couleur.

En la riviere par où on va à Ienping, il y a pluſieurs caſcades, & des endroits fort dangereux, deux principalement proche de Cinglieu, l'un qui ſe nomme Kieulung, & l'autre Changcung : quand les batteaux paſſent, de peur que tombant avec l'eau, ils ne viennent à ſe rompre & à ſe fracaſſer, les matelots jettent premierement quelques bottes de paille, afin que le batteau heurte en ſuite moins rudement.

La

La septiéme Ville HINGHOA.

LE territoire de cette ville est le plus beau & le plus fertile de toute la
Province. La ville mesme est propre , & recommandable pour le
grand nombre de gens doctes, & pour les excellens esprits qui y sont. Il y a
quantité d'arcs de triomphe,& de sepulcres sur les costeaux qui en sont proches.
Vous pouvez juger de la fécondité de son terroir, de cela seul que n'ayant
de jurisdiction que sur deux villes , elle ne laisse pas de payer de tribut au Roy
72000. sacs de ris. Ses citez sont, la premiere Hinghoa, 2. Sienlieu. Tout ce
pays est si remply de petits villages & de bourgs,que son territoire pourroit passer pour une seule ville. Tous les chemins y sont pavez de pierres quarrées, &
ont une perche de largeur durant plus de soixante stades : je n'ay jamais rien veu
de plus propre. Cette ville a aussi deux ponts magnifiques, l'un au Septentrion , & l'autre au Midy. Tout ce pays abonde en soye : il n'y a point d'endroit
dans toute la Chine, où le fruit de Lichi soit meilleur, ny où l'on trouve de
meilleurs poissons, semblables aux mulets de France. Il y a cinq temples
dediez aux Heros, plus considerables que les autres. Le Roy Suius nomma
cette ville Putien : le nom de Hinghoa qui signifie une fleur naissante, luy vient
de la famille de Sunga : la mesme famille l'appella en suite Hingan , mais
celle de Taiminga luy a rendu son premier nom.

La montagne de Hucung est au Midy de la ville : ceux qui discourent des Les monta-
montagnes y remarquent beaucoup de particularitez & de merveilles. Ils y gnes.
distinguent huit plans ou faces, comme si elle representoit un cube.

La montagne de Goching se voit au Zud-est de la ville , au bas de laquelle il y a un bourg, où demeurent de fort riches marchands , qui trafiquent par
toute la Chine. Ce bourg pourroit pretendre d'estre mis au rang des villes ,
pour la magnificence des bastimens & pour sa grandeur ; toutefois il n'a pas Lesrivières.
de murailles ny les privileges de villes. Au bas de la montagne de Chinyuen
au Septentrion est le lac de Chung, au bord duquel on a basti un fort grand
palais, où il y a dix sales. Quand la pluye ou le mauvais temps doit venir, on y Vn puis où
entend comme le son d'une cloche. Au sommet de la montagne de Hucung il y a flux
il y a un puits nommé Hiai; où l'eau entre & sort, avec des periodes sembla- & reflux.
bles à celles du flux & reflux de la mer.

La huitiéme Ville XAOVV.

CEtte ville est la plus septentrionale de sa Province : elle n'estoit pas
considerable du temps des Seigneurs de Min ; car on commença premierement de la renfermer de murailles sous la famille de Tanga, qui luy donna le rang de ville. Elle commande à quatre citez, dont la premiere est Xaouu,
2. Quangçe, 3. Taining, 4. Kienning. Elle est situèe dans un lieu fort & commode: aux endroits où le passage est difficile, on a basti quelques Forts , qui
pour la pluspart ne sont guere differens des citez ny des villes, que par leur garnison : du reste leurs murailles & leurs rües sont toutes de mesme : ce n'est pas
comme dans l'Europe, où le plan des Forts est different de celuy des villes : ce
qui se doit entendre de tous les autres; jay pris le soin de les faire marquer
dans la Carte, comme des Forts, pour les distinguer exactement par là des
Villes qui ne sont pas de guerre. Cette ville s'appelle aussi la clef de la Province d'Occident. Le doux & paisible ruisseau de Ciao y passe, duquel on en a
derivé d'autres plus petits dans les rües. Elle a au Nord un pont magnifique sur la riviere de çuyun, long de soixante-trois perches , qui ressemble
assez aux precedens. Il y a aussi deux temples fort considerables. On fait dans

(X

cette ville de fort belle toile de chanvre crud, qu'on recherche fort, & qui eſt
chere, à cauſe qu'elle eſt fraiſche en Eſté, & qu'elle ne ſe ſalit point lors qu'on ſuë.

Les monta-
gnes.

Au Zud-eſt il y a une fort grande montagne qui ſe nomme Cietai, qui va
juſqu'aux confins de Tingcheu & de Ienping, où il y a une fontaine dont l'eau
eſt bonne pour quantité de maladies.

Kinyao eſt auſſi une fort grande montagne de quatre cens ſtades de circuit,
qui touche aux limites de Kienning & de Ninghoa , & commence au pays
de Taining.

La grande Cité de FONING.

FONING a trois citez ſous ſa dependance, la premiere eſt Foning, 2.
Fogan, 3. Ningte : elles ſont ſituées dans un territoire large & de grande
eſtenduë , mais traverſé de montagnes ; toutefois le neceſſaire n'y manque pas.
Foning eſt une belle & grande cité, qui reçoit beaucoup de commoditez de la
mer dont elle eſt proche. Il y a bien de la peine au reſte d'aller par les montagnes, il n'eſt pas meſme poſſible d'y paſſer vers le Nord & le Zud-eſt. Au
couchant de la ville eſt une montagne riche en argent, à ce que diſent les
Geographes Chinois. Il y a un temple dedié aux Heros, & une Egliſe des
Chreſtiens dans un bourg nommé Tingteu, qui a eſté baſtie depuis peu par
les Religieux de l'Ordre de S. Dominique, qui eſt la ſeule Egliſe qu'ils ayent
dans tout l'Empire de la Chine : ils ont eu cy-devant une Chapelle en un autre bourg nommé Moyang, dans la maiſon d'un Chreſtien ; mais tout s'eſt
diſſipé & perdu pendant ces dernieres guerres ; j'en ay voulu dire quelque choſe en cet endroit, afin que ceux qui jetteront la veuë ſur la carte, ne s'éton-
nent point de voir toutes les Egliſes marquées du nom de Ieſus, & non pas de
celuy d'aucun autre Ordre ; car comme je n'ay repreſenté que les villes & les
citez dans mes cartes, auſſi m'a-t-il eſté impoſſible de marquer ce temple qui
eſt dans un village, à cauſe qu'il y en a une ſi grande quantité, & du peu d'eſpace de la carte, & pour d'autres raiſons encore ; & ne l'ayant pû faire paroiſtre
dans la carte , j'ay crû qu'il ſuffiroit d'en faire icy mention.

Les monta-
gnes.

Lungxeû eſt une fort haute montagne, au bas de laquelle eſt la cité de
Foning.

La montagne de Hung eſt au Midy, elle s'éleve extremement haut.

La montagne de Nankin eſt au Midy de Foning ſur le bord de la mer ; on dit
que les navires avoient accouſtumé d'y aborder anciennement.

La montagne de Talao eſt au Nord-eſt de Foning, elle a trente-ſix ſommets
fort hauts.

Les rivieres.

En Automne il ſort un ruiſſeau de le montagne de Talao, l'eau en eſt bleüe :
& c'eſt en ce temps-là que les habitans de ce pays donnent cette teinture à leurs
draps & eſtoffes, en les y lavant.

Les Forts.

Places fort
celebres &
renommées
pour le ne-
goce & tra-
fic.

IL ne faut pas manquer à décrire Ganhai & Hiamuen, que les Chinois qua-
lifient du nom de Forts, quoy qu'ils ſurpaſſent bien des villes pour la magnificence de leurs edifices , pour l'affluence de leur peuple , & pour leur
commerce.

Lors que je me mis en chemin pour retourner en noſtre Europe , je partis du
Fort de Ganhai dans un navire Chinois pour les Iſles Philippines : il y a beaucoup de marchandiſes & de vaiſſeaux de la Chine, l'havre eſtant aſſez commode & aſſez ſeur, & l'ancrage & la rade aſſez bonne pour les navires ; il eſt
baſti & ſitué ſur une riviere, où le flux & reflux monte ſouvent & encore plus

haut. Cette ville a à l'Orient un pont tout à fait magnifique, qui a deux cens
cinquante pas de long, & eſt tout de pierre, avec pluſieurs arcades.

Ie pourray dire la meſme choſe de Hiamuen , car il eſt ſitué dans une
Iſle qui n'eſt pas fort éloignée du continent. Pour Ganhai il touche à la terre
ferme. Enfin c'eſt de ces deux endroits d'où on envoye les marchandiſes &
denrées dans toutes les Indes. Iquon, ce grand & fameux pyrate, a eſté autrefois maiſtre de ces pays, tres-bien connu des eſtrangers , ſur tout des Eſpagnols, Portugais & Hollandois : il s'eſt ſouvent veu une armée de trois mille
grands vaiſſeaux Chinois. Enfin, ce qui rend en quelque ſorte ces deux places recommandables c'eſt que les Hollandois , pour les avoir ſeulement veuës
quelquefois , diſent par tout que ce ſont de fort grandes villes & fort riches;
cependant les Chinois ne les tiennent pas telles.

Pour les autres Forts, ils ont eſté conſtruits pour garder la coſte de la mer,
comme ſont , 1. Pumuen , 2. Foning, 3. Tinghai, 4. Muihoa , 5. Xe, 6. Hai-
keu , 7. Vangan , 8. Chungxe, 9. Tungxan, 10. Hivenchung , 11. Iung-
ring.

L'Iſle FORMOSA, *autrement* BELLE-ISLE.

CETTE grande Iſle, qui depuis quelques années eſt ſi celebre , appartient
auſſi à cette Province, quoy qu'elle ne ſoit point ſans l'obeïſſance des
Chinois, & que ceux qui y demeurent ſoient libres. Les Chinois la nomment
Talieukieû, c'eſt à dire, la grande Lieukieû, pour la diſtinguer de la petite :   *Divers*
les Portugais, qui en corrompent un peu le vray nom, l'appellent Lequio ;   *noms.*
pour moy j'eſtime que ce ſont les Eſpagnols qui luy ont donné ce nom de Formoſa , lors qu'ils baſtirent le Fort de Kilnng dans ſon promontoire qui eſt au
Nord, & du coſté où il s'avance en pointe vers la mer. Les Hollandois ont auſſi
un Fort qu'ils nomment la nouvelle Zelande, dans une petite Iſle appellée
Taïvan, proche de Formoſa. Ce chaſteau eſt un quarré avec quatre baſtions,
& baſti à la Hollandoiſe ; & quoy que la rade y ſoit tres difficile & peu aſſeurée pour les navires , ſi eſt-ce que cela n'empeſche pas qu'ils ne gardent ce havre avec beaucoup de jalouſie. Quant aux Eſpagnols, ou ils ont abandonné
volontairement leur Fort de Kilung, ou les Hollandois les en ont chaſſez ; de
façon qu'à preſent on en a abbatu & entierement raſé les murailles & les
maiſons. La petite Iſle de Taivan eſt éloignée de celle de Formoſa d'environ
une lieuë , & eſt au Midy éloignée du continent de la Chine prés de quarante lieuës d'Alemagne. Formoſa commence environ le vingt & uniéme degré,
& va juſques par delà le vingt-cinquiéme , ou un peu davantage. Cette Iſle
giſt au Nord , comme la coſte de la Chine qui la regarde : elle a eſté autrefois
habitée par les Chinois, mais les habitans en ont oublié à preſent les mœurs
& les façons de faire ; ils ont neantmoins retenu quelque choſe de la diſpoſi-   *Condition*
tion du corps, les hommes y ſont d'une ſtature haute, robuſte, mais pareſſeux,   *& naturel*
& nullement propres au travail ; c'eſt pourquoy ce fonds, qui autrement ſe-   *des habi-*
roit tres-bon s'il eſtoit cultivé, demeure en friche, ayans bien de la peine à   *tans.*
cultiver autant de terre qu'il leur en faut ſeulement pour vivre, & pour leurs
autres neceſſitez. Pour ſubvenir à leur manque de vivres, ils s'adonnent à la
chaſſe des cerfs, dont il y a quantité. Ils n'ont point de Roy , ny de Chef,
chacun y eſt libre : ce n'eſt pas à dire qu'ils vivent en paix parmi eux, & qu'ils
s'accordent & ſoient en bonne intelligence avec leurs voiſins ; car un village fait ſouvent la guerre à l'autre. Ils ſont aſſez courtois & civils, & n'ont
point d'averſion pour les eſtrangers. Ils peuvent avec leurs arcs & fleches
empeſcher que l'ennemy n'entre de force dans leur pays. Il y a bien eu des
Religieux Eſpagnols qui ont eſſayé à diverſes fois de trouver quelque moyen

pour les convertir à la Religion Chreſtienne, mais on n'a pas beaucoup effe-
ctué, à cauſe de l'humeur de ce peuple trop ſauvage & trop farouche; & s'il
y en a eu quelques-uns qui ayent receu noſtre croyance, ç'ont eſté principalement ceux qui y eſtoient venus du continent de la Chine pour y trafiquer
& negocier. Lors qu'ils voyent quelque nouveauté qui leur plaiſt, ils n'ont
point de honte de la demander, quoy qu'indiſcretement & ſans jugement,
cpmme font d'ordinaire les enfans ; & ſi on leur en donne la moindre choſe, les voilà auſſi-toſt contens & ſatisfaits. En Eſté ils vont tous nuds, & fort
mal couverts en Hyver. Les femmes ſont de petite taille, ſont honteuſes quand
les hommes les regardent. La plus grand part de ce peuple demeure dans les
plus hautes montagnes, ſans permettre que perſonne les vienne voir, il en deſcend pour faire ſes affaires.

Abondance de choſes neceſſaires.   Cette Iſle abonde en cerfs, ſangliers, lievres, faiſans, pigeons, vaches &
autres animaux privez & ſauvages. On dit que la chair la plus douce & la plus
delicate qui y ſoit eſt celle de vache; celle de ſanglier n'eſt pas ſi commune, auſſi
l'eſtime-on plus delicieuſe & friande. Il y a grande quátité de gingembre, du bois
de ſenteur d'aigle, des noix de palmes d'Inde, du fruit nommé Muſa, & autres.
Le fonds & le terroir eſt par tout gras & fertile, & s'il eſtoit cultivé par des Chinois, ſans doute il produiroit beaucoup. On ſçait aſſez qu'il ſe trouve de l'or dans
ſes montagnes; toutefois il n'y a perſonne qui juſques icy y ait oſé entrer. Il y a
des rivieres & des ruiſſeaux qui ſortent & ſourdent des montagnes, qui arrouſent cette Iſle & la rendent fertile. Les habitans de cette Iſle trafiquent principalement en peaux de cerfs, & en chairs de ces animaux ſeichez, que les Chinois
troquent pour des draps & de la ſoye; car ils les recherchent fort, comme des
morceaux friands pour leurs tables. Elles ſont en effet fort delicates, ſi on les fait
tremper dans l'eau & puis cuire en ſuite; de façon que ceux de la Chine croyent
que cette nourriture contribuë quelque choſe à prolonger la vie; peut-eſtre à
cauſe que les cerfs vivent fort long-temps; c'eſt pourquoy ils ont couſtume de

L'idole de l'immorta- lité.   peindre leurs hommes immortels de cette ſorte : ils vous repreſentent petit
homme d'un pied & demy, graſſet, ramaſſé, & joufflu, avec une groſſe pance,
qui a les jambes croiſées : à ſa droite il y a un cerf qui regarde ſon maiſtre de coſté, mais c'eſt d'un regard qui ſignifie des influences tout à fait favorables; au
coſté gauche, une cigogne, qui preſente ſon bec recourbé & crochu à ſon maiſtre, qui a ſes mains croiſées dans ſes manches, ſa barbe venerable & longue,
& l'eſtomac un peu deſcouvert, habillé & veſtu fort magnifiquement. Ces
Payens adorent en quelques endroits cette peinture comme leur Idole, &
croyent que c'eſt une marque de felicité & de bonheur.

LA
DOVZIE'ME PROVINCE
QVANGTVNG.

A Province de Quangſi borne cette Province au Couchant, *Les bornes.* & au Nord-oueſt; celle de Kiangſi la touche du coſté du Septentrion: mais ce ne ſont que des montagnes qui en font la ſeparation: au Nord-eſt elle a pour bornes celle de Fokien, qui la borne par ſes hautes montagnes & par la riviere de Ting: la mer en environne tout le reſte. On y trouve quantité de ports & d'havres fort commodes. On compte dix villes dans cette Province, & ſeptante trois citez, parmy leſquelles je ne comprens point celle de Macao, qui appartient aux Portugais, ville fort renommée pour ſon trafic, comme j'en parleray plus à propos dans ſon lieu. On dit qu'il y a 483360. familles, & 1978022. hommes. Le tribut qu'elle paye pour le ris, eſt de 1017772. ſacs; de poids de ſel 37380. ſans parler des autres droits que payent les marchandiſes & les vaiſſeaux.

Cette Province abonde en ce qui eſt neceſſaire à la vie & en marchandiſes de *Abondance de toutes choſes.* prix qu'elle produit, ou qui s'y font par l'induſtrie de ſes habitans. Le pays eſt en partie montagneux, & en partie plat, principalement au Midy; ſes campagnes ſont ſi fertiles, qu'elles produiſent du grain deux fois par an, & ne ſentent point aucune des incōmoditez de l'Hyver. On dit en commun proverbe, qu'il y a trois choſes qui ſont particulieres à cette Province, un ciel ſans neiges, des arbres toûjours verds, & ſes habitans qui crachent du ſang; en effet on n'y void jamais de neige, les arbres ne quittent point leurs fueilles, & ceux du pays ſe ſervent des fueilles de Betel & de l'Areca, qui ſe prepare avec de la chaux, de ſorte qu'elle teind leur ſalive en rouge, comme on le pratique auſſi dans toutes les Indes, ce que Matthiole ne vouloit pas croire.

On y trouve beaucoup d'or, de pierres precieuſes, de perles, de ſoye, d'e-*Marchandiſes.* ſtain, d'argent vif, de ſucre, de cuivre, de fer, d'acier, de ſalpeſtre, de bois aquila, & d'autres bois de ſenteur. Les canons des armes à feu qui s'y fondent ſont d'un fer fort doux, & peut-eſtre auſſi que le charbon de bois dont ils ſe ſervent pour le fondre y adjouſte quelque choſe, & rend le fer plus doux & plus maniable, ce que ne fait pas le charbon de mine, qui l'endurcit trop & le reſſerre.

Il y a auſſi par tout d'excellens fruits, de ceux meſmes que nous avons dans l'Europe; comme des grenades, des raiſins, des poires, des noix, des chaſtaignes: elle a des bananas, des noix d'Indes, des ananas, des lichia, des lungyen, des oranges & des citrons de toutes ſortes, meſme de ces oranges excellentes, dont j'ay fait la deſcription plus haut dans la Province de Fokien. Outre tous ces fruits, il y en a une ſorte que les Chinois nomment Yeuçu, les Portugais Iamboa, & les Hollandois *Pompelmoes*; il croiſt ſur des arbres plus grands que les citroniers, *Limons qui ſe nomment Iamboa.* eſpineux comme ces citroniers qui ont la meſme fleur blanche, qui ſent extremement bon, & dont on tire par diſtillation une eau tres-agreable. Pour les fruits, ils font beaucoup plus gros que ne font nos plus gros citrons, c'eft à dire pour le moins auffi gros que la tefte d'un homme. Pour la couleur de la peau, elle reffemble aux autres oranges. La chair eft rougeaftre, aigre-douce, & a le gouft d'un raifin qui n'eft pas tout à fait meur; c'eft pourquoy on en fait & exprime une liqueur & breuvage, tout de mefme qu'on en tire dans l'Europe des cerifes, poires, & pommes, dont on fait du citre : ce fruit fe garde un an entier fufpendu.

Le naturel de ceux du pays.

Le peuple de cette Province eft tout à fait induftrieux; il ne femble pas avoir l'efprit des plus prompts à inventer, mais il imite avec grande facilité les ouvrages des autres. Les Portugais ny les autres ne leur fçauroient rien montrer de rare qui vienne de l'Europe, qu'ils ne faffent auffi-toft; mefme depuis peu ils font du verre (qui fe fait de ris, & eft plus mince & delié que le noftre, & par confequent plus fragile) toute forte de lunettes, mefme des relevées en boffes, & des concaves, qu'ils mettent & enchaffent dans des boëftes fans qu'elles fe caffent : bien davantage, ils fondent auffi des verres triangulaires, à la verité ils n'approchent pas à la perfection de ceux qui fe font dans l'Europe, mais ils n'en font pas fort éloignez; je ne croy pas qu'ils fçeuffent l'art de faire du verre, avant que les Peres de noftre Societé euffent entré dans la Chine : ils font auffi ces horloges qui ont des rouës dentelées, grandes & petites, quoy qu'ils ne comprenent pas encor comment fe font nos petites monftres, qui font fi delicates, & qui font à reffort. Ils font avec beaucoup d'induftrie & d'adreffe de petites chaifnes d'or fort deliées, qui font d'or trait; comme auffi des layetes & autres petits meubles & gentilleffes femblables; & il ne me fouvient pas d'avoir jamais veu ailleurs de ces ouvrages, que les Efpagnols nomment communément *obras de hiloy grana*. Ils font auffi diverfes fortes de gentilleffe fort curieufes par le moyen de leur colle de Cie; & ce qui doit le plus eftonner, c'eft que tout cela eft à tres-bon marché & à vil prix : car comme il eft aifé d'y avoir la vie & le veftement, auffi les artifans fe contentent-t'ils d'un fort petit gain.

L'honneur & dignité de la charge de Gouverneur.

Le Viceroy de Quantung paffe pour un des premiers Gouverneurs; car comme cette Province eft fituée à l'extremité du Royaume, fort éloignée de la Cour, & toute maritime, les chemins y font dangereux à caufe des voleurs, & la mer ne l'eft pas moins du cofté des pyrates. On a trouvé à propos par cette raifon, que le Gouverneur de Quantung euft auffi pouvoir dans la Province de Quangfi (encore que la derniere ait auffi bien fon Gouverneur que les autres;) mefme c'eft pour les raifons que je viens de dire, que ce Viceroy, contre la couftume ne fait pas fa refidence à Quantung, qui eft la capitale, mais dans la ville de Chaoking, qui eft confine à la Province de Quangfi, pour donner plus à propos les ordres; l'Admiral fait fa refidence dans la capitale, les Chinois le nomment Haitao, c'eft luy qui prend garde aux entreprifes des pyrates.

Cette Province commença d'obeïr aux Empereurs de la Chine fous la fin de la famille de Cheva, & on l'appella pour lors le Royaume de Nanive : elle ne demeura pas long-temps dans la dependance des Chinois; elle fecoüa leur joug, & ne voulut plus connoiftre que fes Rois de Nanive. Hiaoüús de la famille Imperiale de Hana, reconquit ces peuples comme j'y eftois, & les affujettit à fon Empire, ils font demeurez depuis dans l'obeïffance de l'Empereur Chinois. J'ay

La quantité qu'il y a de canes & d'oifeaux de rivieres.

admiré fort fouvent le grand nombre d'oifeaux de riviere qu'il y a dans cette Province, & l'induftrie particuliere de ceux du pays à les nourrir. Bien qu'on en éleve par toute la Chine, fi eft-ce qu'il n'y a point de lieu où il y en ait tant : ils mettent les œufs pour les faire éclore dans un four tiede, ou dans du fumier. Ils en nourriffent fouvent de grandes bandes qu'ils mettent fur de petits bateaux, & les meinent paiftre au bord de la mer ou des rivieres, afin que lors que la mer eft baffe, ils y puiffent trouver des huiftres, des chevrettes, & autres tels infectes de mer. Il y a d'ordinaire quantité bateaux qui y vont de compagnie, & plufieurs bandes de canards par confequent, qui fe meflent fur le rivage quand la nuit vient, chacune retourne dans son bateau, comme les pigeons à leur colombier, pourveu qu'on frappe seulement sur un bassin; ce qui est leur signal de retraite: on a aussi accoustumé de les saler, sans qu'elles perdent rien de leur bon goust ny de leur premiere saveur; on sale aussi les œufs, en meslant du sel avec de l'ar- *œufs salez.* gile ou terre glaise, dont on les couvre; de sorte que ce mélange & composition penetre au travers mesme de la coque des œufs; ce qui paroistra sans doute nouveau à ceux de l'Europe, & leur fait voir que les Chinois sont gens d'esprit: car si on met des œufs dans la saumure, ils n'en serôt pas plus salez pour cela; mais si on les frotte d'argile, ils s'imbibent de sel. Les Medecins de la Chine tiennent ces œufs fort sains, & en permettent l'usage à leurs malades. Il ne faut pas oublier la rose de la Chine, j'entens celle qui change deux fois de couleur tous les jours, *Rose qui* & qui tantost est de couleur de pourpre, & tantost devient tout à fait blanche; *change de couleur.* elle est au reste sans odeur, & croist sur un arbre: ce changement de couleurs m'a tousiours semblé une de ces qualitez occultes & de ces secrets de nature, dont je laisse l'explication & la recherche plus exacte aux Naturalistes qui veulent expliquer la nature des couleurs par les differentes manieres dont la lumiere se reflechit.

La premiere ou capitale Ville QVANGCHEV.

LE territoire de cette ville appartenoit autrefois aux Rois de Nanive, elle estoit alors peu considerable, & se nommoit Iangching. Lors que Hiaovus eut conquis toutes les Provinces du Midy, il estendit un peu ce territoire, & la mit en consideration, y establissant un petit Roy son feudataire. Cynus le nomma Sinhoei; Suius Fancheu; les familles de Tanga & de Sunga luy donnerent le nom *Noms an-* de Cinghai; mais celle de Taiminga luy a rendu son vieux nom de Quangcheu. *ciens.* Cette ville a sous elle quinze citez, entre lesquelles je ne compte pas Macao, quoy qu'elle soit située dans ce mesme ressort, 1. Quangcheu, 2. Xunte, 3. Túngúon, 4. Cengching, 5. Hiangxan, 6. Sinhoei, 7. Cingyúen, 8. Sinning, 9. çunghoa, 10. Lungmuen, 11. Sanxui, 12. Lien, 13. Iangxan, 14. Lienxan, 15. Sangan.

Ce pays est renfermé de montagnes au Levant, au Septentrion, & au *Les bornes* Couchant; le reste est environné de mers: il est par tout arrosé d'eaux, & a des *& limites* campagnes agreables & fertiles: la capitale n'est pas renommée seulement pour *de cette vil-le.* sa grandeur, qui a bien prés de quatre lieües d'Alemagne, y comprenant les faux-bourgs, mais elle est aussi fort celebre pour la magnificence des bastimens publics, pour le grand nombre de ses habitans, & pour sa situation; & bien qu'elle soit un peu éloignée de la mer, si est-ce que les plus grands vaisseaux peuvent venir jusques sous ses murailles par les larges canaux qui l'environnent. Le trafic y est grand. Les Portugais de Macao tirent de gran- *Les riches-* des richesses de cette ville, leur estant permis d'y venir à la foire deux fois l'an, *ses.* & d'y sejourner aussi long-temps qu'elle dure. Ils avoient accoustumé d'en tirer ces dernieres années mille trois cens quaisses de toute sorte d'étoffes de soye, chaque caisse en contenoit cent cinquante pieces, deux mille cinq cens pains (comme ils les appellent) ou lingots d'or, chacun de dix Toel, & le *Le Toel* Toel pese environ treize onces: huit cens livres de musc, sans parler de *poids de 13.* la soye cruë, de l'or filé, des pierres precieuses, des perles, & d'autres *onces.* semblables richesses. Les Marchands de Sion, de Camboya, & des endroits des Indes qui sont les plus proches, y viennent aussi: & il y a si grand nombre de vaisseaux, que le port vous paroist comme une forest entiere. Il faut vous imaginer la mesme chose de cette fameuse cité de Hiangxan, où demeurent les principaux marchands & les plus riches.

Macao passe il y a long-temps pour une des plus opulentes villes de tou-

La defcri-
ptiö de Ma-
cao.

Macao ville
extrememēt
forte.

Les monta-
gnes.

Ifles.

tes les Indes : elle eft fituée dans une petite Peninfule , qui tient d'une plus grande Ifle : elle eft fur un promontoire, qu'on peut dire ne pouvoir pas eftre aifément forcée : de tous coftez environnée de la mer , à la referve de cette petite langue de terre par laquelle elle tient à l'Ifle. La mer qui la bat n'a pas grand fonds ; c'eft pourquoy les navires n'en fçauroient approcher , fi ce n'eft par le havre qui eft defendu par un tres-beau Fort, fous les murailles duquel il faut que les vaiffeaux paffent. On voit dans ce Fort quantité de belles pieces d'artillerie & de fort gros canons de fonte, je ne penfe pas qu'il s'en faffe un fi grand nombre ailleurs, ni de fi bons ; car c'eft où on enfond tous les jours du cuivre, qui vient du Iapon & de la Chine, & qu'on en fournit toutes les Indes. Du cofté de la terre vous ne voyez aucun arbre dans le chemin, ni aucun empefchement, tout eftant libre & découvert ; feulement il y deux chafteaux fur les prochains cofteaux, bien munis, & qui augmentent beaucoup la force de la ville. Au mefme lieu où la ville eft à prefent, eftoit autrefois l'Idole nommée Ama. Vn havre en Chinois s'appelle Gao , c'eft d'e là qu'eft venu le mot d'Amacao. Ce lieu commença d'eftre peuplé par les Portugais, qui s'y établirent du confentement des Chinois : peu de temps aprés elle devint tres-peuplée, à caufe du trafic de l'Europe , que les Portugais y tranfporterent. Ses richeffes font tres-grandes ; mais elle tire fon principal éclat de ces Seminaires de Preftres & de bons Religieux , qui fourniffent toutes les Miffions des Indes, du Iapon & de la Chine, & qui y hazardent tous les jours leur vie. Les Rois de Portugal l'ont erigée en ville , & le Pape en a fait un Evefché. Ce qu'il y a de rare dans cette Province eft cet arbre que les Portugais nomment bois de fer, & avec raifon , puifqu'il luy reffemble, tant par fa couleur, par fa pefanteur & par fa dureté, qu'il ne flote point fur l'eau, mais va au fonds.

La Compagnie de Iefus a auffi une Eglife à Quangcheu. Il y a trois côteaux remarquables pour leurs beaux edifices, le premier fe nomme Iuefieu, l'autre Fan, le troifiéme Gheu. Proche de Xunte eft la montagne de Lungnien, avec une fontaine tres-claire ; on y trouve de certaines pierres brutes, qui reprefentent des grotefques ; les Chinois les recherchent fort, & s'en fervent pour faire leurs montagnes artificielles.

La montagne de Tahi eft proche de Tunguon au bord de la mer, où l'on compte trente-fix petites ifles.

Le mont de Huteu eft proche de Tunguon, il forme une ifle dans la mer fort grande & fort élevée, qui fert de Phare aux navigateurs.

La montagne Lofeu commence prés de Changching, va jufqu'à la cité de Polo', qui eft de la dependance de la ville de Hoeicheu.

Proche de Sinhoei eft l'Ifle de Yaimuen, d'ou le dernier des Empereurs de la famille de Sunga, fe voyant chaffé par les Tartares de la famille de Iuena, fe precipita dans la mer avec un de fes plus fideles miniftres.

Talo eft une grande montagne proche de Cingyuen, qui de là s'avance dans le territoire de la cité de Hoaicie, jufqu'à la Province de Quangfi ; il y a encore à prefent un peuple fauvage qui ne reconnoift point l'Empereur de la Chine.

Au Zud-eft de Quangcheu on voit l'Ifle de Pipa, & une autre au Levant nommée Liechi, qui a bien cinquante ftades.

Proche de Tunguon eft l'Ifle de Xanhu, c'eft à dire du coral, à caufe qu'un pefcheur en tira autrefois une branche de coral rouge.

La seconde Ville XAOCHEV.

IL n'est fait mention de cette ville que sur la fin de la famille de Cheva; pour lors on l'appelloit Pegao: elle vint apres sous l'obeïssance des Rois de çu: sous la famille de Cina elle fut comprise dans les terres de Nanhai; la famille de Hana la nomma Queyang; pour le nom qu'elle a eu depuis, elle l'a receu de la famille de Tanga. Le R. P. Trigaut la descrit un peu au long, mais fort elegamment, selon sa coustume. La ville de Xaocheu, dit-il, est entre deux rivieres navigables, qui s'assemblent icy & se joignent, l'une est au Levant, & vient de la ville de Nanhiung; l'autre vient de la Province de Huquang, & est au couchant de la ville. Mais comme ces rivieres laissoient peu d'espace pour bastir, son peuple s'est étendu sur les bords de ces rivieres. Le bord qui est au couchant, est plus habité, & est joint à la ville par un pont de bateaux. On compte cinq mille familles dans cette ville. Ce pays est tout à fait fertile en ris, pommes, poissons, bestail & herbages, l'air mal sain, rude & grossier. Il adjouste un peu plus bas. Il y a un convent de plus de mille sacrificateurs dans une fort belle campagne, environnée de tous costez d'agreables costeaux. Sur l'un de ces costeaux est le bastiment de leur Saint nommé Laufu, qui avoit passé sa vie dans la retraitte, chargé d'une grosse chaisne de fer, il cribloit tous les jours autant d'orge qu'il en faut pour cent Moines, & a donné sujet à cette fondation: ils disent que les vers s'estans mis dans les endroits de son corps où la chaisne portoit, s'il en tomboit quelqu'un il le ramassoit avec soin, le remettoit à l'endroit d'où il estoit tombé, & luy demandoit, pourquoy me quittes-tu, est-ce que tu ne trouves plus à manger sur moy? te traitay-je mal? Dans ce convent on garde son corps, où l'on vient en pelerinage de toute l'Empire. Ces sacrificateurs ou moines sont divisez en douze classes, qui ont chacune leur Prefet, & un Superieur de toute la maison.

La montagne où est ce convent se nomme Nanhoa; la fontaine qui y prend sa source s'appelle çao, & est au Zud-est de Xao. On compte dans cette ville trois autres temples. La Compagnie de Iesus y a aussi eu autrefois une Eglise.

Ce pays est presque par tout montagneux, aussi le nomment-t'ils la Porte Septentrionale du Royaume de Iue; il contient six citez, Xaocheu, 2. Lochang, 3. Ginmhoa, 4. Iuyuen, 5. Vngyuen, 6. Ingte.

Proche de Lochang est la montagne de Chang, où il croist des roseaux noirs, dont on fait des flutes, & plusieurs autres instrumens qu'on croiroit estre d'ebene.

La montagne de Lichi est proche de Vngyuen: il y a un lac qui se forme de huit petits ruisseaux, son eau est estimée medicinale.

La riviere qui est au Midy se nomme Siang ou Kio, elle vient de la conjonction des rivieres de Chin & de Vu; la premiere descend de Nanhiung, & l'autre de Quangsi. Le lieu où elles s'assemblent est fort à craindre à cause des naufrages qui s'y font; ce danger a fait bastir au bord un temple, où les matelots font leurs offrandes pour obtenir une navigation heureuse.

Proche de Ginhoa est le ruisseau de Kinxe: les habitans coupent & divisent en des filets si deliez & si menus les roseaux qui sont sur ses bords, qu'ils en peuvent mesme faire des habits.

Le ruisseau de Tao, c'est à dire des pavies, est proche de Ingte; il y a beaucoup de cette sorte d'arbres plantez sur ses bords.

La troifiéme Ville N a n h i v n g.

CEux qui remontent la riviere de Chin, voyent de loin la ville de Nan-hiung ; auſſi eſt-elle proche de ſa ſource & la plus ſeptentrionale de cette Province. Cette ville eſt fort marchande, quoy que toutes les marchandiſes qui y entrent ſoient portées par des portefaix qui ont un jour de chemin à faire ; les marchands y payent des droits, mais de peu de choſe, en quoy les plus habiles de l'Europe trouveront à apprendre d'un peuple qu'on a cy-devant fait paſſer pour barbare. On ne tire ny ne deſbarque jamais les marchandiſes des vaiſſeaux pour les viſiter, pourveu que les marchands faſſent voir leurs livres, où le nombre des marchandiſes eſt marqué ; les voyageurs qui ne ſont point marchands ne payent rien pour les marchandiſes ; & les Chinois ne ſçavent ce que c'eſt de foüiller les gens, ny de les faire deshabiller pour voir s'ils portent des hardes qui doivent quelque droit.

Chemin applani.   Ce ne ſont que montagnes aux environs de cette ville. Celle de Muilin rendoit autrefois ce chemin fort difficile : un Gouverneur de la ville fit ſauter à ſes deſpens, & rendit tout le chemin ſi aiſé, que les hommes à cheval & les porteurs de chaiſe y paſſent fort aiſément. Les Chinois par une reconnoiſſance fort raiſonnable ont baſty un temple à ce Gouverneur, où on luy bruſle touſjours de l'encens. On void auſſi une fort belle tour à neuf eſtages ſur le plus haut de ce chemin.

Noms anciens.   Ce pays reconnoiſſoit autrefois les Rois de çu ſous la famille de Cina : il eſtoit de Nanhai, ſous celle d'Hana de Queiyang ; Nanhiung s'appelloit pour lors Hiungcheu ; la famille de Sunga luy a donné le nom qu'elle a à preſent. Cette ville ne commande qu'à deux citez, à Nanhiung, & à Xihing.

On trouve dans ce pays une ſorte de pierre ſi dure, qu'on en peut faire des haches & des couteaux ; il y a auſſi une petite pierre qui reſſemble fort à l'encre de la Chine ; l'on s'en ſert comme nous faiſons du crayon ou pierre noire.

Les montagnes.   Muilin eſt cette montagne, où eſt le temple de Iunfung, dedié au Gouverneur Changkieulingus qui la fit applanir.

Tienfung montagne fort haute & fort grande, au Nord de la ville ; la montagne de Siecung eſt l'une des plus belles de la Chine proche de Xihing.

Les rivieres.   La riviere de Chin prend icy ſa ſource, elle coupe toute cette Province par le milieu : elle change ſouvent de nom, tantoſt on l'appelle Siang, & tantoſt Kio.

La riviere de Mekiang ou d'encre ; car l'eau en eſt fort noire, a de tres-excellens poiſſons.

La quatriéme Ville H o e i c h e v.

La qualité de ſon fonds.   LE territoire de cette ville eſt eſtimé le meilleur de toute cette Province : il eſt découvert, & le fonds en eſt gras ; il y a quantité de ſources d'eaux.

Les citez qui en relevent.   On y compte dix citez, Hoeicheu, 2. Polo, 3. Haifung, 4. Hoüen, 5. Lungchuen, 6. Changlo, 7. Hingning, 8. Hoping, 9. Changning, 10. Iunggan.

Noms anciens.   Leanghus la nomma Leanghoa ; Suius Lungcheu ; la famille de Tanga Haifung ; mais celle de Sunga luy a donné le nom qu'elle garde encore à preſent. Elle eſt proche de la mer, auſſi abonde-t-elle en poiſſons, en huiſtres, eſcreviſſes,

Tortuës groſſes comme des rochers.   & en cancres ou erables de tres-bon gouſt. Cette mer produit des tortuës ſi groſſes, qu'à les voir de loin on diroit que ce ſont des eſcueils ou des rochers ; ils paſſent plus loin, & diſent qu'ils en ont veu qui portoient ſur leurs dos des arbriſſeaux & des herbes. Les Chinois ſe ſçavent fort bien ſervir de l'eſcaille de tortuës, & en font mille jolies choſes. On y peſche auſſi l'Hoangcioyú, qui eſt

un poisson jaune, ou plustost un oiseau : car durant l'Esté il vole sur les monta- *Hoangciò, à*
gnes, quand l'Automne est passé il se jette dans la mer, & devient poisson, *poisson jau-*
qui ne se pesche qu'en Hyver, & qui est fort delicat. *ne & oyseau tout ensem-ble.*

L'on y remarque trois temples avec deux ponts : celuy qui est à l'orient de
cette ville est de quarante grandes arcades, & joint les bords des deux rivieres
qui s'y assemblent; & l'autre est au couchant, sur le lac de Fung, tout de pierre :
ce lac est revestu tout au tour d'une digue de pierre avec des escluses, pour en faire sortir autant d'eau, qu'il en faut pour arrouser les champs semez de ris.

Lofeu est une montagne proche de Polo, & l'une des dix plus grandes de *Les monta-*
toute la Chine : elle se forme de la rencontre des montagnes de Lo & de Feu, *gnes.*
& s'estend jusqu'au territoire de Houcheu : on dit qu'elle a trois mille six cens
perches de haut, & trois cens stades de circuit, quinze costeaux qui vont en
montant, & quatre cens trente-deux cavernes; sans parler d'une infinité d'autres choses que les Chinois y remarquent, tant ils sont grands observateurs des
montagnes; mais comme cette curiosité va jusques à la superstition, je passe
plusieurs de leurs remarques. Il y croist de fort longs roseaux & fort gros, dont *Roseaux*
les troncs ont par fois plus de dix palmes de circonference. *qui sont fort gros.*

La grande montagne de Ho est proche de Lungchuen, l'on y compte
trois cens septante-deux costeaux.

La riviere de Tung prend sa source dans les montagnes de la ville de Can- *Les rivieres.*
cheu dans la Province de Kiangsi, elle passe par la cité de Hayuen & par Hoeicheu, & delà entre dans la mer.

Le lac de Fung est au couchant de la ville, il a dix stades de circuit, avec deux
Isles, où les habitans ont fait bastir quelques maisons pour s'y divertir. Ce lac
est revestu d'une digue de pierre tout à l'entour : il y a un pont qui le parra-
ge par le milieu, & qui va d'une Isle à l'autre, & les joint à ses bords : le rivage est orné de beaux arbres qu'on y a plantez, avec des jardins de plaisance; retraites tres-propres pour ceux qui veulent estudier.

La cinquiéme Ville CHAOCHEV.

CE pays est le plus oriental de toute la Province, & n'est separé de celle
de Fokien, que par des montagnes; il y a des eaux qui rendent ce terroir
fertile, si ce n'est en peu de lieux où il est couvert de pierres & de rochers. Cette
ville commande à dix citez, Chaocheu, 2. Chaoyang, 3. Kieyang, 4. Chin- *Les citez.*
ghiang, 5. Iaöping, 6. Tapu, 7. Hoeilai, 8. Cinghai, 9. Puning, 10. Pin-
gyven.

Le flux & reflux de la mer va jusques sous les murailles de cette ville : elle
a au Levant un pont nommé Cichuen fort magnifique, dont la largeur est de
cinq perches, & la longueur de quatre-vingt : il est sur la riviere de Go : il y a
aussi deux temples remarquables.

Sous le Roy Cyn Chaocheu se nommoit Ygan, Leangus l'appella Ingcheu; *Noms an-*
Suius luy a donné le nom qu'elle a à present; la famille de Tanga la nom- *ciens.*
ma Chaoyang; mais celle de Taiminga luy a rendu son nom de Chaocheu.

La montagne de Sangpu est proche de Kieyang, elle va jusques à la mer, *Les monta-*
au bord de laquelle elle pousse un sommet extrémement haut : on dit qu'il *gnes les plus notables.*
s'y trouve des fleurs & des oiseaux fort rares, qui ne se trouvent point ailleurs.

Proche de Kieyang est une montagne qui porte le mesme nom, & se divise en deux branches, dont l'une va vers la cité de Hingning, & l'autre vers
celle de Haifung.

La montagne de Pehoa est proche de Hoeilai, elle tire son nom des fleurs;

car auffi en produit-elle toute l'année de differentes, felon la diverfité des faifons.

Proche de Chinghiang il y a de grandes montagnes avec de grands precipices,
où ils difent qu'il s'y eft perdu beaucoup de gens, qui y eftoient allez pour en
faire la recherche.

Les rivieres.   Au Levant de la ville eft le lac de Tung, & un autre au Couchant, nommé Si : chacun d'eux a environ dix ftades : les forefts, les cofteaux & les baftimens qu'on y voit, en rendent la veüe fort agreable.

La riviere de ço eft au levant de cette ville, il s'y trouve des Crocodyles.

La fixiéme Ville CHAOKING.

Nobleffe de cette ville.   VN Gouverneur de deux grandes Provinces y fait fa refidence : elle eft
confiderable par fes edifices & par cette grande riviere, qui en fortant de
la Province de Quangfi, s'enfle d'une grande quantité d'eaux, & paffe par
cette ville vers le Midy. Hors de la ville vers l'Orient, fur le bord de la riviere on voit une tour à neuf eftages fort fuperbe, qui eft une de celles dont ce peuple, par une fuperftition fort ancienne parmi eux, s'eft imaginé que dependoit
la felicité & le bonheur du pays. Il y a auffi un temple fort magnifique, où l'on
Statuë fort rare.   voit la ftatuë d'un Gouverneur : la couftume eft fort ordinaire à ces peuples, de
faire paroiftre par là leur reconnoiffance & leur gratitude à la memoire des Gouverneurs qui les ont bien traitez. Hors de la ville il y a un village, ou plû-
toft un faux-bourg planté de fort beaux arbres & rempli de jardins. La ville
commande à onze citez, Chaoking, 2. Suhoei, 3. Sinhing, 4. Yangchun, 5.
Yangkiang, 6. Caoming, 7. Genping, 8. Tekingo, 9. Quangning, 10. Fuchuen,
11. Caikien.

Des Paons.   On trouve dans ce pays quantité de Paons, fauvages & privez, qui font rares dans les autres Provinces, & on les y porte d'icy. Il y a une riviere où on pef-
Poiffon va-che.   che un poiffon, que ceux de la Chine nomment la vache qui nage : elle vient
fouvent à terre, & fe bat parfois contre les vaches domeftiques, qu'elle heurte
de fa corne, mais quand elle a demeuré long temps hors de l'eau, fa corne s'amol-
lit, & l'oblige à fe retirer dans l'eau, où elle recouvre fa premiere dureté. Ce pays
Bois rares.   produit auffi beaucoup de bois d'Aquila, & celuy que les Portugais nomment
Pao de rofa, ou bois de rofe, dont ils fe fervent d'ordinaire pour faire des tables, des chaires, & autres ameublemens : c'eft le meilleur bois de cette efpece
qui fe puiffe trouver; car il eft d'un noir qui tire fur le rouge, marqué de veines, & peint naturellement, comme de la main du plus habile peintre du monde.

Ce pays, fous la famille Imperiale de Cheva eftoit du Peago, fous celle de
Noms an-ciens.   Cina du Nanhai : Leangus le nomma Caoyang, & Suius Sigan; la famille de
Tanga l'appella Xuicheu; pour le nom qu'il a à prefent, c'eft de celle de Sunga
qu'il le tient.

Les monta-gnes.   Au Nord de la ville eft la montagne de Ting : ils difent qu'il y a une roche
de deux cens perches de hauteur.

Exemple de chafteté.   La montagne de Chin ou de la Chafteté, à caufe d'une jeune fille qui y garda fa chafteté jufques à la mort : elle s'enfuit dans cette montagne après la mort
d'un homme à qui elle avoit efté promife, & qui fut tué fur le point de l'époufer,
elle s'y retira, fes parens la voulant contraindre de fe marier à un autre. Cette
montagne eft dans le territoire de la cité de Suhoei, où il y a encore un autre
temple dedié à cette fille; tant cette nation a d'eftime pour ces exemples de
vertu, qui y font fort rares & extraordinaires.

Fontaine admirable.   Proche de Sinhing eft la montagne de Tienlu, pleine de cavernes, & dont
la veüe donne de l'horreur; on dit qu'il y a une fontaine ou pluftoft un eftang,
où fi on jette la moindre petite pierre, on entend auffi-toft un bruit comme

d'un tonnerre, que l'air se broüille incontinent, & qu'il tombe de la pluye; on l'appelle l'estang du dragon. On rapporte la mesme chose d'un lac qui est dans les Alpes.

Hailing est le nom d'une montagne ou d'une Isle qui a trois cens stades; elle se nomme aussi Locheu, & est proche de la cité de Yangkiang.

Caoleang est une montagne proche de Teking, elle produit de grands arbres qu'ils appellent bois de fer, à cause de la dureté & de la pesanteur de leur bois.

La septiéme Ville K A O C H E V.

CE pays a esté autrefois aux Rois de Iue : quand la famille de Cina les *Noms anciens.* eut défaits, elle le mit dans le ressort de Nauhai: la famille de Hana nomma cette ville Caoking; pour le nom qu'elle a à present, c'est le Roy Leangus qui le luy a donné. Elle gouverne six citez, & est bordée de la mer, & des montagnes qui la renferment comme autant de murailles : ses citez sont, Kaocheu, 2. Tienpe, 3. Sing, 4. Hoao, 5. Vuchuen, 6. Xeching.

On y trouve quantité de paons, & d'excellens oiseaux pour la volerie : on y tire aussi des pierres qui sont comme du marbre, qui se taillent en fueilles, dont ceux de la Chine se servent pour faire des tables & autres semblables ameublemens; elles representent naturellement des montagnes, des eaux & des paysages. Les habitans du pays peschent des perles dans la mer qui en est proche. La pesche qui se fait entre cette Province & l'Isle de Hanan est fort ancienne : on y trouve aussi une sorte de poisson, qui a quatre yeux, six pieds, & qui a en *Poisson qui a quatre yeux.* quelque sorte la forme d'un foye : les Chinois asseurent que ce poisson crache des perles, peut-estre que ce poisson avale les huistres, & rend après les perles.

Ils écrivent aussi qu'il y a un autre animal dans cette mer, qui a la teste d'un oiseau & la queuë d'un poisson, & qu'on trouve dedans certaines petites pierres precieuses; il est tres-vray qu'il y a de certains cancres de mer qu'on prend vifs dans l'eau, entre cette ville & l'Isle de Hainan, qui ne different presque point des cancres ordinaires, si ce n'est que tout aussi-tost qu'on les tire *Cancres qui deviennent pierres.* de l'eau & qu'ils sentent l'air, ils s'endurcissent comme les pierres les plus dures, conservant leur premiere forme de cancres. Les Portugais & ceux de la Chine s'en servent contre les fievres chaudes. Il y en a de cette mesme espece dans un certain lac de l'Isle de Hainan.

Le flux & reflux de la mer monte jusqu'à Kaocheu par la riviere de Lien, de façon que les navires y peuvent entrer; de là vient l'abondance de cette Ville.

La montagne de Feu est au levant de cette ville: elle est si haute, qu'on as- *Les montagnes.* seure qu'il n'y a eu que le sommet seul de cette montagne qui ait surpassé les eaux au temps du deluge de la Chine; & que ce fut là que quelques hommes se sauverent.

La montagne de Caoleang est proche de Tienpe; ceux qui y demeurent n'ont point à craindre les chaleurs de l'Esté, ni le froid de l'Hyver, tant elle est temperée.

Proche de la cité de Hoa ils decrivent une montagne nommée Pao, c'est à dire la precieuse, qui fournit un lieu de divertissement à ses habitans.

La huitiéme Ville L I E N C H E V.

CEtte ville gouverne quatre citez, Lieucheu, 2. Kingo, 3. Lingxan, 4. Xelien. C'est le pays le plus occidental de la Province de Quantung, il touche au Royaume de Tungking, dont il n'est separé que par des montagnes & par la riviere de King : on a bien de la peine à entrer dans Tungking, à cause que les montagnes en font inacceffibles ; il femble que la nature ait fepaté ces deux pays. Ceux de Tungking n'ont pas laiffé d'y adjoufter l'artifice, & fe font mis affez à couvert de ce cofté là des forces des Chinois.

Ses anciens noms.

Ce pays eftoit autrefois de Nangao, la famille de Cina l'avoit placé dans le pays de Siang ; celle de Hana le nomma Hopu, & Suius Hocheu ; ç'eft la famille de Tanga, qui luy a donné la premiere le nom qu'elle a, celle de Sunga le changea pour celuy de Taiping ; mais la famille de Taiminga luy redonna fon nom de Liencheu.

On tire de ce pays des paons, des perles, & plufieurs beaux ouvrages d'efcaille de tortuës. Il y a deux temples confiderables.

Les montagnes.

Au Nord de la ville eft une fort grande montagne, où il y a un deftour extremement caché, on le nomme Vhoang : voicy le conte que les Chinois en font ; ils difent qu'on y void des fruits qui ne fe trouveront jamais ailleurs, qu'il eft permis d'en manger, mais non pas d'en emporter ; qu'autrement on ne pourroit jamais trouver le chemin pour fortir des detours de cette montagne ; ne feroit-ce point quelqu'un de ces pays de Lotophages ? certes la fable y a affez de rapport. La cité de King a la montagne de Heng tout proche de fon foffé.

La montagne de Loyang eft proche de Lingxan, fi haute au refte qu'il faut mettre deux jours entiers pour aller jufqu'au fommet : le chem in eft fort difficile de la cité de King en tirant vers le couchant par les montagnes. Lors que Mayüenus prit les armes pour fe rendre maiftre de Tungking, il y dreffa des colomnes d'airain pour reconnoiftre le chemin en retournant : on en void encore une, comme on defcend du fommet de Fuenmao, où font les bornes entre le Tungking & la Chine.

Les rivieres.

Liencheu a la mer au Zud-eft : il y a un fort bel havre pour les vaiffeaux, nommé le port de Chung.

La riviere de King prend fa fource dans les confins de la Province de Quangfi, & de là paffe à l'orient de la cité de King, à qui elle donne le nom, & entre dans la mer par une fort large embouchure.

La riviere de Lungmuen prend fa fource dans les montagnes qui font au couchant de la cité de King, & puis paffe dans le Royaume de Tungking.

Il y a cinq petits lacs nommez V, qui environnent la cité de King.

La neufiéme Ville LVICHEV.

Sa fituatiö.

L VICHEV eft fituée dans un fonds fort agreable, & la plus fertile & abondante de toutes les villes occidentales de cette Province ; elle a la mer à l'Orient : le tonnerre a donné le nom à cette ville ; ils difent qu'il fit fortir une agreable fontaine d'une montagne ; les habitans y ont bafty un magnifique temple à l'efprit ou au dieu des foudres ; ils croyent que la foudre eft une

Opinion de ceux de la Chine touchant. la foudre.

piece de marteau rompu, & que c'eft ce marteau qui fait le bruit de la foudre ; le tonnerre y gronde prefque toute l'année. Cette ville eft auffi embellie du lac de Lohu, qui eft à fon couchant, dont il s'en forme un autre dans la ville par le moyen d'un canal qu'on a tiré du premier. Elle a trois citez fous fa jurifdi-

Noms anciens.

ction, Luicheu, 2. Suiki, 3. Siüüen. On l'appelloit anciennement le pays de Gao, & fous la famille de Hana Siüüen ; Leangus le nomma Hocheu ; pour le nom qu'elle a à prefent, c'eft la famille de Taiminga qui le luy a donné.

Un poiffon vache, qui court fort vifte.

On tire de ce pays des poiffons, des paons, & des perles : il y auffi un animal que les Chinois nomment la vache, qui va vifte : il fe defend d'une corne fort longue & ronde qu'il a fur fon front ; ils difent qu'il peut faire plus de trois cens

Une forte d'ofier qui s'appelle la

ftades en un jour. Il croift dans tous ces pays cette forte d'ofier fi admirable, que les Chinois nomment Teng, & les Portugais la rouë ; vous diriez que c'eft une corde naturellement entortillée; ces fions font fort longs,il rampe & traifne par terre comme une corde; cet ofier a des efpines, il eft verd, & a de longues fueilles;il n'eft pas tout à fait fi gros que le doigt:il s'eftend de la longueur d'une ftade; & il y en a fi grande quantité fur les montagnes, que cette plante venant à s'entortiller, embarraffe en forte le paffage, que les cerfs mefmes n'y fçauroient paffer. Cet ofier eft tres-fouple, il ne fe rompt pas aifément, auffi a-t'on accouftumé d'en faire des cables & des cordages de navires: on le coupe auffi, & on le fepare en filets fort menus & deliez, dont on fait des corbeilles, des paniers, des clayes, des fieges & autres chofes femblables; mais fur tout des nattes fort commodes, qui fervent de matelats à la plufpart des Chinois; cette garniture de lit eft tousjours nette, ils en forment auffi des lits de repos, & des couffins qu'ils parfument.

Roüe, & fon ufage.

La montagne de Kinglui, où le foudre fit foudre une fontaine, eft au Midy de cette ville.

Les montagnes.

Tafunglai eft une montagne proche de Suiki, en une Ifle qui eft dans la mer, qui a bien feptante ftades de circuit. Il y a huit gros bourgs qui font fort peuplez, où tout le monde s'occupe à pefcher des perles.

La mer entre dans cette ville à l'orient; le lac de Lohu luy eft au couchant, il fe nomme auffi le lac de Si.

Les rivieres.

La dixiéme Ville KIVNCHEV.

IL faut paffer un bras de mer pour venir dans cette ville; car elle eft dans l'Ifle de Hainan, fituée fur un promontoire qui regarde le levant, tellement que les vaiffeaux peuvent venir aifément iufques fous fes murailles. Elle eft la capitale de l'Ifle, & a jurifdiction fur treize citez qui font auffi dans cette Ifle, Kicunchcu, 2. Chingyu, 3. Lincao, 4. Tingan, 5. Venchang, 6. Hoeitung, 7. Lohoei, 8. Cheon o, 9. Changhoa, 10. Van o, 11. Lingxui, 12. Yai, o, 13. Cangen. Cette Ifle eft prefque toute couverte de montagnes & de vieilles forefts, & abonde en tout ce qui eft neceffaire aux befoins de la vie. Les places, qui font fur le rivage dependent des Chinois,& obeïffent à l'Empire. Pour ceux qui font au cœur du pays, ils font libres, fans reconnoiftre les Gouverneurs de la Chine, fe contentans de negocier avec les Chinois, qui demeurent fur le rivage, dont ils tirent principalement du fel & des habits. Les Chinois efcrivent qu'il y a des mines d'or & d'argent dans les montagnes; toutefois ces montagnards n'en veulent pas tirer, ou à tout le moins ne s'en foucient gueres; ils amaffentbien à la verité un peu d'or çà & là dans le fable des rivieres. Il ne fe trouve point ailleurs tant de perles que fur les rivages de l'Ifle du cofté du Septentrion. Le bois d'Aquila, qui eft un bois de fenteur, croift dans les montagnes; comme auffi l'Ebene, le bois de Rofe, & celuy qu'on nomme d'ordinaire bois de Brefil, dont ils fe fervent dans toute la Chine pour en faire leurs teintures; il y croift auffi par tout des noix d'Indes,des groffes & des petites,& un autre fruit eftimé le plus gros du monde, appellé Iaca dans les Indes: à caufe de fa groffeur il ne croift pas fur les branches des arbres, quoy qu'il en ait pourtant d'affez groffes, mais fur le tronc mefme; comme fi les branches craignoient de ne pouvoir fupporter une fi pefante charge: l'efcorce du fruit eft fi dure & fi epaiffe, qu'il eft befoin d'une hache pour la fendre & pour l'ouvrir; il y a dedans quantité de logettes qui contiennent une chair jaune; quand elle eft meure, elle eft fort douce & agreable; fi on la cuit dans les cendres, elle a le mefme gouft qu'ont nos chaftaignes. Cette Ifle produit auffi par tout de l'ofier ou de la roüe, dont nous avons fait mention cy-deffus;mais fur tout de celle qu'on nomme ofier blanc: elle eft auffi pleine de cerfs, de diverfes fortes d'oifeaux, de quantité d'animaux privez,& auffi de beftes fauvages. Les Chinois prénent des Baleines au Se-

Les citez.

Bois d'Aigle & de Brefil.

Iaca le plus gros fruit du monde.

ptentrion de l'Ifle, de la mefme façon que les Hollandois les pefchent vers le Nord proche de Groenland : ils en tirent une huile dont ils fe fervent diverfe-

L'Herbe de Chifung.

ment. Il y a une merveilleufe herbe qu'ils appellent Chifung, c'eft à dire qui monftre le vent ; car les gens de mer affeurent qu'ils peuvent fçavoir toute l'année en quel temps il y aura de grands vents, en obfervant les nœuds de cette herbe ; car moins il y a de nœuds, moins doit-on craindre les tempeftes cette année ; ils adjouftent, que par la diftance des nœuds de la racine ils peuvent mefme predire en quel temps les tempeftes doivent arriver.

Les Chinois difent que cette Ifle a mille ftades. La Compagnie de I e s v s y a des Eglifes, avec un grand nombre de Chreftiens. Autrefois on la nommoit la terre de Gao, avant qu'elle fuft fous l'obeiffance des Chinois. Ce grand Empe-

Abondance de perles.

reur Hiaovus de la famille de Hana s'en eft rendu maiftre le premier ; & parce qu'il y trouva quantité de perles, il la nomma Chuyai, & y baftit une ville, qui eft celle qui fe nomme à prefent Kiuncheu ; car Chuyai fignifie le rivage aux

Noms anciens.

perles : Leangus l'appella Yaicheu ; pour le nom qu'elle a à prefent, c'eft la famille de Tanga qui le luy a donné, il vient de Kiún, qui fignifie marbre rouge, dont il y en a beaucoup. Toute cette Ifle fe nomme communément Hainan, c'eft à dire au Midy de la mer.

Les montanes.

Au Zud-eft de la ville eft la montagne de Tao, la vingt-quatriefme entre les celebres de Taoxu, il en fort un ruiffeau qui fait trente-fix deftours.

Au Midy eft la montagne de Kiún, où l'on trouve du marbre rouge, dont la ville tire fon nom.

Animal fort rufé, à qui on a dedié un temple.

Proche de Lincao eft la montagne de Pifie, fameufe pour les contes fabuleux que les Chinois en font ; car ils difent qu'il s'y trouve un animal extremement rufé, qui a la forme d'un chien ; & ils veulent que ç'ait efté un de ces animaux, qui conduifit autrefois l'armée de ces Infulaires par des routes & des chemins inconnus, pour couper chemin à leurs ennemis les peuples de Cochinchina, qui eftoient entrez dans leur Ifle ; qu'ainfi ceux de l'Ifle remporterent & obtinrent une fort grande victoire ; & en ce mefme endroit ils baftirent un temple à l'honneur de cet animal.

Proche de la cité de Van eft l'Ifle de Tocheu, qui a cent ftades. Il y a une montagne qui va au de là des nuës. Il y en a une autre proche de la cité de Yai, qui s'appelle Hoeifung : on affure qu'elle eft au deffus de la region de l'air où la pluye fe forme ; auffi la nomme-on Hocifung, c'eft à dire qui appaife le vent.

Les rivieres.

Pour ce qui eft de la mer le long de la cofte de la cité de Kiún, les Geographes Chinois efcrivent qu'elle a cecy de remarquable ; c'eft qu'on n'y apperçoit point le flux ny le reflux de la mer, qui toutefois eft fort fenfible dans les autres endroits qui en font proche, mais que l'eau monte durant quinze jours vers l'orient, & defcend le refte du mois vers le couchant.

Le lac de Tung eft proche de la ville au levant ; ce lac s'eft formé en un lieu où la terre s'entr'ouvrit & engloutit une grande ville.

Les Forts.

ON compte dix Forts, 1. Taching, 2. Tungo, 3. Hanxan, 4. Cinghai, 5. Kiaçu, 6. Kiexe, 7. Ciexing, 8. Hiung, 9. lungching, 10. Ciunling.

LA
TREIZIE'ME PROVINCE
DE QVANGSI.

ETTE Province ne peut pas entrer en comparaifon avec les precedentes, pour fa grandeur, pour le commerce, ny pour fa beauté; elle eft paffablement pourveuë de ce qui eft neceffaire à la vie. Elle a onze villes avec une ville de guerre, & quatre-vingt dix-neuf citez fous leur dependance. Tout ce pays eft montagneux, hormis celuy qui approche le plus du Midy, & qui va jufqu'au bord de la mer, où tout eft fort bien cultivé, à caufe que le fonds & le terroir eft plat, & que l'air y eft plus doux. Le quartier qui tire vers le Midy n'eft point fujet à l'Empereur de la Chine, une partie eft du Royaume de Tungking. Ces lieux font diftinguez dans la carte par des lignes ponctuées, d'avec ceux qui appartiennent aux Chinois.

Cette Province eft arroufée de plufieurs groffes rivieres, & elle en reçoit *Le. rivieres.* quelques-unes qui viennent des autres Provinces, comme auffi elle donne la naiffance à d'autres rivieres qui y prennent leur fource, confiderables en ce qu'elles fe joignent & fe rendent toutes au mefme lieu vers l'Orient de cette Province, comme fi c'eftoit par un deffein formé, tant celles qui vont du Septentrion au Midy, que celles qui paffent du couchant vers l'Orient, car s'eftant vnies enfemble, elles fe jettent avec impetuofité dans la Province voifine de Quangtung.

Les limites de cette Province font à l'Orient & au Zud-eft, & plus avant *Ses bornes* vers le Midy; la Province de Quangtung: au Zud-oueft elle confine au Royau- *& limites.* me de Tungking ou de Ganan; la Province de Iunnan la borne au couchant; au Nord-oueft elle aboutit à celle de Queicheu, la Province de Huquang borne le refte. La parte qui eft vers le Septentrion eft un peu plus rude & moins cultivée, à caufe des montagnes qui y font plus frequentes, plus hautes, & les bois prefque par tout plus épais. Le pays eft meilleur vers l'Orient, & a des rivieres navigables, bien qu'elles foient fort rapides; il y a des Chinois qui y demeurent, & qui reconnoiffent l'Empereur; au couchant il n'y a que des montagnes qui ne font aucunement fujetes à la Chine. Dans le roolle de tout *Nombre des* l'Empire de la Chine, on trouve qu'il y a dans cette Province 186719. familles, *hommes.* & 1054760. hommes: le tribut du ris eft de 431359. facs.

Avant cette derniere guerre des Tartares, dont nous avons veu la funefte tragedie, l'Evangile n'avoit point penetré dans cette Province; mais le dernier Empereur s'y eftant retiré avec plufieurs de fes principaux Officiers qui eftoient Chreftiens, nos Peres eurent par là une occafion favorable de le prefcher, comme nous le dirons cy-apres.

La carte fait affez voir la commodité que toute cette Province tire des rivieres & des eaux qui l'arroufent; pour moy je ne croy pas qu'on puiffe trouver ailleurs un pays qui reffemble à cetui-cy. La grande riviere de Ly borne la partie Meridionale de cette Province; celle de Puon la coupe par le milieu, & coule auffi du couchant au levant; celle de Tugni autrement la Gauche, & celle de ço arrou-

(Z

sent tout le reste & y font plusieurs detours, de sorte qu'il ne se peut rien ajouster
au plaisir & à la commodité qu'on en reçoit : toutes ces rivieres s'assemblent enfin proche de la ville de Gucheu, & de là elles entrent dans la Province de Quangtung.

La premiere ou capitale Ville QVEILIN.

AVANT que ce pays fust sous l'obeïssance des Empereurs de la Chine, il
estoit de la Seigneurie de Pegao, & c'estoient pour lors les dernieres
terres de cet Empire vers le Septentrion, c'estoient aussi les bornes du Royaume de çu. Ceux de la famille de Cina ont esté les premiers, qui aprés s'en estre

Ses anciens noms.   rendus les maistres, les ont nommées Queilin ; Leangus les appella Queicheu,
la famille de Tanga Kienling, celle de Sunga Cingkiang ; la famille de Taiminga luy a rendu le nom de Cingkiang, qu'elle tient principalement
des fleurs de Quei. L'on en trouve par toute la Chine, mais plus dans cette
Province, & sur tout dans le territoire de cette ville ; c'est de là qu'elle tire

La fleur de Quei.   son nom de Queilin, qui signifie une forest de fleurs de Quei. Cette fleur
naist sur un arbre fort haut, les fueilles ressemblent à celles d'un laurier ou
d'un arbre de canelle, la fleur est fort petite, jaune, & vient par bou-
quets, elle se conserve sur l'arbre fort long temps sans se flaistrir ; lors qu'elle tombe, l'arbre pousse au bout d'un mois, une nouvelle fleur en Automne ; elle rend une odeur si agreable, qu'elle parfume tout le pays où ces
arbres croissent. Ie n'ay pû luy trouver de nom en Latin ; c'est de cette fleur
dont les Turcs se servent pour reindre le crin de leurs chevaux, aprés l'avoir
fait tremper dans du suc de limons ; ceux de la Chine en servent sur leurs
tables au dessert.

Sa situation & ses citez.   Queilin est proche de la riviere de Quei ou de Ly, à l'Orient ; cette riviere passe avec une tres-grande rapidité au travers de vallées fort étroites. Quei-
lin a neuf citez sujettes, Queilin, 2. Hinggan, 3. Lingchuen, 4. Yangso, 5 Iungning, 6. Iungfo, 7. Yning, 8. Cineno, 9. Quonyang.

Il y a un Lieutenant qui y fait sa residence, & un petit Roy descendu de la
famille de Taiminga. Dans cette derniere guerre contre les Tartares, les Chinois, qu'ils n'ont pas encore subjuguez, l'ont éleu pour l'Empereur ; il se nom-

*Iunglie der-
nier Empe-
reur de la
Chine, dont
la mere, la
femme, &
le fils sont
Chrestiens.*   me Iunglie, est maistre de cette Province, & fait encore quelque resistance
aux Tartares ; c'est le sixiéme des Empereurs que les Chinois ont choisi suc-
cessivement en divers endroits pour faire teste aux Tartares qui ont fait mourir les autres comme c'est leur coustume ; mais cetuy-cy se defend encore a-
vec beaucoup de courage. Sa mere, sa femme, & son fils font profession
de la Religion Chrestienne, pour laquelle il n'a pas d'aversion, ayant tousjours des Peres de nostre Societé prés de sa personne, & des principaux Officiers qui se sont rendus Chrestiens, comme on le peut voir dans plusieurs
relations des Peres de nostre Compagnie, qui parlent aussi d'un Ambassadeur

*Oiseaux de
diverses
couleurs.*   que la mere de cet Empereur envoya au Pape. On prend en ce pays des oiseaux dont les plumes sont de diverses couleurs, tres-vives : ceux de la Chine les entrelacent dans leurs estoffes & draps de soye. On y tire aussi de fort
bonnes pierres, dont les Chinois se servent pour preparer leur encre, qu'ils
employent avec un pinceau & non pas avec la plume, & peignent bien plus
mignonement & proprement leurs lettres & caracteres, que s'ils escrivoient
avec une plume.

*Puits d'une
qualité ad-
mirable.*   Il y trois temples remarquables dediez aux Heros, & un puits proche de
Hingan, dont la qualité est merveilleuse, la moitié de l'eau en est trouble,
& l'autre claire comme cristal ; que si on les mesle ensemble, elles se separent,
& chacune reprend sa premiere qualité.

*Les monta-
gnes.*   La montagne de Quei est au Nord de la ville ; elle a ce nom à cause de la

quantité d'arbres de Quei ; c'eſt de là que la ville meſme tire ſon nom : le fonds où ces arbres croiſſent n'en ſouffre point d'autres.

La montagne de Toſieu eſt proche de Queilin : il y a un lieu fort propre pour les ſpeculations des gens de lettres.

La montagne de Ly eſt au Zud-eſt, elle a la figure d'un elephant, & elle eſt ſur le bord de la riviere.

La montagne de Xin eſt au Nord-eſt, elle a trois ſommets qui ſont fort hauts : ſur l'un de ces ſommets l'on voit un Palais, qui eſt au deſſus des nuës.

La montagne de Haiyang eſt proche de Hinggan, elle s'avance juſques vers Lingchuen, il y a une caverne pleine d'eau, où on trouve des poiſſons à quatre pieds, & qui ont une corne dont ils heurtent : ce peuple ſuperſti- *Poiſſon qui frappe de la corne.* tieux dit que le dragon en fait ſes delices ; c'eſt pourquoy ils n'oſent en tuer aucun.

La montagne de Hoa eſt ſur le bord de la riviere de Quei proche de Yangſo. Hoa ſignifie la fleur, epitete qui luy convient aſſez à cauſe de la diverſité des couleurs qu'on y remaque.

Prés de Iungfo eſt la montagne de Fungçao, c'eſt à dire nid du Phœnix. On écrit qu'il s'y trouva autrefois une pierre d'un prix ineſtimable.

Proche de la cité de Civen eſt la montagne de Siang, où on voit un magnifique temple avec un convent.

Comme on va de la ville vers le Septentrion, il y a un chemin qui va en montant par les montagnes, au bout duquel on trouve ſept eminences ou collines diſpoſées comme les eſtoiles de la grande ourſe qui eſt au Ciel ; c'eſt de là qu'elles tiennent le nom de Cieſing, c'eſt à dire les eminences des ſept eſtoiles.

La riviere de Ly ou de Quei renferme la ville du Nord au Midy ; elle prend *Les rivieres.* ſa ſource dans les confins de la Province de Huquang, de là elle paſſe au travers des montagnes & des vallées, avec rapidité & un grand bruit qu'elle fait en tombant, elle amaſſe çà & là pluſieurs ruiſſeaux & rivieres moins conſiderables. Le lac de Si contient ſoixante & dix arpens de terre, & eſt au couchant de la ville : on y void le coſteau de In qu'on prendroit pour une Iſle.

La ſeconde Ville LIEVCHEV.

LE territoire de cette ville, pour parler avec noſtre autheur Chinois, eſt de grande eſtenduë, plein de montagnes, & a de belles eaux. Lieucheu ſignifie la ville aux ſaules ; elle a juriſdiction ſur douze citez, Lieucheu, 2. Coyung, 3. Loching, 4. Lieuching, 5. Hoaiyuen, 6. Yung, 7. Lainpin, 8. Siango, 9. Vuciuen, 10. Pino, 11. Cienkiang, 12. Xanglin.

Ce pays dependoit anciennement de celuy de Pegao : ſous la famille de *Les anciens* Cina il eſtoit du reſſort de Queilin, ſous celle de Hana de celuy de Hyolin : *noms.* le Roy Chin le nomma Siang ; la famille de Tanga le nomma premierement Lucing, & luy donna peu de temps aprés celuy de Lieucheu, qu'elle a gardé juſques à preſent. Elle produit des herbes qu'on recherche fort pour la medecine ; entre autres l'herbe de Puſu, qu'ils nomment l'immortelle, parce qu'on la peut garder tousjours verte. Elle a deux temples remarquables qui ſont dediez aux Heros, l'un ſe nomme Lieuheu, proche du petit lac de Lochi, fameux pour ſes pavillons & ſes baſtimens, où ceux de Lieucheu vont fort ſouvent ſe divertir.

Ceux de la Chine eſtiment fort la cité Vuciven, à cauſe de la vivacité de l'eſprit de ſes habitans : auſſi à chaque examen il y a pluſieurs Docteurs à qui on donne des gouvernemens.

Les monta-
gnes. La montagne de Sienye eſt au Midy de la ville : les Chinois y remarquent
bien des raretez; une fort grande caverne entre autres , & un ſommet fort
haut, tout à plomb , & eſcarpé comme une muraille avec une maiſon de pierre, ou creux dans la roche , qui eſt une de ces remarques qui leur font principalement eſtimer lesmontagnes.

Sur le bord de la riviere & au Zud-eſt eſt la montagne de Hocio , ſeparée des
autres.

La montagne de Xintang eſt proche de la cité de Siang, fort haute & roide,
de ſorte qu'on a bien de la peine à y monter; il y a au ſommet un lac fort agreable & fort poiſſonneux , environné de tous coſtez de fleurs & d'arbres : les
Chinois qui ſont naturellement tres-curieux , prennent la peine d'y monter :
ils diſent que ces hommes immortels, qu'ils nomment Xinçieu, y alloient fort
ſouvent, attirez par la beauté du lieu.

Les rivieres. La riviere de Cin vient du territoire de Hoaiyuen, d'où elle deſcend &
paſſe par Loyung, & par la cité de Siang.

La riviere de Lieu paſſe au couchant de Lieucheu; elle ſe nomme auſſi la
riviere de ço & de Kung : & prend ſa ſource proche du chaſteau de Cingping;
de là ayant paſſé la ville de Tucho, elle entre dans cette Province par le territoire de Kingyuen.

La riviere de Tolo entre dans cette Province au couchant de la cité de Hai-
yuen , & puis continuant vers le Midy, elle ſe joint proche de la ville avec la riviere de ço ; elle prend ſa ſource dans la Province de Queicheu , vers le territoire de la ville de Liping , proche du Fort de Cheki.

La troiſiéme Ville KINGYVEN.

CEtte ville eſt preſque par tout environnée d'horribles montagnes :
elle a dans ſon voiſinage ces montagnes affreuſes de la Province de Queicheu. Les rivieres de Tugni & de ço viennent de la Province de Queicheu,
& entrent dans cette Province. Kingyven a neuf citez dans ſa dependance,
Kingyven, Tienho , 3. Sugen, 4. Hochio, 5. Hinching, 6. Nanchueno , 7.
Lypo, 8. Tunglano , 9. Pangti.

Ce pays ſelon les autheurs Chinois produit de l'or; mais les habitans n'en amaſ-
ſent que dans les rivieres : on y trouve par tout de l'Areca, des petites noix d'Inde, & du fruit de Lichias : il a eſté autrefois entre les terres de Pegao ; ſous la famille de Hana une partie appartenoit à Kiaochi, & l'autre aux Seigneuries
Noms an- de Genan: la famille de Tango nomma cette ville Gaocheu ; la famille Im-
ciens. periale de Sunga, luy a donné le nom qu'elle a à preſent. On y marque deux
temples plus conſiderables que les autres.

Les monta-
gnes. La montagne d'Y ſe fait remarquer par ſa baſſeſſe , qui paroiſt d'autant
plus que les autres montagnes qui en ſont proche ſont fort hautes : elle eſt au
Nord de Kingyven : l'on voit auſſi de ce coſté là la grande montagne de Tienmuen, ou la porte du Ciel, ainſi nommée à cauſe de ſes deux ſommets.

Les rivieres. La riviere de Lung paſſe au Septentrion de la ville, on la nomme auſſi Co-
kiang & Lieu: nous en avons parlé cy-deſſus.

La quatriéme Ville PINGLO.

PINGLO eſt baſtie ſur le bord oriental de la riviere de Ly qui paſſe dans
le territoire de cette ville entre des vallées fort étroites & entrecoupées
de rochers, où elle fait un tres-grand bruit: on y compte trois cens ſoixante
ſauts ou cheutes d'eau ; c'eſt pourquoy à peine eſt-elle naviguable. Cette ville commande à huit citez, toutes environnées de fort grandes montagnes;

Pinglo, 2. Cunching, 3. Fuchuen, 4. Ho, 5. Lipu, 6. Siengin, 7. Iunggano, *Noms an-*
8. Chaoping. Sous la famille de Cina cette ville estoit dans le pays de Quei- *ciens.*
lin, celle de Hana l'appella çangcu, la famille de Tanga Locheu ; la famille
de Iuena luy a donné le nom qu'elle a à present.

On y trouve de cette cire blanche que font ces petits insectes dont j'ay
parlé cy-deſſus. Il s'y fait auſſi une estoffe de feüilles rouges de muſa : il y a par
tout grande quantité de Lichias, dont les arbres ont donné à une cité le nom
de Lipu.

Au Zud-ouest de la ville est la montagne de Cai, qui s'avance juſques vers *Les monta-*
Lipu. La montagne de Iung est fort grande & roide vers l'Orient : elle a neuf *gnes.*
sommets fort rudes. Au couchant est celuy qu'ils nomment Monien, c'est à
dire le sommet des yeux, à cauſe qu'il y a tout au haut une pierre qui represente naturellement deux gros yeux ; car la prunelle s'y distingue aisément,
& mesme les couleurs differentes des humeurs de nos yeux.

La montagne de Cin est proche de la cité de Fuchuen, où un coup de
foudre ouvrit huit cavernes.

La montagne de Kiüe est proche de la cité de Ho, & se nomme ainſi à cauſe de la quantité d'oranges qui s'y trouve ; car le mot de Kiüe ſignifie des
oranges.

Le sommet de To qui est dans les môtagnes proche de Sieuginr, est aſſez grand :
par le dehors on n'y ſçauroit monter ; mais la nature y a creuſé un degré à vis
au dedans de la montagne par où l'on peut monter avec facilité.

Pour les rivieres il n'y a rien de remarquable, ſi ce n'est deux fort belles *Les rivieres.*
fontaines, dont l'une est au Nord de la ville, nommée Caning, & l'autre Yo-
xan, proche de la cité de Xo.

La cinquiéme Ville G V C H E V.

IL semble que toutes les rivieres de cette Province ſe ſoient donné rendez.
vous dans cette ville, car elles s'y aſſemblent toutes : la ville de Gucheu est *Il y a faute*
fort proche de la Province de Quangtung à l'Orient, & ſurpaſſe les autres *dans l'ori-*
pour le trafic & pour la commodité qu'elle reçoit des rivieres : cette place est *ginal.*
de ſi grande importance, qu'elle paſſe pour la clef de la Province.

On tire du cinabre ou vermillon des montagnes de ce territoire en pluſieurs
endroits : il produit auſſi de fort gros ſerpens ; ceux de la Chine écrivent qu'on
en a veu de dix perches de longueur : ſi cela est, je ne croy pas qu'il y en ait de
plus longs dans tout le monde. Il y a auſſi des Rhinoceros : & un arbre nommé Quanglang, qui au lieu de moëlle a une poulpe ou chair molle, dont on *Arbre qui*
ſe ſert faute de farine ; le goust n'en est pas mauvais, & on la peut employer *produit de*
à tous les uſages auſquels on employe ordinairement la farine. Il y a des ſinges *la farine.*
ſemblables à des chiens, qui ont le poil jaune, & le viſage comme celuy d'un
homme, la voix graile & aiguë, comme l'est d'ordinaire celle des femmes.

Vers le Zud-ouest, comme on ſort de la cité de Pelieu, il y a une vallée
profonde, & dont le paſſage est difficile, n'y ayant qu'un ſeul chemin ; par
lequel on peut entrer dans le royaume de Tungking de ce costé là. On dit
que pluſieurs perſonnes ſont peries dans ce chemin, tant il est difficile. Les
uns le nomment Tienmuen, ou la porte du ciel, à cauſe qu'il est fort
estroit ; d'autres l'appellent Queimuen, c'est à dire la porte des demons. Il
y a dans cette ville deux temples dediez aux Heros. Autrefois ſous la famille de Hana on la nommoit Kiaocheü, ſous Leangus Chincheu, ſous Suius Fungcheu ; pour le nom qu'elle a à preſent, c'est la famille de Tanga *Anciens*
qui le luy a donné. Cette ville a dix citez dans ſa dependance, Gucheu, 2. *noms.*

Teng, 3. Yung, 4. Cengki, 5. Hoaicie, 6. Yolino, 7. Pope, 8. Pelieu, 9. Lochuen, 10. Hingye.

Les montagnes. La montagne de Tayun est au Nord-est de la ville, & commence dés le territoire de la capitale.

Proche de la cité de Teng est la montagne de Nan fort recreative : les Chinois y remarquent diverses particularitez qui ne meritent pas d'estre rapportées icy.

Proche de la cité d'Yung commence la montagne de Tayúng, on la tient la plus grande de toutes : elle entre dans le territoire des citez de Pelieu , de Hingye , d'Yolin, & de la ville Cin. Là mesme est la montagne de Tukiao, la vingtiesme dans les livres de Taoxu : il y a huit collines, & au pied vingt cavernes.

Montagnes froides. La montagne de Han est proche d'Yolin ; on l'appelle la froide : personne n'y peut demeurer à cause du froid, quoy qu'elle soit dans la Zone torride.

Proche de Pope est la montagne de Fiyun, remarquable en ce que l'on y void quantité de traces & de figures d'hommes marquées dans les pierres & dans les rochers ; il y en a de quatre palmes de long : toute cette montagne est rude,& pleine d'antres & de cavernes fort obscures.

La montagne de Kiulieu est la plus grande qui soit dans tout le territoire de Pelieu : elle a plusieurs sommets : c'est la vingt-deuxiesme dans les livres de Taoxu.

La montagne de Ho ou de feu, parce qu'il y paroist de la lumiere toutes les nuits, comme si c'estoient des chandelles allumées ; les Chinois pensent que *Ver: luisans de nuits.* ce soient de petits animaux que nous appellons de vers luisants, qui sortent de nuit de la riviere, & rendent cette clarté.

La montagne de Xepao est considerable pour ses grandes forests d'arbres, & de roseaux ou cannes d'Inde ; elle produit les plus cruels tigres de tout le pays.

Les rivieres. Au Midy de la ville est la riviere de Takiang, où s'assemblent toutes les autres, sçavoir celles de Quei, de Fu, de Tugni, d'Yeu, qui y perdent toutes leur nom.

La riviere d'Yung prend sa source proche de la cité d'Yung au couchant ; de là elle court au Midy , puis retournant vers le Nord, laisse la cité d'Yung au couchant, à qui elle donne le nom ; enfin elle descharge ses eaux dans la riviere de Takiang, à l'occident de la ville de Gucheu.

L'Isle de Hi Lung est dans la riviere de Takiang à l'Orient de Gucheu : il y a des forests d'arbres fort vieux.

Ceux qui estoient innocens n'estoient point endommagez des crocodiles. Au levant de Gucheu est le petit lac de Go, où le Roy de Pegao nourrissoit autrefois dix crocodiles, ausquels il faisoit devorer les criminels. On dit que ceux qui estoient innocens n'en recevoient jamais de mal ; & on prenoit cette marque pour une preuve convainquante.

La sixiéme Ville C I N C H E V.

Noms anciens. LE territoire de cette ville dependoit de la Seigneurie de Pegao ; sous la famille de Cina il estoit dans le pays de Queilin. Leangus appella cette ville Queiping, Suius Iungping, la famille de Tanga la nomma premierement Cinkiang , puis Cincheu , qui est le nom qu'elle retient encore à present. Cincheu est située à l'embouchure de deux grandes rivieres : le territoire est assez agreable, & n'est pas si rude que celuy des autres. On y void un temple magnifique dedié aux Heros. Elle a sous elle quatre citez, Cincheu, 2. Pingnan, 3. Quei, 4. Vucing.

Ce pays produit de tres-excellente canelle , differente de celle de Ceilan en

ce que l'odeur en eſt plus agreable, & qu'elle eſt plus mordicante quand on
la met ſur la langue. C'eſt là où on trouve l'arbre de fer, beaucoup plus dur
que noſtre buis. On y void auſſi un animal cornu, qui reſſemble aſſez à une
vache, dont les cornes ſont plus blanches qu'yvoire; cet animal aime extremement le ſel, c'eſt pourquoy on luy en jette des ſacs pleins, il ſe laiſſe lier *Animal qui*
cependant qu'il leche le ſel qui eſt dans ces ſacs. On y tire auſſi une certaine *aime extre-*
terre toute jaune, qui ſert d'un ſouverain antidote contre toute ſorte de ve- *mement le*
nius: l'on y fait des draps de l'herbe de Yu, qui ſont meilleurs & plus cher *ſel.*
que ceux de ſoye.

La montagne de Pexe eſt au Midy de la ville, la vingt-uniefme dans les li- *Les monta-*
vres de Taoxu. La montagne de Langxe eſt fort grande & fort haute au Nord *gnes.*
de Gucheu, agreable pour ſes foreſts & pour ſes campagnes.

La grande montagne de Nan eſt proche de la cité de Quei; on y compte
ving-quatre ſommets.

Sur la montagne de Pexe le ſommet de Toceiú eſt fort remarquable par ſa
hauteur, & s'eſleve au deſſus des nuës.

La ſeptiéme Ville NANNING.

LE territoire de cette ville eſt de fort grande eſtenduë, & s'advance juſques
aux bords des rivieres de Puon & de Ly; mais ſa largeur n'eſt pas fort conſiderable. On y compte ſix citez, Nanning, 2. Lunggan, 3. Heng o, 4. Yun-
hiang, 5. Xangſuo, 6. Sinning o. Le pays eſt en partie plat, & en partie montagneux: Nanning eſt ſituée à la jonction de deux rivieres, qui ſe meſlent prés
de ſes murailles au Midy, dont l'une perd ſon nom dans la riviere de Takiang.
La partie Meridionale du territoire ou reſſort de cette ville, a eſté envahie par les
Rois de Tungking, lors qu'ils ſe revolterent contre les Empereurs de la Chine. *Animaux.*
C'eſt icy où l'on commence à trouver des elephans, dont les habitans ſe ſervent
en guerre & pour ſe monter. Les perroquets y apprennent auſſi facilement à parler, & ſont auſſi gros que nos vautours, & leur reſſemblent fort: mais il y a une
choſe fort rare, c'eſt une ſorte de poules qui vomit le coton par longs filets que
ces poules avalent derechef, ſi on n'a ſoin de l'amaſſer, comme font auſſi les
araignées. Il y a des porcs eſpics des plus grands, qui dreſſent ſouvent leurs épines & aiguillons à la hauteur d'une coudée, & les ſçavent darder & lancer fort
à propos contre ceux qu'ils veulent, en faiſant un certain mouvement de leurs
corps. Il y a trois temples remarquables dediez aux Heros.

Ce pays dependoit de la Seigneurie de Pegao, avant qu'il fuſt ſous l'Empire *Anciens*
de la Chine: la famille de Cina le comprit dans le territoire de Queileu; celle *noms.*
de Hana le nomma Yolin, & le Roy Cyn Xihing: ſous le Roy Suius ce lieu fut
premierement nommé la cité de Yhoa; la famille de Tanga l'appella Vure, &
celle de Sunga luy a donné le nom qu'il a à preſent.

A l'Orient de la ville eſt la haute montagne de Heng, qui a ce nom, parce *Les monta-*
qu'eſtant au milieu de la riviere, les eaux la heurtent & la choquent avec beau- *gnes.*
coup d'impetuoſité & de violence. La famille de Sunga y fit baſtir un chaſteau
pour defendre & garder le pays.

Siculin eſt une montagne nommée la foreſt fleuriſſante, à cauſe de la beauté
& divertiſſement de ſes bois, elle eſt proche de la cité de Heng.

Proche de Yunghiang eſt la montagne de Suchung, d'où on tire du fer.

La huitiéme Ville TAIPING.

CE pays eſtoit bien le meilleur de toute la Province, fort peuplé & fort cultivé cy-devant à cauſe de la fertilité de ſon terroir; mais comme il eſt au delà des montagnes, il a eſté retranché de l'Empire, & obeït à preſent aux Rois de Tungking. On y compte vingt-trois citez, qui ſont fort proches les unes des autres, dont voicy les noms, Taiping, 2. Taiping, 3. Ganping, 4. Yangli, 5. Vanching, 6. ço o, 7. Civenming o, 8. Suching o, 9. Chingyven o, 10. Sutung, 11. Kieulun o, 12. Mingyng o, 13. Xanghia o, 14. Kiegan o, 15. Lunging o, 16. Tukie o, 17. çungxen, 18. Iunkang, 19. Loyang, 20. Toling, 21. Lung, 22. Kiang, 23. Lope. C'eſt ainſi que les gens de lettres entre les Chinois les nomment; car j'ignore les noms que ceux de Tungking leur ont donnez : je ſuis faſché au reſte que quelqu'un des noſtres n'ait point fait une carte exacte de ce Royaume, où on viſt les noms en langue de Tunking avec leurs lettres & caracteres, ou à tout le moins leur ſignification; mais je ſçay qu'ils ſe donnent un employ bien plus relevé, & principalement la converſion de ces peuples. Vne pareille occaſion m'auroit bien empeſché d'entreprendre cet ouvrage, ſi le commandement de mes Superieurs ne m'en avoit retiré en m'appellant en Europe; car ce n'eſt que depuis que j'ay receu cet ordre que j'y ay travaillé, & que j'ay paſſé dans cette occupation les ennuis & les chagrins d'une navigation fort longue, avec le ſecours principalement d'une cinquantaine de livres Chinois. Le Geographe Chinois appelle les habitans de ce pays barbares; auſſi ils ont quitté les mœurs de ceux de la Chine avec leur Empire : ils marchent pieds-nus, les cheveux épars; on ne parle ny de devoir ny d'obeïſſance entre les peres & les enfans : ils ſe querellent les uns contre les autres, & ſe tüent ſouvent pour peu de choſe ; ils retiennent les caracteres de ceux de la Chine, avec leur façon d'eſcrire; mais ne laiſſent pas d'avoir un lágage particulier : ils entendent les livres Chinois, quoy qu'ils pronôcent autrement les lettres. Il y a cela

Vſage admirable des charactères Chinois. d'admirable dans les characteres Chinois, que tous ceux des Royaumes voiſins, les Iaponois, les Tungkiniens, les Cochin-Chinois, ceux de Siam & de Cambogia les entendent, bien qu'ils les liſent diverſement. Si vous en voulez davantage, voyez ce qu'en a eſcrit le R. P. Alexandre de Rhodes, en ſon traité du Royaume de Tungking, imprimé depuis peu en François.

Les montagnes. Sieuling eſt une des plus hautes montagnes de tout ce pays, elle eſt proche de la cité de Lung; les autres ſont plus petites, & ne pourroient paſſer que pour des coſteaux; comme ceux de Peyun & de Gomui au levant de Taiping. La montagne de Kin eſt un peu plus haute, elle eſt proche de la cité de ço.

La neufiéme Ville SVMING.

L'Autheur Chinois dit que le Roy de Tungking ou de Gannan y tient ſa Cour; ſi cela eſt, ce ſera celle que les habitans nomment Sinhoa; d'ailleurs je me ſouviens d'avoir ſouvent oüy dire que ce Roy avoit deux endroits où il tenoit ſa Cour, l'un au Midy, & l'autre au Septentrion. Ce pays a eſté autrefois

Noms anciens. dans la Seigneurie de Pagao ; la famille de Hana la nomma Kiaoehi, celle de Tanga fut la premiere qui baſtit la cité de Suming : la famille de Taiminga luy donna le rang & la qualité de ville : mais dans la revolte des Gouverneurs de Ly, elle fut ſeparée de l'Empire. Les Chinois comptoient ſix citez, ſur leſquelles cette ville avoit juriſdiction, Suming, 2. Suming o, 3. Xangxe, 4. Hiaxe, 5. Pingciang, 6. Chung o.

Les montagnes. Pelo eſt une fort belle & agreable montagne, & couverte de vieilles foreſts proche de Hiaxe.

La

La dixiéme Ville CHINGAN.

TOut le territoire de cette ville eſt auſſi du Royaume de Tungking ; elle n'a aucune cité dans ſa dependance. La famille de Taiminga, d'une petite bicoque qu'elle eſtoit en fit une ville, apres l'avoir agrandie & fermée de murailles. Ces peuples ſont fort peu differens des Chinois : ils aiment d'aller veſtus de noir. Le pays produit du miel & de la cire, & abonde en tout ce qui eſt neceſſaire à la vie. On n'y remarque que la montagne de Iun, fort haute & fort divertiſſante.

La onziéme Ville TIENCHEV.

CE pays a auſſi eſté ſeparé du Royaume de la Chine, & obeït à preſent au Roy de Tungking : on y compte cinq citez, Tiencheu, 2. Xanglin, 3. Lungo, 4. Queiteo, 5. Cohoao.

Vne Ville de guerre SVGEN.

LE territoire de Sugen contient trois citez : les ſoldats demeuroient autrefois peſle meſle avec les bourgeois, à preſent tout eſt dans l'obeïſſance du Roy de Tungking : les citez ſont, Sugen, 2. Vúyuen, 3. Funghoa. Ce pays a eſté long-temps dans une grande ignorance de bonnes lettres : les mœurs & la façon de vivre en eſtoit barbare ; mais comme il fut incorporé à l'Empire de la Chine ſous la famille de Taiminga, il receut par meſme moyen la Morale, les Sciences, les Arts, & la Politeſſe des Chinois ; il en ſecoüa bien-toſt aprés le joug, & ne laiſſa pas de conſerver les bonnes teintures qu'il avoit pris des Chinois.

    Toſieu eſt une montagne à l'Orient proche du foſſé de la ville ; elle eſt toute ſeule. *Les montagnes.*

    Proche de Vúyuen eſt la montagne de Kifung : là meſme eſt la montagne de Moye.

La premiere grande cité SVCHING.

CEtte cité en a une autre ſous elle nommée Ching : l'une & l'autre appartiennent au Royaume de Tungking. Proche de la cité de Suching eſt la montagne de Lengyun, qui eſt fort haute, & qui fait peur à ceux qui la regardent.

Diverſes Citez.

IL reſte diverſes citez, les unes plus grandes, & les autres plus petites, que j'ay diſtinguées par des marques ; la premiere Sucheuo, 2. Siping, 3. Suling, 4. Fulao, 5. Fukang, 6. Funyo, 7. Lio, 8. Queixun, 9. Hiangun.

    Proche de Fulao eſt la montagne de Tangping, qui eſt fort haute, proche de Tukang la montagne de Ciecung, & celle de Kytang proche de Suling : là meſme eſt la montagne de Xipi. *Montagnes.*

Les Forts.

IL y avoit deux Forts baſtis ſur les confins de cette Province, où elle ſe joint à celle de Iunnan ; mais ils ſont tous deux à preſent au Roy de Tungking ; le premier eſt Xanglui, 2. Ganlung. On y compte ces montagnes, Loifung, çangling, & çanpa. Les Chinois eſcrivent que les mauvaiſes mœurs regnent principalement en ces quartiers ; que les habitans y vont pieds nuds, & font des chapeaux de paille; que les enfans & les peres ne demeurent pas dans un mefme logis, ny les uns avec les autres ; qu'ils ne font point de diftinction entre l'un & l'autre fexe, mais vivent confufément pefle mefle, fans avoir aucun égard, & fans aucune bien-feance.

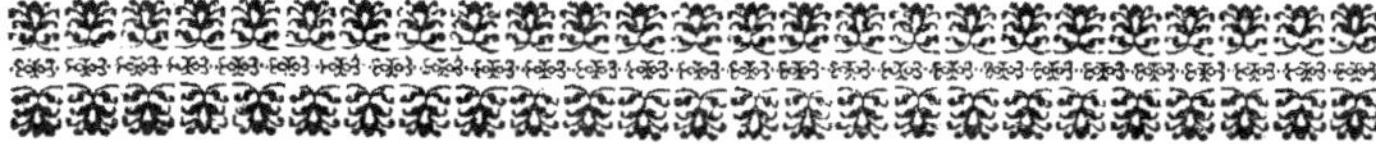

LA
QVATORZIEME PROVINCE
DE QVEICHEV.

Qualité du pays.

Ette Province eft la moins cultivée de toutes celles de la Haute Afie, pleine de montagnes la plufpart inacceffibles. On y trouve un fort grand peuple fauvage, qui ne reçoit point les loix de la Chine, & n'en fçauroit fouffrir les mœurs. Il depend de divers Seigneurs; les courfes frequétes qu'ils font donnent bien fouvent des affaires aux Chinois, qui demeurent dans les lieux les plus cultivez : tantoft ils font en paix avec eux, tantoft en guerre, mais ils ne reçoivent pourtant jamais parmi eux ceux de la Chine, qui demeurent tous dans les petites villes, & dans les Forts. L'Empereur entretient des foldats en garnifon dans tous les lieux de cette Province. Ie n'ay pourtant pas voulu les reprefenter dans la carte fous le nom commun de Forts, de peur qu'on ne creuft qu'il n'y euft point dans cette Province d'autres places; puifque, comme j'ay dit ailleurs, ils ne font differens des citez, qu'en ce qu'il y a des foldats qui gardent les chemins, par où l'on va dans la Province de Iunnan. Les Empereurs, pour rendre cette Province plus habitée, y ont fouvent envoyé des Colonies; on y a mefme fouvent envoyé des Gouverneurs en exil avec toute leur famille.

Ce pays anciennement n'eftoit pas compté pour Province, mais une partie pour dependante de celle de Suchuen, l'autre d'Huquang, & des autres Provinces voifines : la famille de Taiminga la reduifit en forme de Province : la famille Tartare de Iuena y avoit bafti quantité de chafteaux & de Forts; car c'eft par cette Province que les Tartares entrerent, après avoir conquis les royaumes de Mien, de Iunchang, & d'autres royaumes des Indes, fituez au delà du Gange. *Par quel chemin M. Polo le Venitien entra dans la Chine.* Ce fut avec eux que Marco Polo de Venife entra dans la Chine : ils penetrerent par la partie orientale de la Province de Suchuen jufqu'au Royaume de Tibet, & aux terres du Prete-Iean; de là dans les Eftats du Royaume de Tanyn : & après s'en eftre rendus maiftres, ils retournerent derechef par le cofté d'occident de la Province de Xenfi, & entrerent dans le Catay, c'eft à dire les Provinces feptentrionales de la Chine, & après avoir fait la guerre aux Tartares de Kin, & les avoir defaits, ils fe rendirent maîtres du Mangin, c'eft à dire des Provinces meridionales de la Chine : ce qui eft fort neceffaire pour entendre ce que Marco Polo a écrit.

Il n'y a que huit villes dans cette Province, que vous pourriez nommer avec plus de raifon des bourgades. De citez il y en a dix, quatre places de guer-

re, & autant de citez de guerre ; pour des Forts & des Chasteaux, il y en a quantité : j'en ay marqué les plus grands dans les cartes, comme si c'estoient des
citez ; aussi ne leur en doivent-ils gueres de reste ; pour les petits, j'en ay fait
la distinction, comme je l'ay averti cy-dessus.

Le livre du denombrement de la Chine compte dans cette Province *Le tribut &*
45305 familles sujetes aux Chinois, & 231365. hommes. Le tribut du ris ne *le nobre des*
passe pas 47658. sacs, elle paye 5900. pieces de draps faits de chanvre & d'her- *hommes.*
be ; ce revenu ne suffit pas pour entretenir les garnisons, c'est pourquoy l'Empereur envoye le reste pour la garde de la Province ; car si on l'avoit perduë,
il n'y auroit point de communication avec la Province de Iunnan. Les Chinois écrivent que les montagnes de ce pays sont pleines d'or, d'argent, de
mercure, & d'autres choses fort precieuses, dont on pourroit jouïr si on
avoit dompté ces montagnars : tout le profit qu'ils en tirent à present, c'est
qu'ils donnent & échangent ce qu'ils ont volontairement, pour du sel, & pour
d'autres choses dont ils ont plus de besoin.

Les limites de cette Province sont, la Province de Suchuen, qu'elle regar- *Les bornes.*
de au Nord, au Nord-ouest, & au couchant ; vers le Nord-est elle touche au
bout de la Province de Huquang ; au Levant & au Zud-est à celle de Quangsi ;
la Province de Iunnan environne le reste.

I'ay oüy dire à un Gouverneur de mes amis, qui avoit long-temps demeuré
dans cette Province dans sa jeunesse, son pere y ayant esté envoyé en exil,
qu'il y avoit d'agreables & de fertiles vallées dans les montagnes, principalement dans les lieux où passent les grandes rivieres : & qu'il y a d'autres rivieres plus petites, qui y prennent leurs sources : il adjoustoit que si on pouvoit cultiver ce pays, il produiroit de tout à foison : on y trouve aussi tout ce qui est necessaire à la vie & à fort bon marché, horsmis les estoffes de soye qui y manquent,
Il abonde en vaches & en pourceaux ; ce pays nourrit des chevaux fort courageux & les meilleurs de toute la Chine : la Province de Suchuen, qui en est
proche, a le mesme avantage. Il n'y a point de lieu où on trouve plus grande
quantité d'argent vif.

La premiere ou capitale ville QVEIYANG.

LE territoire de Queiyang est en quelque façon plus plat que n'est pas celuy
des autres endroits de la Province, & par consequent mieux peuplé : le
peuple de ce pays s'appelloit anciennement Sinany, c'est à dire les barbares du
Zud-ouest ; parce que ce pays est situé de la sorte à l'égard de la Chine ancienne.
Il faisoit autrefois partie du Royaume de Louquei ; sous famille de Hana
il fut conquis par l'Empereur Hiaouvus ; il en fit la Seigneurie de Ciangco :
la famille de Sunga le reduisit derechef en Province, & y mit une grosse garnison dans la cité qu'elle avoit bastie : la famille de Iuena, qui avoit conquis
ces terres avec beaucoup de facilité, les nomma Sunjuen, c'est à dire favorables à
Iuena ; la famille de Taiminga luy a imposé le nom qu'elle a à present, luy a
donné le titre & le rang de ville, & a voulu qu'elle eust jurisdiction sur dix-
neuf Forts au lieu d'autant de citez. Il y a plusieurs de ces Forts qui approchent ou surpassent les citez pour leur grandeur ; Queiyang, 1. Kinkiun, 3.
Moqua, 4. Tahoa, 5. Chingfan, 6. Gueifan, 7. Fangfan, 8. Hungfan, 9.
Golung, 10. Kinxe, 11. Siaolung, 12. Lofan, 13. Talung, 14. Siaoching, 15.
Xangua, 16. Luxan, 17. Lufan, 18. Pingfa, 19. Mohiang.

Les Chinois font mention de plusieurs peuples, qui demeuroient anciennement dans ce pays, dont les mœurs estoient differentes ; mais il faudroit
trop de temps pour en faire la description. Ce fut sous la famille de Taiminga
qu'ils receurent les bonnes lettres & les mœurs Chinoises, & il y en eut plu-

fieurs qui furent paffez Docteurs. Les Tartares de la famille de Iuena baftirent un temple affez magnifique hors des murailles de la ville au Midy.

Les montagnes.

A l'orient de la ville eft la montagne de Tungeu, c'eft à dire le tambour de cuivre, parce qu'on y entend battre le tambour toutes les fois qu'il doit pleuvoir.

Nanuang eft une montagne fort haute, qui eft au Septentrion de Queiyang : il y a peu de perfonnes qui y ofent monter, à caufe qu'elle eft fort efcarpée.

Venpi eft une montagne au Midy de la ville ; elle eft feule, & a la figure d'un triangle ifofcele, dont le fommet eft extremement pointu, & s'éleve fort haut.

Les rivieres.

Il n'y a pas beaucoup de chofes à dire des eaux de ce pays, fi ce n'eft d'une fontaine au Zud-eft de la ville, dont l'eau eft excellente & tres-claire : l'eau tombe dans une foffe de fix coudées, & on a remarqué qu'elle ne diminuë point, quelque effort que l'on faffe pour l'épuifer.

La feconde Ville S V C H E V.

Noms anciens.

IL n'eft point fait de mention du territoire de cette ville, que fous la famille de Cina : elle s'appelloit pour lors Kinchung ; celle de Hana la mit dans le pays de Vulin ; la famille de Tanga a efté la premiere qui a nommé cette ville Sucheu, puis Ningii ; celle de Taiminga luy donna le rang & la qualité de ville : elle a jurifdiction fur quatre Forts, dont le premier eft Sucheu, 2. Tufo, 3. Xiki, 4. Hoangtao.

Naturel du peuple.

Ce pays abonde en vif argent, en cinabre & autres mineraux : les montagnards de ces quartiers fe vantent de leur force : ils font hardis, ignorent des bonnes lettres, marquent leurs contracts avec je ne fçay quelles notes fur des tables de bois : lors qu'ils fe rencontrent dans les perils, ils fe fervent de morceaux de tuiles pour faire leurs fortileges, & offrent des facrifices aux diables, pour divertir les maux qu'ils apprehendent ; ils ont les cheveux épars, vont pieds-nuds, qui s'endurciffent tellement qu'ils ne craignent point de marcher fur les rochers ny fur les épines ; une civilité qui leur eft naturelle leur a fait recevoir en quelque forte la langue Chinoife ; & bien qu'ils retiennent leurs vieilles habitudes & façons de faire, fi eft-ce pourtant qu'ils ne font pas fi barbares que les autres. Voila à peu prés comme l'autheur Chinois les depeind.

Les montagnes.

La montagne de Go eft proche du foffé de la ville au Midy ; on a de la peine d'en approcher, tant elle eft roide & difficile : on void la montagne de Tienyng au couchant de cette ville.

La troifiéme Ville S V N A N.

Noms anciens.

CE pays eft un de ceux qui a efté dés les premiers temps dans la fujettion des Chinois, & compris dans le Royaume de çu : la famille de Cina, apres avoir défait les Rois, l'appella Kinchung ; celle de Hana le mit dans le pays de Vulin. Suius le nomma Vucheu, & la famille de Tanga Sucheu ; celle de Taiminga l'appella Sunan, & l'honora du titre de ville. Elle a fous fa jurifdiction deux citez & cinq Forts, Sunan, 2. Vuchuen, 3. Inkiang, 4. Xuite, 5. Manii, 6. Langki, 7. Ieuki.

Les montagnes.

La montagne de Vanxing eft au Midy de la ville, & eft efcarpée de tous coftez. Il n'y a qu'un chemin pour y monter, & encore fort eftroit : les habitans, qui s'y retirent en temps de guerre, font là en affeurance.

Au Zud-oueft de la ville eft la montagne de Lungmuen.

Proche de Vuchuen eft la grande montagne de Tanien : je n'en trouve point d'autres; il y a beaucoup de montagnards inconnus aux Chinois, qui s'y tiennent cachez, & évitent leur communication.

La quatriéme Ville CHINYVEN.

CEtte ville n'a qu'une cité sous elle & quatre Forts, Chinyuen, 2. Xikien, 3. Kinyung, 4. Pienkyao, 5. Inxui, 6. Taiping. Cette partie de Province estoit aussi autrefois dans le Royaume de çu; mais la famille de Iuena a basti cette ville.

Ce pays produit les plus belles fleurs & les plus estimées de toute la Chine, des grenades, des oranges, & des poules sauvages ou gelinotes. Voicy ce que dit l'Historien Chinois d'un peuple particulier qui habite dans ses montagnes : ces gens sont à la verité barbares, mais simples & civils à leur mode; ils n'ont point de sel, & se servent en sa place des cendres de l'herbe de Kiue qu'ils brûlent. *Cendres au lieu de sel.*

La montagne de Xeping va jusqu'au fossé de la ville; on l'appelle la muraille de pierre, parce qu'il y a un rocher, qui est tout uny & s'esleve en forme de paroy : on escrit qu'elle a bien cent perches de hauteur. *Les montagnes.*

Suĸiung est une montagne au Zud-est de la ville, sur laquelle estoit jadis la cité de Suûang, qui est toute ruinée. Il y a aussi une fontaine tres-agreable au couchant de la ville, nommée Vi, dont l'eau est fort bonne.

La cinquiéme Ville XECIEN.

CEtte ville est située entre les deux villes de Sunan & de Sucheu : la famille Tartare de Iuena l'a fondée, car elle y fit bastir un Fort considerable, que la famille de Taiminga agrandit, & dont elle fit une ville. Elle commande à quatre Forts, Xecien, 2. Miaomin, 3. Lungciuen, 4. Coihang. Les montagnards de ce pays ont leurs caracteres particuliers ; mais ils ne se servent point d'encre pour escrire, se contentans de graver sur des tablettes de bois fort tendre avec une touche. Les hommes & les femmes y vont indifferemment pieds-nuds : quand ils sont malades, ils n'invoquent point les esprits, mais les demons, jusques à ce qu'ils meurent ou qu'ils soient gueris.

Ce pays produit du vif argent.

Pipa est une montagne au Midy de la ville : au levant est la montagne de Heu. *Les montagnes.*

La sixiéme Ville TVNGGIN.

LE ressort de Tunggin occupe la partie septentrionale & orientale de toute la Province : elle touche à la Province de Huquang : on l'appelloit autrefois le pays de Kimau : la famille de Iuena y fit premierement bastir un Fort, qui fut agrandi par celle de Taiminga, qui luy donna les immunitez & franchises de ville, & luy assujettit huit Forts, Tunggin, 2. Sengki, 3. Tiki, 4. Vanxan, 5. Vlo, 6. Pingten, 7. Pingnan, 8. Pinchai.

Ce pays abonde en or, principalement proche de Tiki; & on y tire par tout du cuivre.

Ceux de ses peuples qui demeurent dans les montagnes estoient cy-devant fort cruels, barbares, superbes, opiniastres à conserver leurs droits, trompeurs, & qui avoient accoustumé de tuer ceux qui estoient avancez en âge; ils ont appris quelque civilité & quelque justice, en nous frequentant, comme dit l'Historien Chinois.

Au Levant de la ville on voit la montagne de Tung, qui en est extremement proche, & luy sert de rempart : au Midy est la montagne de Tungyai : la *Les montagnes.*

plus haute de toutes est celle de Venpi au Zud-est, elle s'éleve au dessus des nuës.

La montagne de Pechang est agreable & couverte de forests; elle est au Couchant de la ville. Il y a une admirable fontaine proche de Pingten, d'où il *Fontaine admirable.* sort de l'eau de deux façons; l'une claire & l'autre trouble, quoy qu'elles sortent toutes deux d'une mesme ouverture: quand elles sortent de leur source, l'une va d'un costé & l'autre de l'autre, comme si elles dédaignoient d'aller ensemble: on se sert de la plus claire, pour faire une sorte de breuvage de ris tres-excellent: cette fontaine se nomme Cankeng.

La septiéme Ville LIPING.

LE territoire de cette ville est proche de la Province de Quangsi: on y compte quatre citez & onze Forts, Liping, 2. Iuncung, 3. Tanki, 4. Pacheu, 5. Hungo, 6. çaotie, 7. Guo, 8. Sixan, 9. Huul, 10. Leangsai, 11. Geúyang, 12. Sinhoa, 13. Chunglin, 14. Cheki, 15. Lungli.

Sous la famille de Hana ce pays s'appelloit Yangeo; sous celle d'Vtai, elle dependoit de la ville de Sucheu: la famille de Iuena y bastit le chasteau de Tanki, dont celle de Taiminga fit la ville de Liping. On a accoustumé d'en nommer les montagnards Hiunúon. Ils parlent une langue tout à fait inconnüe aux Chinois; les malades offrent les ossemens de leurs poules aux demons.

Ce pays produit la plus excellente racine de China, nommée Fulin. Les habitans font des draps de chanvre crud, ou d'un herbe qui ressemble fort au chanvre, que les Chinois appellent Co. Les habits qu'on en fait sont excellens & fort propres pour l'Esté. Il y a un temple dedié à un Heros.

Pont rare. Il y a un pont qui est rare, & se nomme Tienfem, c'est à dire fait par le ciel: nous l'appellerons pont naturel: il est tout d'une seule pierre, assez grande pour traverser le torrent de Tanki: il a deux perches de largeur & vingt de long.

Les montagnes. La montagne de Palung est au Zud-est de la ville.

La montagne de Kinping, qu'on nomme la muraille dorée à cause de sa beauté, est au Levant de la ville.

La montagne de Tungquon proche de Tanki est fort haute & grande, inaccessible par tout, horsmis par un petit chemin; elle a pourtant une fort belle campagne sur son sommet.

La montagne de Taiping est à l'orient de la ville, où est le sommet de Motien, & cette belle caverne de Túngni au Nord-est de la ville, creusée en forme de sale carrée, dont l'un des costez a trois stades, avec un petit ruisseau qui passe par le milieu comme un ruban d'argent, selon l'Auteur Chinois.

La huitiéme Ville TVCHO.

CETTE ville est située au Zud-ouest de celle de Liping, & fort proche de la Province de Quangsi, dont on dit communément en langue Chinoise, qu'elle en est les dents & les levres, à cause que ses montagnes & sa situation qui la rendent forte, couvrent aussi & defendent cette Province, qui tire cet avantage d'estre proche de cette ville. La ville de Tucho est bastie proche de la riviere de Co, sur le bord qui regarde le Couchant, qui court dans la Province de Quangsi, aprés s'estre grossie & enflée de quantité d'eaux. Les montagnars de ces quartiers font plus doux que les autres, mais tres-braves dans les combats. Cette ville a trois citez & neuf Forts sous son obeïssance, Tucho, 2. Toxano, 3. Mahoo, 4. Cingping, 5. Pangxui, 6. Pinglang, 7. Pingcheu, 8. Lotung, 9. Hokiang, 10. Loping, 11. Pingting, 12. Fungning.

Les montagnes. La montagne de Caiyang est proche de Pinglang, il y a un chasteau sur le haut:

la montagne eſt fort grande & fort haute. La montagne de Chiny n'a qu'un ſeul chemin pour monter à une plaine qui eſt ſur ſon ſommet, avec un Fort pour la defendre.

La montagne de Hinglang eſt proche de Fungning ; on n'y peut monter que par un degré taillé dans le roc en forme d'échelle qui fait toute la defenſe de ceux qui y demeurent. Proche de Pincheu eſt la montagne de Lotung : elle a un ſommet, qui va en montant l'eſpace de mille deux cens perches de longueur : il ſe nomme le ſommet de Hianglu ; il ſemble toucher au ciel, & eſt proche de Cingping.

La premiere Cité P V G A N.

LA premiere cité eſt Pugano, qu'on dit eſtre la clef de trois Provinces ; car elle eſt ſituée entre les confins de celles de Queicheu, de Iunnan & de Quangſi. Ce pays eſt un peu plus cultivé & plus habité que les autres, & ceux qui y demeurent dans les montagnes plus civiliſez : ils ne ſe fient pourtant point aux Chinois. Ils ſont fort addonnez au trafic, & grands aſſerteurs de la doctrine de la metempſychoſe ou du paſſage des ames : ils adorent l'idole Fe, qui repreſente l'inventeur de cette doctrine.

Les Tartares de la famille de Iuena, au ſortir de la Province de Iunnan, baſtirent cette cité, & l'appellerent Pugan, qui ſignifie prolongeant le repos. Ce pays abonde en vif argent, & vermillon, & produit le fruit de Muſa ſi connu dans les pays chauds.

Vers le Nord-eſt on trouve la grande montagne de Puonkiang, qui s'avance *Les montá-gnes.* juſqu'au Fort de Gannan & de Ganchoang.

La montagne de Tanpi eſt au Zud-oueſt, l'on en tire de l'argent vif & un mineral qu'ils nomment Huinghoang.

La ſeconde Cité I V N G N I N G.

LA famille de Iuena a auſſi baſty cette cité : elle a deux petits Forts ſous ſon obeïſſance, Múyo & Tinging : toutefois ſon territoire eſt grand, mais montagneux, habité de cinq ſortes de peuples : ils n'en diſent autre choſe ; ſi ce n'eſt qu'ils ſe ſervent de fleches, d'arcs & de petits couteaux fort pointus ; & qu'ils ne portent point les fardeaux ſur des leviers, mais ſur leur dos ; que les hommes & les filles s'y marient à l'inſçeu de leurs parens ; ce que les Chinois tiennent fort mal honneſte.

La montagne de Hungyai, proche de Múyo, eſt fort haute & affreuſe à voir. *Les monta-gnes.*

Là meſme eſt le coſteau de Lungcing, il paroiſt tout verd à cauſe de ſes bambus ou gros roſeaux.

La cité de Quanſo a la montagne de Tinging fort proche, elle eſt de cent ſtades, avec un chaſteau pour defendre le chemin.

La troiſiéme Cité C H I N N I N G.

CEtte cité gouverne deux Forts, celuy de Kangço & de Xeul.

Les montagnards de ce pays qui n'obeïſſent point aux Chinois, abondent en or & en argent : ceux qui en ont beaucoup ne s'en eſtiment pas plus riches, mais bien ceux qui ont le plus de vaches & de bœufs.

Magan eſt une montagne proche de Xeul, ainſi nommée à cauſe de la *Les monta-gnes.* reſſemblance qu'elle a à une ſelle de cheval.

La fontaine de Caici eſt au levant de Chianing, digne d'eſtre remarquée pour ſon eau fort froide, quoy qu'elle deuſt eſtre échauffée d'un feu ſouterrain.

La quatriéme cité GANXVN.

SELON l'hiftoire tout le territoire de cette cité, auffi bien que celuy des precedentes, appartenoit autrefois à la Seigneurie de Hoangfo; la famille de de Iuena en fit une cité, & la comprit dans la Province de Iunnan; celle de Taiminga l'affujettit à cette Province; les Chinois y décrivent trois ponts, dont la famille de Iuena en a bafti deux; le premier eft à l'Orient de la cité, & l'autre au Couchant; le troifiéme fe nomme Tienfeng, c'eft à dire naturel; il a plus de mille perches de longueur, & va tout autour des murailles de la ville, l'eau paffe par deffous; on diroit que ce font les arcades d'un pont: car on y a pratiqué un chemin qui regne tout autour des murailles de cette ville. Ganxun commande à deux Forts, dont le premier eft Ningco, le fecond Sipeo.

Les monta-gnes.   Ie ne trouve point d'autre montagne que celle de Niencung, à l'orient de Ganxun: elle eft fort haute, encore qu'elle n'ait que dix ftades de circuit.

Les villes de guerre PVTING.

CETTE ville eft libre, fondée par la famille de Iuena, & baftie fur le chemin par où l'on va à la Chine; car ce font auffi les Chinois qui la gardent: ils veulent que le peuple de Lotien y ait habité autrefois. Ceux qui demeurent dans les montagnes vers le Nord font fauvages & farouches, ne fe foucians & ne faifans eftat ny des fciences ny des loix; chacun fait ce que bon luy femble, leurs mœurs font tout à fait groffieres.

Les monta-gnes.   Au Nord-oueft eft la montagne de Ki fort haute & fort difficile.

Au Levant eft la montagne de Magan.

Il y a auffi une agreable fontaine au Zud-eft de la ville, dont l'eau eft fort bonne & propre pour ce breuvage ou vin de la Chine qu'on compofe de ris.

La feconde ville de guerre SINTIEN.

SINTIEN commande à quatre Forts, Pingfa, Paping, 3. Cheuping, 4. Cheuing. Les mœurs des montagnards de ce pays font prefque les mefmes que celles des autres: ils ont pourtant cela de particulier, qu'ils s'affligent fort de la mort de leurs peres & de leurs meres; & ils fe coupent les cheveux, pour en témoigner leur douleur.

Les monta-gnes.   Au Midy de Sintien eft cette haute montagne de Pie, qui va au deffus des nuës, & dont un des fommets s'éleve en forme de pyramyde; c'eft par cette raifon que la montagne fe nomme Pie, c'eft à dire un pinceau.

La montagne d'Yang Pao, qui eft au Septentrion de la ville, eft fort belle; elle eft merveilleufement diverfifiée de couleurs. La montagne de çaimiao eft au Nord-eft, il en tombe de l'eau, qui reprefente les couleurs de l'arc en ciel.

Au Nord-eft de la ville il y a une agreable fontaine nommée Fi.

La troifiefme ville de guerre PINGYVE.

LE territoire de cette ville fous la famille de Cina eftoit dans la Seigneurie de Kiucung; à prefent elle gouverne deux Forts, le premier Yangy, 2. Loping. Ce pays produit des fleurs de Iafmin, d'excellentes fueilles de Cha, des oranges de toutes les fortes. Ceux du pays font des draps de chanvre crud, que les Chinois appellent Co, il femble que ce foit une autre forte de chanvre que celuy de l'Europe.   La

La montagne de Pie est fort haute, & au Midy de la ville.

La montagne de Mocing proche de Yangy est affreuse à cause de ses roches, fort difficile à monter, d'ailleurs creuse en beaucoup d'endroits, avec plusieurs antres fort obscurs.

La quatriéme Ville L V N G L I.

CETTE ville est située au couchant de celle de Sintien, & commande à deux chasteaux, Pingfa & Taping. Ceux qui demeurent dans les montagnes ont pris quelque chose des mœurs & des façons de faire des Chinois, à cause qu'ils trafiquent continuellement ensemble; toutefois ils marchent encore armez, se plaisent à la guerre, & font beaucoup d'estat des armes. Cette ville a au Zud-ouest un pont de pierre assez magnifique, qu'on nomme Quangcy.

Iungtao est une fort grande montagne proche de Pingfa; proche de Taping est la montagne de Cohia inaccessible, & toute de roches. *Les montagnes.*

Les Forts.

VOICY les noms de divers Forts, bastis pour asseurer les chemins contre les montagnards. Ils attaquent souvent ceux qui voyagent; mais principalement, quand les Chinois leur ont fait quelque tort. Le premier, est Picie, 2. Gueicing, 3. Ganchoang, 4. Cingping, 5. Pingpa, 6. Gannan, 7. Vsa, 8. Hinglung, 9. Chexui, 10. Caili.

Vers l'Occident de celuy de Picie, dans une vallée fort profonde, où un torrent roule une grande quantité d'eaux avec violence, les Chinois, pour faire un passage ont arresté des anneaux & des crochets des deux costez des montagnes, ausquels ils ont attaché de fort grosses chaisnes de fer, avec des aix par dessus; & ainsi ont fait un pont fort ingenieux. *Pôt de chaisnes de fer.*

Pingpa est le seul chasteau qui soit dans cette Province: il y a une campagne aussi grande que la veuë se peut étendre, avec des terres fort fertiles, & semées de ris. Il y a aussi des terres labourables fort fertiles proche d'Vma.

La montagne de Mohi est au Levant de Picie, tout à fait pierreuse & qui fait peur à la veüe, le chemin n'a qu'autant de largeur qu'il en faut pour un cavalier; ce chemin est fort long: les deux costez de la montagne paroissent comme deux murailles, tant ils sont escarpez. *Les montagnes.*

La montagne de Lochung est proche de Cingping au Nord, vis à vis de la montagne de Kocung, où demeurent quantité de montagnards.

La montagne de Loco, c'est à dire les testes des cerfs, à cause de ses grosses pierres & roches qui s'y trouvent par tout.

Vily est une montagne au Midy de Gannan, ils remarquent que son sommet est tousjours couvert de nuages.

Là mesme au Couchant est la montagne de Peki, dont les sommets sont fort hauts & couverts de bois.

Dans le Fort de Picie est la source d'une fontaine fort belle, nommée Fo: là mesme au levant il tombe une eau de la montagne, qui fait un tres-grand bruit. *Les rivieres.*

Prés de Ganchoang l'on voit une cheute d'eau, qui tombe de douze perches de hauteur.

Au dedans des murailles de Cingping il y a un petit lac qui se nomme Cifeng, où les habitans puisent de l'eau pour leurs necessitez, car ils n'y peuvent pas creuser de puits, à cause de la dureté des roches qu'on y rencontre. Puon est une riviere qui passe au Levant de Gannan: au Midy du mesme Fort il y a une fontaine nommée Pelo, dont l'eau est fort bonne.

L'vsage des cartes fort commun parmy les Chinois. Il y a quelques autres places moins confiderables, qui sont toutefois fortifiées, & gardées par les Chinois, avec un Gouverneur dans chacune. Ils ont tous une carte fort exacte de tout leur gouvernement, ce qui s'obferve par tous les Gouverneurs de la Chine. Ie tiens par cette raifon qu'il n'y a pas de lieu au monde ou l'on trouve des cartes plus exactes de tout le pays: on trouve des Forts prefque fur tous les chemins, pour brider les montagnards, & pour les tenir dans l'obeïffance des Chinois, s'il eft poffible. Les noms des principales places font ceux-cy, la premiere eft lungning, 2. Xúitúng, 3. Lokeu, 4. Xangtang, 5. Vatien, 6. Hoanglien 7. Cugni. Les cartes feront voir le nom des autres.

Les montagne. Au Nord de Xúitung eft la montagne de Xetung, où ils remarquent une grande caverne : pour le refte je m'en remets à la carte.

LA

QVINZIE'ME PROVINCE

DE IVNNAN.

Sa fituation & fon excellence. IVNNAN eft de toutes les Provinces meridionales de l'Empire de la Chine, la plus avancée vers l'Occident, & la plus proche des Indes; elle n'eft pas fort éloignée du golphe de Pegu ou de Bengala; auffi on y refpire l'air des Indes, & on y jouït de la temperature d'un climat plus chaud : elle eft toute coupée de rivieres, elle a des lacs qui l'arrofent, & dont plufieurs rivieres tirent leur fource. Il y a auffi des montagnes qui font agreables, & dont le pays tire diverfes commoditez ; mais elles ne font pas frequentes : elle eft plate prefque par tout.

Les limites. Pour limites, on luy donne le Royaume de Laos, & celuy de Tungking ou de Gannan ; la Province de Quangfi la borne à l'Orient & au Zud-eft ; au Zud-oueft elle s'eftend prefque jufqu'au détroit de Bengala, où elle regarde les Royaumes de Pegu & de Aracan ; au couchant elle eft oppofée au Royaume de Mien & de Pey, comme ceux de la Chine les nomment ; au Nord-oueft, les Royaumes que les Chinois appellent generalement Sifan, que je croy eftre le Royaume de Tibet, confinent à cette Province ; au Nord eft la Provincede Suchuen, & celle de Queicheu.

Ses richeffes. Cette Province eft la plus riche : on a à tres-bon marché tout ce qui eft neceffaire à la vie : l'or qu'ils amaffent dans le fable, quand ils le lavent, leur rend des fommes fort confiderables ; & les Chinois affeurent que fi on pouvoit ouvrir les mines, qu'il n'y a point de lieu où on en trouvaft davantage : de là vient que voulans railler quelqu'un, quand ils voyent qu'il vit magnifiquement, ils luy demandent d'ordinaire, fi fon pere eft Receveur des droits du Roy dans la Province de Iunnan. Ce pays produit auffi de l'ambre, mais un peu plus rouge que celuy de Pologne ; on n'y en trouve point de jaune. Il y a auffi d'excellens chevaux & des elephants : on tire encore de cette Province des rubis, des faphirs, des agathes, qu'on nomme d'ordinaire yeux de chats, avec plufieurs pierres precieufes & des perles : elle abonde pareillement en muſc, ſoye, benjoin, & en cet encens ſi eſtimé, qui diſtille des arbres : nous avons auſſi toutes ces choſes des Provinces de Pegu , de Laos & de Quang-nan.

On compte dans cette Province douze villes fort remarquables, huit autres places de guerre, & quatre-vingt-quatre citez, comme auſſi quelques autres places d'armes & Forts, dont nous parlerons cy aprés; il y a déja long-temps qu'on en a retranché quelques-uns de l'Empire de la Chine, & quoy qu'ils ſoient à preſent ſous l'obeïſſance du Roy de Tungking ou de Gannan, nous ne laiſſerons pas d'en dire un mot dans la deſcription de cette Province. *Nombre des villes, & des autres places.*

Les Chinois y comptent 132958. familles, & 1433110. hommes. Cette Province eſt habitée de pluſieurs peuples, dont le nombre n'eſt pas aſſeuré, car ils n'obeïſſent pas aux Chinois : il y a quelques Seigneurs que ceux de la Chine nomment Tuquon, dont le pouvoir eſt abſolu, (je ne me ſouviens pas qu'il y en ait de ſemblable authorité dans toute la Chine.) Ils reconnoiſſent bien l'Empereur de la Chine ; mais cela n'empeſche pas qu'ils ne ſoient abſolus dans leurs terres, & cette puiſſance ne paſſe pas en la perſonne de leurs enfans. Le tribut de ris eſt de 1400568. ſacs, elle paye 56965. peſées de ſel, outre pluſieurs autres impoſts qui ſe levent ſur les marchandiſes & ſur les terres. *Nombre des hommes.* *Le tribut.*

Comme cette Province eſt proche des Indes, auſſi tient-elle quelque choſe des mœurs & de la façon de vivre des gens de ce pays là ; on n'y obſerve point ce qui ſe pratique preſque dans toute la Chine, que les femmes demeurent renfermées dans la maiſon ſans voir les hommes, & ſans avoir aucune familiarité ny converſation avec eux ; dans cette Province on les rencontre dans les rües, comme dans les Pays-bas & dans l'Alemagne. La pluſpart brûlent les corps morts, & les reduiſent en cendres, ſans les enterrer, dont ces Chinois ſont fort ſoigneux ; encore que les plus grands de leurs Philoſophes imitent les autres Chinois, & ſe ſervent de ſepulcres, toutefois ils ne jettent perſonne en vie pour le brûler avec les corps morts , comme les Indiens ont acccouſtumé de faire ; car les Chinois eſtiment cette couſtume barbare. *Mœurs & façons de faire particulieres.*

Ceux de cette Province ſurpaſſent les autres Chinois en force & en courage : ils apprennent aux Elephans à ſe battre, & s'en ſervent dans les combats : ils ſont courtois, ſociables , l'eſprit doux, plus propres que beaucoup d'autres pour comprendre les Myſteres de noſtre Religion. Divers empeſchemens ont oſté à nos Peres l'entrée de cette Province ; ils n'ont pas laiſſé d'en convertir quelques-uns employez dehors en des gouvernemens , ou qui eſtoient à la Cour pour prendre leurs degrez, & ceux-là ont mieux confirmé par leur bonne vie la verité qu'ils avoient embraſſée que les autres Chinois : ce qui nous donne beaucoup d'eſperance d'une moiſſen fort heureuſe dans cette Province : faſſe Dieu qu'on y envoye autant de Moiſſonneurs qu'une ſi riche recolte demande. *Le naturel de ceux du pays.*

L'Empereur Xius, qui fonda la famille de Cina, a eſté le premier qui ait occupé ce pays ; mais comme il ſe fut rebellé peu de temps aprés, ils furent de nouveau ſubjuguez par Hiaouvus ce vaillant chef de la famille de Hana : les Tartares meſmes de la famille de Iuena ont embelli ces quartiers, en y envoyant des Colonies ; c'eſt pourquoy il y a quantité de choſes dans cette Province dont Marco Polo de Veniſe fait mention, & que ceux de l'Europe ont juſques icy mal entendu, à cauſe de la confuſion des noms dont il s'eſt ſervi, de l'ignorance des caractere & langue Chinoiſe, & du peu d'ordre qu'il a apporté dans ſes deſcriptions : pour la verité de ſa Geographie je croy l'avoir aſſez juſtifiée dans cet ouvrage, où j'en donne une fort exacte ; & auſſi avoir rendu ſervice en meſme temps à la Sereniſſime Republique de Veniſe , pour avoir defendu un de ſes Nobles, & pour l'avoir mis à couvert des fauſſetez & des autres calomnies qu'on luy impoſoit. *Quand c'eſt qu'ils ont eſté ſubjuguez par les Chinois.* *Preuve de la ſcience de Geographie, & M. Polo Venitien defendu.*

(Bb ij

La premiere ou capitale Ville I v n n a n.

Son nom & antiquité.
ELLE a le mefme nom que la Province où elle eft. Iunnan fignifie le Midy des nuës. Il n'eft fait mention de ce pays que fous les Rois de çu, qui en poffedoient la partie la plus feptentrionale: elle s'appelloit le royaume de Tien, ce nom eftant pris d'un de fes grands lacs. Pour la ville, il n'en eft parlé que fous la famille de Hana; ce n'eftoit qu'une cité qu'on nommoit Yecheu; ce nom fut aprés changé en celuy de Iunnan, que l'Empereur Hiaouvus luy donna, y ayant remarqué des nuages merveilleux pour la diverfité de leurs couleurs. Cynus la nomma Nincheu, & la famille de Tanga Nauning; & comme elle ne la pouvoit conferver qu'avec peine, à caufe de fon éloignement, elle en divifa tout le territoire en fix Seigneuries, avec autant de Seigneurs qui luy devoient payer tribut tous les ans. Quand la famille de Iuena les eut tous defaits, elle nomma cette ville Chungking; mais la famille de Taiminga luy rendit fon premier nom.

Les citez.
Elle commande à treize citez, Iunnan, 2. Fumin, 3. Yleang, 4. Caominge o, 5. Cynning, 6. Queihoa, 7. Chingcung, 8. Ganninge o, 9. Loçu, 10. Lofung, 11. Quenyang, 12. Sanp ao, 13. Ymuen.

Le territoire de cette ville eft fort agreable & fertile, renommé pour fes collines & pour fes excellentes eaux: il s'éleve de toutes parts en petites collines, & puis s'étend dans une grande & large campagne: il eft encore recommandable pour la bonne temperature de l'air, pour fes fontaines, pour les bons efprits qui s'y rencontrent, pour la vigueur & force de fes habitans, & pour l'abondance de toutes chofes. Pour la ville, elle peut avec raifon entrer en parallele avec les plus grandes de la haute Afie; riche par fon trafic, fuperbe par la magnificence de fes baftimens, par la grandeur de fes temples, & par fa fituation fort agreable, car elle eft baftie fur le bord feptentrional du grand lac de Tien qui paffe le long les murailles de la ville vers l'Occident, & donne l'entrée aux navires par le moyen des canaux qu'on y a conduits. On voit auffi une montagne dans la ville, remarquable par les temples qui y font, par fes baftimens publics & particuliers, par les jardins & par fes bois.

Outre plufieurs palais pour les Gouverneurs, il y en a un où demeure le grand Seigneur qu'on nomme Moquecung; le fondateur de la famille de Taiminga ayant donné cette dignité à un de fes Generaux d'armée, de la famille de Mo, qui luy avoit rendu des fervices confiderables, lors qu'il chaffa les Tartares de la famille de Iuena; & Moquecung, d'une perfonne privée qu'il eftoit, parvint à la dignité de General d'armée, & rendit cette charge hereditaire dans fa famille. Cette dignité eft la mefme que celle de Duc parmi nous, à laquelle fes heritiers & defcendans fuccedent encore à prefent.

Les mœurs de ce peuple.
Il y a eu autrefois diverfes fortes de peuples; mais comme les noms en font inconnus, je n'en fais icy aucune mention: leurs mœurs eftoient auffi bien differentes; quoy qu'ils embraffaffent tous la religion de Fe, chantant tousjours les livres de cette fecte; leur principale occupation & employ eftoit la guerre, l'exercice des armes, & l'agriculture; perfonne n'époufoit de fille parmi eux qu'un autre n'euft eu premierement fa compagnie; ce font les paroles de noftre Auteur Chinois. Les uns eftoient noiraftres comme les Indiens, & les autres blancs; ils prennent plaifir d'aller à cheval, & ne mettent qu'un tapis au lieu de felle.

Abondance de toutes chofes.
Ce pays produit de tres-bons chevaux, de baffe taille pour la plufpart, mais forts & hardis: il n'y a point de lieu où on faffe de meilleurs tapis: on y tire de la pierre d'azur, du verd, & quantité d'excellent marbre: le bois de rofe,

comme les Portugais le nomment, y croiſt auſſi : il y a deux temples dediez
aux Heros, plus magnifiques que les autres.

La montagne d'Vhoa eſt dans la ville, où il y a un magnifique temple, & *Les monta-* un convent, avec quantité d'autres edifices, comme j'ay dit cy-deſſus. *gnes.*

Au couchant du lac & de la ville eſt la montagne de Kingki, fort grande,
qui va juſqu'au bord du lac.

Xang eſt une montagne vers le Nord, avec une fontaine qui eſt tres-froi- *Fontaine* de, & qui ne laiſſe pas pourtant de ſoulager merveilleuſement les paralyti- *d'eau qui* ques. *guerit les paralyti- ques.*

Lo eſt une fort haute montagne au Nord de la ville, qui repreſente un
limaçon ; on la voit au Septentrion du lac, & celle de Kinki au couchant :
elles ſont beaucoup plus hautes que les autres, auſſi paroiſſent-elles davantage.

Yoyang eſt une montagne au Nord-oueſt, où il y a pluſieurs convens de
ſacrificateurs.

Sieúcao eſt une montagne proche de Caoming, qui eſt ſi haute, qu'on croit
qu'elle ſurpaſſe la moyenne region de l'air.

Proche de Cynning eſt la montagne de Kinna, riche en or. *Les rivieres.*

Le lac de Tien eſt au Midy de la ville, il s'avance juſques au pied de ſes
murailles au couchant : on dit qu'il a cinq cens ſtades de tour. La riviere de
Kinxa en tire ſa ſource, & ſortant du coſté du lac qui eſt au Midy, coule a-
prés vers le Septentrion : or ce lac croiſt & s'enfle par le moyen de la riviere de Puon, qui deſcend des montagnes de Caoming : ce lac ſe nomme auſſi
le lac de Quenming.

On a conduit un grand canal du lac de Tien, juſqu'aux citez de Gan-
ning, de Quenyang & de Fumin ; on l'appelle communément le canal de
Tangcie.

La ſeconde Ville TALI.

TALI eſt baſtie ſur le bord occidental du lac Siul, dont les habitans ti- *Sa ſituation* rent beaucoup de commoditez & de divertiſſement. Ceux de la Chine *& ſa gran-* luy donnent le nom de mer à cauſe de ſa grandeur ; il eſt plus long qu'il n'eſt *deur.* large. Tali eſt la plus occidentale de tout l'Empire, ſon terroir eſt fort recreatif, le fonds en eſt fertile, ſi ce n'eſt où il eſt couvert de roches : il eſt arrouſé de
quantité d'eaux, l'air en eſt doux, la ville eſt fort vaſte, & comprend une fort
grande eſpace ; car il y a dedans un palais baſti pour s'y divertir ; dont les murailles ont cinq ſtades de circuit, dix perches de hauteur ; d'où l'on peut juger, que tout le baſtiment doit eſtre d'une grandeur prodigieuſe : elle eſt
fort peuplée, & il y a de fort beaux baſtimens publics & particuliers, & deux
temples fort remarquables, dediez aux Heros, ſans parler d'une infinité d'autres
temples.

Lors que ce pays n'eſtoit point ſujet aux Chinois, il eſtoit habité par les *Ses noms &* peuples du Royaume de Quenni : du temps des Roys, celuy de çu s'en ren- *ſon anti-* dit maiſtre, & y forma un grand & puiſſant Royaume. Hiaovus, Empereur *quité.* de la famille de Hana, apres s'eſtre emparé de toutes les Indes au delà
du Gange, fut le premier qui poſa les fondemens de cette ville, luy don-
nant le nom de Yechu ; la famille de Tanga l'appella Yaocheu : lors qu'elle
eut ſecoüé le joug des Chinois, ce fut le Royaume de Mung, & pour lors
on la nomma Nanchao. Vn Empereur de la famille de Iuena fut le premier qui luy donna le titre & la qualité de Ville, avec le nom qu'elle
a à preſent, luy ayant adjouſté ſix citez ſur leſquelles elle a juriſdiction,
Tali, 2. Chaoo, 3. Iunnan, 4. Tenchuen, 5. Langkiung 6. Pinchuen.

Marbre fort beau. Les Chinois y coupent en tables des pieces d'un marbre fort beau, naturellement si bien marqueté de diverses couleurs, qu'on diroit que le pinceau de quelque excellent peintre y auroit voulu representer des montagnes, des rivieres, des arbres & des fleurs. Ceux de la Chine en font des tables, & d'autres ornemens qu'ils appellent Tiençang, du nom de la montagne d'où on tire ce marbre. Il croist aussi des figues dans ce quartier, comme celles de de l'Europe, que les Chinois nomment Vuhoaquo, c'est à dire fruit sans fleur, ce nom leur ayant esté donné parce que le figuier ne fleurit point. Il y croist aussi des feuïlles de Cha, & il y a quantité d'excellens poissons.

Les montagnes. La montagne de Tiençang a plus de trois cens stades, & est au couchant de la ville ; on y compte dix-neuf sommets fort hauts, avec un estang si profond, qu'on n'en a jamais sceu trouver le fonds.

Proche de la cité de Chao est la montagne de Fungy, avec un grand co- *Grande défaite & tuerie d'hõmes.* steau de terre amassée, sous lequel plus de deux cens mille hommes du Roy Nanchao furent enterrez, aprés avoir esté défaits par les Chinois dans un combat que leur donna le general Tangsienyuo : aprés cette victoire le Royaume de Nanchao fut conquis par la famille de Hana, & ce royaume comprend tout le pays qni est au Midy jusques au Gange.

Proche de Tengchuen est la montagne de Kiço, fameuse pour quantité de magnifiques temples & convens de sacrificateurs ; c'est de là qu'est venuë dans la Chine la premiere connoissance de la doctrine idolatre de Fe ; la famille de Hana retint la religion & les ceremonies de ce peuple, dont elle avoit subjugué le pays ; car les Chinois n'adoroient auparavant que le Xangti, qui signifie le souverain Empereur ; de façon qu'il y a bien de l'apparence que par ce nom ils ont voulu entendre la divinité. Ie ne diray rien d'une infinité d'autres petites montagnes, qui ne sont aucunement remarquables ; mais il ne faut pas oublier le sommet de Tingsi, qui est dans les montagnes de la cité de Chao, car on escrit qu'il est plus haut de mille perches que ne sont les autres ; au pied est un chasteau pour defendre & asseurer les chemins.

Les rivieres. Le lac de Siul s'estendant fort en longueur, divertit les habitans par son bel aspect ; comme aussi par la diversité & abondance de ses poissons. Il y a trois montagnes qui forment autant d'Isles, & quatres autres Isles toutes plates qui sont tres-fertiles : les bords de ce lac forment en dedans neuf golfes : il commence prés de la ville de Tali, & finit à la cité Kiung. La grande riviere de Mosale en sort : apres avoir passé au travers de cette Province, elle se jette avec violence dans le Royaume de Tungking, où enflée par un grand nombre d'eaux, elle forme en suite ce canal, qui porte les vaisseaux jusques dans la ville capitale du Royaume de Tungking.

La troisiéme Ville LINGAN.

CETTE ville à dix citez sous soy, Lingan, 2. Kienxui o, 3. Xeping o, 4. Omio, 5. Ningo, 6. Sinping, 7. Tunghai, 8. Hosi, 9. Siego, 10. Mungçu ; de plus neuf Forts, dont le premier est Naleu, 2. Kiaohoa, 3. Vanglung, 4. Hiyung, 5. Kichu, 6. Suto, 7. çoneng, 8. Locung, 9. Gannan. L'Empereur de la Chine y entretient de grosses garnisons contre les entreprises de ceux de Tunking ; tout le pays de la Province qui est à l'orient de cette ville, a esté conquis par le Roy de Tungking, & est dans son obeïssance.

Le territoire de cette ville estoit anciennement du Royaume de Kiuting : quand ceux de la famille de Hana s'en furent rendus maistres, ils y fonderent la Seigneurie de Ciangho : il fut aprés compris dans le Royaume de Mung, & on *Noms anciens.* nomma l'endroit où estoit cette ville, Tunghai. La famille de Sunga l'appella Sieuxan ; celle de Iuena en fit une ville, & l'entoura de fortes murailles.

Son territoire s'eſtend en partie en plaines , & s'eſleve auſſi quelquefois en
coſteaux & en montagnes : il a deux grands lacs : il eſt coupé de rivieres, plein
de citez , de Forts, de petites villes, & de bourgs. Il y a abondance de ris , de
froment, de miel , & de cire, & produit les meſmes fruits qui ſe trouvent dans
les Indes. Il n'y a qu'un temple dedié aux Heros, & un pont magnifique au
Nord de la ville , baſti par les Tartares de la famille de Iuena.

La montagne de Vchung eſt proche de la cité de Omi, qui a trois ſommets, *Les monta-*
au milieu deſquels eſt une cité. Proche de la cité de Ning eſt la montagne de *gnes.*
Vanſung, ainſi nommée à cauſe de ſes vieux pins.

Proche de Tunghai eſt la montagne de Sieu, où on dit qu'il y a une fontaine *Fontaine*
dont l'eau rend la chair blanche ſi on en boit, & engraiſſe à merveille ceux qui *qui blan-*
font maigres. *chit & en-*
graiſſe.

Proche de Mungçu on voit la montagne appellée Monce, fort grande
& fort haute, où on compte vingt ſommets.

La montagne de Puonchang eſt au Midy de la ville, on dit qu'elle eſt fort
haute.

Proche de la cité de Xeping eſt le lac de Ylung, qui a cent cinquante ſtades *Les rivieres.*
de circuit, & trois petites Iſles. Il y a auſſi nn autre lac proche de la cité de
Tunghai , qui a le meſme nom , & eſt de quatre-vingt ſtades en quarré : il
prend ſa ſource proche de Hoſi.

La quatriéme Ville ÇVHIVNG.

CETTE ville eſt au centre de la Province, ſon territoire eſt arrouſé de rivieres agreables, renfermé de tous coſtez de fort belles montagnes, qui luy
ſervent d'un fort rempart contre ſes ennemis. Il y a quantité de grains par tout,
force beaux paſturages : l'air y eſt fort ſain : on y trouve de la pierre d'aſur & de
fort beau verd. Ce pays eſtoit autrefois dans le Royaume de çu, puis dans le *Noms an-*
pays de Yecheú ſous la famille de Hana : le Roy Cynus le nomma Gancheú , *ciens.*
la famille de Tanga Gueiçu ; mais celle de Taiminga luy a donné le nom qu'il
retient à preſent. Cette ville gouverne ſept citez, çuhinug, 2. Quangtung,
3. Tingyuen, 4. Tingpien, 5. Okia, 6. Nangano, 7. Chinnan.

L'Autheur Chinois aſſure qu'au Septentrion de ce territoire, avant la venuë des Tartares de la famille de Iuena, eſtoit le Royaume de Kinchi, (c'eſt
à dire dents d'or ;) on le nommoit ainſi, à cauſe que ſes peuples garniſſoient
leurs dents de petites plaques d'or : c'eſt peut-eſtre la Province d'Arclada *L'Arclade*
ſelon M. Polo , mais il nous en faudra bien-toſt parler plus amplement. Ce *de M. Polo*
peuple avoit auſſi accouſtumé de faire une choſe qu'il obſerve encore à preſent; *de Veniſe.*
c'eſt que proche de la cité de Nangan ils couvrent d'or tous les ans une groſſe
pierre qu'ils adorent ; cette pierre a environ dix perches de hauteur, ils l'appellent Xinxe, qui ſignifie pierre ſpirituelle, ayans retenu cette ſuperſtition depuis le temps des Rois de Mung.

Au couchant de la ville eſt la montagne de Minfung & de Viki : il y a plus *Les monta-*
de cent petits ruiſſeaux qui tirent leur ſource de la derniere ; ainſi elle eſt cou- *gnes.*
verte par tout de verdure, fertile & tres-agreable.

Kieupuon eſt une haute montagne, qui ſemble ſe retirer en elle-meſme proche de Quantun ou elle fait un grand gouffre. Proche de Nangan eſt la montagne de Piaolo , où il y a une mine d'argent fort conſiderable.

La cinquiéme Ville CHINKIANG.

CE pays a autrefois eſté dans le Royaume de Sinany , & s'appelloit le pays
de Tien. La famille de Hana a jetté les premiers fondemens de cette ville,

apres avoir bafty la cité d'Yniuen ; Suius la nomma Quencheu , & les Rois de Mung Hoyang ; pour le nom qu'elle a à prefent, c'eſt la famille de Iuena qui le luy a donné. Elle a jurifdiction fur cinq citez, Chinkiang, 2. Kiangchuen, 3. Sinhing o, 4. Yangçung, 5. Lunan o. Le territoire de cette ville n'eſt pas fort grand, mais fort agreable, à caufe de fes lacs & de fes rivieres. Pour la ville, elle eſt affez grande , plus celebre encore pour l'abondance de fon *Poiſſon qui fert contre la gale.* poiſſon : il y en a une forte entr'autres, dont les Medecins tirent un fouverain remede contre toute forte de gale. Ceux du pays font auffi de fort beaux tapis de coton. Au Septentrion de la ville, on void encore à prefent une fort grande pierre, où Sinulo Roy de Mung, recevant les Ambaſſadeurs d'un autre Roy, qui ne luy donnoient point la fatisfaction qu'il attendoit, frappa fur cette pierre de fon efpée avec tant de force, qu'il y fit de ce feul coup une fente qui avoit prés de trois coudées de profondeur, & dit à ces Ambaſſadeurs : Allez , & faites fçavoir à voſtre Roy, de quelle trempe font nos efpées. Cela arriva fous Hiaovus le premier de la famille de Hana, qui adjouta à l'Empire de la Chine le puiſſant Royaume de Mung, que les Chinois nommoient le pays de Nanchao.

Les montagnes. La montagne d'Yokcu eſt au Zud-oueſt de la ville, fur le bord du lac de Vufien ; elle eſt toute couverte de bois, & n'a qu'un fommet.

La montagne de Kinlien eſt au levant de la ville, & fituée tout au milieu des montagnes, elle paroiſt toute d'or quand le Soleil fe leve.

La cité de Kiangchuen a une fort grande montagne, qui fe nomme Si, d'où fortent une infinité de petits ruiſſeaux : la montagne de Puonquen eſt proche de Kiangchuen, rude à monter à caufe de fes roches, fort inegale & interrompuë par quantité de cavernes qui s'y trouvent: on a baſty au milieu de fes rochers & deferts ſteriles un convent & un temple, avec un logement pour un grand nombre de facrificateurs.

Les rivieres. Ses rivieres font marquées dans la carte. Au Midy de la ville eſt le grand lac de Fufien, qui occupe cent mille arpens de terre.

Le lac de Ming eſt proche d'Yangçung ; on y pefche de tres-bons poiſſons ; entr'autres une forte qui tire fur le noir, que les Chinois nomment Cing : ils efcrivent qu'il eſt bon à plufieurs maladies.

La fixiéme Ville M v n g h o a.

S Inulo Roy de Mung a baſty cette ville, & l'a appellée Mungre : la famille de Hana l'annexa au pays d'Yecheu ; celle de Iuena luy a donné le nom qu'elle a à prefent : elle n'a que deux villes dans fa dependãce, la premiere Munghoa, 2. Linglung. Il n'y a point de Province en toute la Chine où il y ait tant de mufc qu'en celle-cy.

Les montagnes. Gueipao eſt une montagne au Zud-eſt de la ville, la plus haute qui foit dans tout le pays. La montagne de Funghoang eſt au Zud-oueſt, & tire fon nom d'un Phœnix de la Chine, qu'on dit qui mourut fur cette montagne, apres y avoir chanté fort melodieufement. Ils difent que tous les oifeaux d'alentour s'aſſemblent tous les ans dans ce lieu fur la fin de l'Automne, & pleurent en quelque façon fa mort : les habitans du pays remarquent ces jours ; & avec du feu qu'ils font de nuit fur la montagne, ils prennent une infinité de rares & d'excellens oifeaux.

La montagne de Tienul eſt au Nord de la ville, & fe nomme l'oreille du ciel, parce qu'il y a un Echo fi fubtil, qu'on ne fçauroit parler fi bas qu'il ne renvoye diſtinctement les mefmes paroles.

La septiéme Ville KINGTVNG.

KINGTVNG est la seule, entre toutes les villes qui sont dans ces hautes & larges montagnes, qui soit libre. Ses habitans ont esté les derniers à recevoir les sciences des Chinois: plusieurs mesmes retiennent encore la façon d'escrire du Royaume de Mien, qui ne differe pas beaucoup de celle dont les marchands de Bengala & des Indes ont accoustumé de se servir. Nanchao Roy de Mung est celuy qui a jetté les premiers fondemens de cette ville, il la nomma Inseng, c'est à dire argét naissant, à cause des mines d'argét qui se trouvét dans les terres qui en sont proche: la famille de Iuena l'appella Cainan; celle de Taiminga l'agrandit, & la renferma de murailles qui ont bien huit stades de circonference. Tout ce pays est fort abondant en ris. A l'occident de la ville est un pont sur une vallée fort profonde, composé de chaisnes de fer; il y a vingt chaisnes, qui ont *Pont fait de chaisnes de fer.* chacune douze perches de longueur; il branle quand plusieurs personnes y passent toutes à la fois, & se remuë, ce qui ne donne pas peu d'epouvante aux voyageurs, à cause des precipices qui sont dessous. L'Empereur Mingus, de la famille de Hana, bastit ce pont environ l'an soixante-cinquiesme apres la naissance de Christ.

Munglo est une fort haute montagne qui a plus de trois cens stades, & est au *Les montagnes.* Septentrion: là-mesme est la montagne de Pingtai, avec un chasteau pour la defendre.

La huitiéme Ville QVANGNAN.

CETTE ville a esté démembrée de l'Empire de la Chine, & est dans l'obeïssance du Royaume de Tungking avec une autre cité qui se nomme Fuo o. Le territoire de cette ville est separé des terres qui dependent de la Chine, par de grandes montagnes: on la nomme d'ordinaire la terre d'or, tant elle est fertile. Ses habitans sont barbares, à ce qu'en disent les Chinois, se tuent *Mœurs des habitans.* les uns les autres pour le moindre sujet, les hommes & les femmes y vont nuds-pieds, portent des habits courts, mangent toutes sortes d'insectes, des vers, des serpens, & des souris.

La montagne de Lienhoa est au levant de la ville; & parce qu'elle a la forme *Les montagnes.* & la figure d'une fleur qui se courbe en dehors, elle se nomme Lienhoa, ou la fleur de Lien.

Proche de la cité de Fu est la montagne de Yocyuen, la fontaine qui est sur son sommet luy a donné ce nom. Le torrent ou plustost le ruisseau de Nanmo est proche de la cité de Fu, l'eau en est tousiours chaude: elle est bonne pour les bains, & guerit diverses maladies.

La neufiéme Ville QVANGSI.

CETTE ville avec son territoire est aussi dans l'obeïssance du Roy de Tungking, elle commande à quatre citez, Quangsi, 2. Suçungo, 3. Mileo, 4. Vimao o. Elle estoit autrefois dans le Royaume de Tien; sous la famille de Hana c'estoit une partie du pays de Yecheu, & on l'appelloit le quartier de Ciangho, sous la famille de Tanga on la nommoit Kimi; pour le nom qu'elle a à present, c'est la famille de Iuena qui le luy a donné.

La montagne de Faco est au Nord de Quangsi & proche de ses murailles: *Les montagnes.* dans la ville est la montagne de Chunsien, où estoit le college de la ville.

La montagne de Siaolung environne la cité de Mile.

La dixiéme Ville CHINYVEN.

CETTE ville eſt preſque au milieu de la Province, au Midy de la ville de Kingtung, riche en mines d'argent : elle a ſous elle un chaſteau ou Fort nommé Loco. Ce pays eſt fort montagneux : il y a des Paons ſauvages & domeſtiques. Pour les noms qu'il a eu anciennement, je trouve que c'ont eſté les meſmes que ceux de Kingtung, qui eſt la ville la plus proche qu'elle ait.

Les montagnes. Polung eſt une montagne au couchant de la ville, où des coſteaux s'eſlevent peu à peu, & ſe ſuccedent les uns aux autres, de ſorte que vous diriez que ce ſont les eaux de la mer qui s'enflent lors qu'elle s'émeut : c'eſt de là qu'elle tire ſon nom de Polung, c'eſt à dire la grace des eaux.

Nalo eſt une montagne au Nord-eſt, dangereuſe pour ſes tigres & ſes leopards.

La onziéme Ville IVNGNING.

CETTE ville eſt la plus ſeptentrionale de toute la Province, elle confine au Royaume de Sifan, & commande à cinq Forts ; le premier eſt Iungning, 2. Laçu, 3. Ketien, 4. Hianglo, 5. Valu. On y trouve de ces vaches, dont parlent ceux qui ont fait la deſcription du Royaume de Tibet, on les appelle communément les vaches de Ly ; les Chinois ſe ſervent de leurs queuës pour enrichir & parer leurs drapeaux & leurs caſques ; du poil ils en font d'excellens tapits & des eſtoffes, qui reſiſtent à la pluye. Ce pays ſe nommoit autrefois Talang, la famille de Iuena luy a donné le nom qu'elle a à preſent.

Les montagnes. La montagne de Canmo eſt au Zud-eſt de la ville, ſeule & découverte ; car c'eſt une roche au milieu d'une grande plaine.

La montagne de Lopu eſt proche de Volu.

La montagne de Pouo eſt proche de Hianglo, & celle de Loni proche de Loçuho.

Les lacs. Lucu eſt un grand lac à l'Orient de la ville, où il y a trois Iſles fort égales, chacune a un coſteau de cent perches de hauteur.

La douziéme Ville XVNNING.

LEs Chinois n'ont rien remarqué du pays de cette ville avāt la famille de Iuena : les Tartares de la famille de Iuena s'en ſont rēdu les maiſtres les premiers, & luy ont impoſé ce nom : la ville a deux ſtades de circuit. Ces montagnards, à ce qu'en diſent les Chinois, ſont fort barbares, fort rudes & groſſiers ; le pays meſme eſt difficile & ſterile preſque par tout : on n'y ſçauroit entrer que par un endroit, encore eſt-ce entre des vallées fort étroites : ils portent les cheveux longs & éparpillez, vont pieds nuds, mangent avec les mains, ſans ſe vouloir ſervir de baſtons, devorent toutes ſortes d'inſectes, ne ſçavent point tailler d'habits, ni en filer, & ſe contentent de s'envelopper ſimplement d'un drap : voila comme noſtre Geographe Chinois les depeint. I'ay mes raiſons, tirées de la connoiſſance que j'ay de la Carte de ce pays, pour croire qu'il a eſté autrefois une partie du Royaume de Iunchang, auquel auſſi il touche ; mais nous en diſcourerons plus amplement cy-aprés.

Les montagnes. Loping eſt une montagne qui s'éleve au Nord-oueſt de la ville.

La montagne de Mengpo eſt au Midy de la ville, habitée par un peuple farouche & ſauvage.

Les rivieres. La riviere de çanglang paſſe au couchāt de la ville, elle eſt fort grāde, & prend ſa ſource au Royaume de Sifan, de là elle deſcend vers le Midy, & elle entre dans cette Province prés de Iungping, elle la coupe & diuise par le milieu ; puis tout aussi-tost qu'elle est entrée dans le Royaume de Tungting, elle se décharge dans la mer auec la riuiere de Xale ou de Moxale. Pour le puits de Quonin, (qui est le nom d'une idole tres-fameuse en forme de femme, comme nous l'auons representé dans les cartes ;) on écrit qu'un vieillard y fit sourdre de l'eau, ayant frappé la terre de son baston, au lieu qu'auparauant il n'y auoit point d'eau ; & qu'on ne vit plus aprés le vieillard.

LES VILLES DE GVERRE.

La premiere ville de guerre K I O C I N Q.

IE me souuiens d'auoir dit cy-dessus, que dans ces villes les bourgeois estoient pesle mesle auec les soldats. Le territoire de cette ville est proche du Royaume de Tungking, & bien fortifié contre toutes les entreprises & efforts de ses ennemis ; car outre qu'il y a six citez qui sont parfaitement bien basties, auec quelques chasteaux ; il est de plus renfermé des riuieres de Pepuon & de Naupuun, qui tirent leur source de ce territoire. Les citez sont, premierement Kiocing, 2. Yeco, 3. Chenyeo, 4. Loleango, 5. Malungo, 6. Lohiungo. Les habitans de ce pays sont merueilleusement soigneux de l'agriculture ; mais ils sont querelleux & chicaneurs ; c'est pourquoy il arriue souuent, que tout ce que ces paysans ont gagné auec beaucoup de peine, & à la sueur de leurs corps, s'en va pour payer les vacations des Iuges. Ceux de la Chine écriuent, qu'il s'y trouue une chose veritablement rare, sçauoir de certains petits oiseaux qui ressemblent à des hirondelles, dont aussi ils prennent leur nom ; (car ils les appellent *Hirondelles* Xeyen, c'est à dire hirondelles de pierre) qui ont sous le ventre de grandes *de pierre.* marques blanches & d'autres moindres ; les Medecins Chinois nomment ceux qui ont les grandes marques les masles, & ceux qui les ont plus petites les femelles ; ils en font un collyre excellent contre les maladies des yeux.

La montagne de Fukin est au couchant de la ville : on écrit qu'il y a une *Les monta-* fontaine dont l'eau augmente l'esprit aux enfans ; les Chinois peut-estre se seruent de cette invention, comme on fait en quelques endroits de l'Europe, pour leur persuader plus aisément à boire de l'eau, & à laisser le vin ; ils adjoustent par la mesme raison, que cette eau leur rendra les cheueux dorez & les yeux plus beaux.

Les montagnes. Eau qui augmente & accroist l'esprit.

Proche de Chenye est la montagne de Xingung, toute couuerte de forests & de bois.

La montagne de Xemuen est proche de Loleang, où il y a un chemin de dix stades de longueur entre les rochers.

La montagne d'Yceng est proche d'Yeço, elle tire ce nom d'une fontaine ; Y, en la langue de ce pays, signifie de l'eau, & en Chinois Xui.

La cité de Malung a le haut sommet de Quenso, où il y a un chemin auec un chasteau pour le defendre.

La riuiere de Pexe commence au Nord de la ville, mais change tout aussi- *Les riuieres.* tost ce nom pour celuy de Pepuon ; elle se nomme aussi Ven.

Chungyen est un lac ou marais proche de Loleang, au pied des montagnes de Kieyung.

La seconde Ville Y A O G A N.

CErre ville de guerre est au Nord-ouest de la capitale, remarquable principalement pour l'abondance du musc, qui s'y trouue. Elle commande à trois citez, la premiere est Yaogan, 2. Yaoo, 3. Tayao. Son territoire est

(Cc ij

confiderable & renfermé de forefts & de montagnes, où il y a plufieurs vallées tres-fertiles. Ce pays faifoit autrefois une partie du Royaume de Tien. Sous la famille de Hana il appartenoit à celuy d'Yecheu,
qui y baftit la cité de Lungtung. La famille de Tanga le nomma Yaocheu ; mais c'eft la famille de Iuena qui luy a impofé le nom qu'il a à prefent. L'Auteur Chinois dit, que ce peuple eft fou & infenfé, mais fort & robufte ; qu'il prefere la guerre à la paix, quoyque felon eux la paix foit la meilleure & la plus fouhaitable de toutes les chofes, que Dieu ait donné aux hommes.

Les monta-
gnes.　La montagne de Kienfieu eft au couchant de la ville : proche de fes murailles, il en fort un petit ruiffeau qui emplit le foffé, & le petit lac de Pien. La
montagne de Tung eft au Levant, remarquable pour fes belles forefts. La
montagne de Lolo eft au Nord de la ville ; & la montagne de Luki proche de
Tayao.

Vers le Nord-eft & affez prés de la ville il y a un puits d'eau falée ; on en pui-
fe pour faire du fel qui eft tres-blanc, dont on fe fert dans tout le pays, & s'appelle Peyencing, c'eft à dire le puits du fel blanc : on dit qu'il fe trouva par des
brebis, qu'on remarqua qu'elles avoient accouftumé de lecher la terre, & de la
gratter avec leurs pieds, qu'en ayant fait l'experience, on y rencontra de la terre & de l'eau falée.

Les rivieres.　La riviere de Kinxa, qui vient de Sifan, paffe au Septentrion du territoire de
cette ville, celle de Linfi entre dans cette Province vers l'Orient, & aprés avoir
fait amas d'autres eaux, elle fe va rendre dans la Province de Suchuen le long
des frontieres de Queicheu : on l'appelle Kinxa, à caufe de fon fable doré.

La troifiéme Ville C I O K I N G.

L E pays de Cioking appartenoit fous la famille de Hana au Royaume de
Iungchang ; celle de Tanga le nomma Ciocheu, & celle de Iuena Cioking.
Il comprend trois citez, dont la premiere eft Cioking, 2. Kiencheüen o, 3.
Xun o. Il eft tout environné de montagnes. Les habitans font forts & courageux, vont armez d'arcs & de fleches, & non point d'évétails & de parafols comme les Chinois. Ce pays produit du mufc & des pommes de pin : on y fait de
fort beaux tapis.

Les monta-
gnes.　Kinhoa eft une montagne proche de la cité de Kienchuen, qui s'étend du
Royaume de Sifan jufques ici : on écrit qu'il y a grande abondance d'or, & un
de fes fommets principalement qui femble eftre tout d'or.

Fauchang eft une fort grande montagne au Midy.

Proche de Kienchuen eft la montagne de Xepao, avec une colomne de
pierre, & la ftatuë de l'Idole de Fe. On y voit auffi des figures de pierre, un e-
lephant, un lion, une cloche & un tambour : chaque ftatüe a fa couleur particuliere ; on ne dit point qui les y a mifes.

Les rivieres.　La riviere de Kinxa arrofe auffi ce pays.

Le lac de Kien eft proche de Kienchuen, il a foixante ftades de circuit, il
en fort trois petits ruiffeaux, qui reprefentent le caractere des Chinois qu'ils
nomment Chüen, qui fignifie de l'eau, c'eft de là qu'une cité tire fon nom.

Au Zud-eft de la ville il y a une fontaine d'eau chaude, dont les Phthifi-
ques, & ceux qui font fujets aux obftructions, reçoivent de grands fecours.

La quatriéme Ville V V T I N G.

LE reſſort de Vuting a auſſi eſté une partie du Royaume de Tien : la famille de Hana le mit dans les terres de Yecheu : Suius la nomma Quencheu,
& la famille de Tanga Tacheu ; la famille de Iuena luy a donné le nom qu'elle
a à preſent. Elle gouverne quatre citez, dont la premiere eſt Vuting, 2. Hoкioo,
3. Yuenmeu, 4. Lokiüeno. Elle eſt ſituée proche de ſa capitale, & s'il y a un
pays agreable & fertile, c'eſt ſans doute cetui-cy ; car les deux rivieres de Kinxa y paſſent avec d'autres eaux qui le rendent fertile. Vuting eſt une place de
guerre, il y a une garniſon aſſez conſiderable, elle eſt frontiere de Queicheu,
dont on doit craindre les montagnards. Elle abonde auſſi en muſc, & en beſtes
à laine, à cauſe de ſes paſturages.

Vmong eſt une fort grande montagne au Levant de la ville, qui s'éleve en *Les monta-*
douze ſommets.   *gnes.*

La montagne de Hingкieu eſt proche de Loкiuen, affreuſe & roide par tout;
elle eſt neantmoins unie au ſommet, il n'y peut monter qu'un homme ſeul à la
fois, tant le paſſage eſt étroit. Les habitans de ce pays ſ'en ſervent comme d'un
refuge aſſeuré en temps de guerre.

çokieu eſt une montagne proche de Hoкio, on la nomme communément
le Printemps continuel ; car on n'y remarque aucun changement ny viciſſi-
tude dans les ſaiſons, il y a touſjours de la verdure : au Couchant eſt une grande
caverne, où on voit la ſtatuë d'un homme, & d'un certain animal ; on écrit que
ſi quelqu'un regarde par hazard la ſtatuë, & qu'en meſme temps il parle un
peu haut, qu'il s'y éleve auſſi toſt des tempeſtes & des tonnerres.

Hoeiniao eſt un lac au Nord-oueſt de la ville, qui a cinq ſtades & eſt tout *Les rivieres.*
environné d'arbres : il s'appelle le lac qui rend des oiſeaux ; parce que des feüil- *Feüilles qui*
les d'un certain arbre, tombans dans ce lac ſe changent en petits oiſeaux *ſe changent*
noirs, avec un ſi grand eſtonnement des habitans, qu'ils croyent que ce ſont *en petits oi-*
des eſprits, ſelon ce qu'en dit l'Hiſtorien Chinois.   *ſeaux.*

La fontaine de Hiangхui, c'eſt à dire de l'eau odoriferante, ſent bon au Printemps : en ce temps ceux du pays font des ceremonies à l'honneur de cette
fontaine, à cauſe de la nouveauté de la choſe, & boivent de cette eau meſlée
avec de leur vin, ou avec une liqueur faite de ris.

La cinquiéme Ville C I N T I E N.

LA campagne de cette ville n'eſt pas moins graſſe & fertile que celles des
autres, à cauſe du grand nombre de bergers & de laboureurs qui la cultivent
avec grãd ſoin. Elle a pluſieurs gros bourgs, mais elle n'a pas une ſeule cité : la ville eſt fort proche de la Province de Queicheu : ce pays a eſté autrefois dans le
Royaume de Tien, on le nommoit alors Cintien comme on fait encore à preſent.

Iuecu eſt une montagne au Nord-eſt de la ville, qui contient cinquante *Les monta-*
ſtades : vers le couchant eſt la montagne de Into, dont l'air eſt ſi doux & ſi *gnes.*
temperé, que ceux qui y demeurent ne connoiſſent point de maladies ; il y fait
fort bon en Eſté, & on n'y ſent point les chaleurs de la canicule.

Che eſt un grand lac qui ſe nomme auſſi la mer de Cingxui ; il eſt entre les *Les rivieres.*
montagnes au couchant de la ville, & tous les petits ruiſſeaux qui ſortent des
montagnes s'y déchargent.

La sixiéme Ville LIKIANG.

LEs habitans de ce pays sont tous sortis des colonies de ces anciens Chinois, qu'on y avoit menez ; & bien qu'ils ne suivent pas tout à fait les loix de la Chine, à cause que le voisinage & la proximité des autres nations les ont corrompus ; si ne laissent-ils pas d'imiter les Chinois en beaucoup de choses : ils sont fort adonnez à boire, s'enyvrent, & puis se divertissent à chanter & à sauter : ils sçavent fort bien monter à cheval, & tirer de l'arc : le pays où ils demeurent est tres-bon, tres-gras, & fort riche en or : ils ont aussi de l'ambre & des pommes de pin. Pour la ville, elle est située dans la partie la plus occidentale de la Province, au Nord de la ville de Tali ; la riviere de Kinvius, où on trouve de l'or, en coupe le territoire ; celle de Lançang la renferme & l'environne au couchant. Il y a un pont de chaisnes de fer sur Kinxa, entre deux montagnes, & tel que je l'ay décrit cy-dessus. Elle commande à cinq citez, Likiang, 2. Paoxano, 3. Lano, 4. Kiucin, 5. Linsi. La famille de Hana a appellé ce lieu Iúehi ; celle de Tanga Hicheu ; mais c'est la famille de Iuena qui luy a donné le nom qu'elle a à present.

La montagne de Sive est au Nord-ouest de la ville vers le Royaume de Tibet : elle tire ce nom des neiges continuelles qui y sont, & ne se fondent jamais ; car le mot de Sive signifie neige.

Proche de Kiucin est la montagne de Kinma, ainsi nommée à cause de ses pierres de differentes couleurs qui representent un cheval.

La riviere de Lançang passe au couchant de la cité de Lan, & sort du Royaume de Tufan ; c'est de là aussi que sort la riviere de Kinxa qui se nomme Li, la derniere passe au levant, & l'autre au Midy, où s'enflant & grossissant de quantité d'eaux, aprés avoir traversé toute la Province & le Royaume de Tungking, elle décharge finalement ses eaux dans la mer, avec celles de la riviere de Xale, comme j'ay dit cy-devant.

Au Zud-est de la ville est la riviere de Kinxa, elle s'estend au large, & forme un lac de trente stades ; on dit qu'elle est si profonde & si creuse, qu'on ne l'a pû sonder jusques ici.

La septiéme Ville IVENKIANG.

CE pays a esté autrefois de l'Empire de la Chine, sous la famille de Tanga, il faisoit partie de celuy d'Infeng ; sous la famille de Sunga il fut conquis & gagné par Nungchicao, & detaché de l'Empire de la Chine ; mais la famille de Iuena le reprit & le nomma Iuenkian, parce qu'il est proche des Royaumes de Tungking & de Laos ; aussi y a-t-il un Fort pour la garde & defense du pays, qui se nomme Lopie. Ce pays abonde en soye & en ebene, & produit la palme & l'herbe de Areca, que ceux du pays maschent aussi bien que la feüille de Betel : les autres Indiens en font le mesme, & l'appellent dans leur langue Makinnang. Il y a aussi quantité de Paons.

Leukia est une montagne au Nord-est de la ville : la montagne de Yotai est à l'Orient, la plus grande de toutes : on y compte vingt-cinq sommets : elle est si agreable qu'on luy a donné le nom de tour riche & precieuse.

La huitiéme ville IVNGCHANG.

IVNGCHANG a autrefois esté la capitale du Royaume de Gailao, & se nommoit Puguei : l'Empereur Hiaovus issu de la famille de Hana, donna les commencemens à cette ville ; elle commandoit à un pays qui estoit environné de la riviere de Lancang, de là vient qu'elle en a porté le nom : quelque temps aprés elle se rebella, & recônut le royaume de Iungchang, en ce temps on l'appella Iungchang. L'auteur Chinois dit que ses habitans ont des mœurs parti- *Mœurs du peuple.* culieres: qu'il y en a qui couvrent leurs dents de plaques d'or, qu'on appelle Kin-chi, c'est à dire aux dents d'or; d'autres qui se plaisent à avoir les dents fort noires, qu'ils peignent avec du vernis, ou bien avec quelque autre drogue; d'autres se marquent diverses figures sur leur visage, le perçans avec une aiguille, & appliquans du noir, comme plusieurs Indiens ont accoustumé de faire : ils vont à cheval, un tapis leur sert de selle : ils ont de l'or, de la cire, du miel, du marbre, de l'ambre, du lin & de la soye.

La ville de Iungchang est grande & peuplée, elle estoit autrefois la capitale du grand Royaume de Kinchi, elle est à present sous l'obeïssance des Chinois. Elle commande à quatre citez & à trois Forts, Iungchang, 2. Layeo, 3. Lukiang, 4. Iungping. Les Forts sont, premierement Fungki, 2. Xitien, 3. Luxiang.

Ie croy fermement que cette ville & le pays d'alentour est l'Vnchiang *Liv.2.c.42.* de Marco Polo, ce qui me le fait dire, est le rapport & la convenance qu'il y a entre les noms, les mœurs de ce peuple, & la situation du pays : car il touche au Royaume de Mien, dont nous parlerons cy-apres: il n'est pas fort eloigné de Bengala, & est plein d'elephants, dont ils se sont servis pour combatre les Tartares, qu'ils ont vaincus; il n'y a point d'elephants dans les pays Septentrionaux, & on ne s'en est jamais servy pour combattre dans toute la Chine, si ce n'est dans cette Province de Iunnan, & dans le Royaume de Kiaochi ou de Tungking; & d'ailleurs si Marco Polo escrit Vn pour Iun, il ne s'en faut point estonner, car il n'y a point de caractere Chinois qui se prononce Vn; c'est pourquoy ceux de la Chine ont employé Iun pour Vn. Ce qui me confirme & fortifie dans mon opinion, c'est ce que j'ay dit assez souvent, qu'il n'y a eu que les Tartares de la famille de Iuena qui ayent entré dans la Chine du costé du Midy, & que c'est par là qu'ils se sont ouvert le chemin à l'Empire, apres avoir subjugué tout le pays qui est au deçà du Gange, avec quantité d'autres qui sont audelà : mais je renvoye le lecteur à Marco Polo.

La montagne de Gailo ou de Ganlo est à l'Orient de la ville, il y a un puits fort *Les monta-gnes.* profond, duquel les habitans tirent un presage de l'abondance ou de la sterilité de l'année, on remarque au Printemps jusques où l'eau monte : il y a aussi une pierre qui represente la figure d'un nez d'homme, avec des narines, une fontaine chaude sort de l'une, & une froide de l'autre.

La montagne de Caoli, qui est proche de Layue, est grande & haute.

Iungping a la montagne de Ponan qui en est proche, elle est tout à fait difficile.

Proche de Xitien est la montagne de Mocang, dont le sommet est fort haut.

Le Fort de Fungki est sur la montagne de Fungki.

La riviere de Lu ou autrement de Nu passe proche de la ville : elle prend sa *Les rivieres.* source dans le Royaume de Tufan.

Le lac de Chinghoa est à l'Orient de la ville, il est plein de fleurs de Lien.

Les Citez militaires.

APrés les villes de guerre, restent encore deux citez militaites, qui ne dependent d'aucune ville, & où les soldats & les bourgeois vivent indifferemment les uns avec les autres; la premiere est Pexing, la seconde Sinhoa, l'une est au Septentrion de la Province, & l'autre au Midy. *Les monta-gnes.*

Au Midy de Pexing est la haute montagne de Kieulung. La montagne de

Tung eſt à l'Orient, & celle de Vtung au couchant: pour la cité de Sinhoa elle a au Nord-oueſt la montagne de Falung, & au Nord celle de Cheçung, où il y une fontaine chaude.

Les rivieres. Au Midy de Pexing il y a un lac qu'on nomme Chin, qui s'eſt formé des ruines d'une fort grande ville, que les Chinois diſent avoir eſté engloutie à cauſe des crimes de ſes habitans; ils aſſeurẽt que ceux qui y demeuroient eſtoient de la famille de Chin, & que c'eſt de là que ce lac avoit tiré ſon nom : ils écrivent, qu'il n'y eut qu'un petit enfant porté ſur du bois & ſur des aix, qui échapa la punition de tout ce peuple, car c'eſt ainſi qu'il faut entendre M. Polo. Ceux de l'Europe le mettent d'ordinaire dans leurs cartes au quarantieſme degré; pour appuyer l'erreur où ils ſont pour le Catay, & la mauvaiſe explication qu'ils donnent aux paroles de M. Polo.

Les Forts de la Province.

ENtre ces Forts, les plus grands ne dependent que de leur Gouverneur, & les autres en reconnoiſſent d'autres au deſſus d'eux : je nommeray par ordre ceux qui ſont independans, le premier eſt Chelo, 2. Tengheng, 3. Cheli, 4. Laochua, 5. Lungchuen, 6. Gueiyuen, 7. Vantien, 8. Chincang, 9. Taheu, 10. Neuki, 11. Mangxi.

Celuy de Cheli produit du bois d'aigle : Laochua nourrit des Rhinoceros: il y a du Benjoin & d'autres bois de ſenteur, il eſt aſſez proche du Royaume de Laos.

Les montagnes. Munglo eſt une montagne proche de Chelo, où il y a une fontaine dont les eaux ſont ſi dangereuſes, que les hommes & les animaux en meurent auſſitoſt, pour peu qu'ils en boivent.

Proche de Taheu eſt la montagne de Olun, affreuſe & roide.

Cingxe eſt une montagne pierreuſe & pleine de cavernes, elle eſt proche de Mangxi.

Les rivieres. Tache eſt un grand lac proche de Tengheng, au milieu duquel il y a une grande montagne, lors qu'on la regarde de ſes bords elle ne laiſſe pas de paroiſtre aſſez petite à cauſe de la grandeur du lac.

Le Fort de L A N ç A N G.

LA cité de Langkiu o depend de ce Fort, dans laquelle il y a garniſon : ſous la famille de Iuena elle appartenoit à Pexing ; mais celle de Taiminga l'en détacha : ce pays eſt proche de la Province de Suchuen, où il y a grande *La montagne de Peco.* quantité de muſc, de fort beaux tapis, des pommes de pin, & force cerfs ſur les montagnes, dont la plus grande eſt celle de Peco.

Le Fort de M O P A N G.

CE pays eſt le plus meridional & le plus occidental de toute la Province : au Midy il regarde le Royaume de Mien, il eſt proche de Pegu & de Bengala; & comme il n'obeït que difficilement aux Chinois, auſſi n'en ont ils guere de connoiſſance : voicy pourtant ce qu'ils en diſent. Il produit du poivre, de fort bon eſtain, d'excellens chevaux, & de l'ambre : le reſte eſtoit autrefois des dependances du Royaume de Mien, dont il a eſté la capitale; *Mœurs & naturel du peuple.* mais la famille de Iuena la raſa & en fit un Fort avec une groſſe garniſon. Les hommes y vont pour la pluſpart veſtus de blanc, peignent leurs corps de diverſes figures comme ceux du Pegu, s'arrachent le poil de la barbe avec des pincettes, ornent & embelliſſe leurs fourcils, portent les mouſtaches longues,

ſe

se parent les bras & les jambes de cercles d'or & d'yvoire, portent les oreilles
longues & percées avec des bagues dedans : ils traitent les femmes comme leurs
esclaves ; s'adonnent à la marchandise, & à l'agriculture ; sont naturellement
doux, traitables & dociles, mais trompeurs : ils frottent leurs corps de musc
& de bois de Sandal : les moins riches se servent pour le mesme effet de la ra-
tissure d'un certain bois jaune : les riches se font porter en des litieres, ou bien
sur des Elephans : ils adorent l'idole de Fe, & suivent la doctrine de la metempsychose, honorent leurs sacrificateurs : ils ont des murailles & des citez. Voila ce que l'Auteur Chinois en dit ; à quoy je n'ay presque rien à adjouter, sinon
que ce recit contribuë beaucoup à la parfaite intelligence du livre de M. Polo.
On trouve dans la carte de la Chine les lieux & places qui suivent ; la premiere est Mopang, 2. Mengyang o, 3. Mengking o, 4. Menglien, 5. Mengli,
6. Mengting o, 7. Mengtien, 8. Mengeo, 9. Mengchang.

Ie ne trouve qu'une montagne qui soit digne de remarque proche de Mengyang, qui se nomme Queikiue, dont la montée est si difficile & si fascheuse,
qu'on croit en la Chine que c'est le diable qui l'a taillée.

Le Fort de M I E N.

VOicy ce qu'en dit l'Auteur Chinois. Ce pays a esté anciennement compris
dans les terres de Sinan ; j'ignore quel peuple ce peut estre : ils nous ont autrefois fait la guerre, & pris cinq villes ; mais la famille de Iuena les défit : ils ont
des villes, des elephans & des chevaux, des batteaux & des ponts pour traverser
les lacs & les rivieres ; ils ont leur façon d'écrire particuliere, & leurs caracteres.
Les riches écrivent sur des feuïlles d'or, les autres se servent de papier, &
quelques-uns de fueilles de Areca. Le teint de ce peuple tire sur le noir : il
est naturellement fourbe : pour le reste, c'est presque la mesme chose que ce
qu'il a dit cy-dessus. Ce pays produit de l'huile de pierre, qui est un souverain
remede contre la gale. I'infere de ce rapport, que le Royaume de Mien, dont
Marco Polo de Venise fait mention, a esté proche d'icy, les Chinois ayant basty ce Fort pour empescher leurs courses & leurs entreprises. Ce Fort en a six autres sous luy, qui sont Mien, 2. Pape, 3. Santihiúng, 4. Sochung, 5. Mun-
gyang, 6. Mitien. Il y a d'autres places moins remarquables representées dans
la carte.

LE PAYS DE LEAOTVNG.

CE grand pays se trouve renfermé entre le golfe de çang &
la grande muraille. Les Chinois le nomment Leaotung, il
semble assez grand & assez peuplé pour meriter le nom
& la dignité de Province ; si est-ce pourtant que la famille de
Taiminga ne le luy a pas voulu donner, y ayant aboly presque
par tout le nom de villes & de citez pour en faire des Forts
commandez par des gens de guerre, à la reserve de quelques
lieux seulement, où le Viceroy & le Visiteur du Royaume devoit faire sa demeure, les lieux de leur résidence devant avoir plus de marques de grandeur
& de commandement que les autres. L'Empereur de la Chine a esté obligé
d'entretenir une grosse garnison dans tout ce pays, à cause qu'il est fort proche de
Niuche & de Niulhan, principalement depuis que sous l'Empereur Kiacingus les
Tartares passerent la muraille, & enleverent un riche butin de tout ce pays. Cette guerre se ralluma pour la seconde fois sous Vanlieus, & les Tartares n'eurent jamais de repos qu'ils ne se fussent rendus maistres de tout l'Empire, com-

(D d

me je l'ay fait voir plus amplement dans mon petit traité de la guerre de Tartarie.

Les bornes de ce pays sont, à l'orient la riviere d'Ylao, & un Golfe de mer qui la separe de la peninsule Corea ; car il y a une riviere, qui vient de Tartarie, qui separe la Corée d'avec le pays de Leaotung. Au bord occidental de cette riviere commence cette fameuse muraille, qui s'estend du levant au couchant, sçavoir de C'aiyuen jusqu'à Kichin, de mesme elle separe le pays de Leatung de la Tartarie : à l'occident c'est la Province de Pecheli qui la borne ; la riviere de Linohang, & le Golfe de çang la couvrent du costé du Midy.

Dans la distribution qu'en fit Yvus, une partie de ce pays avoit esté compris dans celuy de Ki, & l'autre dans la Province de Cing ; mais sous Xunus les terres qui estoient au Nord-est furent adjoutées au pays de Ieu ; sçavoir cette partie où est à present Quangning, & furent mises sous les constellations de Vi & de Ki. Ce pays du temps des Rois s'appelloit Yen : l'Empereur Xuus fondateur de la famille de Cina le nomma Leaosi ; mais Hiaovus de la famille de Hana, apres avoir subjugué & conquis la Corea, & emmené plusieurs habitans de cette penninsule, y planta des colonies, & appella cette Province Caokiuli. Le fondateur de la famille de Tanga s'estant rendu maistre de ce pays & de la Corea, y bastit deux grandes villes ; l'une se nommoit Caï, & l'autre Leao. Les Rois de Vtai nommerent la cité de Leao Tungking, & la famille Tartare de Kina Leaoayang, nom qu'elle a retenu & conservé jusques à present, quoy qu'un peu changé. Il n'y a que deux grandes villes dans tout ce pays

avec quelque citez, mais plusieurs Forts, qui surpassent mesme en grandeur & en quantité de peuple quelques-unes des premieres citez : les deux villes sont, la premiere Leaoyang, 2. Ningyuen, 3. Ycheuo, 4. Caïyuen, 5. Quangning, 6. Ningyuen, 7. Chinyang, 8. Kincheu, 9. Caio. Les Forts les moins remarquables, sont Haio, 2. Tieling, 3. Chungcu, 4. Puho, 5. Kino, 6. Foo, 7. Luixun, 8. Chekiao, 9. Chehai, 10. Quangning, 11. Tingleao, 12. Ganlo, 13. Pieyang, 14. Sanuan, 15. Tanvang. Ceux du troisiesme ordre, sont 16. Chuagtun, 17. ço, 18. Ieu, 19. Heutun, 2. Yeutun.

Celles qui sont les plus proches de la Province de Xantung dependent du Gouverneur des soldats de cette Province, comme sont les citez de Kino, de Foo, & de Liuxun.

Les habitans de cette Province sont peu propres aux lettres ; mais la pluspart fort bien taillez, vigoureux, hardis, forts, propres à la guerre, & accoustumez à la fatigue & au travail ; leur pays ayant esté presque tousjours en guerre, à cause du voisinage des Tartares ; de façon qu'apres avoir esté tourmenté durant plusieurs années par leurs courses & pillages, enfin les Chinois, sous l'Empereur Kiacingus, perdirent presque tout le quartier d'Orient, où les Tartares victorieux firent un grand butin. Peu de temps apres, ils y entrerent de force & s'en rendirent maistres sous Vanlieus ; c'est pourquoy tout ce peuple est presque imbu des mœurs & façons de faire des Tartares, à cause de leur voisinage, du commerce, & qu'ils y ont esté les maistres tantost dans un lieu & tantost dans l'autre ; mais principalement du costé de l'orient, car ce peuple se mit en suite du costé des Tartares contre les Chinois : & parce que la partie orientale avoit esté envahie par les Tartares, l'Empereur de la Chine mit en la place de Kiecyang dont ils s'estoient saisis, une autre capitale nommée Ningyuen ; mais ce quartier avec toute la Chine est à present assujettie aux Tartares. Ce pays produit cette excellente racine qu'ils nomment Ginseng, comme aussi de ces peaux riches & precieuses de castor, de martes, de martes Zibelines, dont cette nation, à l'exemple des Tartares, a accoustumé de se servir pour se defendre du froid, & dont elle fait part à tout le reste de la Chine. Ie n'ay point veu de lieu dans toute cette Haute Asie, où il y eust plus grand nombre de noisettes sauvages qu'en

ce pays, qui fournit auſſi de groſſes & excellentes pommes de pin. Il abonde *Abondance de toutes choſes.*
en froment & en millet; mais il n'y a point de ris: il produit quantité de legumes,
& toutes ſortes d'herbes potageres, principalement des choux qu'on ne trouve
preſque dans aucun autre endroit de la Chine. Il y a auſſi des raiſins, des figues,
pommes, poires, & autres fruits, de meſme que ceux de l'Europe; c'eſt pourquoy on a bien raiſon de le qualifier un pays veritablement beau & agreable, veu qu'en pluſieurs endroits il n'a point de montagnes, & reçoit toutes les
commoditez de la mer dont il eſt proche. Si ce peuple eſtoit plus paiſible &
pacifique, il n'y a point de doute que le pays ne ſe rendiſt une des plus conſiderables Provinces de la Chine; car il eſt naturellement tres-fertile; mais les guerres continuelles empeſchent preſque touſjours qu'on ne s'occupe à le cultiver.
Ils ont là meſme religion que les Chinois, attachez au culte des Idoles, & per- *La Reli-gion.*
ſuadez de la doctrine de la tranſmigration ou paſſage des ames: mais ils ont *Des ſau-teuſes & danſeuſes.*
cela de particulier, qu'ils ſe ſervent des preſtreſſes qui danſent, qui ſont des femmes comme peuvent eſtre ces baſteleuſes qu'on nomme communément Gitanil-
las en Eſpagne, & en France des Egyptiennes: ces trompeuſes eſtans priées de
chaſſer les maladies des maiſons, ou en détourner le ſort & la mauvaiſe deſtinée, ou bien d'en faire ſortir les ſpectres & phantoſmes, (ſi par avanture on
a la croyance qu'il y en ait;) elles ne font jour & nuit que batre les tambours &
faire bruit ſur des baſſins, ſautant & danſant ſans ceſſe. Ie l'ay veu faire dans
la Chine à ce peuple qui eſtoit à la ſolde des Tartares, & me ſuis bien eſtonné,
comment ces perſonnes pouvoient ſauter ſi long-temps, & d'ailleurs comment
les malades avoient la patience de ſouffrir un ſi grand bruit & ſi penetrant.

Funghoang eſt une montagne au levant de Leaoyang. La montagne de Hun- *Les monta-gnes.*
glo eſt proche de Chungtun. Celle de Tatuon eſt proche de Ningyüen. Proche
de Quangning eſt la montagne de Vanſung: la montagne de Lungxeu eſt proche
de Tieling Cu eſt cette montagne proche de laquelle le Fort de Xanghai forme
une Iſle dans la mer. L'Iſle de Lienyun eſt proche de la cité de Cai. Taohoa eſt
une Iſle dans la mer, où il y aborde grand nombre de navires, à cauſe de la
commodité du Havre. La montagne de Changpe eſt proche du lieu où commence la muraille, & s'avance juſques dans la Tartarie, elle eſt tres-grande &
tres-haute: il y a un lac de quatre-vingt ſtades & extremement profond,
d'où deux grandes rivieres tirent leur ſource; celle qui paſſe au Midy ſe
nomme Yalo, & celle qui tourne au Septentrion, & de là au levant, s'appelle
Quentung, dont j'ay parlé dans le Royaume de Niuche, qui eſt dans la Tartarie.

La riviere de Leao, dont la ſource eſt dans la Tartarie au delà de la muraille, *Les rivieres.*
& au couchant du Fort de Sanuan, ſe deſcharge dans la mer, elle eſt fort ma-
reſcageuſe principalement du coſté de l'occident, où ſes bords ſont pleins &
couverts de limon; c'eſt pourquoy les Chinois eſcrivent que l'Empereur Taiçungus de la famille de Tanga, voulant faire paſſer ſon armée dans Corea, fut
contraint de faire baſtir un pont, ou pluſtoſt une digue de deux cens ſtades;
c'eſt la riviere d'Yalo, dont j'ay ſouvent parlé.

La Peninſule COREA *ou de* CHAOSIEN.

CEvx de l'Europe doutent ſi la Corea eſt une Iſle ou un continent; pour *Corea Pe-ninſule.*
moy je ſçay de ſcience certaine, que c'eſt une Peninſule, encore que
quelques-uns aſſeurent qu'ils ont eſté tout à l'entour: cette erreur vient de ce
qu'ils ont crû que la grande Iſle de Fungma, qui eſt au Midy de la Corea, fuſt la *L'Iſle de Fungma.*
Corea. En cela je ſuis l'autheur Chinois (lequel ſelon mon jugement je
dois pluſtoſt croire que tous les autres;) je fais la Corea du meſme continent que
le Niuche des Tartares; de meſme façon que les Coſmographes Chinois la re-

presentent, encore qu'ils ne la nomment pas Corea, mais Chaosien ; car le mot dont nous l'appellons vient du Iapon. Voicy ce que les Chinois en disent. Au Septentrion elle touche au Royaume de Niuche ; au Nord-ouest c'est la riviere d'Yalo qui la borne, la mer environne le reste. C'est ce pays que l'Empereur Vúus, fondateur de la famille de Cheva, donna en titre de fief & d'hommage à Kicius, allié de l'Empereur & de la famille de Xanga, environ l'an de nostre Seigneur mil cent vingt-vn, lors que la famille de Xanga fut ruinée & esteinte par la mort de ce meschant Empereur Kicus, qui, apres avoir esté vaincu par Vúus, se brûla tout vif dans ce superbe palais qu'il avoit basty ; mort digne d'une vie infame par ses desbauches. Sous la famille de Cina elle s'appelloit Leaotung. Hiaovus, de la famille de Hana, contraignit le Roy de Corea de la reprendre derechef à titre fief, & luy rendit son nom de Chaosien. Sur la fin de la famille de Cyna, apres que le dernier de cette famille eut esté desfait, il entra dans cette peninsule, & avec la permission du Roy de Corea, on luy permit de demeurer au Midy dans la Province de Ciuenlo ; ce qui fut cause que le fondateur de la famille de Tanga fit la guerre au Roy de Coréa, & s'en rendit maistre & de la capitale Pingjang, apres avoir défait le Roy de Caosien, auquel il remit toutefois le Royaume, en luy prescrivant l'hommage & l'obeïssáce qu'il luy devoit rendre. Mais côme Hunguus, le fondateur de la famille de Taiminga eut chassé les Tartares de la Chine, le Roy de Corea, qui avoit aussi esté tourmenté par les Tartares, envoya des Ambassadeurs à Hunguvus, pour se feliciter de sa victoire & luy rendre hômage : Il receut un cachet d'or de l'Empereur, semblable à ceux que l'Empereur de la Chine a accoustumé d'envoyer aux Rois qui tiennent leurs estats à fief & en hommage. Le Roy de Corea luy rendit cette soumission, à cause qu'il se voyoit sur le point d'avoir guerre avec les Iaponois ses voisins, & du secours qu'il esperoit de la Chine, qu'il eut aussi à diverses fois. Enfin les Rois de Corea furent contraints de payer tribut aux Iaponois avec cette condition ; de plus que quand le Roy seroit mort, celuy qui seroit éleu viedroit tousjours luy-mesme en personne vers l'Empereur à Pekin, ou qu'il y envoyeroit des Ambassadeurs, pour luy rendre les marques d'obeïssance que doit un vassal & tributaire à son Seigneur. De mon temps le Roy mesme vint vers l'Empereur Chungchinius, & contracta à Pekin une grande amitié avec les Peres de nostre Société, qui se servirent de cette occasion pour en baptiser plusieurs ; & entr'autres le grand Eunuque du Roy, qui desiroit bien emmener nos Peres avec luy dans la Corea, conformément au desir de ce Roy ; mais nos Peres ne se trouverent pas en assez grand nombre pour le satisfaire.

L'Autheur Chinois escrit que ce Roy, qui fut le premier tributaire, & qui se mit sous la protection de Hunguvus, estoit un homme de mauvaise foy, dont les mœurs n'avoient rien que de bas ; qu'il fut tué seditieusement par ses sujets ; qu'un des Gouverneurs du pays nommé Ly, s'empara du Royaume, se declara vassal de l'Empire, & en tenir son Royaume à hommage, de sorte qu'on le fit Roy de Chaosien. Il n'y a plus eu d'interruption depuis ce temps-là, comme dit tres-bien l'Autheur Chinois ; & encore à present ceux de la Corea font les mesmes soumissions à l'Empereur des Tartares. Lors que je vins en l'Europe, l'an mil six cens cinquante-un, ils se rebellerent contre l'Empire des Tartares, à cause qu'on leur avoit fait commandement de se raser & d'aller vestus & habillez à la Tartare ; l'on commença en ce temps-là de leur faire une rude guer-

re. Toute cette Peninsule est divisée en huit Provinces ; celle qui est au milieu se nomme Kinki, où est la ville de Pingjang, si celebre & si fameuse, où les Rois tiennent leur Cour. La Province qui est à l'Orient se nomme Kiangyuen, & s'appelloit autrefois Gueipe ; celle qui est au couchant se nomme Hoanchai, qui à proprement parler s'appelloit autrefois Chaosien ; comme la Province qui est au Midy, qui se nomme à present Civenlo, & cy-deuant Pienhan : celle qui

est au Zud-est se nommoit autrefois Xinhan, & à cette heure Kingxan : celle
du Zud-ouest a esté appellée cy-devant Mahan, & à present Chungcing; celle qui est au Nord-est a à present le nom de Hienking, & eut autrefois celuy
de Caokiuli; & celle qui est au Nord-ouest s'appelloit auparavant Pingan.

Ie ne trouve pas que le nombre des villes & des citez soit asseuré ny exact, il *Les mœurs*
y en a pourtant plusieurs & fort peuplées, lesquelles sont toutes basties & for- *& le natu-*
tifiées à la Chinoise; leur forme de gouvernement est de mesme leurs habits *rel de ceux*
& leurs autres manieres, leur langue & leur escriture : ils ont aussi les mesmes *du pays.*
ceremonies, la mesme religion & la mesme croyance de la transmigration des
ames : ils adorent la mesme idole qui est celle de Fe : ils s'addonnent à la Philosophie, sont assidus à l'estude : ils n'enterrent les corps que trois ans apres leur
decez; les gardent durant ce temps-là dans leurs maisons à la façon des Chinois,
dans des bieres & cercueils fort propres & parfaitement fermez; ils leurs rendent mesmes des honneurs & des respects pendant quelques jours, comme s'ils
estoient encore en vie, pour leur tesmoigner leur gratitude & leur recōnoissance.
Ils different d'avec les Chinois, en ce qu'ils ne retiennent pas leurs femmes au logis avec tant de precaution ny si estroitement, en sorte qu'elles ne se trouuent quelquefois dans les compagnies & assemblées d'hommes; c'est pour- *Coustumes*
quoy ceux de la Chine les font passer pour des foux. Leur façon de faire en ma- *differentes*
tiere de nopces & de mariages est bien contraire à celle de la Chine; chacun *qui s'obser-*
choisit & fait election de celle que bon luy semble pour sa femme, ils s'engagent *vent dans*
de paroles & se marient, quand les deux parties sont d'accord, sans avoir aucuu *les nopces*
égard aux sentimens de leur pere & de leur mere. La coustume & la pratique des *& maria-*
Chinois est bien differente : car il n'y a que les parens qui fassent les mariages *ges.*
à l'insçeu du fils & de la fille, de sorte que chacun est contraint de recevoir pour
femme celle que son pere luy a destinée; & on croit communément qu'il y a de
la barbarie à en user autrement : la raison qu'ils apportent, est que les filles doivent estre si modestes, si pudiques, si chastes, que lors mesme qu'on leur demande si elles se veulent marier, elles sont obligées de respondre qu'elles ne
le veulent point; tant ceux de la Chine aiment la modestie exterieure & appa-
rente, quoy que leurs enfans ne laissent pas naturellement d'estre assez enclins
à toute sorte d'impudicitez & de paillardise, & d'avoir assez de liberté, les parens n'en faisant pas grand bruit, pourveu qu'elles se passent en cachette.

Il n'y a rien que le pays de Corea ne produise; il abonde principalement en *Abondance*
froment & en ris, dont il y a de deux sortes, comme au Iapon, sçavoir de ce- *de toutes*
luy qu'on seme & qui croist dans l'eau, & de l'autre qui vient dans les campa- *choses.*
gnes seiches, comme le froment; & cette derniere sorte ne croist seulemeut
qu'au Iapon, & est bien plus excellente que l'autre : ce pays est merveilleuse-
ment fertile & abondant en bleds & autres legumes, comme aussi en quantité
de fruits, semblables à ceux que nous avons dans l'Europe; sur tout en poires
qui sont excellentes. Il s'y fait du papier de differentes sortes, aussi bien qu'au
Iapon, & d'excellens pinceaux de poil de loup, dont ceux de Corea & de la
Chine se servent pour escrire. Il ne se trouve point ailleurs de meilleure gomme de Sandaracha, ou de Cie a la couleur de l'or, dont aussi bien qu'au Iapon
ils ont accoustumé de vernir toute sorte de meubles. Il y a aussi force racines
de Ginseng; & plusieurs montagnes riches en or & en argent; toutefois ce
peuple n'a aucune correspondance ny trafic avec les estrangers, si ce n'est avec
ceux du Iapon & de la Chine. On pesche des perles dans la mer Orientale.

Ceux de la Chine remarquent quelques montagnes dans Corea : la premiere *Les monta-*
est Peyo; ils veulent qu'elle soit située au Septentrion de la Province de King- *gnes.*
ki, & qu'elle soit fort longue & fort haute.

La montagne de Vatu est au Nord de la ville Royale de Pingyang, où le Roy
de Ing tenoit sa cour du temps de la famille de Hana.

(Dd iij

Xincao eſt une montagne; Luyang en eſt une autre proche de Pingyang vers le Nord-eſt.

Hoang eſt une montagne dans la Province de Chungcing.

Les rivieres.   La riviere de Ly paſſe par la ville Royale de la Province de Kingki, & ſe jette vers le couchant de cette ville avec impetuoſité dans la mer.

Tatung eſt une riviere dans la Province de Pingan.

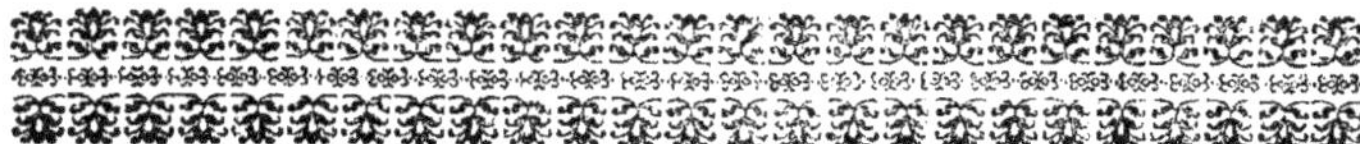

ADDITION AV ROYAVME
DV IAPON.

'A v o i s bien promis d'ajouter quelque choſe du Iapon ; mais parce que d'autres l'ont desja fait, & ſur tout les Peres de noſtre Compagnie, principalement Maffee & Turſellin, je me contenteray d'inſerer icy quelque choſe qui ſerve d'appendice à la deſcription aſſez particuliere & aſſez exacte qu'ils en ont faite ; auſſi ay-je taſché dans tout cet ouvrage, de ne point tomber dans l'inconvenient de repeter les choſes que d'autres ont desja eſcrites, ce qui n'eſt que trop commun entre les Ecrivains de ce ſiecle, qui employent en cela fort mal leur temps, qui doit eſtre tres-precieux à ceux qui en peuvent faire un meilleur uſage.

Premierement la carte que je donne dů Iapon eſt tres-fidele & tres-exacte, l'ayant tirée des autheurs les plus approuvez, pour moy je n'ay iamais eſté au Iapon, & meſme je ne trouve pas que ceux de la Chine en ayent fait la deſcription, encore qu'on la trouve, & qu'ils l'ayent repreſenté dans leurs cartes ; c'eſt pourquoy il a fallu qu'en cet endroit je m'en rapportaſſe à la foy d'autruy.

L'origine de ceux du pays.   La pluſpart veulent que les Iaponois ſoient venus des Chinois ; dont je ſuis d'accord ; ce n'eſt pas pourtant que je croye que tous ceux du Iapon ſoient abſolument ſortis des Chinois, n'y ayant point de doute que les Tartares orientaux n'ayent habité le Iapon, & qu'ils n'y ſoient entrez par les terres de Yedo, qui en ſont proches & voiſines, n'eſtans ſeparées ny deſtachées du Iapon que par un petit deſtroit, qu'on peut traverſer avec de petits bateaux ; ou peut-eſtre y ſont-ils entrez lors que les eaux eſtoient gelées & priſes de glace ; car il eſt conſtant qu'il y fait grand froid, & que les hyvers y ſont fort rudes. Trois choſes m'obligent de le croire ; la premiere, eſt que ceux du Iapon coupent leurs cheveux comme les Tartares, & n'en laiſſent que fort peu, le reſte de la teſte eſt ras, comme s'ils eſtoient chauves ; ils s'arrachent le poil du menton avec des pincettes ; ce qui n'a iamais eſté en uſage ny pratiqué dans la Chine : la ſeconde, eſt qu'en parlant ils ſe ſervent & employent quelquefois le D, & l'R, ce qui n'eſt point uſité parmy les Chinois, qui n'ont aucun de ces deux caracteres ; pour l'R, c'eſt une lettre qu'ils ne peuvent iamais prononcer, quelque ſoin & diligence qu'ils y employent : la troiſieſme raiſon, eſt que la langue du Iapon eſt fort differente de celle de la Chine, avec laquelle elle n'a aucun rapport ny convenance.

Erreur com-   Or ceux là ſe trompent qui eſcrivent, que les grands & principaux de la

Chine furent releguez au Iapon & dans les autres Ifles pour punition de leur re-
volte ; là ils changerent prefque toutes leurs anciennes couftumes & façons de
faire, & en prirent de nouvelles, pour cacher par ce moyen leur origine & l'hi-
ftoire de leur rebellion qu'ils tirent en effet des Chinois. Ceux du Iapon tirerent
leur religion & leurs fciences de ceux de la Chine, environ 600. ans apres la naiffance de Chrift ; comme je le prouve manifeftement dans mon Abregé de l'hiftoire des Chinois, qui contient leurs cômencemês & leur origine jufqu'au fiecle
où nous fommes ; il eft bien vray que ceux du Iapon ont changé quelques-uns de
leurs caracteres, & en ont ajouté d'autres d'un ufage plus commode, & pour é-
crire en leur langue avec plus de facilité. Du refte il n'eft fait aucune mention de
ce banniffement ou exil dans toute l'Hiftoire de la Chine ; quoy qu'elle ne laiffe
pas de remarquer de petites chofes, & qui font d'une bien moindre confequéce :
ajoutez que l'habit dont ceux du Iapon fe fervent, eft le mefme que celuy
dont les Chinois s'habilloient dés le temps de la famille de Hana, fous laquelle on inventa le rezeau pour lier les cheveux, avec les robes qui defcendent
jufqu'aux talons, qui avoient les manches fort longues & fort larges, comme
une efpece de furplis, & autres femblables habits qu'on portoit de ce temps-
là, & dont les Chinois fe fervent encore à prefent ; par où il eft aifé de voir,
que tant s'en faut que ceux du Iapon ayent changé de mode pour les habits,
qu'au contraire ils la gardent & retiennent encore aujourd'huy.

Ie remarque au refte dans les hiftoires de la Chine, dont j'ay apporté avec
moy leurs principaux livres auffi bien que ceux de Geographie, que beaucoup
de Chinois furent au Iapon fous le regne de Xius, & que mefme ils y demeure-
rent ; ce qui arriva de cette forte. S'il y eut jamais Empereur de la Chine confiderable pour fes belles actions, ce fut Xius fans doute ; mais n'eftant point content d'avoir conquis & fubjugué toute la Chine, il en voulut aux Tartares principalement, & aux autres nations eftrangeres, il envoya pour ce deffein des armées
navales dans les prochaines Ifles, mefme jufqu'aux Indes ; fes armes furent par
tout victorieufes fous la conduite de fes Lieutenans ; mais fon jugement l'aban-
donna au milieu de fes plus heureux fuccez & de tant belles qualitez ; il tomba
dans une folie ordinaire aux grands Seigneurs de la Chine, qui n'ont aucune
connoiffance de l'autre monde ; il s'imagina qu'on pouvoit trouver quelque
moyen de rendre perpetuelle cette vie qui ne dure qu'un moment, & def-
penfa beaucoup pour ce deffein, comme je le remarque ailleurs. Enfin un de
fes Admiraux qui avoit efté au Iapon, & avoit veu que ce grand & excellent
pays n'eftoit peuplé & gardé que de peu de perfonnes, & encore groffieres &
fauvages, fe mit en tefte de s'en faire un Royaume : il donna avis à l'Empereur d'un nouveau pays qui avoit efté defcouvert, où on trouvoit un remede qui rendoit les hommes immortels ; mais que pour y faire une defcente, il avoit befoin de trois cens jeunes hommes à marier, & d'autant de filles, qui fembloient eftre deftinées & ordonnées par le Ciel pour le trouver. Xius
efcoute une propofition fi vaine, luy accorde une armée navale avec tout ce
qu'il defiroit ; l'Admiral retourne au Iapon, & y meine cette jeuneffe au nombre de fix cens, & beaucoup d'autres qui luy voulurent tenir compagnie : il
commença de faire cultiver un pays fi fertile, & de dreffer ce peuple à la douceur & à la civilité : & jetta ainfi les premiers fondemens du Royaume du Iapon.
Ceux qui fçavent de quel poids & authorité eft l'hiftoire de la Chine, & avec
quel foin & diligence elle eft efcrite, fçauront aifément par mefme moyen (comme je le dis ailleurs) fi on doit douter de ce recit. Les Chinois efcrivent auffi, que
le Roy du Iapon avoit accouftumé d'envoyer des Ambaffadeurs & des prefents
à l'Empereur de la Chine ; mais ces Ambaffades ont ceffé depuis que l'Empereur Tartare & fondateur de la famille de Iucna, apres avoir fubjugué entierement la Chine, commença d'envoyer des armées navales au Iapon : car

les Iaponois ne s'eſtans pas contentez de les avoir repouſſez, chaſſerent de leur pays tous les Tartares qu'ils pûrent trouver; de ſorte qu'ils n'ont rien oſé entreprendre ſur le Iapon depuis ce temps-là : c'eſt là deſſus qu'ils reprochent aux Chinois qu'ils ont manqué de courage en s'aſſujettiſſant aux Tartares; c'eſt de là que ſont venuës ces haines naturelles, qui ont fort ſouvent degeneré en cruelles guerres entre ceux du Iapon & les Chinois : ceux du Iapon ayans ſouvent fait des deſcentes dans la Chine, & pillé les principales places maritimes, ſur tout l'Iſle de Corea, qu'ils ont ſouvent mis à feu & à ſang. M. Polo de Veniſe traite de cette guerre des Tartares de la famille de Iuena contre ceux du Iapon, mais brievement.

D'où vient le nom de Iapon.   Ceux de la Chine nomment le Iapon Gueique , Voçu, & Gepuen. Quant au premier nom , il vient de ce que cet Admiral qui fut envoyé au Iapon par Xius, eſtoit de la famille Chinoiſe de Guei. Pour le nom de Voçu, c'eſt le nom d'un peuple & non pas d'un pays, ils appellent ainſi ceux du Iapon, comme des hommes qui parlent une langue barbare; le nom propre eſt Gepuen, qui ſignifie le lever & la naiſſance du Soleil, parce que c'eſt le plus éloigné de tous ceux qui ſont connus vers l'Orient, & que c'eſt la premiere terre, qui, à l'égard de ceux de la Chine, eſt eſclairée du Soleil; car c'eſt de là qu'ils le voyent lever & paroiſtre, ne croyans pas qu'il y euſt d'autre monde, ny par conſequent que le Soleil en fiſt le tour. Les Chinois appellent auſſi le pays qui eſt à leur couchant, & le plus proche d'eux, Ieuco, c'eſt à dire la vallée obſcure, où ils croyent que le Soleil ſe cache quand il eſt nuit. Le nom de Gipuen dont ceux du Iapon s'appellent, ne differe pas beaucoup de celuy de Ieuco , & peut eſtre un dialecte ou un mot corrompu de la langue Iaponoiſe : Marco Polo l'a nommé Zipangri, y ajoutant l'R à la façon des Tartares , comme ſi on diſoit Gepuengin : car Ge ſignifie le Soleil, Puen le lever ou la naiſſance, & Gin un homme. Mais je ne ſçaurois comprendre d'où c'eſt que le Royaume de Iapon à pû auſſi recevoir le nom de Chryſe : peut-eſtre eſt-ce un mot Tartare, dont ils nomment le Iapon, de meſme que la Chine le Catay. Quand les Tartares, que j'ay deſſein d'aller voir, m'en auront mieux informé, & que j'en auray tiré d'eux plus de certitude , je ne manqueray pas d'en éclaircir le public, en l'adjouſtant à cette Relation.

F . N.

RAPPORT QVE LES DIRECTEVRS DE
la Compagnie Hollandoise des Indes Orientales ont fait à
leurs Hautes Puissances, premierement de bouche, &
en suite deliuré par écrit, touchant l'estat des affaires dans
les Indes Orientales tel qu'il estoit lors que la Flotte qui
est depuis peu arriuée en ces Païs partit de là, conformément aux lettres & avis que l'on en a eus.

HAVTS ET PVISSANS SEIGNEVRS,

Dautant que le decez du Sieur Theodore Steur, Conseiller ordinaire, & Commandant la Flotte qui est reuenuë sous le Pauillon en Zeelande, empesche les Directeurs de la Compagnie des Indes Orientales de ces Pays de presenter le mesme Commandeur à V. H. P. suiuant l'ordre de l'Estat, pour faire rapport de l'estat des affaires dans les Indes Orientales, ils n'ont pas veulu manquer de suppléer à ce que cet accident ne leur a pas permis de faire.

Cette Flotte est composée de neuf Nauires qui partirent de Battauia le 20. Octobre de l'année passée, & de deux autres Nauires qui suiuirent les premiers le 27. Ianuier de la presente année. Les neuf premiers arriuerent au Cap de Bonne Esperance à la fin du mois de Mars, & les autres deux le 7. & 9. Avril. Ils en partirent tous de concert, & firent voile le 16. du mesme mois, apres auoir chargé les raffraischissemens necessaires, & arriuerent en ces Pays, graces à Dieu, au mois d'Aoust dernier.

La valleur que ces Nauires ont apporté n'est pas fort grande, en comparaison des années precedentes, parce que l'on n'a employé à l'achapt des Cargaisons qu'enuiron cinq millions 500. mil liures, monnoye du Pays. Nous esperions que ces Nauires nous apporteroient des nouuelles de trois Vaisseaux qui partirent de Battauia en 1661. mais dautant que depuis ce temps-là l'on n'en a rien appris, ny à Battauia, ny au Cap de Bonne Esperance, on n'en espere plus rien, de sorte que cette perte jointe à celle du Nauire Arnhem couste à la Compagnie plus de cinq millions de liures. En recompense de cette perte tous les Vaisseaux qui sont partis d'icy, sont graces à Dieu heureusement arriuez dans les Indes, où ils ont porté 3728. hommes, y compris les 1606. Soldats, en chemin il en est mort 490.

Et pour passer aux Gouuernemens, Residences, & Bureaux ou Comptoirs particuliers, que la Compagnie possede dans les Indes sous la Souueraineté de vos Hautes Puissances; Nous commencerons premierement par les quartiers les plus Orientaux, où la Compagnie a premierement cette considerable Isle d'Amboyna, sous laquelle plusieurs autres Isles ressortissent. Ces Isles, & principalement celle d'Amboyna, sont celles qui fournissent presen- Am-
tement presque tout l'Vniuers de Cloud de Girofle; mais depuis quelque temps la recolte en boina.
a esté fort petite, & l'année passée on n'en a transporté à Battauia que 49000. liures au tres-grand prejudice du commerce qui se fait dans les Indes, & au tres-grand dommage de la Compagnie, parce que l'on en débite vne tres-grande quantité à vn assez haut prix dans les Indes mesmes, & l'on enuoye le reste en ces Pays: ce qui est cause que la derniere Flotte n'a pas rapporté vne seule liure de Cloud de Girofle, & cause vne grande incommodité en Europe, en sorte que si la Compagnie n'en auoit encore vne bonne quantité de reserue des années precedentes, elle n'en auroit plus du tout, & se trouueroit fort incommodée. Les apparences ne sont point belles non plus pour l'année prochaine, de sorte que s'il n'y a pas plus de fruit que ce que l'on peut esperer presentement, il en arriuera vn grand desordre, tant dans les Indes qu'icy dans le Pays, ce qui sera vne tres-grande perte pour la Compagnie,

Σ A

parce qu'elle sera fruſtrée d'vne ſi conſiderable ſomme que celle qui procede de la vente des Cloux de Giroſles: & cependant elle ne laiſſe pas de demeurer chargée de la dépenſe exceſſiue qu'elle eſt obligée de faire pour la ſubſiſtance des garniſons, & pour la conſeruation & l'entretien des Fortereſſes de ces quartiers là ; neantmoins on ne laiſſe pas non plus de faire de la dépenſe à planter d'autres arbres en tres-grande quantité, afin d'en recueillir le fruit auec le téps, mais ce ne ſera pas de quelques années, parce qu'il leur faudra donner le loiſir de croiſtre.

Reli-
gion.
Depuis 50. ans, nous auons trauaillé à faire enſeigner la Religion Chreſtienne aux Payens & aux Mores, faiſant pour cet effet de tres-grands frais à entretenir des Paſteurs, des Surueillans, & des Maiſtres d'Eſcole ; mais nous ſommes obligez d'auoüer que nous y auons fait fort peu de progrez, à cauſe du peu de zele des Paſteurs dont nous diſons à noſtre grand regret que nous n'auons pas beaucoup de ſujet de nous loüer.

Banda.
Dans les Iſles de Banda, où croiſſent les Muſcades & le Macis, tout eſtoit en fort bon eſtat. L'on auoit enuoyé quelques Chaloupes vers la nouuelle Guinée, & vers les autres Iſles ſituées plus vers l'Orient pour y faire de nouuelles découuertes, & pour voir ce que l'on y pourroit executer pour l'auantage de la Compagnie, quel commerce on y pourroit eſtablir : mais leur voyage n'a pas eu le ſuccez qu'on s'en promettoit, & les Chaloupes ſont retournées à Banda ſans autres nouuelles.

Poule-
ron.
Pour ce qui eſt de l'Iſle de Pouleron que l'on doit rendre aux Anglois, le General & les Conſeillers écriuent qu'ils en ſont entierement d'accord auec eux. Ils auoient pour cet effet vn Commiſſion du Roy de la Grand-Bretagne qui eſtoit ſi ſale, ſi vilaine & ſi graſſe, que les noſtres eurent grande raiſon de douter ſi c'eſtoit vne veritable Commiſſion, parce que l'on a accouſtumé de ſerrer & conſeruer ſoigneuſement des Actes de cette nature ; ce qui a eſté cauſe de pluſieurs conteſtations & negociations, auſquelles on a employé pluſieurs ſemaines qui ſe ſont paſſées deuant que l'on ait pû conclure : Neantmoins apres que les Anglois ont aſſeuré que c'eſtoit la veritable Commiſſion & le Sceau du Roy, ce qu'ils ont confirmé de leur Seing, l'on eſt enfin demeuré d'accord. Nos gens croyoient que les Anglois prendroient auſſi-toſt cette route là pour prendre poſſeſſion de l'Iſle, mais on a ſceu qu'ils n'auoient ny gens ny Nauires pour cela, & qu'ils attendoient l'vn & l'autre d'Angleterre à ce qu'ils diſent : ce qui fait conoiſtre qu'ils n'ont produit cette Commiſſion ainſi ſale & barboüillée, qu'afin de nous obliger à la refuſer, & afin d'en prendre occaſion de faire des proteſtations, & de former de grandes pretentions ; mais puiſqu'il y a grande apparence qu'ils pourſuiuront enfin leur deſſein, nous auons eſté neceſſitez de renforcer les garniſons des Forts que nous auons dans le voiſinage de cette Iſle là, afin de preuenir par là les deſordres qui en pourroient naiſtre, ce qui incommode bien fort la Compagnie, qui d'ailleurs a ſujet de craindre que ce voiſinage ne ſoit cauſe de quelque déplaiſir & querelle, parce que cette Iſle n'ayant point d'eau ny aucune des choſes neceſſaires à la vie, ils auront beſoin de tout, quoy que de temps en temps nous ayons donné des ordres bien exprés à ce que nos gens ſe donnent garde d'offenſer ces gens là, ou de leur donner aucun ſujet de ſe plaindre : cependant nous auons ſceu que deux de leurs Vaiſſeaux eſtans en ces quartiers là, ont trouué moyen de debaucher quelques-vns de nos habitans, & d'en tirer vne bonne quantité d'Epiceries, en ſorte que l'on a eſté contraint de leur faire ſentir la peine qu'ils ont meritée. Nous auons ſujet d'apprehender qu'ils ne ſe ſeruent que trop ſouuent de ces menées & artifices, & que ces deſordres n'arriuent : & ſi l'on leur refuſe les choſes neceſſaires dont ils auront beſoin tous les iours, bien que quelquesfois nous n'en ayons pas trop nous-meſmes, ils nous décrieront comme des inciuils, des cruels & des barbares. Nous n'auons pas voulu manquer de faire remarquer cecy en paſſant, parce que nous croyons preuoir de loin ce deſordre & ces déplaiſirs : Dieu veuille qu'il n'en arriue point.

Terna-
te.
Dans les Iſles de Ternate ou Moluques, qui autrefois fourniſſoient le plus de Cloux de Giroſle, on a depuis quelques années extirpé tout ce qu'il y auoit d'arbres : tout eſt en meſme eſtat, ſinon que les Eſpagnols qui y ont reſidé depuis vn fort long-temps, & qui y ont poſſedé la celebre Ville de Gammalamma, ont tout quitté, & ſe ſont retirez auec leurs familles aux Manilhes, ſans y laiſſer la moindre marque de retention de poſſeſſion, tellement que les habitans de Gammalamma eſtoient ſur le point de démolir les Fortifications de

la Ville. Nous ne sçauons pas quelles raisons peuuent auoir obligé les Espagnols à cette retraite; mais on croit que les Espagnols voyant que non seulement ils n'en tiroient point de profit, mais au contraire qu'ils estoient chargez d'vne grande dépense qu'ils ne pouuoient plus supporter, ils se sont portez à cette resolution.

On ne voit pas entre les Rois de Ternate & de Tidor, que nous auons establis tous deux, l'intelligence & la confiance que la Compagnie pourroit bien souhaiter pour son repos, mais on espere que par le moyen du Commandeur Van Vvorst on les contiendra dans les termes de leur deuoir. Ternate & Tidor.

Nous auons vne garnison à Manado à l'extremité de Celebes, laquelle sert principalement à y faire vn Magazin du Ris qui y croist: mais dautant qu'il y en vient en petite quantité, il y a de l'apparence que l'on ostera cette garnison. Manado.

La Compagnie a restabli vn Bureau à Macassar, où il se fait vn assez bon commerce: Ce Roy & les plus Grands de son Royaume protestent qu'ils executeront ponctuellement le contract qu'ils ont fait auec nous, & le continuëront tant que le Soleil & la Lune continuëront leurs cours au Ciel; neantmoins ils sont fort occupez à ceindre leur Ville d'vne muraille qui aura plus de six lieuës de circuit. En execution du contract ils ont fait sortir tous les Portugais de la Ville, à la reserue de trois ou quatre petites familles composées de chetiue canaille. Macassar.

Les affaires sont tousiours en mesme estat à Timor, où la Compagnie a aussi sa garnison: il y a encore quelques Portugais çà & là, mais ils sont en petit nombre & pauures, c'est pourquoy les habitans les abandonnent, & se souleuent contre eux par trouppes, & commencent à se mettre sous nostre protection. Il y a long-temps que l'on sçait qu'il y a de l'or dans les Montagnes de ces quartiers là, mais iusqu'icy l'on n'a pû sçauoir s'il y en a assez grande quantité pour payer la dépense & la peine qu'on y employeroit, il semble qu'il y a plus d'apparence de profit pour le cuiure. Timor.

Le Radia de Rima tesmoigne vouloir viure en bonne amitié & intelligence auec la Compagnie. En son Pays il ne se trouue que du Ris & du bois de Sapan, & c'est là tout le commerce que nous y faisons. Rima.

La Compagnie frequente ce lieu là, qui est situé dans l'Isle de Borneo à cause du Poiure qui y croist, comme aussi à cause de quelque Or qui s'y trouue: mais la derniere année la Compagnie en a tiré peu de Poiure, pource qu'il y est vn peu trop cher. Mattapura.

La grande Isle de Sumatra est sans doute le lieu le plus considerable de tous ceux qui fournissent le Poiure, & où il en croist: La Compagnie y a plusieurs Places, où elle fait son commerce. 1. à Iamby, où nous auons eu de tout temps vn de nos principaux Bureaux pour y faire vn Magazin de Poiure, & nous y en auons vn presentement; nous y auons aussi de temps en temps achepté de l'Or. Pour le mesme effet, la Compagnie a aussi vn Magazin à Patimbuan dans la mesme Isle, & aussi de temps en temps fait quelque commerce à Andrigiri: mais la Compagnie a vn contract de pouuoir seule acheter & transporter du Poiure en la coste Occidentale de l'Isle: & ce contract a depuis peu encore esté augmenté de plusieurs autres auantages fort considerables, pour la Compagnie auec les Deputez que les peuples de ces quartiers là auoient enuoyé à Battauia, & entr'autres que la Compagnie aura seule le commerce sur cette coste là, à l'exclusion de toutes les autres Nations sans reserue, & que ceux qui feront le contraire, & qui auront quelque commerce auec d'autres, seront punis: Que les Seigneurs du Pays, les Pays & les habitans se mettront en la protection de la Compagnie, laquelle de son costé a promis de les defendre & proteger contre tous leurs ennemis par mer de tout leur pouuoir sans reserue: mais que lors que ces Deputez retournerent chez eux, il s'y trouua d'abord quelque difficulté à faire ratifier ce Traité, l'on esperoit neantmoins que ces difficultez seroient bien-tost leuées. La Compagnie a encore eu de tout temps vn Bureau à Atchem dans la mesme Isle, mais depuis quelque temps elle l'a osté pour plusieurs raisons. Sumatra.

Dautant que iusqu'icy le Prince de Queda n'a pas voulu entendre à l'accommodement des differens qu'il a auec la Compagnie, elle a enuoyé quelques Vaisseaux sur la Riuiere, afin de tenir la Place comme assiegée de ce costé là, & d'empescher autant que l'on peut qu'il Queda.

y entre des Vaiſſeaux ou des Barques de dehors ; neantmoins le commerce de l'Eſtain à Perach , à Ligor & en ces quartiers a eſté aſſez bon l'année paſſée.

Perach. *Depuis que l'on a oſté le Bureau qui eſtoit à Atchem , ſous lequel Perach reſſortit , nos gens ſe ſont retirez auſſi de là , laiſſans dans la Riuiere quelques Vaiſſeaux , iuſques à ce que le Radia reuienne à luy : & nous ſçauons qu'il a reſolu d'enuoyer ſes Deputez à Malaca pour accommoder tous ces differens.*

Malaca. *Malaca eſt vne Ville que la Compagnie a priſe depuis quelques années ſur les Portugais. Elle eſt ſituée dans le Détroit qui donne ſon nom à la Ville , laquelle commande auſſi principalement au Detroit : la Compagnie y fait vne grande dépenſe à cauſe de la garniſon qu'elle eſt obligée d'y entretenir ; ce qui eſt cauſe qu'on s'eſt reſolu de la faire beaucoup plus petite , afin de la rendre de plus petite garde , & d'en pouuoir diminuer la dépenſe ; l'on fait eſtat que les frais du retranchement de cette Ville montent à 20. mille , mais en diminuant la Garniſon on menagera tous les ans 4000. liures , & cela n'empeſchera pas que l'on n'y continuë le commerce auec la meſme liberté & ſeureté que l'on y a à preſent.*

Tanaçerim. *Tout le commerce de Tanacerim & de Gudianſalang depend auſſi du Gouuernement de Malaca , mais il eſt preſentement de peu d'importance.*

Quelques-vns de nos gens du Nauire nommé la Pie , ont commis vn crime execrable à l'occaſion d'vn Nauire More , dans lequel ils ont tué 33. ou 34. perſonnes , & meſme les femmes apres les auoir violées ; mais eſtant arriuez à Malaca on en a roüé quatre , & pendu cinq , ce qui a donné grande ſatisfaction au peuple de ces quartiers là.

Siam. *A cauſe des affronts & outrages que nos gens ont ſouffert à Siam , & particulierement à cauſe d'vne pretention impertinente de 84000. pour vn Ionque dont vn Vaiſſeau de guerre s'eſtoit ſaiſi , le General & le Conſeil ont donné ordre que noſtre Bureau fuſt oſté de là ſans bruit , ce qui a eſté executé , à deſſein pourtant de le reſtablir au pluſtoſt , ſi l'on peut porter les affaires à vn accommodement raiſonnable. Sur cela le Roy a enuoyé deux Deputez aux Nauires que nous auions ſur la Riuiere , pour s'informer de la cauſe de cette retraite , laquelle nos gens ayant fait ſçauoir au Roy par vne Lettre , il leur renuoya les meſmes Deputez au bout de quelques iours , & leur fit dire qu'il n'auoit point connoiſſance du tout des déplaiſirs que nous auions receus , & qu'il en eſtoit bien marri , priant de faire en ſorte que cela n'allaſt pas plus auant , & qu'il n'arriuaſt pas de deſordre entre ſa Majeſté & la Compagnie : & l'on croid fermement que le Roy enuoyera au premier iour vn Ambaſſadeur à Battauia , pour taſcher d'accorder les differens.*

Ces petits demeſlez ſont cauſe que l'on a auſſi oſté le Bureau de Ligor , qui eſt vne Ville ſituée au Royaume de Siam , où entr'autres marchandiſes ſe trouue auſſi de l'Eſtain.

Le Roy de Siam a enuoyé de là deux Nauires au Iapan auec vne ſomme tres-conſiderable pour y trafiquer , & il faut craindre qu'il n'y prenne gouſt , & qu'il ne continuë ſon commerce en ces quartiers là.

Aracam. *La Compagnie fait tous les ans vn grand commerce à Aracam de quantité de Ris & d'vn bon nombre d'Eſclaues , mais dautant que l'on apporte aſſez de Ris à Battauia , l'on ſe contente d'y continuer l'autre commerce , & d'y acheter des Eſclaues que l'on porte de là à Battauia , pour y eſtre employez au ſeruice de la Compagnie , ou bien pour eſtre vendus à des particuliers qui ne s'en peuuent paſſer.*

Tunquim. *Le commerce de Tunquim qui n'a pas rendu grande choſe depuis quelques années , commence à ſe remettre , & à cauſe de cela il a eſté reſolu d'y faire vn bon eſtabliſſement , & d'y faire vne reſidence ; outre la Soye qui s'y fait , l'on y fait auſſi commerce d'vne bonne quantité d'or , que l'on y apporte de Yunnan , qui eſt vne des Prouinces du Royaumes de la Chine. La Riuiere y auoit eſté tellement enflée , qu'ayant rompu pluſieurs Digues qui la bordent , elle auoit inondé trois Prouinces dans le haut Pais ; ce qui auoit gaſté preſque toute la Soye que l'on eſperoit y pouuoir faire , de là vient auſſi que l'on n'y a pas ſceu acheter la quantité d'eſtoffes de Soye , d'Or & de Muſc que l'on a accouſtumé d'en tranſporter tous les ans.*

5

Le Roy a fait faire deffenses à ses Suiets de se faire baptiser, & auoit chassé les Iesuites de son Royaume.

L'Intendant du Commerce qui est de la part de la Compagnie en Iapan, & qui sui- Iapan.
uant l'ordre de cét Empire la est obligé de faire tous les ans vn voyage de Nangasaqui à
Iedo pour y porter des presens & faire la reuerence à l'Empereur, est reuenu de son voyage & n'y auoit rien veu de remarquable, sinon que l'Empereur est allé de Iedo à Tudo visiter le Sepulchre de son Pere, & auoit en vnze ou douze iours qu'il auoit employé à ce
voyage, depensé plus de trois millions, y compris quelques presens qu'il auoit baillé au
Temple de leur Pagode.

La Cargaison qui est arriuée pour la Compagnie à Nangasaqui, monte à 830. mil
liures, elle y auoit aussi enuoyé les Vaisseaux, la Balle de Poivre & Vollenhoven auec
vne Cargaison de 280. mil liures, mais ils n'y sont pas arriuez, & il y a des coniectu-
res qui font croire qu'ils sont peris; ces deux Nauires eussent rapporté la valleur de plus de
500000. liures, ce qui est vne grande perte pour la Compagnie, au reste le Commerce y
esté assez bon, puisque l'on en a rapporté plus de 1600. mil liures, mais le Nauire nommé
Sgrauesand ou Sgrauland, qui estoit party de là pour aller à Malaca auec vne Cargai-
sen de 250000. liures, ayant esté separé par la tempeste des autres Nauires, auec lesquels
il alloit de conserue ne paroist pas encore, ce qui fait croire qu'il s'est perdu au grand
regret de la Compagnie : ces pertes ont presque absorbé tous les profits que l'on auoit
faits cette année là en Iapan, la Mer y est fort orageuse, & sa Nauigation tres-diffi-
cile, ce que l'on rapporte du Iapan n'est presque que de l'argent & du cuivre, parce que
iusqu'icy l'Empereur n'a pas voulu que l'on en ait transporté de l'or.

Pour remettre les affaires en bon estat vers le Nord, & pour faire reüssir l'intention de Chine.
la Compagnie en ces quartiers là, le General & le Conseil y ont enuoyé vne Flotte considerable de 17. Vaisseaux de guerre montez de 1200. Soldats, sans les Matelots, sous la
conduite du Commandeur Balthazar Bort. Ces Vaisseaux estoient partis des Isles de Pes-
cadores où ils auoient leur rendez-vous, & arriuerent à Honcheu sur la coste de la Chine :
Le sieur Robel qui y estoit demeuré l'année precedente en qualité de Commis auec quelqu'autre vint aussi-tost à bord, & fit rapport de ce qu'il auoit fait depuis ce temps là pour
tascher d'obtenir la liberté du Commerce en ce Royaume là, & pour la ionction des forces contre Coxinga & contre ses gens, mais que iusques alors il n'auoit pû obtenir vne
response absoluë & categorique sur le premier point : les Tartares ne voulant pas s'expliquer, mais qu'ils auoient témoigné beaucoup d'inclination sur le second, & que sur ces of-
fres les apparences de la Paix entre Coxinga & les Tartares s'estoient entierement dissipées.

SAVIA, ce grand Marchand Chinois, Oncle de Coxinga, auoit voulu traiter auec
les Tartares apres la mort de son Neveu, & se soûmettre à eux, ce qu'vn des fils du defunt ayant découuert, il l'auoit fait mettre en prison où l'autre s'estoit tué lay-mesme ;
c'estoit vn homme si puissamment riche, que du reuenu de son Commerce il fournissoit
aux frais de la guerre que Coxinga faisoit.

Les Ecclesiastiques Catholiques Romains faisoient de grands progrez en ce Royaume, en propagant le Christianisme, à Pequin, à Honcheu & ailleurs, ils auoient desia
basty plusieurs Eglises.

En cette expedition nos Armes ont eu ce mal-heur, qu'en vogant vers la Chine pour se
ioindre aux Tartares, le Vaisseau nommé les Armes de Zéelande a touché vn Roc, & y a
esté brisé, mais les gens ont esté sauuez.

Estant arriuez deuant Quemoy, nos gens voulurent emporter la Ville d'emblée, &
y donnerent l'assaut, mais la grande resistence qu'ils y trouuerent les obligea à se retirer,
mais en recompense l'auantage qu'ils ont eu sur Mer a esté extrémement grand. L'Armée
Nauale des ennemis estoit composée de 80. grands Ionques & 20. petits, tous armez en
guerre, & s'estant trouuez en presence auprés de Quemoy, il y eut vn Combat furieux,
les ennemis faisant voir qu'ils entendoient la Mer & la guerre, & qu'ils ne manquoient
point de courage, ils firent des merueilles de leur grosse Artilerie, dont ils auoient bonne
quantité, & se seruirent auec beaucoup d'adresse de leurs feux d'artifice, mais nos Vais-

ſeaux les ioignant de prés, & faiſant continuellement feu de leurs Mouſquets, les chargerent ſi bruſquement qu'ils furent contraints de quitter la partie, & de s'enfuïr, chacun cherchant à ſe ſauuer ; & dautant que l'Armée des Tartares qui eſtoit là auprés, & qui auoit veu le Combat n'auoit bougé, le Commandeur Bort enuoya demander au Chef pourquoy de ſon coſté il n'auoit pas attaqué l'ennemy commun & ce qu'il auoit deſſein de faire ; le Tartare luy fit dire que la conſternation auoit eſté ſi grande, qu'il ne les auoit pas oſé mener au combat, mais que ſi nous voulions faire approcher noſtre Flotte pour attaquer encore l'ennemy qui s'eſtoit retiré de ce coſté là, ils feroient mieux : Surquoy noſtre Flotte s'eſtant approchée recommença le Combat & diſſipa les forces Nauales de Coxinga, mais les Tartares demeurerent encore les bras croiſez, & ne ſe trouuerent point au Combat, du ſuccez duquel ils ennoyerent complimenter noſtre Commandeur, & luy promirent de grandes recompenſes, apres le combat on trouua que les gens de Coxinga auoient abandonné les Villes de Bemos & Quemoy auec toutes les Isles, Chaſteaux, Forts & Forrereſſes voiſines, & qu'ils s'eſtoient embarquez auec leurs femmes, enfans & plus precieux meubles en 160. Ionques, mais que l'on ne ſçauoit pas le lieu de leur retraite, apres cela, les Tartares s'eſtoient rendus maiſtres de toutes ces Places qu'ils ont toutes brûlées, ruinées & deſtruites ; Nous auons coulé à fonds dix de leurs Ionques, & en auons ruiné pluſieurs autres, 4. Ionques qui s'alloient rendre aux Tartares ſont tombez entre nos mains, & enſuite encore 4. autres Nauires chargez de Rys & de Padi.

Nos gens ont trouué dans l'Isle de Gontzieu 37. pieces de Canon de fer, dont 8. ont eſté faites en Europe, les autres dans la Chine.

Pour bien faire reüſſir ces deſſeins, il a fallu que nos Vaiſſeaux ſe ſoient trouuez en corps d'Armée, ce qui nous a oſté l'occaſion d'en former ſur les Ionques Marchands, ſur leſquels nous euſſions fait grand butin ſans cela.

Apres le Combat, le Commandeur Bort eſt allé voir le General & Vice-Roy Tartare, qui luy auoit fait connoiſtre qu'il deſiroit luy parler, afin de concerter auec luy les deſſeins que l'on pourroit encor former, nous ne ſçauons pas ce qu'ils ont reſolu entr'eux, mais en ne pouuoit pas croire à Battauia que les Tartares vouluſſent ſe reſoudre à aller auec les noſtres à la reduction de Tayouan, quelque promeſſe qu'ils euſſent faite pour cela, parce que ce ne ſont pas des gens de qui on puiſſe eſperer aucun ſecours par Mer : nonobſtant cela, nos gens faiſoient eſtat d'aller auec l'Armée Nauale à Tayouan, ſoit que les Tartares les ſuiuiſſent ou non, parce qu'il y auoit beaucoup d'apparence de pouuoir recouurer cette Place.

On a ordonné à nos gens de taſcher à faire vne bonne Place d'Arme dans l'vne des Isles que ceux de Coxinga ont abandonnées, & l'on attendoit auec impatience la reſolution que le Tartare prendroit touchant ſa conduite à noſtre égard, depuis qu'il void ſon Royaume deliuré d'vn ſi formidable ennemy dont il ne ſe ſeroit iamais défait ſans nous, & s'il tient la promeſſe qu'il nous a faite ; l'on croit que la conſideration des forces que nous auons en ces quartiers là l'obligeront à nous accorder la liberté du Commerce : Le Gouuerneur de la Prouince de Chincheu auoit cependant enuoyé complimenter noſtre Commandeur, & l'auoit fait prier de venir faire ſon Commerce chez luy l'année prochaine. Il a auſſi enuoyé deux Deputez à Battania prier le General de luy permettre d'y enuoyer ſes Ionques, ce qui eſt vn bon ſigne.

Choro-
man-
del.
La Compagnie a vn Commerce tres-important ſur la coſte de Choromandel, & les marchandiſes que l'on en a tirées l'année paſſée qui conſiſtent principalement en Toiles de Cotton, pour eſtre diſtribuées, tant en Hollande que dans les Indes, montent à 2400000. & plus.

Les Places & Bureaux que la Compagnie y a, ſont premierement le Chaſteau de Gueldria à Palacatte, où le Gouuerneur a ſa reſidence ; & ſecondement Negapatuan, Ville qui a eſté priſe depuis quelques années ſur les Portugais, les Bureaux qu'elle a en ces quartiers là ſont vers le Nord Maſulpatuan, duquel dependent pluſieurs autres petits Bureaux, comme Palicot, Datſcheron, Bincolapatuemet, & vers le Sud Tequenepatuan, & pluſieurs autres petits Bureaux, le Commerce continuë d'y eſtre en fort bon eſtat.

De la coſte de Choromandel depend auſſi le Commerce qui ſe fait au Royaume de Pegu, *où la Compagnie a aussi ses Bureaux, sçauoir à Aua & à Serian, mais d'autre-part depuis quelques années ce Royaume là est tout remply de troubles, à cause de l'inuasion que les Chinois mestifs y ont faite, il a fallu y faire cesser le Commerce, presentement il recommence à se remettre en bon train.*

La Compagnie a aussi vn Commerce fort important au Royaume de Bengale, & il y a pour Bengale. *cét effet plusieurs Bureaux comme à Vguli, Cayumabasar, Deca, Patena, Pipilipatan, &c. Les marchandises que la Compagnie tire de ces quartiers là, consistent principalement en étoffes de Soye, Toiles de Coton, Salpêtre, Sucre, Musc, Ris, Beurre, &c. Le Commerce y estoit florissant à souhait, & dautant qu'il vient quantité de Salpètre à Patena que l'on fait descendre en de petites Barques sur la Riuiere du Gange, laquelle est fort dangereuse; la Compagnie y a perdu depuis peu par la tempeste neuf Barques, dans lesquelles estoit plus de 9. milliures de Salpètre, & sans cette perte la derniere Flotte en eust apporté vne bien plus grande quantité qu'elle n'a fait.*

De Bengale l'on va aussi de temps en temps au Royaume d'Orixa, où l'on va querir du Orixa. *Ris & d'autres viures & rafraichissemens pour l'Isle de Ceylon qui en a besoin presque par tout.*

L'Isle de Ceylon est presentement vn des plus precieux gages que la Compagnie ait dans Ceylon. *les Indes, ce qu'elle produit consiste principalement en Canelle, & l'on y achepte aussi des Elephans de l'Areca & autres denrées, les Villes & Forteresses que la Compagnie possede dans la mesme Isle sont Colombo, Gale, Negombo, Manar, & Iafanapatan, où elle entretient de fortes Garnisons, qui à la derniere reueuë montoient à 2500. hommes, dont l'on est obligé d'employer vne bonne partie à l'escorte de ceux qui font la Canelle à la Campagne, parce que l'on ne peut pas se fier aux Suiets du Roy, quoy que depuis quelque temps ils se tiennent en repos & n'incommodent personne : Nos gens luy ont depuis peu enuoyé vn Ambassadeur auec vn beau Present, & l'on a eu auis qu'il l'auoit fort bien receu, on a sceu aussi qu'en la derniere Saison de l'année passée la Canelle auoit esté faite & escoriée sans aucun empeschement.*

Les étables de Iafanapatan & de Matura estoient aussi fort bien pourueuës d'Elephans, de sorte que les Marchands qui y arriueront trouueront dequoy choisir. On trauaille aussi de plus en plus à y faire venir du Ris & auec succez. A Tutacouti sur la coste de la Terre-ferme, vis à vis de Ceylon, la Compagnie a aussi vne residence & son trafic, & l'on y fait grand Commerce de Toiles de Coton, & l'on y pesche aussi des Perles. Il y a aussi vn banc à Manar où l'on peut faire vne pesche de Perles, mais iusqu'icy l'on ne s'en est point seruy.

Les premieres Conquestes de la Compagnie ont esté faites sur les Portugais en la coste Cochin. *de Malabar, où elle a pris sur eux la celebre Ville de Cochin, comme aussi Cranganor, Coulan & Cananor : toute cette coste ne fournit presque que du Poivre & de la Canelle sauuage : Par les Traittez que la Compagnie a fait auec le Samorin & auec les autres Princes de ces quartiers là, ils ne peuuent vendre leur Poivre qu'à la Compagnie, à l'exclusion de tous les autres; iusques icy la Compagnie n'a pas tiré grand auantage de toute cette coste, parce que les grandes Garnisons ont absorbé tous les profits, leur nombre montant à plus de 1000. hommes, c'est pourquoy l'on a iugé à propos de reduire la Ville de Cochin, qui est fort grande à vn plus petit circuit, afin qu'elle ne soit plus de si grande garde, & a'en faire vne espece de Citadelle qui soit de facile defense, autrement le Pays y est fort beau & fertile, & les viures y sont à bon marché.*

L'intention de la Compagnie estoit de demanteler la Ville de Cananor lors qu'elle seroit Cananor. *prise, & de n'y conseruer qu'vn Bureau, mais à cause de son assiete auantageuse, & que c'estoit comme la clef de toutes les Conquestes de ces quartiers là, & que cy-deuant son Commerce a esté fort considerable, on a iugé qu'il estoit necessaire d'y entretenir vne Garnison de 200. hommes. La Compagnie se trouue extraordinairement chargée de la dépense de toutes ces Garnisons, tant sur la coste de Malabar que dans l'Isle de Ceylon, de sorte qu'elle emporte presque tout le profit qu'elle tire de la Canelle.*

Incontinent apres la prise de Cananor, nostre Armée tourna son front vers Cochin, & en Porca.

fuitte vers *Porca* à deſſein auſſi d'attaquer cette *Place*, mais le *Radia* voyant qu'on alloit à luy alla au deuant d'elle, & promit d'abord qu'il feroit auſſi fidele à la *Compagnie* qu'il l'auoit eſté aux *Portugais*, qu'il ne permetteroit pas qu'en ſon *Pays* on peſaſt ou vendiſt de la *Canelle* & du *Poivre* que du conſentement du *Roy de Cochin* & de la *Compagnie*, à laquelle ſeule il declaroit que ſuiuant les *Loix* du *Pays* ce droiɫ eſt acquis, que pour cet effet la *Compagnie* pourroit faire baſtir en ſon *Pays* vn *Magazin* de pierre pour la ſeureté de ſes marchandiſes & la conſeruation de ſon droiɫ, & qu'au reſte elle iouïroit de tous les auantages & de toutes les préeminences que les *Portugais* ayent iamais euës, ainſi que cela ſe voidcompris mot à mot au *Contraɫt* ſolemnel qui a eſté fait ſur ce ſuiet.

Quoy que les *Anglois* ayent eſté exhortez, tant par le *Roy de Cochin* que par le *Radia* de ſe retirer de *Porca*, ils n'ont pas trouué à propos d'y deferer, mais y ſont demeurez ſans que nous les ayons preſſez de ſe retirer, bien que nous euſſions droit de le faire auſſi bien que le pouuoir en diſant vn ſeul mot au *Roy de Cochin*, mais non contens de cela, ils ſont venus pour la ſeconde fois à la *Rade de Porca* auec leur *Nauire le Hoaperel*, encore qu'il n'y euſt rien à vendre, & que nous-meſmes n'y euſſions achepté vn ſeul grain de *Poivre*, de ſorte qu'il a eſté contraint de s'en retourner à vuide, dont ils ont voulu ſe prendre à nous ſelon leur couſtume, ils ont fait de belles proteſtations, quoy que nous ne leur euſſions pas fait & donné le moindre empeſchement, ainſi qu'il paroiſt par des atteſtations confirmées par ſerment, que ny alors, ny lors que le *Nauire le Leopard* arriua deuant *Cochin* à deſſein d'aller à *Porca*, il ne ſe trouua pas vne ſeule liure de *Poivre* dans leurs *Magazins*, & neantmoins ils n'ont pas laiſſé de faire de ſemblables proteſtations.

Vuin-
gourla. Le Commerce que la *Compagnie* a preſentement à *Vvingourla* n'eſt pas de fort grande importance, pource que la *Loge* & le *Bureau* n'y ayant eſté principalement eſtablis qu'auec intention de tirer delà les viures & les rafraichiſſemens neceſſaires pour la *Flotte* pendant la guerre auec les *Portugais*, & lors que noſtre *Armée Nauale* eſtoit deuant *Goa*, cette *Place* eſt comme inutile depuis la *Paix*.

Surate. Mais en échange, le Commerce de *Surate* & dans les *Royaumes d'Indoſtan* & de *Guzerat* eſt d'autant plus conſiderable, le premier *Bureau* qui eſt comme le *Bureau* general eſt à *Surate*, où le *Directeur* a reſidence, & les *Bureaux d'Amadabat* & d'*Agra* en dependent, la *Compagnie* y auroit fait de grands profits l'année derniere ſans l'accident qui nous arriua au *Nauire le Dauphin*, qui en allant de *Surate* à *Battauia* s'entrouurit & alla à fonds à la veuë de *Punto di Gala* de l'*Iſle de Ceylon*, dont la *Cargaiſon* qui conſiſtoit la pluſpart en argent comptant, valloit 430000. liures, dont on n'a ſauué que 28000 liures.

Le *Sultan*, que l'on appelle auſſi le *Grand Mogol* eſt encore detenu priſonnier dans le *Chaſteau d'Agra* par vn de ſes fils, qui ayant faitcourir le bruit que le *Pere* eſtoit mort s'eſt mis ſur le *Troſne*, ce *Prince More* ne craignant point de dire qu'il ſent maintenant les effets du iuſte iugement de *Dieu*, en ce que ſes fils le traittent à cette heure, de la meſme façon qu'il a autrefois traitté ſon *Pere*, & que ſans doute ſes enfans receuront le meſme traittement des leurs iuſqu'à ce que toute la race ait eſté exterminée; pendant ces accidens & reuolutions, on a obligé la *Compagnie* à enuoyer vne *Ambaſſade* ſolemnelle à ce nouueau *Roy*, pour le complimenter à ſon auenement à la *Couronne*, & pour le prier de confirmer à la *Compagnie* les auantages & prerogatiues dont ſon *Pere* l'a fauoriſée pour le *Commerce* en ſes *Royaumes*, & de faire expedier pour cela les *Lettres* neceſſaires, ce qu'il a fait, cette *Ambaſſade* couſte à la *Compagnie* plus de 60000. liures, & le *Roy* a enuoyé des *Preſens* au *Gouuerneur General*, qui eſt vn honneur aſſez extraordinaire, il ſemble qu'il choiſira la *Ville de Delli* pour ſa demeure pluſtoſt que celle d'*Agra*.

On s'eſtonne fort que les excez commis, & les priſes faites par *Hubert Hugo* en la *Mer Rouge*, n'ont pas donné ſuiet à de plus grands deſordres contre la *Compagnie* à *Surate*.

Les auis apportez par quelques *Nauires Anglois*, qui depuis peu ſont arriuez de là, diſent qu'vn *Voleur* nommé *Sucali* a ſurpris la *Ville de Surate* & l'a pillée, mais nos gens ſe ſont defendus en noſtre Loge , & l'on a empeſché de la prendre.

Les affaires de la Compagnie en Perſe , où elle a auſſi vn tres - important commerce , ſont en ſi bon eſtat , que l'on ne peut pas le ſouhaiter meilleur : Le Bureau General eſt à Gamron , duquel celuy d'Ispahan dépend. La Compagnie eſt obligée par contraćt de prendre tous les ans du Roy de Perſe 600. Balles de Soye à vn certain prix , moyennant quoy elle ne paye point de droićt d'entrée ny de ſortie : mais dautant que cette quantité de Soye rend peu de profit en Europe ſi l'on compte le port & la riſque , l'on taſche de la diminuer de temps en temps , de ſorte que preſentement à peine en prend-on la moitié. *Perſe.*

La Compagnie auoit autrefois ſon commerce à Mocha & à Baſſara ; mais elle l'a diſcontinué pendant quelque temps , toutefois depuis que ceux de Mocha ont fait eſperer qu'on y trafiquera auec plus d'auantage à l'auenir , on y eſt retourné depuis peu. *Mocha & Baſ-ſara.*

La Compagnie ne s'eſt miſe en poſſeſſion du Cap de Bonne Eſperance qu'afin d'y auoir vn lieu commode où les Nauires puiſſent prendre leurs rafraichiſſemens , tant en allant qu'en venant , & elle eſt paruenuë à cette fin , tellement que l'on y trouue des rafraichiſſemens en abondance. Nos gens ont fait pluſieurs voyages iuſques à 100. lieuës auant dans le Pays , mais ils n'y ont trouué qu'vn terroir ſec , ſterile & fort peu peuplé. *Cap de Bonne Eſpe-rance.*

L'Isle Maurice que nous auions abandonnée il y a quelques années , eſt ſi fort à noſtre bien-ſeance , que nous auons iugé à propos d'en prendre poſſeſſion , & pour cet effet nous y auons enuoyé du monde. *Isle Mauri-ce.*

On a apporté de la Prouince de Mataran dans l'Isle de Iaua vne ſi grande quantité de Ris à Battauia , que non ſeulement de memoire d'homme on n'en auoit tant veu , mais auſſi qu'il n'y auoit plus de Magazins pour le ſerrer , & ce à 15. ou 20. Reales le Leſt : on en auoit auſſi apporté toute ſorte de bois. *Mata-ran.*

La Compagnie a ſon Bureau à Iapara , & a encore ſon commerce en pluſieurs autres Havres de ces quartiers là. Le Souſouhaman qui eſt le Prince du Pays , eſt vn fort puiſſant Seigneur & fort abſolu ſur ſes Suiets , & tient meſme les Voiſins en des craintes continuelles par les allarmes qu'il leur donne : ſon plus grand diuertiſſement eſt auiourd'huy à faire voller des Cerfs Vellans , & il veut que les Seigneurs de ſa Cour le faſſent auſſi à ſon exemple : cy-deuant il ſe plaiſoit à faire combattre des Cocs , mais depuis quelque temps il a quitté ce diuertiſſement. *Iapara.*

Ce Prince teſmoigne qu'il ſeroit bien aiſe de voir chez luy vne Ambaſſade ſolennelle de noſtre part , parce qu'il croid que cela luy donneroit vne plus grande reputation auprès des Princes ſes Voiſins , parce qu'il leur fait accroire que cette ciuilité eſt vne eſpece d'hommage ; mais le General & le Conſeil s'en excuſent , faiſant ſemblant de ne comprendre pas ſon intention.

Ceux de Bantam où nous auons auſſi vn Bureau , quoy qu'il ne ſoit pas de fort grande importance , continuent touſiours à nous retenir nos Eſclaues , ce qui cauſe de grands dommages aux habitans de Batauia , & les incommode fort , car dès que l'on leur dit ou fait quelque choſe qui ne leur plaiſt pas , ils s'enfuient à Bantam où l'on leur donne retraite : car cette Ville n'eſt qu'à enuiron 12. lieuës de Battauia , ils ſont aſſeurez d'y trouuer protećtion contre le Traité que nous auons encore depuis peu fait auec ceux de Bantam. *Ban-tam.*

La Ville de Battauia eſt maintenant aſſeurée d'auoir du Ris à bon marché : la culture des Cannes de Sucre n'a pas le meſme ſuccez , mais elle n'y diminuë pas : on y fait de temps en temps des jardinages , & l'on y plante toute ſorte d'arbres fruićtiers , de ſorte que l'on y trouue toute ſorte d'herbes potageres , des legumes & des fruits en grande abondance. *Batta-uia.*

Le nombre des Bourgeois Hollandois y augmente ſans doûte tous les ans , mais il ſemble que leurs richeſſes diminüent ; toutefois ils ne s'en doiuent prendre qu'à leur pareſſe , puiſque les moyens d'y faire fortune n'y manquent point , pourueu que l'on les veuille employer.

*La Compagnie entretient dans les Indes 28. Pasteurs, qui sont dispersez en plusieurs
endroits ; lors qu'elle possedoit encore l'Isle Formosa, leur nombre estoit reglé à 32. outre cela elle entretient encore vn grand nombre de surueillans & de Maistres d'Es-
cole.*

*Presentement on trauaille à Battauia à vn Moulin à Papier, qui rendra tous les ans
plus de 50000. liures à la Compagnie quand il sera acheué.*

*Elle fait estat aussi d'y establir vne bonne Eschole Latine pour la jeunesse ; & pour
cet effet elle a pris icy à son seruice vn bon Regent.*

*La dépense que la Compagnie a faite à Battauia l'année passée, y compris les ga-
ges des Officiers, des Soldats, & les Equipages, monte à* 1937000. liures.
D'où l'on peut iuger comment elle se trouue chargée en ces quartiers là.

La dépense que l'on a faite l'année passée en l'Isle de Ceylon, monte à 866000.

Celle d'Ambayna, à 196000.

De Banda, à 184000.

De Choromandel, à 262000.

De Malaca, à 190000.

La dépense que l'on a faite icy en ces Pays l'année passée, monte à plus de 9335000.

*La Compagnie, pour entretenir le commerce dans les Indes, pour garder & conseruer
tous les Pays, toutes les Places, & tous les Bureaux qui y sont en fort grand nombre,
pour les pouruoir de toutes les choses necessaires pour en rapporter les Marchandises,
& pour y porter tous les ans les hommes & toutes les choses necessaires que l'on y enuoye d'icy ; a presentement à son seruice plus de 140. Vaisseaux montez d'hommes &
& d'Artillerie, de prouisions, de munitions de guerre & de bouche, & de toutes les autres choses necessaires, & entretient plus de 25000. hommes, tant Soldats que Matelots, à où l'on peut iuger aisément quel auantage l'Estat en tire.*

*Les deux ou trois millions que l'on employe tous les ans aux Equipages, doiuent estre
pris sur les Marchandises que l'on apporte des Indes, dont la valeur monte à 9. 10.
ou 11. millions, tantost plus, tantost moins selon les saisons & le prix des Marchandises ; en sorte que le surplus de ce que les Marchandises qui viennent rendent, plus que
celles qu'on y enuoye, reuient au profit de l'Estat & de ses habitans. Par exemple, ce que
l'on apporte tous les ans des Indes rend enuiron 9. 10. ou 11. millions, ainsi qu'il vient
d'estre dit, & ce que l'on enuoye aux Indes en argent comptant, marchandises, viures
& autres choses necessaires, y compris la deterioration des Nauires, monte à 2. millions & demy, ou à 3. millions, tellement que le surplus qui monte à plusieurs millions
demeure dans le Pays, à quoy il faut adjouster que les Marchandises apres qu'elles ont
esté vendues icy, sont transportées ailleurs, ayant premierement payé le Droict de sor-
tie, ceux de Garde, le trauail de ceux qui sont employez à les transporter, & le fret
des Vaisseaux qui le transportent, outre la grande correspondance & le commerce que la
Compagnie a par tout, & plusieurs autres grands auantages ; tellement que l'on peut dire auec raison que ce n'est pas vne Compagnie de particuliers, mais de l'Estat, puisque
l'Estat en tire le plus grand auantage : d'où l'on peut iuger combien il est necessaire
pour le bien de l'Estat, que cette Compagnie qui fait subsister tant de centaines de milliers de personnes, tant dans les Indes qu'en ces Prouinces, & qui donne de si grands
auantages à l'Estat, soit conseruée & maintenuë, auquel effet les Directeurs de la mesme Compagnie supplient bien humblement vos hautes Puissances de vouloir prester toute faueur & assistance.*

Ainsi rapporté & presenté le 22. Octobre 1664.

Signé P. Van Dam.

CHARGEMENT DES ONZE NAVIRES
Hollandois arriuez des Indes Orientales en Hollande l'an 1664.

103000. *Pieces de toiles fines de Cotton.*
30673. *liures de fil de Cotton.*
3300. *pieces d'Armoisines blanches.*
434. *liures de Florette tres-fine.*
102. *liures de fil nommé Tessel pour tapisserie tres-fine.*
725581. *liures de bois d'Ebene de Siam.*
1474604. *liures de Salpetre.*
53724. *liures de Gomme Lack.*
8004. *liures de Cire rouge à cacheter.*
44. *liures de Musc.*
12000. *liures de Camphre.*
836. *liures de Aloes Socotrine.*
126. *onces de Ciuette.*
3800. *liures d'Encens.*
331. *liures de chandelles de Noix de Muscade.*
7. *liures d'huille de Macis ou de fleur de Muscade.*
40. *pieces, de Pierres de Bezoar.*
44943. *pieces de Porcelaine du Iapan fort rares.*
400. *liures de Thée.*
1. *Caisse de toutes sortes de belles couleurs pour la Peinture.*
18. *pieces de Brocat ou toiles d'or fort rares.*
101. *pieces de Cabinets de Iapon.*
2332. *de Vvatte du Iapon pour des Robbes.*
45. *pieces de Robbes du Iapon.*
100. *pieces Chitzen.*
925. *liures de terre rouge.*
1700. *liures de Tamarinde.*
30. *liures d'huile de Noix Muscade.*
13775. *liures de Canou.*
6356. *liures de Cauris.*
150639. *liures de Macis ou de fleur de Muscade.*
399696. *liures de Noix de Muscade.*
130936. *liures de Gingembre confit.*
211095. *liures de Sucre.*
64080. *liures d'Indigo.*
516800. *liures de Canelle fine de Ceylon.*
31280. *liures d'autre Canelle.*
4286532. *liures de Poivre.*
49896. *liures de Soye de Bengale.*
34500. *liures de Soye legere de Perse.*
200. *liures en petites bouteilles d'huille de Canelle de Ceylon.*
63000. *liures de Cuivre du Iapon.*
1034 *pieces de Diamans.*
8850. *pieces de Rubis.*
1788. *Poids des Indes en Perles.*
9010. *Poids de pieces de huit de Perles en poudre.*
13816. *liures de Sucre Candy & autres Marchandises venuës par les deux derniers*
  Nauires, dont la Cargaison n'est pas specifiée icy.

CHARGE DE NEVF NAVIRES
de retour des Indes Orientales, partis de Batavia au mois de Decembre, 1661. & arrivez à la Patrie au mois de Iuillet 1663.

28814. pieces de toile de Guinée de plusieurs sortes.
8280. pieces Salampouris.
7100. pieces Mourès.
10520. pieces percalles.
6280. pieces plusieurs sortes de gingans.
3840. pieces d'estoffes pour faire des habits aux Negres.
11000. pieces Adatais.
5500. pieces Sanées.
3720. pieces Hammans.
1500. pieces Malemolens.
2480. pieces Casa Bengala.
2700. pieces Garras.
14240. pieces toille de voiles de Bengala.
8036. pieces Chauters deriabady.
1530. pieces Mamodys.
7280. pieces plusieurs sortes de Baftas.
7900. pieces beaciolles de plusieurs sortes.
2220. pieces Chiavonis a Orinal.
500. pieces Semianes.
300. pieces Couvertures.
4000. pieces Canequins.
208. pieces Diamants.
3425. pieces Armozins blancs.
7418. pieces Pelinsse de Tonquin.
84227. livres de fil de Coton.
24093. livres d'Indigo de plusieurs sortes.
60728. livres de Legia de Persia.
74135. livres de soye de Bengala.
2918. livres de soye blanche de China.
30. livres de Ditto.
732197. livres de Clous de Giroffle.
72622. livres de Noix de Muscade.
160. pieces Robbes du Iapon.
440000. catti de Cuivre de Iapon.
14254. catti de Camphor de Iapon.
151923. livres de plusieurs sortes de Sucre.
1234220. livres de Salpetre de Bengala de Cormandel.
714941. livres de Bois de Sapan de Siam.
9660. livres de Cire Azelaer.
363520. livres de Canelle de Ceylon.
6991. realles de Pois de Perles de Bondigne.
68. realles de Pois d'Ambregris.
3929488. catti } de Poivre.
110000. livres }
270. catti de The.
200. Moten de bois rouge de Dindigh.
Quelques estoffes de soye.

CHARGE GENERALE DE ONZE
Navires de retour des Indes Orientales, partis de Batavia le 24. Decembre 1664.

27494. pieces de toille de Guinée de diverses sortes.
12873. pieces de Gingans de diverses sortes.
9450. pieces de Betilles de diverses sortes.
9020. pieces de Salampouris blanchy.
5000. pieces de Mouras blanchies.
8920. pieces de Chiavonys blanchies.
12800. pieces d'Habits pour des Esclaves.
$39741\frac{1}{2}$. livres de fil de Cotton de diverses sortes.
6520. pieces de toile à voile de diverses sortes.
7800. pieces de Baftas de diverses sortes.
2800. pieces de Kannekins blanches.
2739. pieces de Mammoedis.
10440. pieces de Chaulters Darriabadys.
800. pieces de Semianes.
17000. pieces d'Addatays.
4300. pieces de Casse de Bengale.
3200. pieces de Sanes.
135. pieces de tours de lits brodez.
830. pieces de Chits de diverses sortes.
8100. pieces d'Hammans.
100. pieces de toile pour faire des lits.
100. pieces de Sesthiennes.
10000. pieces d'Assumamas.
240. pieces de Cintures Chindes.
450. pieces d'Armoisin de Bengale.
121660. livres de Macis.
314027. livres de Noix Muscades.
440209. livres de Cloux de Giroffle.
30998. livres de Gomme-Lac de diverse sorte.
8901. livres de Laccre rouge pour signer.
22010. livres d'Indigo.
393241. livres de bois de Sappan.
1066539. livres de Salpetre.
7965. Cassettes de cuivre de Iappan.
8. pieces Alcatives entremeslées d'or.
5515. pieces de Pelings de diverses sortes.
18009. livres de bois d'Ebene.
$86865\frac{1}{2}$. catti de Soye de la Chine.
53245. livres de bois de Caliatour.
700. pieces de Garras
1200. pieces de Malemoles.
$1560\frac{1}{5}$. livres de fil de Turquie.
10400. catti de soye de Toulaquin Legia.
41968. livres de soye de Perse Legia.
54394. livres de soye de Bengale Legia.
117. catti de Musc.
12. pieces Coffres de Laccre de Iapan.
306. pieces Robbes de soye de Iapan.
529. pieces Vuates de soye.
16580. pieces de Porcelaines de diverses sortes.
14. pots d'Huile de Terre.
244. pieces de Vaissaille d'argent de diverse sorte.
456. livres d'Aloë.
3084. pieces de Diamans non polis.
2933. pieces Rubins.
18151. onces de Perles à piler.
$16\frac{2}{10}$. Cheer de pierre de Besoar.
569920. livres de Canelle de Ceylon.
4089422. catti de Poivre.
16089. Catti de Camphre.

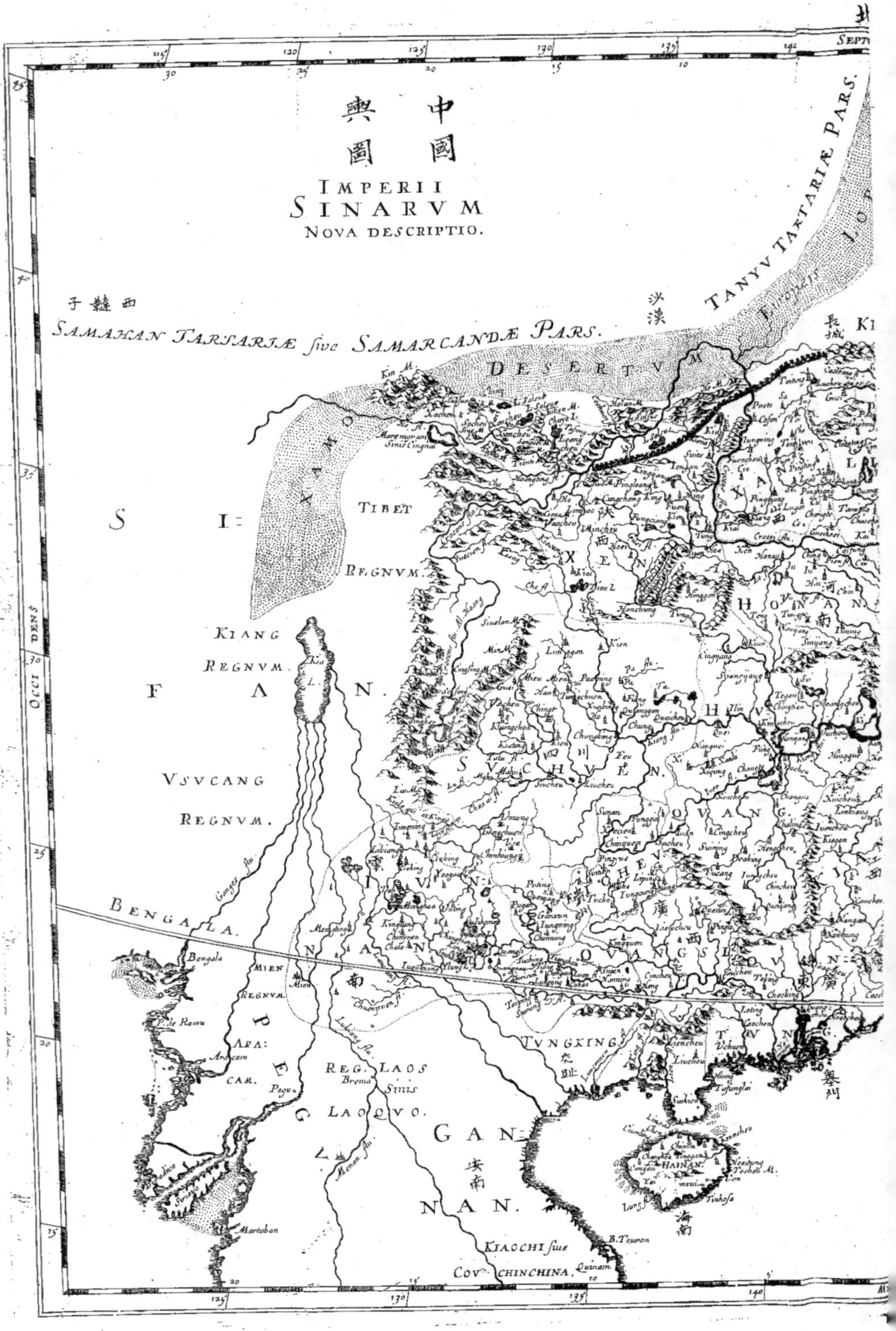

中國
輿圖

IMPERII
SINARVM
NOVA DESCRIPTIO.

西韃子

SEPT
TANYV TARTARIÆ PARS.

SAMAHAN TARTARIÆ sive SAMARCANDÆ PARS.

沙漠
長城

DESERTVM

SI-

TIBET

REGNVM.

KIANG
REGNVM.

FAN.

VSVCANG
REGNVM.

BENGALA.

Bengala

MIEN
REGNVM.

APA:
CAM.

Pegu

REG. LAOS
Brema
Sinis
LAOQVO.

Martuban

安南

GAN-

NAN.

Ganges flu.

XENSI

HONAN
河南

SVCHVEN.

IVNAN
雲南

QVANG

QVICHEV

QVANGSI
廣西

QVANTV
廣東

TVNGKING
交趾

HAINAN
海南

KIAOCHI sive
COV CHINCHINA Quinam

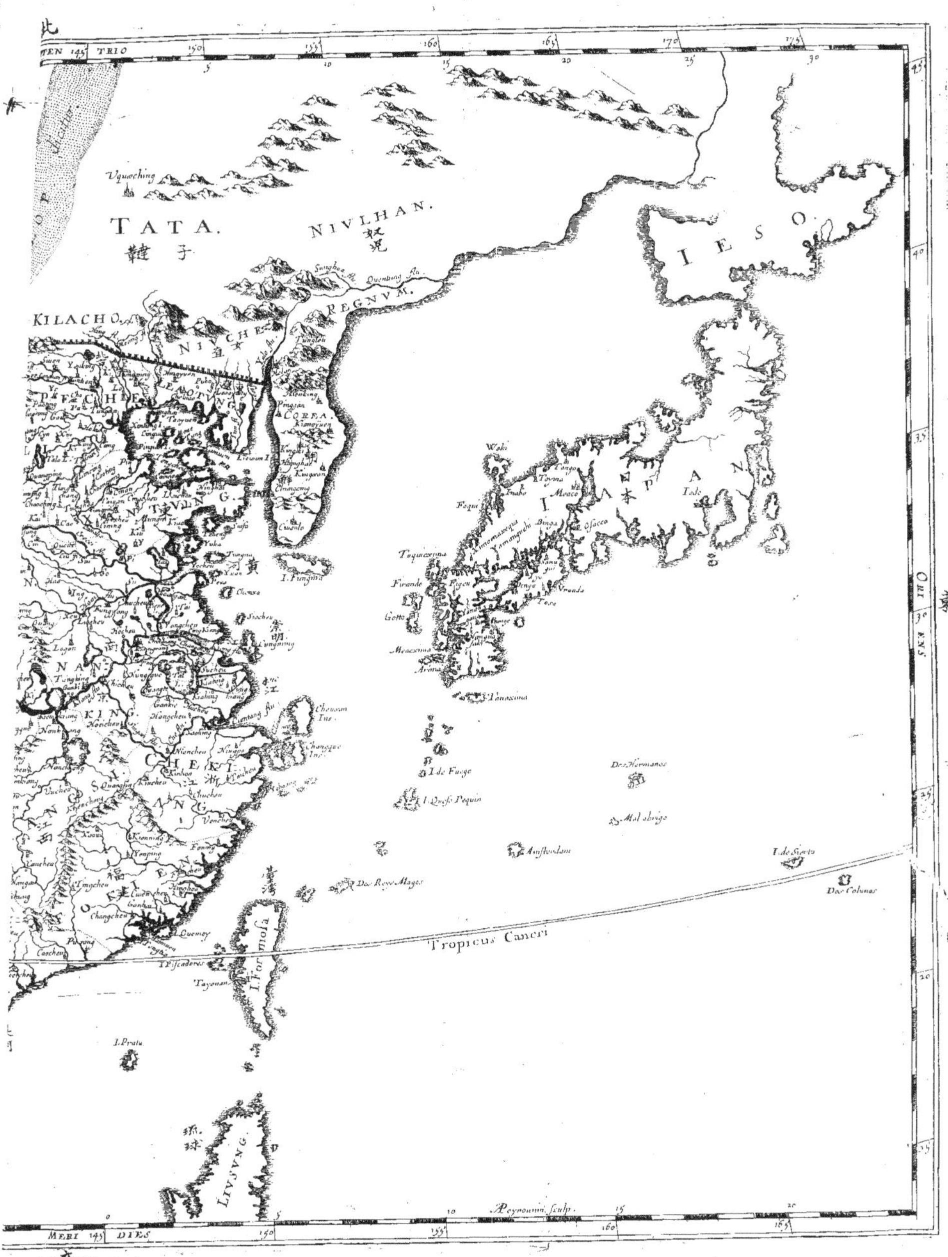
SEPTEN 145 TRIO 150 155 160 165 170 175
MERI 145 DIES 150 155 160 165
ORIENS
東
北
南
TATA. NIVLHAN.
韃 子
KILACHO.
NICHE REGNVM.
Vquoching
Sunghoa R. Quenting Ru
Hunking
Yunglo
COREA
Kimoyinen
Pinggan
Liaoton I
Kingoan
Cinanceng
Cinchu
I. Punghu
Woki
Firono
Praho
Meaco
I A P A N
日 本
Fequi
Tuquexima
Firande
Gotto
Fequi
Bingo
Osaco
Vronda
Fese
Tado
Meaxima
Arima
Tanaxima
I. de Fuego
Des. Hermanos
I. Quese Pequin
Mal abrigo
Amsterdam
I. de Sequra
Das Reys Magos
Das Colunas
Tropicus Cancri
I. Formosa
I. Piscadores
Tayoan
Luconey
Cauchen
I. Prata
LIVSVNG.
琉 球
Reynoumi sculp.
I E S O
PE CHE
PAO
TVNG
NAN
KING
CHEKIANG
ORIENT